국제행정론

이광석 · 김용찬 · 이정태 · 채형복 · 허태욱
서진교 · 전기우 · 장철영 · 이기상 · 최창현
이성의 · 안영훈 · 임승빈 · 김윤권 · 원소연

도서출판 대영문화사

머리말

오늘날의 세계는 지구촌으로 서로 엮여서, 원하든 원하지 않든 국제적 기준(global standard)을 준수해야만 살아남을 수 있도록 진행되고 있다. 이런 환경 속에서도 '우리의 것'을 지키고 발전시키려는 노력이 으뜸이다. 그 과정에서 국제 환경을 잘 알고 대응하려는 노력 또한 중요하다. 근대 역사에서 국제 환경의 변화에 눈감고 우물 안 개구리가 되었던 쇄국정책으로 인해 망국의 설움을 겪어야 했고 아직도 우리에게 그 영향을 미치고 있다. 반면에 수출을 통한 근대화 전략은 우리에게 발전을 가져왔고 그 결과로 오늘날처럼 풍요를 누리고 있음을 한국 사회의 구성원들은 기억하고 있을 것이다. 이것의 역사적 교훈은 우리가 국제 환경을 조성하는 데 독립변수가 아니라 종속변수였음을 의미한다. 이제는 우리가 독립변수가 되도록 노력해야 할 차례이다. 그런데 그 방법은 한 가지이다. 세계화를 향해 나아가는 것이 우리가 번영하는 길이며 국제 사회에서 독립변수의 역할을 수행하는 방법이다. 오늘날 우리가 보여 주는 현상은 이에 가까운가를 계속 질문해야 할 것이다.

놓인 상황이 이러함에 따라 바깥을 향한 행정을 이룩하자는 주장에 동참하는 학자들이 모여 각지의 연구 분야에서 알맞은 주제를 골라 집필하기로 했다. 이 책은 그 결과물이라 할 수 있으며, 행정학 분야에서 국제행정의 중요성을 일깨우고 이에 대해 연구하고 학습하기 위한 디딤돌이 되고자 하는 의도에서 집필된 책이다. 행정학 분야를 중심으로 했으나 학제적으로 이뤄진 책이라 정치학, 소통학, 국제경제학, 법학 등 여러 전공의 학자들이 참여했음이 자랑이라 하겠다.

이 책의 구성은 4부로 나뉜다. 제1부인 세계화와 국제 거버넌스에는 4개의 장(chapter)으로 이뤄지는데, 제1장 세계화: 현상과 이슈는 이광석 교수(경북대), 제2장 현황과 과제는 김용찬 교수(대구가톨릭대), 제3장 국제연합(UN)은 이정태 교수(경북대), 제4장 유럽연합(EU)은 채형복 교수(경북대)가 각각 집필했다.

제2부 행정의 국제화에는 제5장 국제개발 협력과 공적개발원조(ODA)는 허태욱 박사(여성정책연구원), 제6장이 자유무역협정(Free Trade Agreement: FTA)은 서진교 박사(대외경제정책연구원), 제7장 새마을운동의 국제화는 전기우 박사(새마을세계화재단), 제8장은 한국 전자정부의 세계화는 장철영 교수(대구외대)가 각각 집필했다.

제3부는 국제소통론과 국력을 다룬 글들로서, 제9장 지구촌 시대 문화인의 소통은 이기상 교수(외국어대), 제10장 세계화 시대의 언어는 이광석 교수(경북대), 제11장 국력과 소프트 파워: G20 국가의 비교 분석은 최창현 교수(관동대)가 각각 집필했다.

제4부는 각국 정부론을 다룬 글로서 제12장 미국 정부조직과 정치행정 시스템은 이정희 교수(서울시립대), 제13장 영국정부론은 이광석 교수(경북대), 제14장 프랑스 정부조직과 행정 시스템은 안영훈 박사(한국지방행정연구원), 제15장 일본의 정부조직과 관료제는 임승빈 교수(명지대), 제16장 중국의 행정 체계와 조직문화는 김윤권 박사(한국행정연구원), 제17장 독일의 행정 체제는 원소연 박사(한국행정연구원)가 각각 집필했다.

다시 한 번 강조하는 것은 우리는 지구촌에서 살고 있고 따라서 세계화를 추구해야 한다는 점이다. 세계화로 인해 나타나는 좋은 점은 더욱 발전시키고 부작용은 최소화하도록 하는 것이 우리가 해야 할 일이다. 이 책은 이러한 목적을 위한 시도로 바깥 세상을 향해 나아가도록 안내하는 지침서가 되었으면 하는 바람으로 편찬되어 「행정언어 총서」 3으로 발간되었다. 이 책의 발간에는 대영문화사의 공헌이 컸기에 여기에 적어서 감사의 뜻을 표한다. 아무쪼록 세계화를 추구하려는 목적에 이바지하는 학자와 인재를 많이 길렀으면 하는 마음으로 머리말에 갈음한다.

2015년 1월
대구 복현동(伏賢洞) 연구실에서
집필자를 대표하여 이광석 사룀

차 례

제 2 부 행정의 국제화

제 3 부 국제소통론과 국력

제 1 부

세계화와 국제 거버넌스

제 1 장 세계화(globalization): 현상과 이슈

제 1 절 서론

세계화(globalization)는 역사가 시작된 이래로 진행되어 온 현상으로, 최근의 세계화는 그 속도가 가속화되어 그 유례가 없다는 점에서 독특함이 있다고 한다. 하지만 세계화라는 현상이 무엇인지 우리가 알지 못하는 사이에 국제 관계에서만 적용되는 것이 아니라 우리 주변에 성큼 다가와 있다. 이 세계화 현상은 전 세계를 시장으로 하려는 비즈니스 계획이나 지구의 환경을 걱정하는 환경론자들의 행동에서처럼 의도적이지만, 세계화하려는 추동력 때문에 어떤 개인이나 집단의 의도를 넘어서 통제가 불가능할 정도로 발전하고 있다. 그 대표적인 사례가 서구 근대화의 영향에 대한 반응으로서의 이슬람 근본주의라든가 미국 자동차 산업의 쇠퇴 등을 지적할 수 있다.

세계화는 사회적·문화적 환경에 대해 지리적 제약이 풀리고 사람들이 그 제약들이 풀리고 있음을 인식하는 사회 변화를 일컫는다(Waters, 1995: 3). 이 현상의 역사적 근거는 대체로 서구 근대 역사와 자본주의에서 보여 준 합리성에서 찾는다. 즉, 생산에서 유연성과 지리적 확장과 결부되어, 자본이나 정보, 재화 등의 이동에서 신속성, 자본이 국가 안에 머무르기보다는 국제적으로 기능하는 현상인 자본의 탈국적화(denationalizing), 어떤 특정한 국가의 문화라 하더라도 그 문화가 그 국가의 영토 안에만 영향을 미치는 것이 아니라 전 지구로 퍼져가는 현상인 문화의 탈영토화(deterritorialization), 전 세계적인 미디어 네트워크에 의해 지역 커뮤니티의 상호 침투(interpenetration of local communities), 유럽과 미국을 축으로 하면서도 이를 넘어선 사회·경제적 권력의 확산(dispersesal of socio-economic power) 등을 특징으로 한다. 이런 요소들이 세계를 좀 더 개방되고 상호 연결되게(interconnected) 만든다(Papastergiadis, 2000: 76). 물론 이 현상도 서구 역사에서 보듯 외부로의 정주(定住, settlement), 식민지 개척을 통해 전 지구상에 유럽 문화의 전파와 밀접한 관련을 갖는다. 그 동안 달랐던 사회가 전 세계적으로 서로 밀접한 관계를 갖는 연속적인 과정이 세계화의 한 요소라면 이 과정은 경제적·과학기술적·사회문화적·정치 권력과 맞물려 있다.

또 다른 측면에서 산업화는 사회를 구조적으로 분화하고 사회 내부에서의 다양화를 촉진시켰다. 그 비슷한 맥락에서 자본주의는 새로운 시장을 요구했고, 자본가 계급은 새로운 기회를 얻어 사회의 주류로 상승했다. 1960년대 이후 세계화는 한 국가를 대상으로 한 것을 넘어서 전 세계를 대상으로 하는 상호연관성 및 상호의존성의 심화를 지적하고 있다.

세계화로 인해 나타나는 새로운 패러다임이 지니는 특성으로는 국경과 주권의 약화, 새로운 지역 배치와 일자리, 새로운 이동과 제약, WTO 등의 강력한 집행 메커니즘에서 보듯이 새로운 질서의 창출 등이 있다. 결국, 세계화로 인해 국가, 지역사회는 물론 시민사회와 사람들 사이의 새로운 상호작용의 시대를 형성하고 있으며, 국경을 초월하는 국가 간, 지역 간, 지방정부 간, 사람들 간의 접촉이 계속 증가되고 있다. 이와 동시에 부정적 측면도 간과할 수 없는데, 세계화로 인해 자원을 가지는 소수와 그렇지 못한 다수의 현상을 보임으로써 상호간의 배타적인 의식과 차별을 통해 사회의 분열을 촉진시키고 있다. 이와 같이 세계화는 긍정적이고 혁신적이며 동태적인 측면들과, 부정적이고 가진 소수와 그렇지 못한 다수를 나누는 이중적 속성과 특징들을 지니고 있다.

이러한 현상에 대해 여기에서는 세계화가 무엇인가를 다음과 같이 정의한다. "국제사회에서 상호 의존성이 증가함에 따라 세계가 단일한 체계로 나아가고 있으므로 각 민족국가의 경계가 약화되고 세계 사회가 경제를 중심으로 통합해 가는 현상으로 전 세계가 하나로 연결되고, 그 속에서 상호의존성이 심화됨을 뜻한다." 어떤 면에서 이 글은 이 세계화 현상에서 무엇이 문제이며, 어떤 대응 방안을 지니고 어떻게 인식하는가에 대한 문제 제기이다.

제 2 절 세계화를 보는 시각

세계화 과정의 기원에 대해서는 두 가지 상반된 의견이 있다. 근대화와 함께 시작되었다는 견해가 있는 반면, 인류의 역사 시작부터 세계화가 진행되었다는 견해도 있다. 대체로 1960년대 들어와서 세계화라는 개념이 현재와 같은 의미로 사용되기 시작했는데 영어의 세계화, 화폐, 가치관의 세계화를 핵심으로 하는 하나의 문화적 혁명으로 지적되고 있다(McCrum, 2010: 13). 그러나 사회과학적으로는 1980년대에서 학문적 세계의 관심사로 되었다(Papastergiadis, 2000: 76). 서론에서 언급했듯이 20세기 후반 이후 세계화는 매우 다양하게 이해되고 있는데, 이 세계화를 긍정적 시각에서 보는 견해와 비판적 시각에서 보는 견해로 크게 둘로 나눌 수 있다(Haynes, 2002: 27-30). 다른 관점에서는 세계화의 논의에서 정치·경제적 시각에서는 측이 주류를 형성하는데, 이와는 달리 비주류적 시각은 정보와 소통의 관점에서 세계화를 보는 시각이다(Wolton, 2004). 최근에는 문화적인 측면에서 세계화

표 1-1 정치·경제적 흐름에서 보는 세계화의 시각

	정치적 현실주의	시장 자유주의	회의론/정치적 자유주의	급진주의	세계주의 변형이론
주요 지지자	키신저, 브르제진스키, 라이스, 하스	프리드먼, 울프	크루그먼, 초드릭, 스티글리츠, 코헤인, 나이, 슬러터	벨로, 코르클라인, 로이, 시바	러기, 헬드, 카스텔스, 기든스, 시킹크, 카그램
주요 행위자	국가	다국적 기업	전체	다국적 기업	비국가 행위자들
주요 추동력	군사, 경제	경제	군사, 경제, 문화	시장, 문화	네트워크
일반적 평가	혼합	긍정적	혼합	압도적으로 부정적	희망적
유도 방안	강한 국가 리더십의 확립	시장 자유화, 법의 지배	다자주의	지속적 도전, 지역 협력, 국가 자결, 시민 동원	네트워크 형성

출처: Haas et al.(2010).

과정의 논의가 활발한데 이는 비판적 시각이 이뤄낸 결과로 보인다. 이 글에서는 정치·경제적 시각으로 보는 이 주류의 관점을 소개한 하스 외(Haas et al., 2010)에 기대어 논의를 진행하고자 한다. 주류의 흐름에서도 다양한 갈래들이 있는데, <표 1-1>에서 정리된 기준은 핵심 정치적 추진력이 어떻게 정의되는가, 누가 주요 행위자로 식별되는가, 세계 과반수 인구에게 얼마만큼의 비용과 이득을 가져다 주느냐, 세계화의 힘을 좀 더 잘 조절하기 위해 어떠한 특정 정책 사안이 권고되느냐에 따라 갈래를 나누어 정리했다(Haas et al., 2010).

정치적 현실주의는 오래된 관점이고 국민국가의 역할을 강조한다. 여기에 속하는 이들은 키신저(Henry Kissinger), 브르제진스키(Zbigniew Brzezinski), 라이스(Condoleezza Rice), 하스(Richard Haas) 등인데, 이들에 따르면 강대국의 의사에 따라 글로벌 힘의 구조가 좌우된다. 이 관점에 따르면 세계화는 대체로 19세기 영국 패권과 20세기 미국 패권의 유산이다. 중요한 것은 지배적인 정치적 힘을 가진 국가들은 자신들의 이익이 글로벌 행위를 통해 확보될 수 있는 규율을 제정한다는 점이다. 이 관점에서 세계화는 고도로 통제된 독립된 행위들의 집합체이다(Haas et al., 2010).

시장의 자유화가 이득을 가져다 준다고 믿는 흐름이 시장자유주의로 프리드먼(Milton Friedman)이나 프리드먼(Thomas Friedman)이 여기에 속한다. 자유무역은 민주화와 인류의 번영을 가져오고 법의 지배, 인권, 그리고 여성의 복지를 가져다 준다고 믿는다. 이들에게 세계화는 자유시장에 도달하는 과정이며 자유시장의 확대이다. 따라서 원활한 에너지 공급을 방해하거나 세계화에 폭력적으로 저항하는 집단에 대해서는 힘을 사용해야 한다고 본다(Haas et al., 2010).

회의론의 시각은 정치적 자유주의자에게서 볼 수 있다. 이들은 세계화가 보여주는 상호 경제 이익, 민족주의와 전쟁에 대항하는 보루로서의 역할과 같은 새로운 가능성에 대해 긍정적 평가를 한다. 그러나 재정 위기의 확산이나 환경 파괴의 조장하는 등의 세계화의 잠재성을 우려한다(Hass et al., 2010).

급진주의는 세계화를 선진국의 다국적 기업들이 정치적 통제를 공고히 하기 위한 경제와 사회적 힘의 집합이라고 보기 때문에 세계화가 이익의 불평등한 분배를 초래한다고 본다. 이 견해에 따르면, 세계화는 이름만 다른 제국주의라고 할 수 있다. 1970년대에 미국의 가장 부유한 1%의 수입이 전체에서 차지하는 비율이 7.5%인데, 세계 문제에 깊이 개입한 2006년에는 약 18%로 증가했다는 사례를 들고 있다. 이들은 대중시위와 공공교육을 통해 세계화에 지속적으로 도전한다(Hass et al., 2010).

변형이론은 세계화가 가져오는 변형적인 잠재성을 믿는 그룹이다. 세계화는 즉흥성과 변화성으로 가득하다고 본다. 급속한 기술혁신에 의해 네트워크의 확산을 가져오고, 이는 주요 국가와 비국가 행위자들 사이에 정보가 신속히 흐르도록 한다. 이러한 세계화 네트워크들은 국제 협력을 촉진하고 지식의 향상을 초래하도록 잠재성을 일깨운다. 예를 들면 중국이나 러시아에서는 아직도 비국가 행위자들을 탄압하고 있으나 이들 국가에 글로벌 채널을 개방해서 그 국가들 내의 시민사회를 발전시킴으로써 정치적 변화를 이끌어 낼 잠재력이 충분히 있다고 믿는다(Hass et al., 2010).

세계화는 논쟁이 많은 개념이다. 이를 긍정적으로 보는 이론의 근거를 요약하면 다음과 같다(Haynes, 2002: 27-28). 첫째로 세계화는 시대의 흐름으로 이를 거슬러서 바람직한 것은 없다는 것이다. 둘째로 세계화를 통해 많은 이익을 볼 수 있다는 것이다. 이 이익 속에는 시장의 확장을 통한 경제적 효율성, 좀 더 효과적인 국제적 조직이나 기구, 문제 해결을 위한 좀 더 효과적인 조정장치(mechanism), 민주주의의 확산에 따른 정치적 선택과 개방성 등이 포함된다. 이 긍정적 시각은 기능주의 견해와 서로 통한다. 하스(Ernst Haas)와 같은 기능주의 이론가들은 특정한 문제를 관리하기 위한 기술적인 협력으로 인해 국민국가의 주권이 끊임없이 침식되고 양보되는 초국가적 정치적 구조(superstructure)를 낳게 되는데, 이는 환영할 만한 발전이다. 이에 기초하면 공산권의 몰락도 서구의 가치와 신념 체계가 우수했기 때문이다. 따라서 세계화를 자본주의 체제와 자유민주주의의 전 지구적 확산이며, 그 결과는 평화롭고 번영하는 새로운 세계 질서이고, 전 세계에 걸쳐 수백만 명의 사람에게 행복을 가져다 주며, 시장과 민주주의의 확산으로 사유를 가져다 주고, 인권을 신장시킨다고 주장한다. 더 나아가 이런 방향으로의 발전은 국제조직이 강화되어 억제되어 있던 전 지구적 문제를 해결하는 데 초섬을 둘 수 있을 뿐만 아니라 지역 커뮤니티와 풀뿌리 조직이 상호작용해 국제 시민사회의 구성과 역할을 가능하게 해 준다(Haynes, 2002: 28).

이제는 세계화의 비판적 시각이나 부정적 측면을 강조하는 이론들을 살펴본다. 여기에는 두 가지 흐름이 있다. 그 하나는 정치・경제적 자유화에 비판적 시각을 보이는 흐름이고, 다른 하나는 문화와 정보에 기반한 비판적 시각이다. 전 지구적 시장화를 포함해 정치·경제적 자유화에 기반한 긍정적인 관점에 대해 두 가지의 문제점을 지적하며 비판한다. 첫째로 긍정적 시각의 이론과는 반대되는 현실을 목격할 수 있다. 즉, 세계화의 이점은 국민국가 경제의 실패와 맞물리는 경우가 있는데, 설사 그렇지 않다 하더라도 국민경제에서 국가의 역할은 축소된다. 둘째는 첫째와 상관이 있는데, 시장실패로부터 사회적 약자를 보호할 수 있는 정책 수단이 제약되거나 제거된다. 예컨대 실업을 감소시키려는 수요관리(demand management) 정책의 후퇴뿐만 아니라 환율이나 자본 이동의 통제와 같은 정책 수단을 포기하게 된다. 특히 세계무역기구(World Trade Organization: WTO)가 바람직하지 못한 세계화, 즉 발전도상국가의 수백만 명의 복지에 심각한 영향을 주는 방향으로 이끄는 역할을 한다(Haynes, 2002: 29-30). 또 다른 이론가인 길(S. Gill)에 따르면, 세계화의 바람직하지 못한 것은 첫째로 발전도상국가나 동유럽으로부터 이민과 피난민을 증가시키며, 둘째로 생산이나 재정에 구조조정을 촉진함으로써 빈곤을 증대시키고, 셋째로 환경과 경제에서 선진 서구 국가와 나머지 국가들 간의 불평등을 증대시키며, 넷째로 국가들 사이에 또 국가 내에서 전쟁과 정치적 갈등을 부추긴다고 요약한다(Haynes, 2002: 29-30). 부정적 시각의 핵심은 세계화가 승자(winners)와 패자(losers)를 가르는데, 이 중심축은 국제통화기금(International Monetary Fund: IMF)과 세계은행(World Bank)으로 그 패자들은 대체로 선진 서구 국가 외부에 있다.

이와는 다른 관점에서 세계화를 부정적으로 보는 시각을 살펴본다. 앞서 기술했듯이, 문화와 정보에 기반한 비판적 시각을 잘 요약한 것이 볼통(Dominique Wolton)의 글이다. 그는 문화의 세계화에 주목한다. 이는 정보·소통의 세계화로 정보통신기술(ICT)을 바탕으로 인터넷, 영화, 비디오 게임, 컴퓨터와 무선 통신기, 그리고 페이스북과 같은 쇼셜 네트워크에서 찾는 콘텐츠를 생산하는 문화산업체들이 이끄는 세계화이다. 그러나 이 세계화는 21세기의 가장 역설적인 상황을 연출했다. 즉, 정보·소통의 세계화가 인류에게 지적인 풍요로움과 개방정신, 인간 해방을 선물할 것이라 생각했다. 물론 이에 공헌한 바도 있으나 사람들의 행동양식과 믿음, 풍속에서 바로 우리 곁에 있는 타자와 영구적으로 대립하도록 만들었다. 즉, 문화의 세계화를 통해 인류의 문화적 차이와 종교적 특수성, 사회·경제적 불평등을 더욱 눈에 띄게 하고 서로 간의 몰이해를 심화시킨다. 이것이 바로 기술적 관점에서는 지구촌이 되었으나 정치적·사회적·문화적 분절은 더욱 커져서 내부적 갈등은 관리되어야만 할 지경에 이르렀다. 그 해결책은 바로 소통에 대한 재고(再考)

로서 그 대안은 또 다른 세계화를 찾는 것이다(Wolton, 2012: 8-9). 이 책의 제3부에서 국제소통론을 두어 논의하려는 것은 바로 이 현상에 대한 탐구이다. 이상에서 논의한 바와 같이 서로 다른 관점을 지니고 있기 때문에 의견 일치가 어렵다. 따라서 이제는 세계화에 대한 논쟁의 이슈가 무엇인지 정리해 보자.

제3절 세계화에 관한 논쟁과 이슈

하스 외(Haas et al., 2010)에서 세계화에 관한 논쟁과 이슈를 잘 정리해 놓았다. 그들은 13개 중요한 주제를 중심으로 뽑았는데, 이를 열거하면 다음과 같다. ① 자유무역은 경제적 번영에 도움이 되는가, ② 자유무역이 경제적 평등을 촉진하는가, ③ 해외 원조가 빈곤을 감소시킬 수 있는가, ④ 사전 예방 원칙은 정책결정자들이 떠오르는 기술들을 규제할 때 효과적인 도구인가, ⑤ 국제 테러리즘은 국가 안보에 대한 심각한 도전인가, ⑥ 국제사회는 핵 비확산정책을 공격적으로 추진해야 하는가, ⑦ 광범위한 인권 유린의 경우 해외 군사 개입은 정당화되는가, ⑧ 국제레짐이 탄소 배출을 억제시킬 수 있는 효과적인 수단이 될 수 있는가, ⑨ 화석연료에 대한 의존성을 줄이기 위해 대체 에너지 개발을 장려해야 하는가, ⑩ 선진국은 후진국의 반(反)에이즈 운동을 촉진해야 하는가, ⑪ 발전도상국에서 여성의 권리를 적극적으로 신장시켜야 하는가, ⑫ 국가마다 이민정책을 자유화해야 하는가, ⑬ 비정부기구(NGO)가 너무 많은 권력을 행사하고 있는가 등이 그 이슈이다. 이에 긍정하는 쪽과 부정하는 쪽의 주장이 치열하게 대립하고 있다. 예컨대, ① 자유무역은 경제적 번영에 도움이 되는가에 대해 찬성과 반대 의견의 주장을 살펴보자. 전자의 주장은 수요자와 공급자가 자발적으로 재화와 서비스를 교환하는 경우 쌍방 모두에게 후생이 증가한다는 신념에서 비롯된다. 자유무역은 거래 쌍방의 이익 증가뿐만 아니라 국가 간의 상호 연계가 강화되어 국제 평화에도 도움이 된다고 한다. 즉, 개인과 개인 사이의 경제적 교환이 축적될수록 경제적 이익이 발생하고, 이 경제적 이익은 정치적 한계를 통합하고 초월한다고 보는 것이다. 그렇지 않다고 보는 쪽의 주장은 세 가지로 요약된다. 조사 도구의 문제, 사례의 문제, 이론의 문제가 그것이다. 먼저 조사 도구의 문제로 현상을 묘사하기 위해서는 규범적인 가치판단이 동시에 주어져야 한다는 주장을 받아들이지 않을 때, 과학적이라고 부를 수 있다. 따라서 가격 왜곡, 금융 억제, 보호무역 등의 어휘는 자유경쟁시장에 좀 더 긍정적인 의미를 부여하려는 목적에서 고안된 것임을 조사 도구를 활용할 때 알아야 한다. 사례의 문제를 살펴보면 몽골의 경우, 1991년에 공산주의가 붕괴되고 몽골 정부는 워싱턴 컨센서스를 받아들여 경제자유화 조처를 정책화했다. 그 결과 산업 기반은 붕괴되었고, 실업률은 치솟았으며, 노동력은 유목업으로 회귀했다. 이에 따라 각종 사회적 지표 역시 악화되었다. 이런 사례는 라틴 아메리카에서도 볼 수 있다. 이론의 문제를 살펴보면 초기 조건의 명제나 크루그먼(Paul Krugman) 등이 개발한 신무역이론이나 멜리츠(Marc Melitz), 레딩(Stephen Redding) 등이 개발한 신신무역이론을 참고해야 한다.[1)]

이러한 주제 외에 이주(migration) 문제(Papastergiadis, 2000)를 덧붙이기도 하고, 발전도상국가를 중심으로 세계화를 주장하는 이론가들은 발전도상국가의 민주화(democratization)를 덧붙인다. 또 인권을 중심으로 종교와 인종 갈등, 여성과 성차별을 이슈로 하기도 하고, 앞서 살펴보았듯이 문화와 정보를 중심으로 논의하기도 한다. 구체적인 논의는 각 전공 분야에 맡기고 이 책은 그 목적에 알맞게 국제행정학 교육, 국제 거버넌스, 행정의 국제화, 국제소통론, 각국 정부론을 중심으로 논의를 전개해 간다.

---

1) 이 이슈에 그렇다고 대답하는 이는 세계은행의 돌러(David Doller)이며, 그렇지 않다고 대답하는 이는 런던정경대학의 웨이드(Robert Wade) 교수라고 한다.

제 2 장 국제행정학의 현황과 과제: 한국의 국제행정학 교육과 연구를 중심으로

제 1 절 서론

국제행정학은 아직 한국의 행정학 교육과 연구에서 발달되지 못한 분야로 남아 있다. 국제행정의 교육과 연구가 “황무지에 이르고” 있다는 표현이 지나칠지는 모르지만 현재 행정학 교육과 연구에서 국제행정학의 현실에 대한 지적으로 적절하다고 볼 수 있다. 그럼에도 불구하고 소수이기는 하지만 국제행정학 강의와 분석을 위한 이론 또는 접근법의 제시가 지속되어 왔다는 점은 주목할 만하다.

특히 전통적 국제행정론, 신국제행정론, 초국가 거버넌스론 등의 제기는 행정학계 전체의 부족한 연구 역량을 고려한다면 국제행정 연구의 발전을 위한 기초가 되고 있다는 측면에서 학문적 기여를 인정해야 할 것이다. 이들 접근법을 둘러싼 논의는 향후 국제행정학 교육과 연구에서 기존 국제관계학 또는 국제정치학과의 학제간 연구를 위해서뿐만 아니라 독자적인 국제행정의 영역을 형성하기 위한 중요한 이론적 토대로 기능할 수 있다. 다만 지나치게 이론적 논의에 국한되거나 각 접근법의 인위적 분리에 기초한 논쟁보다는 통합적이고 경험적이며 이슈 중심의 국제행정 연구와 교육이 활성화되는 것이 필요한 시점이다.

이 장에서는 세계화 진전의 영향으로 인해 창출되고 발전된 국제행정의 현재를 지구적 거버넌스의 네트워크를 통해 살펴보고, 국내행정에 미치는 영향이 증대되고 있다는 점을 강조하고 있다. 그리고 한국의 국제행정학 교육의 현황을 서울과 지방 소재 대학의 사례를 통해 설명하고, 연구 현황의 경우 위에서 언급한 국제행정에 관한 이론적 접근과 논의를 중심으로 고찰하고 있다. 끝으로 국제행정학의 교육과 연구를 위한 다양한 제안을 제시하고 있다.

제 2 절 세계화와 국제행정

세계화는 다양한 방식으로 정의될 수 있다. 기든스(Anthony Giddens)는 "특정 지방에서 발생한 일들이 수 마일 떨어진 장소에서 발생한 사건들에 의해 영향을 받는 것과 같은 방식으로, 멀리 떨어져 있는 지방들을 연계하는 세계적인 사회 관계의 증대"라고 정의하고 있다. 길핀(Robert Gilpin)의 경우 "세계 경제의 통합"을 세계화로 지칭한다. 다양한 정의에도 불구하고 세계화는 결국 상호연계성의 증가, 탈

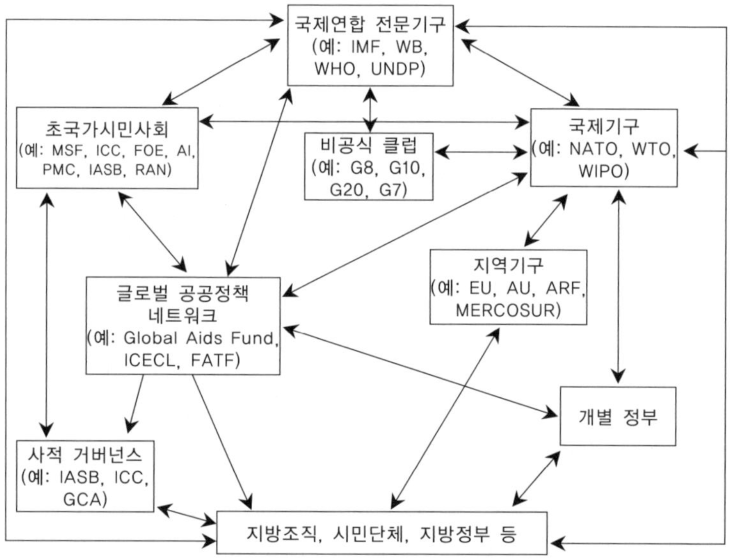

AI: 국제사면위원회 ARF: 아세안지역포럼 AU: 아프리카연합
FATF: 국제자금세탁방지기구 FOE: 지구의 친구들 GCA: 국제신용평가기관들
IASB: 국제회계표준위원회 ICC: 국제상공회의소 ICECL: 국제아동노동철폐협의회
MSF: 국경 없는 의사회 PMC: 사적 군사기업 WIPO: 세계지적재산권기구

그림 2-1 지구적 거버넌스 복합체

출처: McGrew(2009: 39).

영토화 및 탈민족화, 사회조직과 권력 관계의 범위 확대 등을 주요한 특징으로 한다(McGrew, 2009: 29-33).

세계화는 [그림 2-1]에서처럼 "지구적 거버넌스 복합체"가 형성되는 데 영향을 미쳤다. "지구적 거버넌스 복합체는 국가, 국제기구, 초국가 네트워크 및 기구들(공적·사적 영역)을 포함하면서 인류 공통 문제를 다양한 영향력을 가지고 장려, 규제, 간섭"하는 역할을 수행하고 있다(McGrew, 2009: 38-40).

지구적 차원의 국제행정은 행위자, 행위자 간의 관계, 이슈 영역의 급격한 확대를 통해 세계화의 발전과 함께 더욱 증진되어 왔다. 따라서 국내행정 연구에서 천착해 왔던 행위자, 행위자 간의 관계, 이슈 영역을 포함하면서도 질적으로 또는 양적으로 상이한 새로운 행위자, 연계성, 이슈 등을 분석 범위에 포함해야 하기 때문에 국제행정을 "국내적 유추"를 통한 설명하기에는 어려움이 따른다.

초국가 중앙정부의 부재로 인해 국내행정의 경우보다 다층적인 정책 형성과 집행 과정은 국제행정의 중요한 특징이라고 볼 수 있다. 특히 국가 내 시민사회의 성장과는 아직 맹아적 수준에 머물고 있는 것도 국내행정에서 거버넌스에 대한 분석과 차이점을 가진다.

한편 세계화의 진전은 국내행정 분야에 많은 영향을 미치고 있다. 경제 분야가 확대되면서 다국적기업이 국내행정의 정책 결정과 집행에서 직·간접적 영향력이 증대될 수밖에 없다. 과거 정부와 공적 부문의 영향력이 축소되고 초국적 기업과 엘리트의 활동이 경제 분야의 행정으로 중심으로 늘어나고 있는 상황이다. 또한 국가행정 내 엘리트주의를 증진시키는 경향이 나타날 수 있으며, 지방정부의 역할도 글로벌 기업의 영향력으로부터 자유롭지 못할 수 있다(Farazmand, 2007: 35-37).

제 3 절 한국의 국제행정학 교육 및 연구 현황

1 학부 및 대학원 교육 현황

학부 및 대학원에서의 교육은 잠재적인 국제행정 연구자와 실무자를 양성하기 위한 주요한 수단이자 국제행정 연구자의 연구 성과물이 교육으로 나타날 수 있는 선순환을 만들 수 있는 방법이기도 하다. 따라서 현재 각 대학에서의 국제행정 교육의 현황을 살펴보는 것은 국제행정학의 발전을 위한 중요한 기초 자료가 될 수 있다.

서울 소재 대학 및 지방 거점 국립대학의 행정학과, 행정대학원, 일반대학원의 교과과정을 <표 2-1>과 같이 검토했다. 서울의 경우 국제학부 및 국제대학원 등을 통해 글로벌 인재 양성에 주력하고 있는 대학들을 사례로 설정했으며, 지방대학의 경우 사립대학에 비해 교육환경의 변화에 대해 상대적으로 독립적이고 자율적인 국립대학을 검토 대상으로 선정했다. 홈페이지에 공개된 교육과정과 교수들의 관심 분야 또는 강의 과목 등을 참조했다. 다만 비공개된 자료의 파악의 어려움과 모든 대학을 포괄하지 못하는 한계를 지닌다.

1) 서울 소재 대학

표 2-1 국제행정 교과목 현황

학교	학과	교과목	교육 내용
서울대학교	행정대학원 정책학과	국제관계론(International Relation) · 외교정책론(Foreign Policy)	국제관계론: "현대 국제관계의 특징을 검토하고, 국제 관계 이론이 국제사회에서 현실적으로 어떻게 전개되고 있는가를 분석하며, 국제사회의 행위자들의 행동 및 갈등과 그 해결 방법을 모색해, 2000년대 세계가 직면하고 있는 여러 가지 문제점에 관해 검토, 진단해 본다. 특히 강대국이 국제 관계에서 큰 영향을 미치는 현실 속에서 제3세력의 대두에 따르는 약소국 발전도상국들의 국가 이익 증진책과 안보문제 등에 관해 논의하고 국제사회 속에서 한국의 새로운 좌표 모색을 위한 방안 연구에 중점을 두고 있다." 외교정책론: "각국의 외교정책을 비교 검토하고, 국제사회에서 각국의 나아갈 길을 모색하는 데 역점을 두고 있다. 특히, 미 · 러 · 중 등 강대국의 외교정책과 중진국 대열에 속해 있는 국가의 외교정책, 약소국가의 외교정책을 연구한다. 특히 분단된 한국이 격동하는 국제 관계 속에서 최소의 비용(희생)으로 최대의 이익을 달성하고, 국가의 생존을 유지하는 방법을 모색함에

			중점을 두고 있다. 서방국가, 신생국가, 약속국가의 외교정책 특징을 비교, 검토한다. 각국의 외교정책을 뒷받침하고 있는 국력과 이의 증진책도 겸해서 분석하고, 국제사회에서의 사건에 관한 사례도 연구한다."
고려대학교	행정학과	국제행정	"세계화·국제화 추세 속에 날로 그 중요성이 증대되고 있는 다양한 IGO 및 NGO들의 기원, 목적, 활동, 조직, 의사 결정과 IGO-NGO 상호관계 등에 관해 전문지식을 습득하고 기타 관련된 이론적·실무적 현안들을 분석한다."
	행정학과 대학원	국제행정과 대외정책·세계화와 지역정책	국제행정과 대외정책: "점증하는 세계화·국제화 추세 속에 초국가적 차원에서 전개되는 다양한 행정 현상을 분석하고 그에 효과적으로 대처할 수 있는 대외정책을 구상·기획해 본다. 지역적 전 지구적 차원의 여러 가지 제도 및 정책의 기원, 발전 과정, 운용 방식, 변동 양태 등을 분석하고 초국가적 현안들이 어떠한 협력·조정 기제를 통해 해결·관리되는지 이론적·실증적으로 고찰한다. 급변하는 대외 정세에 효과적으로 대처하기 위해서 어떠한 대외 정세에 효과적으로 대처하기 위해서 어떠한 제도적·정책적 대응이 요구되는지 논의한다." 세계화와 지역정책: "세계화 시대에 초국적 기업과 국가와의 관계, 그리고 경제의 세계화와 지역 발전에 대한 여러 가지 다양한 이론과 정책 등 지역 발전을 이루기 위한 구체적인 전략과 정책을 논함으로써 한국에서 적극적으로 추진되어 왔던 지역정책을 비판적으로 검토하고자 한다. 특히, 글로벌한 경제적 재구조화의 시기에 초국적 기업의 활동과 지역 발전과는 어떠한 상호작용이 있는지를 탐구하는 데 중점을 둔다."
	행정학과	세계 거버넌스와 국제행정(Global Governance and International Public Adminstration)	"현대 국제기구들의 실체와 역할을 이론적인 시각에서 분석한 후 실증적 시각에서 국제연합, 세계무역기구, 국제통화기금, 세계은행, 유럽연합, 경제개발협력기구, 아태경제협력체 등의 주요 국제기구들을 분석하고 진단한다. 이를 바탕으로 세계화 시대의 국제행정과 글로벌 거버넌스의 의의를 분석한다."

연세 대학교	행정대학원 일반행정 전공	국제행정(Public Administration in International Organization) · 세계화와 거버넌스(Globalization and Governance)	국제행정: "세계화의 추세에 대응한 국가 간 혹은 국제기구 행정의 역할과 그 변화를 살펴 학생들이 좀 더 넓은 행정의 영역으로 진출케 한다."(주요 강의 내용은 세계화의 의의 및 그 행정적 여파, 국제행정의 의미 및 참여자 · 패러다임의 변화, 국제협상의 논의, 국제기구를 중심으로 하는 국제행정에 관한 논의이다.) 세계화와 거버넌스: "세계화의 확산에 따라 안보, 경제, 환경, 인권, 문화 등의 다양한 분야에서 국가, 국제기구, 비정부기구 등의 다양한 행위 주체들이 다양한 형태로 문제 해결에 참여하고 있다. 이에 따라 새로운 거버넌스 패러다임이 등장하고 있는 바 이 과목은 세계화에 따른 각종 정책문제를 진단하고 올바른 거버넌스의 방향과 의의를 진단한다."
이화 여자 대학교	사회과학부 행정학 전공	비교행정과 지역연구(Comparative Administration and Regional Study)	"세계 각 지역의 정치; 경제, 사회, 문화, 역사, 종교 등을 종합적으로 이해하고, 이들 국가의 행정과 정책의 산출 체제, 구조, 기능, 제도, 문화 등을 집중적으로 비교 연구한다. 지역연구의 대상이 되는 지역과 연구 분야는 수강생의 선택에 따라 다양성과 포괄성을 허용하면서, 지역연구의 심층성과 전문성을 확보하도록 한다. 이를 위해 비교행정 연구의 전개, 접근 방법, 다양한 이론 등을 이해하고, 이를 통해 선 · 후진국, 지역별 행정의 유형을 비교 검토한다. 또한 국가 발전과 관련한 각 국가의 문제점 및 그 극복 방안을 한국 행정을 중심으로 비교 · 연구한다."
	행정학과 대학원	행정국제화연구(Internationalization of Public Adminstration)	"국제화에 요구되는 새로운 행정의 패러다임을 논의하고 환경, 무역, 인권, 여성, 노동 등 여러 가지 국제협력 체제의 형성 과제를 연구한다."
한국 외국어 대학교	행정학과 대학원	국제행정(International Administration)	"국제기구, 국제인사행정, 국제재무행정, 국제행정의 특수성을 검토한다."

2) 지방 거점 국립대학

◎ 경북대학교
 행정학부 공공관리전공 교과목: “국제행정(International Policy and Administration)”

◎ 충남대학교
 행정학과 교과목: “국제행정”

◎ 부산대학교, 전남대학교, 전북대학교, 충북대학교, 강원대학교 학부 및 대학원 과정 교과목 부재

서울지역의 세계화 교육을 주도하고 있는 소수 대학들의 행정학과를 중심으로 국제행정학이 교과목에 포함되어 있는 상황이다. 고려대 행정학과의 국제행정 교과목은 글로벌 거버넌스의 새로운 행위자인 NGO의 활동과 IGO와의 관계에 주목하고 있다. 연세대 행정학과의 경우 글로벌 거버넌스의 시각에서 국제행정을 교육하는 양상을 보여 주고 있다. 기존 국제기구 중심의 국제행정 교육을 글로벌 거버넌스로 확대시켜 교육하고 있으며, 국내행정에 미치는 여파와 다양한 행위자와 협상에 대한 설명까지 포함하고 있다. 한편 이화여대 대학원에서 강의하는 국제행정 관련 교과목은 국제화의 국내행정에 미치는 영향을 다루고 있다.

한편 지방 거점 국립대학의 경우 대부분이 국제행정 교과목이 부재한 상황이다. 지방의 경우 세계화의 영향이 상대적으로 덜하고 국제화에 대한 인식 정도가 낮은 것과 국제행정을 연구하고 있는 교수 또는 연구자가 부재한 것 등이 주요한 요인으로 작용하고 있다. 또한 학생들이 대부분 국제기구나 고위행정직으로 진출하기보다는 9급 공무원 시험을 준비하거나 관심을 기울이고 있는 상황 속에서 국제행정은 현실과 동떨어진 과목으로 비춰질 수 있다는 우려도 국제행정학의 교육이 위축되어 있는 상황에 기여했다고 판단된다.

2 연구 현황: 개념과 접근법을 중심으로

국내 학계에서 국제행정에 대한 개념 정의와 연구는 서울대 행정대학원 최종기

교수로부터 시작되었다. 국제행정이란 "국제사회에서 다수 국가가 공동의 사항을 처리하기 위해 조약 또는 협정에 의해 결성한 국제적인 조직체인 국제기구를 통해 행해지는 행정"이라고 정의하면서 구체적으로 "국제기구를 운영하는 사무국을 설치하고 여기에 종사하는 직원들을 다스리는 행정을 국제행정"이라고 부연해 설명했다. 이후 "전통적 국제행정론"으로 구분되는 접근법에 기초한 연구자들은 국제행정을 국제기구행정으로 규정하면서 국제행정을 국제기구 사무국의 활동으로 등치시켰다(박정택, 1993: 258).

한편 박정택 교수는 국제행정을 "국제사회 또는 국제공동체사회의 공공문제의 해결 체제"라고 규정하고, "국가와 국제기구에 의한 정책 형성과 집행"에 국제행정 연구의 주안점이 두어져야 한다고 주장했다. "새로운 국제행정론"에서는 전통적 국제행정론과 달리 국제기구행정에 더해 국가 간의 관계, 국가와 다른 사회와 관련된 행정을 포함하는 것이다. 또한 문제 해결을 위한 국제정책의 형성, 국가들의 국제 문제 해결을 위한 상호작용, 국가분권적 국제행정 체제 등을 분석할 것을 강조했다(박정택, 1993: 262, 266-267).

2004년 발표한 논문을 통해 김선혁 교수는 초국가 거버넌스론을 제시한다. 초국가 거버넌스론은 "제도학"이 되어야 한다고 주장하면서 "제도의 창안, 운용, 관리,

표 2-2 전통적 국제행정론, 신국제행정론, 초국가 거버넌스론 비교

비교 내용	전통적 국제행정론	신국제행정론	초국가 거버넌스론
국제행정 개념	국제기구 중심	국제 공동체사회 중심	거버넌스(세계적 거버넌스와 지역 거버넌스) 중심
행위 주체	정부간 국제기구, 행정공무원	국가, 정부간 국제기구, 비정부 간 국제기구, 개인	국가, 정부간 국제기구, 비정부 간 국제기구, 국내 비정부단체, 다국적 기업, 개인
분석 대상	국제기구 사무국 또는 집행기관	국제공공정책의 형성과 집행	제도 또는 거버넌스의 생성, 발전, 변화, 처방
연구 지향		규범적(세계공동체의 형성), 문제 해결	규범적(민주성과 효율성), 문제 해결

출처: 김선혁(2004), 이명화(1999), 박정택(1993)의 논문 내용을 재구성.

재설계, 발전, 개혁 혹은 변형시킬 수 있는가에 일차적 관심을 가져야 한다"고 강조했다. 또한 국내행정과 정치 등을 포함한 통합적인 이론 틀을 제공해 주어야 하며, 민주주의와 효율성 같은 규범적인 의제도 다룰 것을 제안한다(김선혁, 2004: 97-99).

이들 국제행정에 대한 개념 규정과 접근법의 제시는 국제사회의 변화와 긴밀한 연관성을 가지고 있다. 특히 탈냉전 이후 다양한 국제기구의 활동이 확대되면서 신국제행정론 제기의 실제적 기초가 형성되었으며, 이후 글로벌 거버넌스론[1]의 발전은 초국가 거버넌스론의 지적 토양이 되었다.

제 4 절 한국의 국제행정학 교육과 연구의 과제

1 국제행정학의 교육 과제

세계화의 시간과 이익의 비균등성은 주지의 사실이다. 그럼에도 불구하고 시차를 두고서라도 세계화의 영향으로부터 자유로울 수 있는 개인과 집단은 존재하기 어려운 것이 현실이다. 국제행정학의 교육은 첫째, 세계화의 영향이 급격하게 계층과 지역을 가리지 않고 미치고 있으며, 다양한 행위자들이 실제 이에 대한 면밀한 분석을 통한 설명이 선행되어야 학습에 대한 동기부여가 분명해질 수 있다. 즉, 행정고시와 외무고시를 합격한 고위 행정 공무원과 국제기구의 관료를 위하거나 또는 국제기구의 관료가 되기 위한 교과목이 아니라 세계화에 대응하기 위한 행위자로서 갖춰야 할 중요한 지적(知的) 내용임이 강조되어야 한다. 연세대와 이화여대의 교육 내용에 포함된 세계화의 국내행정에 대한 영향과 행위자의 증대 등에 대한 교육은 국제행정학의 교육 내용으로서 의미를 가진다.

둘째, 국제행정을 단순히 유엔과 같은 국제기구의 형성과 운영에 주목하기보다

1) 글로벌 거버넌스(global governance)는 "협력적인 문제 해결 방식으로 다양한 국제행위자들이 최소한의 원칙, 규칙, 제도 또는 법을 가지고 인류 공동의 문제를 파악하고 이해하며 해결하려는 노력"으로 정의할 수 있다(이승철, 2008: 31).

는 행위자의 확대와 다양한 국제제도의 형성과 발전에 주목한 교육이 이뤄져야 한다. 이슈와 지역별로 구분 가능한 국제제도와 국제제도 형성과 운영 이외에도 제도 내에서의 행위자, 의사 결정, 국제제도의 결정이 국내 행정에 미치는 영향 등이 포괄적으로 교육되어야 한다.

따라서 현재의 단일 과목으로 이뤄진 "국제행정" 교과목은 몇 개의 교과목으로 세분화되어야 한다. 우선 예를 들면 "세계화와 행정" 같은 교과목을 통해 세계화가 국내행정과 지방행정에 미치는 영향과 이에 대한 행정적 측면의 변화와 행정공무원의 대응 능력, 국제기구의 국내행정에 대한 영향 등에 관한 내용이 사전에 다뤄질 필요가 있다.

둘째, 사무국을 갖춘 유엔과 같은 소수 국제기구에 대한 교육에서 지평을 확대해 정부간 기구, 비정부 간 기구, 국제 레짐, 지역통합기구 등을 포함한, 예를 들면 "국제제도와 행정" 같은 교과목을 신설해 다양한 국제제도의 형성과 정책 결정, 정책의 집행을 교육할 필요가 있다.

셋째, 글로벌 거버넌스의 시각에서 다양한 행위자와 제도의 형성과 변화, 작동을 설명하는 교육 또한 필요하다. 예를 들면 "글로벌 거버넌스와 행정" 같은 교과목에서는 경제, 인권, 환경, 노동, 교육 등의 이슈에 따른 국제적 거버넌스의 형성과 변화, 운영, 행위자 등을 교육할 수 있으며, 유럽 등의 대표적인 지역 차원의 다양한 거버넌스에 대한 교육도 진행될 수 있다.

넷째, "국제행정 세미나" 같은 교과목을 통해 국제행정의 다양한 사례와 실제에 대한 소개를 통해 학생들의 국제행정에 관한 실무 지식과 역량을 증진시킬 수 있는 기회를 제공할 수 있다. 예를 들면 한미 FTA 체결이나 OECD 등에 파견 근무, 지역의 경제자유구역(free economic zone) 업무 등과 관련된 정책의 결정과 시행을 학습할 수 있도록 해야 하며, 국제협상론이 교육 내용에 포함되도록 할 필요가 있다. 또한 실무 능력 향상을 위해 국제회의의 개최 및 운영에 대한 교육이 병행되어야 한다.

2 국제행정학의 연구 과제

세계화의 진전과 함께 국제제도의 행정을 포함한 국내적 영향력이 급격히 증가하고 있는 것은 불가피한 현실이다. 기존의 "중요한 전환기에 처한 한국 행정학이 국제행정의 초국가 거버넌스로의 내용적 변화와 본질적으로 유사한 거버넌스학, 그리고 제도학으로의 변화를 시도할 것인지, 그렇지 않으면 조직·인사·재무·정책 등 정부 기구의 4대 주제 영역을 근간으로 하는 전통적·정통적인 행정학으로 남을 것인지는 행정학자 모두가 내려야 할 공동의 선택이다"(김선혁, 2004: 100)라는 주장은 세계화의 여파가 행정학 연구에 새로운 이슈를 제공해 주고 있으며, 변화의 요구에 직면해 있다는 현실을 적극 반영한 것이라 볼 수 있다.

국제행정 연구의 심화되어야 하고 외연도 확대되어야 한다는 것은 부정할 수 없는 현실이 되고 있다. 국내 국제행정 연구는 전통적 국제행정론, 신국제행정론, 글로벌 거버넌스론, 초국가 거버넌스론의 소개가 진행되어 왔다. 전통적 국제행정론은 정부간 국제기구 사무국의 형성과 운영에 관심의 초점이 두어져 있다면 신국제행정론은 국제행정의 주체의 다양성을 인정하고 국제정책의 형성 및 집행 과정에서의 법과 제도의 변화에 주목한다. 한편 초국가 거버넌스론은 행위자를 시민사회를 대표하는 국내 비정부단체, 다국적기업, 개인 등 좀 더 폭넓은 행위자를 국제행정의 주체로 포함시키면서 "제도" 또는 "제도화"의 분석과 규범적 의제에 주안점을 두고 있다.

전통적 국제행정론의 한계를 지적하면서 제기된 신국제행정론이나 글로벌 거버넌스론, 초국가 거버넌스론은 세계화의 진전, 국제제도의 발전 등의 현실을 반영한 것이다. 주요하게는 국제행정에서 행위자의 증가와 다양한 국제 제도의 형성과 발전하고 있는 현실에 기초해 국제행정을 분석하기 위한 접근법의 발전 과정이라고 볼 수 있다.

그러나 국제행정의 개념과 접근법에 대한 논의는 구체적인 사례 분석으로 활성화되지 못한 한계를 가진다. 국제행정 연구자의 부족 또한 원인일 수 있지만 개념과 접근법이 추상적인 수준의 제시에 머물렀던 것도 주요한 요인이 되고 있다. 행위자와 분석 영역의 확대에 국제행정학 연구에 관한 논의가 기여한 것은 분명하지만 접근법을 통해 기존 국제정치 또는 국제관계학의 국제기구 분석과는 차별화된 사례 분석으로의 발전이 진행되어 왔다고 보기는 어렵다. 또한 초국가 거버넌스론의 경우 다양한 행위자 중 지속적으로 주도권을 행사하고 있는 군사·안보 분야의 이슈 영역에서처럼 국가의 역할, 국가 간의 관계, 특정 국가의 의제 세팅 및 집행 같은 분야에서의 헤게모니 등에 대한 전통적인 국제정치 분석의 유효성을 간과하는 측면이 있다.

한편 접근법의 발전 과정이 기존 접근법의 폐기를 의미하는 것은 아니다. 유럽연합과 같이 국제제도가 발전할수록 정부의 성격을 가지면서 국내 행정의 주요 이슈인 조직, 인사, 재무, 정책 등이 분석 주제로 투영되어 설명하기에 적합해지는 것도 간과할 수 없는 것이다. 즉, 전통적 국제행정론의 접근법이 유효한 것도 발전된 국제제도에 대한 분석에서는 의미를 가지기 때문이다. 반면 신국제행정론은 글로벌 또는 초국가 거버넌스론에 포함된다고 볼 수 있을 만큼 행위자의 범위와 제도에 대한 강조점을 제외하면 큰 차이를 보이지 않는다고 볼 수 있다.

따라서 현재 수준에서 국제행정에 대한 분석은 전통적 국제행정론과 글로벌 또는 초국가 거버넌스론으로 크게 대별된다고 볼 수 있다. 전자가 정부의 특징을 강하게 가지는 경우 국내행정 주제에 기초한 분석은 적실성을 가지는 반면, 후자는 정부의 특징을 보이지 않는 "느슨한" 다양한 국제제도의 분석에 적절하다. 거버넌스론이 더 많은 국제제도를 분석 대상으로 포함할 수 있는 유용성은 분명하다.

그러나 지나치게 전통적 국제행정론과 거버넌스론으로 거시적이고 통합적인 접근법으로 이분법적으로 대립시키는 것보다는 주제 중심의 세분화된 접근으로 국제행정 연구의 활성화를 도모하는 것도 고려할 필요가 있다.

첫째, 국제제도가 유럽연합과 같이 발전된 경우 유럽연합 집행위원회의 조직, 인사, 재정, 정책의 주제에서 다양한 분석틀을 통해 분석하는 가능할 것이다. 국제 제도에 대한 조직, 인사, 재정, 정책 등의 행정학의 주요 영역 차원의 분석은 지속되어야 한다.

둘째, 국내행정과 국제행정의 관계에 대한 분석이 진행되어야 한다. 국제행정의 국내행정에 대한 영향과 상호 관계에 대한 설명이 필요하고 개인을 포함한 다양한 행위자의 역할 변화와 관계 등도 고찰할 필요가 있다. 또한 국제사회에 다양한 행위자가 존재하는 상황에서 국제제도 내에서 국가들이 벌이는 양면게임(two level game)[2]의 국제행정 및 국내행정에 대한 영향도 고려되어야 한다.

셋째, 거버넌스론에 입각한 제도의 형성과 함께 국제행정의 변화에 대한 분석과 국제행정의 지속성에 대한 분석도 필요하다. 역사적 제도주의의 입장에서는 "경로의존성" 때문에 제도의 변화가 제한을 받는다고 주장하는데 실제 국제행정의 변화

2) 양면게임은 둘 이상의 행위자가 서로 상대방에 대한 대응을 모색하면서 상대방의 다른 행위자와 새로운 게임을 벌이고 있는 상황의 게임을 의미한다(심준섭 외, 2008: 73).

에 대한 분석과 경로를 고찰하는 것도 중요한 의미를 갖는다.

넷째, 국제행정에서 다차원(multi-level)의 정책 결정과 집행에 대한 분석이 필요하다. 대부분의 발전된 국제제도의 경우 정책의 형성과 결정, 시행이 여러 차원의 결정을 통해 이뤄지기 때문이다. 예를 들면 피터슨(John Peterson)과 봄버그(Elizabeth Bomberg)는 유럽연합의 정책 결정을 상위 체계(super-systemic), 체계(systemic), 하위 체계(subsystemic)의 세 개 차원으로 구분해 각각 유럽연합의 정책 결정을 역사 결정(historymaking), 정책 세팅(policy-setting), 정책 형성(policy-shaping)으로 구분해 설명하고 있다(Peterson & Bomberg, 1999: 4-30).

다섯째, 국제행정의 연구에는 국제협상에 대한 분석이 포함되어야 한다. 국제협상의 진행과 결과, 행위자 등에 대한 분석이 실제 개인과 집단, 국가 등이 벌이는 협상의 과정과 결과가 국제행정의 주요한 내용 중 하나이며, 정책 결정과 시행에 영향을 미치기 때문이다. 또한 협상은 FTA 협상의 경우처럼 국내 협상과 국제 협상이 병행되는 경우가 많아서 국내행정과 국제행정의 상호 관계와 영향을 파악하기 위한 주요한 영역이다.

여섯째, 패러즈맨드(Ali Farazmand)의 주장처럼 국제행정 분석과 비교행정(comparative administration) 분석을 통합하는 것도 고려할 수 있다(Farazmand, 2007: 37). 또한 비교행정의 분석틀을 활용해 국제 제도의 비교 분석을 시도할 수 있다. 예를 들면 각 지역 경제통합 국제 제도 또는 국제행정의 비교나 유럽연합과 다른 지역의 국제행정의 비교 연구 등을 할 수 있으며, 동아시아 지역 다양한 국제제도를 위한 함의도 비교를 통해 도출할 수 있다.

제 3 장 국제연합(UN)

제 1 절 유엔의 출범 과정과 운용

유엔(United Nations: UN)은 제2차 세계대전 종전 후인 1945년 10월 24일 공식 출범했고 본부는 미국의 뉴욕에 위치하고 있다. 제1차 세계대전 종전 후 발족된 국제연맹(1946년 무산)의 실패 경험과 제2차 세계대전에 대한 반성을 바탕으로 창설되었다. 자유주의와 현실주의가 조합된 국제협력 체제, 집단안보 체제 성격을 띤 보편적 국제조직이다. 유엔이라는 명칭은 당시 미국 대통령 루스벨트(Franklin Roosevelt)가 고안했는데, 1942년의 연합국 26개국이 모인 '연합국 선언'에서 처음 사용되었다.

유엔의 성립 과정은 다음과 같다. 1941년 8월 14일 미국 대통령 루스벨트와 영국 수상 처칠이 대서양헌장(The Atlantic Charter)에 서명했다. 이 헌장에서 두 사람은 "경제에서 최대한의 공조"와 "총괄적인 안보를 위한 광범위한 상설기구"를 언급했는데 그에 대해 1942년 1월까지 26개국이 지지를 표명했다. 1943년 10월 개최된 모스크바 3상회의에서는 "빠른 시일 내에 가장 실질적이고 보편적인 국제기구 창설"에 합의하는 내용의 모스크바 선언(Moscow Declaration on General Security)이 채택되었다. 1944년 8월 21일부터 10월 7일까지 미국 덤바턴 오크스(Dumbarton Oaks)에서 회합이 있었고, 1945년 2월 루스벨트, 처칠, 스탈린 간에 마지막 회합인 얄타(Yalta)회담이 타결되었다. 이 합의를 바탕으로 1945년 4월 미국, 소련, 영국, 중국, 프랑스 5개 강대국이 주도가 된 국제기구 유엔회의(UN Conference on International Organization) 개최가 결정되었고, 4월 25일 46개국이 참석한 가운데 샌프란시스코유엔회의가 개최되었다. 그 후 폴란드를 포함해 5개국이 추가로 참여했고, 1945년 6월 26일 51개 대표들이 유엔헌장(UN Charter)에 서명했다. 미국 등 5개 상임이사국과 대다수의 국가가 국내 비준 절차를 완료함에 따라 1945년 10월 24일 유엔헌장이 발효되었다. 1945년 12월 27일까지 모든 회원국이 비준했고, 1946년 1월 10일 제1차 유엔총회가 런던에서 개최되었다. 이로써 국제사회에 유엔이라는 보편적 기구가 탄생하게 되었고, 지금도 명실상부 최고의 권위와 최대의 회원국 수를 가진 국제기구로 기능하고 있다.

유엔은 포괄적인 국제기구이다. 주요 활동은 유엔헌장에 명시되어 있다. 국제평화와 안전의 유지, 국가 간의 우호 관계 유지, 경제·사회·문화·인도적 문제와 인권 신장을 위한 국제 협력, 그리고 국제 관계의 이해와 조화를 위한 중심지 역할 등이 그것이다. 이들 활동을 영역별로 나누면 평화유지활동, 군비 축소 활동, 국제 협력 활동으로 구분할 수 있다. 유엔은 이들 사업 수행을 위해 여러 개의 조직을 두고 있다. 헌장에 의거해서 설치된 주요 기관으로는 총회, 안전보장이사회, 경제사회이사회, 신탁통치이사회, 국제사법재판소, 사무국이 있다(헌장 제7조). 그 밖에 유네스코(UNESCO), 세계보건기구(WHO), 국제통화기금(IMF) 등 16개의 전문기구와 국제원자력기구(IAEA) 등 2개의 독립기구, 그리고 37개의 관련 기구를 두고 있다.

유엔의 예산은 평균적으로 연간 경상경비 약 12억 달러, 평화유지군(PKO) 경비 약 30~40억 달러, 각종 사업비용 약 100억 달러 등을 포함해 170~180억 달러 수준이다. 재정은 정규적인 분담금, PKO 분담금, 자발적 기여금으로 구성되는데, 국가별 경제 역량을 고려해 계산된 지불 능력(capacity to pay)[1]에 따라 결정된다.

1) 지불 능력은 각국의 GNP, 경제 수준, 대외부채 등을 고려해 유엔분담금위원회가 정한 비율에 따른 것으로 정규 분담금은 전체 회원국 중 미국이 22.0%, 일본이 10.8%, 독일 7.1%, 프랑스 5.6%, 영국 5.2% 등이 전체의 약 50%를 분담한다. 한국을 포함한 상위 20여 개국이 전체의 85%를 분담하며 나머지 170여 개국이 약 10%를 분담한다(박흥순·조한승·정우탁, 2013: 34 참조).

제 2 절 유엔조직 및 기관

1 총회

총회(United Nations General Assembly)는 유엔을 구성하는 6개 주요 기관의 하나로서 유엔의 모든 업무를 결정하는 최고 의사결정기관이다. 총회는 유엔 전체 가입국의 대표로 구성되며, 1945년 유엔 창립과 함께 기능을 시작했다.

총회의 임무와 권한은 유엔헌장(10~17조)에 명시되어 있다. 헌장의 범위 내에 있는 모든 문제 또는 헌장에 규정된 기관의 임무·권능에 관한 문제에 대해 토의할 수 있고, 그 결과를 가입국과 안전보장이사회에 권고할 수 있다. 총회의 주요 기능은 다음과 같다.

① **평화 유지 기능**: 군축 및 군비의 규제를 포함한 평화 유지에 관한 원칙을 심의·권고한다. 구체적인 분쟁 해결에 관해서는 안전보장이사회의 보조 역할을 수행한다. 원칙적으로 행동을 필요로 하는 권고는 할 수 없으며, 그 결의가 회원국을 구속하는 효력은 없다. 그러나 1950년에 채택한 '평화를 위한 단결 결의'를 통해 총회의 권한을 확대했다. 강대국의 거부권 행사로 인해 안전보장이사회가 평화 유지에 필요한 조치를 취할 수 없을 경우 총회가 무력 행사를 포함한 조치를 권고할 수 있다는 내용이다.

② **국제 협력 기능**: 정치·경제·사회·교육·보건 등의 분야에서 국제 협력을 촉진하고, 국제법의 발전을 장려하며, 인종·성·언어·종교의 차별을 없애고, 모든 사람의 기본적인 자유의 실현에 관해 연구·제안·권고한다. 또한 일반적 복지나 국가 간의 우호를 해칠 우려가 있는 사태를 평화적으로 조정하기 위한 조치를 권고한다.

③ **보고·심의 기능**: 안전보장이사회로부터 연차보고와 특별보고를 받아 이를 심의하고, 유엔 기타 기관으로부터 보고를 받고 이를 심의한다. 유엔의 예산을 심의하고 이를 승인하며 각 회원국에 대한 분담금 할당을 결정한다. 그 밖에 회원국 가입을 심의하고 유엔헌장 개정을 제의할 수 있다.

회의는 정기총회와 특별총회가 있다. 각 회원국은 5명의 대표와 5명의 교체대표를 가질 수 있으며, 1국 1표를 가지고 평등의 원칙을 취한다. 총회는 각 회기마다 의장과 21명의 부의장을 선출하며 자체적으로 의사 진행 규칙을 채택한다. 정기총회는 종래 매년 9월 셋째 화요일에 개최하던 것을 제52차 유엔총회(1997년) 운영위원회에서 차기(제53차 총회)부터 매년 9월 1일 이후 첫째 화요일에 개최하도록 수정했다. 특별총회는 안전보장이사회의 요구가 있거나 총회에서 과반수 이상의 회원국들의 요구가 있을 때 사무총장이 15일 이내에 소집한다. 그러나 안전보장이사회가 강대국의 빈번한 거부권 행사로 그 기능이 자주 마비되는 한계가 있어서 6·25 전쟁 중이었던 1950년 11월 제5차 총회에서 '평화를 위한 단합 결의(Uniting for Peace Resolution, UN Resolution 377)'에 대해 의결하고 총회의 권한을 강화시켰다. 안전보장이사회에서의 거부권 행사로 평화 유지를 위한 적절한 조치를 취할 수 없을 때, 총회가 평화를 위한 적절한 조치를 권고할 수 있는 권능을 가지게 된 것이다. 이와 관련해 구체적인 조치를 취한 예는 1956년의 수에즈운하 위기와 헝가리 사태, 1958년의 레바논 문제, 1960년의 콩고사태, 1967년의 제3차 중동전 등이 있다.

회기가 시작되면 총회는 신임장위원회(Credentials Committee)와 운영위원회를 구성한다. 신임장위원회는 의장의 제청에 따라 총회가 임명하는 9개국 대표로 구성되며 각 회원국의 신임장을 심사해서 총회 본회의에 보고한다. 운영위원회는 의장과 안전보장이사회 5개 상임이사국 대표와 부의장이 포함된 21명의 위원, 그리고 7명의 주요 위원회 대표로 구성되는데 총 29명이다. 운영위원회는 총회 본회의의 의사일정을 작성하고, 안건들의 우선순위를 결정하며, 의장을 조력해 총회의 모든 위원회의 진행을 조정한다. 또한 각 회기를 통해 주기적으로 회합해 총회와 주요 위원회의 진행 상황을 점검한다.

총회는 본회의에서 다루게 될 의사일정과 안건을 논의하고, 이를 제출·선의하기 위해 준비하는 7개의 주요 위원회(main committees)로 구성된다. 주요 위원회는 총회의 보조기관이 아니라 구성 부분으로서 ① 제1위원회: 정치·안보(군비규제 포함) ② 제2위원회: 경제·재정, ③ 제3위원회: 사회·인도·문화, ④ 제4위원회: 신탁통치, ⑤ 제5위원회: 행정·예산, ⑥ 제6위원회: 법률, ⑦ 특별위원회: 특별한 정치적 문제(제1위원회가 다루지 않는 기타의 정치적 문제) 등이 있다. 총회의 주요 위원회 의장은 매회기마다 선출되는데, 지리적 배분에 따라 아프리카 2석, 아시아 1석,

동유럽 1석, 라틴아메리카 1석, 서유럽 및 기타 1석, 그리고 나머지 1석은 아시아 및 라틴아메리카에서 교대로 선출한다.

의사 결정은 주권 평등의 원칙에 따라 표결 시 '일국일표주의'를 채택하고 있다. 안전보장이사회의 일차적인 책임인 국제 평화와 안전에 관한 사항 이외에는 유엔의 활동 범위에 속하는 어떠한 문제라도 토의, 권고하는 권능을 지닌다. 표결은 중요 안건과 일반 안건으로 나뉘는데 표결 방식이 다르다. 중요 안건에 대해서는 출석 투표국 2/3의 다수결로, 그 밖의 일반 안건은 출석 투표국 과반수로 의결한다. 중요 안건이란 평화와 안전의 유지에 관한 권고, 안전보장이사회의 비상임이사국의 선출, 신규 가입국의 승인, 가입국의 특권 정지나 제명, 신탁통치제도의 운용, 예산, 그리고 총회에서 중요 사항으로 지정된 문제 등이다.

2 사무국

유엔 사무국(Secretariat)은 총회와 이사회 등 유엔의 집행기관을 보좌해 정책이나 프로그램을 직접 시행하거나 시행하도록 보조하며 그에 따른 업무를 집행한다(헌장 제15조). 유엔사무국의 부서는 총회 및 회의 업무국, 정무국, 군축국, PKO국, 법률국, 인도문제조정관실로 나뉘며 사무총장이 통괄해 업무를 수행한다. 사무총장은 안보리의 추천을 거쳐 총회에서 선출된 인사로 임기가 5년인데 관행적으로 10년까지 재직한다. 반기문 사무총장은 2014년 현재 두 번째 임기를 수행하고 있다.

사무국 요원은 영구직과 임시직으로 구분되는데, 영구직의 경우는 정치적 임명직(사무총장, 사무부총장, 사무차장)과 정년이 보장되는 전문직(선임 국장급 D2부터 P5에서 P1에 이르는 전문관료), 일반직이 있다. 임시직의 경우는 정년이 보장되지 않는 계약직 또는 임시 파견직(gratis) 등의 파견직(secondment)이 있다. 뉴욕 사무국에 근무하는 고위직을 보면, 사무총장(Secretary General: SG)과 사무부총장(Deputy Secretary General) 및 사무차장(Under-Secretary General: USG) 등 10여 명, 사무차장보(Assistant-Secretary General: ASG) 10여 명을 비롯해, 사무총장 특별대표(Special and Personal Representatives and Envoys of the SG) 90여 명이 있다. 오늘날 유엔 직원은 뉴욕 및 제네바 본부의 1만 4천 명을 포함해서 전 세계적으로 약 5만 명 이상이 있고 그중 전문직은 1만 8천 명에 이른다. 유엔 사무국의 직원들은 출신 국가에 대해 중립성의 의무를 지키고, 유엔의 목적과 원칙에 의거해 업무를 수행해야 한다. 유엔 사무국의 예산은 주로 회원국이 납부하는 분담금으로 집행된다.

유엔 사무국은 현재 미국 뉴욕에 본부를 두고 있으며 그 밖에 스위스 제네바, 오스트리아 빈, 케냐의 나이로비 등에 지역 사무국을 두고 있다. 뉴욕 사무국빌딩(Secretariat Building)은 제2차 세계대전이 종결된 후인 1951년 록펠러(John Davison Rockfeller Jr.)가 기증한 850만 달러 상당의 부지에 건설되었으며, 사무국 주변에 유엔총회 빌딩(General Assembly Building), 함마숄드 도서관(Hammerskjöld Library), UN공원(UN Gardens) 등이 있다. 유엔의 유럽 본부인 제네바 사무국은 유엔의 전신인 국제연맹(League of Nations)의 본부 사무국이었다. 1936년 팔레데나시옹(Palais des Nations, Palace of Nations) 건물이 완공되면서 유럽 내 국제회의의 중심지로서 자리를 잡았다. 인권, 보건, 무역, 노동을 중심으로 한 국제기구가 소재하며, 유엔 회의의 2/3를 제네바에서 개최한다. 빈 사무국은 군축, 마약, 범죄, 난민, 국제법 관련 기구가 소재하며, 나이로비에는 환경, 거주와 관련된 국제기구가 있다.

3 국제사법재판소

국제사법재판소(The International Court of Justice: ICJ)는 1945년 설립된 유엔의 사법기관으로 국제법에 의거 국제적 법률 분쟁을 해결하고, 총회나 안보리 등 국제기관들이 회부하는 법률 문제에 관해 권고적 의견을 제공한다(헌장 제14장). 재판관은 15명으로 구성되며, 총회와 안보리에 의해 9년 임기로 선출되고(매 3년마다 5명씩 선출) 연임할 수 있다. 재판관은 세계의 주요 문명권과 법체계를 대표하는 전문가로 구성되며 각국의 입장이나 이익을 대변하지 않고 독립적 중립적으로 활동해야 한다.

ICJ는 현재 네덜란드 헤이그의 평화궁에 소재하며, 재판부와 사무국으로 구성되어 있다. 그 전신인 상설국제사법재판소(Permanent Court of International Justice: PCIJ)의 한계를 극복하기 위해 회원국의 확대 및 재판의 공정성 확보에 노력하고 있으며, 영토·환경·인권·조약 등 다양한 분야의 국제 분쟁 해결에 기여하고 있다. 재판소는 분쟁 당사국 간의 부쟁에 대한 사법적 판단 외에도 유엔총회·안전보장이사회를 비롯한 권한이 있는 유엔 전문기구의 요청에 따라 권고적 의견

(Advisory Opinion)을 제시할 수 있다. 실제 재판소는 1946년부터 2008년까지 총 114건의 소송을 다뤘으며, 국제기구들에도 25개의 '권고적 의견'을 내린 바 있다.

판결의 구속력은 당사국에게만 미치며, 사건은 1심으로 종결되고 상소는 인정되지 않는다. ICJ 규정상의 조건에 합치하는 경우 판결의 해석 또는 재심을 요청할 수 있다. 일방 당사국이 판결을 이행하지 않는 경우, 타방 당사국은 유엔 안전보장이사회에 제소할 수 있으며, 안전보장이사회는 판결의 이행 권고 또는 필요한 조치에 관한 결정을 내릴 수 있다. ICJ 판결은 당사국과 당해 사건에 대해서만 구속력을 가지며 선례에 따를 법적 의무는 없으나, 예측가능성 및 법적 안정성의 측면과 관련해 실제 재판에서는 과거의 판례를 존중하는 경향이 있다. ICJ는 조약, 국제관습법, 법의 일반 원칙을 재판의 준칙으로 삼으며 판례 및 유력 학설을 보조 수단으로 사용한다. 또한 당사자가 특별히 합의하는 경우는 '형평과 양심(ex aequo et bono)'에 따른 재판이 가능하다.[2)]

4 경제사회이사회

유엔의 경제사회이사회(Economic and Social Council: ECOSOC)는 세계 각국의 경제 개발, 사회, 인권에 관한 제반 문제를 다루고 인류 전반의 생활 수준 향상을 목적으로 하는 유엔의 주요 기구의 하나이다. 주요 업무는 무역, 금융, 재정을 포함해 유엔의 경제 및 사회 분야의 각종 프로그램, 보조기관, 기능적 위원회, 지역적 위원회, 관련 전문기구 및 독립기금의 활동을 조정(coordination)하고, 관련된 연구의 수행, 보고서 제출이나 필요한 권고를 하는 임무를 담당한다(헌장 제9장 및 10장). 구체적으로 ① 국제경제, 사회, 문화, 교육, 보건 및 관련 사항에 대한 연구를 수행하며, 연구 결과를 보고 및 권고하거나 발의하고, ② 인권 및 모든 인간의 기본적인 자유를 존중하고 준수하도록 장려하며, 권한 및 규정에 따라 해당 사안과 관련해 국제회의를 소집하고 총회 제출을 위한 협약 초안을 준비한다. ③ 전문기구와의 협정을 통해 이들 전문기구와 유엔과의 관례를 규정하고, 총회 및 회원국에 대한 권고

2) 중재재판관과 사법재판관에게 실정법의 적용을 떠나 '형평과 양심'에 기초해 재판할 권한을 예외적으로 부여하는 방식을 말한다.

를 통해 전문기구 활동을 조정한다. ④ 이사회가 다루는 문제와 관련해 비정부 간 기구와도 협의하는 기능을 수행한다.

이사국은 유엔 회원국 중 총회에서 선출되는데 초창기 18개국에서 1963년 헌장 개정으로 27개국이 되었고, 1973년에 54개국으로 확대되었다. 이사국의 임기는 3년이며 연임이 가능하다. 총회에서 매년 18개국이 새로 선출된다. 총회에서 선출 투표를 할 때는 출석 회원국 2/3 이상의 지지를 받은 국가 중에서 득표 수 순서로 선출한다. 이사국은 1971년 제26차 총회에서 채택된 결의 제2847호에 의거 지역 배분 원칙에 따라 아시아(11개국), 아프리카(14개국), 라틴아메리카(10개국), 동유럽(6개국), 서유럽 및 기타(13개국) 등의 지역별로 배분한다.

이사회는 통상 1년에 1~2회의 조직회의(organizational meeting)와 1회의 정기회의를 개최한다. 특별한 경우에는 특별회의를 소집할 수 있다. 조직회의는 통상 2월 초순에 열리며, 속개 조직회의는 통상 4월 하순 또는 5월 초순에 열린다. 정기회의는 통상 5~7월 중에 미국 뉴욕과 스위스 제네바에서 순환제로 열린다. 특별회의는 다음의 경우에 개최된다. ① 이사회의 결정이 있는 경우, ② 이사국 과반수의 요청이 있는 경우, ③ 이사국 의장이 부의장들의 동의를 얻어 특별회의를 소집하는 경우이다. 표결은 출석 투표국의 과반수 찬성으로 이뤄지며, 안전보장이사회에서와 같은 절차 문제와 실질 문제에서 표결의 구별은 없다.

이사회는 매년 의장과 부의장 4명을 선출한다. 조직회의에서는 통상 의장단을 선출하며 산하기구의 회원국들이 선거를 실시한다. 정기회의에서는 고위급 심의, 유엔 기구의 활동 조정토의, 유엔 기구의 개발 활동 토의를 진행한다. 사무총장은 매 회기 시에 잠정 의제를 작성해 이사회에 제출하는데, 여기에는 이사회 의사규칙에 따른 모든 사항과 유엔 회원국 또는 총회, 안전보장이사회, 신탁통치이사회, 유엔 사무총장, 전문기구의 요청 사항이 포함된다.

5 신탁통치이사회

신탁통치이사회(United Nations Trusteship Council)는 1945년 설치되었는데 1994년 11월 1일부터 활동이 정지되었다. 사무국은 미국 뉴욕에 있다. 1993년 최후의 신탁통치 지역이었던 팔라우(Palau)가 독립하고, 1994년 10월 1일 안전보장이사회

결의 제956호가 결정되면서 실제 기능을 다했다. 원래 신탁통치이사회는 국제연맹(League of Nations)의 위임통치(Mandate)제도에서 유래한 것으로 '비자치 영토'의 관리를 담당하는 유엔기관으로 창설되었다(헌장 11장, 12장, 13장). 주된 목적은 신탁통치 지역의 정치, 경제, 사회 발전을 통해 해당 지역 주민들의 자치 능력을 키우는 것이었다.[3)]

신탁통치이사회는 미국, 영국, 프랑스, 중국, 러시아 5개 상임이사국으로 구성되었다. 통치를 담당한 시정국은 이 제도의 기본 목적에 따라 평화 증진 · 주민 보호 · 인권 존중 · 자치 또는 독립을 원조했다. 통치는 신탁통치이사회 및 총회에 의한 보고의 심사, 주민의 청원, 정기적 시찰 등을 통해 감독되고, 전략지역에 대해서는 안전보장이사회가 감독했다.

유엔헌장에 규정된 신탁통치 지역은 ① 제1차 세계대전 이후 국제연맹의 위임통치 지역, ② 제2차 세계대전 후 패전국으로부터 분리된 지역, ③ 영유국이 자발적으로 신탁통치 제도 하에 두는 지역으로 구분된다. 유엔 창설 초창기에는 신탁통치 지역이 11개 지역에 달했으나 이 후 모든 지역이 독립했다. 1990년 12월 20일 안전보장이사회 결의 제683호에 의해 태평양제도(Trust Territory of the Pacific Islands)의 4개 섬 중에서 미크로네시아(Micronesia), 마셜제도(Marshall Islands), 북마리아나제도(Northern Mariana Islands) 등의 신탁통치가 끝나고, 1994년 팔라우(Palau)를 마지막으로 대상이 사라졌다.

실제로 거의 대부분의 신탁통치령은 195,60년대에 독립해 주권을 회복했고, 1990년대까지 신탁통치를 받은 것은 팔라우 한 곳이었다. 신탁통치 국가들은 독립과 함께 통일에 성공하기도 했는데, 동서 카메룬, 동서 토고, 소말릴란드, 탄자니아 등이 대표적이다. 물론 이렇게 통일된 국가들 중에는 소말릴란드처럼 다시 분리된 경우도 있지만 신탁통치령으로 복귀하지는 않고 자체 국가를 수립, 운영하고 있는 경우도 있다. 그러나 실제 신탁통치가 종료되었다고 해서 완전히 독립된 주권국가를 유지한다는 의미는 아니다. 국제사회에 국가로 인정은 되지만 여전히 국제 사회의 개입을 받는 경우가 많다. 예를 들어, 서카메룬(영국), 동카메룬 (프랑스), 소말릴란드(이탈리아), 탄자니아(영국), 가나=서토고(영국), 토고-동토고(프랑스), 르완나-부룬디(벨기에), 사모아(뉴질랜드), 태평양제도(미국), 나우루(영국, 오스트레일리아, 뉴질

3) 신탁통치란 유엔의 신탁을 받은 국가가 유엔 총회 및 신탁통치 이사회의 감독을 받아 일정한 지역이 자체 통치 능력을 갖출 때까지 대신 통치해 주는 제도를 말한다.

랜드), 뉴기니(오스트레일리아) 등이 있다.

6 안전보장이사회

유엔헌장은 유엔의 6개 주요 기관 가운데 '제1차적 책임(primary responsibility)'을 지는 최고기관으로 안전보장이사회를 명문화하고 있다(헌장 6장에서 8장). 5개의 상임이사국(P-5: 미국, 영국, 프랑스, 러시아, 중국)과 10개의 비상임이사국(E-10)으로 구성된다. 이들의 의사 결정은 법적 구속력을 가지므로 모든 국가는 이를 수락할 의무가 있으며, 안보리의 논의는 총회의 논의에 우선하도록 되어 있다. 상임이사국은 '거부권(veto)'이라는 특별한 권한을 가지는데 이는 헌장에 명시되어 있다. 안보리 상임이사국의 특권은 주권 평등과 유엔이 지향하는 보편성과 모순되는 사항이지만 강대국 중심의 국제정치 현실을 반영한 결과이다.

상임이사국 중에서 중국 대표는 원래 중화민국(타이완)이었으나, 1971년 10월의 제26차 총회에서 중화인민공화국(중국)을 대표로 인정한다는 결의가 성립됨으로써 중국이 상임이사국이 되었다. 비상임이사국은 총회에서 선출되며, 국제 평화와 안전 유지 및 유엔의 기타 목적에 대한 공헌도와 형평성, 지리적 안배(아시아·아프리카 5석, 동유럽 1석, 중남미 2석, 서유럽 및 기타 2석) 등을 고려해 선정된다. 임기는 2년이고, 임기 만료 직후에는 재선될 수 없으며, 매년 1/2씩 다시 선출한다.

안보리의 가장 큰 권한이자 의무는 '분쟁의 평화적 해결'이다(헌장 제6장). 이를 위해 안보리는 ① 국제 평화와 안전의 유지에 관한 1차적 책임과 권한(제24조), ② 군비통제안의 작성, 군비 규제 체제의 확립을 위한 계획 수립(제26조), ③ 총회의 특별회기 소집 요청(제20조), ④ UN 강제 조치 대상국의 권리 및 주권 회복(제5조), ⑤ 평화에 대한 위협, 평화의 파괴 및 침략전쟁에 관한 조치(제7장), ⑥ 전략지역에 대한 신탁통치 권한(제83조), ⑦ 지역협정에 관한 권한(제8장)을 행사하고 있다. 이를 바탕으로 안보리는 다음과 같은 활동을 수행한다. ① 국제분쟁 조정과 해결 권고, ② 분쟁지역에 대한 군대 파견, ③ 침략자에 대한 경제적 제재와 무력 사용 승인, ④ 전략지역 신탁통치, ⑤ 유엔 사무총장 임명 권고와 국제사법재판소 재판관 선출 등이다. 실제 유엔의 최우선 임무인 국제 평화와 안보 유지에 주요한 책임을 지는 안보리는 유엔에서 가장 큰 영향력을 가진 최고 의사 결정 기구라고 할 수 있다.

안보리는 의장 성명, 대언론 성명, 결의문 등의 방법을 통해 결집된 의사를 표명한다. 의장 성명이나 대언론 성명은 경고나 권고적 성격의 방법으로 자발적인 준수나 입장, 태도의 변경을 유도하는 압박 방법이다. 이에 비해 결의문은 공식적인 안보리의 의사 결정으로서 합의제(consensus) 또는 투표에 의해 채택되는 공식적인 의사 표명 방법으로 구속력을 가진다. 실제 안보리는 국제 평화를 위협하는 분쟁을 심사·중개·조정해 당사국들이 분쟁을 평화적 방법으로 해결하도록 권고하며, 권고가 효력이 없을 때에는 간섭 또는 강제적이고 적극적인 개입을 한다. 평화에 대한 위협·파괴 또는 침략행위가 있을 때에 평화 유지와 회복을 위해 잠정적 조치, 또는 군사력 사용을 포함한 강제 조치를 결정한다. 안보리의 강제 조치 결정은 법적 구속력을 지닌다.

안보리의 의사 결정은 5개 상임이사국과 10개의 비상임이사국이 참여하며, 그 절차는 다음과 같다. 하나 또는 수개의 국가들이 유엔결의안 문건을 작성해 안보리에 제출하면 안보리는 각국의 입장과 의견을 수렴한 후에 결의안에 대한 투표를 진행한다. 결의안이 효력을 발휘하려면 9개 이상 이사국의 찬성이 있어야 하고, 결의안이 채택되면 경제 제재나 군사적 개입이 이뤄진다. 그러나 상임이사국 5개국이 거부권을 행사할 수 있어서 총 14개국이 찬성하더라도 상임이사국 가운데 한 국가라도 거부권을 행사하면 결의안은 무효가 된다. 이것은 상임이사국이 거부권을 행사하면 어떠한 문제도 결의가 불가능할 수밖에 없는 유엔 안보리의 한계를 보여 준다.

안보리에서 결의한 강제 조치는 비군사적 조치와 군사적 조치가 있다. 비군사적 조치는 경제 관계의 전부 또는 일부의 중단과 철도·항해·항공·우편·전신·무선통신 및 운수통신 수단의 전부 또는 일부의 중단, 그리고 외교 관계의 단절이 포함된다. 군사적 조치는 육군·해군·공군에 의한 시위·봉쇄 및 그 밖의 활동이 포함된다. 또한 국제적 군비 규제제도를 제안할 수 있다. 팔레스타인 휴전위원회 설치(1948년), 키프로스 평화유지군 파견(1964년), 유엔 시나이반도긴급군 파견(1973년), 유엔병력격리감시군 골란고원 파견(1974년), 레바논 잠정군 파견(1978년), 보스니아유엔보호군 파견(1992년), 소말리아 유엔평화유지군 파견(1993년) 등의 사례를 들 수 있다.

제 3 절 유엔 산하기구

1 세계보건기구

세계보건기구(World Health Organization: WHO)는 전 세계인들의 건강 증진과 질병 예방을 위해 활동하는 기구로 1948년 26개 회원국의 비준을 거쳐 정식으로 발족했다. 유엔 산하의 대표적인 보건전문기구로 단순한 질병관리를 넘어서 전 세계인의 보건 증진에 대해 활동을 전개하고 있다. WHO의 창설 유래는 유럽 전역에 콜레라가 창궐했던 1830년의 상황이 계기가 되었다. 당시 유럽 사회는 콜레라의 확산으로 보건관리에 위기 의식을 느끼자 1851년 파리에서 보건회의(Sanitary Conference)를 개최했다. 이어 공공보건 국제사무소(International Office of Public Health)를 설립하고, 같은 해 미국 워싱턴에서도 보건회의가 개최되었다. 제1차 세계대전 후 설립된 국제연맹 내부에 보건기구(Health Organization)가 만들어졌고, 1943년에는 UNRRA(United Nations Relief and Rehabilitation Administration) 내부에 보건 관련 조직을 설치했다. 이들 보건기구- IOPH, PAHO, HO, UNRRA[4)]-가 오늘날 WHO 생성의 전신이 되었다.

WHO가 정식 창설된 것은 제2차 세계대전이 끝난 직후였다. 전후 세계는 국제연맹을 해체하고 유엔을 창설하게 되는데, 이 과정에서 브라질과 중국이 발의한 국제보건회의(International Health Conference) 개최 요구 결의안이 만장 일치로 채택되었다. 결의안 이행을 위해 유엔경제사회이사회가 뉴욕회의를 개최하고 기존 보건기구에 대한 존폐 여부를 논의하면서 미국에 설립된 PAHO를 WHO의 미주 지역본부로 정하고 나머지 기구는 해체했다

WHO의 설립 목적은 모든 사람이 '가능한 최상의 건강 수준'에 도달하도록 하는 데 있다. WHO 헌장에 규정된 건강의 정의는 단순히 질병이 없는 상태가 아니라 육체적, 정신적, 그리고 사회적으로 완전히 안정된 상태라고 명기하고 있다. 이에

4) IOPH(The International Office of Public health), PAHO(Pan American Health Organization), HO(Health Organization), UNRRA(United Nations Relief and Rehabilitation Administration).

따라 WHO는 크게 세 가지 방향의 사업을 추진한다. 첫째, 보건교육 및 의료 시스템 강화이다. 국제적인 보건사업에 대해 지휘하고 조정하고 보건 서비스의 강화를 위한 각국 정부의 요청에 대해 지원한다. 둘째, 질병에 관한 연구활동을 진행한다. 전염병이나 다른 질병들의 예방과 관리에 대한 업무를 지원하고 보건, 의학 관련 전문 분야의 교육과 훈련의 기준을 개발 및 개발을 지원하는 역할을 한다. 셋째, 소규모의 보건기구 혹은 기업과의 파트너십을 가진다. 환경위생에 대해 다른 전문기관과의 협력을 지원하고 함께 연구를 하며 생체의학과 보건서비스 연구를 지원 및 조정하는 역할을 한다.

WHO의 조직은 총회, 이사회, 사무국으로 구성되어 있다. 첫째, 세계보건총회(World Health Assembly)이다. 매년 5월 회원국 대표들이 스위스 제네바에 모여서 회의하는 최고 의사 결정기구로서 WHO의 정책 결정 및 예산・사업 심의와 이사국 사무총장 선출 및 이사회 보고서의 검토와 승인이 이뤄진다. 둘째, 집행이사회(Executive Board)이다. 이사회는 총회에서 선출하는 34개의 회원국이 지명하는 34명의 이사로 구성된다. 임기는 3년이며 매년 2회 이상의 회합을 가진다. 주요 회합은 통상적으로 1월에 열리고, 5월 보건총회가 끝난 직후 간략한 회합을 통해 의안에 대해 최종적인 결정을 한다. 이사회는 주로 보건총회의 결정과 정책을 실행, 충고 및 조정한다. 총회에 상정될 의안과 결의문 등을 사전에 의결하고 총회에서 위임된 사항을 처리한다. 셋째, 사무국(Secretariat)이다. 사무국은 스위스 제네바에 있는 본부와 6개의 지역사무국이 있다. 전 세계에서 근무하는 전문 및 일반 서비스 분야 혹은 보건에 관련된 전문가들로 구성되어 있다. 주로 보건사업에 대해 의논하고 추진한다. 사무국은 세계보건총회 이사회에 의해 임명된 사무총장이 지휘한다. 사무총장의 임기는 5년이다.

WHO헌장에 따라 6개의 지역위원회(Regional Committee)가 구성되어 있으며, 각 지역마다 지역위원회의 집행기구로서 지역사무소(Regional Office)가 있다. 서태평양사무국, 동남아시아, 중동, 유럽, 남북아메리카, 아프리카이다.

WHO의 주요 사업은 ① HIV/AIDS, 결핵 및 말라리아, ② 어린이 질환(디프테리아, 파상풍, 백일해, 홍역, 소아마비, 결핵), ③ 전염성 질병(결핵, 에이즈, 말라리아를 제외한 국제사회에 문제가 되는 전염병), ④ 소외 열대 질환(매디나충증, 아메리카 회선사상충증, 림프 사상충증 등), ⑤ 글로벌 건강 위협(에이즈, SARS, 인플루엔자), ⑥ 비전염성 질병 및 정신질환(암, 당뇨병, 심혈관 질환, 음주・흡연) 등의 질병을 관리하는 것이다.

그림 3-1 세계보건기구(WHO)의 지역위원회 분포

이를 위해 지속 가능 개발 및 보건환경 조성에 주력하고 있다. 환경 보호, 식품 안전, 윤리·무역·인권 관련 사업에 개입해 지속 가능한 개발과 보건환경 조성에 노력한다. 또한 보건기술 및 필수의약품 및 의약품 관련 정책 관련 사업을 중심으로 보건기술과 의약품을 관리하고 있으며, 2년마다 국제 의약품 규제 당국자 회의(ICDRA)를 개최해 유엔 가입국의 의약품 안전성 및 유효성, 품질 증진, 규제 조화를 위한 현안을 논의한다.

2 평화유지활동

평화유지활동(Peace Keeping Operation: PKO)은 평화 유지 요원들을 분쟁 현장에 전개시키는 활동이다. 평화유지활동은 유엔이 현실에 적응한 경우인데 헌장 제6장과 제7장을 적절히 조화시켜 국제연합의 분쟁 관리활동으로 발전시킨 것이다. 헌장 제6장이 규정하고 있는 분쟁의 평화적 해결 수단은 실제적으로 유효성에서 한계가 있고, 헌장 제7장의 집단안보는 안보리상임이사국의 거부권 등에 따른 작동 구조의 정치적 한계가 있다. 따라서 유엔은 분쟁의 예방, 타결 및 해결을 위해 제3의 수단을 이용한 분쟁관리 활동이 필요하게 된 것이다. 평화유지활동이 헌장에 규정되어 있지 않다는 이유로 한때 그 적법성과 운용 방식에 대해 이의가 제기되기도 했으나 지금은 UN이 취할 수 있는 가장 가치 있는 조치들 중의 하나라는 인식이 정착되고 있다.

최초의 평화유지활동은 1948년 5월 29일 안보리 결의 50호에 의거해 진행된 '유엔 예루살렘 정전감시단(UNTSO)'이다. 1948년 5월 이스라엘이 독립을 선포하자 이스라엘 주변과 아랍 국가들(이집트, 요르단, 레바논, 시리아) 간에 전쟁이 발생했고 유엔이 정전을 감시하기 위해 유엔 감시요원(Military Observer)을 현장에 전개했다. 1949년 발생한 인도-파키스탄 전쟁에도 'UN인도・파키스탄군사감시단(United Nations Military Observer Group in India and Pakistan: UNMOGIP)'을 파견했다. 초기에 진행된 평화유지활동은 주로 분쟁의 확산 방지와 분쟁지역의 평온 확보가 목적이었다. 주요 사업으로는 정전 이행 감시, 군사력 철수 감독, 외국군 철수 감독, 완충지대 설립, 군대 분리 및 해산 등이다.

반면, 1990년 이후의 활동은 무력 투쟁 세력 해체, 지뢰 제거, 선거 실시 및 정치제도 창출, 지속적인 발전 기반 확충 등의 긴급 구호활동을 중심으로 전개되고 있고, 이전의 활동보다는 포괄적이고 다차원적인 평화 구축의 임무를 수행하고 있다. 대표적인 사례가 캄보디아, 동티모르, 코소보, 모잠비크, 소말리아, 보스니아 개입이다. 이러한 PKO 활동에 대해 '정당성', '유효성'을 두고 의견이 분분하다. 대표적인 사례의 하나인 PKO의 소말리아 사태 개입 사례를 보자.

소말리아는 사하라 이남의 다른 아프리카 국가들처럼 오랫동안 유럽(영국과 이탈리아)의 식민 지배에 놓여 있던 국가 중 하나였다. 소말리아는 통합된 정권이 들어서기까지 한 번도 기본적인 국가의 모습을 갖추지 못했고, 유엔의 신탁통치 결의안 이후인 1960년 공화국으로 독립했다. 독립 후에도 소말리아는 국경을 이유로 케냐, 에티오피아, 지부티 등과 분쟁에 시달렸고, 국가 내부에서도 파벌 간 권력 투쟁이 심각했다. 결국 1969년 시아드 바레(Siad Barre) 장군이 이끄는 군부 쿠데타가 발생하면서 소말리아의 혼란은 시작되었다. 미국의 지원을 받은 바레 정권과 소련의 지원을 받던 에티오피아 간에 영토전쟁이 발생했고, 결과는 참혹했다. 전쟁 이후 소말리아 내부에서는 권력 투쟁이 재발했다. 1989년 아이디드(Frarah Aidid)를 중심으로 한 통일 소말리아 회의가 바레 정권의 축출을 요구했지만 바레 정권은 이를 묵살하면서 최후까지 저항했다. 마지막 4주 동안의 저항 기간 동안 2만여 명이 사망했다. 바레 정권 축출 이후 통일 소말리아 회의가 사업가 출신 알리 마흐디

(Ali Mahdi Mohamed)를 잠정 대통령으로 지명하자, 아이디드와 마흐디 지지 세력 간에 다시 권력 쟁탈이 벌어졌다. 유엔은 아프리카 통일기구(OAU) 등과 공조해 소말리아의 갈등을 해결하려 했으나 소말리아 전국에서 봉기한 반군 세력들로 인해 구호활동에 제약을 받았고, 결국 약 백만 명의 난민과 5백만 명의 사람이 굶주림에 고통받았다.

이러한 상황에서 평화유지활동이 전개되었다. 1992년 1월, 유엔 안전보장이사회는 소말리아 사태를 지역의 안정과 세계 평화에 대한 위협으로 규정하고 유엔헌장 제7장에 의거, 소말리아에 대한 모든 무기 및 군사장비의 수출 금지를 결의했다. 그 해 4월, 유엔 안전보장이사회는 사무총장의 건의에 따라 정전 협정 이행을 위한 유엔 소말리아 평화유지활동(United Nations Operation in Somalia: UNOSOM Ⅰ)을 창설했다. 1992년 6월, 소말리아 모가디슈에 50명의 군 옵서버들이 도착하고, 뒤이어 5백 명의 파키스탄 평화유지군이 증원되었다. 1992년 11월, 미국은 구호물자 수송을 위한 군사작전 수행 의사를 유엔에 통보했고, 안전보장이사회는 이를 받아들여 '필요한 모든 수단'을 사용해 인도주의 구호활동을 위한 안전한 환경을 가급적 신속하게 조성할 수 있는 권한을 부여했다. 미국은 미군 2만 8천 명, 24개 병력공여군 군대 1만 7천 명으로 구성된 4만 5천 명의 UNITAF(Unified Task Force)를 창설했다. 1993년 초 유엔 사무총장이 소집한 회의에서 14개 소말리아 정치집단은 잠정적인 휴전과 그들이 가진 모든 무기를 유엔 평화유지군과 UNITAF에 넘기기로 약속했다. 긴장 상태가 완화되자, 사무총장은 모가디슈에 한정되어 활동하던 평화유지활동을 소말리아 전역으로 범위를 확대하기 위해 UNOSOM Ⅱ의 설치를 건의했다. 1993년 3월 26일 안전보장이사회는 UNOSOM Ⅱ의 창설을 승인했다. 이들의 주요 임무는 ① 적대행위 중단 감시 및 폭력 사태 재발 예방, ② (필요할 경우 적절한 무력을 동원해) 어떠한 형태의 잠정적인 폭력 예방, ③ 중화기 감시 및 불법 무기의 압수, ④ 인도주의적 구호물자 전달을 위한 항구 및 공항 수송라인 엄호, ⑤ 유엔 및 구호단체 인원 및 장비 보호, ⑥ 지뢰 제거, ⑦ 난민 귀환 및 정착 지원, ⑧ 국민적 화해 및 재건 지원이었다. UNOSOM Ⅱ는 UNITAF에서 전환된 병력을 합친 2만 8천 명으로 구성되었으며, 미군은 타국군의 지휘를 받지 않는다는 원칙에 따라 전투병을 파견하지 않고 모가디슈 부근에 유사시에 대비해 신속대응군을 유지했다. 모가디슈 북부에서는 평화유지활동이 순조롭게 수행되었으나, 남부에서는 아이디드가 이끄는 반군들에 의해 25명의 파키스탄 국적의 평화

유지군이 사망하는 사건이 발생했다. 이에 안전보장이사회는 아이디드의 체포를 명령하고 필요시 미군의 지원을 받도록 했다. 1993년 10월 3일, 미군이 아이디드 군 소속 용의자 24명을 체포해 모가디슈에서 철수하던 중 헬기 2대가 격추되고 18명의 미군이 반군의 공격으로 사살되는 사건이 발생했다. 이 장면이 CNN을 통해 전 세계에 방영되자 미국 내부에서는 평화유지활동에 대한 회의론이 제기되었다. 당시 클린턴(Bill Clinton) 미국 대통령은 1994년 3월 미군을 철수시키고, 대통령 정책지시 25호를 통해 '임무가 명확하고, 적절한 자원이 가용하며, 출구전략이 준비되고, 미국의 이익에 부합될 경우에만' 유엔 평화유지활동에 참여할 것을 천명했다. 미국이 소말리아에서 자국군을 철수시키자, 다른 국가들도 자국 군대를 철수시키기 시작했다. 외국군이 떠난 소말리아에서는 파벌싸움으로 인한 내전이 더욱 악화되었고, 소말리아 파벌들은 UNOSOM Ⅱ의 활동에 필요한 최소한의 협조와 정치적 의지도 보이지 않았다. 결국 1995년 3월 31일, UNOSOM Ⅱ은 목적을 달성하지 못한 채 모든 활동을 중단했다(김경란, 2011 참조).

소말리아 사태에서 PKO는 실패했다. 결과적으로 분쟁을 해결한 것이 아니라 분쟁의 규모를 키우고 전장을 확대한 꼴이 되었다. 1990년대 이전의 PKO 활동이 인정되고, 지지를 받았던 것은 제한된 영역에서 역할을 수행했기 때문이다. 하지만 최근 PKO 활동은 활동 영역이 너무 넓다. 이는 PKO가 또 다른 폭력의 주체가 될 가능성이 높아졌다는 것을 의미한다. PKO 활동의 정당성에 대해 논란이 많지만 존재의 필요성에는 공감을 하고 있다. 그 때문에 유엔은 감시 체제를 확보하고 규칙 내에서 활동하도록 관리를 강화할 필요가 있다.

3 유엔 세계식량계획

유엔 세계식량계획(World Food Programme: WFP)은 기아로 고통받는 사람들에게 식량을 지원하는 세계 최대의 인도주의 유엔 기관이자 식량 지원 기구이다. WFP는 여타의 유엔 혹은 NGO기관들과 다르게 인도주의 지원뿐 아니라 인도주의 지원에 필요한 물자 수송을 담당한다.

WFP는 제16차 유엔총회(1961년)에서 채택된 결의 제1714호 및 세계식량농업기구(FAO) 총회에서의 결의에 의해 창설되었다. 1962년 4월 WFP 설립 협정이 승인되었고, 1963년 1월에 제1회 식량원조회의를 개최하면서 활동을 시작했다. 유엔인권선언 제25조 식량권 확보를 위해 설립된 FAO가 있음에도 WFP가 창설된 이유가 있다. FAO는 세계 여러 나라의 식료품과 농산물의 생산 및 분배를 개선하고, 토지 및 품종 개량 기술을 지도하는 것을 목적으로 하는 유엔 산하의 전문기관이다. 이는 FAO가 활발한 활동을 통해 식량농업과 관련된 여러 문제를 해결하려고 노력하고 있으나 다양한 세부 분야에 대해 전문적으로 활동하기에는 부족하다. 그 때문에 기아 문제를 전문적으로 다루는 WFP가 만들어진 것이다.

WFP의 목적은 긴급 상황에서 생명 구호 및 식량 지원, 만성 기아 및 영양 부족 해결, 재난 대비 및 완화 방안 마련, 분쟁 및 재해 복구활동 수행 등을 통해 전 세계의 기아를 감소시키고 식량 안보를 제고하는 것이다. 간단히 말해 WFP는 개발도상국의 기아 해결을 위해 잉여농산물을 원조하는 국제기구이다. 세 가지 지원 목표가 있는데 첫째, 생명을 위한 식량(Food for Life) 원조활동으로 난민 등 긴급 상황 등의 인도적 위기에 처해 있는 생명을 구조하고 전쟁 등으로 인해 손상된 사회 기간시설의 복구 차원에서 식량을 지원한다. 둘째, 성장을 위한 식량(Food for Growth) 원조활동이다. 인간적 잠재성을 실현할 수 있도록 식량 수요가 절실한 여성 및 아동 등의 취약계층에 대해 예방약품 차원에서 식량을 지원한다. 셋째, 노동을 위한 식량(Food for Work) 원조활동이다. 기아 상태에 있는 개인 또는 공동체의 식량자급도를 높이고 자산 형성을 위한 차원에서 식량을 지원한다. 이러한 활동을 통해 WFP는 궁극적으로 기아를 퇴치하려는 것이다.

WFP의 본부는 이탈리아 로마에 있으며, WFP를 대표하는 최고 책임자는 사무총장이다.[5] 사무총장의 임명은 유엔 사무총장과 FAO 사무총장이 공동으로 임명하며 임기는 5년이다. WFP조직은 집행이사회와 사무국으로 이뤄진다. WFP의 운영기구는 36개 회원국으로 구성된 집행이사회이며 유엔의 경제사회이사회와 FAO 이사회에서 각각 18개국씩 선출한다. 임기는 3년이다. 36개 회원국은 로마 본부에서 매년 4번씩 회의를 열어 세계식량계획의 사업, 예산 등의 정책 사항을 논의하고 결정한다. 1년에 한 번 WFP의 프로그램, 이사회의 주요 결정을 포함한 활동 사항을 경제사회이사회와 FAO 이사회에 보고한다.

5) 2014년 현재 사무총장은 2012년에 임명된 커즌(Ertharin Cousin)으로 WFP가 수행하는 각종 프로그램과 프로젝트, 그 밖의 각종 활동과 행정 부문에 관한 최고 책임자로서의 역할을 한다. 4명의 사무 부총장은 사무총장을 도와 특정 업무를 수행하는 역할을 한다.

WFP 재정은 자발적인 기부금으로 충당된다. 주요 기부자는 각국 정부들이지만 민간 부문이나 개인들의 참여도 늘어나고 있다. WFP의 최대 파트너는 각국의 정부들이다. 긴급구호 및 개발 프로젝트를 위해 정부의 협조와 협력은 필수적이다. 2009년부터 2013년까지의 기부금 지출 순위를 보면 미국이 단연 1위이다. 미국은 세계식량계획 분담금의 약 60% 정도를 제공하는데 지난 수십 년 동안 현물 기부를 통해 분담금을 제공해 왔다. 이는 미국 내의 엄청난 잉여농산물 가운데 일부를 WFP에 기부한다는 의미이다. 그러나 최근 미국에서 연료용 작물 재배로 인해 잉여농산물이 급속히 줄었다. 2005년 이후 미국 정부가 WFP에 제공하던 현물 기부는 80% 이상 감소했다. 여전히 압도적인 기부국인 미국을 포함해 일본, 영국, 독일과 프랑스, 네덜란드, 스페인과 이탈리아 등 국가들의 기부금 총액이 전체 기부금의 80%를 차지한다.

WFP의 파트너로서 INGO와 NGO의 역할도 크다. INGO/NGO들은 WFP를 대신해 식량을 운송, 보관하거나 배분하고 있는데 2,800개 이상의 NGO들과 생산적인 파트너십을 맺고 있다. 또 다른 파트너로는 식량농업기구(FAO)와 국제농업개발기금(IFAD)을 꼽을 수 있다. 로마에 본부를 두고 있는 3개 유엔기관 —WFP, FAO, IFAD—는 전 세계 기아 퇴치라는 목표를 위해 함께 일하고 있다. 기타 유엔 기관들도 긴급 상황 및 개발 프로젝트를 진행하기 위해 협력하고 있다. 민간기업의 경우는 운송, 식량, 정보 및 커뮤니케이션 기술, 물류, 재무 및 인적 자원 부문에서 기부금뿐 아니라 유익한 전문지식을 제공하고 있다.

현재 WFP는 전 세계 73여개국에 사무소를 두고 활동하고 있다. 아프리카 지역은 알제리 베냉, 부르키나파소, 부룬디, 카메룬, 중앙아프리카공화국, 차드, 콩고, 콩고민주공화국, 코르티부아르, 지부티, 이집트, 에티오피아, 가나, 기니, 기니비사우, 케냐, 레소토, 라이베리아, 마다가스카르, 말라위, 말리, 모리타니, 모잠비크, 나미비아, 니제르, 르완다, 상투메프린시페, 세네갈, 시에라리온, 소말리아, 남수단, 수단, 스와질랜드, 탄자니아, 감비아, 토고, 튀니지, 우간다, 잠비아, 짐바브웨 등 40여개국이다. 아메리카 지역에는 볼리비아, 콜롬비아, 쿠바, 에콰도르, 엘살바도르, 과테말라, 아이티, 온두라스, 니카라과, 페루 이상 10개국이 있다. 아시아 지역에는 아프가니스탄, 아르메니아, 방글라데시, 부탄, 캄보디아, 인도, 인도네시아, 북한, 키르기스스탄, 라오스, 미얀마, 네팔, 파키스탄, 필리핀, 스리랑카, 타지키스탄, 동티모르 등 17개국이다. 중동지역에는 이란, 이라크, 요르단, 팔레스타인, 시리아, 예멘 등 6개국이다.

WFP의 주요 사업은 긴급 지원, 장기 긴급구호, 개발 원조, 특별사업이 있다. 긴급 지원은 인위적 및 자연재해 등으로 인해 일시적으로 식량 위기에 처한 지역에 식량을 지원하는 사업이다. 장기 긴급구호는 전쟁 등으로 인해 장기적인 난민 구호가 필요한 지역에서 펼치는 사업이다. 아프리카의 분쟁 지역 등이 해당한다. 이를 위해 WFP는 국제연합 난민최고대표사무소(Office of the United Nations High Commissioner for Refugees: UNHCR) 및 비정부기구와 협력한다. 1998년에 장기구호 및 복구사업(Protracted Relief and Recovery Operation: PRRO)으로 전환했다. 개발 원조는 빈곤 국가의 농업 및 농촌 개발을 위해 식량 등을 지원하는 사업이다. 수혜국은 국가전략 내에서 국가 프로그램(country programme)에 책임이 있으며, WFP는 이 프로그램 중에서 가장 효율적인 활동에 집중한다. 국가 프로그램은 전략 수립, 승인, 중간 진행보고서, 종료 평가서의 순서로 진행된다. 특별사업(Special Operations: SO)은 식량 원조의 효율적 전달과 복구 및 개발의 기반 조성을 위해 비식량 부분에 지원하는 사업이다. 이 사업에는 도로, 철도 등의 복구와 통신시설 설치 등이 포함된다.

WFP는 이들 사업을 위해 Food for Training 프로그램과 Food for Work 프로그램, 학교 급식 프로그램, 공정구매 프로젝트 등등 많은 프로그램을 운영하고 있다. Food for Training 프로그램은 가난한 사람들이 양봉, 재봉, 읽고 쓰기와 같은 능력을 연마해 더 많은 수입을 창출할 수 있도록 도와 주는 프로그램으로 사람들이 일자리를 얻을 수 있도록 훈련을 도와 주고 대가로 음식을 제공하는 것이다. Food for Work 프로그램은 노동력의 대가로 식량을 나눠 주는 것이다. 기아로 고통받더라도 일을 할 수 있는 상태의 사람들이라면 WFP가 이들을 고용해서 도로 건설이나 파괴된 교량 재건, 토양 복구, 관개수로 정비, 사일로 건설, 학교 병원 등의 수리를 맡기는 것이다. 근로에 참가한 사람들은 노동의 대가로 식량을 현물로 지급받는데 근로 시간에 따라 지급량이 달라진다. 이 프로그램이 운영되는 모든 작업 현장은 주민들 스스로의 결정에 의해 정해진다. 주민들이 직접 우선적으로 시행할 작업을 결정한다. 이 프로그램은 피해자들을 미래의 주역으로 변화시키며 이들의 자존감을 회복시켜 줄 뿐만 아니라 붕괴된 사회의 재건을 돕는다. 학교 급식 프로그램은 교육이 가난의 굴레를 벗어나는 가장 효과적인 방법이라는 방침에 따라 식량을 위해 교육받지 못하는 어린이들이 학업을 할 수 있도록 도와 준다. 매년 2천만 명 이상의 학교 어린이들에게 식사를 제공한다. 학교 급식은 에이즈에 걸린 아동, 고아, 장애 아동, 군대에 소집되었다가 소집 해제된 소년 병사들에게도 제공된다. 2009년 전에는 WFP 측에서 학교 급식을 제공했고, 한 해 평균 70개국에서 2,200만 명의 어린이들이 그 혜택을 받았다. 이는 금액으로 환산하면 4억 6천만 달러에 해당된다. 2008년부터는 270만 명의 여아와 160만 명의 남아에게 집으로 가져갈 식량을 배급했다. 또한 아이티, 중앙아프리카공화국, 기니, 기니비사우, 시에라리온, 세네갈, 베냉, 라이베리아, 가나, 케냐, 모잠비크, 파키스탄, 타지키스탄, 팔레스타인 점령지 등 15개국에서 유치원에 다니는 아동 73만 명에게 식사를 제공했다. 공정구매 프로젝트는 WFP가 세계 최대의 식량 '구매자' 중 하나로 보통 대규모 생산업자나 큰 기업에서 식량을 사들였는데, '공정구매(Purchase for Progress: P4P)' 프로젝트는 영세 소작농을 도울 수 있도록 하는 새로운 식량 조달 방법이다. 식량을 구입하는 과정 자체도 가난한 사람들을 돕는 방법의 일환이 될 수 있다는 생각으로 가격과 품질 기준을 달성하는 한도 내에서 개발도상국가 현지의 소규모 자작농가나 영세 상인들과 거래를 하는 것이 P4P의 핵심이다. WFP는 소작농으로부터 공정가격에 곡물을 구입함으로써 그들에게 생산 인센티브를 제공한다. 이로 인해 소득이 증대되고 가난으로부터 탈출할 수 있는 계기가 된다. 즉, P4P 프로젝트는 단순히 식량 구매만을 의미하는 것이 아니라 수확 후 곡식 처리, 저장 등 농민들과 지역사회, 국가의 역량 강화에 도움을 주고 있으며, 이를 통해 장기적으로 해당 국가의 식량 안보가 증진될 수 있도록 도와 주고 있다. 이 밖에도 WFP는 기아 퇴치를 위한 최상의 해결책을 강구하기 위해 식량 확보에 관한 현황 분석, 영양, 식량 구매 및 물류 등에 관한 전문지식을 개발하고 있다.

4 세계지적재산권기구

세계지적재산권기구(World Intellectual Property Organization: WIPO)는 지적재산권의 보호에 가장 중심적인 역할을 담당하고 있는 정부간 국제기구이다. 이 기구가 창설되기 전까지는 1883년 체결된 산업재산권에 관한 파리협약의 당사국으로 구성된 파리동맹(Paris Union)과 1886년 체결된 저작권에 관한 베른협약의 당사국으로 구성된 베른동맹(Berne Union)이 독자적으로 국제적 규율 체제로 운영되었다.

1892년 두 동맹이 하나로 통합되어 지적재산권보호 국제합동사무국(Bureau Internationaux Reunis pour la Protection de la Propriete Intellectuelle: BIRPI)이 설치되어 운영되었다. 현재의 WIPO는 1967년 지적재산권의 국제적 규제 체제의 큰 축을 이뤄왔던 파리협약과 베른협약의 개정회의가 열렸던 스톡홀름회의에서 새로운 틀의 국제기구 설립에 합의하면서 창설되었다. WIPO는 스톡홀름회의에서 채택된 설립조약이 발효된 1970년 기능을 개시했고, 1974년 유엔 경제사회이사회(ECOSOC) 산하 전문기구(Special Agency)의 하나가 되었다.

WIPO의 목적은 국가 간의 협조와 필요한 경우 모든 국제기구와 함께 전 세계의 지적소유권을 보호하고 관련 동맹 간의 행정적 협조를 확보하는 것이다. 이 목적을 달성하기 위해 WIPO는 다음의 직무를 수행한다. ① 전 세계 지적재산권의 효율적 보호 촉진과 국내 입법의 조화를 위한 제반 조치의 발전 증진, ② 파리동맹과 베른동맹의 행정적 업무 수행, ③ 지적재산권 보호와 증진을 목표로 하는 모든 국제협정의 관리 또는 참여, ④ 지적재산권 참여 보호의 증진을 목적으로 하는 국제협정의 체결을 장려, ⑤ 지적재산권 분야에서 법률적·기술적 원조 제공, ⑥ 지적재산권 보호에 관한 정보 수집과 배포 및 연구 수행 촉진과 연구 결과 공표, ⑦ 지적재산권의 국제적 보호 촉진과 이 분야에서의 등록과 등록에 관한 자료의 공표 등이다.

WIPO의 조직은 총회, 체약국회의, 조정위원회 및 사무국이 있다.

총회는 조정위원회가 지명한 사무총장을 임명, 사무총장의 세계지적재산권기구에 관한 보고를 검토하고 승인하며, 사무총장에 대해 모든 필요한 지시하며, 조정위원회의 보고 및 활동을 검토하고 승인하며, 조정위원회에 대해 지시하고, 동맹공통경비의 3년 예산 채택, 국제협정의 관리에 관해 사무총장이 제안하는 조치의 승인, 세계지적재산권기구 재정규칙의 채택, 국제연합의 관행을 고려한 당사국의 업무 용어 결정, 어느 동맹에도 속하지 않은 나라에 대해 이 조약의 체약국이 되도록 초정하고, 세계지적재산권기구의 비가맹국과 정부기관 및 국제적인 비정부기관이 총회에 출석할 수 있는가의 자격 여부를 결정할 수 있는 권한이 있다.

체약국회의는 지적재산권 분야에서의 일반 사항에 대한 토의 및 그 사항에 관한 권고 채택, 체약국회의의 3년 예산 채택, 체약국회의의 예산 범위 내에서 법률에 관한 기술 원조의 3년 계획 결정, 조약 개정의 채택, 세계지적재산권기구의 비가맹국과 정부기관 및 국제적 비정부기구가 이 체약국회의의 옵서버로 출석할 수 있는 자격 여부를 결정할 수 있는 권한이 있다.

조정위원회는 파리동맹 집행위원회 구성국과 베른동맹집행위원회 회원국으로 구성된다. 조정위원회는 기타 동맹과 WIPO와의 공통의 이해 관계가 있는 모든 관리상 및 재정상의 사항과 기타 사항에 대해 특히 동맹 공통경비의 예산에 대해 동맹 내부기관인 총회, 체약국회의 및 사무총장에게 권고하고, 총회의 의사일정 작성, 체약국회의의 의사일정, 사업계획, 예산안 작성, 동맹 공통경비의 3년 예산과 체약국회의의 3년 예산 및 법률에 관한 기술 원조의 3년 계획에 의한 연차예산 및 연차계획 결정, 사무총장의 임기가 만료되거나 또는 사무총장이 궐석인 경우 총회에 의한 사무총장 임명을 위한 후보자 지명, 총회의 회기와 회기 사이에 사무총장이 궐석될 경우 새 사무총장 취임까지의 공백 기간을 메울 사무총장 임시대리를 임명할 수 있는 권한이 있다.

사무국은 사무총장의 지휘를 받는 행정조직으로 임기는 6년이다. 세계지적재산권기구에 관리 업무를 위탁한 파리협약(산업재산권), 베른협약(저작권), 헤이그협약(의장), 마드리드협정(상표), 리스본협정(원산지 표지) 등의 동맹사무국으로서도 기능한다. 사무국의 핵심 기능으로는 각종 회의의 지원 업무와 회의의 조직 구성과 회의 결과의 관계국 통지, 지적재산권 분야의 국제협력 추진을 위한 사업 실시, 정보의 수집 및 전달, 정기간행물 발행 등이 있다.

5 유네스코(국제연합 교육과학문화기구)

유네스코(United Nations Educational, Scientific and Cultural Organization: UNESCO)는 유엔 산하의 교육과학문화기구이다. 유네스코는 1946년 공식적으로 창설되었다. 유네스코는 1922년 창설된 국제지적협력위원회(International Committee on Intellectual Co-operation: ICIC), 1926년 창설된 국제지적협력기구(International Institute of Intellectual Co-operation: IIIC), 그리고 1942년 개최된 연합국 교육장관회의(Conference of Allied Ministers of Education: CAME)가 모태가 되었다. 이들 기구의 활동을 기반으로 1945년 44개국이 참여한 가운데 기구 설립을 위한 'UN교육문화기구 설립을 위한 회의(A Conference to Establish an Educational and Cultural Organization)'가 런던에서 개최되었다. 원래 '과학'은 활동 영역에서 포함되지 않아서 이름이

UNECO이었는데, 니담(Joseph Needham), 헉슬리(Julian S. Huxley)와 같은 영국의 저명한 과학자들이 과학을 포함할 것을 강력하게 요구함에 따라 과학을 포함해 UNESCO로 변경, 확정되었다. 같은 해 11월 16일 유네스코헌장이 41개국 조인으로 확정되었고, 제1차 유네스코 총회가 프랑스 파리에서 열렸다. 초대 사무총장으로 헉슬리가 선출되었고, 선행 조직이었던 국제지적협력기구가 수행하던 일을 승계한다는 협정을 체결함으로써 창설이 마무리되었다.

유네스코의 공식 문양은 그리스 아테네의 파르테논 신전을 본떠서 만들었다. 파르테논 신전에서 모시는 지혜의 여신인 '파르테노스'에 착안해 파르테논 신전의 모습을 유네스코 문양으로 사용했다. 유네스코의 본부는 프랑스 파리에 위치하며 전 세계에 53개의 지역사무소와 11개의 산하기구를 두고 있다.

회원국은 195개국의 정회원국과 9개의 준회원국으로 구성되어 있다(2014년 현재).[6] 유엔에 가입한 회원국의 경우에는 자동적으로 가입 권리를 가지며, 유엔에 가입하지 않은 국가는 집행이사회 권고 및 총회 출석의 2/3의 찬성으로 가입할 수 있다. 외교 권한이 없는 영토 및 영토군의 경우 총회 출석 2/3의 찬성으로 준회원국의 지위를 획득한다. 유네스코의 가입국은 6개 지역 그룹으로 나뉘며, 각 지역 그룹이 집행이사회 선거 시 그룹이 된다. 그룹Ⅰ은 서유럽과 북아메리카의 27개국으로 이뤄지고, 그룹Ⅱ는 동유럽 23개국, 그룹Ⅲ은 라틴아메리카 33개국, 그룹Ⅳ는 아시아·태평양지역 47개국, 그룹Ⅴ(a)는 아프리카 45개국, 그룹Ⅴ(b)는 아랍 20개국이다.

유네스코의 조직은 총회, 집행이사회, 사무국으로 나뉜다.

총회는 유네스코의 최고 의사 결정기관으로서 모든 정회원국의 대표로 구성된다. 2년에 1회, 홀수 해마다 정기총회를 개최하지만 필요에 따라 임시총회를 개최한다. 총회에서는 유네스코의 주요 정책과 방침을 결정하며, 6년 단위로 계획되는 유네스코 중기 전략을 심의, 결정한다. 집행위원회가 제출한 사업 및 예산안과 총회에 부의된 의제들을 심의, 결정하며 회원국과 사무국 사이의 의견을 조절하는 역할도 수행한다. 집행이사회, 정부 간 위원회 이사국과 사무총장을 선출하며, 교육·과학·문화 분야에서 유엔에 조언을 제공하고 국제협약 및 권고 등을 심의하고 채택한다. 총회에서 각 회원국은 1개의 투표권을 가지며, 의결은 헌장이나 총회

6) 한국유네스코위원회, http://www.unesco.or.kr/about/sub_01.asp(검색일: 2014.6.10).

의 규정에 의해 2/3의 다수를 필요로 하는 경우를 제외하고는 단순다수, 즉 과반수에 따라 행한다. 그리고 회원국은 체납된 회원국 분담금의 총액이 당해 연도와 전년도 지불할 분담금의 총액을 초과하게 되면 총회에서의 투표권을 상실하게 된다. 그러나 총회에서 이러한 지불의 불이행이 불가항력적인 사정에 의한 것이라고 인정할 경우 투표권이 주어진다.

집행이사회는 총회에서 선출된 6개 지역별 그룹의 58개국 대표로 구성된 의결 및 집행 감독기구이다. 집행이사국의 임기는 선출된 총회 회기 종료 때부터 2번째 정기총회 회기가 종료될 때까지(4년)이다. 집행이사회의 본회의에서는 유네스코의 사업 및 예산안, 조직개혁안과 같은 주요 의제에 대해 토론하고, 각 분과위원회로 나뉘어 해당 분야 의제를 검토한다. 주요 임무로는 총회 의사일정의 준비, 총회에서 채택한 사업의 실행 및 예산 집행 감독, 그리고 사무총장을 추천하는 일 등이 있다. 집행이사회는 대외협력 분과위원회와 재정 및 행정 분과위원회로 나뉘어 각각 해당 분야 의제들을 검토한다. 각 분과위원회에서 토의된 내용은 종합되어 다시 본회의에 상정되며, 집행이사회 막바지에 개최되는 본회의에서는 두 개 분과위원회 및 기타 위원회가 제출한 보고서와 권고 사항들을 검토하고 최종 결의안을 채택한다. 집행이사회는 2년 기간의 사업회기 중 최소 4번의 집행이사회를 개최하는 것이 원칙이다. 하지만 현재에는 총회가 개최되는 홀수 해는 3회, 그렇지 않은 짝수 해에는 2회 개최된다. 그러나 집행이사회 의장이 특별히 소집하거나 6개 이상의 이사국이 정식 절차를 통해 회의 개최를 요구할 경우 임시 집행이사회를 개최할 수 있다.

사무국은 프랑스 파리에 위치한 본부와 세계 각지에 설치된 지역 사무처 및 각종 부속기관으로 구성되며, 인적 구성으로는 사무총장과 사무총장이 임명한 직원들로 구성된다. 사무국은 총회와 집행이사회에 제출할 사업계획과 예산안을 준비하며, 결정된 계획과 예산안에 따른 각종 사업을 실무적으로 집행하는 역할을 담당한다.

사무총장은 유네스코의 최고 행정책임자로서 대외적으로 유네스코를 대표할 뿐만 아니라 사업계획의 수입과 예산 집행 및 기구 사업안에 대한 실질적인 책임을 지고 있으며, 총회 및 집행이사회가 수행할 적절한 조치를 제안하며, 사업 결과를 총회와 집행이사회에 보고하는 역할을 한다. 임기는 창립 당시에는 6년 임기였으나, 2001년 열린 총회에서 4년이며 1회에 한해 4년을 연임할 수 있게 변경되었다.

유네스코의 주요 사업은 교육, 문화, 과학, 인문사회과학, 커뮤니케이션과 정보로 구분된다. 교육 분야에서는 문맹 퇴치 및 국제 이해 교육 증진을 위한 기술적 지원을 한다. 국제 규범을 제정하고 회원국의 역량 강화를 지원하며 다양한 네트워크와의 연대 등을 통한 교육사업 이행을 실천한다. 문화 분야에서는 세계 유산 보호 및 보존, 기록유산·무형유산 보호, 문화재 반환, 문화 다양성 보호 및 증진 활동 등을 진행하고 있다. 그리고 이와 관련된 국제 협약을 제정하고 국제회의를 개최하며 각종 자료를 발간하는 등의 노력을 기울이고 있다. 유네스코는 1972년 세계 문화 및 자연 유산 보호 협약을 체결해 세계적으로 보존 가치가 있는 문화유산을 발굴·보호 및 증진하기 위해 노력한다. 이 협약에 따라 세계유산위원회 및 세계유산센터가 설치되었고, 세계유산기금을 통해 회원국들의 유산 보존활동을 지원한다. 과학 분야에서는 수자원(Freshwater), 인간과 생물권 프로그램, 해양(Ocean), 지구과학(Earth Sciences), 재해 예방(Disaster Prevention), 해안과 작은 섬(Coasts and Small Islands), 기초과학(Basic Sciences), 재생가능 에너지(Renewable Energy)의 총 여덟 가지 부문으로 나누어 사업을 진행한다. 인문사회과학 분야에서는 윤리(Ethics), 인권(Human Rights), 사회 변형(Social Transformation), 철학(Philosophy), 체육과 스포츠(Physical Education and Sport)의 다섯 가지 분야로 나누어 사업을 진행한다. 커뮤니케이션과 정보 분야에서는 지역사회 멀티미디어센터, 표현의 자유 및 언론의 자유, 국제 커뮤니케이션 사업, 모든 사람을 위한 정보사업, 창조적 콘텐츠 사업을 중점으로 진행한다.

6 유니세프(국제아동구호재단)

유니세프(United Nations International Children's Emergency Fund: UNICEF)는 제2차 세계대전의 혼란 속에서 희생된 각국의 어린이들에 대해 구제를 목적으로 설립된 국제아동구호재단이다. 1946년 12월 국제연합총회의 결의에 의거해서 설립되었다. 유니세프가 기지는 네 가지 방향은 다음과 같다. 첫째, 차별 없는 구호의 정신이다. 국적, 인종 성별 등과 상관없이 세계 모든 아이들이 도움을 받을 수 있도록 한다. 둘째, 어린이들의 보호자와 지역사회 주민들을 훈련시킨다. 어린이의 영양과 질병 관리를 가정에서 할 수 있도록 지원한다. 셋째, 개발도상국 정부 및 유엔기구,

인도주의적인 비정부기구들과 협력해 활동한다. 이를 통해 각 분야의 사업 동반자와 공동으로 일해 구호를 필요로 하는 어린이와 여성에게 더 빠르고 효율적으로 지원한다. 넷째, 어린이가 인류의 미래이다. 국제사회와 각 나라가 정책을 세우고 재원을 사용할 때 어린이를 가장 먼저 고려하도록 하여 어린이의 건강과 교육, 평등, 보호를 위해 인도주의를 실천하도록 한다. 유니세프 사업의 궁극적인 목적이 어린이이기 때문에 모든 사업은 2000년 유엔 총회에서 설정된 새천년 목표처럼 '어린이가 살기 좋은 세상 만들기'이다. 2006년부터 2013년까지 중점 목표는 어린이 생존과 발달, 기초교육 확대, 어린이 보호, 에이즈 예방과 치료, 어린이 권리 옹호 등 다섯 가지 사업 분야였다.

유니세프 조직은 본부, 지역사무소, 국가사무소, 국가위원회로 구성되어 있다. 유니세프의 본부(Headquarters)는 미국 뉴욕에 소재하며, 유니세프의 모든 활동에 대한 관리와 운영을 전담한다. 정책 결정기구인 집행이사회와 실무를 담당하는 사무국을 두고 있다. 집행이사회는 36개 이사국으로 구성되며, 이사국은 3년마다 선출된다. 이사국의 지역별 분포는 아프리카 8개국, 아시아 7개국, 동유럽 4개국, 라틴아메리카 및 카리브해 연안 5개국, 서유럽을 비롯한 선진국 12개국으로 되어 있다. 유엔의 각 지역을 대표하는 5명의 회장단(회장 1인, 부회장 4인)이 1년 임기로 활동한다. 집행이사회에서는 유니세프의 정책을 수립하고 계획을 검토하며 사업예산을 승인한다. 사무국은 유니세프의 실제적인 활동을 총괄하며, 유니세프 총재가 사무국의 책임자이다. 본부는 지역별 사무소와 전문연구소를 두고 있다. 유럽지역사무소(Regional Office for Europe)는 스위스 제네바에 소재하는데 한국을 포함한 37개 선진국 유니세프 국가위원회의 업무를 관할한다. 구호물품조달본부(Supply Division)는 덴마크 코펜하겐에 있고, 유니세프의 개도국 아동개발사업에 필요한 모든 물자를 구매하고 보관, 배송한다. 매년 10억 달러 이상의 물품을 세계 각국으로부터 구매해 공급하고 있으며, 긴급 상황 시 신속한 대응 능력을 위해 두바이와 파나마에도 물류 기능을 두고 있다. 유니세프가 제공하는 모든 물품은 엄밀한 심사와 공개 입찰을 통해 전 세계 공급업자들로부터 구매하며, 이 기금으로 지원 활동을 한다. 이노첸티 리서치센터(Innocenti Research Centre)는 이태리 플로렌스에 있다. 유니세프의 조사연구기관으로 아동 문제에 대한 다양한 조사와 연구를 하고 이를 보고서로 발간하며, 어린이와 관련된 정책을 분석・개발한다. 브뤼셀사무소(Brussel Office)는 벨기에 브뤼셀에 위치하며, 각국 정부의 유니세프 기금을 섭외하고, 정책결정자와의 협력을 조정한다. 일본사무소(Office for Japan)는 일본 도쿄(東京)에 있는데 각국 정부의 유니세프 기금을 섭외하고, 정책결정자와의 협력을 조정한다.

유니세프 지역사무소(UNICEF Regional Offices)는 동아시아/태평양(태국 방콕), 남아시아(네팔 카트만두), 동남 아프리카(케냐 나이로비), 서부/중앙아프리카(세네갈 다카르), 중동/북아프리카(요르단 암만), 라틴아메리카/카리브해(파나마 발보아), 구 소련연방/동유럽(스위스 제네바) 등에 7개의 지역사무소를 두고 있다. 유니세프 지역사무소는 해당 지역 국가의 대표사무소들이 현지 어린이들을 위해 펼치는 유니세프 사업을 기획하고 평가하는 임무를 맡고 있다.

유니세프 대표사무소(UNICEF Field Offices)는 156개 개발도상국(팔레스타인 포함)에 설치되어 있다. 대표사무소는 세계 각국의 정부 및 인도주의적 구호기구들과 협력해 어린이를 위한 영양, 보건, 식수 및 위생환경, 기초교육, 어려운 처지의 어린이 보호, 긴급구호 등의 기본 사업을 한다.

유니세프국가위원회(National Committee for UNICEF)는 총 36개국에 설치되어 있는데, 그리스, 네덜란드, 노르웨이, 뉴질랜드, 덴마크, 독일, 룩셈부르크, 리투아니아, 미국, 벨기에, 산마리노, 스웨덴, 스위스, 스페인, 슬로바키아, 슬로베니아, 아이슬란드, 아일랜드, 안도라, 에스토니아, 영국, 오스트레일리아, 오스트리아, 이스라엘, 이탈리아, 일본, 체코, 캐나다, 터키, 포르투갈, 폴란드, 프랑스, 핀란드, 한국, 헝가리, 홍콩 등이다.

유니세프의 운영은 주로 기부금으로 이뤄지는데, 2012년 기준 각국 정부의 자발적인 기부금(57%), 민간 부문 지원금/비정부기구 지원금(32%), 기구 간 조정(9%), 기타(2%)로 구성된다. 기부금 수입액은 920억 달러이고 기부금 외 수입은 예금 이자 수익 약 23억 달러와 본부지원금 약 45억 달러이다(2012년 기준).[7] 유니세프는 기부금 모금을 위해 국제친선대사(International Ambassadors), 자원봉사자 등의 인적 활동과 다양한 캠페인 활동을 벌이고 있으며, 상품 판매 등 직접적인 모금활동도 전개한다. Face To Face 캠페인, 유니세프 숍 홈페이지(http://www.unicef.or.kr/shop/) 등을 활용하고 생명을 구하는 상품(Gift full of life)의 경우는 어린이의 지능발달을 도와 수는 장난감, 인형, 의류, 액세서리, 사무용품, 캘린더, 다이어리 등

7) 유니세프한국위원회, http://www.unicef.or.kr/active/fund_global.asp(검색일: 2014.6.15).

200여 가지의 상품을 판매한다. 홍보 문구를 보면 카드 한 장을 구입하면 긴급구호 지역의 어린이들에게 고단백 영양식 한 끼를 제공, 퍼즐 장난감 1개를 구입하면 133명의 어린이들에게 홍역 예방접종, 모자 1개를 구입하면 영양실조 어린이 15명에게 고단백 분말 영양식 한 끼 제공, 티셔츠 1장을 구입하면 콜레라, 설사병으로 인해 탈수증에 걸린 어린이에게 구강 수분 보충염을 제공할 수 있다. 기업의 후원금도 기금 확보에 중요한 비중을 차지한다.

제 4 절 유엔과 한국

유엔은 1948년 제3차 유엔총회에서 대한민국 정부를 한반도 유일한 합법정부로 승인했다. 가능한 지역에서 총선거를 실시한다는 유엔총회의 결의(48-2-26)에 따라 실시된 5월 10일 선거를 통해 8월 15일 대한민국정부가 정식 수립되었고, 총회에서 48대 6이라는 압도적인 다수로 승인받았다. 이어 1949년 1월 1일 미국을 비롯한 50여개 국가들이 대한민국정부를 승인했다. 그 후 대한민국 정부는 유엔 가입을 신청하고(1949년 1월 19일) 그해 4월 8일 안전 보장이사회에서 9 대 1의 압도적 승인을 얻었으나 소련의 거부권 행사로 좌절되고 그 후 유엔 옵서버의 지위로 유엔 활동에 참여했다.

유엔과 한국과의 관계에서 가장 중요한 사건은 6·25전쟁의 참전이다. 1950년 6월 25일 북한 침공 다음날인 6월 26일, 유엔 안전보장이사회가 북한 침략 정지 요청안을 결의하면서 유엔군이 전쟁에 참전했다. 전쟁 기간 중 미국이 가장 많은 485만 명을 지원했고, 그리스, 남아프리카공화국, 네덜란드, 벨기에, 룩셈부르크, 영국, 에티오피아, 캐나다, 콜롬비아, 태국, 터키, 프랑스, 필리핀, 호주 등이 병력을 지원했다. 노르웨이, 덴마크, 스웨덴, 이탈리아, 인도 등은 의료를 지원했다.

한국의 유엔 가입은 1991년 8월에 개최된 유엔 안전보장이사회에서 남북한 유엔 가입 결의안을 만장일치로 채택하면서 결정되었고, 최종적으로 그 해 9월 17일 유엔총회에서 남북한의 유엔 가입을 승인·확정했다. 남북한 유엔 동시 가입이 이뤄진 것이다. 유엔총회는 당일 남북한과 마셜군도 등 7개국의 유엔 가입 결의안을 일괄 상정해 표결 없이 159개 전 회원국 만장일치로 통과시켰다. 1948년 제3차 유엔총회가 대한민국을 한반도 유일의 합법정부로 승인하는 결의를 채택한 직후인 1949년 1월 유엔 가입 신청서를 제출하면서 시작된 유엔 가입 노력이 분단 43년 만에 성사되었다. 국명 표기 알파벳 순서에 따라 북한(D.P.R.K)이 160번째, 남한(R.O.K)이 161번째 회원국이 되었다.

유엔에서 대한민국의 위상은 안보리 비상임이사국 진출과 2004년 반기문 사무총장의 선출로 확인되었다. 반기문 총장(대한민국, 재임 2007~)은 1970년 외교부에 들어갔고, 1991년에는 외교부 유엔과장이 되었다. 2004년 대한민국의 외교부 장관에 올랐으며, 2006년 제8대 유엔 사무총장으로 임기를 시작했다. 그는 아시아에 돌아갈 차례였던 당시 사무총장직을 놓고 인도 출신의 샤시 타루르(Shashi Tharoor)와 경쟁했다. 수차례 예비투표를 거쳐 최종 후보로 결정되었고, 총회의 표결을 거쳐 제8대 사무총장으로 선출되었다. 그는 기후 변화, 핵확산 방지, 여덟 가지 새천년개발목표 달성 등을 안정적으로 수행해 오고 있다는 평가를 받았다. 코피 아난(Kofi Atta Annan)처럼 유엔 개혁 등 정치적 과제에 대해서는 적극적인 편이 아니지만 강대국 간의 민감한 이슈들을 중재하는 데 역할이 크다는 평을 받고 있다. 2011년 6월, 2012년 1월부터 시작하는 두 번째 임기의 연임 추천 결의안에 대해 안보리의 만장 일치와 지역그룹 전원이 서명한 가운데, 총회에서 192개 회원국의 박수로 통과되어 두 번째 임기를 수행하고 있다.

제 4 장 유럽연합(EU)*

제 1 절 EU의 성립과 발전

1 유럽 통합의 역사적 배경

'유럽 통합의 역사적 배경과 그 의미는 무엇인가?'

비록 일상사 속에서 '유럽연합(European Union: EU)' 혹은 '유럽'에 대해 말하고 듣고 있으며, 수많은 연구 논문과 저술이 행해지고 있지만, 위의 질문에 자신 있게 대답하는 것은 상당히 어려운 일이다.

혹자는 유럽의 역사는 기독교문화를 근간으로 하는 유럽의 지배를 위한 각 민족 및 국가의 이해 관계에 따른 이합집산의 연속이라고 한다. 그 과정에서 유럽인들은 국가 목표에 의해 또는 공동 이익을 위해 그들의 문화유산과 국가재산을 보호하기 위해 상이한 민족·국가 간에 단합해야 할 필요성을 자주 경험하게 된 것이다. 이 관점에서 바라보면, 유럽 통합의 관념은 세계 평화 혹은 인류 공영에 비중을 두고 있기보다는 유럽의 이익에 의거해 배태되었음을 알 수 있다. 다시 말해 유럽 통합이란 유럽의 이익 보호를 위한 정치적 결단에 의한 공동체의 결성이 선결적으로 이뤄진 후에야 그것을 바탕으로 기타 국가와 지역 내지는 국제기구와의 협

---

* 이 글은 채형복, 핵심 유럽연합(EU)법(국제환경규제 기업지원센터, 2011), 14-60쪽의 내용을 수정·보완한 것이다.

력 관계를 모색하는 절차를 밟고 있다고 볼 수 있는 것이다.

역외국의 입장에서 유럽 통합을 어떻게 바라보든 20세기 초반에 일어났던 양차 대전을 거치면서 유럽인들은 정치·경제·사회·문화 등 모든 영역에 걸쳐 심각한 피해와 위기감을 느꼈으며, 특히 냉전 체제 하에서 구소련을 중심으로 한 동구권 국가들과의 대립 및 견제와 더불어 미국과 일본 등 서방 국가들과의 협력과 공존이 필요함을 인식했다. 그러나 이와 같은 현실적 위기감의 이면에는 '유럽의 영광'의 상실에 대한 두려움이 자리하고 있었으며, 그를 회복하기 위한 보호막으로서 일종의 공동체적 통합체가 필요했다고도 볼 수 있다.

1951년 유럽석탄철강공동체(European Coal and Steel Community: ECSC)와 1957년 유럽경제공동체(European Economic Community: EEC) 및 유럽원자력공동체(European Atomic Energy Community: EAEC 혹은 Euratom)가 발족한 이래 유럽은 역내외의 수많은 장벽을 극복하며 꾸준한 발전을 거듭해 왔다. 1993년 11월 1일자로 마스트리히트조약이 발효함으로써 EU 체제가 발족했다. 그리고 아래에서 살펴보는 바와 같이, 중동부 유럽의 10개국(2004년 5월 1일) 및 루마니아와 불가리아 2개국(2007년 1월 1일), 그리고 크로아티아(2013년 7월 1일)가 새로이 EU에 편입됨으로써 EU는 28개 회원국을 가진 거대 통합체로 거듭나게 되었다.

이와 같은 유럽의 통합 과정을 어떻게 바라보고 이해해야 할 것인가란 문제는 이제 유럽 시민들만이 아니라 역외국에 있는 우리들의 과제이기도 하다. 그러나 역외국의 시민으로서 ECSC의 발족을 기준으로 하더라도 이미 50년 이상의 연륜을 거쳐 형성된 유럽 통합을 이해한다는 것은 생각처럼 쉬운 일이 아니다. 따라서 유럽 통합의 과정을 역사적 발전 단계별로 고찰하면서 주요 관련 내용의 배경을 고찰할 필요가 있다고 본다. 그 역사적 배경을 이해하지 않고는 EU의 제도를 이해하기에는 많은 어려움이 따르기 때문이다.

2 EU의 형성과 발전

1) 유럽통합운동의 태동기(1915~1945)

정책결정자들이 유럽 통합을 구상하기 시작한 것은 제1차 세계대전 이후부터로,

1923년 오스트리아의 쿠덴호브-칼레르기(R. Coudenhove-Kalergi)가 미국식 유럽합중국 창설을 주장하면서 민간 차원의 범유럽 통합기구(Pan European Union)를 설치했다. 그의 사상은 체코슬로바키아 외무장관 벤(Eduard Benes), 프랑스 외무장관 브리앙(Aristide Brian), 영국의 헤리오(Edouard Herriot) 등 몇몇 저명한 정치가에게 영향을 미쳤다.

이러한 범유럽운동에 호응을 얻어 유럽관세경제동맹(1926)과 유럽화합연맹(Fédération pour l'Entente européenne, 1927) 등의 설립이 제안되었다. 또한 1927년 프랑스의 루쇠르(L. Loucheur) 장관은 석탄, 철강 및 곡물 부문에서 카르텔을 형성하자고 주장함으로써 20여 년 후 슈망(Robert Schuman, 1950년)의 제안을 미리 예고했다.

그 이후에도 많은 지도자가 연방주의적 접근의 통합을 시도했는데, 이를테면 1930년에 프랑스의 유럽관세동맹(Union douanière européenne)과 유럽의회동맹(European Parliament Union)안, 1933년 스위스 바슬(Basle)에서 개최된 유럽동맹운동(Europa-Union Movement), 그리고 1938년 영국의 연방제동맹(Federal Union)안 등이 그 대표적인 예이다. 그러나 이러한 시도들은 독일의 무력 침공으로 무산되고 말았다.

2) 유럽 통합을 위한 협력과 발전기(1946~1993.10.31)

제2차 세계대전의 폐허 속에서 유럽 사람들은 처음으로 평화적인 기반 위에 통합작업을 추진할 수 있었다. 1943년부터 유럽 건설의 아버지 모네(Jean Monnet)는 "만약 국가 주권의 기반 위에 국가를 재건설한다면 이 땅에 평화는 영원히 없을 것이다. 유럽 국가들은 자국 국민의 번영과 발전만을 보장하기에는 지리적으로 너무 인접해 있다. 따라서 유럽의 국가들은 공동경제를 중심으로 한 단일 통합체를 건설해야만 한다"고 호소했다. 모네의 이와 같은 호소는 슈망(Robert Schuman) 및 유럽통합론자들에게 직접적인 영향을 미쳤으며, 결국 이는 유럽공동체의 성립으로 나타나게 되었다.

(1) 유럽석탄철강공동체의 설립

유럽공동체 건설의 시발점이 된 것은 프랑스의 외무장관인 슈망이 모든 유럽 국가들이 초국가적인 기구인 고등관청(High Authority)에 의해 관리되는 석탄철강공동체의 설립을 제안한 1950년 5월 9일이었다. 슈망 선언은 모네의 구상으로 발전했다. 모네는 유럽 국가들 사이의 사실상의 단결을 이끌어 내기 위해서는 유럽의 점진적 통합이 필요하다고 역설했다. 이러한 모네의 구상은 1951년, 프랑스, 이탈리아, 독일 및 벨기에, 룩셈부르크 및 네덜란드(베네룩스 3국)의 유럽석탄철강공동체(ECSC)를 설립하는 파리조약의 서명을 이끌어 냈다. 그 결과 1952년 7월 23일, 석탄・철강 분야의 공동체 ECSC가 설립되었다.

(2) 유럽방위공동체의 실패

ECSC의 6개 회원국은 그들 국가의 군대를 1947년 이래의 냉전으로부터 유럽의 안전을 보장할 수 있는 유럽의 군대로 통합하려는 유럽방위공동체(European Defence Community: EDC) 설립 계획을 세웠다. 하지만 이 계획은 프랑스 의회의 비준 기부로 인해 실패하고 말았다. EDC의 실패는 유럽의 안보 전략에 적지 않은 영향을 미쳤다. EDC의 설립이 실패함으로써 첫째, 새롭게 창군된 서독 군대가 북대서양조약기구(North Atlantic Treaty Organization: NATO)에 편입되었고, 둘째, 군사 협력을 위한 서유럽연맹(the Western European Union: WEU)이 설립되었다. 셋째, 그 실패는 결국 EDC가 서명된 후에 입안된 유럽정치공동체(European Political Community: EPC) 계획을 무산시키는 결과를 초래했다.

(3) 유럽경제공동체 및 유럽원자력공동체의 설립

ECSC의 운영에 자신감을 갖게 된 6개국은 경제 분야를 통한 새로운 유럽을 건설하고자 의도했다. 그리하여 1957년 유럽경제공동체(EEC)와 유럽원자력공동체(EAEC 혹은 Euratom)를 설립하는 두 로마조약이 체결되었으며, 이 두 조약은 1958년 1월 1일자로 발효했다. 특히 EEC는 사람, 상품, 서비스, 그리고 자본의 자유로운 이동이 허용되는 공동시장의 창설을 그 목표로 했다.

두 공동체의 출범과 병행해 회원국들은 공동정책을 구상했고, 1962 7월 30일 공동체 차원의 최초의 공동정책인 공동농업정책(Common Agricultural Policy: CAP)이 실시되었다. 또한 회원국 간의 관세장벽을 철폐하고 역외국에 대한 공동관세율(common customs tariff: CCT)이 도입됨으로써 1968년 7월 1일 유럽관세동맹(European Customs Union)이 설립되었다.

(4) 유럽공동체의 확대

최초 6개 회원국이던 EC는 오랜 교섭 과정을 거쳐 1972년 1월 22일 영국, 아일랜드 및 덴마크를 신입 회원국으로 영입하기 위한 가입 조약에 서명했다. 3개국의 가입 조약은 1973년 1월 1일부터 발효함으로써 EC는 그 회원국의 수가 6개국에서 9개국으로 늘어나게 되었다(제1차 확대).

제2차 및 제3차 확대는 상당 기간 독재 체제 하에 놓여 있다가 민주주의로 회귀한 지중해의 3국을 대상으로 하여 행해졌다. 즉, 1981년 1월 1일 그리스가 EC에 가입했으며(제2차 확대), 곧이어 1986년 1월 1일에는 포르투갈과 스페인이 가입했다(제3차 확대).

그리고 1990년 독일의 통일로 말미암아 EC는 다시 한 번 성장의 계기를 맞이했다. 동독의 붕괴와 소련(USSR)의 정치적 및 경제적 쇠퇴에 따라, EC는 독일 통일의 과정에 활발하게 개입했으며, 이는 독일 통일의 속도를 배가시켰다. 그리하여 1989년 11월 9일 베를린 장벽이 붕괴되었으며, 1990년 10월 3일에는 독일이 통일되었다. 이로써 5개의 동독의 주가 서독의 영토에 편입되어 EC의 지리적 범위를 확대하게 되었다.

(5) 단일유럽협정의 채택

프랑스 출신 들로르(Jacques Delors)가 유럽위원회 의장에 취임한 뒤부터 유럽 통합은 새로운 활력을 되찾게 되었으며, 국경 없는 유럽의 구상이 현실화되기 시작했다.

1985년 이탈리아 밀라노에서 열린 유럽이사회에서 각국 정상들은 들로르의 단일시장 완성안에 대해 유럽이사회 사상 처음으로 표결을 통해 이를 추진하기로 결정했다. 이에 따라 1957년 체결된 로마조약을 개정하고 공동시장 완성을 위한 회원국 간의 정치적 협력을 체계화할 '단일유럽협정(Single European Act: SEA)'의 제정을 위해 정부간 회의(Intergovernmental Conference: IGC)를 개최하기로 결정했다. 여러 차례의 정부간 회의를 거쳐 1985년 룩셈부르크 유럽이사회는 SEA를 채택했다. 이듬해인 1986년 SEA는 룩셈부르크와 네덜란드 헤이그에서 정식 조인되었으며, 각국의 의회 및 국민투표를 통한 비준 절차를 거쳐 1987년 7월 1일자로 발효했다.

SEA는 유럽 역내시장에서 사람, 상품, 서비스 및 자본이 자유롭게 이동할 수 있도록 하기 위한 국경 없는 공동체의 창설을 목표로 삼고 있다. 즉, EC를 명실상부한 단일시장으로 완성하기 위해 국가 간 협력 강화를 규정하고 각국이 설정해 놓은 각종 장벽과 규제의 철폐를 요구하고 있다. 특히 노동자의 자유 이동은 단순한 제한의 철폐를 넘어 거주 이전 및 자유로운 취업의 자유를 포함하고 있으며, EC 회원국의 국민이라면 국적을 이유로 차별적인 대우를 받지 않도록 규정했다. SEA에서 합의된 사항들 가운데 중요한 점은 자본과 노동자의 이동을 제외한 사항에 대해서는 각료이사회에서 전원일치가 아닌 가중 다수결 제도를 도입하기로 한 것이다. 또한 입법 과정에서 협력 절차를 도입해 유럽의회의 영향력이 다소 강화되었다. SEA는 1992년 말까지 유럽 역내시장을 완성하겠다는 점을 조약에 규정함으로써 역내시장을 완성하고자 하는 회원국들의 정지석 의사를 명문화했다. SEA는 국경 개방에 따른 테러나 난민 유입 등 국내외적 정치 상황과 관련된 문제에도 불구하고 비교적 신속하고 순조롭게 자리 잡아 갔으며, 통합의 수준을 한 단계 심화시키고 경제통화 동맹으로 가는 토대를 마련했다고 평가할 수 있다.

(6) 유럽연합의 성립

1991년 12월 9일~10일 양일간 네덜란드의 마스트리히트에서 개최된 유럽이사회에서 경제통화동맹 및 정치동맹에 관한 조약을 마련해 유럽공동체를 대체할 EU를 구상했는데, 이 조약이 바로 '마스트리히트조약(Treaty of Maastricht)'이다. 이 조약이 마련됨으로써 당시까지 진행되어 왔던 부문별 통합에서 한 걸음 나아가 유럽의 정치 및 경제 통합 추진을 위한 새로운 장을 열게 되었다. 마스트리히트조약은 1992년 2월 7일자로 서명되었으며, 모든 회원국의 비준 절차를 거쳐 1993년 11월 1일자로 발효했다. 마스트리히트조약은 기존의 세 공동체 설립조약을 개정했을 뿐만 아니라 '유럽연합에 관한 조약(Treaty on the European Union)'을 포함하고 있어 일명 'EU조약'이라 한다. 이 조약이 발효함으로써 유럽연합(European Union: EU)이 설립되었다. EU조약은 제A조에서 조약은 "유럽인들 사이에 가장 가까운 연합을 창설하는 과정에서 새로운 단계를 기록하는 것이며," 이러한 연합은 "회원국들의 국가별 정체성을 존중한다"고 명문으로 규정하고 있다.

EU조약은 다음과 같은 몇 가지 내용을 새로이 도입했다. 첫째, 이 조약은 공동체의 거주자들이 그들이 살고 있는 공동체 회원국에서 지역 선거 또는 공동체 선거에 투표할 수 있는 권리와 유럽의회에 청원하거나, 공동체 기구와 분쟁이 발생한 경우에 옴부즈만(Ombudsman)에게 의뢰하거나, 다른 회원국의 외교적 그리고 영사상의 보호를 요청할 수 있는 권리를 가진 유럽시민권(European Citizenship)제도를 도입하고 있다. 둘째, 이 조약은 공동체 기구들의 민주적 성격을 강화하며, 새로운 보충성의 원칙(principle of subsidiarity)을 도입하고 있다. 셋째, 이 조약에 설정된 절차와 일정에 따라 경제통화동맹(Economic and Monetary Union: EMU)은 3단계에 걸쳐 추진된다. 그 추진 일정에 따라, 1999년 1월 1일 수렴 조건을 충족한 회원국 간 단일 통화인 유로(EURO)가 정부간 대체 결제 통화로 통용되기 시작했으며, 2002년 1월 1일부로 오스트리아, 벨기에, 핀란드, 프랑스, 독일, 그리스, 아일랜드, 이탈리아, 룩셈부르크, 네덜란드, 포르투갈 및 스페인의 12개 유로존 국가에서 전면적으로 유통하게 되었다. 넷째, EU조약은 '삼주 체제(three pillars system)'를 도입하고 있다. 즉, 그리스 신전 체제를 모델로 하여 EU를 설립·유지하는 세 기둥으로 ECs(ECSC·EC·Euratom), 공동외교 안보정책(Common Foreign and Security Policy: CFSP) 및 사법 내무협력(Cooperation in fields of justice and home affairs: CJHA)을 설정하고 있다.

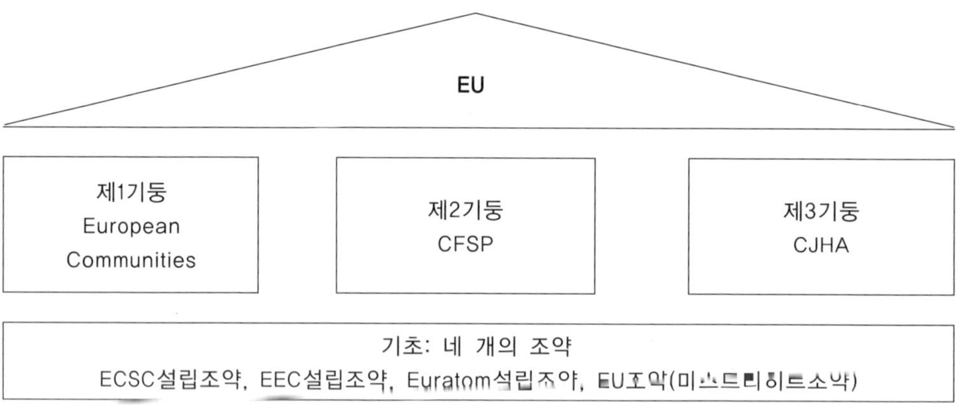

그림 4-1 삼주 체제

이 밖에도 EU조약은 환경, 사회정책, 연구 및 개발, 유럽횡단 방송망, 통신, 보건, 문화 그리고 소비자 보호와 같은 분야까지 EU의 역할을 확대해야 한다고 규정하고 있다.

표 4-1 EU의 상징

깃발 (The European Flag)	찬가 (The European Anthem)	유럽의 날 (Europe Day)	모토 (The Motto of the EU)
	베토벤의 9번 교향곡	5월 9일	다양성 속의 통합(United in Diversity)
둥근 원 모양으로 배치된 12개의 황금색 별은 유럽 인민들 사이의 단일, 연대 및 조화를 상징한다. 숫자 '12'는 EU 회원국 수가 아니라 '완진, 충만 및 단일'을 의미한다.	'EU의 찬가'는 1785년 쉴러(Friedrich von Schiller)가 쓴 '환희의 송가(Ode to Joy)'에 베토벤이 곡을 붙인 9번 교향곡이다.	'유럽의 날'은 1950년 5월 9일 당시 프랑스의 외무부 장관이던 슈망이 '항구적 평화를 위한 유럽통합선언(슈망선언)'을 한 날을 기념하기 위해 제정되었다.	이 모토는 다양한 문화와 전통, 그리고 언어를 사용하는 유럽인들이 EU를 통해 평화와 번영을 위해 다 함께 통합을 지향한다는 것을 의미한다.

3 EU의 새로운 확대(1993.11.1~현재)

1) EU의 제4차 확대

제3차 확대 이후 여러 지중해 연안국들이 EU의 회원 자격을 얻기 위해 공식적으로 신청했다. 즉, 터키와 모로코가 1987년에, 사이프러스와 몰타가 1990년에 EU에 가입을 신청했다. 지중해 연안국들은 협력협정(혹은 준회원국협정: association agreement)에 의해 EU와 밀접한 관계를 유지하고 있었다. 하지만 회원 자격을 획득하기 위한 그들의 신청은 EU에 의해 거부되거나(유럽 국가가 아닌 모로코의 경우) 또는 연기되었다.

또한 EU는 주변 유럽 국가들에 대해 강한 영향력을 미치고 있었다. 이는 1994년 1월 1일 이래로 유럽경제지대(European Economic Area: EEA)의 회원국이 된 오스트리아, 핀란드, 노르웨이, 그리고 스웨덴 등이 EU에 가입 신청을 했다는 사실만 보아도 잘 알 수 있다. 1994년 3월, 이들 국가에 대한 가입 협상이 완료되어

1995년 6월 24일 가입조약이 서명되었다. 그리하여 1995년 1월 1일자로 오스트리아, 핀란드, 스웨덴이 정식으로 EU 회원국이 되었다(제4차 확대). 하지만 노르웨이는 국민투표에 의해 EU에의 가입이 부결되었다.

2) 암스테르담조약의 채택

1997년 10월 2일자로 EU의 정치지도자들(국가원수 및 정부수반)에 의해 서명된 '암스테르담조약(Treaty of Amsterdam)'이 1999년 5월 1일자로 발효됨으로써 EU는 좀 더 심도 깊은 유럽 통합을 위한 큰 걸음을 내디뎠다.

암스테르담조약 체제의 출범은 EU조약 제N조에 이미 규정되어 있었다. 즉, 동조 1항 1문은 "회원국 정부 혹은 위원회는 EU조약의 개정에 관한 시안을 이사회에 제출할 수 있다"고 하면서 동조 2항에서는 "이 개정 시안이 (EU)조약의 공동규정인 제A조 및 제B조에 열거된 제 목적 및 규정에 일치하는지 여부를 심사하기 위해 회원국 정부의 대표자회의가 1996년에 소집될 것이다"라고 규정하고 있다. 이 규정에 의거해 1996~97년 2년 동안의 정부간 회의를 통해 EU조약의 개정에 관한 논의를 진행했으며, 결국 암스테르담조약이 채택되었다.

암스테르담조약은 다음과 같은 네 분야, 즉 ① 자유, 안전 및 사법, ② EU 및 유럽 시민, ③ 유효하고도 응집력 있는 대외정책 및 ④ EU의 기구에 대해 상세히 규정함으로써 유럽의 새로운 확대에 대비한 법적 기초를 마련하는 데 중점을 두고 있다.

3) 니스조약의 채택

2000년 12월 7일~11일, 닷새 동안 개최된 니스 이사회는 EU의 확대에 대비한 기구 개혁을 중심으로 하는 새로운 조약 채택을 위한 정부간 회의 절차를 마무리했다. 그 결과, 2001년 2월 26일 'EU조약, 유럽공동체들을 설립하는 조약들 및 특정 관련 행위들을 개정하는 니스조약(Treaty of Nice amending the Treaty on European Union, the Treaties establishing the European Communities and certain related Acts, 이하 '니스조약')'이라는 공식 명칭으로 다시금 니스에서 확정적인 형태로 정식 서명되었다. 2월의 정부간 회의에서는 니스조약 이외에도 4개 의정서와 24개의 선언을 채택했으며, 일부 회원국들에 의해 제시된 3개 선언에 대해서도 논의했다.

니스조약은 암스테르담조약에서 해결하지 못했던 대부분의 기구 개편 문제를 해결했다. 특히 위원회의 크기와 구성원 임명 방식, 이사회 투표 가중치의 변경, 가중다수결 방식의 확대 적용, '더욱 긴밀한 협력(closer cooperation)' 장치로부터 '강화된 협력(enhanced cooperation)' 장치로의 확대 수정, 유럽사법재판소와 유럽의회 및 기타 보조기구들의 기구 개편 등 EU 기구의 광범위한 영역에 걸쳐 수정이 가해졌다. 그리고 신회원국들에게 부여될 각 기관 내에서의 의석 수 내지는 지위에 관해서는 EU 차원의 공동지침을 마련했다. 그러나 EU의 제1기둥을 구성하는 ECSC가 2002년 7월 24일을 기해 소멸한다는 것을 제외하면 EU의 삼주 체제(三柱體制, three-pillars system)는 그대로 지속된다. 이것은 EU 자체의 법인격 문제가 아직도 명시적으로 혹은 정면으로 다뤄지지 못하고 있음을 의미하는 것이기도 하다.

니스조약은 EU의 모든 회원국의 국내 비준 절차를 거친 뒤 그 비준서는 이탈리아정부에 기탁되어야 하는데, 마지막 비준서가 기탁된 후 두 번째 달의 첫째 날에 발효한다. 이에 의거해, EU 15개 회원국이 헌법상의 절차에 따라 비준을 2002년까지 마쳤고, 2003년 2월 1일자로 발효했다. 그리고 니스조약은 무기한으로(for an unlimited period) 체결된다.

4) EU의 제5차 · 제6차 확대

구소련(USSR)의 실질적 영향 하에 있던 중 · 동부 유럽 국가들과 EU의 관계가 빠른 속도로 복원되기 시작한 것은 1980년대 말 사회주의 정권의 붕괴로 인한 동구권의 변혁이 가속화되면서부터이다. 이에 부응해 EU는 1988년 중 · 동부의 6개국(폴란드, 헝가리, 구 체코슬로바키아, 루마니아, 불가리아, 유고슬라비아)과 무역협정을 체결함으로써 경제 교류를 위한 초석을 마련했다. 1990년 EU는 이들 6개국을 일반특혜관세제도(GSP)의 수혜 대상국에 포함시켰으며, 1991년 12월부터는 폴란드, 헝가리, 체코슬로바키아 3개국을 시발로 하여 이후 서의 모든 중 · 동부 유럽 국가와 연합협정(Association Agreement: 일명 유럽협정[European Agreement])을 체결했다.

중 · 동부 유럽 국가들의 EU 가입 문제에 대한 EU 측의 공식 입장이 처음으로 표명된 것은 1993년 코펜하겐에서 개최된 유럽이사회(European Council)에서였다. 코펜하겐 정상회담은 EU와 연합협정을 맺은 중 · 동부 유럽 국가들을 '잠재적 회원국(potential members)'이라 지칭하며, 이들의 정식 가입을 추진할 것을 결의했다.

그리하여 1994년부터 위의 중・동부 6개국 및 발트3국(에스토니아, 라트비아, 리투아니아)이 EU에 가입을 신청했다.

1997년 말에 개최된 마드리드 유럽이사회에서는 유럽위원회가 제출한 의견서를 기초로 하여 중・동부 유럽 국가의 EU 가입 과정 및 일정을 확정했다. 즉, 이 의견서에 의하면, "EU조약의 개정에 관한 정부간 회의가 종결된 후 6개월 이내에 가입 신청을 한 중・동부 유럽 국가들과 가입 협상을 시작한다"고 정하고 있었다. 그리하여 사이프러스, 체코공화국, 에스토니아, 헝가리, 라트비아, 리투아니아, 몰타, 폴란드, 슬로바키아공화국 및 슬로베니아 10개국은 2004년 5월 1일자로 EU에 가

표 4-2 EU 가입 기준(소위 '코펜하겐 기준[Copenhagen criteria]')

EU에 가입하기 위해서는 가입 후보국들은 다음과 같은 경제적 및 정치적 조건들을 충족시켜야 한다. 즉, 후보국들은

① 민주주의를 정착시키고, 인권과 법치주의를 존중하며, 또한 소수자를 보호해야 하며,
② 시장경제 체제를 채택해야 하고,
③ EU법을 형성하는 데 기여한 공동규칙, 기준 및 모든 정책을 채택해야 한다.

이에 대해 EU는 EU법을 그들의 국내법으로 수용할 수 있도록 지원하고, 또한 그들이 시장경제 체제로 이행하는 데 필요한 재정적 지원을 제공해야 한다.

표 4-3 EU의 확대

가입 연도	확대	가입 회원국
1952년		프랑스, 이탈리아, 독일, 벨기에, 룩셈부르크, 네덜란드
1973년	1차	영국, 아일랜드, 덴마크
1981년	2차	그리스
1986년	3차	포르투갈, 스페인
1990년		독일 통일: 동독 지역의 편입
1995년	4차	오스트리아, 핀란드, 스웨덴
2004년	5차	사이프러스, 체코공화국, 에스토니아, 헝가리, 라트비아, 리투아니아, 몰타, 폴란드, 슬로바키아공화국, 슬로베니아
2007년	6차	불가리아, 루마니아
2013년	7차	크로아티아

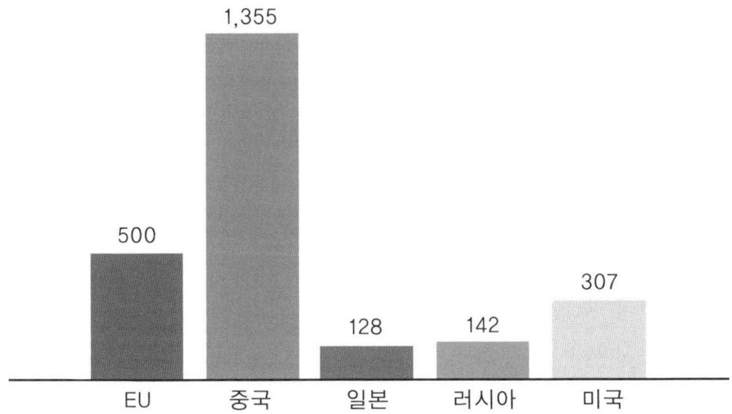

그림 4-2 주요국 대비 EU 인구(2009년 기준)(단위: 백만 명)

입했으며(제5차 확대), 연이어 불가리아와 루마니아가 2007년 1월 1일자로(제6차 확대), 그리고 그로아티아(제7차 확대)가 가입해 현재 28개 회원국에 이르고 있다.

5) 유럽미래회의와 유럽헌법의 채택

2002년 2월 28일, '하나의 유럽(단일 유럽)'의 청사진을 그려낼 '유럽미래회의(Convention on the Future of Europe: 일명 유럽회의[European Convention])'가 15개월 기간을 예정으로 브뤼셀에서 개막되었다. 유럽회의의 개최는 2001년 12월의 라켄(Laeken) 유럽이사회에서 의결되었으며, 인터넷 웹사이트를 통해 유럽 시민들에게 그 논의 현황을 공개하고 포럼을 통해 공개 토론 등 참여를 유도하기로 결정했다.

이 회의의 목적은 세계 상황의 변화, 유럽 시민의 요구 및 EU의 미래에 부합하는 EU의 새로운 틀과 구조를 제안하는 것이다. 이를 위해 유럽회의는 EU 역사상 처음으로 각 회원국 정부의 국내의회, 유럽의회 및 가입 후보국 대표 등이 한자리에 모여 유럽의 미래에 대해 논의했다. 이는 사실상 '유럽헌법'을 제정하려는 목적을 가지고 있으므로 제헌회의의 성격을 가지고 있다. 이러한 이유에서 유럽회의를 '유럽헌법회의'라고 지칭하기도 한다.

유럽 확내와 통합의 과정에서 EU는 당면한 수많은 과제를 안고 있으며, 이들은 유럽회의에서 논의되었다. 이 가운데 해결이 쉽지 않은 난제들을 몇 가지 예로 들

표 4-4 유럽회의 실무단의 구성

실무단 I	보충성(Subsidiarity)
실무단 II	기본권헌장/유럽인권협약(Charter/ECHR)
실무단 III	법인격(Legal Personality)
실무단 IV	국내의회(National Parliaments)
실무단 V	보충적 권한(Complementary Competencies)
실무단 VI	경제적 지배(Economic Governance)
실무단 VII	대외적 행동(External Action)
실무단 VIII	방위(Defense)
실무단 IX	단순화(Simplification)
실무단 X	자유, 안전 및 사법(Freedom, Security and Justice)
실무단 XI	사회적 유럽(Social Europe)

면, 가중 다수결 표결 방식의 확대, 유럽위원회 위원장의 직접 선거, 유럽헌법의 제정 및 EU의 형태(연방주의) 등이라고 할 수 있다. 그러나 이러한 문제점들은 결국 '유럽헌법'의 제정을 통해 해결을 시도했고, 결국 유럽회의의 본질적 성격은 유럽헌법의 제정에 있다고 보아야 할 것이다.

유럽회의는 그 산하기구로서 총회(Plenary Sessions), 실무단(Working Groups), 최고상임회의(Praesidium) 및 사무국(Secretariat)을 두었다. 이 가운데서도 유럽헌법의 제정 과정에서 유럽이 당면한 주요 현안별로 구성된 11개 실무단이 작성·제출한 최종보고서는 유럽헌법 초안의 기본 틀을 구성했다.

유럽회의는 유럽의 현안에 대한 각계각층의 다양한 의견을 수렴하고, 공개적 및 민주적으로 운영함으로써 유럽의 미래를 설계하려는 의도를 가지고 있었다. 하지만 이 회의는 영국, 프랑스 및 독일 등 일부 대국 회원국들에 의해 주도되는 경향을 보이고 있으며, 이와 같은 회의 운영 방식에 대해 대다수 소국 회원국은 이의를 제기했다. 또한 대부분의 주요 의제에 관한 논의는 총회가 아니라 최고상임회의에서 행해지고 있다는 점도 운영상 문제점으로 나타났다. 그러나 이 회의의 가장 본질적 문제점 혹은 한계는 유럽회의는 최종 의사 결정 권한을 가지고 있지 않다는 점이었다.

유럽회의는 유럽헌법의 제정에 관한 15개월여의 논의 결과를 2003년 유럽이사회에 제안서의 형태로 제출했고, 그 이듬해인 2004년에 이 제안서를 바탕으로 정부간 회의에서 최종적으로 유럽헌법의 제정 여부에 대해 논의・결정했다. 그리하여 2004년 6월 17~18일에 열린 브뤼셀 유럽이사회가 '유럽헌법조약'을 채택했고, 같은 해 10월 29일 로마 유럽이사회는 이 조약에 공식적으로 서명했다.[1)]

6) 리스본조약의 채택

유럽헌법은 개별 회원국별로 헌법상 정해진 비준 절차를 거친 후 2006년 11월부터 발효할 예정이었다. 하지만 2005년 5월 29일과 6월 1일, 프랑스와 네덜란드에서의 국민투표 결과 비준이 부결됨으로써 유럽헌법은 교착 상태에 빠지고 말았다. 교착 상태에 빠진 유럽헌법에 대한 논의는 2007년 5월 프랑스의 대통령 선거 과정에서 사르코지(Nicolas Sarkozy) 신임 대통령이 '미니조약(mini treaty)' 형태의 유럽헌법을 제안함으로써 새로운 전기를 마련했다. 이 제안을 중심으로 논의한 결과 같은 해 6월 21일~22일 개최된 브뤼셀 유럽이사회는 기존 설립조약을 개정해 '단순화된 조약(simplified treaty)'의 형태로 유럽헌법을 채택하기로 합의했다. 그 논의의 결과, 2007년 12월 13일, EU의 정상들은 포르투갈의 수도 리스본에서 '리스본조약(Treaty of Lisbon)'에 공식 서명했다. 이 조약의 공식 명칭은 'EU조약 및 EC설립조약을 개정하는 리스본조약(Treaty of Lisbon amending the Treaty on European Union and the Treaty establishing the European Community)(2007/C306/01)'이다. 조약의 명칭에서 보는 바와 같이, '리스본조약'은 기존의 EU 기본 조약들을 수정하는 조약이다. 그리하여 기존의 EU조약과 EC조약을 개정한 새로운 유럽연합조약(Treaty on European Union: TEU)과 유럽연합의 운영에 관한 조약(Treaty on the Functioning of the European Union: TFEU)이 제정되었다. '리스본조약'은 2009년 1월 1일에 발효할 예정이었으나 비준에 어려움을 겪기도 했다.[2)] 그러나 비준의 걸림돌이었던 아일랜드에서 실시된 제2차 국민투표의 결과, 리스본조약이 통과됨으로써 2009년 12월 1일자로 발효했다.[3)]

---

1) 필자는 유럽헌법조약을 한글로 번역・발간했고(채형복 옮김, 2006: 276) 그 핵심적 주제를 분석해 단행본으로 발간했다(채형복, 2006: 244).

2) 리스본조약이 발효하기 위해서는 27개 모든 회원국의 비준을 거쳐야 하는데, 2008년 6월 12일 실시된 국민투표에서 아일랜드는 이 조약을 부결시켰다. 이로써 EU는 유럽헌법조약과 마찬가지로 리스본조약의 발효 역시 좌초될 위기에 직면했다. 그러나 2009년 10월 2일 아일랜드에서 실시된 제2차 국민투표에서 찬성 67.12% 대 반대 32.87%로 리스본조약이 통과되었다

3) 리스본조약은 저자에 의해 한글로 번역・발간되었다(채형복 옮김, 2010: 527).

표 4-5 유럽 통합을 위한 기본조약 일람표

서명일	서명 장소	조약명	발효일	비고
1951.4.18	파리	ECSC설립조약	1952.7.23	• 존속 기한(50년) • 만료(2002.7.23)
1957.3.25	로마	EEC설립조약 EAEC(Euratom) 설립조약	1958.1.1	
1986.2.17 1986.2.28	룩셈부르크 헤이그	단일유럽협정(SEA)	1987.7.1	• 1986년 2월 17일 9개국 서명 • 1986년 2월 28일 덴마크, 이탈리아, 그리스 서명
1992.2.7	마스트리히트	EU조약	1993.11.1	
1997.10.2	암스테르담	암스테르담조약	1999.5.1	
2001.2.26	니스	니스조약	2003.2.1	
2004.10.29	로마	유럽헌법조약	미발효	• 비준 무기한 연기(모라토리엄)
2007.12.13	리스본	리스본조약	2009.12.1	

표 4-6 리스본조약의 구성

EU조약 및 EC설립조약을 개정하는 리스본조약	
EU조약 및 EC설립조약의 개정	제1조 · 제2조
최종 규정	제3조 · 제4조 · 제5조 · 제6조 · 제7조
의정서	A. EU조약, EU운영조약 및 EAEC(Euratom)설립조약 부속 의정서 B. 리스본조약 부속 의정서
부록	리스본조약 제5조에 의거한 신구 조문 대조표

〈해설〉

1. 'EU조약 및 EC설립조약의 개정' 부분은 'EU조약의 개정'에 관한 제1조와 'EC설립조약의 개정'에 관한 제2조로 나뉘어 있다. 기존의 기본조약을 개정하는 리스본조약에서 제1조와 제2조는 가장 핵심적인 내용에 해당한다.
2. 제3조에서 제7조까지는 최종 규정이다. 제3조는 "리스본조약은 무기한으로 체결된다"고 규정하여 이 조약의 적용 기한에 대해 규정하고 있다. 이 밖에도 의정서의 편재 방식(제4조), EU조약 및 EC설립조약의 리스본조약에 의한 편, 장, 절, 조, 항 등의 번호 부여 방식(제5조), 조약의 비준 방식과 기탁, 그리고 발효 일자(2009년 1월 1일)(제6조) 및 조약의 공식 번역본에 해당하는 23개 언어(제7조) 등이 그 주된 내용을 구성하고 있다.
3. 의정서의 경우, A와 B 두 부분으로 구별해, 'A. EU조약, EU운영조약(Treaty on the Functioning of the European Union: TFEU) 및 EAEC(Euratom)설립조약 부속 의정서'와 'B. 리스본조약 부속 의정서'로 나누고 있다. A그룹의정서에는 11개의 개별 의정서, 그리고 B그룹의정서에는 2개의 의정서와 개정된 의정서의 신구 조문 대조표가 첨부되어 있다.
4. 부록에서는 기존의 EU조약 및 EC설립조약의 조문 대비 리스본조약에 의한 개정 조문 번호 및 최종 신규 조문 번호 대조표를 제시하고 있다.

제 2 절 EU의 제도

1 EU의 법적 지위

유럽연합조약(TEU) 제47조는 "연합은 법인격을 가진다(The Union shall have legal personality; L'Union a la personnalité juridique)"고 규정하고 있다. 그동안 EC와 EU의 상호 관계는 상당히 모호하고 불분명한 부분이 있었다. 더욱이 기존의 EC 조약 제281조는 명시적으로 "공동체는 법인격을 가진다(The Community shall have legal personality; La Communauté a la personnalité juridique)"고 규정하고 있는 반면, EU의 법인격 보유 유무에 대해 EU조약은 어떠한 조항도 두고 있지 않았다. 따라서 현실적으로 EC보다는 EU의 인지도가 높고, 또한 EU가 회원국들을 대표해 국제적인 활동을 하고 있음에도 불구하고 법인격이 없는 EU는 그 자신의 이름으로 조약을 체결하지도, 또 국제기구에 가입할 수도 없었다. 이로 인해 국제사회에서는 EC와 EU의 법인격 유무를 떠나 그 용어의 사용만이 아니라 양자의 상호 관계에 대해 적지 않은 혼동을 초래하고 있었던 것이다.

하지만 리스본조약에서는 "연합은 본 조약(TEU) 및 TFEU에 기초해 설립된다. 이 두 조약은 동일한 법적 가치를 가진다. 연합은 유럽공동체(EC)를 대체·계승한

리스본조약 이전	리스본조약 이후
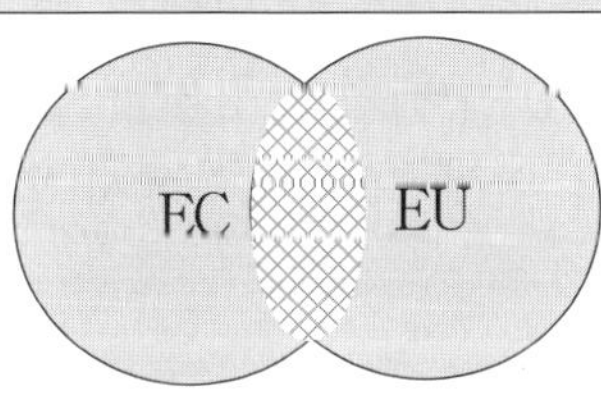	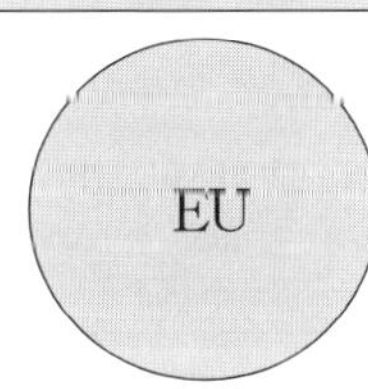
• EC: 법인격, EU: 정치적 실체 • EC/EU는 중층적/복합적 관계	• EU, EC 대체/계승→EC 폐지 • EU: 법인격

그림 4-3 리스본조약 이전/이후 EC/EU의 관계

다"고 규정함으로써 이 문제를 명확하게 해결하고 있다.[4] 이 규정에 의거해 기존의 'EC설립조약(Treaty Establishing the European Community)'은 'EU운영조약(Treaty on the Functioning of the European Union)'에 의해 대체되며, '유럽공동체(EC)'는 '유럽연합(EU)'에 의해 대체되어 'EC'라는 용어의 사용도 폐지되었다. 이와 같은 측면에서 볼 때, 리스본조약의 EU는 현재와는 다른 '법적으로 완전히 새로운 EU(a legally quite new European Union)'로서 '초국가적 유럽국가의 헌법적 형태(the constitutional form of a supranational European State)'라고 볼 수 있다.[5] 따라서 리스본조약 체제 하에서는 EU만이 '단일한 법인격(a single legal personality)'을 갖게 되어 조약에 서명하고, 법원에 소송을 제기 혹은 출석하며, 또한 국제조직에 가입할 수 있게 되었다. 더욱이 제3국과의 관계 유지가 더욱 명확해지고, 그 유효성과 법적 확실성이 강화되어 좀 더 효과적인 행동이 가능하게 되었다(채형복, 2006: 33-34). 이로써 EU의 성격은 '정치적 실체(political entity)'에서 '법적 실체(legal entity)'로 전환되었다고 볼 수 있다.[6]

2 권한

리스본조약은 EU와 회원국 간 권한의 배분과 그 행사의 한계를 좀 더 명확하게 정의하고 있는데, 이에 관한 내용은 유럽헌법조약에서 규정된 내용을 대부분 그대로 수용하고 있다.

연합의 권한의 한계는 '권한 배분의 원칙(the principle of conferral; le principe d'attribution)'에 의해 규율되고, 또한 그 권한의 사용은 보충성과 비례의 원칙에 의해 규율된다. 리스본조약은 '권한 배분의 원칙'에 대한 구체적인 정의 규정은 두고 있지 않지만, 이 원칙은 "설정된 목적들을 달성하기 위해 모든 조약에서 회원국이

4) TEU 제1조 3단.

5) Anthony Coughlan, "These Boots Are Gonna Walk All Over You", in *The Brussels Journal* on Thu, 2007.12.13. http://www.brusselsjournal.com/node/2773.

6) 하지만 리스본조약에 부속된 "EU의 법인격과 관련한 선언(Declaration concerning the legal personality of the European Union)"에 의하면, EU가 법인격을 가졌다고 해서 TEU 및 TFEU에서 회원국들에 의해 부여된 권한을 넘어 법률을 제정하고 행동할 수는 없다고 정함으로써 EU의 법인격에 의거한 권한 행사에 일정한 제한을 가하고 있다.

연합에게 양도한 권한"으로 볼 수 있다. 따라서 연합은 이 원칙에 의거해 양도된 권한의 범위 내에서 행동해야 하고, 조약에 의거해 연합에게 양도되지 않은 권한은 회원국들에게 남아 있게 되어 연합과 회원국이 공유하게 된다. 전자를 '배타적 권한(compétence exclusive)', 후자를 '공유 권한(shared competence; compétence partagée)'이라 한다.

배타적 권한과 관련해, 만일 모든 조약이 EU에게 배타적 권한을 부여하게 되면, 오직 EU만이 법적으로 구속력 있는 행위를 제정하고 채택할 수 있다. 배타적 권한은 ① 관세동맹, ② 역내시장의 운영에 필요한 경쟁규칙의 확립, ③ 유로를 채택하고 있는 회원국을 위한 통화정책, ④ 공동어업정책에서 해양생물자원의 보전 및

표 4-7 EU 권한의 원칙과 유형

유형	적용 범위
원칙	권한 양도의 원칙
배타적 권한	① 관세동맹 ② 역내시장의 운영에 필요한 경쟁규칙의 확립 ③ 유로를 채택하고 있는 회원국을 위한 통화정책 ④ 공동어업정책에서 해양생물자원의 보전 ⑤ 공동통상정책
공유 권한	① 역내시장 ② 사회정책 ③ 경제적 · 사회적 및 지역적 통합 ④ 해양생물자원의 보전을 제외한 농어업 ⑤ 환경 ⑥ 소비자 보호 ⑦ 운송 ⑧ 범유럽 운송 네트워크 ⑨ 에너지 ⑩ 자유, 안전 및 사법지대 ⑪ 공중보건과 관련된 공동 안전
지원 권한	① 사람의 건강 보호 및 증진 ② 산업 ③ 문화 ④ 관광 ⑤ 교육, 직업훈련, 청소년 및 스포츠 ⑥ 시민 보호 ⑦ 행정 협력

⑤ 공동통상정책에 대해 적용된다.

그리고 배타적 권한이 행사되지 않는 분야는 연합과 회원국이 권한을 공유하게 된다. 공유 권한은 ① 역내시장, ② 사회정책, ③ 경제적·사회적 및 지역적 통합, ④ 해양생물자원의 보전을 제외한 농어업, ⑤ 환경, ⑥ 소비자 보호, ⑦ 운송, ⑧ 범유럽 운송 네트워크, ⑨ 에너지, ⑩ 자유, 안전 및 사법지대 및 ⑪ 공중보건과 관련된 공동 안전에 대해 적용된다.

마지막으로 EU는 회원국의 조치를 지원하고 조정하거나 혹은 보충하기 위한 행동을 수행할 권한을 가진다. 이를 '지원·조정 및 보충행동 권한(actions to support, coordinate or supplement the actions of the Member States; compétence pour mener des actions pour appuyer, coordoner ou compléter l'action des Etats members)'이라 하는데, 약칭해 '지원 권한(supported competence; compétence supportée)'이라 불러도 무방하다고 판단된다. 이는 기존의 '보충적 권한(complementary competence; compétence complémentaire)'을 대체한 것으로 연합과 회원국이 공동의 이해를 가지는 분야, 이를테면, ① 사람의 건강 보호 및 증진, ② 산업, ③ 문화, ④ 관광, ⑤ 교육, 직업훈련, 청소년 및 스포츠, ⑥ 시민 보호 및 ⑦ 행정 협력에 대해 취해진다.

기존의 EU의 권한의 내용과 비교해 보면, 리스본조약은 배타적 권한에 대해서는 별다른 변경을 가하지 않았다. 하지만 공유 권한의 경우, 에너지 분야가 첨가되었고, '지원·조정 및 보충행동 권한'에는 시민 보호와 관광, 행정 협력 및 스포츠가 새롭게 도입되었다.

3 기관

1952년에 설립된 ECSC는 네 개의 주요 기관, 즉 이사회, 고등관청, 의회 및 재판소를 가지고 있었으며, 또한 EEC, 그리고 유럽원자력공동체(Euratom)도 각각 위원회, 이사회, 의회 및 재판소를 설립했다. 이처럼 공동체 초기에는 각각의 공동체 설립조약은 개별 기관을 설립·운영하고 있었는데, 개별 공동체별로 위원회 및 이사회가 별도로 존재하는 것은 현실적으로 많은 어려움을 초래했다. 그리하여 1967년 7월 1일자로 발효한 '유럽공동체의 단일 이사회와 단일 위원회를 설립하는 조약', 일명 '통합조약(Merger Treaty)'은 고등관청(High Authority)과 두 위원회를 하나의 위원회로, 그리고 세 이사회를 하나의 이사회로 통합했다. 그리하여 EU의 기구는 위원회, 이사회, 유럽의회 및 유럽사법재판소 등의 기관(institution)과 기타 기구 체제로 개편되었다.

그 후 마스트리히트조약에 의해 감사원도 기관에 편입되어 5개 기관 체제로 전환되었다. 이에 2009년 12월 1일자로 발효한 리스본조약에 의해 이사회를 유럽이

표 4-8 1967년 '기관통합조약'에 의한 기관의 단일화

ECSC	EEC/EURATOM	Merger Treaty
파리조약 1951년 4월 18일 서명 1952년 7월 25일 발효	로마조약 1957년 3월 26일 서명 1958년 1월 1일 발효	브뤼셀 1965년 4월 8일 서명 1967년 7월 1일 발효
고등관청(High Authority)	EEC위원회 (Commission of the EEC)	유럽위원회 (European Commission)
	EURATOM위원회 (Commission of EURATOM)	
특별각료이사회 (Special Council of Ministers)	EEC이사회 (Council of the EEC)	유럽이사회 (European Council)
	EURATOM이사회 (Council of EURATOM)	
공동의회(Common Assembly)	유럽의회(European Parliament)	
사법재판소(Court of Justice)	사법재판소(Court of Justice)	

그림 4-4 EU 기구도(7대 기관)

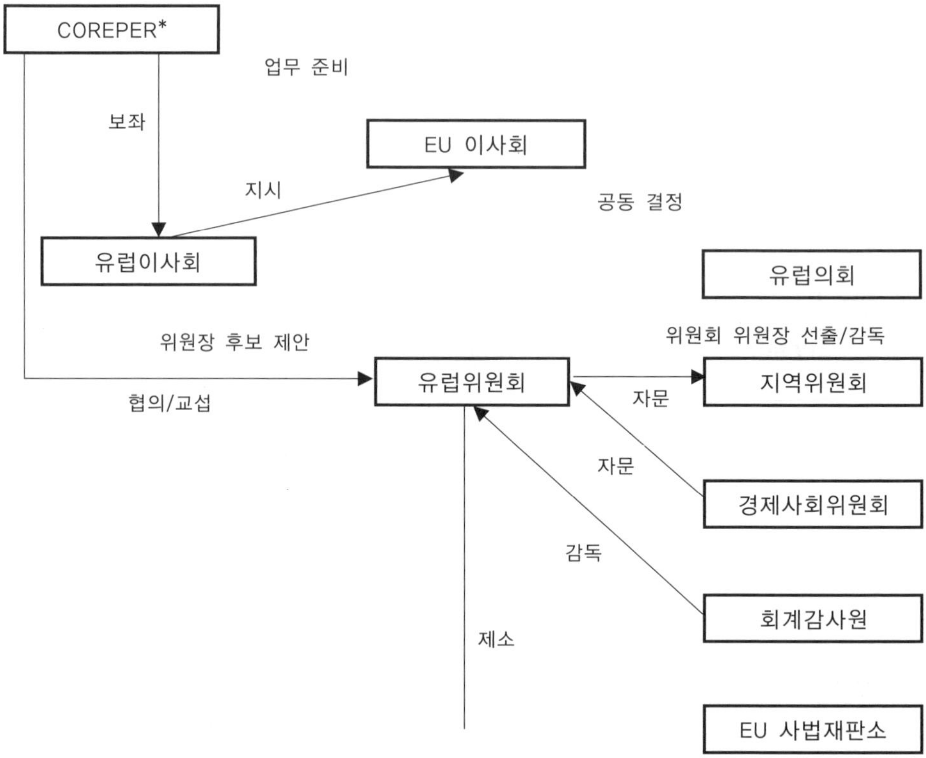

그림 4-5 EU 주요 기관의 상호 관계

* 상주대표위원회(Committees of permanent representatives)

사회와 EU 이사회로 구분했으며, 유럽중앙은행이 기관에 편입되어 현재 7개의 기관이 활동 중이다.

1) 유럽위원회

유럽위원회(European Commission)[7]의 가장 주된 역할은 EU의 주요 정책을 제안

---

7) 리스본조약상의 공식 명칭은 '유럽위원회'이나 실무에서는 '위원회'로 불린다. 따라서 여기에서도 별다른 언급 없이 '위원회'라고 함은 바로 '유럽위원회'를 말한다. 국내에서는 유럽위원회를 '집행위원회'라고 사용하기도 한다. 하지만 이 용어는 위원회의 다양한 기능 가운데 '집행적' 기능에만 중점을 두고 번역・사용하는 것이므로 적절하지 않다. 리스본조약과 EU 당국의 사용례에 따라 '유럽위원회' 또는 '위원회'로 부르는 것이 타당하다.

하고, 또 그 제안에 대해 이사회와 유럽의회의 승인을 얻어 이행(혹은 집행)하는 것이다. 즉, 위원회는 행정기관이자 입법보조기관으로서, 한 국가의 행정부 기능을 갖고 있다고 볼 수 있다.

위원회는 리스본조약 발효 일자와 2014년 10월 31일과의 사이에 임명된 위원장 및 위원회의 부위원장의 1인이기도 한 외교안보정책 고위대표를 포함해 27명의 위원들로 구성된다. 그러나 2014년 11월 1일부터는 회원국 간 균등한 윤번제에 따라 위원장 및 외교안보정책 고위대표를 포함해 회원국 수의 3분의 2에 상당하는 수의 위원으로 구성된다. 그리고 위원회 위원장은 유럽이사회(European Council)가 가중다수결로 위원회 위원장 후보자 한 명을 제안하고, 유럽의회에 의해 재적의원

그림 4-6 유럽위원회의 구성(2009~2014)과 역할

표 4-9 유럽위원회 총국(DGs)과 일반 업무 부서

정책 담당 총국	대외 관계 담당 총국
• Agriculture and Rural Development • Budget • Climate Action • Competition • Economic and Financial Affairs • Education and Culture • Employment, Social Affairs and Equal • Opportunities • Energy • Enterprise and Industry • Environment • Executive agencies • Home Affairs • Maritime Affairs and Fisheries • Mobility and Transport • Health and Consumers • Information Society and Media • Internal Market and Services • Justice • Regional Policy • Research • Taxation and Customs Union • Development	• Enlargement • EuropeAid – Co-operation Office • External Relations • Humanitarian Aid • Trade

일반 업무 부서	대내 업무 부서
• Central Library • Communication • European Anti-Fraud Office • Eurostat • Historical archives • Joint Research Centre • Publications Office • Secretariat General	• Bureau of European Policy Advisers • European Commission Data Protection Officer • Human Resources and Security • Informatics • Infrastructures and Logistics – Brussels • Infrastructures and Logistics – Luxembourg • Internal Audit Service • Interpretation • Legal Service • Office For Administration And Payment Of Individual Entitlements • Translation

의 과반수로 선출된다. 또한 위원회 부위원장 중 1인이기도 한 외교안보정책 고위대표는 위원회 위원장의 동의를 얻어 유럽이사회에 의해 가중 다수결로 임명된다. 또한 외교안보정책 고위대표를 해임하는 경우에도 동일한 절차에 의한다.

위원회는 ① 입법 제안, ② 조약 수호 및 ③ EU의 다양한 정책과 무역 관계의 관리·유지 등의 주요 임무를 수행한다. 위원회는 각 회원국의 이익이 아닌 EU의 공동 이익을 추구하는 기관이다. 현재 위원회에는 27개의 부(部, Department)가 있는데, 이를 일반적으로 총국(總局, Directorate-Generals: DGs)이라 한다. 위원회는 위에서 언급한 업무를 이행하는 데 총국들이 서로 다른 입장을 갖고 있다면 이런 상이한 입장의 조정을 통해 정책 실현의 합의를 이끌어 내고 있다.

2) 유럽이사회

유럽이사회(European Council)는 EU의 정책적인 결정을 하는 회원국의 국가원수 또는 정부 수반과 유럽이사회 의장 및 위원회 위원장으로 구성된다. 그리고 외교안보정책 고위대표도 참가한다. 유럽이사회는 6개월에 2회씩 연 4회 소집되며, 연합에 대해 발전에 필요한 자극을 주고, 일반적인 정책 목표 및 우선순위를 결정한다. 그러나 유럽이사회는 입법 기능을 행사할 수 없다.[8]

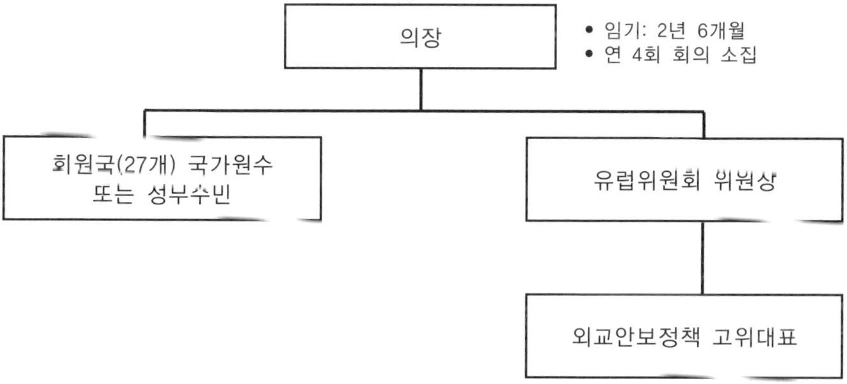

그림 4-7 유럽이사회의 구성

8) TEU 제15조 1항 2문.

유럽이사회는 가중 다수결로 2년 6개월 임기의 의장을 선출하며, 한 번의 연임이 가능하다. 유럽이사회 의장은 그 수준 및 그 능력 내에서 외교안보정책 고위대표의 권한을 침해하지 않는 범위 내에서 공동외교 안보정책과 관련한 문제에 관한 EU의 대외적 대표성을 가진다.

3) 이사회

이사회(Council)는 EU의 주된 의사 결정기관으로서 통상 'EU 이사회(Council of the EU)'라고 한다. 회원국 정부의 장관들이 이사회의 구성원이다. 이사회는 위원회에서 어떤 제안을 제출하면, 이 제안을 심의해 이 제안의 통과 여부를 최종 결정하는 EU의 입법기관으로서의 역할을 수행하고 있다. 이사회는 다루는 문제의 분야에 따라 그 모임이 다양하며, 30여 개의 이사회가 운영되고 있다. 이들 중 대표적인 이사회로는 정치문제를 다루는 각 회원국의 외무장관들의 모임인 외무이사회(Foreign Affairs Council), 경제문제를 다루는 재무장관이사회(Ecofin) 등이 있다.

이사회의 하부기관으로 주로 이사회의 업무 준비를 보조하는 상주대표위원회(Committee of Permanent Representatives: COREPER)가 있다. 이 위원회는 EU에 파견된 회원국의 대사와 자문위원들로 구성되어 있다.

이사회에서의 의사 결정 방법은 그 사항의 중요도에 따라 가중 다수결 방식(Qualified Majority Voting System)과 전원일치제(Unanimity Voting System)가 사용된다.

4) 유럽의회

유럽의회(European Parliament: EP) 의원들은 회원국의 국민들이 직접 선거(Direct Universal Suffrage)를 통해 선출하고 있다. 의원 수는 유럽의회 의장을 포함해 751명을 넘지 못한다. 유럽의회 의원 선출에는 몇 가지 특이한 사항들이 있다.

첫째, 유럽의회 의원의 수는 각 회원국들의 인구 규모, 경제 규모, 그리고 EU의 예산 형성에 대한 기여도 등을 고려해서 정해진다.

둘째, 선출된 유럽의회 의원들은 그 출신 국가별로 분류되는 것이 아니라 정치적 이념에 따라 정당별로 구분된다.

*가중 다수결-345표 가운데 최소 255표 필요

그림 4-8 이사회의 구성과 가중 투표 수

표 4-10 정치그룹별 의석 수(2009~2014)

정치 그룹(정당별)	정치 그룹명 약어	의석 수
유럽인민당그룹(기독민주당)	EPP	265
유럽의회 내 사회 · 민주진보연맹그룹	S&D	184
유럽자유 · 민주연맹그룹	ALDE	84
녹색/유럽자유연맹그룹	Greens/EFA	55
유럽보수 · 개혁그룹	ECR	54
유럽통합좌파연합그룹-북유럽녹색좌파	GUE/ NGL	35
유럽자유 · 민주그룹	EFD	32
무소속	NA	27
합계		**736**

EPP: Group of the European People's Party(Christian Democrats)

S&D: Group of the Progressive Alliance of Socialists and Democrats in the European Parliament

ALDE: Group of the Alliance of Liberals and Democrats for Europe

Greens/EFA: Group of the Greens/European Free Alliance

CER: European Conservatives and Reformists Group

GUE/NGL: Confederal Group of the European United Left – Nordic Green Left

EFD: Europe of Freedom and Democracy Group

NA: Non-attached

표 4-11 회원국별 유럽의회 의석 수(2009~2014)

오스트리아	17	라트비아	8
벨기에	22	리투아니아	12
불가리아	17	룩셈부르크	6
사이프러스	6	말타	5
체코공화국	22	네덜란드	25
덴마크	13	폴란드	50
에스토니아	6	포르투갈	22
핀란드	13	루마니아	33
프랑스	72	슬로바키아	13
독일	99	슬로베니아	7
그리스	22	스페인	50
헝가리	22	스웨덴	18
아일랜드	12	영국	72
이탈리아	72	**합계**	**736**

표 4-12 유럽의회 상설위원회 목록(2013.12.9 현재)

Acronym	Committee	Acronym	Committee
AFET	Foreign Affairs	IMCO	Internal Market and Consumer Protection
DROI	Human Rights	TRAN	Transport and Tourism
SEDE	Security and Defence	REGI	Regional Development
DEVE	Development	AGRI	Agriculture and Rural Development
INTA	International Trade	PECH	Fisheries
BUDG	Budgets	CULT	Culture and Education
CONT	Budgetary Control	JURI	Legal Affairs
ECON	Economic and Monetary Affairs	LIBE	Civil Liberties, Justice and Home Affairs
EMPL	Employment and Social Affairs	AFCO	Constitutional Affairs
ENVI	Environment, Public Health and Food Safety	FEMM	Women's Rights and Gender Equality
ITRE	Industry, Research and Energy	PETI	Petitions

유럽의회의 지위는 암스테르담조약에 의해 크게 강화되었으며, 리스본조약에 의해 기존의 공동결정 절차(Co-decision Procedure)를 대체한 보통입법절차(ordinary legislative procedure: OLP)를 통해 이사회와 연대해 법률을 제정함으로써 입법 제정에서의 참가권이 더욱 확대되었다. 더욱이 리스본조약에 의해 유럽의회에도 TEU와 TFEU가 규정하고 있는 경우에는 제한적인 발의권이 인정되고 있다.

유럽의회는 위원회 불신임권과 예산의결권 등 종래에 가지고 있던 주요 권한 이외에도 정치적 감독 임무를 수행하고, 그 심의 기능을 행사한다. 이 밖에 유럽의회는 신규 가입국에 대한 비준권도 행사한다.

5) 유럽연합 사법재판소

유럽연합 사법재판소(Court of Justice of the European Union)는 사법재판소(Court of Justice), 보통재판소(General Court) 및 전문재판소(Specialised Courts)를 포함한다.

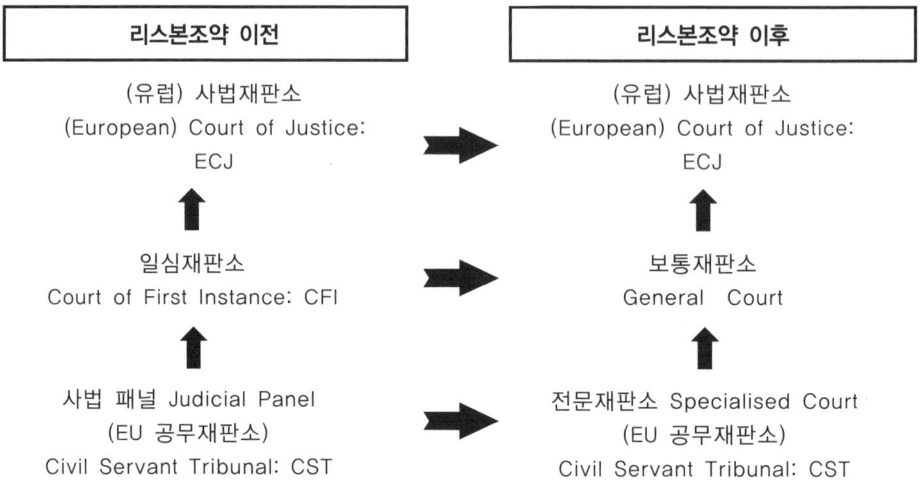

그림 4-9 유럽연합 사법재판소의 구성

사법재판소[9]는 각 회원국에 의해 임명되는 판사 27명과 8명의 법무관(advocates general)으로 구성되어 있다. 이들의 임기는 각각 6년이며 한 번의 연임이 가능하다.

사법재판소는 하급기관으로 보통재판소를 두고 있다. 1989년 9월 1일자로 설립된 일심재판소(Court of First Instance: CFI)는 리스본조약에 의해 보통재판소로 그 명칭이 변경되었다. 보통재판소에도 6년 임기의 총 27명의 판사가 3명 또는 4명씩 나뉘어 4개의 부서(Chamber)에 각각 소속해 근무하고 있으나, 사법재판소와는 달리 이 재판소에는 법무관은 없다. 다만 유럽연합 사법재판소규정(Statute of the Court of Justice of the European Union)에서 보통재판소가 법무관의 보좌를 받는 것을 정할 수 있다.

그리고 니스조약에 의해 '사법패널(judicial panel)'의 하나로 설치된 'EU 공무재판소(European Union Civil Service Tribunal: CST)'[10]는 리스본조약에서는 전문재판소의 하나로 그 성격이 변경되어 계속 임무를 수행하게 된다. CST는 보통재판소에 부속되며, EU와 그 공무원들 간 분쟁에서 일심관할권을 행사하게 된다.

---

9) 리스본조약 및 유럽연합 사법재판소는 공식적으로는 사법재판소로 부르고 있으나 실무에서는 통상 '유럽 사법재판소(European Court of Justice: ECJ)'로 불린다.

10) OJ L333 of 9.11.2004, p.7.

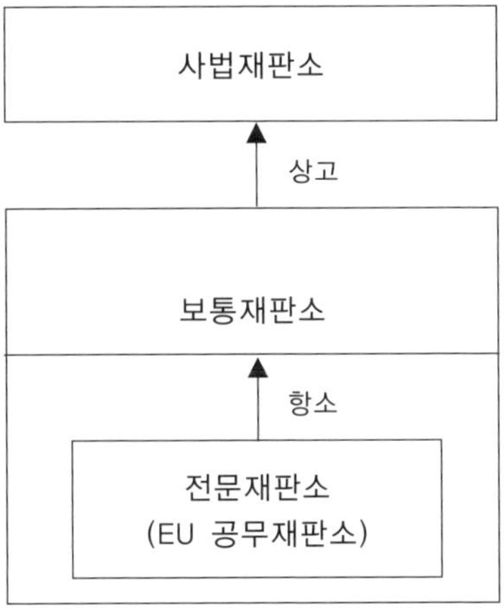

그림 4-10 유럽연합 사법재판소 심급제도

CST에는 6년 임기의 판사 7명이 근무하고 있고, 사법재판소의 요청이 있으면, 가중 다수결로 행동하는 이사회가 재판관의 수를 늘릴 수 있다.

6) 유럽중앙은행

유럽중앙은행(European Central Bank) 제도의 우선 목표는 물가의 안정성을 확보하는 것이다. 유럽중앙은행은 법인격을 가지며, 유럽중앙은행만이 유로(EURO)의 발행을 허가할 권한이 있다. 또한 유럽중앙은행은 독립적으로 권한을 행사하고, 자금을 관리한다.

유럽중앙은행 집행위원은 위원장, 부위원장 및 4명의 위원으로 구성되며, 임기는 8년이고 연임할 수 없다. 집행위원은 회원국 국민만이 될 수 있다.

7) 회계감사원

회계감사원(Court of Auditors)의 주된 기능은 연합과 연합에 의해 수립된 기타 기구의 모든 세입 및 세출의 회계를 감사하는 것이다.

TFEU 제286조에 의하면, 회계감사원의 위원은 유럽의회와 협의 후 이사회가 각 회원국의 제안에 따라 작성된 위원 명부 채택으로 임명된 27명의 위원들로 구성되어 있다. 이들 위원이 그들 중에 1명을 연임이 가능한 임기 3년의 위원장을 선출한다.

감사위원은 그 직무 수행 시에 완전한 독립성을 향유하며, 정부 또는 기타 단체로부터 지시를 구하거나 받아서는 안 된다. 물론 다른 직업에 종사할 수도 없다. 감사위원은 감사원의 요청에 따라 사법재판소의 판결에 의해 강제로 퇴직당할 수 있다.

4 입법 절차

EU의 의사 결정 과정에서 일부 예외의 경우가 있기는 하지만, 대부분의 입법 과정은 위원회, 이사회, 그리고 유럽의회 3자간의 상호 관계에 의해 결정된다. 1957년에 체결된 로마조약에 의하면, 입법의 제안과 그에 대한 입법권을 행사하는 위원회와 이사회에 비해 유럽의회의 역할은 자문적인 수준에 머물러 있었다. 그러나 그 후 1986년의 SEA와 1992년의 마스트리히트조약 등을 통해 유럽의회의 역할이 점차적으로 강화되어, 아래에서 검토하는 바와 같이, 현재에는 상당한 범위에 걸쳐 이사회와 연대해 법률을 제정하고 있다.

표 4-13 EU 입법 절차의 변천

니스조약까지	리스본조약
협력 절차	폐지
공동 결정 절차	보통입법절차
협의 절차	특별입법절차
동의 절차	

EU의 입법 채택을 위한 의사 결정 절차는 TFEU 제289조에서 보통입법절차(ordinary legislative procedure: OLP)와 특별입법절차(special legislative procedure: SLP)의 두 가지로 유형화되어 있다.

1) 보통입법절차

보통입법절차는 유럽위원회의 제안에 기초해 유럽의회 및 이사회가 규칙, 지침 및 결정을 공동으로 채택하는 결정 방식이다. 보통입법절차의 구체적인 절차 과정은 TFEU 제294조에서 규정하고 있다. 보통입법절차는 EC조약에서 규정하고 있던 기존의 공동 결정 절차의 일부 내용을 수정해 적용하고 있다. 공동 결정 절차와 비교해 그 수정된 내용은 다음과 같다.

첫째, 종래의 공동 결정 절차는 유럽위원회에 법안의 독점적 발의권을 부여하고 있었다. 하지만 보통입법절차에서는 유럽위원회만이 아니라 다음의 경우에는 기타 주체에 의한 입법 발의가 가능하다. 즉, 공동안보방위정책에 대한 결정에 관한 회원국의 발의, 유럽중앙은행 제도에 관한 유럽중앙은행의 권고 및 보통재판소에 부속된 전문재판소의 설치에 관한 사법재판소의 요청에 의거한 발의도 인정하고 있다. 또한 시민에 의한 발의도 가능하다.

둘째, 보통입법절차는 제1독회, 제2독회, 조정위원회 및 제3독회를 단계별로 각각 명확히 나누고 있고, 각각의 단계에서 유럽의회와 이사회의 대등한 관계를 명확히 규정하고 있다.

셋째, 유럽의회의 제3독회에서 공동 문안의 승인 시 유럽의회 의원의 절대 다수결에서 투표자의 과반수로 완화되었다. 이 요건의 완화는 조정위원회에 의해 합의된 공동 문안의 형태에서 법안의 성립 가능성이 높아지게 되었다.

2) 특별입법절차

특별입법절차는 TFEU 제289조 2항에 의해, 이사회의 참가와 함께 유럽의회에 의해, 또는 유럽의회의 참가와 함께 이사회에 의해 규칙, 지침 또는 결정을 채택한다고 규정하고 있다. 다시 말해, 특별입법절차란 협의 절차,[11] 동의 절차[12] 등 종

---

11) 협의 절차는 위원회가 제출한 법안을 채택하기 전에 각료이사회가 반드시 유럽의회, 그리고 경우에 따라서 경제사회이사회(Economic and Social Committee: ESC)나 지역위원회(Committee of the Regions: CoR)의 의견을 듣는 절차이다. 이들 기관으로부터 제출된 의견을 들은 후에 각료이사회는 만장 일치 방식 또는 가중 다수결 방식으로 그 법안의 채택 여부를 최종 결정한다.

12) SEA에 의해 처음으로 도입된 절차이다. 일부 형태의 결정을 하는 데서 반드시 유럽의회의 승인을 얻도록 되어 있는데, 이를 '동의 절차'라고 한다. 유럽의회는 단순 다수결 또는 절대 다수결 방식으로 승인을 할 것인지 아닌지를 결정하지만, 승인을 요청한 결정 사항의 내용을 수정할 수는 없다.

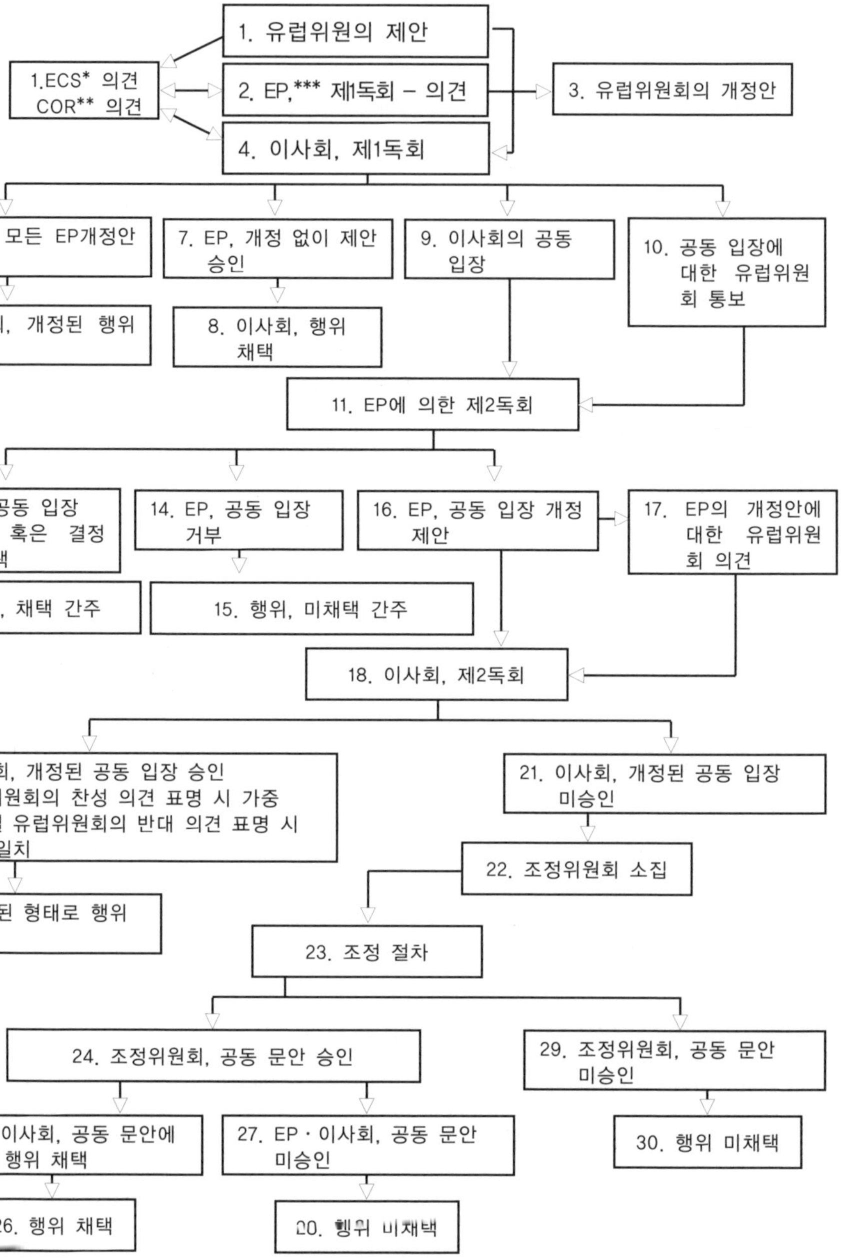

* ECS: 경제사회위원회
** COR: 지역위원회
*** EP: 유럽의회

그림 4-11 보통입법절차 흐름도

래부터 존재하고 있던 공동 결정 절차 이외의 입법 절차(즉, 보통입법절차)와 유럽의회가 발의권을 갖는 특정 분야의 입법 절차를 말한다.[13)]

유럽의회에 특별히 발의권을 인정한 특별절차로서는 ① 유럽의회 의원선거를 위한 규정 제정, ② 유럽의회 의원의 직무 수행에 관한 규정 및 일반적 조건의 제정, ③ 유럽의회의 조사권 행사를 규율하는 세칙의 제정, ④ 옴부즈만의 임무 수행을 위한 규칙 및 일반적 조건의 제정 등이 있다.

3) 입법절차의 변경

TEU 제48조 7항에서는 이사회가 특별입법절차에 따라 채택하는 입법행위에 대해 유럽이사회가 전원 일치로 보통입법절차로 변경하는 것이 가능하다. 다만, 특별입법절차를 보통입법절차로 변경하기 위해서는 회원국 국내 의회 및 유럽의회의 동의가 필요하다. 또한, 강화된 협력(enhanced cooperation)[14)]의 범위 내에서 이사회가 특별입법절차에 따라 결정해야 하지만 이사회는 유럽의회와 협의 후 보통입법절차로 변경하는 것을 전원 일치로 채택할 수 있다. 다만, 입법절차의 변경에 관한 규정은 군사 및 방위정책과 관련한 결정에는 적용되지 않는다.

13) 유럽의회의 동의 절차가 절대 다수결 방식과 단순 다수결 방식의 양자를 도입하고 있는 이유는 절대 다수결 방식만을 사용해서 어떤 사항을 승인하는 것이 현실적으로 매우 어렵다는 측면을 고려했기 때문이다. 실제로 기본의 EU조약은 새로운 회원국 가입에 대한 경우를 제외한 모든 사항을 결정할 때, 동의 절차가 유럽의회의 절대 다수결이 아닌 단순 다수결로 이뤄지는 것으로 정하고 있었다. 또한 기존의 EU조약에 의해 동의 절차의 적용 범위가 확대되었다. 유럽 시민의 거주 및 이전의 권리 행사에 대한 결정, 구조조정기금(Structural Funds)의 운영에 관한 결정 사항, 일부 주요 국제협정의 체결에 관한 결정, 결속기금(Cohesion Fund)의 창설 문제에 관련된 사항 등을 동의 절차에 의해 결정했다.

14) 강화된 협력에 대해서는, TFEU 제326조~334조를 참고하라

제 2 부

행정의 국제화

제 5 장 국제개발협력과 공적개발원조(ODA)

제 1 절 국제개발협력과 개발원조

1 국제개발협력의 배경과 목적

오늘날 인류는 과거의 그 어느 시기보다 물질적 풍요를 향유하고 있다고 할 수 있다. 그러나 여전히 세계의 약 10억 명 이상의 사람들은 극도의 기아와 빈곤, 재해로 고통받고 있으며, 삶을 영유하기 위해 필요한 최소한의 식료품, 그리고 자신과 세계의 발전을 위해 필요한 최소한의 교육 기회도 부족한 상황에서 고통스러운 삶을 영위하고 있다. 또한 국제사회는 세계화(globalization)가 심화되고 있는 상황에서 전쟁과 테러, 기후 변화와 환경문제, 전염성 질환, 국제 금융위기 등 국경을 초월한 공통의 과제에 직면해 있다. 이와 같은 국제적 환경 속에서, 국제사회의 인도적 차원에서의 지원과 이러한 국제적 문제들을 해결하기 위한 국제공공재(global public goods)의 공급과 같은 전 지구적 공조가 요구되어 왔다. 이는 개도국의 빈곤 문제를 포함한 지구적 과제의 해결 없이는 선진국의 번영과 안정도 달성될 수 없다는 인식에 기반하고 있다.

국제개발협력은 다양한 협력 방식(공적개발원조[ODA], 기타 공적자금 등)을 통해 국제사회가 공동으로 개발도상국의 경제적·사회적 발전을 촉진하는 활동을 의미한다. 여기서 개발 협력은 공여국이 수원국을 일방적으로 지원하는 시혜적 측면보다는 상호 파트너십과 협력의 의미를 포괄한다. 이러한 점에서 공여국으로부터 수원국으로 다양한 형태의 자원(물자, 기술, 증여, 차관 등)을 수원국의 발전에 기여하기 위한 목적으로 전달하는 개발원조(Development Assistance)에 비해 좀 더 포괄적인 개념이라고 할 수 있다(한국국제협력단, 2008; OECD, 2006).

국제개발협력은 경제 성장, 민주주의 확산, 평화와 안정 유지, 지속 가능한 발전 등과 같은 다양한 목적을 가지고 이뤄지고 있으며, 무엇보다 개발도상국의 빈곤 문제 해결이 가장 보편적인 목적으로 인식되고 있다. 빈곤 개선·퇴치는 [그림 5-1]의 가이드라인에서 보여 주고 있는 바와 같이, 어떤 한 가지 측면뿐만 아니라 경제·사회·정치·안보·환경 등의 다각적인 측면에서의 발전과 개선이 이뤄져야 달성될 수 있는 것이라고 할 수 있다. 즉, 빈곤 문제를 해결한다는 것은 다섯 가지 차원의 역량—경제적(소득 창출 및 자산 소유 역량), 보호적(외적 충격 흡수 역량), 정치적(인권·정치적 영향력), 사회·문화적(사회적 참여 역량), 인적(보건·교육 접근 역량)—을 강화하는 것을 의미하며, 이와 동시에 환경과 젠더(양성 평등)의 요소도 중요하게 고려되어야 하는 것을 말한다(OECD, 2001).

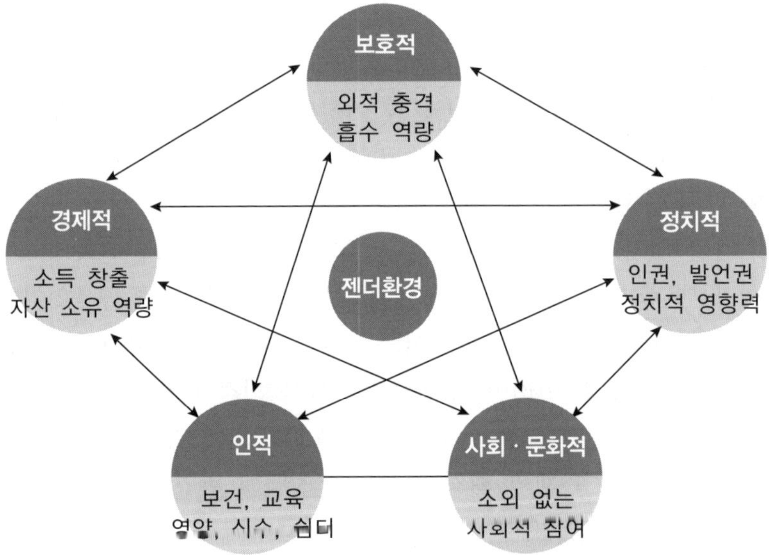

그림 5-1 빈곤 개선·퇴치를 위한 개발원조위원회 가이드라인

출처: OECD(2001); http://www.odakorea.go.kr

이와 같은 다차원적 빈곤 해결을 위해 국제사회는 다양한 노력을 기울여 왔으며, 특히 2000년 UN총회에서 189개국이 채택한 새천년 개발 목표(Millennium Development Goals: MDGs)를 정해 공동의 청사진을 마련했다. <표 5-1>에서 설명하는 바와 같이 새천년 개발 목표는 여덟 가지 목표와 60여 개의 측정 가능한 지표를 제시하고, 2015년까지 달성 기한을 구체화했다.

표 5-1 새천년 개발 목표(MDGs) 8대 목표와 내용

목표	내용
① 절대 빈곤 및 기아 퇴치(Eradicate extreme poverty & hunger)	-하루 1달러 이하의 소득으로 연명하는 절대 빈곤 인구를 절반으로 감축 -기아로 고통받는 인구를 절반으로 감축 등
② 보편적 초등 교육 달성(Achieve universal primary education)	-모든 어린이에게 초등교육 실시
③ 남녀 평등 및 여성 인권 신장 (Promote gender equality and empower women)	-여성에게 균등한 교육 기회 보장
④ 아동 사망률 감소 (Reduce child mortality)	-5세 이하 유아사망률을 3분의 2로 축소
⑤ 모성 보건 향상 (Improve maternal health)	-산모사망률을 4분의 3으로 축소
⑥ HIV/AIDS, 말라리아 및 기타 각종 질병 퇴치(Combat HIV/ AIDS, malaria and other diseases)	-말라리아와 후천성면역결핍증(AIDS) 확산을 절반으로 축소
⑦ 지속 가능한 환경 보전 (Ensure environmental sustainability)	-안전한 식수와 위생환경 접근 불가능 인구를 절반으로 축소 -2020년까지 최소 1억명 이상의 슬럼지역 거주자의 삶 대폭 개선
⑧ 개발을 위한 범지구적 파트너십 구축 (Develop a global partnership for development)	-예측 가능하고 비차별적인 개방무역과 금융 시스템의 촉진 -개도국에 대한 공적개발원조(ODA) 확대 -최빈개도국 등에 대한 특별 수요(수출품에 대한 관세 · 쿼터 면제, 부채 탕감) -IT 등 신기술에 대한 상호 협력 등

출처: 한국국제협력단(2008) 저자 재구성.

2 개발재원의 유형 및 특성

개발도상국의 빈곤 감소 및 경제사회 발전 및 복지 증진을 위한 노력인 국제개발협력의 모든 행위는 이와 관련해 지출되는 금액으로 측정하는 것이 일반적이다(한국국제협력단, 2008). 이러한 점에서 개발재원은 주로 개발도상국의 개발을 목적으로 사용되는 금액을 의미한다. 개발도상국의 개발에 활용할 수 있는 개발재원은 크게 공적개발원조(Official Development Assistance: ODA) 및 기타 공적자금(Other Official Flows), 민간자본의 흐름(Private Flows at Market Terms), 민간 증여(Net Grants by NGOs)로 구분할 수 있으며, 이 중 대부분(약 90%)이 공적개발원조(ODA)에 해당된다.

표 5-2 개발재원의 유형 및 특성

구분	전달 경로	지원 형태	내용
공적개발원조 (Official Development Assistance: ODA)	양자간	무상	증여, 기술 협력, 프로젝트 원조, 식량 원조, 긴급재난구조, NGOs 지원
		유상	양허성 공공차관
	다자간	-	국제기구 분담금 및 출자금
기타 공적자금 (Other Official Flows)	양자간	유상	공적 수출 신용, 투자금융 등
	다자간	유상	국제기관 융자
민간자본의 흐름 (Private Flows at Market Terms)	-	유상	해외 직접 투자, 1년 이상의 수출 신용, 국제기관 융자, 증권 투자 등
민간 증여 (Net Grants by NGOs)	-	유상	NGOs에 의한 증여

이러한 개발재원들은 전달 경로 및 방법에 따라 양자간(단일공여국 및 단일수원국간) 및 다자간(다수 공여국 및 다수 또는 단일 수원국 간)으로 이뤄지며, 지원 형태에 따라서 무상(수원국의 상환 의무 없음) 및 유상(수원국 상환 의무 있음)으로 구분된

다.[1] 예를 들어, 대표적으로 공적개발원조(ODA)는 양자간 ODA로 증여, 기술 협력, 프로젝트 원조, 식량 원조 등과 양허성(concessional) 공공차관[2]이 있으며, 다자간 ODA로 국제기구 분담금 및 출자금이 있다. 기타 공적자금에는 양자간 자금으로 공적 수출신용, 투자금융 등이 있으며, 다자간에는 국제기관 융자가 있다.

제 2 절 공적개발원조

1 공적개발원조의 개념과 유형

1) ODA의 개념과 구조

공적개발원조(ODA)는 정부 및 지방정부 또는 공공기관이 OECD 개발원조위원회(DAC) 수원국 리스트에 포함된 개발도상국(developing countries)에 경제 개발과 복지 향상을 위해 증여[무상원조(grant)[3]]나 양허성 차관(concessional loan)[유상원조[4]]를 제공하는 것을 의미한다(한국국제협력단, 2008). 또한, 전달 경로(참여 주체 수) 측면에서 양자간 협력과 다자간 협력으로 구분되는데, 전자는 원조 공여국에서 협력국(수원국)으로 원조자금 및 물자를 직접 지원하는 것이고, 후자는 국제기구(UN, 세계은행 등) 회원국들인 공여국들이 출연금[5] 또는 출자금[6] 등을 수원국에 지원하는 간접적인 지원을 의미한다. 양자간 협력에는 무상원조와 유상원조가 모두 포함

---

1) 이에 대한 자세한 설명은 제2절 공적개발원조(ODA) 실명 내용에서 다루고자 한다.
2) 원조 조건에 무상 비율이 어느 정도 포함되는 차관을 의미한다. 그 수준은 양허성 수준으로 미래의 차관 원리금 상환액에 대해 일정률(Differentiated Discount Rate)로 할인한 현재가치를 차관 금액(명목가치)에서 공제한 차액을 차관 금액에 대해 백분율로 나타낸 수치이다.
3) 수원국에 상환 조건 없이 제공되는 현금, 물자 및 서비스를 말하며, 무상원조라고 불리기도 한다. 채무변제, NGO 지원, 원조사업 시행 시 수반되는 특정 비용 등도 증여에 속한다.
4) 유상원조라고도 한다. 차관은 이자율, 상환 기간, 거치 기간 면에서 일반 융자와 비교해 차입국에 유리한 조건이며, 특히 증여율(grant element)이 25%를 상회할 경우 ODA로 계상된다.
5) 국제기구에 대한 분담금 및 기여금, 국제금융기구 신탁기금, 양허성 자금 출연으로 상환이 불가하다.
6) 국제기구 신규 가입, 개발은행 등에 대한 정기 재원 보충을 위해 공여국이 납입하는 자금 및 자본금의 형식으로, 탈퇴 시 상환 가능하다.

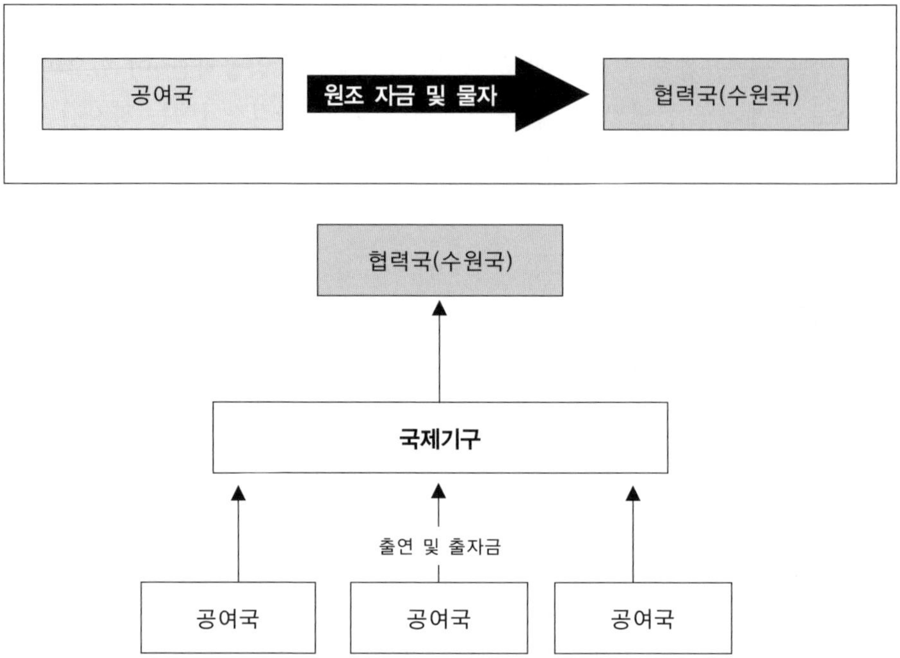

그림 5-2 양자원조(협력)와 다자원조(협력)의 구조

되며, 다자간 협력은 국제개발기구(세계은행[World Bank], 유엔개발계획[UNDP] 등)로부터의 출자 및 출연(분담금) 등을 통해 간접 지원하는 형태를 가진다(한국국제협력단, 2008; 2011).

공적개발원조의 대상인 개발도상국은 저개발국(less developed countries), 후진국(undeveloped countries)으로 일컬으며, 경제 및 사회 발전 수준이 선진국에 비해 저조한 경제 성장의 상태에 있는 국가를 말한다. 아시아 · 아프리카 · 중동 및 중남미에 위치한 국가들의 대부분이 개발도상국이라고 할 수 있다. OECD/DAC(개발원조위원회)에서는 수원국을 4단계[최빈개도국(Least Developed Countries: LDCs), 저소득국(Low Income Countries: LICs), 저중소득국(Low Middle Income Countries: LMICs), 고중소득국(Upper Middle Income Countries: UMICs)]으로 분류하며, 3년마다 '수원국 리스트'를 발표한다. 또한, 세계은행(World Bank)은 개발도상국과 선진국 모두를 1인당 GNI를 기준으로 4단계(저소득국, 저중소득국, 고중소득국, 고소득국)로 분류한다(한국국제협력단, 2008; 2011).

표 5-3 OECD/DAC 및 세계은행의 소득별 국가 분류 기준(2008년)

OECD/DAC	- 최빈국: UN 지정 49개국 - 저소득국: 935달러 이하 - 저중소득국: 936달러 ~ 3,750달러 - 고중소득국: 3,706달러 ~ 1만 1,455달러
세계은행	- 저소득국: 935달러 이하 - 저중소득국: 936달러~3,750달러 - 고중소득국: 3,706달러~1만 1,455달러 - 고소득국: 1만 1,456달러 이상

※ 49개 최빈국((Least Developed Countries) (GNI 〈 $905)					
1	아프가니스탄	18	기니아	35	상투메프린시페
2	앙골라	19	기니비사우	36	세네갈
3	방글라데시	20	아이티	37	시에라리온
4	베냉	21	키리바시	38	솔로몬 군도
5	부탄	22	라오스	39	소말리아
6	부르키나파소	23	레소토	40	남수단
7	부룬디	24	라이베리아	41	수단
8	캄보디아	25	마다가스카르	42	탄자니아
9	중앙아프리카공화국	26	말라위	43	동티모르
10	차드	27	말리	44	토고
11	코모로스	28	모리타니	45	투발루
12	콩고민주공화국	29	모잠비크	46	우간다
13	지부티	30	미얀마	47	바누아투
14	적도기니	31	네팔	48	예멘
15	에리트레아	32	니제르	49	잠비아
16	에티오피아	33	르완다		
17	감비아	34	사모아		

출처: 한국국제협력단(2008).

2) ODA의 유형과 세부 형태

공적개발원조의 유형 및 세부 형태들은 매우 다양하다. 우선, 양자간 원조의 무상원조의 경우 예산 지원(budget support), 프로젝트 원조, 기술 협력(technical cooperation), 부채 경감(debt relief), 식량 지원(food aid), 인도적 지원(humanitarian aid),

표 5-4 ODA 형태 및 유형: 양자간 원조

<table>
<tr><th>전달 경로</th><th>상환 조건</th><th colspan="3">유형</th></tr>
<tr><td rowspan="15">양자간</td><td rowspan="10">무상원조 (증여, Grant)</td><td colspan="2">예산 지원</td><td>공여국에서 수원국 정부의 국고로 재원을 이전해 수원국의 일반 혹은 섹터 예산을 지원하는 방법. 일반예산 지원과 특정 분야를 지정해 예산을 지원하는 분야별 예산지원으로 구분</td></tr>
<tr><td colspan="2">프로젝트 원조</td><td>구체적인 목표 혹은 결과에 도달하고자 수원국과 합의된 자원을 가지고 활동해 결과를 도출해 내는 프로젝트에 대한 원조</td></tr>
<tr><td colspan="2">기술 협력</td><td>기술 수준, 지식, 기술적 노하우 및 생산 능력의 향상을 통한 인적 자원 개발을 위해 기획된 일체의 지원활동</td></tr>
<tr><td colspan="2">부채 경감</td><td>채권자의 동의 하에 채무국에 대한 원금과 이자를 포기하는 것(부채 탕감, 부채 재조정, 재융자 등)</td></tr>
<tr><td colspan="2">식량 지원</td><td>수원국 내 식량 공급이 부족할 경우 공여국들이 자국 식량을 직접적으로 전달하거나 수원국 정부에 현금을 지원해 식량을 조달하는 것</td></tr>
<tr><td colspan="2">인도적 지원</td><td>재난 및 긴급사태 후에 생명을 구조하고, 고통을 경감하며, 인간의 존엄성을 유지하는 것을 돕기 위한 원조</td></tr>
<tr><td colspan="2">NGO에 대한 지원</td><td>비영리·비정부기구(NPO/NGO))의 해외 원조활동 지원</td></tr>
<tr><td colspan="2">공공-민간 파트너십에 대한 기여</td><td>민간(기업, CSO 등)의 자금과 전문성 활용을 통해 ODA 재원의 다양화 및 효율성 제고</td></tr>
<tr><td colspan="2">개발 인식 증진</td><td>공여국의 개발원조에 대한 노력과 그 필요성을 알리고, 대중의 지지 기반을 높이기 위한 활동을 위한 기금</td></tr>
<tr><td colspan="2">행정 비용</td><td>원조 전담 및 집행기관의 행정비용</td></tr>
<tr><td rowspan="5">유상 (비증여, Loan)</td><td rowspan="5">차관</td><td>개발사업 차관</td><td>개도국의 경제개발사업에 소요되는 자금(댐, 도로, 병원, 환경설비, 공장설비 등)을 지원</td></tr>
<tr><td>기자재 차관</td><td>개도국의 특정 산업/개발계획/사업에 필요한 기자재 및 관련 서비스의 조달에 소요되는 자금을 지원</td></tr>
<tr><td>민자사업 차관</td><td>민자사업의 시행을 위해 필요한 자금을 개도국 정부 또는 별도로 설립된 민자사업법인에게 지원</td></tr>
<tr><td>기금전대 차관</td><td>개도국의 금융기관을 통해 특정 분야, 특정 프로그램 등을 지원하는 것</td></tr>
<tr><td>물자차관</td><td>긴급한 국제수지 지원 및 국내 경제 안정을 위해 물자를 한국으로부터 수입하는 데 필요한 자금을 지원</td></tr>
</table>

		혼합신용	원조자금인 차관과 수출신용자금(Export Credit)을 혼합해 금융 조건을 양호하게 지원하는 금융 방식
		MDB 협조융자	주요 MDB(WB, ADB 등)와 공동으로 개발도상국의 개발사업에 대한 자금 조달에 참여하는 것
		차관지원비	차관사업의 준비/실시/운영관리 과정에서 발생하는 애로사항에 대해 무상으로 컨설턴트를 지원
		소액 차관	차관 규모가 2백만 SDR 미만의 소액 차관사업으로, 사업 참여자를 우리나라의 중소기업으로 제한

출처: http://www.odakorea.go.kr/ODAPage_2012/T01/L02_S02_04.jsp

NGO에 대한 지원(general support to NGOS), 공공-민간 파트너십에 대한 기여(contributions to public-private partnerships), 개발 인식 증진(promotion of development awareness), 비용(administrative costs) 등으로 구분된다.

양자간 유상원조의 경우는 대표적으로 차관이 있는데, 이는 개발사업차관(Development Project Loan), 기자재차관(Equipment Loan), 민자사업차관(Public-Private Partnership Loan), 기금전대차관(Two-Step Loan), 물자차관(Commodity Loan)으로 구성된다. 다음으로 혼합신용(평행융자[Parallel Financing]), 결합융자(Joint Financing), 사전혼합신용(Pre-Mixed Credit)과 다자개발은행(MDB) 협조융자(보조융자([Umbrella or Standby Financing], 매개융자[Channel Financing], 참여융자[Participation Financing]), 차관지원비, 소액차관 등이 있다.

또한, 다자간 원조의 경우, 국제기구 출연(분담금) 및 출자(grants and capital subscriptions)와 국제기구에 대한 양허성 차관(concessional lending to multilateral agencies)이 있다. 국제기구 출연 및 출자는 국제기구에 대한 분담금(Contribution) 납부, 아시아개발은행(ADB), 미주개발은행그룹(IDB) 등의 국제 금융기구에 대한 자본금 출자(Subscriptions)를 통해 수원국의 경제·사회 개발 및 인간의 기본적 욕구 충족을 위한 간접 지원과 환경, 빈곤, 여성 개발 등 범분야 과제 해결에 기여하는 것을 말한다. 국제기구에 대한 양허성 차관은 국제기구에 양허적으로 공여된 차관을 의미한다. 다자간 원조액은 2000년부터 2009년까지 15억 달러이며, [그림 5-3]에서 보여 주는 바와 같이, 2005년부터 지원 규모가 대폭 증가했다. 그 이유는 미주개발은행[IDB] 가입, 국제개발협회[IDA] 출자금 증대 등이 그 요인이다.

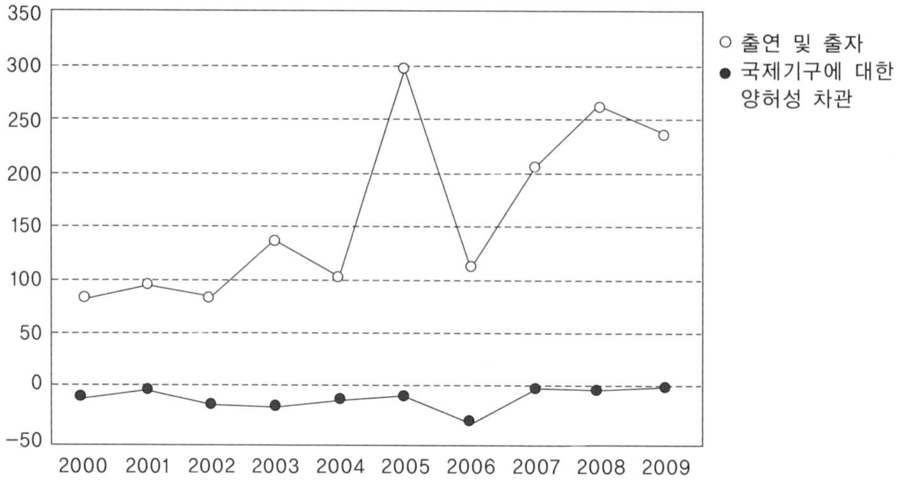

그림 5-3 다자간 원조 지원액 추이(순지출 기준, USD 백만)

출처: OECD Statistic data, http://www.odakorea.go.kr

2 공적개발원조의 지원 실적 및 현황

대표적인 공여국 기구인 OECD-DAC(개발원조위원회)의 24개 회원국의 2010년과 2011년 ODA 지출액(경상 달러, 2011년 고정 달러), ODA/GNI 비율 및 양자 원조 비율은 <표 5-5>와 같다.

표 5-5 DAC(개발원조위원회) 전체 회원국 ODA 현황 (단위: USD million)

순 ODA	2010년	2011년
경상 달러(Current USD)	128,520	133,908
2011년 고정 달러 (Current 2011 USD)	136,915	133,908
ODA/GNI 비율	0.32%	0.31%
양자 원조 비율	71%	70%

출처: OECD Statistic data, http://www.odakorea.go.kr

또한, 2011년 현재 수원국 소득 그룹별 ODA 현황은 최빈국에 30,854백만 달러, 중저소득국에 26,614백만 달러, 고중소득국에 13,388백만 달러, 저소득국에 2,909백만 달러가 지원되었다.

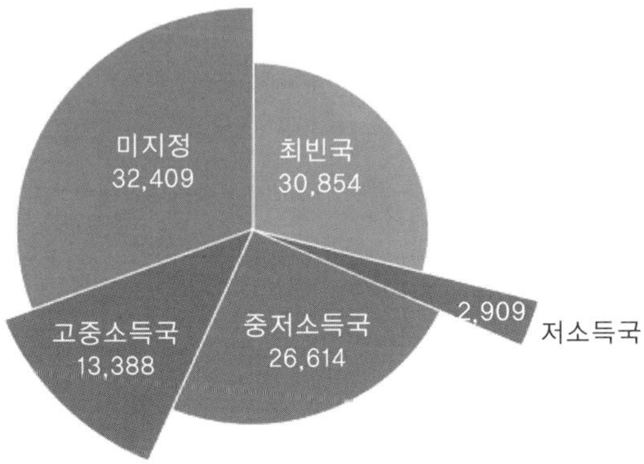

그림 5-4 수원국 소득 그룹별 ODA 현황(2011년, USD million)

출처: OECD Statistic data, http://www.odakorea.go.kr

2011년 수원국 지역별로는 49개 최빈국이 가장 많이 속해 있는 사하라 이남 아프리카 지역에 29,775백만 달러가 지원되었으며, 그 다음으로 남·중앙아시아 15,936

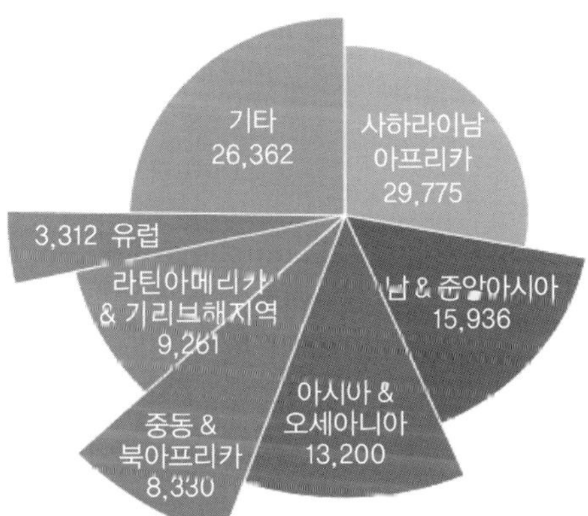

그림 5-5 수원국 지역별 ODA 현황(2011년, USD: million)

출처: OECD Statistic data, http://www.odakorea.go.kr

백만 달러, 아시아·오세아니아 13,200백만 달러, 라틴아메리카·카리브해지역 9,261백만 달러, 중동·아프리카 8,330백만 달러, 유럽 3,312백만 달러 등이 지원되었다.

DAC(개발원조위원회) 회원국(공여국)별 ODA 지원 실적을 살펴보면, 최대 공여국은 미국으로 2010년 약 300억 달러를 원조했고, 영국·프랑스·독일·일본이 약 100억 달러의 원조 규모를 나타냈다. 대한민국은 2011년 기준 13.2억 달러로서 원조 규모로는 24개 DAC 회원국 중 17위(2009년 19위, 2010년 18위)에 자리했다.

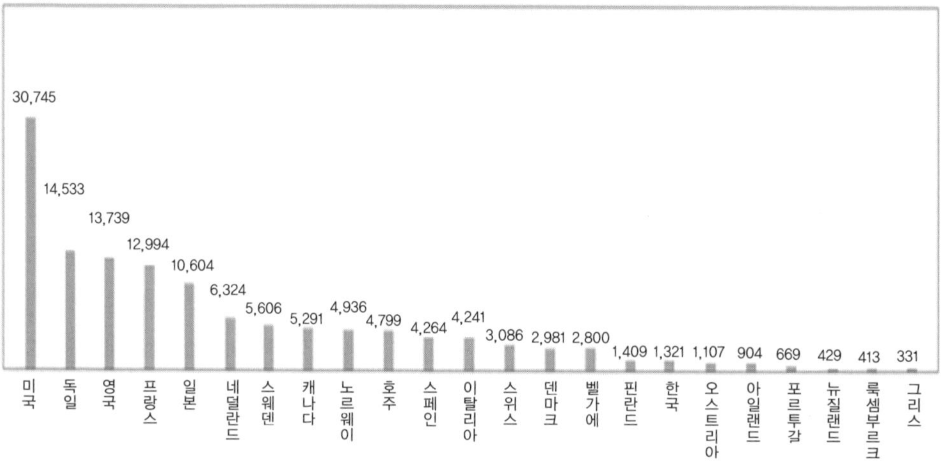

그림 5-6 DAC 회원국(공여국)별 ODA 지원 실적(2011년, USD; million)

출처: OECD Statistic data, http://www.odakorea.go.kr

한편, UN 권고 사항으로 국민총소득(GNI) 대비 ODA 비율 기준으로 0.7%를 제시하고 있다. 2011년 기준으로 이를 상회하는 국가들은 노르웨이 등 북유럽 국가들인 반면에, DAC 회원국 전체 평균은 2011년 기준 0.31%로, UN 권고 비율의 절반 이하에 머물고 있다. 한국의 경우 2011년 GNI 대비 ODA 비율이 0.12%로 DAC 회원국 중 두 번째로 낮은 위치에 있다. 2015년까지 0.25% 달성 목표를 제시하고 현재 ODA 지원액을 빠르게 증가시키고 있다.

시대별로 총 원조 규모에서 공여국들의 비중을 살펴보면, 1960년대부터 1970년대 초반까지는 미국이 절반 이상의 비중을 차지하는 최대 공여국이었으나, 1970년대부터 1980년대까지 아랍 국가들의 원조 규모가 약 20% 정도로 늘어나면서 전

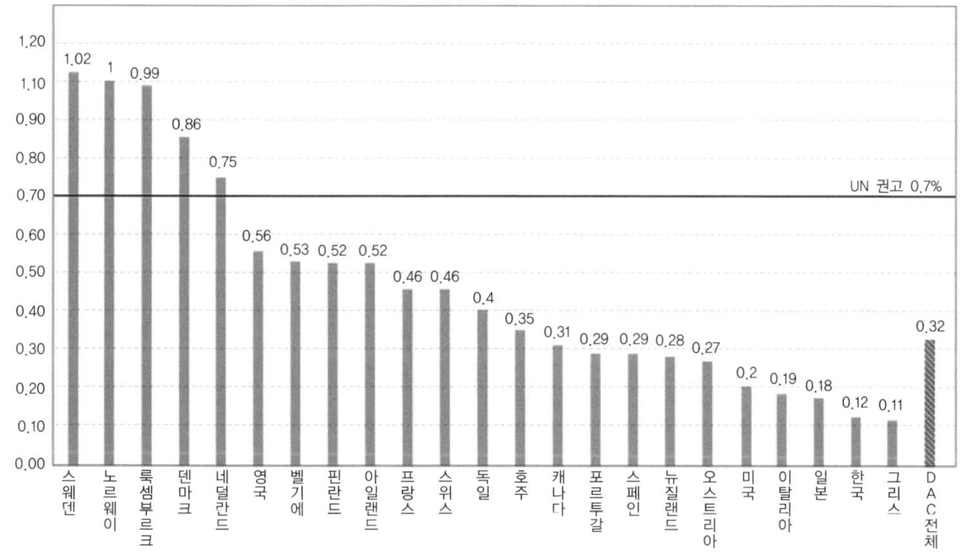

그림 5-7 2011년 DAC 국민총소득(GNI) 대비 ODA 비율(순지출 기준, USD 10억; 2010년 고정 달러)

출처: OECD Statistic data, http://www.odakorea.go.kr

세계 원조 규모에서 상당한 비중을 차지했다. 또한, 1980년대부터는 이들뿐만 아니라 일본·유럽의 DAC 공여국들 및 다자기구의 원조 비중이 증가했고, 최근에는 중국·브라질과·인도·태국과 같은 비DAC 회원국의 비중 및 역할이 지속적으로 부각되고 있다.

1960년대 이후 지난 40여 년간 소득그룹별 ODA 순지출 추세를 살펴보면, 가장 많은 지원은 중저소득국(Lower Middle-Income Countries)에 돌아갔다. 그 다음으로는 최빈국에 대한 지원이 많았으며, 지원 금액도 꾸준히 증가했다. 특별히 2005년에는 일시적으로 ODA 증가 폭이 컸는데, 이는 이라크 전후 복구와 팔레스타인 분쟁 해결, 쓰나미로 인한 인도네시아와 스리랑카의 복구 지원 등으로 인한 것이었다.

ODA 지원 분야는 다양하게 구분될 수 있는데, DAC(개발원조위원회)에서 제시하는 원조 목적 코드(Creditor Reporting System: CRS)를 통해 원조 형태를 '목적(purpose)'에 따라 사회, 경제, 생산, 다부문(cross-cutting) 분야의 네 가지로 구분할 수 있다. 사회 부문은 교육·보건·인구·식수·공공정책 등에 관련된 사업 및 서

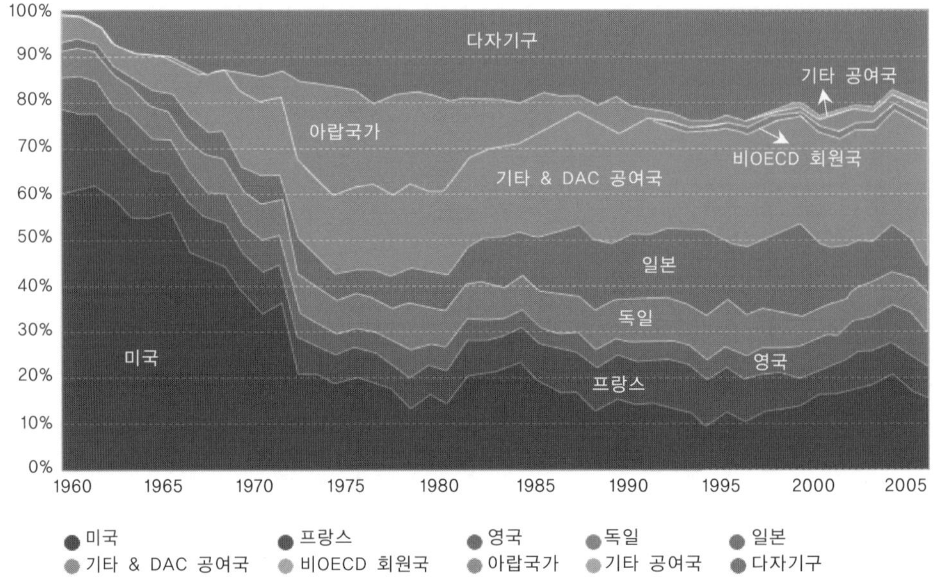

그림 5-8 시대별 공여국들의 원조 비중 변화

출처: OECD Statistic data, http://www.odakorea.go.kr

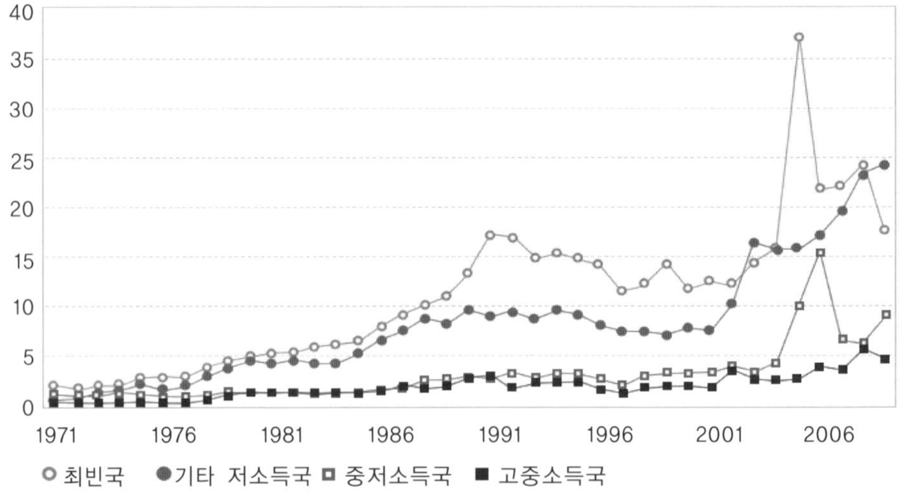

그림 5-9 수원국 소득 그룹별 ODA 추세(순지출 기준, USD 10억; 2009년 고정 달러)

출처: OECD Statistic data, http://www.odakorea.go.kr

비스를 포괄하고, 경제 부문은 운송 · 통신 · 에너지 · 금융 분야 등을 포함하며, 생산 부문은 농림수산 · 산업 · 무역 등의 산업 분야, 다부문 분야는 환경 보호 및 기타 다부문을 의미한다. 이 중에서 2000년대에는 사회 부문(인프라 및 서비스)에 대한 ODA 지원이 가장 많았으며 가장 빠르게 증가하고 있다(2001년 이후 3배 이상 급증, 2009년에는 672억 달러를 기록). 경제 부문(인프라 및 서비스 분야)는 완만한 추세를 보이다가 최근 감소세를 보이며, 2009년에는 263억 달러 정도가 지원되었다. 생산 부문과 다부문에 대한 지원은 정체되어 있다고 볼 수 있다.

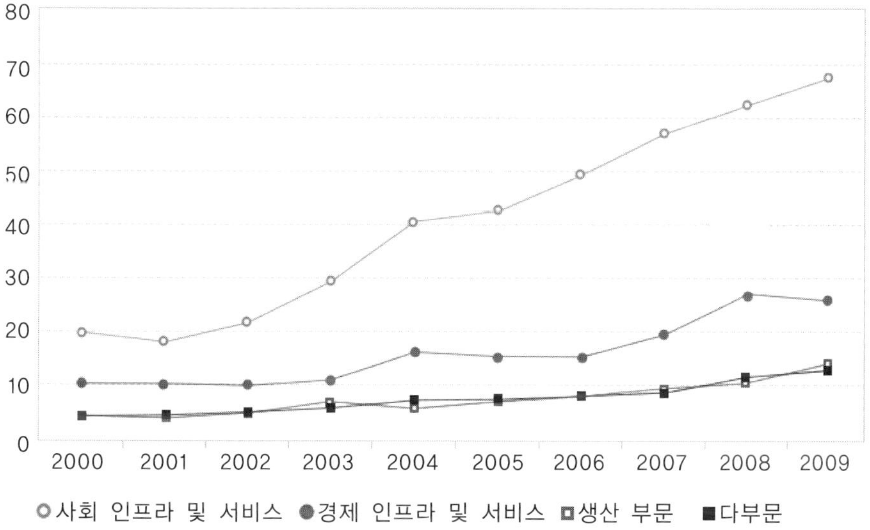

그림 5-10 ODA 분야별 추세(승인액 기준, USD 10억, 2009년 고정 달러)

출처: OECD Statistic data, http://www.odakorea.go.kr

앞서 살펴본 ODA 유형(양자 원조[무상/유상], 다자 원조)별로 추세(2002년~2009년)를 살펴보면, ODA 총 지출액에서 양자 원조는 평균 약 75%, 다자 원조는 25%를 차지한 것으로 나타난다. 양자 원조의 무상원조는 평균 87%, 유상원조는 13%가량을 차지했다. 또한, 양자 및 다자 원조 배분 형태에서 양자 원조의 규모가 다자 원조보다 평균 2.9배 정도 더 큰 규모이며, 양자 원조에서는 무상원조 비율이 유상원조에 비해 평균 6.7배 정도 높게 나타났다.

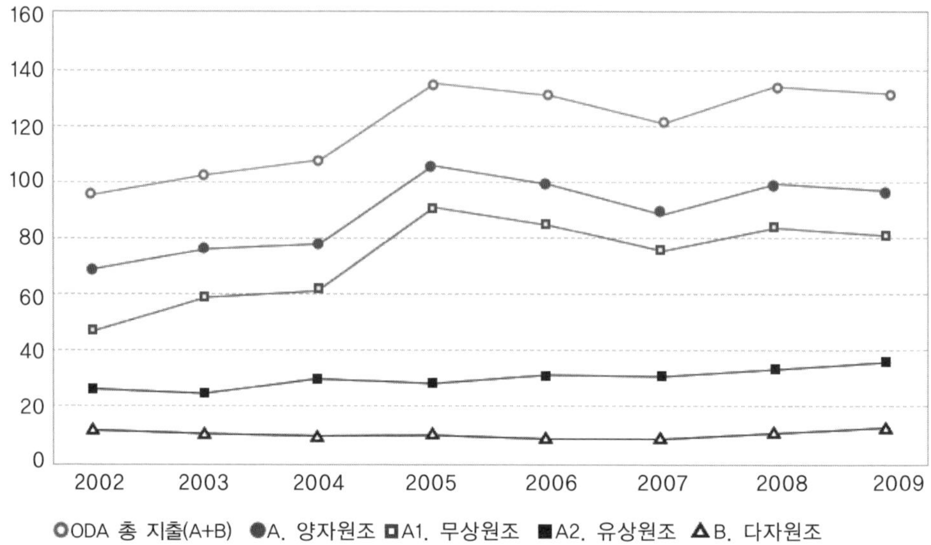

그림 5-11 ODA 유형/형태별 추세(총지출 기준, USD 10억, 2009년 고정 달러)

출처: OECD Statistic data, http://www.odakorea.go.kr

제3절 국제개발협력 및 ODA의 주체와 역할

1 개발원조위원회(OECD-DAC)

공적개발원조(ODA) 공여국들의 대표적인 협의체인 개발원조위원회(Development Assistance Committee: OECD-DAC)는 2013년 말 현재 24개 회원(23개 양자 공여국 및 EC, 한국은 2010년 24번째 회원 국가로 가입)으로 구성되어 있다. 전 세계 ODA 규모의 대부분이 DAC 회원국들의 원조로 이뤄져 왔는데, 2011년 DAC 회원국 전체 ODA 규모는 1,335억 달러이고, GNI 대비 ODA 비율은 평균 0.31%이다. 이 중 UN 권고 사항인 GNI 대비 ODA 비율 0.7% 기준을 넘어서는 회원국은 스웨덴, 노르웨이, 룩셈부르크, 덴마크, 네덜란드 등이 있다. 2011년 현재 DAC 회원국 중 ODA 지원 규모 상위 5개국은 미국(307.5억 달러), 독일(145.3억 달러), 영국(137.4억 달

러), 프랑스(129.9억 달러), 일본(106억 달러)이다.[7]

한편, DAC에서는 회원국(공여국)들의 매년 ODA 실적을 보고받아서 회원국 전체의 ODA 실적을 집계・조사하고 있으며, 이와 더불어 ODA의 효과성을 제고하기 위해 ODA의 양적 확대와 질적 제고를 위한 다양한 노력을 기울이고 있다.

표 5-6 OECD-DAC 회원국 가입 추이

연도	가입국	국가 수
1961년 (창립 연도)	벨기에, 캐나다, 프랑스, 독일, 이탈리아, 일본, 네덜란드, 포르투갈, 영국, 미국, EU	11개국
1960년대	노르웨이(1962), 덴마크(1963), 스웨덴(1965), 오스트리아(1965), 호주(1966), 스위스(1968)	6개국
1970년대	뉴질랜드(1973), 핀란드(1975)	2개국
1980년대	아일랜드(1985)	1개국
1990년대	포르투갈(1991), 스페인(1991), 룩셈부르크(1992), 그리스(1999)	4개국
2000년대 이후	한국(2010)	1개국

출처: 한국국제협력단(2008).

DAC 산하 기관은 작업반(Working Parties), 네트워크(Network), 합동 사업팀(Joint-ventures and Task Team) 등 세 개의 조직 단위로 구분되는데, 작업반은 DAC 핵심 업무의 질적 향상을 위해 기술적 전문성 및 자문을 제공하는 업무를 담당한다(OECD, 2011). 각 그룹에서는 관련 이슈에 관해 ODA 효과성 제고를 위한 회원국 간 동료평가(Peer Review), 상호학습 및 토론 등을 거쳐 국제적 규범을 정립한다. 또한, 3~4년에 한번씩 정기적으로 열리는 원조 효과성에 관한 고위급 포럼(High Level Forum on Aid Effectiveness: HLF)을 통해 DAC 회원국은 물론 DAC 비회원국, 개도국, 시민사회 등으로 규범 확산 및 공약 이행 촉진의 역할을 하고 있다. 네트워크 조직 단위는 원조 효과 제고와 DAC 핵심 전략 이행을 위한 모범사례를 발굴하고 정책을 교환하는 장으로 활용되며, 합동 사업팀은 특정 업무

7) OECD Statistic data, http://www.odakorea.go.kr.

(Targeted Work)를 통해 DAC의 연간 및 다년도 우선순위 사업을 지원하는 역할을 수행한다. DAC 산하 6개의 네트워크는 DAC 핵심 전략 이행을 위해 중점 분야(Area of Focus)별로 운영되며, 정기적인 회의를 통해 분야별 가이드라인 제공 및 모범 사례 발굴, 실태분석 보고서 제공 등의 활동을 수행하고 있다(<표 5-7> 참조).

표 5-7 DAC 산하 주요 작업반 및 네트워크

작업반/네트워크	설립	기능
통계작업반(WP-STAT)	1968년	원조 관련 통계 제공
원조 효과 작업반(WP-EFF)	2003년	개발을 위한 국제 파트너십 제고, 원조 조화 관행 평가, 원조의 조건 없는 비구속성(untied) 추진, 파리 선언 이행 점검
개발평가 네트워크(EVALNET)	2003년	원조 성과 평가에 관한 협력
성평등 네트워크(GENDERNET)	1984년	개발에서의 성평등 의제의 주류화 방안 논의
환경과 개발협력 네트워크(ENVIRONET)	1989년	지속 가능 개발과 환경 의제 논의
빈곤 감소 네트워크(POVNET)	1998년	개도국의 경제 성장과 빈곤 감소 관계 논의
거버넌스 네트워크(GOVET)	2001년	개도국의 건전한 거버넌스와 이의 배양 논의
분쟁 및 취약 상황에 대한 국제 네트워크(INCAF)	2009년	MDGs 달성을 저해받을 수 있는 상황에서의 개발 협력 및 국제적 행동의 일관성 향상에 대한 논의

한편, HLF(원조 효과성 고위급회의, 세계개발원조 총회)는 그동안 2003년 로마 총회를 시작으로 하여, 2005년 파리, 2008년 아크라에서 개최되었으며, 특히 2011년 제4차 HLF는 부산에서 열렸다(4th High Level Forum on Aid Effectiveness). 부산 세계개발원조 총회에는 전 세계 160여 개국 고위 인사 및 UN, 세계은행, OECD 등 주요 국제기구 대표, 시민사회 인사 등 약 2,000여 명이 참석해, 기존 파리 선언에서 수립되었던 원조 효과성 이행 사항에 대한 평가 및 공유, 포괄적 개발 효과성 관련 의제, 부산 총회 이후 의제에 대해서 논의했고, 그 결과로 '부산 선언'을 발표했다.

2 국제기구 및 글로벌 펀드

국제기구는 다자간 원조를 통해 개발도상국에서 펼쳐지는 국제개발협력 활동을 지원하는 데 주요 역할을 수행하고 있다. 다자 원조는 양자 원조와는 달리, 수원국에 직접 자금을 제공하지 않고 국제기구를 통해 집행하는 특징을 보인다. 대표적인 다자 원조 채널에는 다자개발은행(Multilateral Development Banks: MDB), 국제연합(United Nations: UN) 및 기타 기구 등이 있다.

UN은 최다 회원국(199개 국가)을 보유한 명실상부한 세계 최대의 국제기구로 글로벌 거버넌스(global governance)의 중추에 있으며, 국제개발 협력 및 ODA에서도 가장 핵심적인 역할을 하고 있다. 실제로 UN은 전 세계적 평화 유지와 안보뿐만 아니라 경제 및 사회 개발, 민주주의와 인권 및 성평등(gender equality), 인도적 지원 등 대부분의 개발 의제를 포괄하는 다양한 사업을 이끌고 있다. 유엔의 국제개발협력 시스템은 유엔 사무국, 유엔 펀드 및 프로그램(UNDP, UNICEF, UNFPA, WFP, UNHCR 등), 전문기구(ILO, WHO, UNESCO), 그리고 관련 기관(IAEA, WTO 등)으로 이뤄진다. 이러한 산하기관들도 UN 회원국이 제공하는 분담금, 기여금 등을 바탕으로 국제개발협력에 적극 참여하고 있다.[8)]

다자개발은행(MDB)은 국제개발협력의 다양한 분야에서, 회원국들의 출자금을 바탕으로 전 세계 또는 특정 지역(아시아, 아프리카 등)을 대상으로 개발과 관련된 자금을 대여하거나 증여하는 활동을 한다. 이와 더불어 관련 개발 협력에 대한 기술적인 자문을 제공해 주는 역할을 수행한다. 대표적인 다자개발은행(국제개발금융기관)으로는 국제통화기금(IMF), 세계은행(World Bank), 유럽부흥은행(EBRD), 아시아개발은행(ADB), 아프리카개발은행(AfDB), 미주개발은행(IDB) 등이 있다. 또한, 안데스개발공사(Andean Development Corporation), 카리브개발은행(Caribbean Development Bank), 중미경제통합은행(Central American Bank for Economic Integration) 등이 있다(한국국제협력단, 2011; 한국수출입은행, 2012c).

8) 유엔의 주요 예산은 각 회원국의 분담금(국민소득[GNI], 외채 등 객관적 경제지표에 근거해 산정)이며, 2년 단위로 예산이 총회에 의해 승인된다. 이러한 회원국 분담금은 UN의 6대 주요 기관(안전보장이사회, 총회, 경제사회이사회, 신탁통치이사회, 국제사법재판소, 사무국)의 정규예산으로 편성된다. 나머지 기구들의 예산, 유엔 펀드 및 프로그램은 전적으로 회원국의 자발적 기여금으로 충당된다.

표 5-8 국제개발협력 관련 주요 국제기구

경제개발협력기구/개발원조위원회 (Development Assistance Committee: OECD-DAC)	UN 여성개발기금(United Nations Development Fund for Women: UNIFEM)
유럽연합(European Union: EU)	UN 에이즈 퇴치계획(United Nations Programme on HIV/AIDS: UNAIDS)
세계은행(World Bank: WB)	UN 교육·과학·문화기구(United Nations Educational, Scientific and Cultural Organization: UNESCO)
국제개발협회(International Development Association: IDA)	UN 난민고등판무관(United Nations High Commissioner for Refugees: UNHCR)
국제통화기금(International Monetary Fund: IMF)	UN 인구활동기금(United Nations Population Fund: UNFPA)
유럽부흥개발은행(European Bank for Reconstruction and Development: EBRD)	UN 인간정주위원회(United Nations Human Settlements Programme: UN-HABITAT)
아시아개발은행(Asian Development Bank: ADB)	UN 봉사단(United Nations Volunteers: UNV)
아프리카개발은행 (African Development Bank: AfDB)	국제노동기구(International Labour Organization: ILO)
미주개발은행(Inter-American Development Bank: IDB)	국제이주기구(International Organization for Migration: IOM)
UN개발계획(United Nations Development Programme: UNDP)	세계식량농업기구(Food and Agriculture Organization: FAO)
UN아동기금(United Nations Children's Fund: UNICEF)	세계무역기구 (World Trade Organization: WTO)
UN개발그룹(United Nations Development Group: UNDG)	세계보건기구 (World Health Organization: WHO)
UN무역개발회의(United Nations Conference on Trade and Development: UNCTAD)	세계식량계획 (World Food Programme: WFP)

이 밖에도 지역 협력을 위해 설립된 기구들로 동남아시아국가연합(ASEAN), 아프리카연합(AU) 등이 있으며, 환경, 보건 등의 특정 분야 개발 문제를 전담하는 기구로 지구환경기금(GEF), 세계백신면역연합(GAVI Aliance) 등이 있다. <표 5-8>에서는 국제개발 관련 주요 기구들을 간추려 보았다.

한편, 국제적인 차원에서 보건· HIV/AIDS 환경과 같은 특정 분야를 지원하기 위한 국제적 규모의 기금인 글로벌 펀드(Global Fund)가 있다. 대표적인 글로벌 펀드로는 세계백신면역연합(GAVI/GAVI Alliance: Global Alliance for Vaccines and Immunization), 지구환경기금(Global Environment Facility), 에이즈/결핵/말라리아 퇴치를 위한 글로벌 펀드(Global Fund: Global Fund to Fight AIDS, Tuberculosis and Malaria: GFATM), 교육-우선추진 구상(Education for All-Fast Track Initiative: EFA-FTI) 등이 있다. 이와 같은 글로벌 펀드는 공여국 정부의 자발적 기여금이 주요 재원이지만, 최근에는 이 밖에 민간기업, 사회적 기업, 자선재단 및 개인을 포함한 사회의 모든 부분에서 기여한 기부금으로 재원을 조성하고 있다(한국국제협력단, 2011).

3 민간 주체(NGO 및 다국적기업)와 민관 협력

1) 개발 NGO 및 다국적기업

최근에는 국제개발협력의 주요 주체로 개발 NGOs, 시민사회, 민간기업, 국제민간재단 등의 민간 주체들이 부상하고 있다. 국제개발협력 및 ODA 관련 사업들에서 민간 주체들은 다양한 역할을 수행하고 있는데, 주로 공여국 정부 또는 국제기구가 발주하는 국제개발협력 및 ODA 사업의 계약자로서 해당 사업을 직접 수행하기도 하고, ODA 자금을 지원받아 사업을 추진하기도 한다(이택근, 2011; 한국국제협력단, 2011).

민간 부문의 대표적인 주체인 개발 NGOs는 개발도상국의 개발과 빈곤 문제 해결을 위해 다양한 측면에서 활동하고 있으며, 대표적인 개발 NGOs로는 옥스팜(Oxfam), 케어인터내셔널(Care International), 월드비전(World Vision) 등이 있다. 이들은 세계적인 조직망을 갖추고 국제 개발 이슈와 정책에 큰 영향력을 미치는 대규모 국제적인 NGOs부터 규모가 아주 작은 지역 풀뿌리 NGO에 이르기까지 매우 다양하다.

민간기업의 경우, 국제개발협력 및 ODA 사업 참여를 기업의 사회적 책임(CSR) 차원에서 국제적 및 국제적 공익사업 등에서 기여하는 것을 목표로 활동하고 있다. 최근에는 기업의 경영활동이 국제화되면서 기업이 이미 진출했거나 진출을 모색하고 있는 해당 수원국(개발도상국)의 사회 개발(교육 · 빈곤 · 보건 · 환경 등) 발전에 대한 활동이 증가하고 있다. 민간기업이 개발도상국에서 시행하는 사회적 책임(CSR) 활동은 기업이 독자적으로 추진하는 경우와, 공공 부문과 협력을 통한 민관 협력 파트너십(Public-Private Partnership: PPP)을 기반으로 하여 추진되는 경우로 구분할 수 있다(한국국제협력단, 2012a).

한편, 특별한 목적을 위해 설립되는 국제적인 민간재단들도 국제개발협력 및 ODA 분야에서 중요한 역할을 수행하고 있다. 이러한 활동에 대표적인 민간재단으로는 록펠러재단(Rockefeller Foundation), 빌 & 멜린다 게이츠재단(Bill & Melinda Gates Foundation), 포드재단(Ford Foundation), 쉘재단(Shell Foundation) 등이 있다.

2) 민관 협력

21세기 국제개발협력에서 민간재원의 중요성이 급격히 부각되면서 더욱 다각적인(multi-lateral) 구도가 형성되고 있다. 이는 기존의 한정적인 참여자들(국가, 국제기구 등) 이외에 기업과 재단 등 민간 부문의 참여자들이 개발 협력의 새로운 공여자로 참여하면서 자연스럽게 다양한 형태의 파트너십이 형성되고 있음을 보여 주는 것이다(곽재성 외, 2011). 국제 개발에서 기존의 공적 재원에 새롭게 민간 재원이 결합하는 협력사업이 떠오르면서 민관 협력 파트너십(PPP)이라는 개념이 탄생했고, 국제사회는 이러한 PPP를 통해 공공 부문의 공신력과 민간의 효율성이 결합되는 시너지 효과에 주목하기 시작했다. 예를 들어, 2002년 몬테레이에서 열린 'UN 개발재원국제회의(International Conference on Financing for Development)'에서는 개발자금 확보와 국내외 민간 부문의 투자 활성화를 위한 정부 정책개혁의 강조와 함께 개발재원이 원조자금 외에 개발도상국의 국내 자금 동원, 민간 투자와 무역 촉진 등의 수단을 통해 확충되어야 함을 결의했다(최민경, 2008).

특히 개발도상국에서 민간 부문은 고용 창출, 소득 향상, 역량 개발, 조세수입 증가를 가져오므로 개발도상국의 지속 가능한 발전에 필수적 요소라고 할 수 있다. 결국 새천년 개발 목표(MDGs) 달성을 위한 추가적인 재원 확보의 시급성에 대한 국제적인 합의가 도출되었고, 기존의 ODA를 보완하는 '혁신적 개발재원'을 마련하기 위한 노력의 일환으로 민관 협력이 논의되었다. 이와 같은 흐름에서 PPP는 개발재원의 다양화에 기여하는 것으로 여겨지고 있다. 민간은 이미 개발도상국의 발전을 위한 중요한 재원이 되고 있는데, 개발도상국에 대한 총 재원 흐름 중에서 공적 자금(양허성 및 비양허성)의 비중이 1990년에 80% 이상이었던 것에 비해 2009년에는 34.1%로 감소했다(곽재성 외, 2011). 이렇듯 개발도상국의 발전과 개발 협력에서 민간 재원의 중요성이 커지면서 PPP에 대한 중요성 또한 매우 커지고 있다.

OECD는 PPP에 대해 정부의 서비스 제공 목적과 민간 파트너의 수익 목적이 일치할 수 있는 형태로 민간 파트너가 서비스를 실행하는 사업으로, 정부와 민간 파트너 간의 협약을 말한다고 정의하고 있다(OECD, 2006). PPP는 정부와 민간 부문이 상호간의 파트너십을 통해 투자와 운영이 이뤄지는 것으로, PPP는 혹은 P3로 불리기도 한다. PPP는 한국에서는 민관(民官) 파트너십으로 불리는데, 여기서 관은 중앙 및 지방정부를 포함하는 조직을 의미하고, 민은 민간기업(및 시민사회단체)을 의미한다(곽재성 외, 2011; 한국국제협력단, 2012a).

결국 종합적인 의미로 PPP는 정부 주도 하에 민간 영역의 참여자들, 특히 기업과 시민사회단체들이 참여해 공동의 목적을 달성하기 위해 연대체를 형성하고 각자의 경험과 노하우를 공유하면서 위험과 책임, 그리고 자원뿐만 아니라 이익과 손해를 함께 분담하는 것을 말하고 있다(Utting & Zammit, 2006). 이는 각 국가 내에서 행해지는 순수한 의미의 인프라에 관한 민관 협력사업뿐만 아니라 개발 영역에서의 PPP사업에까지 공통적으로 적용되는 의미이다. 개발 영역에서 이를 개발 공공재원의 관점으로 바라볼 경우, 유상원조는 대규모 민자 유치를 통한 인프라사업을 수행하는 것을 의미하며, 무상원조의 경우 기업의 사회적 책임(Corporate Social Responsibility: CSR) 또는 자선적 기금의 유입을 통한 사업 수행을 뜻한다고 볼 수 있다(한국국제협력단, 2012a).

제4절 한국의 ODA 현황 및 추진 체계

1 한국의 ODA 관련 현황

한국은 지난 몇십년 간 국제개발협력과 공적 원조를 실시해 왔는데, 특히 1991

년 한국국제협력단의 창설로부터 본격적으로 한국의 공적개발원조가 시작되었다고 할 수 있다. 또한, 지난 2007년에 반기문 UN 사무총장의 선출 이후로 국제개발협력에서 한국의 역할에 대한 국제적인 기대도 커지고 있다. 이러한 가운데 한국은 2010년에 공적개발원조 공여국들의 대표적인 협의체인 OECD 개발원조위원회(Development Assistance Committee: DAC)에 24번째 회원 국가로 가입했다.

특히, 제2차 세계대전 이후 아시아의 최빈국 중 하나였던 한국은 21세기 지구촌 사회의 주요 공여국이 됨으로써 기존 국제개발협력의 주요 주체들인 유럽과 북미 국가들에서는 찾아볼 수 없는 국제적인 함의와 차별성을 보여 주고 있다. 이러한 한국의 경험은 바람직한 국제개발협력, 공적개발원조의 관점, 바람직한 개발 모델을 정립하는 데 큰 기여를 할 수 있다는 점에서 전 세계적으로 주목받고 있다.

한국의 ODA 규모는 2003년 3억 6,591만 달러에서 꾸준히 증가해 2010년 11억 6,274만 달러를 기록했다. 이 중 양자간 원조 8억 9,057만 달러, 다자간 원조는 2억 7,217만 달러를 기록했다. 2010년 양자간 원조의 비율은 전체 원조 중 약 76.6%의

표 5-9 한국의 ODA 실적

(단위: 백만 달러)

구분	2003	2004	2005	2006	2007	2008	2009	2010*
공적개발원조 (ODA) 총계	365.91	423.32	752.32	455.25	699.06	803.00	815.54	1162.74
양자간 원조	245.17	330.76	463.30	376.06	528.43	539.88	580.60	890.57
- 무상원조	145.46	212.09	318.00	258.95	361.28	369.33	366.47	566.83
- 유상원조	99.71	118.68	145.30	117.11	167.15	170.55	214.13	323.74
다자간 원조	120.74	92.56	289.01	79.06	205.59	236.12	234.94	272.17
공적개발원조 (ODA)/GNI(%)	0.06	0.06	0.10	0.05	0.07	0.09	0.10	0.12
양자간 원조 중 무상원조 비율(%)	59.3	64.1	68.6	68.8	68.3	68.4	63.1	63.6

*2010년은 잠정 통계.
출처: 한국국제협력단(2011).

비중을 차지하고, 양자간 원조 중 무상원조의 약 63.6%의 비중을 차지하고 있다 (<표 5-9> 참조).

한국의 국민총소득 대비 총 ODA 금액 비율은 2003년 0.06%에서 2010년 0.12%로 높아졌으며, 2015년까지 0.25%로 올리는 것을 목표로 하고 있다. 그러나 개발원조위원회(DAC) 회원국의 2009년 평균 ODA/GNI[9] 비율인 0.31%와 UN의 2015년 목표치 0.7%에는 여전히 크게 못 미치고 있다. 2010년 기준으로 개발원조위원회(DAC) 회원국별 ODA 순 지출액 규모로 볼 때 한국의 원조 규모는 2010년 기준으로 23개 양자 공여국 중 18위에 위치해 있다(한국국제협력단, 2011).

2 한국의 ODA 법적 · 정책적 체계

한국 정부의 ODA 담당 조직 체계는 총괄 및 조정기구, 주관기관, 시행기관으로 구성되는 특성을 보인다. 우리나라 ODA 정책의 총괄 및 조정기구로서, '국제개발위원회 규정'에 따라 2006년 1월, 국무총리 소속 하에 설치된 국제개발협력위원회는 국제개발협력에 관한 주요 정책을 심의, 조정하는 컨트롤 타워의 지위를 갖는다. 국제개발협력위원회는 국제개발협력 기본계획, 연간 ODA종합시행계획, ODA 평가에 관한 사항 등을 심의 · 조정하는 역할을 수행한다. 국무총리가 위원장을 맡으며, 간사위원은 국무조정실장이 역임하고, 25명 이내의 ODA 주요 중앙행정기관 및 관계 기관의 장 및 민간위원들로 구성된다(국제개발협력기본법 제7조 근거). 또한, 2010년에 국무총리 산하 국무조정실에 개발협력정책관실을 신설해, 국제개발협력위원회의 사무국 역할을 수행하도록 하고 있다.

유상원조의 주관기관은 기획재정부, 무상원조의 주관기관은 외교부로서 각 원조 분야별 5개년 기본계획과 연간 시행계획안을 작성하고 이행을 점검한다. 이와 더불어 유상원조 시행기관으로 한국수출입은행, 무상원조 시행기관으로 KOICA이 그 역할을 수행하며, 무상원조의 경우 KOICA 이외의 30여개 정부부처 및 지방자치단체에서도 무상원조를 수행하고 있다([그림 5-12] 참조).

9) GNI(Gross National Income: 국민총소득): GNI는 가계, 기업, 정부 등 한 나라의 모든 경제 주체가 일정 기간에 생산한 총 부가가치를 시장가격으로 평가해 합산한 소득지표를 말한다.

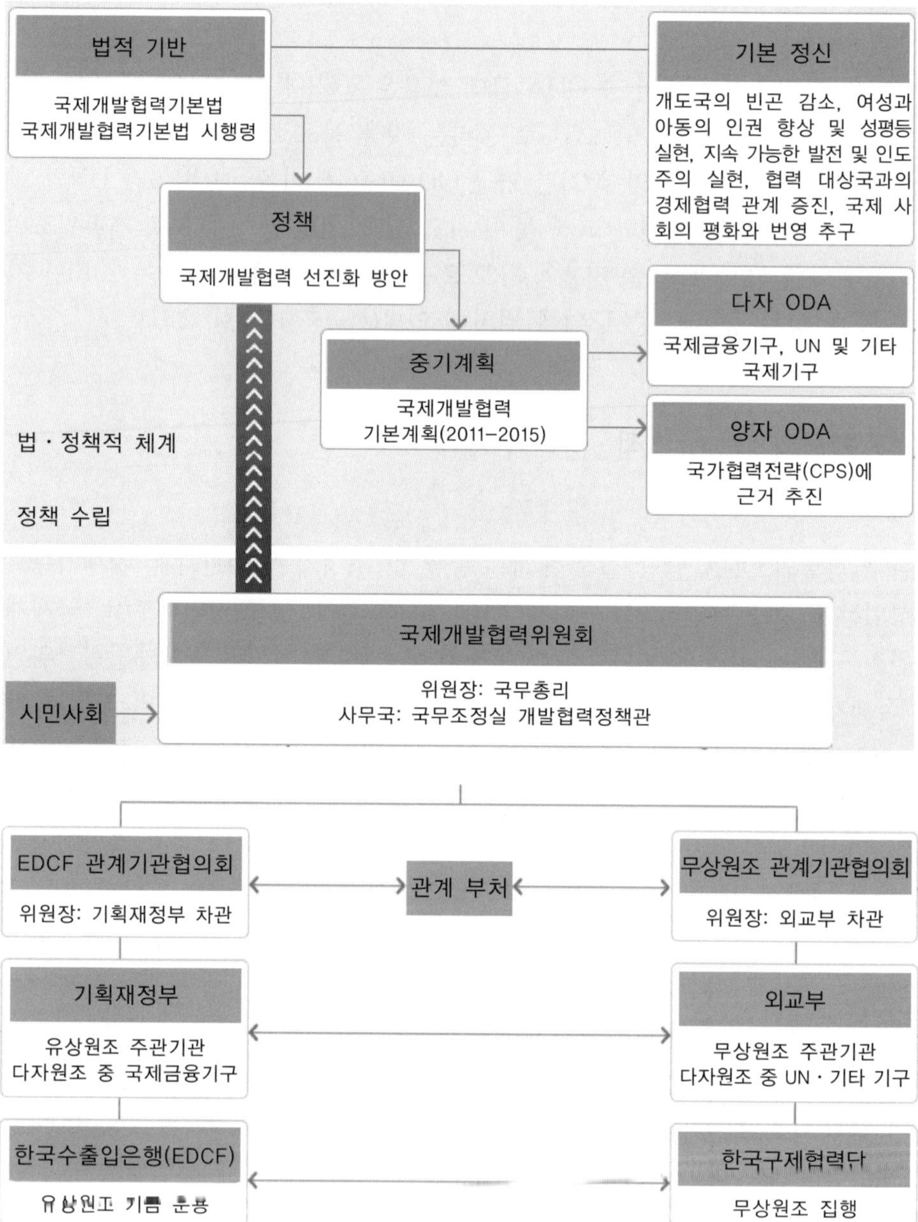

그림 5-12 한국의 ODA 법적·정책적 체계

출처: http://www.odakorea.go.kr 재구성.

3 무상원조 및 유상원조 주관·시행 체계

한국의 무상원조 주관기관은 외교부이며, 우리나라 무상원조의 80% 정도를 기획 및 시행하고 있다. 외교부는 무상원조 분야별 기본계획 및 연간 시행계획 작성, 이행 상황 점검, 시행기관인 한국국제협력단(KOICA)과의 논의 및 조정 등의 역할을 주관해 ODA 사업을 진행한다. 또한 국제개발협력에 관한 대외 정책을 수립, 조정, 종합하는 업무도 맡고 있다. 외교부 개발협력국은 국장, 심의관 및 3개과(개발정책과, 개발협력과, 인도지원과)로 구성되어 있다.

정부 차원의 대외 무상협력사업 시행기관인 한국국제협력단(KOICA)은 개발도상국가와의 우호 협력 및 상호 교류를 증진하고 이들 국가의 경제·사회 발전을

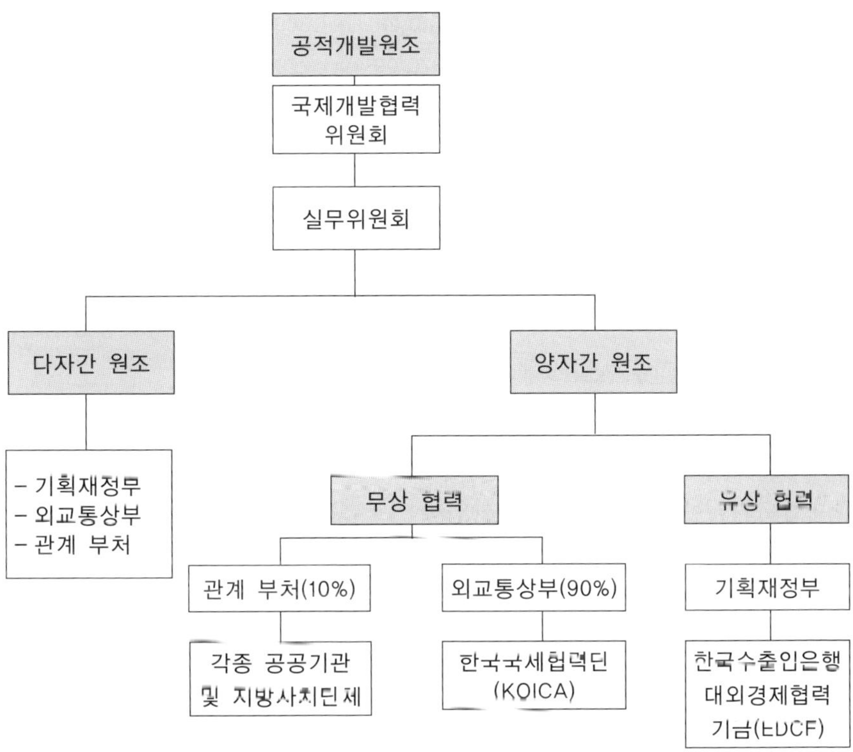

그림 5-13 무상원조 및 유상원조 주관·시행 체계

지원해 국제 협력에 기여하고자 설립되었으며,[10] 본부에서는 사회・경제개발팀이 분야별 사업 전략을 수립・추진하고, 4개 지역부(아시아Ⅰ・Ⅱ, 아프리카, 중동・중남미) 산하 8개 지역팀(동남아1・2, 서남아, 동・서아프리카, 중동・아프간, 중남미팀 등)이 국가별 세부사업을 집행한다.[11]

우리나라의 ODA 양자간 원조 실적 중 무상원조 실적은 2005년 3억 1,800만 달러에서 꾸준하게 증가해 2010년에는 5억 6,683만 달러를 기록했으며, 그중 KOICA의 무상원조 실적은 2005년 2억 186만 달러에서 2010년 4억 4,893만 달러를 기록하면서 5년 동안 무상원조의 규모가 두 배 이상 늘어났다. 또한 KOICA의 ODA 사업은 우리나라의 무상원조 ODA 사업의 대부분(약 90%)을 차지하고 있다.

표 5-10 KOICA 무상원조 실적

(단위: 백만 달러)

구분	2005	2006	2007	2008	2009	2010
무상원조	318.00	258.95	361.28	369.33	366.47	566.83
KOICA 실적	201.86 (63%)	193.11 (74%)	270.09 (74%)	273.06 (73%)	272.9 (74%)	448.93 (79%)

출처: 한국국제협력단(2011).

한편, 한국국제협력단(KOICA)에서는 수원국(개발도상국)의 개발 수요를 종합적으로 고려하고 우리나라의 비교 우위 분야를 판단해 ODA 7개 분야를 선정함으로써 대외 무상원조 역량을 집중하고 있다. 7개 분야는 교육, 보건의료, 공공행정, 농림수산, 산업 에너지, 기후 변화 대응 분야이다.

유상원조의 경우, 기획재정부가 주관하며 시행기관인 한국수출입은행이 집행하는 대외경제협력기금(Economic Development Cooperation Fund: EDCF)[12]을 총괄한다. 대외경제협력기금은 개발도상국의 산업화 및 경제 발전을 지원하고, 한국과 이들 국가 간 경제 교류를 증진하기 위해 설치한 한국수출입은행 내 정책기금이다. 이 기금정책에 대한 심의는 대외경제협력기금 운용위원회에서 이뤄지며, 관리 주체는 기획재정부이고, 실질적인 업무는 기획재정부의 위탁을 받은 한국수출입은행이 기금을 담당한다. 더불어 유상원조 분야의 기본 계획 및 연도별 시행 계획을 수립 및

10) 한국국제협력단법 제1조.

11) http://www.koica.go.kr/

12) 우리나라의 유상원조는 1987년 대외경제협력기금(EDCF)이 출범하면서 시작되었다.

점검하고, 유상원조 사업을 발굴·집행·평가하는 업무를 수행한다. 또한, 한국의 발전 경험과 노하우를 토대로 개도국 경제 발전을 지원하기 위한 정책자문을 제공하는 경제 발전·경험 공유사업(KSP)과 우리의 발전 경험 구체적 정책 사례로 정리하는 발전 경험 모듈화 사업, 그리고 국제기구와의 공동 컨설팅 사업 등을 추진하고 있다(한국국제협력단, 2008; 한국수출입은행, 2012c).

우리나라는 1987년부터 개도국에 차관을 원조하기 시작했는데, EDCF 총 차관 실적으로는 1987년부터 2011년까지 49개 국가의 277개 사업에 대해 8조 1,252억 원의 차관을 승인했으며, 3조 2,435억 원의 차관을 집행했다. 연도별 차관 비율을 살펴보면 EDCF 차관 금액의 대부분은 2007년 이후 승인된 금액으로 전체 차관 금액의 약 66%에 해당한다. 2007년 이후 집행 금액은 총 집행 금액의 약 50%를 차지하고 있다(한국수출입은행, 2012c).

표 5-11 개도국에 대한 EDCF 차관 실적

(단위: 백만 원)

구분	1987~2006	2007	2008	2009	2010	2011	총계
승인 실적	2,723,824	643,350	1,066,384	1,202,425	1,261,451	1,227,860	8,125,294
집행 실적	1,617,844	155,335	237,136	312,814	410,698	509,716	3,243,544

출처: 한국수출입은행(2012b).

EDCF는 가장 최근인 2011년에는 1조 2,278억 원을 승인하고 5,097억 원을 집행했는데, 이는 2007년도 차관 실적에 비해 약 2배 이상으로 확대된 규모로 현재도 지속적으로 증가하고 있다.

제 6 장 자유무역협정(FTA)

제 1 절 자유무역협정(FTA)의 의의

1 FTA란?

자유무역협정(Free Trade Agreement: FTA)이란 서로 관심을 가지고 있는 국가 상호간에 상품이나 서비스 등에 대한 관세나 비관세 장벽 등의 교역 장벽을 철폐(또는 완화)함으로써 상호 무역을 증진하고 경제적 혜택을 확대하고자 추진하는 특혜 무역협정을 의미한다. 초기 자유무역협정의 협상 대상은 주로 상품에 대한 관세 및 비관세 장벽 철폐였다. 그러나 최근에는 상품 이외 서비스나 투자, 지적재산권, 정부 조달, 경쟁정책, 환경, 노동 등으로 협상 범위가 확대되고 있는 추세이다. 이러한 자유무역협정이 점차 발전해 관세동맹이나 공동시장 등의 모습을 띠게 되며, 궁극적으로 (지역)경제통합으로 진행되기도 한다. 이러한 관점에서 자유무역협정은 다양한 형태의 지역경제 통합 가운데 가장 낮은 단계의 경제 통합으로 볼 수 있다. 지역경제 통합의 네 가지 형태는 다음과 같다

① 회원국 간 주로 관세 철폐를 중심으로 하는 자유무역협정(FTA)

② 회원국 간 자유무역 외에 역외국에 대해 공동의 관세를 적용하는 관세동맹(Customs Union: CU)

③ 관세동맹에서 더 발전해 역내 회원국 간 생산 요소의 자유로운 이동이 가능

한 공동시장(Common Market: CM)

④ 공동시장에서 더 발전하여 단일 통화나 역내 회원국의 공동 의회 설치와 같은 정치·경제적 통합 수준의 단일시장(Single Market: SM)

위에서 기술된 중요한 개념들을 설명하면, 관세동맹(Customs Union: CU)은 회원국 간 관세 철폐는 물론 역외국에 대해서도 공동의 관세율을 적용하며, 대표적인 예로 남미의 공동시장(MERCOSUR)이 있다. 공동시장(Common Market)은 회원국 간 금융 및 재정정책 등에서 공동 정책을 수행하는 단계로 단일시장인 EU 이전 단계인 EC(European Community)가 대표적인 예이다. 단일시장(Single Market)은 단일 통화, 회원국 공동의회 설치와 같은 정치, 경제적 통합을 달성하는 완전한 경제 통합 수준을 의미한다. 마스트리히트조약 발효 이후 EU가 그 예이며, 현재 EU 내에서는 단일 통화가 통용되고 있으며, 공동의회인 EU Council도 설치되어 있다. 또한 EU집행위원회(EU Commission)가 EU 공동의 정책 수행을 담당하고 있다.

표 6-1 지역무역협정의 형태와 포함 범위

역내관세 철폐	역외 공동관세 부과	역내 생산 요소 자유 이동 보장	역내 공동경제정책 수행	초국가적 기구 설치·운영
자유무역협정 (NAFTA, EFTA 등)				
관세동맹(베네룩스 관세동맹)				
공동시장(EEC, CACM 등)				
완전경제통합(EU: 마스트리히트조약 발효 이후의 EU)				

2 WTO의 다자무역 자유화협상과의 차이점

세계무역기구(World Trade Organization: WTO)의 다자무역 자유화협상은 WTO 회원국 상호간에 관세나 비관세 장벽을 완화해 무역을 확대하자는 협상이다. 대표적으로 지난 1986~1994년의 우루과이라운드(Uruguay Round: UR)가 있으며, 지난 2001년 출범해 현재도 협상 중인 도하개발어젠더(Doha Development Agenda: DDA)

도 대표적인 다자무역 자유화협상이다. WTO의 다자무역 자유화협상은 WTO 회원국 전체가 참여한다는 점에서 자유무역협정과 차이가 있다. 자유무역협정은 보통 2~3개 국가 상호간에 추진되고 있으며, 비록 최근 들어 특정 지역의 국가 전체가 참여하는 초대형 FTA(예: TPP)가 있기는 하지만 여전히 WTO 회원국 전체가 참여하는 다자무역 자유화 협상에 비해 참여 국가의 수가 적다.[1]

그러나 무엇보다도 FTA와 WTO 다자무역 자유화 협상의 가장 큰 차이는 WTO 다자무역 자유화협상은 협상의 결과가 모든 WTO 회원국에 적용되는 최혜국 대우(Most-Favored-Nation Treatment: MFN)를 기본 원칙으로 하고 있는 데 반해 자유무역협정은 협정을 체결한 국가에만 적용되는 배타적인 특혜 협정이라는 점이다. 즉, 양자 또는 지역 자유무역협정은 협정을 체결한 회원국 사이에서만 무관세나 낮은 관세 등 특혜관세를 적용하고 비회원국에게는 이를 적용하지 않는다. 이러한 의미에서 자유무역협정은 배타적이다. 반면 WTO 다자무역 자유화 협상은 일단 합의가 되면 회원국 모두에게 동일하게 적용된다. 최혜국 대우란 두 나라가 특혜를 주고받은 경우 그 특혜는 자동적으로 WTO 회원국 모두에 적용된다는 WTO의 기본 원칙으로서, 수출국 사이의 경쟁 기회를 동일하게 만들기 위한 것으로 자유무역을 확대하고 거래비용을 최소화할 수 있다는 점에서 WTO의 핵심 원칙으로 자리 잡고 있다.

따라서 FTA는 다자무역 질서의 근간인 WTO의 최혜국 대우(MFN) 원칙에 정면으로 배치된다. 그러나 자유무역협정이 시장 접근에서 역내 무역자유화를 통한 세계 무역의 자유화에 기여한다는 점을 인정해 WTO 체제 아래서 다음과 같은 특정 요건 아래 예외적으로 인정되고 있다. WTO가 자유무역협정을 인정하는 특정 요건을 보면 GATT 24조, GATS 5조에 의거해 ① 실질적으로 모든 무역을 대상으로 하되 특정 분야를 전면적으로 제외하지 않으며, ② 관세 및 기타 상업적 제한을 합리적인 기간 이내(원칙적으로 10년 이내)에 철폐해야 하고, ③ 역외국에 대한 관세 및 기타 상업적 제한이 협정 체결 전보다 후퇴하지 않아야 한다는 것 등이 있다.[2]

---

1) 2013년 12월 제9차 WTO 각료회의에서 예멘의 가입을 승인함으로써 WTO 회원국 수는 160개국이다.
2) 위에서 언급한 GATT 24조 및 GATS 5조 이외 권능 조항(Enabling Clause)이라는 것이 있다. 이는 GATT 1979년 결정으로서 GATT 회원국들이 개도국에 대해 차별적으로 더 좋은 특별한 대우를 할 수 있도록 허용한 조항을 말하는데, 개도국 간 FTA는 선진국과 달리 GATT 24조나 GATS 5조가 아니라 권능 조항에 의거해 실질적으로 모든 무역 및 서비스 자유화 조건의 예외를 인정받고 있다.

3 FTA의 주요 내용

자유무역협정은 체결국 간에 관세 및 무역장벽을 제거하는 것으로 과거에는 주로 관세 철폐, 원산지 규정, 통관 절차 등에 관한 논의가 주요 협상 대상이었으나, 최근에는 상품에 대한 무역장벽 철폐 이외 서비스, 투자, 지적재산권, 정부 조달, 무역 구제, 환경, 노동 기준까지도 포함되는 추세이다. 따라서 자유무역협정의 협상 대상은 정형화되어 있지 않으며, 자유무역협정을 체결하는 국가 간의 합의에 따라 얼마든지 그 범위가 포괄적으로 다양해질 수 있다.

1) 관세

FTA의 궁극적인 목표는 모든 상품에 대한 관세(Tariff)를 완전히 철폐하는 것이다. 그러나 관세를 갑작스럽게 완전히 철폐할 경우 경제에 미치는 영향이 클 수 있기 때문에 대개는 관세 철폐 이행 기간을 5년, 10년 또는 15년까지 설정하고 있다. 또한 관세 철폐 예외 품목을 부분적으로 인정하고 있기도 하다.

2) 원산지 규정

자유무역협정 체결로 인한 무역상의 특혜는 협정을 맺은 국가에서 생산한 상품에 한해 적용된다. 따라서 거래 상품의 원산지가 어디냐에 따라 FTA 특혜관세 혜택을 받을 수 있는지의 여부가 결정된다. 원산지 규정(Rules of Origin)은 바로 해당 상품의 원산지를 규정하는 기준을 말한다.

원산지 규정은 최근에 들어올수록 중요성이 커지고 있다. 현재 교역되는 상품 대부분이 어느 한 국가에서 모두 만들어지지 않기 때문이다. 예를 들어 휴대폰은 아시아의 여러 나라에서 부품을 수입해 최종재를 만들어 수출한다. 따라서 최종재 안에 다른 나라의 부품이 몇 퍼센트 포함되어 있는지에 따라 우리나라 제품으로 인정받지 못할 수도 있다. 바로 수입 중간재의 비율을 정하는 것이 원산지 규정인 것이다.

3) 서비스

상품뿐 아니라 금융, 통신, 교육, 의료, 시청각 등 다양한 분야의 서비스 무역에서도 이의 거래를 제한하는 장벽을 제거하는 협상을 한다. 서비스 거래를 제한하는 것은 대개의 경우 관련 규제이기 때문에 서비스 시장 접근 협상은 관련 규제의 완화 내지 철폐가 핵심이다.

4) 투자

투자 협상도 서비스와 유사하게 상대국에 투자를 할 때 발생하는 여러 가지 규제를 완화해 양국간 투자를 더욱 활성화하기 위한 목적이다.

5) 정부 조달

정부 조달 시장은 정부에서 사용하는 물품에 대한 시장인데, 대체적으로 높은 진입장벽이 존재해 대개는 해당국의 국내 기업에만 혜택이 돌아가기 쉽다. 정부 조달 협상을 통해 협상 당사국끼리의 정부 조달 시장을 일부 또는 완전 개방함을 목적으로 정부 조달 시장 진입을 막는 여러 규제나 조건 등을 완화 또는 철폐하는 협상이다.

6) 지식재산권

자국의 상품이 외국에서 특허권이나 상품권 등 지재권이 보호되지 않고 도용되거나 위조된다면 결국 우리나라의 수출에 부정적 영향을 초래한다. 지식재산권 협상은 이를 보호하는 조항을 만드는 협상이다.

7) 무역구제: 세이프가드 및 반덤핑 조치

WTO에 관련 조항이 있음에도 불구하고 FTA 협상을 통해 수입 급증 시 구제조치(세이프가드)나 또는 덤핑행위를 규제하는 조항을 만들 수 있다. 때로는 역내 회원국끼리는 WTO 세이프가드(safeguard) 및 반덤핑 조치를 상호 면제하거나 때로는 더욱 강화하는 방향으로 합의가 이뤄지기도 한다.

8) 비관세 장벽

관세 이외 다른 무역장벽을 비관세 장벽(Non-Tariff Barriers: NTB)이라고 하며, 여기에는 보통 기술 규정 및 표준, 농수산물과 관련된 위생 및 검역 조치, 통관 절차, 외환 규제, 국영무역의 존재 및 선적 전 검사 등이 포함된다.

(1) 기술 규정

기술 규정(technical regulations)은 물품의 기술적 효율성 및 적합성 충족을 보장하고 환경을 보호하며 안전 및 국가 안보상의 이유로 존재한다. 다만 개별 국가가 기술 규정 및 표준(standards)에 관해 독자적인 제도를 수립해서 운영하기 때문에 국가마다 표준제도는 상이하다. 이에 따라 기술 및 표준 조치 규정 자체가 무역장벽으로서 영향을 발휘할 수 있다. FTA 협상에서는 각 당사국이 가지고 있는 독자적인 기술 및 표준 조치 규정과 적합성 판정 절차를 인정하되, 이것이 무역장벽으로 작용하지 않도록 다양한 의무와 제한을 부과하는 규정을 협상한다.

(2) 위생 및 검역 조치

위생 및 검역 조치(Sanitary and Phytosanitary Measures)는 인간과 동식물의 생명이나 건강을 보호하는 데 필요한 범위 내서만 적용되어야 하며, 이를 위장된 무역제한 조치를 활용하지 않아야 한다. 이에 따라 위생 및 검역 조치가 본래 목적에 맞게 적절히 운용되어 과학적 또는 객관적인 근거가 없는 과도한 수입 제한 조치나 위장된 무역 제한 조치로 활용되는 것을 방지하기 위한 협상이다. 대개는 현행 WTO에서 규정하고 있는 동식물 위생검역 조치를 원용하는 선에서 이뤄진다.

4 FTA 협상 추진 절차

1) 협상 개시 이전

FTA 협상을 시작해 협상을 타결하고, 이후 가서명과 본서명을 거쳐 국회의 비준을 통해 FTA가 발효되는 전체 과정은 국가마다 다르다. 우리나라의 경우 FTA 협상을 시작하기 이전에 예비 검토를 하는 것이 보통이다. 예비 검토는 민간 단계에서 FTA를 체결하는 양국의 대표적 연구기관이나 학자, 전문가들 사이에서 공동연구의 형태로 추진되기도 하고 어느 한 국가에서 단독으로 추진되기도 한다. 때로는 산업계나 정부가 함께 참여하는 산관학 형태의 양국 공동연구가 추진될 때도 있다. 이러한 예비 검토 또는 사전 검토 단계에서는 FTA의 타당성을 검토하는데, 여기에는 예상되는 경제적 효과 등을 포함해 예상되는 문제점을 포괄적으로 검토한다. 그 결과에 기초해 양국 정부 또는 해당 정부에 권고안을 작성, 제출한다.

민간 또는 산・관・학 단계에서 공동연구가 끝나면 그 결과에 기초해 FTA 협상을 공식으로 개시할지를 결정하게 된다. 때로는 공식 협상을 개시하기에 앞서 정부 차원에서 예비 협상을 추진하기도 한다. 예비 협상은 공식 협상을 개시하기 위한 전초전의 의미를 가지고 있다.

한편 우리나라의 경우 공식 협상을 개시하기 이전에 반드시 공청회를 개최해 이해관계자의 입장을 청취하도록 되어 있다.[3] 아울러 통상절차법(제6조)에 따라 FTA 체결 계획과 예상되는 주요 쟁점 및 대응 방안, 경제적 타당성 평가 결과 등을 국회에 보고하도록 되어 있다.

2) 협상 진행 중

공식 협상이 개시되면 협상 의제와 방식 등의 협상의 기본 틀을 논의하고 분야별로 협상에 임하고 보통은 전문 분야별로 나누어서 분과 협상을 한다. 분과 협상에서 어느 정도 의견이 모아지면 협정문을 만드는 작업에 들어간다. 분과 협상에서 서로 합의가 이뤄지지 않은 핵심 쟁점은 그러한 의제들만 따로 모아 고위급에서 협상이 추진되며, 때로는 양국의 협상 대표 간에 협상을 통해 타협이 이뤄지기도 한다.

한편 우리나라의 경우 통상절차법(제10조)에 따라 협상 쟁점과 대응 방향의 변경 등 주요 협상 진행 상황을 국회에 보고하도록 되어 있다.

---

3) 공청회는 개최 14일 전까지 관련 사항을 당사자 등에게 통지하고, 관보, 공보, 인터넷 홈페이지 또는 일간 신문 등에 공고하는 방법으로 알리게 되어 있다(통상절차법 38조).

3) 협상 타결과 가서명

공식 협상을 통해 협상이 타결되면 협상 대표가 협상 타결을 선언하고 공식 협상은 종료된다. 그리고 대략적인 합의 내용에 대해 양국의 협상 대표가 가서명을 한다. 가서명을 한 이후에도 협상에서 중요하게 다루지 않았던 세부 사항 등은 실무선에 계속 조정될 수 있으며, 더러는 기술적 사항을 조정하기 위해 추가 협의도 진행된다. 이때 추가 협의는 이미 합의된 내용의 틀 안에서 기술적인 내용을 조정하는 수준으로 당연히 합의된 기본 틀을 변경할 수는 없다.

4) 정식 서명

세부 내용을 포함된 기술적 사항들까지 모든 조정이 끝나면 이후 합의된 내용은 최종적으로 협정문 형태로 바뀐다. 협정문은 합의 내용을 담고 있는 법률문서이기 때문에 양국의 법률 전문가에 의해 문구 하나하나를 정밀 검토하게 되며, 협상에서 합의된 내용들이 적절히 반영되었는지를 양국이 검토한다. 검토가 끝난 협정문에 대해 양국이 정식 서명을 한다. 정식 서명 이후 협정문의 내용 수정은 명백히 밝혀진 오류나 착오가 아닌 이상 원칙적으로 불가능하다.

5) 국회 비준

서명된 협정문과 그 요약문이 정부에 의해 국회로 이송되며 국회의 비준 동의를 받게 된다. 국회 비준은 먼저 관련 상임위원회를 거치고 이후 본회의에서 상임위를 통과한 의안에 대해 다수결의 찬성으로 비준안이 가결된다. 국회 비준 단계에서 다양한 보완 대책이 만들어지기도 한다.

우리나라의 경우 통상절차법(제12조)에 의거 협상 종료 후 협상 경과, 주요 합의 내용, 관련 국내법의 제정 및 개정 사항 등 협상 결과를 국회에 보고해야 하며, 특히 발효 이전에 경제적 영향평가를 실시해야 한다(통상절차법 11조). 아울러 설명회를 개최해 주요 사항에 대한 설명 및 통상조약의 원활한 이행을 위한 홍보를 하도록 되어 있다(통상절차법 14조).

6) 발효

FTA 발효는 국회 비준 이후 협정문에 제시된 일시에 이뤄지는데 보통은 비준 이후 60일 이내 발효된다. 그러나 FTA는 협정을 체결한 양국의 국내 절차가 모두 종료되어야 발효가 되기 때문에 어느 일방의 발효만으로 효력이 발생하지는 않는다.

7) WTO 통보 및 이행 점검

FTA가 발효되면 그 사실을 WTO의 지역무역위원회에 통보하게 된다. 이때 통보는 WTO의 어느 규정에 근거했는지(GATT 24조, GATS 5조, 또는 권능 조항 중에서)를 적시하도록 되어 있다. WTO의 지역무역위원회는 각국이 통보해 온 자유무역협정이 WTO 규정에 일치하는지를 검토한다. 한편 우리나라의 경우 통상절차법(제15조)에 의거 발효 후 10년 이내의 FTA에 대해 경제적 효과, 국내 대책의 실효성 및 개선 방안 등에 대해 이행 상황을 평가하고 그 결과를 국회에 보고하도록 되어 있다.

5 전 세계 FTA 추진 동향

제1차 세계대전 이전 세계는 자유무역이 우세하던 시기였다. 그러나 전쟁이 끝나고 대공황이라는 극심한 경기 침체가 발생하자 대부분의 국가는 자국의 산업 보호를 위해 보호무역주의를 채택하고 경쟁적으로 수입품에 높은 관세를 부과했다. 그러나 당초 의도와 달리 보호무역은 세계적인 무역 축소로 이어졌고, 이로 인해 경기 침체는 더욱 심화되었다.

제2차 세계대전 직후 이러한 문제를 깨달은 각국은 모두 나라가 협력해 국제적인 자유무역을 확산시키고자 흔히 '가트(GATT)'라 부르는 '관세 및 무역에 관한 일반협정' 체제를 출범시켰고, 이는 1995년 '세계무역기구(WTO)' 체제로 확대 개편되었다.

GATT나 WTO가 주도하는[4] 다자무역 자유화협상은 모든 회원국이 참여해 논의, 합의를 도출하는 구조로 특히 모든 의사 결정은 회원국 모두의 총의(컨센서스, consensus)에 의한 구조였다.[5] 그러나 개별 국가가 처한 사정이 다르다 보니 합의에 이르는 데 많은 시간이 걸렸고 종종 합의에 실패하는 일이 벌어졌다.

이에 따라 1990년대부터 합의 도출이 비교적 쉬운 국가들 사이에서 그들만의 FTA가 활발히 체결되기 시작했고, 이후 FTA를 체결하지 않음으로써 상대적인 불이익을 받을 가능성이 높아지자 각국은 경쟁적으로 FTA 체결을 추진해 1990년대 중반 이후 전 세계적으로 FTA가 급격히 확산되었다.

2015년 1월 현재 세계적으로 발효된 지역무역협정(Regional Trade Agreement: RTA)은 총 395건이다. 이 중 상품이 중심이 된 자유무역협정이 228건으로 가장 많고, 서비스협정이 127건, 권능 조항을 이용한 개도국 간 자유무역협정이 15건, 관세동맹이 25건이다.

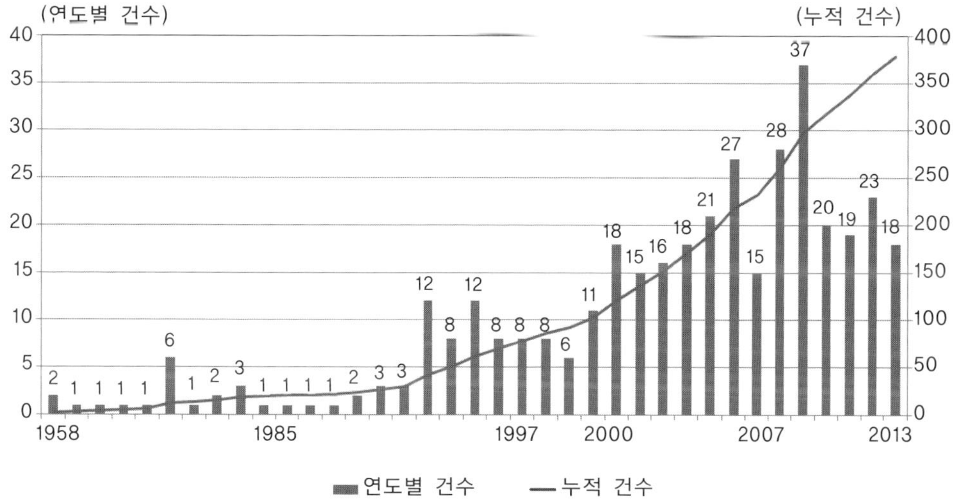

그림 6-1 연도별 지역무역협정의 발효 건수

출처: WTO 홈페이지.

---

4) GATT의 우루과이 라운드는 1986년에 시작해 1994년에 끝나 8년이 걸렸으며, WTO의 도하개발어젠더(DDA)는 2001년 시작해 12년이 지났는데도 아직 협상 중이다.

5) 총의(컨센서스)란 WTO의 전통적인 의사 결정 방식으로 어느 한 나라라도 명백히 반대하지 않는 상태를 의미한다. 어느 한 나라라도 명백히 반대하지 않아야 한다는 의미에서 만장 일치와 유사하지만 비록 일부 국가의 반대가 있더라도 의장이 보기에 그 반대가 미미한 수준이라면 컨센서스를 이뤄 합의되었다고 결정할 수 있다.

시기별로 보면 지역무역협정은 1995년 WTO 출범 이후 급증하기 시작해 전체 395건의 협정 가운데 1995년 이후에 발효된 것이 345건에 달해 87.3%를 차지하고 있다.

표 6-2 시기별 지역무역협정의 발효 현황

시기별	1958~1994	1995~2000	2001~05	2006~10	2011~15.1	계
발효 건수	50	49	82	127	87	395
비중(%)	12.7	12.4	20.8	32.2	22.0	100.0
	12.7	87.3				100.0

출처: WTO 홈페이지.

이와 같이 1990년대 중반 이후 FTA가 급격히 확산된 데에는 여러 가지 이유가 있으나, 대체로 다음과 같은 원인을 들고 있다.

먼저 FTA를 통해 국내 시장이 개방되고 자연스럽게 국내 상품과 외국 상품이 비교됨으로써 국내 기업과 해외 기업이 서로 경쟁하게 되고, 이를 통해 기업 및 해당 산업의 생산성이 향상될 수 있기 때문에 결국 무역을 통한 국내 산업의 구조조정과 함께 생산성 향상을 기대할 수 있다는 점에서 FTA가 급속히 확산되었다. 특히 WTO의 DDA 협상과 같은 다자무역 자유화협상이 출범한 지 10년 이상이 지났는데도 이렇다 할 만한 특별한 성과가 없이 여전히 협상이 계속되고 있으며, 의사 결정도 합의 도출이 어려운 구조라는 다자무역 자유화 협상의 특성도 FTA 확산에 기여했다. FTA 협상은 서로 이해가 맞는 국가 간에 추진되는 양자 협상이므로 확실히 DDA 협상보다는 타협과 합의를 이뤄내는 것이 쉬운 장점이 있다.

한편 상품무역과 함께 최근 들어 외국인 직접투자의 유입이 고부가가치 기술 이전이나 경제 성장의 원동력이라는 데 대한 인식이 확산되고, FTA 체결이 외국인 직접투자 유치에 유리하다는 관점에서 FTA가 확산되었다고도 볼 수 있다.

아울러 FTA의 특성상 특정 국가 간의 배타적 호혜 조치를 상호 적용하기 때문에 이를 적용받지 못하는 국가는 상대적으로 피해를 볼 수 있다. 이에 따라 역외국가로서 받는 반사적 피해에 대한 대응 차원에서 세계 모든 국가가 FTA를 추구했다고 설명할 수 있다.

제 2 절 우리나라의 FTA 체결 현황

우리나라는 GATT와 WTO로 대표되는 다자무역 체제의 가장 큰 수혜국으로 우리나라의 경제 발전은 대외교역을 통해 성장을 이룬 전형적인 사례로 인용되고 있다. 또한 우리나라는 명실상부한 통상국가로서 지속적인 경제 발전을 위해서는 교역의 확대가 필수적이다. 이러한 상황에서 1992년 EU 출범과 1994년 북아메리카자유무역협정(NAFTA) 발효를 계기로 지역주의가 세계적으로 확산되면서 FTA 네트워크 역외국가로서의 피해를 최소화하고, 나아가 이러한 도전에 적극 대응하기 위해 1990년 말부터 FTA를 추진하게 되었다.

특히 우리나라의 대외경제 규모가 국내총생산(GDP)의 80% 이상을 차지하고 있는 점을 고려할 때, 주요 경쟁국이 FTA를 적극적으로 추진하고 있는 통상환경 속에서 우리나라가 기존 수출시장을 유지하고 새로운 시장에 진출하기 위해 FTA를 적극 활용해야 했다. 우리나라의 주요 교역국이 여타 국가와 먼저 FTA를 체결한다면 우리나라의 수출상품은 고관세 적용에 따른 가격 경쟁력 저하로 점차 그 시장을 잃을 수밖에 없을 것이고, 이에 따라 우리 상품의 수출 경쟁력을 유지하고 안정적인 해외시장을 확보하기 위해서는 주요 교역국가들과의 FTA 체결이 필요했다. 다른 한편 이왕에 FTA를 추진한다면 좀 더 적극적으로 능동적인 시장 개방과 자유화를 통해 국가 전반의 시스템을 선진화하고 우리나라의 경제 체질을 강화하기 위해 FTA를 활용하는 것이 필요했다.

이에 우리나라는 2000년대 초반부터 FTA 로드맵(roadmap)을 만들고 소위 ① 동시다발적인 FTA 추진, ② 포괄적이고 수준 높은 FTA 추진이라는 두 개의 목표를 설정해 FTA를 적극 추진한 결과 현재는 15건(2015년 1월 기준)의 전 세계 52개국과 FTA를 체결했다. 2003년까지만 해도 FTA를 발효시키지 못한 대표적인 국가였던 우리나라가 이후 10년 사이에 동시다발적인 FTA 협상을 추구한 결과 2013년부터는 세계 제3위의 FTA 선진국이 되었다.

한편 현재 협상이 진행 중인 FTA도 있다. 인도네시아와의 FTA 협상이 진행 중이며, 한·중·일 3자 FTA 협상도 진행 중이다. 또한 동아시아 경제 통합의 기반을 마련하기 위한 RCEP도 협상 중이다.[6]

표 6-3 우리나라의 FTA 추진 현황: 발효, 타결, 협상 중인 FTA

	상대국	추진 현황	의의
발효	칠레	1999년 12월 협상 개시, 2003년 2월 서명, 2004년 4월 발효	최초의 FTA 중남미 시장의 교두보
	싱가포르	2004년 1월 협상 개시 2005년 8월 서명, 2006년 3월 발효	ASEAN 시장의 교두보
	EFTA (4개국)	2005년 1월 협상 개시 2005년 12월 서명, 2006년 9월 발효	유럽 시장 교두보
	ASEAN (10개국)	2005년 2월 협상 개시 2006년 8월 상품협정 서명, 2007년 6월 발효 2007년 11월 서비스협정 서명, 2009년 5월 발효 2009년 9월 투자협정 서명, 2009년 9월 발효	우리나라의 교역 2위 시장(2011년)
	인도	2006년 3월 협상 개시 2009년 8월 서명, 2010년 1월 발효	BRICs국가, 거대 시장
	EU (27개국)	2007년 5월 협상 개시 2010년 10월 서명, 2011년 7월 발효	세계 최대 경제권
	페루	2009년 3월 협상 개시 2011년 3월 서명, 2011년 8월 발효	자원부국 중남미 진출 교두보
	미국	2006년 6월 협상 개시 2010년 12월 추가협상 타결, 12년 3월 발효	거대 선진 경제권
	터키	2010년 4월 협상 개시 2012년 8월 서명(상품), 2013년 5월 발효	유럽 및 중앙아시아 진출 교두보
	호주	2009년 5월 협상 개시 2014년 4월 서명, 2014년 12월 발효	자원부국 오세아니아 시장
	캐나다	2005년 7월 협상 개시 2014년 9월 서명, 2015년 1월 발효	북미 선진 시장
타결	콜롬비아	2009년 5월 협상 개시 2014년 4월 서명, 2014년 12월 발효	자원부국 중남미 신흥시장
	터키 (서비스, 투자)	2005년 7월 협상 개시 2014년 9월 서명, 2015년 1월 발효	유럽 및 중앙아시아 진출 교두보
	중국	2012년 5월 협상 개시 2014년 11월 실직 타결	우리의 제1위 교역 대상국
	뉴질랜드	2009년 6월 협상 개시 2014년 11월 타결	오세아니아 주요 시장
	베트남	2012년 9월 협상 개시 2014년 12월 타결	제4위 투자 대상국

6) RCEP(Regional Comprehensive Economic Partnership, 역내포괄적 경제동반자협정)은 ASEAN 10개국 및 ASEAN과 FTA를 체결한 6개국(한, 중, 일 3개국과 호주, 뉴질랜드, 인도) 등 총 16개국이 참여해 아시아태평양지역 경제 통합을 논의하는 지역자유무역협상이다.

협상 중	인도네시아	2012년 3월 협상 개시 총 7차례 협상	ASEAN 교역국 중 우리의 최대 교역국
	한 · 중 · 일	2012년 11월 협상 개시 총 6차례 협상	동북아경제 통합 기반
	RCEP	2012년 11월 협상 개시 총 6차례 협상	세계 GDP의 28%의 동아시아 경제권

출처: FTA 홈페이지(www.fta.go.kr), 2015년 1월 기준.

한편 협상이 시작되었으나 여러 가지 사정에 의해 중단되어 현재 협상 재개를 위해 여건을 조성 중인 협상도 있다. 대표적인 것이 일본과의 FTA이다. 한일 FTA 협상은 2003년 12월 1차 공식 협상이 개시된 이후 2004년 11월 제6차 협상을 마지막으로 협상이 중단되었다. 이후 2008년 6월 협상 재개를 위한 실무 협상이 2012년까지 추진되었으나 아직까지 특별한 진전이 없는 상태이다.

멕시코와의 FTA 협상은 멕시코 측의 사정으로 2008년 6월 이후 중단되었고, 석유자원 확보를 위한 GCC(Gulf Cooperation Council, 걸프협력회의)와의 FTA 협상도

표 6-4 우리나라의 FTA 추진 현황: 여건 조성 및 공동 연구 중인 FTA

	상대국	추진 현황	의의
협상 재개 여건 조성	일본	2003년 12월 협상 개시 2004년 11월 이후 잠정 중단 2008~12년 협상 재개를 위한 환경 조성 협의	우리나라의 제4위 교역국(2011년)
	멕시코	2007년 12월 협상 개시 2008년 6월 이후 협상 중단	북중미 시장 교두보
	GCC	2008년 7월 협상 개시 2009년 7월 이후 협상 중단	자원부국 중동국가와 최초 FTA
공동 연구 중	메르코수르 (MERCOSUR)	2007년 10월 공동 연구 완료	BRICs 자원부국
	이스라엘	2010년 8월 공동 연구 완료	서부 중동 거점 국가
	중미 5개국	2011년 4월 공동연구보고서 완료 (중미 5개국: 파나마, 코스타리카, 과테말라, 온두라스, 엘살바도르)	북미와 남미를 잇는 전략적 요충지
	말레이시아	2012년 12월 FTA 타당성 연구 완료	동북아 경제통합 기반

주: MERCOSUR(메르코수르, 남미공동시장)는 남미의 브라질, 아르헨티나, 우루과이, 파라과이 등 4개국이 맺은 남미공동시장을 의미.
출처: FTA 홈페이지(www.fta.go.kr).

진전을 보지 못하고 있다.[7)]

한편 표에는 제시되어 있지 않지만 최근 우리나라는 환태평양경제동반자협정(Trans Pacific Partnership: TPP)에 대해서도 관심을 표명하며 기존 회원국과의 양자협의를 하고 있다.[8)]

지금까지 우리나라가 추진한 동시다발적 FTA로 인해 현재 11개의 FTA가 발효되었으며, 2014년 말 기준으로 우리나라의 FTA 상대국과의 무역 규모는 전체 무역의 약 38%(수출은 약 40%)에 달한다. 여기에 현재 협상 중인 한중일 3국간 FTA를 추가하면 우리나라 전체 무역의 약 70%(전체 수출의 73%) 이상은 FTA 체결국과의 거래가 될 것이다. 아울러 협상 중인 RCEP과 참가에 관심을 표명한 TPP를 추가하면 최종적으로 우리나라 수출의 3/4은 FTA를 체결한 국가와의 거래에서 발생하게 될 것이다.

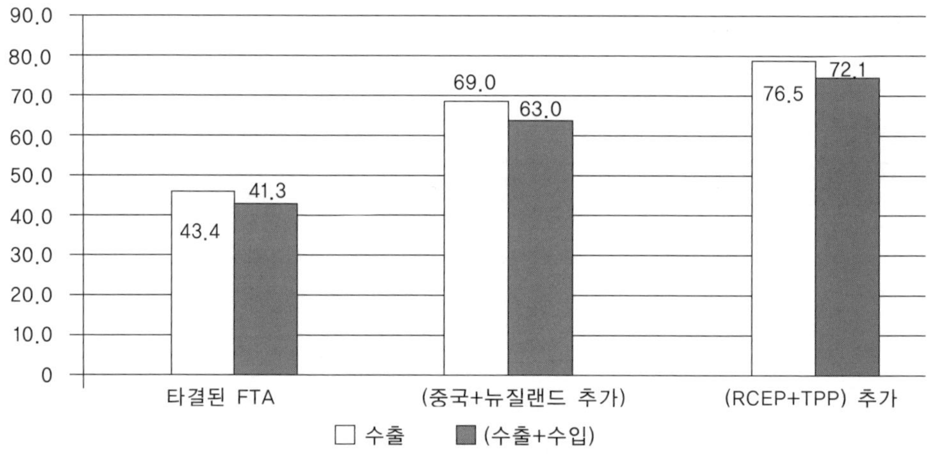

그림 6-2 FTA 체결 국가와의 무역 비중(2014년 기준)

주: 타결된 FTA는 칠레, 아세안, EFTA, 인도, EU, 페루, 미국, 콜롬비아, 호주, 캐나다, 터키와의 FTA를 의미.
출처: 관세청 무역통계.

---

7) GCC(Gulf Cooperation Council, 걸프협력회의)는 페르시아연안 6개 산유국(사우디아라비아, 쿠웨이트, 아랍에미리트, 카타르, 오만, 바레인)이 역내 협력을 강화하기 위해 맺은 지역협력기구이다.

8) 환태평양경제동반자협정(Trans Pacific Partnership: TTP)은 아시아·태평양 지역의 관세 철폐와 경제통합을 목표로 뉴질랜드·싱가포르·칠레·브루나이 등 4개국이 2005년 체결한 자유무역협정으로 맺어진 협력 체제(P4)에 미국·호주, 말레이시아, 베트남, 페루, 캐나다, 멕시코, 일본 등이 참여하면서 2014년 1월 현재 12개 국가가 협상 중에 있다.

제3절 FTA의 경제적 효과

1 무역 창출 효과와 무역 전환 효과

자유무역협정의 경제적 효과는 크게 정태적 효과(static effect)와 동태적 효과(dynamic effect)로 구분해 볼 수 있다. 정태적 효과는 다시 '무역 창출 효과(trade creative effect)'와 '무역 전환 효과(trade diversion effect)'로 나눠 볼 수 있다. '무역 창출 효과'는 관세가 철폐되어 수입품의 가격이 이전보다 싸지기 때문에 상대적으로 비싼 국산품이 가격이 싼 수입품으로 대체되면서 소비와 생산이 증가하고 궁극적으로 국민소득이 증가하는 효과를 의미한다.

'무역 전환 효과'는 FTA 체결 이후 기존 수입국을 역외국에서 FTA 체결국으로 전환함에 따라 발생하는 효과를 의미한다.

이를 [그림 6-3]을 이용해 설명하면 다음과 같다. A, B, C 세 국가가 서로 교역을 하고 있다. FTA를 체결하기 이전에는 그림의 왼편에서 보듯이 A국은 수입가격이 저렴한 C국으로부터 수입을 했다. A국이 B국과 C국에 동일한 관세 10%를 부과하지만 C국으로부터 수출가격이 100달러로 10% 관세 부과 시 A국의 국내 수

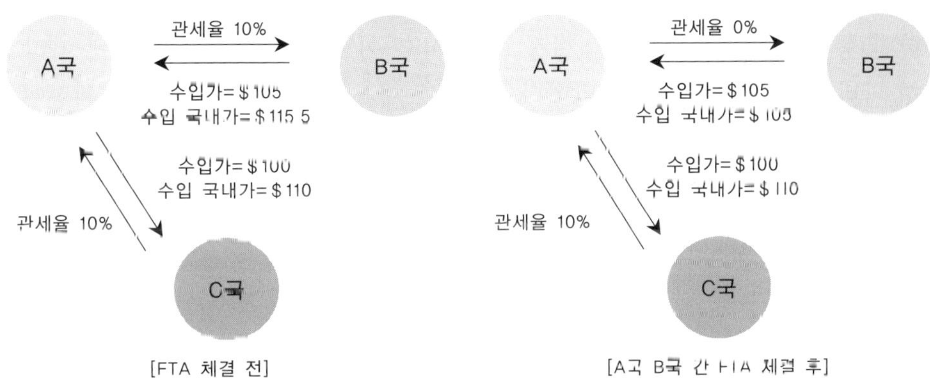

그림 6-3 무역 전환 효과

입가격은 110달러가 된다. 그러나 B국으로부터 수립하면 B국의 수출가격이 105달러이고 여기에 10% 관세를 생각하면 A국의 국내 수입가격은 115.5달러가 되어 C국으로부터 수입할 때보다 5.5달러가 비싸다. 따라서 A국은 B국이 아니라 C국으로부터 수입을 하게 된다.

그런데 만일 A국과 B국이 서로 FTA를 체결해 관세를 없애기로 합의했다면 A국의 입장에서는 B국으로부터 수입하는 것이 관세가 없기 때문에 더 싸게 수입할 수 있게 된다. 즉, B국의 수출가격은 105달러로 C국보다 비싸지만 관세가 없기 때문에 그대로 A국의 국내 수입가격은 105달러가 되어 C국에서 수입할 때보다 5달러 싸진다. 따라서 A국과 B국이 FTA를 체결해 상호 수입관세를 철폐하면 FTA를 체결하기 이전에 A국은 C국에서 수입하던 것을 FTA 체결 이후 B국에서 수입하게 되고, 바로 이렇게 관세 차이로 인해 C국에서 B국으로 수입국을 바꾸게 되는 현상을 무역 전환 효과라고 한다.

따라서 무역 전환 효과는 FTA를 체결한 역내 회원국에게 특혜를 주고 이로 인해 FTA를 체결하지 않은 역외국을 차별하게 되며, 위의 예에서와 같이 역외국인 C국은 A국으로의 수출이 줄어드는 피해를 보게 된다. 이러한 의미에서 FTA 체결로 인해 무역 창출 효과가 무역 전환 효과가 더 작으면 세계 전체적으로 볼 때 FTA로 인해 무역이 확대되는 것보다 무역이 전환되어 누군가가 손해를 보는 것이 커지기 때문에 바람직하지 않다는 지적도 있다. 즉, 기존 역외국에게 피해를 주지 않으면서 세계 무역을 확대하는(즉, 무역 창출 효과가 무역 전환 효과보다 커지는) 효과가 있어야 FTA가 유용하다는 주장이 그것이다.

한편 동태적 효과는 자유무역협정 체결 이후 어느 정도 시간이 지남에 따라 서서히 나타나는 경제적 효과를 말한다. FTA를 체결하면 기본적으로 역내시장이 확대됨에 따라 규모의 경제가 실현될 수 있다. 또한 기업 간의 경쟁이 촉진되고 외국인 직접 투자가 증가해 역내 기술 이전과 전파, 이로 인한 생산성 증대 등 경제활동의 효율성이 증대될 수 있다.

2 스파게티볼 효과

스파게티볼 효과(spaghetti bowl effect)란 여러 국가와 FTA를 동시다발적으로 체결할 때 개별적으로 체결한 FTA협정에 따라 국가별로 상이한 원산지 규정, 통관 절차, 표준 등의 규정이 만들어지고 이로 인해 기존에 FTA를 통해 얻고자 했던 무역의 이득이 반감되는 효과를 말한다.

여러 국가와 동시다발적으로 FTA를 체결하게 되면 각 FTA협정별로 서로 다른 원산지 규정이나 통관 절차, 표준 등이 달라질 수 있다.

기업의 입장에서 보면 FTA 특혜관세를 이용하기 위해 국가별로 상이한 원산지 규정을 충족시켜야 하는데, 이것이 때로는 특혜관세 혜택을 초과하는 비용으로 작용할 수 있다. 결국 FTA를 활용하려는 기업들에게 지나친 부담으로 작용해 FTA 이용에 걸림돌이 된다.

이러한 상황을 접시 속에 담긴 스파게티 가락들이 서로 복잡하게 엉켜 있는 모습과 비슷하다고 하여 스파게티볼 효과(spaghetti bowl effect) 또는 누들볼 효과(noodle bowl effect)라고 부른다.

3 우리나라의 실증 사례

1) 한-칠레 FTA

칠레와의 FTA는 우리나라 최초의 FTA로 협상 과정과 타결, 그리고 이후 국회 비준 과정에서 농업계의 큰 반발이 있었다. 이에 따라 2002년 10월 협상 타결 이후 2003년 7월에 한-칠레 FTA 비준동의안이 국회에 제출되었고, 2004년 2월 어렵게 국회를 통과해 2004년 4월 1일 발효되었다.

한-칠레 FTA 발효 이후 9년간 양국의 교역(수출 + 수입) 변화를 보면 발효 이전인 2003년(2003. 4.1~2004. 3.31) 18.5억 달러에서 2012년(2012. 4. 1~2013. 3.31) 72.3억 달러로 연평균 16.3%씩 증가해 왔다. 우리나라의 대(對)칠레 수출은 같은 기간 5.2억 달러에서 25.3억 달러로 연평균 19.1%씩 증가해 왔으며, 대칠레 수입은 13.3억 달러에서 46.9억 달러로 연평균 15.1%씩 증가해 왔다.

이와 같은 무역 증가율은 같은 기간 우리나라의 대세계 무역의 연평균 증가율 11.6%(대세계 수출 증가율은 11.2%, 대세계 수입 증가율은 11.9%)보다 약 5%p 높은 수치로 FTA로 인해 양국간 교역이 대세계 교역에 비해 증가했다는 것을 의미한다. 따라서 한-칠레 FTA가 양국간 무역 증가에 도움이 되었다고 해석할 수 있다.

표 6-5 한-칠레 FTA의 경제적 효과: 무역 (단위: 억 달러, %)

	대(對)칠레				대(對)세계		
	수출	수입	무역 (수출+수입)	무역수지	수출	수입	무역 (수출+수입)
2003	5.2	13.3	18.5	△8.0	2,100.8	1,874.0	3,974.8
2004	8.3	19.3	27.6	△11.0	2,613.5	2,322.9	4,936.4
2005	12.2	25.5	37.7	△13.4	2,915.0	2,731.6	5,646.5
2006	18.3	41.0	59.2	△22.7	3,362.8	3,191.0	6,553.8
2007	34.6	44.6	79.2	△9.9	3,862.3	3,806.4	7,668.7
2008	25.2	33.8	58.9	△8.6	3,969.8	4,006.4	7,976.2
2009	25.3	35.9	61.2	△10.7	3,902.0	3,498.2	7,400.2
2010	28.4	45.2	73.5	△16.8	4,962.9	4,510.1	9,472.9
2011	23.6	47.3	70.9	△23.7	5,590.7	5,341.3	10,932.1
2012	25.3	46.9	72.3	△21.6	5,483.5	5,156.3	10,639.8
2003/12 연평균 증가율	19.1	15.1	16.3		11.2	11.9	11.6

주: 각 연도는 해당 연도의 4월 1일부터 그 다음해 3월 31일까지를 의미.
출처: 한국무역협회, 무역통계.

한편 높은 수출 증가율에도 불구하고 한국의 대(對)칠레 무역수지 적자는 2003년 8억 달러에서 2012년 21.6억 달러로 확대되었다. 무역수지 적자폭 확대의 주된 이유는 우리나라의 대칠레 수입의 70% 이상을 차지하는 동광 및 동제품의 국제가격이 크게 상승했기 때문이다. 즉, 같은 기간 구리의 국제가격은 1.8달러/kg에서 7.1달러/kg으로 약 4배 상승했고, 이 때문에 같은 물량의 동광 및 동제품을 수입해도 수입액이 4.5배 상승할 수밖에 없는 구조이다.

품목별 수출입을 보면(2013년 기준), 우리나라의 대칠레 수출은 자동차를 포함한 기계류의 비중이 매우 높고(60.9%), 석유화학제품(11.4%) 및 광산물(8.%) 등의 순으

표 6-6 대칠레 10대 수출입 품목(2013년)

(단위: 억 달러, %)

수출				수입			
품목	2003년	2013년	증가액	품목	2003년	2013년	증가액
자동차	1.6	12.8	11.2	동제품	5.1	16.5	11.4
석유제품	0.8	2.0	1.2	동광	2.2	16.3	14.1
합성수지	0.5	1.7	1.2	제지원료	0.8	2.9	2.1
무선통신기기	0.2	0.8	0.6	기타 금속광물	0.1	2.0	1.9
자동차 부품	0.2	0.8	0.6	곡실류	0.2	1.9	1.7
철강판	0.1	0.7	0.6	금은 및 백금	–	1.2	1.2
건설광산기계	0.1	0.5	0.4	육류	0.3	1.1	0.8
고무제품	0.1	0.5	0.4	정밀화학 원료	0.0	1.0	1
시멘트	–	0.3	0.3	목재류	0.2	0.9	0.7
정밀화학 원료	0.0	0.3	0.3	기호식품	0.0	0.7	0.7
전체	5.2	24.6	19.4	전체	10.6	46.7	36.1

주: 여기서 2013년과 2013년은 1월부터 12월까지의 통계임.
출처: 관세청, 보도자료(2014. 1.14) "한-칠레 발효 이후 10년 교역 현황."

로 수출했다. 반면 우리나라의 대칠레 수입은 동광 등의 광산물과 동제품 등의 철강금속이 전체 수입의 78.2%를 차지하고 있으며, 농림수산물(13.0%) 및 화학금속제품(8.6%) 순으로 수입했다.

한편 한-칠레 FTA로 인해 피해가 우려되었던 농업 부문의 경우 포도와 돼지고기가 칠레로부터의 수입이 크게 늘어났다. 수입 포도의 80% 이상이 칠레산 포도로 FTA 발효 이전의 60%대에 비해 우리나라에서 칠레의 시장점유율을 크게 확대했다.[9] 돼지고기의 경우도 FTA 발효 이후 수입이 중량 기준으로 2배(2003년 1.5만 톤 → 2013년, 3만 톤), 금액 기준으로 3.4배(2003년 3천만 달러 → 2013년 1.02억 달러) 증가했다. 다만 돼지고기의 경우 우리나라 국민이 선호하는 삼겹실의 국내 공급이 절대적으로 부족해 같은 기간 칠레 이외 다른 국가로부터의 수입도 대폭 증가했다.[10]

다른 한편 우리나라와 FTA를 체결한 이후 칠레가 미국(2004년 1월), 중국(2006년

9) FTA 발효 이전인 2003년 우리나라 수입 포도 시장에서 칠레의 점유율은 64%였으나 2010년 기준으로 82%까지 상승했다(송송이, 2011: 15).

10) 우리나라의 대(對)세계 돼지고기 수입은 중량 기준으로 2003년 12.2만 톤에서 2013년 29.3만 톤으로 2.4배 늘어났으며, 금액 기준으로 2003년 1.8억 달러에서 2013년 8.2억 달러로 4.5배 증가했다(관세청, 2014).

1월), 일본(2007년 9월) 등과 FTA를 발효시키면서 칠레시장에서 수출국 간 경쟁이 심화되고 있음에도 주의해야 한다. 칠레 수입시장에서 우리나라의 점유율은 2003년 3.0%에서 2007년 7.2%로 최고치를 기록한 후 감소세를 보이다가 2009년 이후 다시 회복세를 보이고 있다.

표 6-7 칠레 수입시장에서 주요국의 시장점유율

(단위: %)

	한국 (2004.4)	미국 (2004.1)	중국 (2006.10)	일본 (2007.9)	아르헨티나	브라질
2003 (A)	3.0 (C)	14.5 (C)	7.3	3.6	21.3	11.8
2004	3.1	15.1	8.3	3.6	18.6	12.4
2005	3.6	15.8	8.5 (C)	3.4	16.1	12.7
2006	4.7	16.0	10.0	3.3 (C)	13.0	12.2
2007	7.3	17.0	11.4	3.7	10.1	10.5
2008	5.6	19.4	12.0	4.7	8.9	9.3
2009	5.6	18.7	13.3	3.5	11.9	7.4
2010 (B)	6.4	17.6	15.7	5.5	8.9	8.8
한국 발효 이후 증감(B−A)	3.4	3.1	8.4	1.9	△12.5	△3.0
각국 발효 이후 증감(B−C)	3.4	3.1	7.2	2.2		

출처: 민혁기 외(2011) 재인용.

2) 한-싱가포르 FTA 및 한-EFTA FTA

한-싱가포르 FTA는 한-칠레 FTA와 달리 국내에서 큰 갈등 없이 순조롭게 비준되어 발효까지의 시간이 비교적 짧았다. 싱가포르의 경우 도시국가로 대부분의 농식품을 수입에 의존하고 있고, 우리나라로서는 농산물 시장 개방 확대의 우려가 없었으며, 제조업이 발달한 국가도 아니었기 때문에 우리의 공산품 수출도 용이할 것으로 예상했다.

한-싱가포르 FTA는 2004년 1월부터 공식 협상을 개시해 같은 11월 실질적으로 협상을 타결하고 2005년 8월 협정문에 대한 정식 서명이 이뤄졌다. 이후 국회 비준을 거쳐 2006년 3월에 발효되었다. 한-EFTA FTA협상도 비교적 순조롭게 진

행되었다.[11] 2005년 1월에 공식 협상을 시작해 그 해 12월에 정식 서명하고 2006년 9월에 발효되었다. 한-칠레 FTA가 협상 개시부터 발효까지 약 50개월이 걸린 것을 생각하면 두 FTA는 순조로운 협상 타결 및 발효로 볼 수 있다.

한-싱가포르 FTA 발효 이후 7년간 양국의 교역 변화를 보면 발효 이전인 2005년(2005. 3.1~2006. 2.28) 134.2억 달러에서 2012년(2012. 3.1~2013. 2.28) 327.1억 달러로 연평균 13.6%로 증가해 왔다. 우리나라의 대(對)싱가포르 수출은 같은 기간 78.7억 달러에서 227.8억 달러로 연평균 16.4%로 증가해 왔으며, 대싱가포르 수입은 같은 기간 55.5억 달러에서 99.3억 달러로 연평균 8.7%씩 증가해 왔다.

이는 같은 기간 우리나라의 대(對)세계 무역 연평균 증가율 9.7%(대세계 수출 연평균 증가율은 9.6%, 대세계 수입 연평균 증가율은 9.7%)는 수입을 제외하면 앞서는 수치로 FTA로 인해 한-싱가포르 양국 간 교역이 한국의 대세계 교역에 비해 증가했다는 점에서 한-싱가포르 FTA가 양국 간의 무역 증가에 도움이 되었다고 볼 수

표 6-8 한-싱가포르 FTA의 경제적 효과: 무역 (단위: 억 달러, %)

	대(對)싱가포르				대(對)세계		
	수출	수입	무역 (수출+수입)	무역수지	수출	수입	무역 (수출+수입)
2005	78.7	55.5	134.2	23.1	2,886.1	2,699.9	5,586.0
2006	98.0	59.6	157.6	38.5	3,327.4	3,157.5	6,484.9
2007	130.6	72.3	202.9	58.2	3,806.2	3,728.2	7,534.5
2008	152.6	82.2	234.8	70.4	4,050.9	4,138.3	8,189.1
2009	139.5	79.2	218.8	60.3	3,807.8	3,381.7	7,189.5
2010	159.4	80.8	240.1	78.6	4,855.4	4,410.2	9,265.6
2011	214.1	89.9	304.0	124.2	5,598.0	5,346.5	10,944.4
2012	227.8	99.3	327.1	128.5	5,483.6	5,166.8	10,650.4
2005/12 연평균 증가율	16.4	8.7	13.6		9.6	9.7	9.7

주: 각 연도는 해당 연도의 3월 1일부터 그 다음해 2월 28일까지를 의미.
출처: 한국무역협회, 무역통계.

11) EFTA(European Free Trade Association, 유럽자유무역연합)은 서유럽 국가 중 EU에 가입하지 않은 스위스, 노르웨이, 아이슬란드, 리히텐슈타인 등 4개국이 맺은 경제협력체이다.

있다. 다만 우리나라의 대(對)싱가포르 수입 증가율이 대세계 증가율에 비해 떨어져 상대적으로 대싱가포르로 수입은 원활하지 못했다.

한-EFTA FTA도 발효 이후 7년이 지났다. 7년간 양국의 교역 변화를 보면 발효 이전인 2005년(2005. 9.1~2006. 8.31) 35.6억 달러에서 2012년(2012. 9.1~2013. 8.31) 89.4억 달러로 연평균 증가율은 14%에 달한다. 우리나라의 대(對)EFTA 수출은 같은 기간 15.9억 달러에서 21.4억 달러로 연평균 4.4%로 증가해 온 반면 수입은 같은 기간 19.7억 달러에서 68.0억 달러로 연평균 19.3%씩 증가해 왔다.

같은 기간 우리나라의 대(對)세계 무역의 연평균 증가율 8.5%(대세계 수출 연평균 증가율은 8.7%, 대세계 수입 연평균 증가율은 8.2%)보다 수출을 제외하면 앞서는 수치로 FTA로 인해 한-EFTA 양 지역간 교역이 대세계 교역에 비해 증가했다는 점에서 한-EFTA FTA가 무역 증가에 도움이 된 것은 분명하다. 다만 우리나라의 대 EFTA 수출 증가율이 대세계 증가율에 비해 떨어져 상대적으로 EFTA지역으로의 수출이 원활하지 못했다. 이것이 FTA 발효 이후 무역수지 적자가 계속되는 이유 중의 하나이다.

표 6-9 한-EFTA FTA의 경제적 효과: 무역

(단위: 억 달러, %)

	대(對)EFTA				대(對)세계		
	수출	수입	무역 (수출+수입)	무역수지	수출	수입	무역 (수출+수입)
2005	15.9	19.7	35.6	△3.9	3,097.5	2,952.5	6,050.0
2006	11.1	30.8	41.8	△19.7	3,559.4	3,366.3	6,925.7
2007	20.1	41.6	61.7	△21.6	4,241.1	4,319.7	8,560.8
2008	24.1	42.2	66.3	△18.2	3,561.4	3,315.3	6,876.7
2009	22.5	54.2	76.7	△31.8	4,361.2	3,970.9	8,332.1
2010	27.0	54.5	81.5	△27.6	5,361.0	4,900.8	10,351.4
2011	19.4	68.6	88.0	△49.2	5,495.7	5,236.8	10,732.5
2012	21.4	68.0	89.4	△46.6	5,537.9	5,138.2	10,676.1
2005/12 연평균 증가율	4.4	19.3	14.0		8.7	8.2	8.5

주: 각 연도는 해당 연도의 9월 1일부터 그 다음해 8월 31일까지를 의미.
출처: 한국무역협회, 무역통계.

3) 한-아세안 FTA

동남아국가연합인 ASEAN과의 FTA는 우리나라가 거대경제권과 맺은 첫 번째 FTA이다.[12] 아세안은 당시만 우리나라의 4대 수출시장으로서 이전에 체결한 칠레나 싱가포르, EFTA와 시장 규모 측면에서 비교할 수 없을 정도로 큰 시장이다. 한-아세안 FTA협상은 2005년 2월 공식 개시되었고, 2006년 8월 우선 상품만을 대상으로 협상이 타결되어 공식 서명했다. 이후 국회 비준 과정을 거쳐 2007년 6월 발효됨으로써 현재는 발효 6년이 지났다.

6년간 우리나라와 아세안 간의 교역 변화를 보면 발효 이전인 2006년(2006. 6.1~2007. 5.31) 총무역액은 664억 달러에서 2012년(2012. 6.1~2013. 5.31) 1,350억 달러로 연평균 12.5%씩 성장했다. 우리나라의 대(對)아세안 수출은 같은 기간 353억 달러에서 829억 달리로 연평균 15.3%로 증가했으며, 수입은 같은 기간 311억 달러에서 521억 달러로 연평균 9.0%씩 증가했다.

표 6-10 한-아세안 FTA의 경제적 효과: 무역 (단위: 억 달러, %)

	대(對)아세안				대(對)세계		
	수출	수입	무역 (수출+수입)	무역수지	수출	수입	무역 (수출+수입)
2006	353.3	311.0	664.3	42.3	3,437.4	3,278.6	6,716.0
2007	441.3	376.4	817.7	64.9	4,024.8	3,981.5	8,006.3
2008	429.3	360.6	789.8	68.7	3,779.0	3,719.6	7,498.6
2009	473.5	385.8	859.3	87.8	4,102.3	3,719.2	7,821.5
2010	610.9	482.0	1,092.9	128.9	5,139.6	4,710.0	9,840.7
2011	742.9	531.4	1,274.3	211.6	5,561.7	5,331.0	10,892.7
2012	829.1	520.7	1,349.8	308.4	5,498.6	5,132.3	10,630.9
2005/12 연평균 증가율	15.3	9.0	12.5		8.1	7.8	8.0

주: 각 연도는 해당 연도의 6월 1일부터 그 다음해 5월 31일까지를 의미.
출처: 한국무역협회, 무역통계.

12) ASEAN(Association of South East Asian nations, 동남아국가연합)은 동남아지역의 경제, 사회적 연대를 강화하기 위해 창설된 것으로 현재 인도네시아, 말레이시아, 필리핀, 싱가포르, 태국, 브루나이, 캄보디아, 라오스, 미얀마, 베트남 등 10국이 참여하고 있다.

같은 기간 우리나라의 대세계 무역의 연평균 증가율이 8.0%(대세계 수출 연평균 증가율은 8.1%, 대세계 수입 연평균 증가율은 7.8%)임을 고려할 때 FTA로 인해 한-아세안 양 지역의 교역이 대세계 교역에 비해 증가했다는 점에서 알 수 있다. 이에 따라 한-아세안 FTA가 우리나라와 아세안 간의 무역 증가에 도움이 되었다고 볼 수 있다.

4) 기타 FTA

인도와 포괄적 경제동반자협정(Comprehensive Economic Partnership Agreement: CEPA)은 2010년 1월 발효되었다. 따라서 현 시점에서 불과 4년 정도가 지난 FTA로 경제적 효과를 판단하기에는 아직 이르다. 공산품의 경우 관세가 철폐되는 시한이 대개 5년 내외이기 때문에 적어도 5년 정도의 자료를 가지고 수출입의 변화를 검토할 필요가 있다. 더욱이 5년 이상의 장기 관세 철폐를 하는 품목이 있다면 더욱 긴 자료를 가지고 효과를 검토해야 적절하다. 특히 유럽의 재정 위기와 같은 외생적인 충격이 발생할 경우 그에 따라 무역 흐름이 영향을 받기 때문에 이 경우 보다 오래된 자료를 가지고 검토해야 안정적인 결과를 얻을 수 있다. 이러한 이유로 여기에서는 한-인도 CEPA 이후 발효된 페루나 EU, 미국과의 FTA에 대한 경제적 영향은 좀 더 시간을 가지고 축적된 자료에 의해서 하는 것으로 하고, 여기서는 개괄적으로 나타난 현상을 살펴봄으로써 이를 대신한다.

인도와 FTA는 흔히 CEPA로 표시하는데, CEPA는 글자 그대로 시장 개방보다 경제 협력에 무게를 두고 있다. 그러나 실제 협상 내용이 중요해 CEPA라고 해도 실제 상품이나 서비스 장벽이 얼마나 낮아졌는지를 다루고 있어 실제 내용은 FTA와 큰 차이가 없다.

한-인도 CEPA 발효 후 양국 교역 규모는 증가했다. 발효 1년 전인 2009년 122억 달러였던 양국 교역은 2010년 171억 달러로 늘었고 발효 2년차에는 205억 달러로, 3년차에는 188억 달러로 증가했다. 그러나 이러한 양국의 무역 규모는 대(對)세계 무역 증가율과 거의 유사해 CEPA로 인해 양국간 무역이 증가했다고 보기는 어렵다.

한·EU FTA는 EU지역의 재정 위기로 인해 FTA 효과만을 분리해 내기가 어려운 상황이다. 발효 2년까지 나타난 현상은 양 지역간 무역이 발효 이전에 비해 거의 변화가 없었다. 발효 이전인 2010년(2010.7.1.~2011.6.30.) 1,013억 달러에서 발효 1년차에 999억으로 감소했다가 2년차에 다소 만회해 1,014억 달러를 기록하고 있다. 특히 2년 동안 우리나라의 대(對)EU 수출이 절대적으로 감소한 반면 EU의 대한국 수출은 늘어나, 우리나라는 15년 만에 EU와의 무역에서 4.6억 달러 적자를 기록했다. 다만 이러한 무역적자 재정 위기로 인한 EU의 상품 수입 수요 감소와 함께 우리나라의 대EU 수출에서 큰 비중을 차지했던 선박 수출이 급격히 감소했기 때문이다. 전체적으로 4년간의 자료로 FTA 효과를 판단하기 이르지만 대세계 무역 증가율과 차이가 있어 FTA로 발효로 양 지역간 무역이 증가했다고 보기는 어렵다.

2011년 8월 발효된 페루와의 FTA는 세계 경제가 침체를 겪고 있는 가운데 양국의 무역 증가율이 대세계 무역 증가율보다 높아 아직까지는 FTA가 양국의 무역 증가에 긍정적인 영향을 주고 있는 것으로 보인다. 우리 내부적으로 심각한 국민적 갈등을 겪은 끝에 2012년 3월 15일 발효된 한・미 FTA는 2015년 1월 현재 발효 만 3년이 가까이 된다. 2년차까지만의 자료에 기초할 때 한・미 FTA 발효 이후 양국의 무역은 1,042억 달러로 발효 1년 전과 거의 차이가 없다. 우리나라의 대미 수출은 다소 증가했으나 수입이 대폭 줄어(이전 비교 연도 대비 8.6% 감소) 전체적으로 양국간 무역이 발효 이전에 비해 큰 차이가 없는 것으로 나타났다. 한편 우려했던 농업 부문의 경우 오히려 수출이 증가한 반면 수입은 미국의 곡물 생산 감소와 국내 축산물 공급 증가로 줄어들어 아직까지는 피해를 단정하기 어렵다. 다만, 관세가 대폭 감축된 오렌지, 체리 등의 수입은 대폭 증가했다.

FTA의 경제적 효과나 성과를 수출입 등 상품무역만을 가지고 평가하는 것은 무리가 있다. 일반적으로 FTA는 상품관세의 인하 및 철폐는 물론 서비스와 투자 자유화, 비관세 장벽 철폐 등을 포함하기 때문에 상품의 수출입 이외 서비스와 투자 분야도 같이 살펴보아야 한다. 또한 FTA 상대국별로 관세 인하 및 철폐 시기와 품목이 달라 단기간에 FTA의 효과를 판단하기에는 적절하지 않은 특성이 있다. 상품관세가 대부분 철폐되는 적어도 만 5년 이상의 자료를 가지고(외부적으로 경제에 충격이 있을 경우에는 더욱 긴 시계열 자료를 필요로 한다) 검토해야 한다.

아울러 한-칠레 FTA처럼 칠레와 무역적자가 커지긴 했지만 우리나라 기업이 칠레를 교두보로 하여 중남미 시장으로의 진출이 활발해진 측면도 고려해야 한다. 한・미 FTA의 경우는 이를 통해 국내 제도가 좀 더 투명해지고 선진화된 측면도 있기 때문에 이를 고려하는 것도 중요하다. 결국 FTA의 효과는 상당한 기간에 걸친 안정적인 실증자료를 가지고 검토하되 계량화하기 어려운 부분도 동시에 고려하는 종합적인 검토가 되어야 설득력이 있을 것이다.

제 4 절 주요국의 대응

1 전략적 FTA 추진

2008년 미국발 금융 위기와 이후 유럽발 재정 위기의 발생으로 세계 경제가 침체되고, 경기 회복이 더딘 가운데 전 세계 주요국의 FTA 추진은 여전히 활발한 것으로 나타났다. 이는 FTA를 통한 안정적인 수출시장 확보 및 경제 협력 확대가 경기 회복의 원동력이 될 수 있다는 주요국의 판단 때문이었을 것이다.

특히 일본의 행보가 눈에 띈다. 과거 농산물 시장 개방에 대한 부담으로 FTA 추진에 소극적으로 임해 왔던 일본은 미국이 주도하는 TPP 협상에 참여하고 동시에 EU와의 FTA 협상을 개시하는 등 최근 들어 다수의 FTA를 동시에 추진하는 전혀 다른 모습을 보이고 있다. 일본은 미국, EU 등 거대 선진 경제권과의 FTA를 전면에 내세우며, 그동안 한·미 FTA, 한·EU FTA 등으로 우리나라와의 경쟁에서 불리했던 여건을 일시에 만회하려고 하고 있다. 일본은 이외에도 우리나라와 같이 페루와의 FTA를 발효시켰고(2012년), 몽골, 캐나다, 콜롬비아 등과 FTA 협상을 추진 중에 있으며, 동시에 한·중·일 및 RCEP 등의 3국간 또는 다자 FTA를 추구하고 있다. 일본이 체결한 또는 추진하고 있는 FTA가 모두 우리나라가 체결했거나 추진 중인 FTA 상대국과 겹친다는 사실에 주목할 필요가 있다.

우리나라도 일본의 이러한 FTA 추진 움직임을 주시해 전략적·효과적으로 대응해야 한다. 우리나라가 일본보다 먼저 체결한 FTA의 경우 선점 효과를 극대화하는 것이 중요하다. 이를 위해서는 FTA의 활용률을 높이는 것이 선행되어야 하고, 관련 해외 직접 투자도 좀 더 활발히 추진되어야 할 것이다.

2 Mega FTA 추진과 경제블록화에 적극 참여

FTA 확대 추세가 계속되는 가운데 다수의 국가가 참여하는 다자 MFA 또는 Mega FTA의 움직임이 뚜렷이 나타나고 있다. 미국이 주도하는 TPP와 아세안이 아세안중심주의를 내세우고 있는 RCEP이 아시아태평양지역을 놓고 대결하는 모습을 보이고 있다.

러시아의 경우 벨라루스 및 카자흐스탄과 관세동맹을 체결한 데 이어 구소련 8개국과 중앙아시아국가연합 FTA를 체결해 구소련지역의 맹주로 다시 나섰고, 장기적으로는 EU를 모델로 유라시아 연합(Eurasian Union)을 창설한다는 목표를 가지고 있다. 중남미에서도 멕시코, 칠레, 페루, 콜롬비아가 태평양동맹(Pacific Alliance)을 출범시켰고, 특히 미국과 EU는 전 세계 GDP의 50%에 이르는 범대서양 무역 및 투자동반자협정(Transatlantic Trade and Investment Partnership: TTIP)을 출범시켰다.

기존의 경제블록도 회원국 수를 증가해 외연을 확대하고 있다. EU는 2013년 중 크로아티아를 가입시켜 28개국으로 확대되었고, 메르코수르(Mercado Comun de Sour: Mercosur; Southern Common Market)도 베네수엘라를 새롭게 가입시켜 5개국으로 확대되었다.

양자 또는 3국간 FTA가 이렇게 다자 FTA 또는 메가(Mega) FTA로 바뀌고 있는 이면에는 스파게티볼 효과를 최소화하려는 목적 말고 최근에 드러난 국제분업체계의 효율성을 극대화하려는 이유가 있다. 즉, 메가 FTA의 경우 참여국 공동의 원산지 규정을 추구하는 등 통관 규정과 절차 등에서 공통 규정을 도입해 기존 스파게티볼 효과를 최소화하고 있다. 동시에 상품 생산에 참여하는 주요국들을 하나로 묶어 거래 장벽을 철폐함으로써 해당 제품 생산의 효율성 극대화를 추구하고 있다. 다른 한편 메가 FTA는 지역을 기반으로 하고 있어 장기적으로 지역경제 통합의 구심체로서 정치·외교적 의미도 내재되어 있다.

따라서 우리나라도 메가 FTA에 적극 참여할 필요가 있다. 특히 아시아태평양지역에서 진행 중인 메가 FTA인 TPP 참여가 중요한데, 이는 TPP가 위에서 언급한 목적 이외 21세기형 새로운 무역 규범을 만드는 의미도 가지고 있기 때문에 규범 제정 과정에서 우리나라가 적극 참여해 우리나라의 이해를 반영시킬 필요가 있다. TPP와 대립 형태를 띠고 있는 RCEP에는 우리나라가 이미 참여하고 있기 때문에 이를 적극 추진하는 하는 것도 중요하다. RCEP은 특히 우리나라의 TPP 참여가 여의치 않을 경우 우리가 의지할 수 있는 중요한 메가 FTA로서 우리의 역량 여하에 따라 많은 부분에서 우리의 이해를 반영시킬 수 있다.

3 FTA 활용률 제고와 원산지 증명 지원 및 관리

외생적으로 FTA를 양적으로 확대하는 것 이외에 이미 체결한 FTA의 이용률을 높이는 것도 필요하다. FTA의 효과는 결국 우리 기업들이 FTA를 어떻게 활용하느냐에 달려 있다. 우리나라가 체결・발효시킨 11개 FTA에 대해 우리 수출기업의 평균 FTA 활용률[13)]은 약 67%로 나타나 결코 낮지 않은 수준인 것은 사실이다. 그러나 아세안과의 FTA나 한-인도 CEPA의 경우 여전히 활용률이 39~43%로 저조한 상태이다(관세청, 2013). 특히 이는 중소기업중앙회가 수출중소기업을 대상으로 FTA 체감 효과를 조사한 결과, 한-인도 및 한-아세안 FTA의 체감효과가 낮게 나온 사실과도 일맥상통한다(중소기업중앙회, 2013). 따라서 아세안 및 인도와의 FTA에서 활용률을 높이는 실질적인 조치가 필요하다. 활용률을 높이기 위해서는 활용률이 저조한 이유의 하나로 조사되었던 원산지 관리에 대한 정부의 지원 조치가 필요하다. 중소기업의 34%는 여전히 FTA 특혜관세를 적용받기 위한 원산지 증명 관리의 어려움을 지적하고 있다. 특히 원산지 증명과 관련해 까다로운 원산지증명서 발급 서류 절차와 원산지 사후 검증 대비 부족 등의 이유가 중소기업이 겪는 어려움으로 조사되어 이에 대한 체계적인 지원 대책이 필요하다.

---

13) FTA 특혜관세 적용이 가능한 품목의 수출 중에서 특혜관세 혜택을 받기 위해 원산지증명서를 발급한 품목의 수출 비중.

제 7 장 새마을운동 국제화

제 1 절 새마을운동의 의의

1 새마을운동의 기본 정신

새마을운동은 한 마을, 한 고장, 한 국가의 같은 공동체가 더불어 잘살자는 모든 인류의 공통된 염원을 담고 있는 지역사회 개발운동이다(정우열 · 남흥범, 2013: 274-277).

새마을운동의 기본 정신은 근면, 자조, 협동이다. 근면은 개인과 집단의 성장을 가능하게 하는 자기선용(自己善用)의 정신을 의미하고, 자조는 자율과 자립의 기반을 다지는 자기 확립의 정신을 나타내며, 협동은 효율과 발전의 지속성을 보장하는 자기 확대의 정신이다. 즉, 새마을운동은 근면을 통해 절약정신을 내면화함으로써 과소비를 억제하는 등 합리적인 경제활동을 촉진시켜 주었다. 또한 새마을운동은 자조의 정신으로 어떠한 어려움도 극복할 수 있는 의지를 불러일으켜 주었다. 자조의 정신으로 스스로 자기 확립을 통해 주체적으로 자신의 제반 문제를 해결해 나가는 의지라고 볼 수 있기 때문에 오늘날과 같은 경제의 위기에 적합한 생활 신조라고 할 수 있다. 그리고 새마을운동의 협동정신은 우리 민족의 공동체를 지향할 수 있게 해 주었다. 1950년대 한국전쟁, 60년대 경제적 위기, 70년대 오일쇼크, 80년대 정치적 위기, 90년대 외환 위기 등은 협동정신을 바탕으로 극복해 주었던 것이다. 이러한 새마을운동의 기본 정신은 "인간 생활의 전 부분에 걸친 잘살기 위한 운동이고 근대화 운동이며 정신혁명운동"이라고 할 수 있다.

2 새마을운동의 목표

새마을운동은 일정 지역의 주민들이 자발적인 참여와 적극적인 노력을 통해 경제적 · 사회적 발전을 추구하는 데 목적을 두고 있다. 즉, 이 운동은 근면 · 자조 · 협동을 기본 이념으로 생산과 생활의 조화로운 발전을 통해 주민의 경제적 · 사회적 수준을 향상시키기 위한 대중운동으로 전개되었다. 다시 말해서 근면한 인간의 자질을 계발해 생산성을 향상시키고 경제 및 사회 발전의 저력을 구축해 자조의 의식을 계발하고 주민의 자생 능력을 제고하며 경제 및 사회 발전의 저력을 구축해 자조의 의식을 계발해 자립 능력을 배양하는 것이다.

1) 새로운 정신과 가치관 확립

정신 계발은 경제 개발이나 사회 개발을 위한 동력으로 작용한다. 새마을운동을 주민들의 이기적 · 개인적 · 비합리적 · 비과학적인 의식구조를 좀 더 합리적이고 과학적인 태도를 갖도록 하는 데 목표를 두고 있다. 새마을운동은 올바른 가치관의 확립, 근면 · 자조 · 협동정신의 생활화, 투철한 국가관과 민족주체성의 확립, 합리적 · 과학적인 생활 태도, 공중도덕과 사회 질서를 확립하는 문화인으로서 의식구조와 생활 태도를 목표로 한다.

2) 새로운 환경과 질서 확립

새마을운동은 농촌도 도시와 같이 도로를 확 · 포장하고 현대식 주택과 각종 문화시설을 제공해 인간의 삶의 질을 향상시키는 데 목표를 두고 있다. 농어촌 전화와 전기 보급 및 취락구조 개선사업 등은 이러한 목표를 위해 실천되어온 사업들이다. 도시지역에서도 1970년대 이후 급격하게 도시화가 진전되면서 도시기반정비 사업들이 요청되었다. 도시 새마을운동의 역점사업은 생활환경 개선과 사회 질서 확립 등을 들 수 있다.

3) 균형적인 경제 발전

국가 근대화의 발전은 계층 간 · 지역 간 불균형을 해소해 균형적 성장을 목표로 해야 한다. 새마을운동을 통해 경지 정리 · 농업용수시설 등 생산 기반을 확충했고, 부업을 확충하고 노임소득 사업, 새마을공장을 육성함으로써 유휴노동력을 생산자원으로 유도했다. 또한 공장지 등을 활용할 뿐만 아니라 개간 · 개척사업을 추진해 잠재재원을 경제자원화함으로써 소득을 증대시켰다. 이러한 운동을 통해 계층 간 · 지역 간 소득 격차를 완화해 균형적 국가 발전 및 경제 발전을 가져왔다.

3 새마을운동의 특징

1) 실천운동

새마을운동은 나 자신과 근린, 나아가 주민 모두가 다 같이 근면 · 자조 · 협동을 기초로 하여 잘살기 위한 구체적 실천운동으로서 국민 각자의 행동강령을 의미한다. 이러한 의미에서 새마을운동은 응용과학의 분야라는 특성을 가지고 있다. 우리나라 새마을운동은 지역 개발의 모형이라고 불릴 정도로 지역사회 개발 학문을 그 배경으로 하고 있다. 지역사회 개발 학문의 중요한 기본적 특성 중의 하나는 실천과학이라는 점이다. 새마을운동이 지역사회 개발 학문을 배경으로 하고 있다는 것은 그러한 운동이 지역사회의 바람직한 변화를 유도하고 구체적이고 계획적이라는 사실 때문이다.

2) 마을 단위의 경제활동 전개

새마을운동은 일정한 지역사회 수준에서 이뤄진 운동이다. 새마을운동은 지역사회에 있는 인적 · 물적 자원을 동원하고 활용해 그 지역사회 주민들의 요구와 욕구에 바탕을 둔 구체적이고 문제 해결적인 운동이다. 새마을운동 도입 초창기에는 국가 수준에서 전개되었지만, 1980년대 후반에서 1990년대 초반까지는 민간 차원의 국민운동으로 그 성격이 바뀌었다. 특히 1990년대 중반부터는 지방자치제도가 도입됨으로써 새마을운동도 지방자치단체별로 다양성을 지니게 되었다. 지방자치가 지역특성화를 바탕으로 전개되면서 새마을운동의 특성도 각 지역마다 다양하게 전개되기도 했다. 특히 1990년대 중반 한국 사회가 국제구제금융(IMF) 위기를 겪으면서 경제 살리기 운동을 본격적으로 전개하는 데 새마을정신이 중요한 기여를 하게 되었다.

첫째, 지역경제 보호운동으로서 지역경제 살리기, 국민저축운동 전개, 지역특산품 애용, 우리 농산물 애용, 해외여행 자제, 그리고 하루 1,000원 아끼기운동 등을 전개해 왔다.

둘째, 근검 · 절약 저축운동으로서 사치 과소비 추방, 검소한 명절 보내기, 동전 모으기 운동, 상설 알뜰마당 운동, 애국가락지 모으기 운동, 그리고 일하는 보람상 시상 등과 같은 운동을 전개했다.

셋째, 직장 새마을운동을 활성화함으로써 월별 직장 새마을 추진 과제, 직장 한가족 비교평가 발표회, 성공기업 및 활동 사례 발표회, 직장여직원회 활동 사례 발표회, 그리고 시범 직장 육성 등과 같은 운동을 전개했다. 이와같이 새마을운동은 지역사회 수준 또는 직장 단위에서 경제 살리기 운동을 전개하고 있다.

3) 지방자치의 실천운동

새마을운동과 지방자치는 깊은 관련성을 지니고 있다. 추진 주체와 추진 단위에서 양자는 다 같이 지방 주민이 중심이 되어 운영되며, 이의 공간적 범위는 행정구역으로 되어 있어 추진 단위 역시 양자는 동일하게 되어 있다. 지방자치는 주민의 삶의 질 향상에 초점을 두고 주민 스스로 자율과 자주적으로 문제를 추진하면서 삶의 문제를 해결해 나아가는 것이라고 할 수 있다. 따라서 지방자치이 기반을 구축하는 데는 지역의 문제를 지역 주민이 힘을 합쳐 자율적으로 해결하고 살기 좋은 터전으로 가꿔가는 데 목적을 두고 있다. 이렇게 볼 때 양자는 이념이나 기반, 그리고 방법에서 유사성이 있으며, 새마을운동은 지방자치를 구체화하는 데 동기를 제공해 줄 수 있다.

4) 국가 발전의 총체적 운동

새마을운동은 지난날 우리 역사와 민족성에 대한 반성과 자각을 바탕으로 온 국민이 분발해 국가 발전을 신속히 이룩하려는 민족의 대역사이다. 새마을운동은 기초적인 지역사회 발전으로부터 광역적 발전으로 나아가고 궁극적으로 국가 발전을 이룩하고자 하는 아래로부터 발전 원리를 실천하는 운동이며, 지역 단위의 모든 사람을 융합하고 결합시켜 살기 좋은 고장과 건전한 사회를 건설하고자 하는 화합과 균형의 실천과학이라고 할 수 있다. 따라서 새마을운동은 지방화 시대에 야기되기 쉬운 중앙과 지방의 대립, 지방과 지방 간의 갈등, 전체와 부분의 괴리를 해소하고 조정하는 가교적이고 촉매적 역할을 수행하게 되는 것이다.

제 2 절 새마을운동 국제화의 의의

1 새마을운동 국제화의 필요성

개발도상국 빈곤 인구의 대부분은 농촌지역에 거주하고 있다. OECD가 분류한 ODA 수혜국 인구는 약 51억 명이고, 이 중 약 58%가 농촌지역에 거주하고 있다. 특히 하루 1달러 미만으로 생활하는 빈곤 인구는 약 10억~12억 명으로 이 중 75%가 농촌지역 거주자이다. 예로서 아프리카 국가 중 하나인 에티오피아는 83%, 탄자니아는 81.7%, 르완다는 74.5%의 인구가 농촌지역에 거주하고 있는 실정이다 (임한성, 2011: 145-147).

이러한 빈곤 상태를 벗어나지 못하고 있는 가장 결정적인 원인은 바로 낮은 수준의 농업생산성에 있다. 이러한 낮은 농업생산성으로 인해 개발도상국 농가 소득 증가에는 한계가 있을 수밖에 없다. 특히 개도국 인구 중 54.5%가 농업 부문에 종사하고 있으나 농업기반시설 미비, 영농기술의 낙후, 낮은 농기계 보급률 및 기술 인력 부족 등으로 농업생산성은 매우 낮은 수준에 머물고 있다. 농가 소득의 대부분이 농업 소득임을 감안하면 농촌지역의 빈곤이 매우 심각한 상태임을 알 수

표 7-1 아프리카 농업 인구

<table>
<tr><th colspan="2" rowspan="3">구분</th><th colspan="3">농업 부문 종사자 비율</th></tr>
<tr><th rowspan="2">경제활동인구(억 명)</th><th colspan="2">농업 종사자</th></tr>
<tr><th>억 명</th><th>%</th></tr>
<tr><td colspan="2">합계</td><td>29.9</td><td>13.3</td><td>44.3</td></tr>
<tr><td colspan="2">선진국</td><td>6.4</td><td>0.4</td><td>7.0</td></tr>
<tr><td colspan="2">개도국</td><td>23.5</td><td>12.8</td><td>54.5</td></tr>
<tr><td rowspan="4">개도국</td><td>아시아</td><td>16.7</td><td>10.0</td><td>59.9</td></tr>
<tr><td>중남미</td><td>2.3</td><td>0.5</td><td>19.3</td></tr>
<tr><td>극동아시아/북아프리카</td><td>1.5</td><td>0.5</td><td>32.8</td></tr>
<tr><td>사하라 이남 아프리카</td><td>3.0</td><td>1.8</td><td>62.0</td></tr>
</table>

있다.

또 다른 원인은 낮은 수준의 사회적 자본과 마을 역량에서 찾을 수 있다. 이들 국가에서는 저소득, 교육 필요성에 대한 인식 부족, 열악한 교육환경 등으로 인한 낮은 교육 수준으로 이어지는 악순환의 고리가 강하게 남아 있다. 이로 인한 농촌 주민들의 낮은 지식 수준은 새로운 농업 기술 도입 장애와 전통적 농법에 대한 고수로 나타나 생산성 향상의 기회조차 접하지 못하고 있는 실정이다. 낮은 교육 수준은 다시 낮은 HDI(Human Development Index: 인간개발지수)로 이어지고, 이것은 다시 주민 상호간에 신뢰성, 협동심, 사회적 규범, 소통, 자립 의지 등의 부족과 사회구조의 문제점 등으로 마을 역량 강화에 절대적으로 필요한 사회간접자본(SOC)의 부족이 심각한 실정이다.

2 새마을운동 국제화 추진 배경

21세기 국제화의 시대를 맞이해 국제 원조 및 국제 개발 등을 중심으로 새마을운동 국제화에 관한 논의와 실천적 노력들이 활발하게 전개되고 있다. 새마을운동은 과거 20세기 근대의 유물로만 여겨지던 새마을운동의 질적 전환이 국제화라는 분출구를 통해 전개되고 있는 것이다.

새마을운동의 국제화에 관한 논의와 실천적 노력들은 우선적으로 새마을운동을 둘러싼 대외적 환경 변화에 기인한 것이라고 할 수 있다. 1990년대 후반부터 최근까지 몇몇 개발도상국이 새마을운동을 자국에 적극적으로 도입하고, 다양한 국제기구에서는 새마을운동을 국제 원조의 대안적 방법론으로 검토하게 됨으로써 새마을운동에 대한 재조명과 재평가가 폭넓게 전개되고 있다.

아시아・아프리카 등 개발도상국에서는 이념과 지역을 뛰어넘어 자국의 지역사회 개발모델 또는 경제 발전 전략으로 새마을운동을 도입・적용하고 있다. 또한 UN과 UNDP 등 국제기구에서는 물적 원조 중심의 지원만으로는 개발도상국의 빈곤 퇴치를 위한 근원적인 해결책이 되지 못한다는 사실에 기초해 새마을운동을 주민참여형 원조 프로그램으로 활용하기 위해 진지한 논의를 펼치고 있다. 특히, 반기문 UN 사무총장이 2007년 아프리카 정상회담과 2008년 '새천년 개발 목표(Millennium Development Goals: MDGs)',[1] 아프리카 주도그룹 회의 등을 통해 지속적으로 새마을운동 적용 필요성을 제기함으로써 새마을운동에 대한 국제사회의 관심이 한층 높아지고 있다.

개발도상국의 새마을운동에 대한 관심은 1990년대 중국, 베트남, 러시아 등 구 공산권 국가를 시작으로 했으나, 본격적으로 국제 새마을운동이 진행된 것은 2000년대에 들어서이다. KOICA의 새마을운동 1차 시범사업, 경상북도의 해외 새마을 시범마을 조성사업 등이 시행되고 이에 대한 평가가 이뤄지면서 새마을운동 국제화는 더욱 활기를 띠고 있다. 또한 새마을운동을 배우고자 한국을 방문하는 개발도상국의 공무원, 정치인 등이 꾸준히 증가해 2013년 현재 대략 100여국 50,000여 명 정도가 새마을운동을 배우기 위해 방문했고, 현재도 많은 개발도상국가가 새마을운동의 이전을 희망하고 있다(박세나, 2013)

1) 새천년 개발 목표인 MDGs는 2000년 9월 뉴욕 국제연합(UN) 본부에서 개최된 밀레니엄 서미트에서 채택된 빈곤 타파에 관한 범세계적인 의제이다. 당시에 참가했던 191개의 국제연합 참여국은 2015년까지 빈곤의 감소, 보건, 교육의 개선, 환경 보호에 관해 지정된 여덟 가지 목표를 실천하는 것에 동의했다. 주요 내용으로 ① 극심한 빈곤과 기아 퇴치, ② 초등교육의 완전 보급, ③ 성평등 촉진과 여권 신장, ④ 유아 사망률 감소, ⑤ 임산부의 건강 개선, ⑥ 에이즈(AIDS)와 말라리아 등의 질병과의 전쟁, ⑦ 환경 지속 가능성 보장, ⑧ 발전을 위한 전 세계적인 동반 관계의 구축을 들 수 있다.

3 새마을운동 국제화의 추진전략

한국의 새마을운동을 효율적으로 국제사회에 접목시키기 위해서는 해외 추진 목적과 추진 방침, 그리고 추진 방식을 개발도상국가와 동구권 공산국가에서 쉽고 빠르게 적용할 수 있는 주민 스스로의 사업 선정과 추진, 평가, 환류의 일반화 문제를 해결해야 한다. 이를 효율적으로 달성하기 위한 목적은 다음과 같다(전해황, 2006: 131-133).

1) 목적

한국의 새마을운동 해외 추진 목적은 개발도상국가에 새마을운동 개발 경험·노하우 전수를 통해 국제 사회의 빈곤 퇴치에 기여하고 새마을운동 종주국으로서의 위상 제고 및 새마을운동 활동 영역을 확대하며, 국가적 무형자산인 새마을운동 수출을 통한 브랜드 가치를 상승시키고, 국가 이미지 개선, 국가 브랜드 가치 향상, 국제적 영향력 강화 등 국익 향상에 기여하고자 함이다.

2) 방침

새마을운동 추진 방식은 새마을운동을 절실히 요구하는 개발도상국가를 대상으로 우선 추진하며, 동남아시아 지역을 추진 후 동북아·중앙아·서남아 중동 등으로 확대하고 새마을의 자본·경험과 현지의 토지·인력을 투자하는 협력사업으로 추진하며, 새마을지도자·행정요원·자원봉사자들이 현장에 상주해 상호 협동으로 추진한다. 그리고 효과적 재원 조달을 위해 정부·기업·단체 등의 협조를 얻어 추진하며, 국가별로 시범마을을 발굴·집중 지원해 모델화하고 이를 전 지역에 확산 보급한다.

3) 추진 방식

새마을운동 해외 추진 방식은 마을 단위로 추진하되 주민 숙원사업 위주로 추진하며, 농촌지역을 중심으로 숙원사업 중에서 손쉽고 가시적 성과가 큰 사업부터 시작한다. 주민 합의에 의한 사업 선정과 사업 추진을 원칙으로 하며, 마을별 · 지역별 경쟁을 원칙으로 추진해 새마을사업의 원리와 특성인 '우수마을 선지원의 원칙'을 충실히 적용한다. 그리고 새마을운동 원리인 펌프 원리(필요 자재를 최소한 지원 후 노력 동원과 자부담)를 적용해 실질적인 주민 소득 증대를 도모한다.

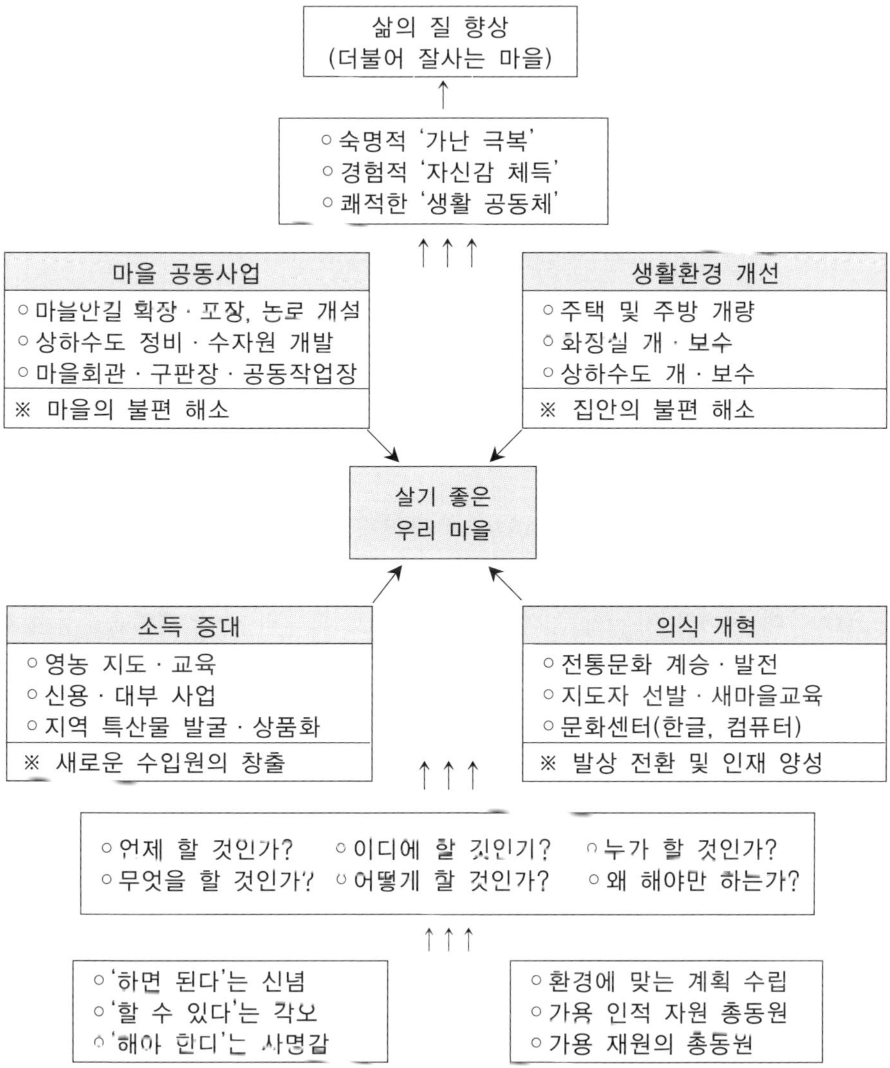

그림 7-1 해외 새마을운동 추진 개요

또한 주민의 자발적 참여를 유도하고 우수마을과 우수지도자를 평가해 정부가 포상하고 지역 주민의 동기 유발과 성취 욕구를 촉진시킨다. 정기적으로 우수 사례를 발표, 토론케 함으로써 전체적인 분위기를 확산시키고, 마을 단위 새마을지도자들을 선발해 교육시키고 한국의 지방자치단체가 현지 마을이나 기관과 자매 결연케 하여 분야별로 집중 지원토록 하고 지속적인 협조 체제가 이뤄지도록 한다.

4) 추진 개요

새마을운동 국제화의 이념은 해당 지역 주민의 삶의 질을 향상시키는 것이며, 이들의 가난 극복, 자신감 체득, 생활공동체 형성 등이다. 이를 위해 의식 개혁, 생활환경 개선, 마을 공동사업, 소득 증대 사업을 전개한다. 추진 원칙은 부지런히 일하고 스스로 해결하며, 서로 협력하는 것이다.

제3절 새마을운동 국제화 현황

새마을운동의 국제화사업은 1991년 한국국제협력단(KOICA)이 무상 협력으로 개발도상국에 대해 농촌 개발사업을 시작하면서 본격적으로 추진되었다. 그러던 것이 2000년대 들어와 정부의 공적개발원조(ODA) 확대와 함께 새마을운동에 대한 개발도상국가의 수요가 증가하면서 KOICA는 물론이고 새마을운동중앙회, 대외경제협력기금(Economic Development Cooperation Fund: EDCF), 농림부, 농업진흥청, 경상북도 등의 다양한 기관에서 추진되고 있다(박세나, 2013: 80-82).

KOICA의 경우 한국 ODA의 대표기관으로서 농촌 종합 개발과 관련해 종합적인 ODA사업으로 새마을운동의 국제화를 추진하고 있고, 새마을운동중앙회의 경우 외국인 초청 연수 중심의 사업을 진행해 왔으나 2009년부터 '새마을운동세계화사업'이라는 이름으로 개발도상국을 대상으로 한 새마을운동 시범사업을 시행하고 있다. 경상북도 역시 2010년부터 아시아 및 아프리카 지역에 새마을 시범마을을 조성하고 있다. 그리고 EDCF의 경우에는 경제 개발 경험 공유사업(Knowledge Sharing Program: KSP)의 일환으로 새마을운동 국제화사업을 추진하고 있다.

국제개발협력위원회(2010)에 따르면 새마을운동 국제화사업은 초청 연수, 프로젝트, 전문가 파견, 봉사단 파견, 컨설팅, 기술 협력 등의 방식으로 이뤄지고 있다.[2] 초청 연수의 경우 KOICA 131개국, 농촌진흥청 115개국, 새마을운동중앙회 81개국을 대상으로 시행되고 있고, 그 밖의 사업은 32개 국가를 대상으로 총 93개의 사

표 7-2 새마을운동 국제화사업 현황

기관	사업 유형	대상 국가(사업 내용)
한국국제협력단 (KOICA)	프로젝트	라오스, 캄보디아, 세네갈 등 22개 국가
	초청 연수	새마을운동, 농촌개발과정 초청 연수(131개국)
	전문가 파견	농어촌 분야 전문가 54개국 256명 파견
	봉사단 파견	농어촌 분야 봉사단 34개국 961명 파견
기획재정부	컨설팅	농업생산성 혁신 기반 구축(모잠비크)
		새마을운동 시범마을 사업(4개국)
대외경제협력기금 (EDCF)	자금 지원	농업 현대화 사업: 중국
새마을운동중앙회	프로젝트	새마을운동 세계화 시범마을 13개국
	봉사단 파견	14년간 7개국 35지역 1,445명 대상
	초청 연수	2010년까지 81개국 2,805명
농림부	컨설팅	국제농업협력사업(2009년)
농촌진흥청	초청 연수	아시아, 아프리카 등 116개국(3,464명)
	전문가 파견	해외 농업기술 개발(KOPIA)
	프로젝트	농식품 기술 협력 이니셔티브(아시아, 아프리카)
경상북도	프로젝트	새마을 시범마을 조성사업(2010~)
	초청 연수	저개발국가 새마을운동 보급
	봉사단 파견	대학생 해외 봉사활동 4개국 253명
		새마을리더 해외봉사단 파견 3개국 30명

출처: 국제개발협력위원회(2010).

2) 국제개발협력위원회는 '국제개발위원회 규정'에 따라 2006년 1월, 국무총리실 산하에 설치되었다. 국제개발협력위원회는 국제개발 협력에 관한 주요 정책을 심의, 조정하는 우리나라 개발 협력 분야 최고의 정책 기구이다. 위원회는 국제개발협력기본계획, 연간 ODA 종합시행계획, ODA 평가에 관한 사항 등을 심의/조정하는 역할을 맡고 있으며, 위원장은 국무총리가, 간사위원은 국무조정실장이 역임하고 있다. 그리고 위원회는 간사위원을 포함한 25명 이내의 ODA 주요 중앙행정기관 및 관계 기관의 장 및 민간위원들로 구성되어 있다.

업이 진행되었다.[3]

새마을운동 국제화사업은 2011년 국무총리실을 중심으로 새롭게 재편되었다. 여러 기관에서 개별적으로 사업이 진행되다보니 사업의 중복문제, 통일성 부족 등의 문제가 제기되었고, 이에 따라 국무총리실을 정점으로 한 새마을운동 ODA 사업 기본계획(2011년 5월)이 수립되었다. 이에 따르면 새마을운동 국제화사업은 한국의 성공적인 개발 경험인 새마을운동을 ODA에 활용해 개발도상국 농촌지역의 빈

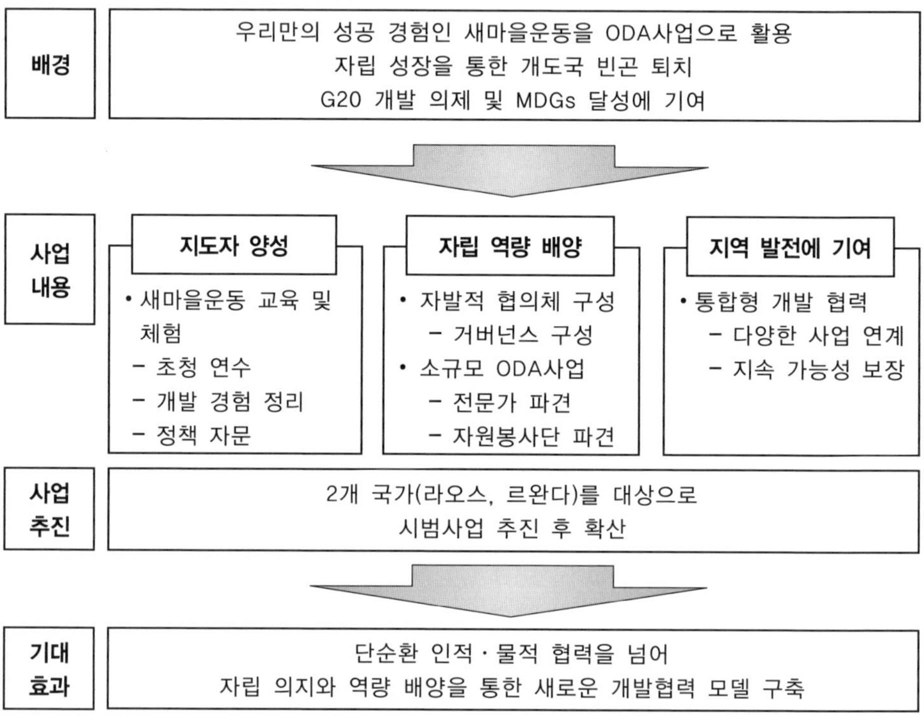

그림 7-2 새마을운동 ODA사업 기본계획

출처: 국무조정실(2011: 5).

3) 초청 연수는 새마을운동 ODA의 중추적 역할을 담당할 개도국의 마을 지도자 및 주민대표(여성 포함), 중앙/지방 공무원, 사회지도층 인사 등을 국내로 초청해 새마을운동 연수를 실시하는 것이다. 프로젝트는 소득 증대, 마을환경 개선, 교육·보건사업 중심의 단위사업을 추진하는 것이다. 예로서 가축은행, 유기농 채소 재배, 마을안길 확장, 부엌·화장실 개량, 다용도 마을회관 건립, 식수사업, 기생충, 말라리아 퇴치사업 등이 있다. 전문가 파견 및 봉사단 파견은 마을의 협의체 구성과 운영 과정을 현지밀착형으로 지원하고 성공적인 새마을 시범마을을 건설하기 위함이다. 컨설팅과 기술 협력 등은 필요 시 정리된 개발 경험을 토대로 정책 컨설팅을 실시하거나 기술을 직접 전수하기도 한다.

곤 퇴치와 자립 성장에 기여하고 국제 기준에 부합하는 ODA 모델로서 제시되고 있다.

이 사업은 새마을운동 교육 및 체험을 통한 지도자 양성, 협의체 구성 및 소규모 ODA 추진을 통한 자립 역량 배양, 통합형 개발 협력 추진을 위한 지역 발전의 기여 등 3단계로 계획되었다. 그러나 재편의 본래 목적이 새마을운동 국제화사업의 분절적인 체제를 극복하고자 했었던 데에 반해 기존의 사업을 담당하던 기관들 간의 역할에 대한 분담이 이뤄지지 못하고 본래의 체제를 유지함으로써 여전히 새마을운동 국제화사업은 다양한 기관에서 개별적으로 이뤄지고 있는 상황이다.

제 4 절 경상북도의 새마을운동 국제화

1 추진 목적과 방향

경상북도가 새마을운동의 종주도(宗主道)라는 사실은 결코 우연의 결과가 아니다. 국난 극복의 국민적 실천운동이라는 점에서 새마을운동은 한국 정신문화의 중심지인 경상북도의 시대 정신과 밀접한 관계를 맺고 있다(김규원, 2007). 과거 삼국시대부터 오늘날에 이르기까지 국가 및 사회가 위기 상황을 맞이할 때마다 경상북도는 국난 극복을 시대 정신으로 드높이고 국민적 실천을 이끌어 왔다.

경상북도는 목전에 닥친 국난을 국민 스스로의 힘과 의지로 극복하고자 했던 이러한 시대 정신을 '경북정신'이라고 명명하고 있다. 경북정신은 통일신라 시대를 개막하는 데 앞장선 '화랑정신', 500년의 장구한 역사를 자랑하는 조선 시대의 '유교정신', 외세의 침략에 맞서 민족의 자주성을 드높인 '동학정신', 제국주의에 맞서 민족정신의 고귀함을 밝혔던 '국채보상운동정신'과 '2·28정신' 등을 통해 경상북도의 역사와 함께 이어져 왔다. 이러한 점에서 해방과 전쟁을 얼룩진 절대 빈곤의 국가적 위기를 끊어낸 '새마을정신'은 바로 '경북정신'과 집결된다고 할 수 있다. 따라서 경상북도는 새마을운동 종주도라는 자긍심에 기초해 새마을운동 활성화에 참여하고 있다.

경상북도가 펼치고 있는 새마을운동을 살펴보면 안으로는 '더불어 사는 공동체 구현'의 가치를 실천함으로써 선진 사회로의 새로운 도약을 준비하고 있으며, 밖으로는 베트남·캄보디아·중국·인도네시아 등지에 새마을 시범 조성 및 새마을정신 전수를 추진하고 있다. 특히, 2005년부터 경상북도는 새마을운동 해외 보급에 주력함으로써, 새마을의 글로벌 브랜드화에 앞장서고 있다.

이러한 과정 속에 경상북도는 새마을운동의 국제화 차원에서 국제협력사업을 적극적으로 추진하고 있으며, 동시에 많은 성과를 거두하고 있다. 경상북도 새마을운동의 국제화는 첫째, 보편적인 인류애의 관점에서 인류의 공존과 번영에 기여하고, 둘째, 새마을의 수출을 통해 경상북도의 브랜드 가치를 제고하며, 셋째, 개발도상국가에 새마을운동을 보급함으로써 새마을운동의 종주도로서의 위상 제고와 해외 진출의 교두보 확보 등을 목적으로 추진하고 있다(경상북도, 2008).

한편 경상북도 새마을운동 국제화는 크게 네 가지 방향을 중심으로 추진되고 있다. 첫째, 경상북도 새마을운동의 자본과 경험을 대상 국가의 토지와 인력 투자와 결합할 수 있는 상호 협력사업에 중점을 두어 추진하고 있다. 둘째, 대상 국가의 사회적·경제적·정치적·문화적 특성에 맞는 차별화된 사업 모델을 개발하고 시범사업 중심의 협력 증진 방안을 실천함으로써 새마을운동 해외 전파 및 확산을 도모하는 방향으로 추진하고 있다. 셋째, 맞춤형 외국인 새마을 프로그램을 개발해 해외 새마을연수단을 적극적으로 유치하고 국제적인 인적 네트워크를 구축·활용하는 방향으로 전개하고 있다. 넷째, 새마을운동의 국제화에서 드러나는 사업 성과를 극대화하기 위해 대한민국 새마을박람회 유치, 새마을운동 관련 각종 홍보활동 등을 강화하는 방향으로 추진하고 있다.

2 추진 절차

국제화의 차원에서 추진하고 있는 경상북도 새마을운동 국제협력사업은 근본적으로 새마을운동 방식을 원용하고 있다. 현지의 정치·문화·경제·사회 등 다양한 조건과 상황을 고려해 사업을 추진하고 있다(하재훈, 2012: 24-27). 즉, 마을과 주민의 민주적 의사 결정과 자발적 참여에 의한 새마을운동의 근면·자조·협동의 정신을 전파하는 방식을 근간으로 하고 있다. 경상북도가 전개하고 있는 새마을운동 국제화 사업은 크게 다섯 가지 단계로 추진되고 있다. 제1단계는 의견 수렴 및 조율의 단계이며, 제2단계는 대상 국가(지역) 선정 단계이고, 제3단계는 현지 여건 파악을 위한 사전 조사를 실시하는 단계이며, 제4단계는 수립한 계획에 따라 사업을 집행하는 단계이고, 제5단계는 사업성과 극대화를 위한 사후관리(feedback)의 단계이다.

좀 더 구체적으로 제1단계에서는 새마을 관련 시민사회단체, 새마을 전문 연구기관으로부터 의견을 수렴하고 새마을운동 국제화사업에 관한 자료 수집, 전반적인 사업계획 수립, 예산 등 기타 사항에 관한 내부 조정 절차를 거치고 있다. 이 단계에서는 무엇보다 새마을운동의 현장 전문가 및 연구자들의 의견을 수렴하는 과정이 중요하다.

제2단계에서는 대상 국가와 지역을 선정하는 단계로서 경상북도의 경우는 기존의 자매결연도시, 우호교류시역, 해외동포 밀집지역 등을 우선적인 사업 시행 대상 국가로 선정하고 있다. 이러한 기준은 기존의 경상북도가 펼치고 있는 시방 외교의 지속성과 효과의 극대화 측면을 고려해 동시에 새마을운동의 파급 효과가 높을 것으로 평가되는 지역을 우선적으로 고려하기 위한 것이다.

제3단계에서는 대상 국가에 현지 조사단을 파견해 새마을운동 전수 지역의 사회적·경제적·정치적·문화적 특성 검토와 사업 타당성 분석이 이뤄진다. 또한 이 단계에서는 대상 국가의 지방정부와 새마을운동 전수에 관한 MOU 교환을 통해 사업 추진의 파트너십 구축을 시행한다.

제4단계에서는 사업 집행을 위해 추진사업의 종류, 기간, 예산, 추진 등 구체적인 사업계획 수립 및 사업 추진이 이뤄진다. 사업 추진에서 경상북도가 가장 중요하게 여기고 있는 것은 새마을운동 전수 지역의 공무원, 의회의원, 마을 대표 등에 대한 새마을교육을 우선적으로 그리고 중점적으로 실시한다는 데 있다. 이것은 새마을운동의 국제화 사업이 궁극적으로 새마을정신의 해외 보급과 확산에 있다는 점을 감안해 대상국 스스로가 자조하고 자립하려는 의지와 정신을 일깨우는 데 중점을 두어야 한다는 판단에 따른 것이다.

제5단계에서는 사업 효과 분석과 문제점 보완, 그리고 사후 관리를 시행한다. 이를 위해 경상북도는 새마을교육을 이수한 내싱 국가의 수료생들로부터 자국의 새마을운동 추진 경로 및 결과를 지속적으로 피드백함으로써 새마을운동의 파급 효과를 극대화한다.

3 새마을 시범마을 조성사업

1) 시범마을 조성사업의 목표

경상북도는 2010년부터 지금까지 전혀 시도되지 않았던 특수한 형태의 '경북형 새마을 ODA 모델', 즉 단순한 물질적인 프로젝트성의 원조사업이 아닌 새마을운동을 통한 자립 의지의 강화 등 소프트웨어적인 방법으로 개발도상국가에 시범마을을 조성하게 되었다(임한성, 2011: 155-160). 경상북도는 먼저 아프리카 개도국 농촌지역의 빈곤 극복을 통한 삶의 질 향상에 기여하기 위해 2010년 2월 아프리카에 새마을 시범마을 조성을 통해 새마을운동을 전수하기로 계획하고 4월에 시범마을에 대한 사전조사를 실시, 3개국(에티오피아, 탄자니아, 르완다) 5개 마을(한도데, 데베소, 키보콰, 팡가웨, 키가라마)에 처음으로 시범사업을 추진했다.

이 시범마을 조성사업은 '새마을운동, 인류 공동 번영을 위한 아름다운 동행'이라는 슬로건 아래 새마을운동을 통해 수혜국 농촌지역 주민들에게 자신감과 희망을 줄 수 있는 새마을, 함께 번영하는 마을이라는 비전을 제시하고 있다. 이 비전에 따라서 시범마을 조성의 목표는 한국의 새마을운동 경험을 공유하고 시범마을 조성을 통해 농촌지역사회의 개발과 동시에 지역사회의 기아 및 빈곤 문제를 해결하는 데에 초점이 맞춰져 있다. 시범마을 조성사업에 대한 구체적인 목표는 다음과 같다. ① 지역 주민(및 마을)의 역량을 강화시키고, ② 마을 부존자원을 효율적으로 사용해 생활환경을 개선시키며, ③ 농업생산성 향상과 농외 생산활동을 통해 소득을 증대시켜 잘사는 마을을 조성하고 농촌 주민들의 삶의 질을 향상시키며, ④ 새마을교육 등을 통한 의식 개혁과 주인 의식 고취로 주민들의 자립 의지의 확립과 마을 역량을 강화시킨다.

2) 시범마을 조성사업 개요

새마을 시범마을 조성사업의 대상 국가와 마을을 선정하는 기준은 다음과 같다.

- 새마을운동에 대한 국가지도자의 강한 의지와 리더십이 있는 국가

• 정치적으로 비교적 안정되어 치안이 확보되고 현장 접근성이 용이한 국가
• KOICA 현지사무소가 있으며, 중점 지원 대상 국가 우선
• 빈곤 퇴치에 대한 절박성 등 새마을운동에 대한 수요가 큰 지역
• 주민의 협동정신과 참여 의식이 강한 지역
• 공동체로서의 기능을 갖추고 있는 마을이 형성된 지역
• 카운터 파트너(Counter Partner)의 헌신적인 지원과 사명감을 기대할 수 있는 지역
• 새마을운동 전수의 파급 효과가 클 것으로 예상되는 지역

이처럼 경상북도는 상기 기준에 따라 새마을 시범마을을 선정하며, 시범마을로 선정된 마을에 대해서는 향후 5년 동안 새마을 시범마을을 조성한다. 특히 시범마을 조성은 새마을 리더 해외봉사단 파견을 통해 이뤄지는데, 봉사단은 해당 지역의 발전을 도모하고 해당 지역의 주민들 스스로가 자립 역량을 키울 수 있도록 조력자 역할을 수행하며, 농촌 개발을 위한 새마을 프로젝트 매니저로서의 역할을 수행한다.

구체적으로 새마을운동 시범마을 조성사업이라는 캐치프레이에 걸맞게 마을당 5~6명의 단원이 팀제로 파견되어 14개월 동안 해당 지역의 주민들과 함께 생활하면서 새마을을 건설하고 주민들의 의식 변화를 유도한다. 경상북도는 2013년 현재 6개국 18개 마을에서 시범사업을 추진 중에 있다. 2010년부터 에티오피아, 탄자니아, 르완다를 시작으로 2012년 필리핀, 인도에 시범마을을 조성했으며, 2013년 세네갈 등으로 지역을 확대했다. 2014년 역시 3개국(우즈벡, 베트남, 스리랑카)에 새마을 시범마을 조성을 확대할 계획이며, 이에 따라 봉사단 파견 규모 역시 늘어날 계획이다.

한편 경상북도가 추진하는 새마을 시범마을 조성사업은 한국국제협력단(KOICA)과 공동으로 추진하고 있다. 이는 해외봉사단 파견을 통해 시범마을을 조성하는 업무 특성상 해외 사무소가 잘 갖춰진 한국국제협력단과의 공조 체제는 불가피한 선택이며, 위에서도 언급한 현장 접근에 대한 용이성과 국가 차원의 중점 지원 대상국의 농촌 지역사회 발전에 동참하기 위한 조치이며, 무엇보다 한국국제협력단이 보유하고 있는 봉사단 파견에 대한 오랜 노하우와 전문적인 지식을 활용하기 위함이다. <표 7-3>은 경상북도가 추진 중인 시범마을 조성사업의 전반적인 개요이다.

표 7-3 시범마을 조성사업의 개요

<table>
<tr><th>사업명</th><th colspan="4">새마을운동 시범마을 조성사업</th></tr>
<tr><td>2. 사업 기간 및 사업비</td><td colspan="4">◦ 2010~2015/ 마을당 일 년에 약 1억 5,000만 원 정도</td></tr>
<tr><td>3. 사업 대상 마을</td><td colspan="4">◦ 2010: 에티오피아(데베소, 한도데)
탄자니아(키보콰, 팡가웨)
르완다(키가라마)
◦ 2013 현재
– 에티오피아: 데베소, 한도데, 아두랄라, 마이멕덴, 아디스알렘
– 탄자니아: 키보콰, 팡가웨, 체주, 징가
– 르완다: 키가라마, 무심바, 기호궤, 가샤루&라로
– 필리핀: 발렌카깅, 롬보이
– 세네갈: 딸바흘레, 돈보알라르바
– 인도: 가리삼풀라</td></tr>
<tr><td>4. 사업 비전</td><td colspan="4">◦ 인류 공동 번영의 보편적 인류애 구현
◦ 새마을운동 개발 경험의 국제적 공유를 통한 개발도상국의 빈곤 극복</td></tr>
<tr><td>5. 사업 목표</td><td colspan="4">◦ 새마을운동 방법론을 기반으로 수혜국 농촌 개발을 통한 빈곤 극복
◦ 새마을운동 시범마을 조성 및 인근 마을 보급 확산</td></tr>
<tr><td rowspan="2">6. 투입</td><td>수혜국</td><td>경상북도</td><td>KOICA</td><td>경운대학교
새마을아카데미</td></tr>
<tr><td>주민 참여,
사업비 일부
주민 부담
(노동력, 토지)</td><td>사업비 및
경험 전수</td><td>새마을 리더
복무 관리</td><td>새마을 연수</td></tr>
<tr><td>7. 기대 효과</td><td colspan="4">수원국 마을의 자립 역량 강화로 지속 가능한 발전 기반 조성
새마을운동을 기반으로 한 농촌지역 개발을 위한 새로운 ODA모델 정립</td></tr>
</table>

3) 주요 시범사업

경상북도가 추진하는 새마을 시범사업의 주요 사업은 크게 세 부분, 즉 의식 개혁, 생활환경 개선, 소득 증대로 구성되어 있어 1970년대 한국 새마을사업과 비슷하며, 시범사업 사이에는 큰 차이가 없다. 그러나 세부 내용에서는 마을의 사회·경제적 격차에 따라 조금씩 차이를 보이고 있다(임한성, 2012: 44-49).

(1) 에티오피아

에티오피아 시범사업은 한도데와 데베소 두 마을에서 처음 시행되었다. 이 두

마을은 10㎞ 내외로 인접해 있어 사회경제적 환경이 비슷하다. 그리고 2011년에 추가된 아두랄라 마을은 한도데 마을에서 수도인 아디스아바바로 가는 길목에 위치한 마을이며 자연 조건은 위의 두 마을과 별다른 차이가 없다.

한국 새마을 연수 과정에서 작성된 Action Plan에 근거해 모든 마을에서의 시범사업은 주민총회에서 우선순위가 조정되거나 경우에 따라서는 대대적인 사업계획서 개편이 이뤄진다. 이 때 이전부터 전통적으로 존재해 왔던 마을의 자생조직들이 새마을운동 실행을 위해 새롭게 결성된 새마을위원회와 수평적으로 연계되어 시범사업의 우선순위를 결정하는 데 참여하고 있다. 모든 시범사업의 Action Plan은 5년을 기준으로 설정되어 있으며 시범사업에 따라 시작 연도와 종결 연도가 다르다. <표 7-4>에서 보는 바와 같이 2010년과 2011년에 작성된 시범사업의 Action Plan이 요약되어 있다.

먼저 2010년의 시범사업에는 농업기반 조성사업(저수지 정비), 가축은행 및 농외소득원 개발이 중점적으로 시행되었으며, 생활환경 개선 부문에는 새마을회관 신축, 마을안길 정비 및 개인 가구의 주거환경 개선사업(화장실 개보수, 외양간 건축)이 포함되어 있다. 의식 개혁 부문에는 새마을조직과 새마을교육, 경제교육 및 어린이와 청소년 교육(영어, 한국문화, 태권도 등) 등이 있다.

표 7-4 에티오피아 Action Plan(2010.8~2011.7)

소득 기반 조성	생활환경 개선	의식 개혁
한도데 마을		
• 농업 생산 기반 시설 확충 -저수지 정비 및 수로 준설 • 가축은행 사업 시행 -축산기술 전수	• 새마을회관 신축 • 안정적 식수 확보 • 마을 도로 정비	• 새마을조직 육성 및 교육 • 유치원 보수 및 학습 프로그램 지원
데베소 마을		
• 가축은행 사업 • 농외 소득원 개발 -부녀자 기술 전수	• 새마을회관 신축 및 확성기 설치 • 주거환경 개선 -화장실 개보수 -가축 외양간 건축	• 새마을조직 육성 및 교육 • 저축 습관 교육 • 태권도 및 영어교육

표 7-5 에티오피아 Action Plan(2011.8~2012.7)

소득 기반 조성	생활환경 개선	의식 개혁
한도데 마을		
• 농업 생산 기반 시설 확충 -저수지 확장 및 수로 준설 • 가축은행 사업 및 축산 기술 전수 • 고소득 작물 재배 • 농외 소득원 개발(양봉)	• 새마을회관 개보수 • 물 저장고 사업 • 마을안길 정비 • 새마을 조경공사	• 새마을조직 육성 및 교육 • 어린이 도서관 운영 • 유치원 분반 및 학습 프로그램 지원 • 보건 및 위생교육
데베소 마을		
• 농업 생산 기반 시설 확충 -저수지 및 수로 건설 • 가축은행 사업 • 옥수수 재배 • 농외 소득원 개발 -갈탄 제작, 재봉교육 등	• 빗물 탱크 설치 • 주거환경 개선 -화장실 개보수 • 태양광 발전 • 마을 진입로 정비	• 새마을조직 육성 및 교육 • 탁아소 운영 • 한국문화 소개 및 도서관 운영 • 마을금고 운영
아두랄라		
•가축은행 사업 시행	• 새마을회관 신축 • 생활환경 개선 -화장실 개보수 등 • 마을 진입로 정비 • 마을 저수지 건설	• 새마을조직 육성 및 교육 • 부녀자 기술교육 • 경제교육 -저축 습관 기르기

마을회관 신축

안정적인 식수 확보

새마을조직 교육

새마을교육 수료식

주거환경 개선

가축은행

태권도 교육

그림 교육

그림 7-3 시범마을 조성 현황(에티오피아)

(2) 탄자니아

탄자니아의 시범사업은 <표 7-6>에서처럼 소득 증대 사업과 관련된 부문은 주로 농업생산성 향상과 특용작물 시범단지 조성과 관련되어 있다. 이외에 가축은행

표 7-6 탄자니아 Action Plan(2010.8~2011.7)

소득 기반 조성	생활환경 개선	의식 개혁
키보콰 마을		
•농업생산성 향상 및 특용 작물 시범 재배	•새마을회관 신축	•새마을조직 구성 및 교육 •보건소 운영 •한국문화 전수(태권도)
팡가웨 마을		
•산림녹화	•새마을회관 정비 및 기자재 보급 •주거환경 개선	•새마을조직 결성 및 교육 •보건소 운영 •여성 직업교육 •영유아 교육 및 급식

표 7-7 탄자니아 Action Plan(2011.8~2012.7)

소득 기반 조성	생활환경 개선	의식 개혁
키보콰 마을		
• 농업생산성 향상 -퇴비 증산, 지력(地力) 증진, 객토 • 특용작물 시범단지 조성 • 가축은행 사업 실시 • 대체연료사업 -옥수수 갈탄 제조 • 재봉교육 및 구판장 운영	• 새마을회관 완공 • 주거환경 개선 -부엌, 화장실 등 • 식수 공급 -지하수 개발 -시추작업	• 새마을조직 결성 및 교육 • 한국문화 및 태권도 교육 • 보건소 운영
팡가웨 마을		
• 여성 직업교육 -재봉교육, 양계장 운영 • 산림녹화 -유실수 사업 • 공동농장 운영	• 주거환경 개선 -지붕 및 화장실 개량	• 새마을조직 육성 및 새마을 교육 -새마을청년회 활성화 • 아동복지사업(아동 급식) • 유아교육 • 보건소 운영

새마을회관 완공

벼농사 시범농장 건설

새마을조직 구성 및 교육

주거환경 개선

재봉교육

재봉교육 수료증 수여

아동 급식 | 특용작물 수확

그림 7-4 시범마을 조성 현황(탄자니아)

사업과 여성 직업교육 등이 있다. 농업기반 조성사업과 관련해 특히 키보콰 마을의 경우 경리 정리와 수로 사업이 상대적으로 잘 정비되어 있어 시범사업에는 포함되어 있지 않다. 그리고 생활환경 개선 부문과 의식 개혁 부문은 에티오피아의 사례와 아주 유사하다. 탄자니아의 특징 중 하나는 보건소 사업과 농업 부문이 상대적으로 큰 비중을 차지하고 있다.

(3) 르완다

르완다 시범사업도 에티오피아와 비슷하다. 소득 증대사업에는 가축은행, 시범농장, 부녀자 교육이 시행되고 있으며, 생활환경 개선 부문에서는 보건소를 포함하고 있는 마을회관 건립, 생활용수 확보와 생활환경 개선 등에 중점을 두고 있다. 의식 개혁 부문에서는 새마을조직 결성과 새마을정신 교육, 보건소 운영, 한국문화 소개 등의 사업을 추진하도록 Action Plan이 설계되어 있다. 키가라마 마을에서 관찰된 재미있는 현상은 유치원 운영사업이 원래의 계획보다 일찍 시작한 것이다. 이 사업은 마을 부녀자들의 요청에 의해 부녀자 재봉교육과 연계해 실시되고 있다. 즉, 부녀자들이 재봉교육을 받고 있는 동안 어린이들은 유치원에서 교육에 열중하고 있도록 한 것이다. 르완다 시범사업의 구체적인 내용을 살펴보면 <표 7-8>과 같다.

표 7-8 르완다 Action Plan(2010.8~2011.7)

소득 기반 조성	생활환경 개선	의식 개혁
키가라마 마을		
• 농업생산 기반시설 확충 -저수지 확장 및 수로 준설 • 가축은행 사업 시행	• 새마을회관 및 보건소 신축	• 새마을조직 구성 및 교육 • 부녀회 기술 교육 • 유치원 보수 및 교육 • 한국문화 알리기 • 영양 프로젝트

표 7-9 르완다 Action Plan(2011.8~2012.7)

소득 기반 조성	생활환경 개선	의식 개혁
키가라마 마을		
• 부녀회 소득 증대 사업 -재봉, 염색, 아틀리에 운영 • 가축은행 사업 • 시범농장 운영	• 새마을회관 정비 • 주택 개량사업	• 새마을 교육 • 보건소 운영 • 유치원 운영
기호궤 마을		
• 시범농장 운영 -고소득 작물 재배 -영농기술 전수 (윤작, 퇴비 증산 및 사용, 씨앗 고르기 등)	• 새마을회관 신축 • 생활용수 및 환경 개선 • 주방환경 개선	• 새마을조직 육성 및 새마을 교육 • 보건/위생 교육
무심바 마을		
• 가내 수공업 운영 • 농업기술 전수사업	• 식수원 개발 및 확보 • 새마을회관 건립	• 새마을조직 결성 및 교육 • 유치원 교육

시범농장 조성

농수로 정비

식수 공급

위생 교육

저수지 조성

유치원 운영

부녀회 기술교육

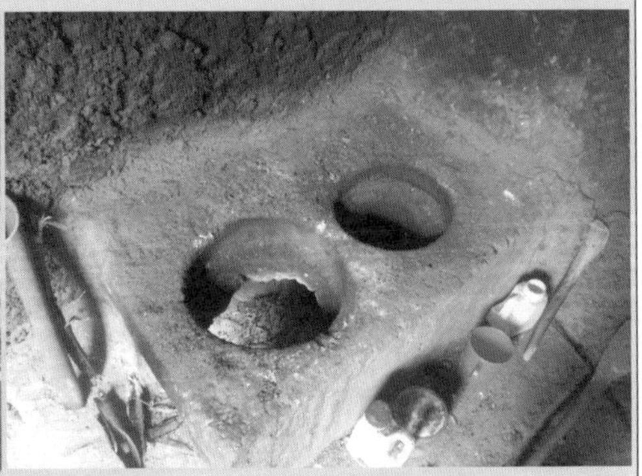

주방환경 개선

그림 7-5 시범마을 조성 현황(르완다)

제8장 한국 전자정부의 세계화

제1절 서론

우리나라는 전자정부 해외 수출 신장을 위해 2003년 참여정부 당시 정보통신부 주도하에 전략적 로드맵 과제로 채택한 바 있고, 2008년 이후에는 주무부처를 안전행정부로 이관했으며, 현재에는 전자정부 부문의 국제 협력 분야는 안전행정부 산하 한국정보화진흥원에 그리고 국내 정보통신기업 해외시장 진출 지원과 ICT 산업 육성을 위해서는 미래창조과학부 산하 정보통신산업진흥원에 그 업무를 담당하도록 했으며, ICT를 외교 차원에 지원하기 위해서는 외교부 산하 한국국제협력단과 한국인터넷진흥원, 정보통신정책연구원 등과 같은 공공기관에서 본격적으로 담당하도록 하고 있다(남재일 · 이종원, 2013: 1050).

이처럼 우리 정부가 전자정부 해외 수출을 위해 범정부 차원에서 전략적 노력을 기하는 이유는 현재 글로벌 IT 서비스 시장 규모가 약 6,495억 달러(714조 원)로 국내 시장 67억 달러와 비교해 볼 때 엄청난 기회의 요소가 많다는 것이다. 그러나 현실적으로 이미 유수의 글로벌 IT 기업이 세계시장을 선점하고 있어, 국내 IT 기업의 글로벌 전자정부 시장 점유율이 극히 미비하다는 데 그 중요성이 배가된다고 할 수 있다. 일례로 2011년 기준 전 세계 100대 IT 서비스 기업 중 국내 기업은 고작 3개사에 불과하다는 것이 이를 잘 방증해 준다. 그럼에도 불구하고, 우리나라의 전자정부가 가지는 세계적 위상으로 인해 우리 전자정부 시스템에 대한 해외적 관심과 수요의 폭이 증가하고 있다는 사실에 우리는 주목할 필요가 있다. 2012년 당시 65개 국가에서 약 400여 명의 인력이 우리 전자정부를 벤치마킹하기 위해 행정안전부(현 행정자치부)를 방문하기도 했다.

이러한 추세에 힘입어 전자정부 수출 실적 또한 대폭 증가해 2008년 3,040만 달러에 불과했던 것이 2012년 기준 약 11배가 증가한 3억 4,212만 달러를 달성했다(미래창조과학부, 2013: 425).

초창기 우리나라의 전자정부 수출은 특허, 관세, 조달 등 국제적 범용성이 높고, 표준화가 상대적으로 가능한 분야를 중심으로 이뤄져 왔으나, 최근에는 정부통합데이터센터, 출입국 관리, 재난 관리, 전자주민증 등 다양한 분야로 확대되고 있어 고무적인 현상이라 할 수 있으나, 향후에는 퀀텀 점프(quantum jump: 대약진)할 수 있는 새로운 아이템과 모멘텀을 구축해야 한다.

이 장에서는 한국 전자정부의 세계화 현주소를 살펴보기 위해 먼저 한국 전자정부 진화 과정에 대해 논하고, 그리고 한국 전자정부의 해외 수출 현황과 향후 과제, 마지막으로 한국의 전자정부 정보화 및 IT 국제 원조 현황과 실적에 대해 파악해 보고자 한다.

제 2 절 한국 전자정부의 진화 과정

전자정부 태동기부터 현재까지 우리나라는 IT를 통한 효율성 제고에 중점을 두고 국가정보화 사업을 추진한 결과 많은 성과를 거둔 것으로 평가된다(명승환, 2012: 88-89). 우리나라는 지난 20년 동안 국가사회 발전 동력으로 전자정부 구축을 체계적으로 추진한 결과, 세계 최고 수준의 ICT 인프라 확보와 인터넷 이용의 확산 및 경제 사회 전반에 ICT의 영향력 확대 등 괄목할 만한 성과를 거두었다(한국정보화진흥원, 2013: 45).

우리나라의 전자정부 구축사업은 1976년부터 시작된 '행정전산화기본계획'을 필두로 '국가기간전산망계획', '행정정보화촉진사업', '초고속정보통신망구축사업' 및 '정보화촉진기본계획', '전자정부 11대 사업', '전자정부 31대 로드맵', '스마트 전자정부 추진계획' 등에 이르기까지 꾸준히 지속되어 왔다(김성태, 2013: 109). 특히, 문민정부에서는 따라잡기(catch-up) 전략을 통해 단위 전자정부 시스템 구축을 통해 기존 업무의 자동화 및 효율화를 도모했고, 국민의 정부는 산업화 전략을 통해 정보화와 IT 산업에의 집중 투자를 통해 IMF 극복의 원동력으로 했다. 참여정부 때에는 전자정부 성장기를 통해 세계 최고 수준의 인프라를 기반으로 온라인 참여 확대, 신규 서비스 활성화 등 질적 고도화를 달성했다(명승환, 2012: 89).

표 8-1 전자정부 추진의 진화 과정

<table>
<tr><th rowspan="2">구분</th><th>도입기</th><th colspan="4">성장기</th><th>성숙기</th></tr>
<tr><th>1987~94년</th><th colspan="2">1995~2000년</th><th colspan="2">2001~2007년</th><th>2008년~현재</th></tr>
<tr><td>목표</td><td>기본 DB 구축</td><td colspan="4">ICT 기반 구축 및 인터넷 이용 확산</td><td>ICT 활용 고도화</td></tr>
<tr><td>수단</td><td>자동화 · 효율화</td><td colspan="4">네트워킹 생산성 향상</td><td>융합 서비스 혁신</td></tr>
<tr><td>주요 계획</td><td rowspan="3">국가기간 전산망</td><td colspan="2">'정보화촉진 기본계획', 'Cyber Korea 21'</td><td colspan="2">'e-Korea Vision 2006', 'U-Korea 기본계획'</td><td>국가정보화 기본계획</td></tr>
<tr><td>전자 정부</td><td>부처별 정보화</td><td colspan="2">시 · 군 · 구별 행정종합정보화</td><td>전자정부 11대 과제, 31대 과제</td><td>스마트 전자정부 정보 지원 통합</td></tr>
<tr><td>정보 기반</td><td colspan="4">초고속 정보통신망</td><td>광대역 통합(WiBro, RFID/ USN, DMB, IPTV)</td></tr>
</table>

출처: 한국정보화진흥원(2013: 45).

이러한 노력으로 우리나라는 세계 최고 수준의 전자정부를 구축해 왔다는 평가와 함께 최근 2회 연속 UN 전자정부 평가 세계 1위, 다수의 UN 공공행정상 수상 등의 가시적인 성과를 보였다(김성대, 2013: 109).

우리나라는 2010년과 2012년 2회에 걸쳐 연속적으로 UN 전자정부 발전지수(E-Government Development Index) 부문에서 1위(193개국 중)를 차지했고, UN 전자정부 온라인 참여지수와 2013년 ITU IT 발전지수 평가에서도 4년 연속 1위를 차지하는 등 국제사회에서 정보화 선도국가로서의 위상을 인정받고 있나(남재일 · 이종원, 2013: 1050; 2013 한국정보화진흥원, 2013: 570). 이는 1970년대 이후 세조입, 중공업 등 산업의 고속 성장을 달성한 이래 우리 정부가 달성한 또 하나의 성공적 쾌거라고 할 수 있다.

표 8-2 우리나라의 UN 전자정부 평가 결과

Item		2005	2008	2010	2012
e-Gov Development Index		5th place	6th place	1st place	1st place
1	Online Service	0.97(4th)	0.82(6th)	1.00(1st)	1.00(1st)
2	ICT Infra	0.67(9th)	0.69(10th)	0.64(7th)	0.83(7th)
3	Human Investment	0.97(14th)	0.98(10th)	0.99(7th)	0.94(6th)
Online Participation Index		0.87(5th)	0.98(2nd)	1.00(1st)	1.00(1st)

출처: 남재일 · 이종원(2013: 1052).

구체적으로 전자정부 발전지수에서 우리나라는 2010년 1점 만점에 0.8785점을 받아 1위를 차지했으며, 2012년에는 2010년보다 높은 0.9283점을 받아 그 영예의 자리를 지켰다. 그뿐만 아니라, 온라인 참여지수에서도 2010년, 2012년 연속해 1점 만점에 1.0000점을 받아 그 자리를 굳건히 지키고 있다.

그동안 지식정보사회 구현을 목표로 한 전자정부 정책 추진의 성과를 살펴보면 세 가지 측면에서 엿볼 수 있는데, 첫째는 행정 · 금융 · 교육 · 연구 · 국방 등 국가 주요 인프라를 구축하고, 법제도 추진 체계, 정보화촉진기금 등의 기반을 마련했다. 이와 같은 기술 인프라, 제도 환경, 경제적 기반은 효율적인 국가정보화를 추진할 수 있는 원동력으로 작동했다. 둘째는 초고속 정보통신망 구축, 전자정부 본격 추진 등 국가사회 전반에 인터넷 확산을 통한 생산성 향상에 기여했다. 이를 통해 세계 최고 수준의 인터넷 속도와 전자정부를 가질 수 있게 되었으며, 한편으로는 공공 부문의 ICT와 민간 영역의 ICT가 효율적으로 접합될 수 있는 기회를 확산시킬 수 있었다. 셋째는 교통 · 물류 · 안전 · 환경 등 공공 및 민간 부문의 ICT 신기술 접속을 촉진해 지속 가능한 성장과 국가 발전을 도모했다. 이에 따라 라이프 케어 로봇(Life Care Robot), 스마트 홈 시티(Smart Home City), 최첨단 생활 인프라 등의 지능형 사회환경을 통한 인간 친화적인 ICT의 활용이 높아질 수 있었다.

이상의 성과가 가지는 의의는 크게 대외적으로는 전자정부 글로벌 이미지 상승으로 인한 전자정부 해외 수출 활성화와 국가 브랜드 제고에 기여한다는 점이고, 대내적으로는 전자정부의 성숙으로 인한 수요자 맞춤형 정보 제공으로 국민의 편익을 증진시킬 뿐만 아니라 온라인 창업 지원 및 물류 정보망 구축으로 경제 활성화에 기여할 수 있다는 것이다. 또한 공간정보 및 국정협업 체계 구축을 통해 행정

표 8-3 우리나라의 UN 전자정부 평가 결과: 전자정부 발전지수 및 온라인 참여지수

전자정부 발전지수								
순위	2005년		2008년		2010년		2012년	
	국가명	지수	국가명	지수	국가명	지수	국가명	지수
1	미국	0.9062	스웨덴	0.9157	**대한민국**	**0.8785**	**대한민국**	**0.9283**
2	덴마크	0.9258	덴마크	0.9134	미국	0.8510	네덜란드	0.9125
3	스웨덴	0.8983	노르웨이	0.8921	캐나다	0.8448	영국	0.8960
4	영국	0.8777	미국	0.8644	영국	0.8147	덴마크	0.8889
5	**대한민국**	**0.8727**	네덜란드	0.8631	네덜란드	0.8097	미국	0.8687
6	호주	0.8679	**대한민국**	**0.8317**	노르웨이	0.8020	프랑스	0.8635
7	싱가포르	0.8503	캐나다	0.8172	덴마크	0.7872	스웨덴	0.8599
온라인 참여지수								
순위	2005년		2008년		2010년		2012년	
	국가명	지수	국가명	지수	국가명	지수	국가명	지수
1	영국	1.000	미국	1.00	**대한민국**	**1.000**	**대한민국** **네덜란드**	**1.000**
2	싱가포르	0.9841	**대한민국**	**0.9773**	호주	0.9143	카자흐스탄 싱가포르	0.9474
3	미국	0.9048	덴마크	0.9318	스페인	0.8286	미국 영국	0.9211
4	**대한민국**	**0.8730**	프랑스	0.9318	뉴질랜드 영국	0.7714	이스라엘	0.8947
5	캐나다	0.8730	호주	0.8864	–	–	호주 에스토니아 독일	0.7632
6	뉴질랜드	0.7937	뉴질랜드	0.7955	일본 미국	0.7571	콜롬비아 핀란드 일본 아랍에미리트	0.7368

출처: 안전행정부(2013: 11).

효율성을 제고할 수 있고, 재난 대응 및 가축 위생관리와 같은 전자정부 시스템 구축으로 사회 안전을 강화할 수 있다.

공급 측면에서는 국가 지식정보 자원의 산업정보가 마련되었다고 할 수 있다. 그간 정부 주도의 노력으로 과학기술, 문화, 역사, 교육 등 각 분야의 약 2.9억 건의 자료를 데이터베이스(DB)로 구축하는 등 방대한 지식정보 인프라를 확보했으며, 구축된 인프라 위에서 '지식정보의 활용'을 통해 국민, 기업 등 개별 경제 주체들이 좀 더 창의적이고 역동적으로 경쟁력을 향상시켜 나갔다. 이를 통해 기업 및 산업 활성화 지원 기능을 마련해 관련 기업의 신비즈니스 창출 등 산업 육성의 선순환 구조를 마련하고, 나아가 향후 국가경쟁력 확보의 핵심이 될 것으로 보인다(명승환, 2012: 90-91).

제3절 한국 전자정부의 수출 현황

한국의 전자정부는 2013년 7월, '정부 3.0 추진 기본계획'을 통해 국민 중심의 소통하는 투명한 정부, 일 잘하는 유능한 정부라는 국정 운영 패러다임을 제시했고, 또한 플랫폼으로서의 정부 서비스라는 정부 위상 재정립을 통해 정보 공유, 정보 개방, (부처와 시민의) 협업이라는 과제가 정부 3.0의 핵심 추진 과제로 등장했다. 이러한 노력의 일환으로 한국의 전자정부는 명실상부 국제적인 가치를 인정받아 경제적 효과라 할 수 있는 해외 수출의 성과를 창출했다. 2002년 10만 달러에 불과하던 전자정부 수출이 2010년에는 1억 5천만 달러, 2011년에는 2억 3,566만 달러, 그리고 2012년에는 전년도에 대비해 무려 44%가 증가한 3억 4,032만 달러를 달성했다. 이는 UN 전자정부 평가 2회 연속 1위에 따른 우리나라 전자정부의 국제적 위상이 강화가 그 주된 원인일 것이며, 또한 ICT 기업들의 적극적인 해외시장 공략과 정부의 수출 지원 노력 등이 어우러져 이뤄낸 결과라고 할 수 있다.

2012년 전자정부 수출의 특징을 보면, 조달, 통관 등 전통적 수출 효자 종목 외에도 정부행정망, 전자주민증, 교통, 재난관리 등으로 수출 품목이 다양화되었을 뿐 아니라, 수출 국가도 2011년 당시 동남아시아가 전체 59.4%로 거의 다수를 차지하고 있었으나, 2012년에는 그 변화의 형태가 발생해 아프리카(31%), 서남아시아

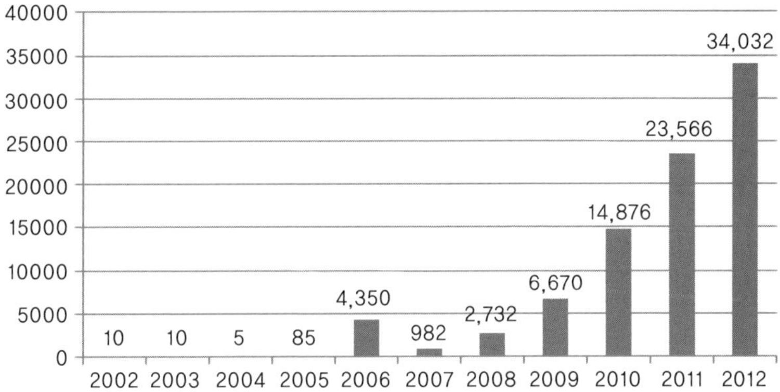

그림 8-1 전자정부 수출 실적

(28%), 동남아시아(19%), 중남미(11%), 중앙아시아(8%), 중동(3%) 등에 이르기까지 전 세계적으로 확대되는 다변화 현상을 보였다(한국정보화진흥원, 2013: 46-47). 이는 오랫동안 우리나라가 전자정부 수출 기반 구축을 다져온 성과적 산물이라고도 할 수 있다. 구체적으로 우리나라는 베트남, 모로코, 쿠웨이트, 브루나이, 불가리아 등 12개국과의 MOU 체결, 쿠웨이트, 브루나이, 베트남, 불가리아와의 IT 협력위원회 구성 및 운영이라는 정부간 협력 체계를 구축해 왔고, 또한 정보화 ODA를 활용한 해외 진출 거점을 확보해 왔다.[4] 그뿐만 아니라 초기 시장 개척을 위한 국제은행 및 기구 등과의 협업 활성화를 체계적으로 조성해 온 결과라 할 수 있다(행정안전부, 2011: 9).

또한 국내 ICT 기업들의 국제경쟁력이 높아짐에 따라 다국적 기업들과의 경쟁이 치열한 수입국 자체재원사업 및 국제기구사업의 수주가 대폭 증가한 것도 큰 특징이라 할 수 있다(한국정보화진흥원, 2013: 47).

2012년도 전자정부 수출 세부 내역을 살펴보면, 아프가니스탄 전자주민증사업(4,500만 달러), 방글라데시 ICT 교육훈련센터(3,900만 달러), 도미니카 산토도밍고시 지능형 교통정보시스템(3,600만 달러), 말리 통신청 정부행정망사업(3,570만 달러), 가봉 정부행정망 구축(3,000만 달러), 베트남 호치만-쭝릉 고속도로 지능형 교통 시

4) 인도네시아, 볼리비아, 나이지리아 등 30개국에 정보접근센터를 구축했으며, 정보 격차 해소를 위한 IT 인프라 구축과, IT 전문가 초청 연수생을 118개 국가에서 3,217명을 양성하기도 했다.

스템(3,000만 달러) 등 21개국을 대상으로 34,032만 달러를 수출했다.

표 8-4 전자정부 수출 세부 내역(2012)

사업명		대상 국가	금액(만 달러)
합계			34,032
1	통신청 정부행정망	말리	3,570
2	정부보안관제센터	모로코	7
3	주소등록정보시스템	아제르바이잔	100
4	e-NID(전자주민증 발급)	아프가니스탄	4,500
5	법인등록 및 인허가 시스템	바레인	800
6	한국형 첨단교육시스템	몽골, 필리핀	200
7	자잔(Jazan)대학 E-learning ISP	사우디아라비아	50
8	우편물류 유상유지 보수	카자흐스탄	20
9	재무부 정보화교육센터	스리랑카	300
10	전자조달 유지 보수	코스타리카	84
11	다낭시 전자정부시스템	베트남	500
12	지진재난경보시스템	몽골	840
13	통계정보시스템	몽골	40
14	전자통관시스템	탄자니아	1,961
15	공항관리시스템	리비아	2,000
16	정부행정망 구축	가봉	3,000
17	호치민-쭝릉 고속도로, 지능형 교통시스템	베트남	3,000
18	ICT 교육훈련센터	방글라데시	3,900
19	조세정보시스템	라오스	2,850
20	산토도밍고시 지능형, 교통정보시스템	도미니카	3,600
21	국가지리정보시스템	우즈베키스탄	1,500
22	지적도 제작 및 토지등록시스템	자메이카	210
23	트리부반(Tribhuvan)대학 ICT센터	네팔	500
24	ICT 마스터플랜	캄보디아	200
25	디지털과학수사시스템	방글라데시	300

출처: 미래창조과학부(2013: 25).

제 4 절 한국 전자정부 수출 제고를 위한 과제

우리나라의 전자정부 수출은 매년 증가 추세에 있지만, 현 체계보다 더 비약적 진일보를 위해서는 현재 가지고 있는 문제점을 분석한 뒤 이에 탈피할 필요성이 제기된다. 현재 전자정부 수출과 관련되어 지적되고 있는 문제점과 과제로는 첫째, 사업 발굴 단계의 지원 부족을 들 수 있다. 2012년 전자정부 사업 발굴 단계 지원 규모를 그 예로 들면, EDCF(대외경제협력기금)와 KOICA(한국국제협력단)를 제외한 기관의 건당 예산은 1억 원 내외로, 전반적으로 지원 사업의 수와 금액이 충분하지 않다는 것이다(남재일 · 이종원, 2013: 1052). 따라서 신규 사업 발굴 과제를 위한 범정부 차원에서의 지원 확대가 이뤄져야 할 것이며, 상호 중복 문제로 인한 비용상 낭비 문제를 줄이기 위해 기관 간 협의 조정과 연계, 통합 표준화 작업이 이뤄져야 한다.

둘째, 컨트롤 타워 부재로 전자정부 수출 지원 사업이 정부부처, 기관별로 분산 추진됨에 따라 효율성이 떨어진다는 문제점을 지적할 수 있다.[5] 그러나 다행스럽게도 이 문제를 시정하기 위해 2013년 11월 범정부 차원에서 '전자정부수출진흥협회'를 만들고 2014년 중순부터 법정법인으로 인정한 뒤 공식적으로 지원하고 있다. 그러나 문제는 2011년 당시에도 '민 · 관 합동 전자정부 수출지원협의회'를 신설해 전자정부 수출에 박차를 기하려 했지만, 관이 제 기능을 담당하지 못함으로 인해

5) 과거의 경우 전자정부 주무부처인 행정안전부는 국제 협력과 저개발 국가를 대상으로 한 전자정부 교육을, 기획재정부는 경제 발전 경험 공유사업(Knowledge Sharing Program: KSP) 일환인 전자정부 경험 전수 컨설팅 사업을 그리고 수출입은행은 대외경제협력기금(EDCF)을 활용한 해외 전자정부 사업 지원을 담당했다. 외교부 산하 한국국제협력단(KOICA)은 해외 전자정부 원조사업을, 미래창조과학부 산하 정보통신산업진흥원(NIPA)은 해외 전자정부 컨설팅 지원사업을 그리고 국토교통부(현 해양수산부)는 해외 공간정보 사업지원과 해외 u-city 시장 분석을 책임졌다. 그뿐만 아니라 대한지적공사의 경우는 해외 공간정보 원조사업을, 그리고 서울시는 위고(WeGo) 회원 도시를 대상으로 한 전자정부 마스터플랜 수립 사업을 담당했다. 이처럼 과거 우리 정부는 정부부처, 지방자치단체, 각계 공공기관이 전자정부 해외 지원사업을 제 각기 분산해 추진함에 따라 효과적 측면에서 시너지가 크지 않았다. 전자정부 수출 지원 사업이 분산됨에 따라 다수 컨설팅 사업을 국내 기업이 수행함에도, 대형 후속 사업으로 연결되지 못하고, 또한 부처 간에 충분한 협력 없이 지원 사업을 진행하다 보니 후속 대규모 전자정부 구축 사업이 발주될 만한 타깃 국가를 선정하거나 지원하는 데 어려움이 발생했다. 각 부처와 기관이 모두 개별적으로 각기 다른 나라의 컨설팅 사업을 진행해 지원 국가와 사업은 많지만, 대규모 전자정부 수출로는 이어지지 못했다. 즉, 양적 성장만 이뤘을 뿐 질적 성장을 이루지 못했다(미디어다음, 전자신문, 2013.08.27, http://media.daum.net/-digital/others/newsview?newsid=20130729180713697).

표 8-5 2012년도 기관별 전자정부 사업 발굴 지원 규모

구분	프로젝트 수	지원 금액	프로젝트당 지원 금액
대외경제협력기금 (EDCF)	사업타당성 분석: 1개	3억 7천만 원	3억 7천만 원
한국국제협력단 (KOICA)	ICT 종합 기본계획: 1개	20억 원	20억 원
정보통신산업진흥원 (NIPA)	종합 기본계획: 3개 사업타당성 분석: 22개	25억 2천만 원	종합 기본계획: 1억 8천만 원 사업타당성 분석: 9천만 원
한국인터넷진흥원 (KISA)	사업타당성 분석: 4개	2억 8천만 원	7천만 원
서울특별시 (Seoul City)	사업타당성 분석: 3개	3억 3천만 원	1억 1천만 원

출처: 남재일 · 이종원(2013: 1053).

그 실효성을 크지 않았다는 점에 주목할 필요가 있다. 따라서 뒤늦은 감이 없지 않으나, 컨트롤 타워 기능을 담당할 '전자정부수출진흥협회'가 창설된 만큼 좀 더 근원적인 차원에서 문제를 진단하고, 그 실마리를 해결할 수 있는 방향성을 구축해야 할 것이다.

셋째, 전자정부 수출을 위한 정부 및 민간의 자금 지원이 필요하다. 현재 우리나라가 추진하고 있는 해외 전자정부 사업의 경우 유 · 무상 원조자금과 공공기관에서 지원하는 자금으로 구분할 수 있다. 그러나 이러한 자금을 제외할 경우 기술력이 우수하나 자금력이 부족한 중소기업이 해외시장에 진출하는 데 다소 어려움을 겪고 있는 것이 사실이다. 따라서 국가 정책적 차원에서 다양한 자금력을 동원할 수 있다면 우리나라 기업들의 해외 전자정부 수출 추진에 큰 견인차 역할을 담당할 수 있게 된다. 예컨대, 프로젝트 파이낸싱이나 아니면 민간협력사업, 수출 금융 등의 형태가 투입되지 않고 있는 실정이므로, 재무적인 어려움으로 해외 진출에 어려움을 겪는 기업들에 대한 새로운 촉매자적 역할을 국가는 담당해야 한다(남재일 · 이종원, 2013: 1058).

제 5 절 한국의 정보화 분야 국제 원조(ODA)*

1 범정부 차원에서의 정보화 국제원조 추진 방향

우리나라는 2001년 12월 세계은행(World Bank) 정보격차해소단(Development Gateway Foundation: DGF)에 창립 이사국으로 가입한 이래, 개발도상국에서 정보강국으로 도약한 노하우를 전수하는 컨설팅 사업을 지속적으로 추진해 오고 있다.

2010년에는 OECD-DAC[6]에 가입하면서 '국제개발협력기본법'을 제정했고, 2010년 10월에는 제7차 국제개발협력위원회에서 국제개발협력 선진화 방안을 수립하면서, 우리 정부는 '수원국에 희망을, 국제사회에 모범을, 국민에게 자긍심을'이라는 모토로 개발도상국의 빈곤 퇴치와 자립, 국제사회의 보편적 가치 추구, 공적개발원조(Official Development Assistance: ODA)라는 새로운 기본 방향을 정립했다. 또한 ODA 규모를 2009년 국민총소득(GNI) 대비 0.10% 수준에서 2015년 0.25% 수준으로 확대하고, 국제개발협력위원회 중심의 통합 추진 체계를 구축하기로 했다. 그뿐만 아니라, 분야별로 나뉘어 있던 중점협력국도 26개국으로 통합해 한정된 재원을 선택과 집중에 따라 효과적으로 활용하고, 국가별협력전략(Country Partnership Strategy: CPS)을 마련해 국가별로 2~3개의 중점 지원 분야를 선정해 실행하고 있다(한국정보화진흥원, 2013: 565).

우리나라의 정보화 수준이 세계적으로 인정받고 있어 많은 국제기구 및 국가들이 우리의 정보화 경험을 벤치마킹하는 등 정보화는 한국만의 독특한 개발 협력이 가능한 분야로서 인정받고 있으며, ICT 분야의 원조 비중도 점차 증가하고 있는 실정이다.

2013년 발표한 수출입은행(Export-Import Bank: EXIM)과 한국국제협력단(KOICA)의 2012년 통계에 따르면, 유상원조의 경우 정보통신 분야의 원조 규모가 2,432.9

---

* 한국의 정보화 분야 국제 원조는 2013년 국가정보화 백서를 참조했다.

6) DAC(Development Assistance Committee, 개발원조위원회)는 개발도상국과의 협력 문제를 다루는 곳으로 원조 규모 확대 및 원조 프로그램의 효율성 제고를 위한 회원국 간 정책 협의 및 조정을 담당하는 기구로 우리나라는 24번째 회원국의 자격으로 2010년 1월 1일부터 정식 활동하고 있다.

억 원으로 전체 유상원조 규모의 20.1%를 차지하고 있으며, 무상원조의 경우 정보통신 분야의 원조 규모가 682.6억 원으로 전체의 13.6%를 차지하고 있다. 특히 유상원조의 경우 정보화 분야로 분류 가능한 통신·공공행정 분야의 비율이 5년 연속 증가하고 있음을 고려할 때, 결과적으로 수원국 정부의 정보화 필요성에 대한 인식이 점진적으로 증가하고 있음을 확인할 수 있다.

표 8-6 국제개발협력 ICT 분야 예산 반영 추이

(단위: 억 달러, %)

연도	유상원조(EXIM)			무상원조(KOICA)		
	총액(A)	IT 분야(B)	비율(B/A)	총액(A)	IT 분야(B)	비율(B/A)
2008년	9,663.1	428.5	4.4	3,055.4	506.3	16.6
2009년	11,543.0	559.1	4.8	3,557.5	561.8	15.8
2010년	12,073.2	1,466.6	12.1	5,247.3	652.2	12.4
2011년	10,686.4	1,560.1	14.6	4,518.4	624.3	13.8
2012년	12,118.7	2,432.9	20.1	5,013.4	682.6	13.6

출처: 한국정보화진흥원(2013: 566).

2 정보화 국제 원조(ODA) 추진 현황 및 실적

국가 간 정보화 협력은 재외공관을 통한 외국 정부의 협력 요청, 대통령, 총리 및 관련 부처 장·차관 등 정부 고위 인사 간 회담에 따른 협력, 해외 진출 ICT 기업의 협력 지원 요청 등에 의해 이뤄진다.7)

2013년 우리나라의 정보화 국제 원조 현황을 살펴보면, 먼저 2013년 5월 우리나라는 합동 기술지원팀(정보화 전문기관, 정부 및 관련 기업 전문가로 구성)을 구성해 베트남 국세청 세무정보 시스템 구축 사업에 컨설팅을 수행한 바 있으며, 2013년 7월에는 모로코 고등기획부 산하 통계국을 대상으로 2014년도 센서스 추진을 위한 컨설팅을 수행했다. 또한 2013년 8월에는 도미니카공화국 911 응급 안전 시스템 구축 관계 기관을 대상으로 컨설팅을 수행한 뒤, 도미니카 911 통합 시스템의 효

7) 협력 방법으로는 우선 단기적 현지 방문, 영상회의, 이메일을 통해 협력 채널을 먼저 구축한 뒤 상호간 협력이 필요한 분야에 대해 MOU를 체결하고 정보화 협력을 수행하게 된다(한국정보화진흥원, 2013: 567).

과적인 구축 및 운영을 위한 관계 기관 워크숍을 시행해 향후 추진 방안에 대한 정부 내 공감대 형성을 촉진했다.

이는 우리 관련 기업의 국가재난관리 시스템 및 911 응급 시스템 구축 기술력의 우수성을 홍보함으로써 향후 시스템 구축사업 계획 수립 등을 포함한 추가 지원은 이 분야 중남미 시장 진출을 촉진하는 중요한 계기를 거뒀다.

2013년 10월 22~23일 양일간은 '스마트 정부와 스마트 사회: 개방, 공유, 소통 그리고 협력'이라는 주제로 제2회 전자정부 글로벌 포럼을 개최해, 24개국 27명의 장・차관급 공무원을 비롯해 UN, OECD, World Bank, UNCTAD와 같은 국제기구 등 해외 인사 371명을 포함해 학계, ICT기업 등 총 1,359명이 참석해 전자정부를 바탕으로 한 행정 패러다임에 대해 각국의 추진 전략과 사례 공유의 장을 제공했으며, 그 결과로 과테말라, 코트디부아르, 카자흐스탄과 장차관급 MOU/LOI를 체결함으로써 우리 전자정부 노하우 전수를 희망하는 국가들과의 적극적인 협력 관계를 조성했다.

표 8-7 2013년 국가 간 전자정부 협력 MOU/LOI 체결 현황

대상국	체결 부처	체결일	비고
과테말라	안전행정부	2013. 10. 22	MOU
코트디부아르	안전행정부	2013. 10. 22	MOU
카자흐스탄	안전행정부	2013. 10. 22	LOI

출처: 한국정보화진흥원(2013: 567).

제 6 절 한국의 ICT 분야 국제 원조(ODA)*

1 ICT 분야 국제 원조 추진 현황

우리나라는 ICT(Information and Communication Technology: 정보통신기술) 분야의

* 한국의 ICT 분야 국제 원조는 송유철의 논문을, 그리고 ICT 봉사단 파견은 2013 국가정보화백서를 활용했다.

비전을 개도국 정보 격차 해소를 통한 빈곤 악화 및 경제 성장 촉진을 설정하고, 이를 달성하기 위해 ICT 인력 양성, 전자정부 구축, ICT 활용 기술 확산의 세 가지 목표를 설정하고 원조를 추진하고 있다.

1) ICT 인력 양성

우리나라는 2001년부터 국내 ICT 전공 대학생, 교수 또는 일반인 등으로 봉사단을 구성해 주요 개도국에 파견해 현지 공무원, 학생, 교사 등을 대상으로 한 ICT 교육 봉사활동을 실시하는 해외봉사단 파견 프로그램을 실시하고 있다.

'월드프렌즈 IT 봉사단 파견 사업'은 우리 정부의 '글로벌 청년 리더 10만 명 양성'이라는 국정과제에 적극 부응하고, 개도국에서의 ICT 봉사활동과 다양한 현지 문화에 대한 이해를 바탕으로 글로벌 리더십과 국제적 시각을 갖춘 유연한 사고의 글로벌 인재 양성에 실질적으로 기여하고 있다. 또한 21세기 정보화 시대에 국제사회의 주요 현안으로 떠오른 국가 간 정보 격차 해소 문제에 적극적으로 기여하는 것도 봉사단 파견사업의 주요한 목표 중 하나이다. 우리 정부는 2009년 5월, 정부 파견 해외봉사단을 통합함으로써 ODA사업의 시너지 효과를 내기 위해 행정안전부(현 행정자치부) 대한민국 IT 봉사단, KOICA 봉사단, 교육과학기술부 대학생 청년봉사단 및 개도국 과학기술지원단을 'World Friends Korea' 단일 브랜드로 통합해 발대식을 개최했다. 2011년에는 예산을 KOICA로 통합 운영하고, 2013년에는 World Friends Korea 통합봉사단 운영 로드맵을 수립해 관계 기관 간 체계적 운영 플랫폼을 구축하고 있다(한국정보화진흥원, 2013: 577-578).

ICT 인력 양성을 위해 세부적으로 ICT 교육정책 수립, 교육중장기계획, 인력양성계획 등을 통한 ICT 전반의 교육제도 기반 구축과 교육기관 설립 및 질의 향상을 통한 교육 인프라 구축, 그리고 원격교육 시스템 구축 및 교육기자재 공급을 통한 교육 기회 확대를 설정하고 있다(송유철, 2010: 10-11).

2) 전자정부 구축 지원

ICT 지원의 두 번째 목표인 전자정부 구축 지원은 ICT 정부정책 수립, 전자정부 마스터 플랜 수립, 그리고 ICT 정책인력 양성을 통한 제도 기반 구축, 정부부처

표 8-8 ICT 인력 양성을 위한 ODA 세부 과제

국가	과제명
인도네시아	한 · 인도네시아 ICT 교육센터 지원사업
미얀마	IT 인적자원 개발사업
베트남	한 · 베트남 친선 IT 대학 건립사업, 호치민 정치아카데미 도서관 정보화 지원사업
방글라데시	한 · 방글라데시 교육 분야 ICT 훈련원 건립 지원사업
모로코	알아카와인대학 소프트웨어 개발센터 건립사업
수단	아자하리 국립대학 IT 및 어학센터 건립사업
코트디와브르	아비장대학 정보시스템 구축 강화사업
콩고	외교부 어학능력 배양 지원사업
탄자니아	다레살람공대 ICT 교육 강화사업
페루	국립공과대학 ICT 교육역량 강화 지원사업
과테말라	과테말라시티 ICT 교육센터 건립사업
에콰도르	과야스도 ICT 훈련센터 건립사업
우크라이나	IT훈련원 건립사업
이라크	아르빌 IT 훈련센터 건립사업
우즈베키스탄	세계경제외교대 도서관 정보화 지원사업
카자흐스탄	한 · 카자흐스탄 IT 교육센터 건립사업

출처: www.koica.go.kr.

전산화와 부처 간 네트워크, 통합데이터센터 구축을 통한 전자정부 인프라 지원, 마지막으로 대국민 서비스를 통한 전자정부 시스템 고도화를 그 세부 목표로 설정하고 있다. 한국의 전자정부 구축을 위한 ODA 세부 과제를 살펴보면 <표 8-9>

표 8-9 전자정부 구축을 위한 ODA 세부 과제

국가	과제명
라오스	외교부 전산망 구축 3차 사업
몽골	정부통합데이터센터 구축사업, 관세행정 현대화사업
네팔	정부통합데이터센터 구축사업
베트남	정부전자조달 협력사업
필리핀	전자인증시스템 구축사업
가나	외교부 전자정부 구축 지원사업

앙골라	외교부 전산망 개선사업
콩고	정부통신망 구축사업
페루	국제협력청 ICT 인프라 개선사업, 외교부 통합정보시스템 구축 지원사업
파라과이	중앙부처 간 통신망 구축 및 정보 체계 현대화 사업
파나마	초등학교 교육정보 데이터센터 및 전자정부 지원사업
과테말라	정부업무 종합정보망 및 통합서비스망 구축사업

출처: www.koica.go.kr.

와 같다.

3) ICT 활용 기술 확산

한국의 IT 관련 원조의 중요한 세 번째 목표로 지적할 수 있는 것은 정보화 구축과 정보처리 전산화를 통한 행정정보화, 분야별 ICT 활용 기술 능력 향상과 전자상거래 등을 통한 ICT 활용 기술 역량 강화를 들 수 있다. 한국의 ICT 활용 기술 확산을 위한 ODA 세부 과제를 보면 <표 8-10>과 같다.

표 8-10 ICT 활용 기술 확산을 위한 ODA 세부 과제

국가	과제명
방글라데시	기획부 통계청 역량 강화사업
이집트	문화재청 유물정보시스템 구축사업
우크라이나	원격진료 네트워크 구축사업
엘살바도르	교육 분야 정보통신기술 지원사업
세르비아	기업 육성 행정 역량 강화사업
우즈베키스탄	과학기술 문헌 전자도서관 설립사업

출처: www.koica.go.kr

우리 정부는 원조 수요가 많은 경제, 보건의료, 인적 자원, 행정·ICT, 농어업, 국토건설, 산업 에너지, 환경의 8대 분야를 선정하고 우리가 경험했던 우수한 정책과 제도 중에서 개도국에 도움이 되는 사례를 단계적으로 정리해 정책 컨설팅에 활용하기 위한 계획을 갖고 있다. 이 중 ICT는 중요한 분야로 설정되어 있어 이 분야에서의 지원은 향후 더 확대될 것으로 전망된다(송유철, 2010: 11).

2 ICT 분야 해외봉사단 파견 실적

1) 단기 ICT 봉사단

우리나라의 단기 ICT 봉사단은 ICT 관련 전공 대학생 및 관련 자격증 보유자, 경력자 등 정보화 활용 능력 우수 인력을 중심으로 해서 4인 1팀으로 파견되며, 이들은 무상원조 중점 협력국이나 자원・에너지 대국, 신흥경제권 등 주요 전략국가 중 안전 현황 등을 고려해 선정된 약 30여 개국에 파견되어 공무원, 학생, 일반 주민을 대상으로 약 1개월간 ICT 교육 봉사활동을 펼친다.

주요 활동은 컴퓨터 기초, 인터넷, MS 오피스 활용, 포토샵 등 현지 요청에 따른 수준별 교육활동과 ICT Korea에 대한 홍보활동 등이다. 이러한 봉사단의 활동에 대해 현지에서는 적극적인 호응과 함께 지속적인 파견을 요구하는 등 ICT 봉사단의 파견 수요가 확대되고 있고, 우리나라의 국격(國格) 제고에도 적극 기여하고 있다. 우리 정부는 2013년에 376명의 단기 ICT 봉사단원을 아시아, 중남미, 아프리카 및 CIS 지역 등 총 26개 개도국에 파견해 ICT 교육, 한국 홍보 및 문화 교류 활동 등을 수행하도록 했다.

2) 중기 ICT 봉사단

중기 ICT 봉사단은 2~3개월간 활동하며 개발도상국의 현지 기관이 필요로 하는 실질적인 ICT 관련 프로젝트를 수행한다. 단기 ICT 봉사단과 비교할 때 활동 기간, 주요 활동 내용 및 목적 등에서 일부 차이가 있다. 중기 ICT 봉사단은 주로 ICT 관련 전공 대학생 및 대학원생 또는 관련 분야 경력자들이 주로 참여하고 있고, 이들은 개도국의 현지 기관이 요청한 ICT 프로젝트(웹 프로그래밍, 보안, 네트워크 및 각종 시스템 관리 등) 및 전문가 과정의 ICT 교육을 담당한다. 중기 ICT 봉사단 파견 사업은 휴학 중인 대학생, 졸업생 등이 주로 참여하며 약 3개월의 기간 동안 현지 기관들과의 밀도 높은 협력을 통해 실질적인 성과를 만들어 내는 데 주력한다. 2013년도에는 176명의 중기 ICT 봉사단원을 아시아, 중남미, 아프리카 및 CIS 지역 등 총 20개 개도국에 파견해서 각종 ICT 프로젝트를 성공적으로 수행한

바 있다.

3) 국제기구 ICT 협력단

정부는 단기 ICT 봉사단 중 16명, 중기 ICT 봉사단 중 48명, 총 64명을 UN 산하 ICT 관련 최대 국제기구인 국제전기통신연합(International Telecommunication Union: ITU)과 협력해 공동으로 파견하고 있다. 2012년에는 156명을 파견했고, 2013년에는 단원 관리의 어려움과 실질적 성과 창출을 위해 공동 파견 인원을 다소 축소해 운영했다.

태국, 인도네시아, 캄보디아, 몽골 등 4개국에 파견된 국제기구 ICT 협력단은 현지에서의 오리엔테이션을 통해 명확한 임무를 부여받고, 활동 종료 후에는 현지에서의 성과 평가 워크숍을 통해 봉사활동 성과를 ITU로부터 점검받는다. 특히 캄보디아의 국가정보통신기술개발청(National Information Communications Technology Development Authority: NiDA)의 요청에 의해 정보화마을(Information Network Village: Invil) 프로젝트를 캄보디아에 적용하는 프로젝트를 수행하는 등 소기의 성과를 달성했다(한국정보화진흥원, 2013: 578-579).

4) 주요 성과

정부는 2001년 20개국 175명 파견을 시작으로 2013년까지 총 70개국에 5,158명의 월드프렌즈 IT 봉사단을 파견했다. 주요 성과로는 2001년부터 2013년까지 월드프렌즈 IT 봉사단이 개발도상국에서 수행한 ICT 봉사활동을 통해 총 31만여 명을 교육했으며, 이들은 주로 공무원, 교수, 교사 및 대학생 등이다.

IT 봉사단의 현지 봉사활동은 다양한 국내외 언론매체를 통해 소개되었다. 현지 관영 매체 및 유력 일간지 보도가 966건에 달했으며, 국내 언론들의 보도 또한 502건으로 봉사단 활동에 대한 국내외 언론 보도가 총 1,468건에 달했다. 봉사단의 현지에서의 뛰어난 활동은 비단 언론 매체를 통해서뿐 아니라 개발도상국 주요 인사들의 관심도 이끌어 냈다. 칠레, 에콰도르, 부룬디 대통령 및 코피 아난(Kofi Atta Annan) 전 유엔 사무총장 등 최고위급 인사들과의 면담을 통해 IT 봉사단 활동과 우리나라의 ICT 활용 현황을 소개하는 등 민간 ICT 홍보대사로서의 역할도 훌륭히 수행했다(한국정보화진흥원, 2013: 579-580).

표 8-11 월드프렌즈 IT 봉사단 파견 현황(2001~2013년) (단위: 명)

구분	2001	2002	2003	2004	2005	2006	2007	2008	2009	2010	2011	2012	2013	합계
국가	20	27	42	32	33	29	36	41	18	22	22	24	30	70
팀	61	47	87	75	86	80	87	117	130	138	153	140	138	1,339
인원	175	206	345	300	320	304	323	442	481	548	612	550	552	5,158

출처: 한국정보화진흥원(2013: 579).

제 7 절 전자정부 ODA상의 문제점과 성과 제고를 위한 제언

전자정부 ODA상의 문제점으로 크게 두 가지 측면에서 논의할 수 있다. 첫 번째는 운영관리와 지속적 관리 차원에서의 문제점이 지적된다. ODA 사업은 사업의 발굴 과정부터 수원국과의 협의 단계, 타탕성 조사 단계, 사업 확정 및 계약 단계와 실행 단계, 평가 및 사후 관리 등 다양한 단계를 거쳐 이뤄진다. 전자정부 ODA의 경우, 정보통신기술의 전문성을 고려해 대체로 기술 중심의 시각이 사업의 모든 과정을 지배한다. 그러나 지금까지 다수 사업의 사후평가 결과를 종합해 보면 기술적 측면에서 성과가 나타나지 않거나 문제가 발생한 경우는 전혀 없었다. 사업 자체는 성공적으로 수행했어도 이후 사용과 운영관리, 지속가능성 등의 측면에서 문제가 발생하는 이유는 무엇보다 수원국의 정치적 변수나 정부조직의 특성, 정치경제적 환경 등을 사전에 파악해 사업 수행 과정에서 이를 반영하지 못했기 때문이다.

둘째는 수원국 오너십의 결여가 원조의 성과를 제약하는 장애 요인으로 작용한다. 대부분 개도국의 경우 사후 관리나 후속사업 등 추가적 지원을 수원국의 오너십 강화와 연계하는 메커니즘이 없었기 때문에 효과성과 영향력, 지속가능성의 증대를 위한 노력을 제도화시키지 못했다는 것이다.

첫 번째로 지적된 운영관리와 지속적 관리 차원에서의 문제점을 시정하기 위해서는 사업 발굴 단계부터 전자정부 정책전문가를 참여시켜 수원국의 전자정부나 정보화 수준에 부합하고 기대 효과가 가장 큰 사업부터 추진하면서 사업 추진 전에 관련된 법제도의 정비나 전자정부 정책 추진 체계를 정립할 수 있도록 수원국에 정책 자문을 제공하는 것이 바람직하다. 즉, 기술적 타당성을 위주로 한 사업 발굴과 타당성 조사, 미흡한 정책 우선순위를 고려, 무시된 정치적 변수와 정부조직의 특성, 취약한 ICT 거버넌스, 법제도의 미비 등 다양한 성과 제약 요인들은 모두 정치적 및 정책적 변수를 사전에 고려해야 한다.

두 번째로 지적된 수원국의 오너십 강화를 위해서는 수원국 스스로가 성과 극대화를 위해 노력할 만한 인센티브 시스템을 구축할 필요가 있으며, 이후 계속적인 전자정부 ODA 사업을 수주하기 위해서도 좀 더 적극적으로 사업의 효과를 제고하기 위한 노력이 필요할 것이다(홍성걸 · 정충식, 2013: 155-156).

제 3 부

국제소통론과 국력

제 9 장 지구촌 시대 문화인의 소통

제 1 절 왜 오늘날 소통이 문제인가?

1 달라진 시대, 달라진 실존 상황

요즘처럼 '소통'이 온갖 분야에서 모든 사람의 입에 오르내리던 시대는 일찍이 없었다. 정치인들은 소통이 가장 중요하다고 호들갑을 떨고 교육계에서도 소통 중심의 교육을 펼쳐야 한다고 아우성이다. 예술 분야에서도 소통이 예술의 생명이라고 강조하고, 가족 간의 소통 부족으로 인해 자살률이 높다고 진단한다. 마치 우리가 사는 지구촌 시대의 시대정신이 소통된 듯한 느낌이다. 싸이의 '강남 스타일'이 2년 남짓 기간 만에 유튜브 22억 이상의 조회 건수를 기록해 이 분야 세계 최고를 경신했다고 언론매체에서는 선한다. 소통도 양적인 조회 수로 통계 내어 순위를 매기기까지 하는 지경에 이르렀다. 정치, 경제, 사회, 문화, 교육, 예술 어느 분야건 소통을 가치로 내세우며 소통이 없다면 아무런 의미가 없다고 외친다.

시간을 조금 거슬러 올라가 볼 때, 50년 전만 해도 '소통(communication)'이 지금처럼 온 국민의 입에 오르내리지 않았다. 그렇다면 소통이 이렇게 많은 사람의 관심을 끌게 된 배경이 시대적 상황과 무관하지는 않다는 이야기이다. 오히려 그 반대로 시대의 변화와 밀접하게 연결되어 있음을 입증하고 있다. 얼마 전까지만 해도 경제 성장, 진보, 발전, 부(富)의 분배, 인권, 환경오염, 생태계 파괴 등등이 우리들의 초미의 관심사들이었다. 그런데 20세기 말을 지나 21세기가 되면서 소통, 공감, 배려, 공존, 공생, 상생 등이 학자들뿐 아니라 일반 시민들의 관심도 끌기 시작했다. 이것은 분명 시대 배경과 연관이 있다.

그렇다면 우리는 지금 어떤 시대에 살고 있는가? 디지털 기술이 열어 준 정보와 통신 분야에서의 획기적인 발달로 인해 우리는 그전과는 비교하기조차 어려운, 말 그대로의 새로운 시대를 살고 있다. 이 새로운 시대에 대한 이름에서 우리는 그 독특함을 읽어낼 수 있다. 지식 정보화 시대, 인터넷 시대, 디지털 시대, 사이버 시대, 영상 시대 등은 우리가 사는 시대가 첨단 기술과학에 의해 작동되고 있는 기술문명의 측면을 부각시키고 있다. 그런가 하면 지구촌 시대, 탈근대, 후기 산업주의 시대, 문화 다원주의 시대, 상호문화 시대, 문화의 세기 등은 사람들의 생활 방식, 생산 방식의 변화, 관계맺음과 욕구의 변화 등을 표현하고 있다. 한마디로 기술과 문화가 우리가 사는 현대를 특징짓는 표정이다.

이러한 지구촌 시대에 핵심 개념으로 떠오르는 것은 무엇일까? 그것은 바로 '문화'이다. 온갖 문화권의 사람들이 한 지구 위에 어울려 사는 글로벌 시대에 문화다양성은 인류의 존속을 위한 초미의 관심사가 되었다. 개인들의 삶에서도 문화가 중요한 사안으로 자리매김하기 시작했다. 문화인이 모두의 주목을 받는 문화의 세기이다. 정치, 경제, 사회 등의 우선순위에서 항상 뒷자리를 차지하던 문화가 이제 중요한 핵심 요소로 등장했다. 그렇다면 문화의 세기에 필요한 것은 무엇일까? 과거 정치와 경제, 사회에서 각각 중요하게 여겨지던 가치는 문화의 세기가 필요로 하는 가치와는 다를 수밖에 없다. 기존의 규칙이 아닌 새로운 규칙을 만드는 것, 지금이 바로 그러한 발상의 전환이 필요한 시기이며, 그것이 문화의 세기가 요구하는 것이다.

1) 정치적 가치

근대 정치에서 중요하게 여기는 가치들로는 자유, 평등, 인권, 사회 정의 같은 것들이 있다. 이러한 가치들의 중심에는 개인의 주체사상이 있다. 개인의 주체사상에서 주체들은 하나하나 고립된 주체들이다. 고립된 주체, 개인을 중심으로 두는 정치적 가치에서의 가장 큰 핵심은 권력의 쟁취이며, 이를 통해 신분, 명예 역시 자연스럽게 따라붙게 된다. 그러므로 소수의 엘리트가 이에 대한 욕구를 키워가면서 다수의 타인을 배려하지 않고 지배와 통치에만 목적을 둘 경우 정치적 가치란 악용될 여지가 크다. 나폴레옹이 '정치는 우리의 운명'이라고 한 것에서 짐작할 수 있듯 정치적 가치의 밑바탕에는 언제나 지배자와 피지배자라는 수직적인 관계가 깔려 있다.

2) 경제적 가치

경제적 가치 역시 개인과 그의 소유권을 강조한다. 따라서 사유재산권을 전제로 한 가운데 성장과 발전, 풍요, 경쟁, 선진, 성과 등의 가치들이 강조된다. 그러나 이것도 결국 가진 자들이 돈을 벌어들이기에 훨씬 더 유리한 조건을 마련해 주는 방향으로 만들어지고 있기 때문에, 결국 정치적 지배자와 피지배자란 구도가 다시 돈에 의해 가진 자와 못 가진 자라는 달라진 형태로 나타나게 된다. 마르크스(Karl Marx)가 '경제는 우리의 운명'이라고 한데는 이러한 구조적 모순에 대한 반발이 있었다. 그러나 지금도 우리 세계는 경제력과 권력을 가진 1%의 가진 자들에 의해 지구촌 전체가 좌우되고 있다.

3) 과학기술적 가치

경제적 성장을 위해서는 생산 방식의 혁명이 필요하고 이를 위해서는 첨단 과학기술이 요구된다. 정치적 가치와 경제적 가치의 충돌을 과학기술에 의해 해결해 보려는 다양한 합리적 방법이 모색된다. 이에 따라 효율성, 편리함, 기능성, 적용과 통합, 확산 등이 과학기술적 가치들로 등장한다. 그러나 그것의 가치들이라 여겨지는 합리성, 체계성이라는 것도 따지고 보면 결국 권력과 경제력이 기반이 되는 산업의 다른 형태라고 볼 수 있다.

또 하나의 문제는 그런 가치들에 의해 지배될 경우 인간 역시 기술과 다름없는 부품의 하나로 취급받게 된다는 점이다. '기술은 우리의 운명'이라고 했던 하이데거(Martin Heidegger)는 바로 그러한 문제를 지적했다. 우리의 삶과 세계를 구성하는 것이 기술인데, 이때 어떤 기술을 쓰느냐에 따라 우리의 삶이 완전히 달라질 수 있다고 보았던 것이다. 온갖 기기에 둘러싸여 살아가는 지금, 기술이 우리의 삶을 이전보다 훨씬 편리하게 해 주고 있음을 알고 있지만 동시에 우리는 그것의 노예가 되었다는 것을 알아가고 있다. 우리는 더 이상 기술로부터 벗어날 수 없으며, 기술을 싸고 있는 정치, 경제의 굴레를 뒤집어쓴 채 살고 있다.

2 지구촌 시대가 요구하는 문화적 가치

인간의 행복이 삶의 중요한 목표와 목적이라고 한다면, 지금의 정치 · 경제 · 기술과학은 과연 누구를 위한 것이고, 또 무엇을 위한 것인지 물음을 던지게 된다. 흔히 볼 수 있듯 인간(인문학)적인 경제, 인간적인 정치, 인간적인 과학, 인간적인 기술 등에서처럼 인간적인 것을 앞세우는 지금과 같은 추세는 바로 이러한 의문에 대한 나름의 모색이라고도 볼 수 있다. 그러나 우리는 여기서 한 발 더 나아가야 한다. '지구촌', '글로벌'이란 말이 의미하듯 우리가 사는 이 지구가 유한한 것이라면 여기에 살고 있는 인간뿐 아니라 함께 살아가는 수많은 다양한 생물과 생태환경도 고려할 수 있어야 한다. 많은 과학자는 생물종의 다양성이 이 지구 생명의 필수 조건이라고 얘기한다. 생명종의 다양성이 보장되지 않는다면, 이 녹색행성은 언젠가는 망할 수밖에 없으며 더불어 인간의 역사도 종말을 고하게 된다는 것이다. 이것이 바로 생태적 글로벌의 관점이며 생태와 글로벌은 그렇게 연결되어 있다. '생태'와 '경제'를 어떻게 일치시키느냐의 문제를 가지고 국제정치가 관심을 가지게 된 것은 바로 그 때문이기도 하다.

인간경제와 지구경제가 충돌하고 있는 지금의 위기 상황에서 인간뿐 아니라 수많은 생명 종(種)을 포함한 전 지구적 차원으로의 관심과 인식의 확장은 필연적일 수밖에 없다. 그런 점에서 더 이상 정치 · 경제의 가치만으로, 기술과학적 가치만으로는 이러한 시대적 흐름과 요구를 해결할 수 없다. 그래서 이제는 문화적인 가치를 앞세워 그러한 문제를 풀어보자고 하는 문제의식이 문화의 세기에 등장한 것이고, 바로 이런 점에서 지구촌 시대인 현대를 곧 '문화의 세기'라고 할 수 있는 까닭이다.

그렇다고 한다면 이제 우리는 문화의 세기가 주장하는 가치들을 통해 어떤 새로운 미래의 그림들을 그리고 있는지에 대해 관심을 가져야만 한다. 문화를 단순히 문화산업으로만 보고 킬러 콘텐츠(killer contents)를 만들어 돈을 벌 생각에만 급급하다면, 지금 우리가 사는 시대가 왜 지구촌 시대이고 문화의 세기인지를 모르는 것이다. 이것은 시대적 흐름과 상황을 보지 못하고 경제적 가치를 통해 문화를 옥죄어 죽이는 것과 다름없다.

문화적 가치를 이끌어 내기 위해 선행되어야 할 것은 다양성과 차이를 인정하고 받아들일 수 있는 관용과 공존의 생활 방식이다. 차이를 서로의 독특함으로 인정하고 받아들일 수 있을 때 다양성은 전체와 조화를 이루고 공생하고 상생할 수 있다. 서로를 이해하고 인정하며 받아들이기 위해서는 무엇보다 소통이 필요하다. 여기서 강조하는 다양성, 차이, 조화, 아우름, 어울림, 관용, 공생, 상생, 소통, 이해, 공감, 자기 표현 및 실현이 문화의 세기가 요구하는 문화적 가치들이다. 이러한 문화적 가치 안에는 지구촌 시대인 오늘을 사는 우리와 우리의 후손을 위한 희망의 단초가 담겨 있다. 문화의 핵심을 이루고 있는 것은 바로 소통이다(이기상, 2012; 엄정식 외, 2012: 15-75).

3 뉴미디어 시대의 커뮤니케이션

소통을 우리 시대의 화두로 만든 결정적인 시대적 배경은 두말 할 것도 없이 뉴미디어의 등장이다. 인간의 역사에서 미디어가 학자들의 관심을 끌기 시작한 것은 불과 얼마 되지 않는다. 철학사전을 찾아보면, 미디어(media)나 커뮤니케이션(communication)이란 개념이 등장한 것은 20세기 말, 21세기 초에 들어서였다. 철학의 관점에서 볼 때, 미디어는 기술적인 것이고 철학은 시대 정신에 관심을 둔다. 그래서 정신적인 것에 관심을 갖고 이성적인 이론 추구에 몰두하는 철학에는 기술적인 것을 무시하는 경향이 있었다. 맥루언(H. Marshall McLuhan)이나 플루서(Vilem Flusser)와 같은 매체학자들은 철학이 미디어를 괄시한 것을 비판적으로 지적한다. 그런데 그토록 무시당해 왔던 기술이 현실을, 인간을 규정하게 된 것이다. 여기서 우리에게 중요한 것은, 미디어라는 개념의 등장과 함께 출현한 새로운 의미의 '커뮤니케이션', 즉 '소통'이다.

1) '미디어(media, 매체)' 개념의 폭

먼저 '미디어(media)'라는 개념을 살펴보자. 영어 'media'는 '매체' 또는 '대중매체'

라고 번역된다. media의 어원은 라틴어 'media'에서 나왔으며, 그것은 다음과 같은 세 가지 갈래의 의미의 폭을 지니고 있다.

첫째, media는 'medium'의 복수형이다. 여기에서 medium은 '중앙, 중심'이라는 뜻으로 사용된다. 둘째, 라틴어에는 세 가지 성(性)이 있는데, medius(남성), media(여성), medium(중성)이 그것이고, media는 그중 여성에 해당된다. 마지막으로 동사형으로서 medio와 그 부정형인 mediare에서 유래한다고 할 수 있다.

'medium'의 뜻 중에서 가장 널리 사용되는 것은 '가운데, 중간, 중용'이다. 이 밖에도 '수단, 방도나 매개물, 매체, 매질'이라는 의미도 가지고 있다. 또한 medium에는 '공개 장소'라는 뜻도 있는데, '뭇사람이 보는 앞, 만인의 주시'라는 점에서 '대중, 공중'으로서의 의미와 '공안, 공익'이라는 뜻도 포함된다. 형용사형인 medius는 '가운데, 사이의, 중간의, 한가운데'와 같은 뜻 외에도 '중립, 중용, 평범한, 절도 있는, 모호한, 중재의, 중재인의'와 같은 뜻을 포함하고 있다. 동사형 mediare 역시 '중개하다. 중간에 있다. 중반에 접어들다' 외에 '나누다, 가르다, 반분하다, 반을 나눠서 갖다'와 같은 많은 뜻을 가지고 있다.

이렇듯 하나의 낱말에는 수많은 의미가 함축되어 있다. 그중에서 하나의 의미를 선택해 강조할 때에는 낱말이 가진 전체 의미의 폭을 함께 살펴봐야 그것이 함축하고 있는 또 다른 의미를 고려할 수 있다. 지금은 '대중매체'라는 의미의 media가 널리 사용되고 있는데, 그것은 미디어의 의미 가운데 '대중, 공중, 공익'이라는 의미가 그 밑바탕에 깔려 있기 때문이라고 할 수 있다.

2) 대중매체로서의 미디어가 갖는 의미

팽(Irving Fang)이 자신의 책 『매스커뮤니케이션의 역사』(2002)를 통해 강조하듯 오늘날 미디어는 점차 더 평등하게, 수평적으로 확산되어 가는 추세에 놓여 있다. 뉴미디어의 발달에 발맞춰 우리 사회에서 수평적 소통이 중요해지는 이유도 거기에 있다.

미디어가 공중의 여론 조성에 한몫을 하고 그것이 사회 변화의 한 축을 담당하게 된 것은 근대에 들어서서이다. 그 이전 중세 시대에서는 옳고 그름, 참과 거짓에 대한 모든 사회적 판단 기준과 권위, 즉 진리에 대한 판단은 종교적 권위를 앞세운 교회가 독점하고 있었다. 그러나 근대에 와서 사람들은 교회가 가진 이러한 권위에 반감을 품고 반기를 들기 시작한다. 교회가 가졌던 권리는 서서히 전문가들의 몫으로 넘어가고, 전문인이 인정하는 사안들이 사회에 통용되는 것으로 받아들여지게 된다. 특히 다양한 과학협회의 등장은 학술지를 포함한 저널의 탄생을 야기했고, 이후로 학술지나 저널에서 인정하는 것들이 사회에서 공인된 지식으로 받아들여지게 되었다.

과거 교회의 인정을 받아야 했던 것이 근대에 들어와서 지식인의 인정을 받아야 하는 것으로 바뀌는데, 이것이 지금의 공증인 셈이다. 하버마스(Jürgen Habermas)가 「공론장의 구조 변동」이라는 교수 임용자격 논문에서 다뤘던 주제도 바로 그와 같은 것이다. 가령 데카르트(René Descartes)가 '나는 생각한다, 그러므로 나는 존재한다'라는 명제로 『성찰』이라는 책을 내었을 때 그 대상은 지식인들이었다. 데카르트는 그들을 통해 자신의 주장이 받아들여질 것임을 예견했기에 그런 과감한 시도를 했던 것이다. 칸트(Immanuel Kant)의 『순수 이성 비판』 역시, 옳고 그름을 판단할 수 있는 이성을 가진 인간들 앞에 자신의 주장을 담은 글을 써서 그들로부터 판단받겠다고 하는 근대 사회의 시대적 분위기에 편승해서 출간된 것이라 할 수 있다.

이렇게 글을 통해 사람들에게 인정을 받는다는 medium에서의 '공증'이란 의미는 근대에 등장하게 된 것이다. 오늘날 근대 사회의 지식인이 맡았던 역할은 더 많은 사람, 즉 지식인을 포함해 글을 깨쳐 읽을 수 있는 모든 사람에게로 확산되었으며, 그에 따라 미디어의 의미도 변하게 되었다. 지금 우리가 쓰는 '대중매체'라는 뜻에는 시대 및 사회 분위기 변화에 따른 의미 변화가 내포되어 있는 것인데, 이것은 본래 미디어가 가지고 있던 의미이기도 하다. 현재 우리가 대중매체라고 이해하고 있는 미디어의 밑바탕에 본래적 의미의 미디어와 대중과의 소통이라는 의미가 함께 어울려 있다면, 거기에서 우리는 많은 사람이 함께 공감하고 설득당하고 관계 맺고 교류하고자 하는 사회적 의식이 투영되어 있음을 읽어낼 수 있다.

3) 커뮤니케이션의 개념

일반적으로 커뮤니케이션이라고 말할 때, 표현은 커뮤니케이션이라고 쓰면서, 각자 서로 다르게 생각한다. 어떤 사람은 언어적인 것만 커뮤니케이션으로 인정하는가 하면, 어떤 사람은 그래도 기호까지는 들어간다고 하고, 어떤 사람은 그것만이 아니라 영상으로 진달하는 것 모두가 다 커뮤니케이션이라고 말한다. 따라서 커뮤니케이션에 대한 정확한 의미를 한 번 생각해 볼 필요가 있다.

커뮤니케이션(communication)은 라틴어 'communicatio'에서 왔다. 'communicatio'는 '지식, 의사, 이런 것들을 전달하는 것, 의사소통'의 의미가 있다. 이 밖에도 '교류, 교제, 교환, 통신, 참여, 공동으로 향유, 함께 나눔, 교통, 왕래' 등 다양한 의미를 포함한다. 따라서 의사소통만 커뮤니케이션이 아니라 사실은 이런 모든 의미가 다 함축되어 있는 것이다.

'communicatio'를 학술적 용어로 가장 먼저 쓴 사람은 라이프니츠(Gottfried W. Leibniz)이다. 라이프니츠는 자신의 논문 「실체의 소통(Communicatio Substantiae)」에서 실체와 커뮤니케이션을 연결시킨다. 이 때의 실체는 라이프니츠의 유명한 단자(單子)들이다. 라이프니츠는 모든 실체는 단자라고 했다. 단자는 다른 것들을 위한 창문이 없다. 그럼에도 불구하고 창문 없는 단자들이 소통을 한다고 라이프니츠는 설명한다. 하느님의 섭리에 따라서 교류를 한다는 것이다. 물론 라이프니츠가 사용한 communicatio는 지금 우리가 사용하는 그런 의사소통이라는 뜻은 아니다. 또한 지금의 의미로 국한되어 쓰기 전에는 물품 교환, 물품 교류 등등도 커뮤니케이션의 범주에 속했다. 이런 맥락에서 보면, 맥루언이 이야기한 커뮤니케이션의 확대된 의미를 이해할 수 있다. 맥루언에게 큰 영향을 끼친 캐나다의 매체학자 이니스(Harold Adams Innis)는 운송 수단을 1차적인 커뮤니케이션으로 봤다. 대체적으로 매체의 역사는 운송 수단, 즉 증기기관·철도 등과 밀접하게 연관되어 있는 것이 사실이다.

코뮤니카티오(communicatio)는 동사 코뮤니카레(communicare)에서 파생된 명사형이며, 동사인 코뮤니카레는 다음과 같은 의미를 지닌다. "함께 나누어 가지다: 참여(관여)시키다, 한몫 끼게 하다, 나누어 주다, 참여하다, 끼어들다, 한몫 차지하다, 알려 주다, 전달하다, 상의(협의)하다: 교류하다, 함께 지내다, 상종하다"(가톨릭대학교 고전라틴어연구소, 1995: 167).

이상의 어원 고찰에서 우리가 알 수 있듯이 커뮤니케이션이 지금과 같은 미디어적인 소통의 의미를 갖게 된 것은 비교적 최근의 일이다. 이전까지는 주로 교통, 교류, 교제, 왕래, 소통, 전달, 통신, 관여, 참여 등 넓은 의미의 교류를 의미했음을 알 수 있다. 이와 같은 교류는 물리적인 힘의 교류에서부터 정보의 교류, 물건의 교류까지를 모두 포함하는 것이라고 할 수 있다.

프랑스 철학사전에서는 소통을 아래와 같이 풀이한다. "소통의 개념은 사회적 교환의 여러 형태를 포함한다. 대체로 소통은 기호와 전언(傳言)을 전달하고 교환하는 행위를 가리키는데 다양한 사물의 순환, 나아가 인간들의 순환에도 관련된다. 그래서 가장 넓은 의미의 소통 개념은 사회적 삶 자체를 가리킨다고 할 수 있다. 소통은 생명계에서 기호의 전달과 교환에 관계되는 다양한 현상도 포함한다. 20세기에 이르러 이 개념은 광범위하게 개발된 정보매체들(언론, 라디오, 케이블, 위성, 영화 등)의 새로운 기술까지 포함하게 되었다. 공업 사회에서 '미디어'는 광범위하게 유포되어 있는 전언, 즉 '메시지'를 전달하는 그물망이다"(엘리자베스 클레망 외, 2001: 165-166).

제 2 절 우주 안에서 실체들의 소통

정보와 통신 분야의 획기적인 기술로 열린 뉴미디어 시대에 소통이 핵심 화두로 널리 회자되고 있는 것은 사실이다. 그러나 소통의 실마리를 추적해 올라가면 그 단초가 인간 기술문명의 영역을 벗어나 고등생물에게로 뻗어가고 있음을 확인할 수 있다. 더 나아가 이미 세포의 단계에서도 정보의 교류를 이야기할 수 있다는 것이 오늘날 과학의 입장이다. 그렇다면 원자 또는 전자의 차원에서도 소통을 이야기할 수 있지 않겠는가? 거기에서도 중력, 전자기력, 핵력 등이 작용해 어떤 형태의 상호작용과 교류, 즉 소통이 있을 것이니 말이다. 이렇게 볼 때 우리는 소통을 몇 가지 차원으로 구분해서 논의할 수 있을 것이다. 물리화학적 차원, 생물학적 차원, 인지적 차원, 인식론적 차원 등이 그것이다. 소통도 우주 진화의 흐름에 따라 차원을 달리하며 다양하게 변천해 왔음을 확인할 수 있다.

1 물리화학적 소통 - 실체들 사이의 상호작용: 물리화학 정보

과학의 우주 발생설을 종합해 보면, 기체들이 우주에 극도로 빈틈 없게 응축되어 있다가 대폭발(Big Bang)이 일어나 우주론적 진화가 전개되기 시작했다고 한다. 대폭발 이후 별들이 생성되고 성운과 은하수들이 생겨났을 당시에는 많은 종류의 원자들, 분자들이 존재하지 않았다. 원자 및 분자들이 합치고 분리되는 과정에서 헬륨, 질소, 탄소, 수소가 생겨나면서 그것들이 다양한 물리·화학적 상호작용을 일으켜 다양한 성질의 물질들이 출현하게 된다. 이러한 원자와 분자의 끝없는 결합과 분리, 분리와 결합, 그리고 그에 따른 새로운 물질의 형성과 소멸 등의 과정을 우리는 물리화학적 소통에 의한 진화라고 할 수 있다. 여기에서는 중력, 전자기력, 약한 핵력, 강한 핵력 등의 영향 아래 힘과 물리정보가 교류되면서 온갖 형태의 물질들이 만들어진다.

이 우주에는 존재하는 개체 사물들이 두루 퍼져 있으며, 그것들은 어떤 방식으로 서로 영향을 미치면서 서로서로 연결되어 있다. 그러한 사물들이 힘(동력)의 이동과 기능의 발휘에서 서로 얽히며 생성과 소멸, 활동과 변화 속에서 만들어 내는 것이 사건들이다. 우주는 사물과 사건들로 이뤄져 있다. 사물은 힘(동력)이 모여 있는 상태이고, 사건은 동력의 이동이 일어나고 있는 상태라고 할 수 있다. 개체는 물질(질료)과 꼴(형상)의 측면을 가지고 있다. 그리고 개체가 개체로서 실재하기 위해서는 힘(동력·에너지)이 필요하며, 개체의 형상은 기능을 수반한다.[1)]

사건이 일어나기 위해서는 동력의 작용과 정보의 작용이 필요하다. 동력으로서의 힘, 흔히 말하는 물리적 힘이 있어야 하며, 그 힘이 어떻게 적용될 수 있는지를 결정하는 정보의 힘이 있어야 한다. 정보는 동력으로 작용하는 힘이 어떤 성질의 것이며, 어떤 질료에 적용이 될 수 있으며, 어떤 형태적·구조적 변화를 가져오며, 어떤 기능을 하게 하는 사건인가를 알려 주는 구실을 한다. 하나의 사건이 일어나는 데도 동력인, 질료인, 형상인 그리고 기능인이 필요하다. 우리는 사물과 사건에서 동력으로서의 힘과 정보로서의 힘으로 나눠 생각할 수 있다.

개체와 정보의 관계를 생각해 보면, 개체는 그것이 실재하는 데 필요한 네 가지 원인을 정보로 보유하고 있다. 그뿐 아니라 그것은 다른 개체와 상호작용하면서 어떤 측면의 어떤 반응과 기능을 할 수 있느냐에 대한 정보를 제공하기도 한다. 다른 편으로 개체를 동력(에너지)과 관련시키면, 개체는 에너지가 저장되어 있는 특수 상태라고 할 수 있다. 따라서 개체는 언제나 필요하고 충분한 조건만 갖춰지면 에너지(동력)로 바뀔 수 있는 것이다. 이러한 개체들의 세계는 작은 것들이 모여서 큰 것을 형성하고, 그 큰 것들이 모여서 더 큰 것을 형성하는 방식으로 서로서로

1) 따라서 한 개체가 개체로 실재하기 위해서는 아리스토텔레스가 말한 것처럼, 동력인, 질료인, 형상인 그리고 기능인(목적인)이 있어야 한다(소흥렬, 1996: 10 참조).

연결되어 얽혀 있는 중층적 구조를 이루고 있다. 대체적으로 말해, 소립자들이 모여서 원자가 되고, 원자들이 모여서 분자가 되고, 분자들이 모여서 물체가 되고, 물체들이 모여서 지구와 같은 별이 되고, 별들이 모여서 태양계와 같은 것이 되고, 그것들은 다시 은하계를 만들고, 나아가서는 별들의 세계라고 할 물질적 우주를 형성하고 있다.

2 생물학적 소통 – 생명체들 사이의 교통 내지는 교감, 유전정보, 인지정보

그런데 이제 물리・화학적 진화에서 우리의 관심을 끄는 것은 태양계이다. 태양계가 형성된 시점은 대략 46억 년 전으로 이야기된다. 그래서 지구의 역사를 46억 년 정도로 생각한다. 지구라는 행성이 생기고 그 안에서 물리・화학적인 진화가 계속되었다. 그러다 약 35억 년 전에 지구 위에 생명체가 등장한다. 과학에서는 생물학적 진화의 시작을 약 35억 년 전으로 계산한다.

생명의 출현 이후 우주는 새로운 진화의 궤도를 밟게 된다. 물질의 세계는 생명체의 출현으로 새로운 차원의 세계에 개방된다. 생명의 개입으로 물질은 외적・내적으로 변화의 흐름에 내맡겨진다. 우주에서의 개체 사물들은 서로 사이에 새로운 관계(사이)의 시대에 들어서게 된다. 물리・화학적 영향 관계(관계맺음)와는 다른 새로운 사이와 관계가 생겨나 사물의 세계에 큰 변화가 초래된다. 유기물질이 생겨나 무기물질을 에너지로 삼아 자신을 새롭게 사르고 다른 개체들과 새로운 관계를 맺으며 주변 세계(환경)에 반응하고 적응하며 새로운 기능과 구조를 만들어 나간다. 유기물질과 무기물질, 유기물질과 유기물질 사이에 새로운 힘(에너지)의 교환 관계와 상호작용이 생겨나서 새로운 유형의 영향 관계(관계맺음)가 생성된다. 이러한 생물학적 차원의 소통을 우리는 유전정보에 의한 관계맺음의 소통이라고 할 수 있다.

물질과 같이 원자나 분자가 아닌 세포를 구성 단위로 한 유기체 또는 생명체라는 새로운 존재자가 등장한다. 이 최초의 생명체는 전혀 다른 힘(동력)의 사용과 기능의 발휘 속에서 관계맺음과 되어감의 독특함을 갖고 무섭게 활동하며 자기를 복제 재생산해내면서 확산되어 퍼져나간다. 생명체는 비슷한 생명체와 모여 살면서 다른 생명체와 생존의 관계를 유지하며 주변의 다른 사물들을 동력과 변화의 도구로 활용하는 식으로 주변의 모든 것과 서로 영향 관계 속에 있으면서 자기로 되어간다.

생명체는 개체로서는 생명체라고 말할 수 없을 정도로 비슷한 생명체와 다른 생명체, 그리고 주변의 모든 다른 사물과 함께 더불어(공생[共生]) 서로 힘과 기능의 교환과 상호작용 속에서 서로 살리며 함께 산다(상생[相生]). 생명의 시작에 생명체 각자의 자기로-됨은 개체로서의 자기로-됨이 아니라 그 생명체가 함께 모여 사는 그 종(種)이나 류(類)의 자기로-됨이다. 이러한 종이나 류의 자기로-됨은 일정한 경향과 성향(됨됨이)으로 자리가 잡혀 자기복제 속에 다음 세대에 전달된다. 생명체의 기초 구성 단위를 이루는 세포 속에는 이러한 종의 됨됨이가 일종의 강력한 생식 인자로 각인되어 유전인자를 이룬다.

생명체의 소통은 유전인자 차원에서의 교류에 머물지 않고 감관을 활용한 정보의 교통에로 소통의 범위를 확장해 나간다. 넓은 의미의 인식은 진화 과정에서 인간이 존재하기 훨씬 오래전부터 시작되었다. 첫 번째 인식적 성취는 생명체의 시작과 거의 동시에 출현했다고 말할 수 있다. 대략 35억 년 전쯤 단세포체에서 시작되었다. 예를 들어 박테리아가 단성분에서 자기의 먹거리를 '보았다'면, 이것도 이미 어떤 의미에서는 '인식'이라 말할 수 있을 것이다. 생명체는 구성적으로 열린 체계, 다시 말해 주위 세계와 연관된, 닫히지 않은, 자율적인 체계이다.

먹이 섭취를 위한 동력 사용의 활동과 종의 보존과 확산을 위한 자기복제 기능을 갖춘 생명체는 활동양식의 변화를 통해 활동 범위와 영역을 넓혀나간다. 감각활동의 능력을 갖춰 자유롭게 돌아다니며 다른 생명체와 사물들과 관계를 맺게 되는 생명체(동물)는 자기 자신과, 비슷한 류의 생명체와, 다른 생명체들과 사물들과는 다른 방식과 양식으로 관계를 맺게 된다. 주변 전체, 비슷한 생명체 부류에 대한 결속성 또는 종속성이 약화되는 대신에 자기 자신에 대한 생존 본능과 자각심(의식, 마음)이 강화된다. 지각 활동의 발달과 더불어 개체성이 커져간다. 개체성이 커져감에 따라 생명체는 다른 생명체와 사물도 낱낱의 차원에서 관계맺는 방식을 터득하게 된다. 신호 체계, 기호 체계가 발달되고 그것은 상징 체계, 언어 체계로 진전된다.

3 인식론적 소통 – 인간과 세계 사이의 소통: 언어정보

진화는 생명체의 출현과 더불어 인지의 단계로 넘어감으로써 어느 정도는 자기

인식을 수행하기 시작했다. 인지 생명체들은 세계의 특성들을 파악하고 그로써 상응하는 세계의 구성 요소들이 이제는 물리적 실재에 추가해서 인지적 현재를 획득한다. 처음에 그저 그 자리에 있던 것이 이제는 또한 인식되며 파악된다. 이것이 인간이 등장하면서 심화되고 확장되고 가속화된다.

이로써 진화의 과정은 새로운 차원에 들어선다. 진화는 이제 인식을 수단으로 자신의 발달된 형태를 촉진시키게 된다. 이것이 바로 새로운 것이다. 인식은 진화의 지속적 발전의 동력이 된다. 여기서 우리가 주목해야 할 점은 인식이 존재론적으로, 우주론적으로 영향을 미친다는 점이다. 생명체가 인식적 성취 속에서 활동함으로써 그것은 세계를 변화시킨다. 인식은 일종의 명확한 산출적인 관심사이다. 그것은 그저 현실 인식에 그치지 않고 현실 구성에 참여한다. 인식적 전개가 진행됨으로써 현실은 다른 현실이 된다. 인식은 근본적으로 볼 때 우주 진화가 자신의 고유한 변형과 발전을 위해 취하는 일종의 전략이다. 생명의 출현 이래 이런 변형과 발전은 무엇보다도 인식적 작용을 통해 이뤄졌다.

인간은 육체적으로, 생물학적으로 그리고 인식적으로 최고도로 진화적으로 각인되었다. 인간의 기본적인 지식의 내용들은 인간이 종족 발생의 역사로부터 전수받은 것들이다. 비슷한 것이 개체에게 생성된 인간의 뉴런적 통제 구조와 연관된 규율들에도 해당된다. 개별적 지각행위와 인식행위들에(이를테면 형태 지각에서처럼) 이르기까지 종족 발생적 표본이 작동하고 있다. 그 뒤로 이어지는 인간의 모든 인식 획득은 바로 이러한 기초 인식에 뿌리를 두고 있다. 그런 한에서 인간은(생리적으로뿐만이 아니라) 인식적으로도 진화의 전 인류적 성과에 의존해서 살고 있는 것이며 진화적 기초 인식의 근간을 먹고 사는 것이다.

개체들의 중층적 구조를 인간의 세계를 중심으로 고찰하면, 분자들이 모여서 물체가 되는 방향 대신, 생명을 가진 세포가 되고, 세포들이 모여서 몸의 부분(기관)들이 되고, 그 부분들이 전체 몸을 형성하고, 몸의 기능 중에서 특히 두뇌의 기능이 바탕이 되어 개체적인 마음의 기능이 나타나고, 그것은 다시 개체적인 영혼 또는 정신의 기능까지 가능하게 하는 중층성으로 전개되어 간다.

그리고 인간 세계에는 또 하나의 중층적 구조가 있다. 이 구조는 개인들이 모여서 가족을 이루고, 가족들이 모여서 사회를 이루고, 사회들이 모여서 국가를 이루고, 국가들이 모여서 인류 사회를 이루는 방향으로 펼쳐져 가고 있다. 그런데 어느 차원의 사회든 하나의 유기적 사회로 기능하기 위해 그것은 인간의 마음, 정신 또는 영혼의 기능을 필수 조건으로 전제한다. 그렇기 때문에 소립자의 차원에서부터 정신이나 영혼의 기능에 이르는 중층적 구조와, 개인에서 시작해 인류 사회에 이르는 중층적 구조는 서로 밀접하게 연관되어 있는 하나의 유기적 구조로 이해될 수 있다. 그리고 아마 이러한 복합적 중층 구조는 종국에는 물리적 세계라고 한 별들의 세계, 즉 물리적 우주의 세계 전체와도 관련시켜서 이해되어야만 할 것이다.

개체와 정보의 관계를 좀 더 살펴보자. 개체는 그것이 실재하도록 하는 네 가지 원인에 대한 정보를 보유하고 있을 뿐만 아니라 다른 개체와 상호작용하는 데 필요한 네 가지 기능에 대한 정보도 제공한다. 그러한 개체들이 중층적 세계를 이루고 있으므로 개체의 차원에 따라서 그것에 관련된 정보도 다를 수밖에 없다. 다시 말해, 정보의 세계는 그것대로 하나의 중층적 구조를 나타내게 된다는 것이다. 대체적으로 말해 에너지(동력)의 특수 상태로서 소립자, 원자, 분자 그리고 물체가 형성되는 데 필요한 정보는 '물리정보'라고 할 수 있다. 그러나 분자들이 모여서 세포를 만들고, 생명체(몸)를 형성하는 데 필요한 정보는 '유전정보'이다. 생명체는 감각(지각) 기능을 하므로 '감각(인지)정보'를 필요로 한다. 그리고 두뇌의 기능 중에서 마음의 기능이 가능하게 되는 데는 '언어정보'가 필요하다고 생각되며, 마음의 기능보다는 한 차원 높은 기능이라 할 '정신의 기능'이나 '영혼의 기능'에는 '직관정보'가 필요하다고 할 수 있다.

제3절 인간의 문화적 소통

1 소통의 얼개

지금까지 소통을 넓은 의미에서 우주론적 차원의 실체들의 소통이라는 관점에서 대략적으로 살펴보았다. 이제는 현재 인간이 놓여 있는 시대적 상황 속에 등장한 소통이라는 현상에 초점을 맞춰 논의를 펼쳐나가도록 하자. 많은 학자가 시도하고 있는, "발신자-메시지-수신자"의 모델로 소통을 설명하려는 이론은 인간의 소통(커뮤니케이션)을 다 아우르기에도 협소하다. 그래서 필자는 소통으로서의 문화에 걸맞은 '소통' 개념의 얼개를 아래와 같이 정리해 본다.

산다는 것은 소통하는 것이다. 물리·화학적·생물학적 차원에서 힘과 에너지, 유전자의 소통이 일어나고 있고, 문화적인 차원에서 다양한 양태의 정보의 소통이 펼쳐지고 있다. 개인적 삶이건 집단적 삶이건 소통, 즉 교류, 교환, 대화 없는 삶은 상상할 수 없다. 소통은 인간의 내재적 조건이다.

소통의 목적은 개체적·종적 삶의 유지라는 물리생물학적 목적 외에 다른 문화적 목적과 지향성이 있다. 죽을 수밖에 없는 유한한 인간이 느끼는 고독감과 불안감을 떨쳐내기 위해 다른 사람 또는 사물(생물)과의 소통이 필요하다. 인간은 이러한 소통을 통해 신뢰감을 쌓고 친밀한 관계를 유지해 좀 더 돈독한 사회적 연대와 결합을 결속하려고 한다.

소통에서 핵심은 관계이다. 대화와 교제를 통해 친밀한 관계를 맺어 서로 간에 신뢰감을 얻게 되면 관계가 돈독해진다. 이 돈독한 관계의 망이 넓게 형성되면 사회적 결속력이 강화된다. 그러면 그 사회는 안전하고 안정적인 사회가 된다.

죽음의 위험 속에 노출된 인간은 외로움을 해소하고 긴장감을 풀기 위해 다양한 양태의 소통을 시도한다. 함께함의 든든함과 유쾌함, 표현의 즐거움, 연출의 짜릿함, 실천의 보람, 앎의 기쁨, 터득의 뿌듯함, 일치의 황홀함 등이 소통을 통해 얻게 되는 상태들이다.

소통에는 구조상 소통의 주체로서 소통하미(소통의 당사자)가 있고, 소통의 주제 또는 내용(메시지)로서의 소통거리가 있으며, 소통의 매체로서 소통다리(채널)인 미디어가 있고, 소통거리가 지시하는 관련 항(실재의 사물·사태·사건)으로서의 소통걸이가 있다. 그리고 소통이 펼쳐지는 소통의 마당(소통 상황)이 있다.

소통하미는 서로서로 소통거리를 소통다리(채널)라는 미디어를 통해 주고받는데, 소통거리에는 그것이 지시하고 있는 소통걸이가 있다. 예를 들어, 우리가 갈색 책상에 대해 이야기한다고 해보자. 이 때, 책상은 갈색이고, 나무로 되어 있다는 기본 정보는 소통거리이다. 그런데 이 거리가 지시하는 것은 사물로서의 책상이다. 소통이 걸려 있는 걸이는 책상인 셈이다.

인간적인 차원에서 이야기하자면, 소통은 어떤 사람이 다른 사람에게(소통하미) 어떤 특정한 매제(소통다리)를 사용해 어떤 일어난/일어나는/일어날 사건/사태/사물(소통걸이)에 관해 어떤 정보(소통거리)를 주고받는 것을 뜻한다.

넓은 의미의 소통은 힘과 정보의 교류, 보존, 축적, 확산이다. 소통의 양식에 따라 소통의 주체는 분자(원자), 세포, 몸, 마음, 정신, 영혼이 될 수가 있다. 정보는 다양한 차원에서 전개되는데 그 교류 방식과 상대에 따라 물리정보, 유전정보, 감각(인지)정보, 언어정보, 직관정보로 분류될 수 있다. 소통을 넓은 의미에서 본다면, 자연적인 지향까지도 포함해서 힘과 정보의 교류 전체를 소통이라고 할 수 있다.

좁은 의미의 소통은 물리정보와 유전정보를 바탕으로 해서 기호와 상징에 의해 이뤄진다. 인간의 소통은 크게 언어적 소통과 비언어적 소통으로 구분될 수 있다. 언어적 소통은 상호작용으로서 대화와 담론으로 분류될 수 있다. 플루서에 따르면, 대화는 다양하게 존재하는 정보를 새로운 정보로 합성하는 방법이다. 담론은 자연의 엔트로피적 작용으로부터 정보를 보존하기 위해 사용 가능한 정보를 분배하는 방법이다. 리프킨(Jeremy Rifkin)이 쓴 엔트로피 개념을 열역학적인 개념에서 학자들이 많이 활용하고 있다. 플루서도 엔트로피 차원에서는 정보가 보존이 안 된다고 말한다. 정보를 보존하고 유통하고 확산하는 것은 반엔트로피이다. 자연의 엔트로피를 거스르는 것으로 본 것이다. 담론은 바로 반엔트로피의 차원에서 이뤄진다고 플루서는 말한다.

그런데 지금 대부분의 매체에서는 소통걸이(사건/사태/사물)는 괄호 안에 넣고 거리(정보)의 차원에서만 소통이 되고 있다. 이것이 바로 정보의 유통이다. 정보는 사물・사태・사건을 확인하지 않는다. 여기서 정보와 지식의 차이가 발생한다. 지식은 이 차원(소통걸이)을 항상 고려한다. 즉, 실제 지시하는 정보가 참이냐 거짓이냐를 따져 묻는다. 반면 정보는 참과 거짓을 따지지 않는다. 다만 주고받기만 한다. 하이데거는 이것을 '잡담'이라고 표현했다. 잡담은 지시체, 즉 사물에 대해서는 문제제기하지 않고 이야기를 나누는 것을 의미하는데, 이것이 오늘날의 미디어를 통한 커뮤니케이션의 특징이다.

현대 사회의 커뮤니케이션에서는 소통걸이가 중요하지 않다. 현대를 특징짓는 기호론적 전환에서 어차피 기호는 사물・사태를 있는 그대로 반영하지 않는다고 생각한다. 누가 무엇을 어떻게 봤느냐 하는 차원에서만 이야기가 된다. 이 정보가 참이냐 거짓이냐를 따지지 않고 주고받는 것만으로도 충분히 친해질 수 있고 인간다움을 느낄 수 있고 외로움을 극복할 수 있다. 현대인의 미디어를 통한 소통이 가진 중요한 의미가 바로 여기에 있다. 소통 그 자체가 중요하게 된 것이다. 참・거짓보다는 소통을 위한 소통, 사이하기 위한 소통, 가까워지기 위해 거리를 거리로써 나누는 소통이 그 나름대로 의미가 있다는 것이다.

현대인의 소통에서 또 한 가지 중요한 것은 모든 것이 항상 상황 속에 있다는 것이다. 소통하미도 상황 속에 있고, 소통걸이도 상황 속에 있고, 소통거리도 상황 속에 있고, 소통다리도 상황 속에 있고, 이 모든 것이 다 상황 속에 놓여 있다. 각각의 상황이 다 다르기 때문에 소통거리도 다양한 상황에 따라 다르게 해석될 수밖에 없다. 따라서 이 상황을 무시하고, 미디어를 단순히 "발신자-정보-수신자"라는 구조로만 보고, 한쪽에서 정보를 쑥 집어넣으면 파이프를 통해 다른 한쪽에서 그 정보를 가감 없이 받아들인다고 생각하는 것은 인간의 독특함을 너무나 무시하는 것이다. 정보를 받아들이는 사람과 상황이 어떠하냐에 따라 반응이 달라지기 때문이다. 소통은 정보를 일방적으로 던지는 것이 아니라 반응을 감안해서 이야기하는 것이다.

2 소통의 주체로서 대중과 대중문화

이제 소통하미의 상황에 대해 살펴보자. 20세기 문화적 혁명의 핵심은 대중문화의 탄생이다. 그것은 대중이 문화의 주체로서 전면에 나서기 시작하는 문화의 변신이다. 그때까지 대중은 문화세계에서 소외되어 왕족들, 귀족들, 성직자들, 부자들이 하는 문화잔치에 초대받지 못한 주변인으로 살아왔다. 그들은 자신들이 정하는 문화의 잣대에 맞춰 문화인과 비문화인을 구별하는 차별화 전략으로 자신들의 위상을 높였다. 자신들의 학식과 신분, 재산에 걸맞은 문화적 멋과 취향을 문화의 기준으로 내세워 그렇지 못한 사람을 배우지 못한 사람, 교양 없는 사람, 천박한 사람이라 무시하고 멸시했다. 문화 향유의 주체는 극히 소수에 제한될 수밖에 없었다.

20세기 들어 사진, 영화, 복제기술의 등장으로 문화의 판도는 확연히 달라졌다. 중요한 예술작품들이 사진으로, 동영상으로, 모사품으로 다양하게 복제되어 많은 사람에게 접근 가능한 문화상품이 되기 시작했다. 문화가 문화재가 되고, 문화자본이 되고, 급기야는 문화산업이 되어 오늘날은 최고의 돈벌이 수단이 되었다. 이제 문화도 더 이상 희귀성 · 원본성 · 일회성 · 독창성을 앞세운 '아우라'의 척도에 따라 정의될 수 없게 되었다. 일종의 제의적(祭儀的) 성격의 종교적 숭배 가치를 가진 것으로 간주되던 예술작품은 이제 많은 사람이 보고 즐길 수 있는 전시 가치의 성격을 띠게 된다. 예술작품의 전시는 예술작품을 향유 또는 즐김의 대상으로 전환시켰다. 또한 그 수용 방식에서도 이전의 예술작품이 개인적인 방식으로 집중적이고 예술작품에 침잠(沈潛)해 들어가는 지각 방식을 요구한데 반해, 새로운 예술작품은 대중적 혹은 집단적인 방식으로 정신오락적인 분산적이고 촉각적인 지각 방식을 요구한다. 새로운 전자 기술과 미디어의 등장으로 문화의 주체, 대상, 양태, 향유 방식 등이 전체적으로 다 바뀌는 상황에 이르게 된다. 20세기 후반 들어서 이제는 더 이상 문화의 주체를 왕족이나 귀족, 지성인과 부자로 잡을 수 없게 된다. 대중이 모두 예술작품의 관람객이고 향유자로서 문화의 주체로 떠오르게 된다. 고급문화와 대중문화의 구별이 철폐되며 문화가 곧 대중문화인 문화의 시대가 열린 것이다.

이로써 무엇보다 대중의 위상이 달라지게 되었다. 이제 예술가들은 대중을 의식하지 않을 수 없게 되었다. 대중의 공감을 얻지 못한다면 예술가로서 성공했다고 자신할 수 없기 때문이다. 작품이 가지는 예술성이라는 것이 있긴 하겠지만 대중과 소통하지 못하는 예술이 진정한 예술이라 할 수 있는가라는 문제가 제기된다. 백남준은 "예술을 위한 예술은 사기이다."라고까지 말한다. 이제 예술의 잣대는 '대중과의 소통'이 되었다. 문화의 세기는 대중이 주인이고 주체가 되는 시대이다. 우리는 모든 면에서 대중을 의식하고 대중의 공감을 얻으려고 노력해야 한다. 대중의 상황으로 내려와 대중의 눈높이에 맞춰 대중의 관심에 귀를 기울이고 대중의 입장에서 대중을 이해하려 힘써야 한다. 그것이 소통으로서의 문화가 지향하는 바이다.

3 소통의 구조와 계기

소통의 일차적 기능은 공감의 확장을 통해 신뢰감, 친밀한 관계, 사회적 결합을 이루는 것이다. 그런데 공감을 얻기 위해서는 상대방과 공유하는 것이 있어야 한다. 상대방과 무엇을 공유하기 위해서는 내가 가진 것으로 상대방을 유혹해야 한다. 상대방이 내가 가진 것에 관심을 갖도록 유도해야 한다. 그리고 상대방을 설득해서 나의 생각과 행동을 믿을 수 있도록 신뢰감을 주어야 한다. 그러면 상대방과 친밀한 관계를 형성할 수 있을 것이다.

사람 사이에서 소통이 이뤄지고 있는 가장 흔한 방식은 대화이다. 대화에서 중요한 것은 그것이 쌍방향이라는 것이다. 다시 말해, 한쪽이 일방적으로 말하미나 들으미의 역할을 고정적으로 하는 것이 아니라 서로서로 동시에 두 역할을 다 한다는 말이다. 말하면서 듣고 들으면서 말하는 방식으로 말이다. 이 말은 또한 대화에 참여한 모두가 대화의 주체로서 다 평등하다는 뜻이기도 하다.

하버마스(Jürgen Habermas)는 상호주관적인 차원이 강조되고 있는 대화의 이상적 상황을 설정하면서, 거기에서는 네 가지의 타당성에 대한 요구 주장이 채워져야 한다고 주장한다.

첫째, 발언의 이해가능성에 대한 요구 주장을 들 수 있다. 즉, 우리가 언어로 표현하는 것은 모두 우리에게 이해될 수 있는 말 또는 단어로서 들어와야 한다는 것이다. 언어가 그 형태상의 차원, 기호론적인 차원, 문법상의 차원에서 언어로서 이해될 수 있는 것이어야 한다는 말이다.

둘째, 명제의 진리성에 대한 요구 주장이라 할 수 있다. 이것은 언어가 말하는 것, 예를 들어 "백조는 희다"라고 말했을 때, 그 말의 내용이 그것에 대해 이야기하고 있는 사태와 일치해야 한다는 말이다. "백조는 희다"라고 말할 때 백조가 실제로 희어야만 한다. 그래야만 그 말이 참이라고 할 수 있다.

셋째, 말하는 사람의 진실성이 전제되어야 한다. 진리성과 진실성은 구별되어야 하는데, 이를테면 남을 속이기 위해 전체의 맥락을 숨긴 채 부분적 진리만을 이야기할 수도 있는데, 이 경우 올바른 의사소통이라고 할 수 없다. 하버마스는 말하는 사람의 진실성을 중시한다. 왜냐하면 사태에 관한 진리라는 것은, "백조는 희다"라고 했을 때, 거기에서 오직 백조의 흼만이 이야기될 뿐 그외 나머지 사실에 대해서는 전혀 이야기되고 있지 않다. 즉, 거기에서는 하나의 사태에 대해 아주 일부분만이 이야기되고 있을 뿐이다. 따라서 그렇게 일부분에 대해 말하면서 전체에 대해 말하는 것처럼 말하미가 사태를 왜곡시킬 수 있는 가능성이 있다. 그래서 말하미의 진실성이 중요한 관건이 된다. 말하미의 진실성은 진리성과 뗄 수 없는 관계에 놓여 있다.

넷째, 하버마스는 명제의 정당성(올바름)에 대한 요구 주장을 든다. 이것은 사회성과 관련이 있다. 하나의 명제, 즉 "백조는 희다"라는 명제는 문맥(context)에 맞아야 하고, 이 문맥은 전체 텍스트에 맞아야 하며, 전체 텍스트는 그것이 지시하고 있는 실제 상황인 삶의 맥락에 맞아야 한다. 정당성에서는 현재의 사회만이 문제되는 것이 아니라 사회의 정체성, 즉 역사도 문제가 된다. 다시 말해 거기에는 역사와 문화가 그 밑바탕에 깔려 있게 된다. 이렇게 대화에는 여러 다양한 관계가 서로서로 복잡하게 얽혀 있다.

공감을 강조하는 소통에서는 대화의 상대방에 대한 열린 마음이 중요하다. 아무런 선입견 없이 상대방을 동등한 대화의 상대로서 인격체로서 대하는 자세가 중요하다. 상대방의 눈높이에 맞춰 상대방의 관심과 이해(利害)를 헤아리고 상대방의 입장에서 대화의 내용을 알아들으려는 노력이 필요하다. 서로 생각과 신념이 다르고 사태에 대한 시각이 다르다 해도 상대방의 다름을 인정하고 수용하려는 열린 자세가 필요하다. 대화를 통해 합의와 일치에 이르게 되면 서로 사이에 신뢰감을 얻게 되어 친해지게 되고 사회적 결속감이 한결 더 강해질 것이다.

4 소통의 상황: 비소통과 협상

그러나 이상적인 대화 상황이 이뤄지는 것은 매우 어렵다. 그런 경우를 위한 것이 또한 대화며 소통이다. 대화에서는 상대방을 동등한 대화의 상대자로서 인정해야 한다. 이 말은 내가 나와는 다른 또 다른 나를 대화의 상대로서 대하고 있음을 인정해야 한다는 말이다. 대화의 또 다른 주체로서 상대방은 자기의 관점에서 자신의 생각대로 사태를 이야기하고 판단하고 수용할 권리를 갖고 있다. 내가 마음대로 할 수 없는, 나와 똑같은 위치에 선 타자(他者)가 있다는 상황이 소통을 어렵게 만드는 결정적 요인이다. 그래서 소통에서 가장 중요한 문제는 역설적이게도 '비소통'이다. 소통에서는 상대방에게 정보나 메시지를 그의 생각대로 해석할 권리를 준다. 소통이 강조되는 문화적 자세에서는 수용자에게 해석의 일차적 권리가 보장되어야 한다. 그것이 대중문화에서 문화의 수용자로서 대중의 수용과 공감에 큰 관심을 두고 있는 이유이다.

소위 발신자를 떠난 정보나 메시지는 전적으로 수신자의 처분에 맡겨진다. 소통의 상대방은 자신에게 주어지거나 전달되는 정보나 메시지를 선택해서 수용할 권리부터 그것을 자신의 관심과 취향에 따라 해석하고 변형할 권리도 갖는다. 그렇게 해서 발신자를 떠나 떠도는 정보나 메시지는 발신자의 의도와 상관없이 이해되고 오해되고, 곡해되고 왜곡될 처지에 놓이게 된다. 그래서 커뮤니케이션(소통)이란 "진심(사실)을 말하지 않는 정보 제공자와 메시지를 자기 취향에 맞춰 해석하려는 수신자 사이의 항구적인 협상 과정"이다(도미니크 볼통, 2011: 5). 이러한 소통 과정의 복잡함을 제대로 알지 못하고 진행되는 소통은 서로를 이해하지 못하는 '비소통'이며, 이것은 필연적으로 몰이해와 갈등, 증오와 투쟁을 낳는다.

소통에서는 서로 다른 자유와 평등성을 가진 상대방을 인정해야 한다. 이 상대방이 나와 같은 선상에 있으며 나의 생각에 동의하지 않는다는 점을 언제나 고려해야 한다. 소통에는 언제나 비소통이 해결되어야 할 핵심 과제로 주어져 있는 셈이다. 이 점을 인정하고 나면 생각을 달리하는 타자와의 공존이 소통에서 받아들여져야 할 전제 조건이 된다. 소통하기 위해 우선은 타자의 존재를 인정하고 서로의 차이와 다름을 받아들이면서 계속 대화하고 협상하면서 공생하고 상생할 길을 모색해야 한다.

이런 식으로 공생하고 상생하기 위한 소통에서 가장 중요한 요소는 진정성이다. 위에서 거론된 이해가능성, 진리성, 정당성, 진실성에 앞서 소통하려는 열린 마음과 그를 위한 진정성이 우선적으로 요구된다. 그럴 때 서로의 차이와 다름을 참고 인내하며 합의점을 찾기 위해 계속 협상해 나갈 수 있을 것이다.

소통하기 위해서는 정보를 알려 주는 것만으론 충분하지 않다. 오늘날은 오히려 정보의 차고 넘침과 기술적 매체의 항존이 소통을 더욱 어렵게 만든다. 정보혁명은 소통의 불확실성을 가중시키며 예측할 수 없는 결과에 이르게 한다. 이것은 정보 자체의 문제만이 아니다. 지금은 모두가 모든 것을 보고 모든 것을 알게 되는 세상이다. 언어, 철학, 정치, 문화, 종교적인 차이들이 소통과 관용을 더욱 어렵게 만든다. 정보는 메시지일 뿐이지만, 소통은 그보다 훨씬 복잡한 '관계'이다.

"21세기 혁명적 사건은 정보의 혁명이 아니라 소통의 혁명이다. 즉, 메시지의 문제가 아니라 관계의 문제이다. 복잡한 기술 발전을 통한 정보의 생성과 분배가 아니라, 정보 발신자와 같은 위치에 있지 않은 수백만의 다양한 수신자에 의한 정보의 수용과 거부의 문제이다. 정보의 최종 목적지인 수신자들은 소통을 복잡하게 만든다. 정보는 타자의 얼굴에 부딪친다. 우리는 지구촌을 꿈꿨지만 혼돈스러운 바벨탑을 발견한다"(도미니크 볼통, 2011: 17).

매체 시대를 사는 우리는 정보가 사물・사실・사건・사태에 대한 있는 그대로의 기술이 아니라 발신자의 관심과 이해(利害)에 따라 수집되고 선별되어 재구성된 묘사라는 것을 잘 안다. 똑같은 사건에 대해 '가'라는 언론매체가 '나'라는 언론매체와는 판이한 보도를 하고 있는 것을 매일같이 확인하며 산다. 전문성이 걸린 사안에서도 전문가들의 전문적인 지식이라는 것이 얼마나 극과 극으로 대립되는지를 수시로 경험하고 있다. 종교적인 진리를 주장하는 데서는 그 주장의 옳고 그름을 가늠할 잣대가 있을 수가 없다. 그것은 다 결국 신앙의 문제이며 무엇을 믿거나 그것은 개인적 자유의 사항이다.

다양성과 다원성의 문제는 이제 종교적 차원에서만의 문제가 아니다. 이제는 언어, 문화, 세계관과 가치관, 정치에서의 차이를 인정하고 공존할 수 있는 길을 모색해야 한다. 문화의 시대에 다양성은 흠이 아니라 장점이다. 문화의 시대 가장 경계해야 할 적은 오히려 획일성이다. 누가 "나는 진리를 보았고 깨달았으니 나를 따르면 행복과 안정이 주어질 것이다."라고 외친다면 미친 사람 취급을 받을 것이다. 이제 진리의 포교와 선교는 종교적인 차원에 국한된 일이고 그것은 극히 사적인 믿음의 영역이다. 공적인 차원에서 자기만이 진실을 보았고 자기만이 올바른 길을 알고 있다고 주장한다면 의심의 눈총에 시달릴 것이다. 정보와 지식이 넘치는 오늘날 남을 가르치려 드는 계몽의 자세는 시대착오적이라는 비판을 면치 못한다.

다원주의 사회에서 비소통을 해결하기 위한 소통의 방식 중 중요한 것은 생각과 주장을 달리하는 사람들 모두가 다 참여할 수 있는 기회와 방법이 많이 마련되는 것이다. 정보의 흐름과 메시지의 전달이 일방적이어서는 안 된다. 어떤 형태로든지 수신자 또는 수용자들의 참여가 보장되어야 하고, 메시지의 공유와 메시지에 대한 거부 또는 의견 표명도 보장되어야 한다. 그리고 의견을 달리하는 사람들 사이의 대화와 협상이 전개되어야 한다. 의견 조정이 이뤄지는 동안에도 협동과 협업은 계속되어야 할 것이다. 이렇듯 소통에는 참여, 협상, 협동, 협업이 중요한 소통의 행위로 부각된다.

아무도 사실 자체를 있는 그대로 알지 못하고 그것이 생활세계에서 통용되는 코드(언어, 상징, 기호)에 의해 우리에게 주어지는 대로 인식할 뿐이다. 그리고 이 코드는 역사의 흐름에 따라 기술의 발전과 커뮤니케이션의 변화 속에서 계속 변해 오고 있다. 절대적 보편적으로 통용되는 코드는 없다. 문화권과 생활세계에 따라 통용되는 코드와 그 규약은 다르다. 우리는 다른 문화권의 문화적 코드를 우리의 잣대로 평가하고 판단해서는 안 된다. 우리와는 다른 문화적 코드를 그들의 역사적 문화적 관점에서 이해하려고 애쓰며, 그 코드가 그들에게 어떤 의미를 지니고 있는지 알려고 노력해야 한다.

제 4 절 문화적 존재로서 공감인의 공감적 소통

1 공감의 시대 통합적 인간 '공감인'

인간을 문화적 존재로서 공감인(共感人)으로 규정하고, 공감을 감성, 지성(이성), 영성의 통합적 능력으로 풀이한 사람이 있으니 비로 리프킨이다. 그는 최근의 저서 『공감의 시대』에서 인류의 문명을 커뮤니케이션과 엔트로피의 변증법적인 상호 역학 관계 속에서 펼쳐지는 생존과 공존, 그리고 발전의 사건으로 본다(제러미 리프킨, 2010). 이러한 문명의 밑바탕에는 도구의 발견, 기술의 발달, 생산의 효율화, 커뮤니케이션의 확장, 조직과 제도의 합리화, 학문(과학)의 발전, 의식의 심화 등이 보이지 않는 상호작용 속에 더 나은 미래를 향한 여정을 마련하고 있다. 리프킨은 이런 문명의 발전을 이뤄 내는 인간의 능력을 이성에 한정해서 보려는 것은 매우 근시안적이라고 지적한다. 인류의 문명을 제대로 설명하기 위해서는 인간의 이성적 능력 외에도 감성적 능력과 영성적 능력을 고려에 넣어야 하며 이 능력들을 병렬적으로 나열해서는 안 되며 그 세 능력을 아우르는 통합적 능력을 핵심축으로 산정해야 한다. 그것을 리프킨은 '공감'이라고 이름한다. 그래서 인류의 문명은 '공감적 문명'이라는 이름을 얻게 되고 인간도 '공감인(호모 엠파티쿠스, homo empathicus)'이라는 명칭을 받게 된다.

리프킨은 정보통신의 발달로 커뮤니케이션이 전 지구를 신경망처럼 휘감아 지구 위의 모든 사람이 정보의 그물망 속에 서로 이웃해 사는 코스모폴리탄 시대인 지금은 또한 극도의 엔트로피 증가로 지구 전체가 파멸의 위기에 놓이게 되는 시점이라고 지적한다. 이 문제를 해결할 수 있는 길은 인간의 공감력을 극대화해 생물권(生物圈) 의식 속에서 지구 위의 모든 자연사물, 생명체, 인간들이 함께 평화로이 공존할 수 있는 연대감과 유대감을 공고히 하는 것뿐이다. 리프킨은 인류의 문명은 공감의 문명으로서 인간의 공감력이 씨앗의 상태에서 싹이 터 잎을 맺고 줄기를 형성하고 가지를 치며 꽃을 피어내는 공감력 증대의 역사로 본다. 그래서 지금 우리가 사는 현대는 우리가 가진 공감력으로 승부를 걸어야 하는 '공감의 시대'이다.

리프킨은 이 책에서 공감이 진화해 온 과정과 특성을 분석해, 엔트로피의 증가가 불러온 인류의 위기를 극복할 수 있는 방법을 모색한다. 그는 생물학과 인식과학 분야의 지식을 이용해 인간 본성에 대한 물음을 다시 던지고 있으며, 인간을 이기적이고 공격적이며 물질적이라고 주장해 온 오래된 견해에 의문을 제기한다. 그에게 인간의 기본적인 본질은 '공감'이다. 그런데 이러한 공감은 엔트로피와 역설적인 관계에 있다. 새로운 에너지 기술과 제도가 만들어 낸 커뮤니케이션의 확장은 지구적인 소통을 가능하게 했지만 이는 더 많은 에너지 소비와 그로 인한 환경의 지속성 약화를 초래하고 있다. 즉, 공감의식이 확대되는 과정에서 지구의 건강은 악화되고 있는 것이다. 지금도 진행되고 있는 급속한 기후 변화로 인한 생태 파괴는 인간에게 지구의 모든 생명체와 더불어 생존하고자 하는 의지가 있는지를 확인하는 물음을 던지고 있다.

2 공감이란?

리프킨은 인간의 본질적인 감정을 '공감'이라고 말한다. 그리고 이러한 공감 능력은 모든 인간에서 볼 수 있는 보편적 조건으로 인간의 친척인 영장류와 포유류의 조상에까지 연결된다고 말한다. 그는 '공감'을 인간에게만 한정지어 특수화시키지 않고 다른 생명 종으로까지 관련성을 확대하면서 공감의 보편성을 확보하고자 한다. 리프킨은 공감 능력이 모든 인간에게서 볼 수 있는 보편적 조건임을 강조한다. 예를 들어 공감적 고통[2]은 인간의 친척인 영장류, 그리고 포유류의 조상에까지 연결된다. 그런데 생물학자나 인식과학자들이 새끼에게 젖을 물리는 포유류에서 원시적 형태의 공감을 발견하게 된 것은 극히 최근의 일이다. 그들은 영장류나 인간이 공감할 수 있는 것은 뇌의 신피질이 발달했기 때문이라고 분석한다.

2) empathic distress: 남의 고통을 자신의 고통처럼 느끼는 상태를 일컫는 심리학 용어이다.

리프킨은 공감보다 앞서 나온 단어는 '동정(sympathy)'이었다고 지적한다. 여기에서 동정은 다른 사람의 곤경을 보고 측은함을 느끼는 감정을 의미한다. 공감은 동정과 정서적으로는 공통점을 갖고 있지만 실제 둘은 전혀 다른 내용을 가지고 있다. 리프킨은 '공감'이라는 용어가 1872년 피셔(Robert Vischer)의 미학에서 사용된 독일어 'Einfühlung(감정이입)'에서 유래되었다고 설명한다. 감정이입은 관찰자가 흠모하거나 관조하는 물체에 자신의 감성을 투사하는 방법을 설명하는 용어로, 실제로는 예술작품을 감상하고 즐기는 원리를 밝히기 위해 만들어진 것이었다.

독일의 철학자이자 역사가인 딜타이(Wilhelm Dilthey)는 이 미학 용어를 빌려와 정신 과정을 설명하는 데 사용했다. 그에게 감정이입은 다른 사람의 입장이 되어 그들이 어떻게 느끼고 생각하는지 이해하는 것을 의미했다. 1909년 미국의 티치너(Edward B. Titchener)는 'Einfühlung'을 '공감(empathy)'으로 번역했다.[3] 티치너의 일차적 관심사는 내성(內省, introspection)의 핵심 개념이 무엇이냐 하는 문제였다. 내성은 자신의 내적 느낌, 감정, 생각을 탐구해 자신의 정체성과 자아를 형성하는 것에 대한 개인적 이해를 얻어 내는 방법이다. "공감의 '감(感, pathy)'은 다른 사람이 겪는 고통의 정서적 상태로 들어가 그들의 고통을 자신의 고통인 것처럼 느끼는 것을 뜻한다."고 말한다. 여기에서 알 수 있는 것은 수동적인 입장을 의미하는 동정과 달리 공감은 적극적인 참여를 의미해 관찰자가 기꺼이 다른 사람의 경험의 일부가 되어 그들의 경험에 대한 느낌을 공유한다는 의미를 갖게 되었다는 것이다.

공감은 상대방과 일정한 거리를 유지한 채 객관적으로 상대를 관찰하는 행동이 아니라 상대방의 마음을 나의 마음과 같이 깊이 헤아리는 것이다. 이것은 상대방의 감정을 마치 나의 마음과 같이 체험하고자 하는 시도라고 할 수 있다. 그렇다고 자신의 느낌과 생각을 모두 버리고 상대방을 받아들이는 것으로 본다면 문제가 될 수 있다. 공감은 자신의 입장으로 상대방의 존재가 거부감 없이 밀려들어와 나의 내부에서 '어울림'의 공명(共鳴)이 형성되는 것이다. 따라서 공감은 한 사람의 개인적인 이해의 차원을 넘어 서로 다른 집단과 문화를 이해하고 받아들이는 기능을 수행할 가능성도 내포한다고 할 수 있다.

3) 공감은 그리스 말 empatheia에서 왔다. empatheia의 em은 'in', 'into', 'within'의 뜻을 가지고 있으며, 라틴어의 pathos는 '고통', '열정'을 뜻한다. empathy는 다른 사람의 고통이나 열정을 내 안에서 느끼는 것으로서 동아시아적 의미로는 '이심전심(以心傳心)', '직지인심(直指人心)'이 empathy에 해당한다.

3 공감적 소통

공감은 다른 사람의 입장과 처지를 이해하고자 노력하는 것으로부터 출발한다. 이해하기 위해서는 자신을 상대방의 입장에 놓고 상대방의 정서적 상태로 들어가야 한다. 비록 일대일의 완벽한 일치가 불가능하다고 하더라도 상대방 감정, 느낌, 생각 등을 적극적으로 탐구해야 한다. 탐구하는 과정에서 상대방에 대한 관계의 강도는 더 강해진다. 그렇다고 자신을 버리고 전적으로 상대에 몰입하는 것은 아니다. 오히려 자신의 정체성과 개인에 대한 이해를 얻어 낼 수 있는 방법이라고 봐야 한다.

리프킨은 공감에서는 감정적 반응과 실천적 반응이 뒤따른다고 말한다. 호모 엠파티쿠스(Homo empaticus)는 다른 사람들의 고통을 덜어 주어야 할 필요를 인식하며, 또 마땅히 도움이 될 만한 행동을 한다. 인식적인 차원에만 머무르는 것이 아니라 어떤 결과를 만들어 내려는 의지적 행동적 요소로 이행되어 나갈 수 있다고 본다.

그렇다면 오늘날 왜 인식적인 차원과 실천적인 차원을 함께 갖는 '공감'에 주목해야 하는가? 리프킨은 사용 가능한 에너지와 기술, 그리고 이러한 기술에 의한 새로운 커뮤니케이션의 혁명이 만들어 내는 문명화 과정 속에서 성숙한 공감 본능을 확대해 공감-엔트로피의 딜레마를 벗어나야 한다고 말한다. 그래야만 지속 가능한 삶과 생물권의 균형을 찾을 수 있다는 것이다.

우리 인간에게는 고립감을 극복하기 위해 끊임없이 다른 사람과의 유대감을 추구해 가며 좀 더 복잡한 사회적 구조를 만들어 내려는 경향이 있다. 우리의 여정은 이러한 인간의 경향과 우주를 지배하는 에너지 법칙이 만나는 교차로에서 시작한다. 인류사의 근간을 이루는 변증법은 공감은 확장하고 엔트로피를 증가시키는 것 사이에 놓인 끊임없는 피드백(되먹임)의 고리이다.

리프킨은 인류의 문명은 공감의 능력이 바탕이 되어 전개되는 커뮤니케이션과 에너지 사용의 상호 역학적 작용 속에서 역사적 흐름과 더불어 각기 다른 커뮤니케이션 수단과 에너지 기술을 발전시켰고 또 그것은 그 시대의 독특한 문화 의식과 기술문명을 배태시켰음에 주목한다. 그리고 이러한 문명의 발달과 더불어 인간의 공감 능력도 확장되고 심화되어 오면서 공감이 지구촌의 운명을 가늠할 현재에 이르게 되었음을 강조한다. 리프킨은 에너지와 커뮤니케이션의 혁명이 현실 세계를 바꿀 뿐 아니라 인간의 의식까지도 변화시킨다고 말하면서 공감의 문명에서 펼쳐지는 이 흔적들을 좇아가며 서술한다. 수렵 채취가 주축을 이루던 문명의 단계인 그림 구술문화 시대에는 신화적 의식이 팽배했다. 농경이 핵심 생산 기술이던 단계에는 문자문화가 꽃을 피웠고 유일신을 숭배하는 신학적 의식이 자리 잡았다. 인쇄술과 각종 기계 기술이 발달하며 상업이 성하던 인쇄문화의 시대에는 계몽적 의식이 널리 퍼졌다. 석탄과 증기기관이 발명되고 전신, 전화가 등장한 1차 산업혁명 시기는 전자문화 시대로서 심리적 의식이 퍼져나가는 시기였다. 컴퓨터, 인터넷, 스마트폰, 디지털 기술이 등장한 제2차 산업혁명의 시기인 지금은 그물망(네트워크) 시대로서 연극적 의식이 자리 잡기 시작하는 시기이다.

이렇게 리프킨은 에너지 기술의 제도적 관리가 어떤 커뮤니케이션의 변화를 이끌었고, 그리고 이것이 또한 어떻게 사회적 현실과 개인의 역할에 변화를 주었는지를 살펴본다. 그리고 또 이것이 인간의 의식을 어떻게 바꿔놓았는지를 고찰한다. 이 모든 것의 밑바탕에는 공감이 작용하고 있다. 리프킨이 서술하는 공감의 문명은 공감인(호모 엠파티쿠스)이 자신의 공감의 능력을 확장 심화시켜온 공감 능력 발달의 문명이다. 그것은 또한 인간의 의식과 커뮤니케이션 방식, 그리고 에너지 제도(열역학 법칙)가 어우러져서 만들어 내는 공감적 소통 성과의 문명이다.

제 5 절 문화적 인간은 사이-존재

1 사이-존재의 사이하기

지구촌 시대는 문화의 시대로서 문화적 다양성이 강조되고 문화적 가치가 전면에 등장하며 문화적 멋을 추구하는 문화인이 모델이 되는 멋진 시대이다. 이제 이에 맞춰 인간에 대한 규정도 달라져야 한다.

인류 역사를 되돌아보면 지난 2500년 동안 이른바 지성인들은 인간을 이성적 동물로 규정하며 인간의 이성과 지성을 강조하고 육체와 감성을 경시해 왔음을 알 수 있다. 인간의 이성, 정신, 사유, 영혼 등 육체가 아닌 정신의 영역과 능력에서 인간의 본질적인 차원을 찾아왔다. 그러면서도 고중세의 신학의 시대를 거쳐오면서 이성으로 설명할 수 없는 신앙과 초월의 영역을 어떻게 이성과 조화시킬까 고심했다. 많은 지성인이 이성과 신앙의 화해를 위해 온갖 노력을 기울였지만 노력을 하면 할수록 추세는 신앙의 이성화 또는 합리화 쪽으로 기울었다. 그래서 결국은 신앙의 영역과 인간의 영성적 능력도 이성의 잣대에 의해 합리화되거나 비이성적인 것으로 현실의 영역에서 추방된다. 인류의 역사 특히 서양의 역사는 이와 같은 이성 중심의 합리화의 역사라 해도 지나친 말이 아니다.

탈근대라고 지칭되는 20세기 후반부터 이러한 이성 중심의 시각이 비판의 대상이 되고 있다. 그동안 무시·경시·멸시되어온 육체의 차원을 살리자는 운동이 포스트모더니스트들을 중심으로 불같이 번져나갔다. 비이성적이고 반이성적이고 몰이성적인 것이라 해서 인간적인 것에서 추방되어 왔던 이슈들이 인간의 인간적인 면을 보여 주는 중요한 단서라 해서 논의의 관심을 끌었다. 광기, 폭력, 섹스 등이 대표적인 주제들이다. 이렇게 이성과 정신에서 그 반대급부인 육체와 감성으로 역사의 시계추가 급반전되니 이것 역시 또 다른 극단화임을 우려하는 목소리가 많았다. 인간의 영성적인 측면이 간과된 채 감성만을 강조하다 보면 인간의 짐승화와 다를 것이 없다는 이야기이다. 그래서 인간의 이성과 지성적인 측면, 감성적인 측면, 영성적인 측면 모두를 아우르는 통합적인 시각으로 인간을 재조명해야 한다는 주장이 대두되기 시작했다.

필자 역시 서양의 인간에 대한 규정인 '이성적 동물'과 '하느님의 모상(模像, Abbild)'이 생물학적 전제와 신학적 전제 위에 내려진 정의임을 지적하며 인간을 '사이-존재'로 규정할 것을 제안했다. 동아시아의 전통에서 인간을 보는 시각을 현재화해서 빔-사이, 사람-사이, 때-사이, 하늘과 땅-사이에서 사이를 이으며 사이로 존재하는 인간의 독특함을 '사이-존재(inter-esse)'로 규정하자는 의도이다. 그리고 이러한 사이-존재로서의 사람은 감성, 지성, 이성, 영성의 차원이 고루 고려된 통합적 인간임을 강조했다.[4)]

4) 필자는 지금까지 다석 류영모의 사상을 풀이하면서 그의 인간관을 '사이-존재'라는 개념으로 압축해 소개하면서 많은 글을 발표했다. 몇 개를 참고삼아 소개하면 다음과 같다. 이기상, 『다석과 함께 여는 우리말 철학』, 지식산업사, 2004: 192 및 322; 『지구촌 시대와 문화콘텐츠. 한국 문화의 지구화 가능성 탐색』, 한국외국어대출판부, 2009: 228; 『글로벌 생명학. 동서 통합을 위한 생명 담론』, 자음과모음, 2010: 29 및 73.

사이-존재가 무엇을 의미하는지 간략하게 살펴보기로 하자.

"사이"는 국어사전에 다음과 같이 정의되어 있다. "[명] ① 이 때에서 저 때까지의 동안. ② 두 물건의 가운데. ③ 두 물건이나 장소의 가운데 난 틈. * 서리: 여러 물건이나 사람의 사이"(남영신 엮음, 1999: 1137). "사이가 뜨다." => "일정한 거리가 있다. 동안이 오래다. 서로 사이가 좋지 않다." "사이가 좋다." => "서로 사귀는 관계가 좋다." "사이를 두다." => "일정한 거리나 동안을 두다." "사이없다" => "서로 허물없이 가깝다." "사이하다" => "사이에 두다. 사이에 들어서서 서로를 맺어 주다. 중매하다. 중개하다."

여기의 낱말 풀이에서 보듯이 '사이'는 ① 때-사이, ② 장소의 가운데로서의 사이, 즉 빔-사이, ③ 물건이나 사람의 사이, ④ 틈, ⑤ 관계, ⑥ 아우름 등을 가리킨다. '너와 나 사이'와 같은 표현에서는 '개인으로서의 나와 너의 관계'라는 의미와 함께 '개인으로서의 너와 나의 다름과 차이'라는 뜻도 포함되어 있다. 그리고 '우리 사이'라는 표현에서는 너와 나 모두를 아우르는 더 높은 차원의 포괄성을 가리킨다. 그리고 '사이'의 동사형인 '사이하다'가 "사이에 들어서서 서로를 맺어 주다, 중매하다, 중개하다"의 의미가 있는 것에 주목할 필요가 있다. 사람은 사이-존재로서 사이하는 존재이다.5)

이런 어원적 맥락에서 볼 때 인간을 '사이에-있음'이라 규정할 경우 그것이 지시하는 의미는 아래와 같다.

장(場)의 가운데, 공간 속에, 빔-사이에 있다. 때와 때 사이에, 즉 시간 속에 있다. 사물과 사물 사이에, 사람과 사람 사이에 있다. 모든 존재하는 것을 아우르는 전체 속에 있다. 하늘과 땅 사이에 있다. 시간과 공간 그리고 인간의 차원을 모두 포괄해 모든 존재하는 것을 감싸고 있는 장(세상, 우주)의 가운데 있다. 그것들에 둘러싸여 있다. 포함되어 있다. 시간과 공간 그리고 인간 개개의 차원 안에 놓여 있다. 그 개개의 차원 속에서 그 속에 존재하는 것과 연결되어 있으며, 그것들과 교류, 소통하며 관계를 맺는다.

사이는 그 사이를 거리가 아닌 가까움으로 만들면서 존재함을 뜻한다. 사이는 개별자로서의 인간의 독특함(아름다움)을 인정하기에 서로의 사이를 존중한다. 아

5) 인간을 사이에-있음으로 규정한 철학자로 우리는 키르케고르(Søren A. Kierkegard)를 들 수 있다. 그는 인간을 '중간-존재'라는 의미로 'inter-esse'라 칭했다. 그에 의하면 인간은 무한과 유한 사이에, 영원과 시간 사이에, 보편과 개별 사이에, 영혼과 육체 사이에 존재하며 그 둘을 종합해야 하는 중간-존재이다.

름과 아름의 사이를, 즉 너와 나 사이를 포괄하는 지평적인 사이가 있다. 그것이 우리 사이이다. 아름들은 사이로 연결된 그물망으로서의 전체 사이에 자기를 맞춰 나가야 한다. 그래야 다른 아름들을 울리고 떨리게 해서 전체 속에 어우러져 어울림을 이뤄나갈 수 있다.

사람은 사이 속에서 사이로서 사이좋게 사이를 만들며 존재한다. 이것을 '사이하다'라고 표현한다. 즉 "사이에 들어서서 서로를 맺어 주고 중매하고 중개한다". '사이하다'는 무엇보다도 '통하다'를 뜻한다. 개개 차원의 사이와 지평의 사이에 들어서서 그 사이가 통하게 함을 말한다. 그것은 '소통(疏通)하다'이다. 확 트이게 해서 서로서로 잘 통하게 함이다. '사이하다'는 '관여하다', '참여하다'를 뜻한다. '사이하다'는 '관계를 맺다', '서로를 이어 주다', '가깝게 만들어 주다'를 뜻한다. '사이하다'는 '중매하다', '중재하다', '중개하다'를 뜻한다. 미디어의 시대에 걸맞은 미디어적 존재를 특징짓는 핵심적인 개념으로 '사이하다'를 택할 수 있다.

이 규정은 사물, 도구, 기계, 컴퓨터, 미디어, 작품, 사람, 민족, 나라, 문화, 세계 등과 같은 모여 결성된 구성체로서 존재(자)—실체든 주체든—그 자체에서 눈을 돌려 그것들의 '사이'에 주목한다.6) 존재자는 그것이 그 자체로 홀로 있을 때에는 그 본래의 위력을 다 발휘하지 못한다. 다른 것들과 만나 그것들과 소통하고 교류하며 맞부딪칠 때 그 힘이 몇 배로 배가 되어 발산된다. 원자와 원자의 충돌과 융합, 그리고 거기에서 발산되는 엄청난 에너지를 생각해 보라.

사이는 그 자체로 있음이 아닌 서로 다른 두 존재자의 만남과 교류를 중요한 본질적 차원으로 보는 시각이다. 사이에서 벌어지는 사건들은 다음과 같다. 만남, 소통, 관용, 상호작용, 상호인정, 공존, 공생, 공감, 상생, 교류, 교제, 교감, 유대, 연대, 연합, 통섭, 융합, 통합, 조화, 화합, 어울림 등이 그것이다. 사이 존재는 사이를 지향하며 추구한다. 그래서 사이를 그리워하고 기대하며 기다리고 갈망하고 소망하고 희망한다.

실체의 시대를 지나 주체의 시대를 거쳐 우리는 지금 상호 주체의 시대인 현대를 살고 있다. 이 상호 주체의 시대에서 강조되는 것이 바로 사이 아닌가! 그것은 곧 사이의 시대이다. 이 사이에서 힘의 갈등과 충돌, 집합, 이종 교배, 융합, 통합이 이뤄지며 변화와 변환이 전개된다.7) 문화는 사이 존재로서의 인간이 자연, 사물(사

6) 오늘날 특히나 중요한 것은 기계와 사람 사이의 만남과 교류인 인터페이스(interface)인 것은 놀랄 만한 일이 아니다.

태, 사건), 인간(사회, 민족, 나라), 역사(세계, 우주), 신적인 것(신성)과 소통하는 행위와 거기서 지어지고 꾸며지는 산물이다.

2 사이-존재의 다양한 소통 방식

사이-존재로서 사람은 무엇보다도 사이의 역할을 제대로 해야 한다. 존재하는 모든 것과 함께 사이를 나누며 서로 사이를 이으며 서로서로 통할 수 있도록 사이로서 존재해야 한다. 이렇게 사이-존재로서 통하는 소통의 방식도 사이의 4차원에서 각기 다양하게 전개된다. 우리말에서 '통(通)하다'는 다양한 의미의 갈래를 포괄하고 있다. 서로서로 오고감을, 그래서 서로 잘 앎을, 서로서로에서 서로의 소식을 알림을, 정을 통함을 의미한다. 그런가 하면 막힘이 없이 트여 있음을, 어느 쪽으로 이어져 있음을, 그래서 서로 말이나 뜻을 주고받음을 뜻한다. 더 나아가 글의 앞뒤가 막힘이 없음을, 특별하거나 비밀스러운 방법으로 연락하거나 관계를 맺음을, 막히지 않고 잘 흐르거나 움직여 나감을 의미한다. 타동사로도 쓰여 중간에 다른 경로나 과정 따위를 거침을 뜻하기도 한다.

사람은 빔-사이에서 자신의 삶의 자리를 만들기 위해 노동과 활동을 통해 자연환경을 자신의 주위 세계로 만들어 나간다. 그러기 위해서는 자연 또는 자연사물과 잘 소통(疏通)해야 한다. 다시 말해, 우주자연의 모든 사물과 막히지 아니하고 서로 통해, 그 안에 담긴 뜻까지도 읽어낼 수 있을 정도가 되어야 한다. 자연에 도통(道通 = 사물의 오묘한 이치를 깨달아서 통함)하고 자연사물에 정통(精通 = 자세히 통해 앎)한다면 우주자연 속에서 모든 존재자들과 통합(通合)을 이루며 잘 살아나갈 것이다.

사람은 사람-사이에서 다른 사람들과 잘 소통해 함께 더불어 살며 서로서로를 살리는 공생과 상생의 삶을 영위해 나가야 한다. 그러기 위해서는 수직적인 위계질서가 아니라 수평적인 평등 속에서 많은 사람과 두루 통(보통, 普通)해야 한다. 질서 잡힌 평화로운 사회를 이루기 위해서는 사회구성원들이 서로 마음과 뜻이 통(상통, 相通)해야 하며, 그래서 그들 사이에 두루 통용(通用)되거나 관계되는 공통(共

7) 문화학자 김용석은 21세기를 '사이'의 문화세기라고 지칭한다(김용석, 2000: 125).

通)의 유대감이 형성되어야 한다. 사람 사이에 막힘이 없이 오고가는 일(교통, 交通)이 잘 이뤄져야 하며, 위기에 닥쳤을 때는 그 상황에 맞춰 서로서로를 살리는 방향으로 융통(融通)성 있게 일을 처리해야 한다.

사람은 때-사이에서 지난 시대의 시간과 공간을 넘어(관통, 貫通하여) 지금의 우리에게 전해져 오는 역사적 문헌이나 유물, 사건이나 사태를 읽어낼 수 있어야 때를 이으며 과거와 통하고 아울러 미래와 통할 수 있다. 그러기 위해 사람은 시대를 가로지르며 두루 통하는 보편적인 특성과 특질, 틀과 얼개, 구조와 모형을 찾아 이론을 구축하려고 노력한다.

사람은 하늘과 땅-사이에서 우주자연에 두루 퍼져 있는 한얼과 통해 자신의 바탈을 깨닫고 우주자연에서 자신이 해야 할 바를 수행하려고 노력해야 한다. 그러기 위해서는 우주자연의 한얼(신, 神)과 통(신통, 神通)하고, 존재하는 모든 낱낱의 씨알 속에 깃들여 있는 얼과 통(영통, 靈通)해야 한다.

이렇게 사람은 사이-존재로서 그가 관계해서 이어야 하는 그 모든 사물들, 사태들, 관계들, 의미들, 정신들, 얼들, 지평들 등등, 그리고 한얼과 통한다. 그래서 그는 우주자연의 모든 존재자들이 함께 더불어 서로서로를 살리며 살아가는 우주적 살림살이를 꾸려나가야 할 책무를 떠맡고 있다. 인간은 이제 지구촌 시대 우주 진화의 꽃으로서 물리화학적 상호작용, 생물학적 교류, 인지적 교감 그리고 인식론적 소통을 넘어서 문화권 사이를 가로지르는 문화적 상호 교류의 과제도 떠안고 있다.

제10장 세계화 시대와 언어

제1절 서론

행정은 다른 영역에서 문제 해결이 안 될 때 최종적으로 의존하는 조직 체계이다. 이를 연구하는 학문인 행정학은 다른 학문에서 문제 해결이 안 될 때 최종적으로 의존하는 사회과학이 되려고 다양한 학문 분야에서의 이론이나 실제를 받아들인다.

그동안 행정학 연구의 핵심 영역에 관한 논의는 크게 세 가지로 정리할 수 있다.

첫째, 행정 현상의 핵심 행위자에 관한 연구로 헌법성과 제도에 관한 연구이다. 이는 통치 체제의 통치 능력(governability)의 문제라고 할 수 있다.

둘째, 정부 관료제의 한계가 쌓여가면서 통치 양식(governance) 자체를 재조명하기 시작했다. 이는 행정 현상에서 이뤄지는 관계의 문제, 즉 상호작용에 관한 연구라 할 수 있다.

셋째, 새롭게 조명되는 것으로서 권력에 관한 연구이다. 지금까지 권력의 문제는 공식적인 지위나 권한의 문제였으나 공식·비공식적으로 우리의 일상생활을 규율·규제하는 권력의 문제를 다루는 것이다. 즉, 통치성(governmentality)의 문제이다(이광석 외, 2009).

그럼에도 여기서도 논의되지 않은 영역이 바로 행정과 인식 체계, 또 행정과 언어 체계와의 관계이다. 사유 방법이 언어 구사와 밀접한 관련이 있다는 것은 이미 널리 알려진 것으로(關世杰, 1995: 179) 이제는 세계화 현상으로 인해 그 관계의 중요성이 인식되어 왔다.

다음 절에서는 이를 두 유형으로 논의하는데, 그 하나는 행정과 인식 체계, 즉 인식 체계의 calculus인 사유언어 이론이며,[1] 또 하나는 세계화와 언어와의 관계이다. 이 장은 이 두 주제에 대해 행정학의 영역에서 이와 관련 있는 논의가 이뤄지지 않았음을 지적하고, 이에 대한 반성으로 이 두 주제를 다룬 글이다. 먼저 전자에 초점을 두면, 사유언어는 말할 것도 없고 그 외형적 실현 형태인 행정언어의 논의마저도 활발하지 못했다. 따라서 "행정학에서 언어적 접근 방법을 조롱하는 자들은 그들 자신이 깊은 개념적 혼란 속에 빠져 있음을 깨닫지 못한다"(Edmonds & Eidinow, 2012: 376)라고 말할 수 있을 것이다.[2]

쿤(Thomas S. Kuhn)에 따르면 근본적으로 다른－또는 공약 불가능한－전제를 가진 두 패러다임으로 세계를 이해하는 능력에 가까운 논의는 행정언어의 영역에서 이뤄졌는데, 실무에서는 bureaucratese 또는 officialese의 이름으로, 학술적으로는 Language of Public Administration(LPA)으로 구체화되고 논의된 바 있다.[3] 한국에서 그동안의 경과를 보면 실무에서는 단순한 언어의 순화와 치환으로,[4] 학문 영역에서는 프레임처럼 언어 체계와 관련해 이용할 수 있는 부분의 연구에 머물렀고(김대건, 2012), 그 이상의 근원 탐구는 수행되지 않았다. 지금까지의 뇌과학 연구에 따르면(Greenfield, 2000), "역사상 가장 위대한 천재(Albert Einstein)의 뇌도 다른 사람의 뇌와 전혀 달라 보이지 않으므로 뇌에서 일어나는 어떤 과정이 분명 결정적일 것이다. 언어보다 더 인간적인 과정은 없다. 그렇기 때문에 언어로 달려가야 한다"라고 한다. 따라서 사유언어의 존재는 인간과 다른 동물과의 구별을 위한 핵심적 개념이다. 그 의미는 사유가 체계적으로 이뤄지려면 언어 체계가 필수적임을 의미한다. 따라서 사유언어[5]이론에 대해 간단히 살펴보기로 한다.

---

1) calculus에 관해서는 강신택(1981)을 참조하라.

2) 원문에서는 '행정학' 대신 '철학'이 자리하고 있으며 필자가 행정학으로 대체했다.

3) 강신택(2010)은 파머(D. Farmer, 1999)를 『행정학의 언어』라는 이름으로 번역했다.

4) 예컨대, old(aged 또는 elderly)를 senior citizens로, deaf를 hearing impaired로, dumb을 learning disabled로 바뀌 왔다(Gentner & Goldin-Meadow, 2003: 6). 한국에서도 장애인을 비하하는 용어도 장애우로 바꿨다가 장애인으로 현재 정착되었다.

5) 사유언어는 실제 행정의 영역이나 행정학이라는 학문상의 영역에서 논의될 수 있으나 이 글은 학문상의 영역에 중점을 둔다. mentalese의 어휘 구성은 mental+-ese로 분석되는데, 접미사(suffix) -ese는 언어를 지칭한다. 이를 '사유언어'나 '사고언어'로 번역하기도 하고(김희숙, 2011) '정신어' 또는 '두뇌어'로 번역하기도 하는데, 여기서는 사유언어로 표현한다.

제 2 절 사유언어의 개념과 행정학의 사유언어

인간의 지식에 관해 두 가지 불가사의한 문제가 있다고 한다. 그 하나는 플라톤(Platon)의 문제로서 '어떻게 해서 그처럼 적은 경험으로 그렇게 많이 알 수 있는가' 하는 것과, 또 하나는 오웰(George Orwell)의 문제로서 '어떻게 해서 아주 많은 증빙자료를 가지고 있으면서도 아는 것이 그렇게도 적은가' 하는 것이다. 이를 해결하고자 하는 노력이 인근 학문에서 많이 이뤄져 왔다. 이에 관한 연구가 마음의 과학과 심리철학에 기초한 사유언어이다.

사유언어 이론은 보편적 사고(思考)에서 필요로 하는, 사유 체계에 관한 언어로서 심리철학이나 심리학, 언어학, 뇌과학 등 다른 학문의 영역에서 논의된 바 있다. 언어는 소리를 만들거나 종이 위에 걸터앉아 있어서 누구나 듣고 볼 수 있지만, 생각은 생각하는 사람의 머릿속에 갇혀 있다. 다른 사람이 생각하는 바를 알기 위해서나 생각의 본질에 관해 이야기하기 위해서는 말을 사용해야 한다. 음성 형태를 지닌 말을 우리의 말이라고 전제하는 언어학 이론과는 달리, 사유언어 이론은 사유 체계를 다루는 것으로 마음속의 말도 나름의 문법과 이론 체계를 갖고 있다는 주장이다. 더욱이 프레임 구성이 정책에 선행한다(Lakoff, 2008: 111)는 명제를 받아들이면 정책연구에 앞서 프레임 구성이 가능한 사유 체계를 이해해야 진정한 의미에서의 정책연구가 가능할 것이다.

사유언어 개념과 유사하나 조금 다른 견해가 중간세계의 개념이다. 먼저 이를 고찰함으로써 사유언어 개념과 비교해 보자.

말이 사용이 의미하는 바는 중간세계에서 언어화해서 논리의 세계로 진입하는데,6) 이 렌즈로서의 언어이론을 더 철저히 연구한 것이 중간세계이론으로, 인이기

6) 물론 퍼트남(Putnam, 1992), 핑커(Pinker, 1995), 워프(Whorf, 1956), 비트겐슈타인(Wittgenstein, 1953) 등의 의견이 서로 어긋난다. 퍼트남(Hilary Putnam)은 자신의 철학이 시대에 따라 다르므로 규정하기에 어려움이 있으나 사피어-워프(Sapir-Whorf) 가설에 가까운 의견을 피력한다. "필자는 어렸을 때 금발의 곱슬인 머리카락을 갖고 있었다. 필자는 영어를 말하지 않았고 오로지 프랑스어만을 말했다. 필자는 필자의 이름을 '힐러리 퍼트남'으로 생각하지 않았고 '일레르 푸농(Hilaire Pootnomm)'으로 생각했다. 이제 필자는 곱슬머리가 전혀 아닌 성긴 회색머리를 가지고 있으며, 프랑스어보다는 영어를 말하고, 스스로를 '힐러리 퍼트남'으로 부르고 있다. 그렇지만 필자는 동일한 사람이다"(Putnam, 1992: 43). 이 점에서는 비트겐슈타인(Wittgenstein, 1953: §5. 6)의 이론과도 유사하다.

세계와 관계를 맺는 모습을 보여 주었다. 중간세계이론에 따르면, 이론이나 명제가 중간세계를 통해 언어화하는 과정에서 어떤 것은 중간세계만으로 완결되는 것이 있는 반면, 어떤 것은 중간세계만으로 완결되지 않는다는 점이다. 이는 종래의 과학활동 모형이 '객관적인 존재'와 '인간의 의식'의 둘만 인정하는 데 대한 비판으로, 언어가 담당하는 기능과 그 영역인 중간세계의 개념이 도출되어 학문이 이에 의존함을 의미한다. 이를 나타낸 것이 [표 10-1]이다.

표 10-1 중간세계의 개념

논리의 세계	언어 체계	이론 구성	연역	일반화
중간세계(언어화)		귀납 ↑		검증 ↓
사실의 세계	개별화	사실관찰	적용 가능성	사실관찰

중간세계에서 언어화해 논리의 세계로 진입할 때에 여러 가지 논의가 진행되어 왔다. 예컨대 총체적 덩어리로서의 언어에 의해 규율되느냐, 아니면 규칙과 연산의 법칙에 의존하는가, 언어 모듈에 기초하는가 아니면 일반인지 과정처럼 이해되느냐 등의 이슈로 전개되어 왔다. 여기서 언어가 사유나 세계관을 형성한다는 사피어-워프(Sapir-Whorf) 가설에 대한 찬성과 반대가 뚜렷이 나타난다. 이 가설에 비판적이기는 하나 유사한 관점에서 제시된 이론이 사유언어이다(Pinker, 1995). 이 이론에 따르면 그 기호의 의미는 정신적인 것이어야 하며, 동시에 세계와 관계를 맺고 있어야 하므로, 자연언어로 사유하는 것이 아니라는 주장을 편다. 즉, 언어가 실재(reality)를 개념화하는 방법을 결정한다는 것은 잘못이라는 주장이다(Pinker, 1989: 360). 언어의 심층 문법구조가 우리가 세계를 바라보는 방법에 영향을 미친다는 이 이론은 사피어-워프 가설의 새로운 버전이라고 한다. 이 이론에 따르면, 우리의 말은 사유와 세계에 접근하는 렌즈라는 것으로[7] 이는 파머(David Farmer)의 행정언어 이론에서 논의된 관점과 유사하지만 더 근원적인 물음을 상정한다.

이 사유언어의 사유 체계에서의 첫째 구성 요소는 어휘 체계 또는 개념 체계이며, 또 다른 구성 요소는 통사 체계와 의미 체계이다. 이들 체계는 전체 명제나 진술 또는 문장을 수정하고 결합시켜 좀 더 복잡한 명제나 진술 또는 문장을 형성하

7) 철학자 러셀(B. Russell) 이후의 논의에서는 '인식론은 언어철학에 밀려나게 된다'고 한다(Edmonds & Eidinow, 2012: 294).

고, 그들의 논리적 관계와 속성을 파악하는 연구로 논리학의 일부이다. 이 체계에 의지해 "그 사고(思考)들은 그 지방에서 사용되는 자연언어로 암호화하고, 그리고 그것들을 듣는 사람에게 전달한다. 듣는 사람도 물론 그의 머릿속에 암호 사용자를 가지고 있어 그 '전달된 내용'의 암호를 푼다. 이러한 그림에서는 자연언어는 단순한 의사소통을 위한 도구이다"(Putnam, 1992: 35). 그러므로 머릿속의 암호가 가능하기 위해서는 먼저 정신의 내부에서 정신언어(an internal mental language)가 형성되어 있어야 하는데, 이는 인류라는 종(種)에 공통된 것으로서의 사유언어의 존재를 함축한다.[8] 사유언어의 존재는 자연언어와의 양립 가능성을 의미하고, 전자는 "18세기 학자들이 믿었듯이 계몽과 자유, 평등, 동포애 등의 정치적 이상들과 관계가 있다"고 주장한다.[9] 그렇다고 하여 후자의 의미나 중요성이 훼손되는 것은 아니다. 후자는 논리적 비단조성(非單調性, nonmonotonicity)에 따라 개별적 진술들이 갖는 경험의 의미들은 하나하나 개별적으로서가 아니라 하나의 총체적 덩어리로서 존재하기 때문이다. 예컨대, "만일 어떤 사람이 '모든 새는 난다' 그리고 '타조들은 새다'라고 말한다면 우리는 '타조들은 난다'고 연역할 수 있다. 그러나 일상언어(자연언어)는 그렇지 않다"(Putnam, 1992: 40). 여기서 전자는 논리적 단조성(monotonicity)에 기초하며, 이와 같은 사유 체계가 행정학의 사유언어이고, 후자는 논리적 비단조성에 기초한다. 이는 의미총체론과 관련이 있는 흐름이다.

이 가설은 인식의 기초가 생득적(innate)이라는 철학적 합리론(rationalist model of cognition)에 뿌리를 두고 있었으나, 최근 뇌과학의 발전에 따라 많이 알려져 이론화하고 있다. 개인의 심리는, 예컨대, 행위를 지켜볼 때에도 거울뉴런(mirror neuron)이 작용하므로(Brockman, 2011: 41), 언제든 누군가가 무엇을 하는가를 하는 것을 심지어 무엇을 하려고 하는 것을 지켜볼 때면, 해당하는 거울뉴런이 뇌에서 발화하고 이로써 남의 의도를 읽고 이해할 수 있다. 따라서 공감, 모방학습 등은 미음

8) 사유언어가 생득적인지 아닌지에 대해 의견이 나뉜다. 사유언어 개념을 도입한 포더는 생득 가설을 지지한다. 그는 "카뷰레터(또는 관료주의자)와 같은 개념들은 내연 엔진을 알지 못했던 원시 사람들도 그러한 개념들을 획득하는 데 어려움을 보이지 않는다. 이것은 그들이 그 개념을 가지는 단어를 획득하기 전에 그들의 '사고언어' 속에 카뷰레터라는 개념이 포함되어 있음을 의미한다"(Putnam, 1988: 52)고 주장한다. 이러한 견해에 대해 퍼트남이 이전에 취했던 기능주의는 이에 반대한다. 그는 "우리의 생각이 궁극적으로 생득적인 것은 아니지만 사유의 내적 언어 속에서 행해진다면 외부 세계에 대한 체계적인 표상 상태"로 본다(Putnam, 1988: 52; http://www.aistudy.com/cognitive/phil_kim.htm, 2012.11.24).

9) 이에 대해서는 퍼트남(Putnam, 1992: 36)을 참조하라. 그린필드(Greenfield, 2000: 265)는 회고나 사색, 심지어 환상 속으로의 도피도 언어에 의한 것이라고 주장한다.

이론에 기초한다고 할 수 있다. 더욱이 "우리 인식이 대상에 조응하기보다는 오히려 대상이 인식에 조응하므로, 우리가 보는 것은 대상이 아니라 감각뿐이다. 마찬가지로 우리가 아는 것은 사물이 아니라 사실(언명 혹은 명제)뿐이고 우리는 우리 감각을 이리저리 관계를 지워 지식 체계를 만들어 내는데, 비트겐슈타인(Ludwig J. J. Wittgenstein)은 이 지식 체계를 언어라고 말한다"(조중걸, 2009: 167-8). 이러한 체계를 통해 지각, 사유, 감성, 사회성을 알 수 있고(Pinker, 1998: 13), 이 기초 위에서 사회과학의 원리들이나 그 응용이 가능해진다. 예컨대 세수 확대와 증세는 어떤 차이가 있는가(Pinker, 1995: 81), 또 지반 침하와 싱크홀(sinkhole)과 다른가?

위에서 언급한 바를 요약하면, 뇌과학과 포더(Jerry Fodor) 이론에서 유래하는 사유 체계를 가능하게 하는 것은 사유언어고 이를 사회적 상호작용과 그 영향에로의 적용이 가능하다는 것이다. 다만 현 상태는 이제 시작이라고 한다(Gazzaniga, 2011: 220). 그 사회적 상호작용과 적용을 행정학이라는 논리적 세계에서 행함으로써, 성립 가능한 이론을 현실 세계에서 발전시키고자 한다. 이를 행정학에 적용하는 것은 이제 시작이라 할 수 있으나, 그럼에도 이 작용의 기제를 이해하면 행정학에 큰 발전의 디딤돌이 될 수 있다. 이제는 행정학의 사유언어를 살펴본다.

인간의 주요한 관심사 중에 하나는 언어와 사유, 세계와의 관계인데, 이들의 발전 과정을 정리하면 언어는 세계의 그림이라는 사상이 나타났다.[10] 이는 논리적 원자론의 세계로서 여기서 세계는 불변의 대상 위에 세워져 있다. 그 이후 단일한 구조가 언어의 기층에 놓여 있다는 전제를 포기하고 언어가 대상의 세계에 묶여 있지 않으며 문법이란(인간이 언어 규칙을 만들고 준수한다는 의미에서) 자율적이라는 관점으로 전환했다. 이는 언어가 규칙에 지배된다는 점에서 본질적으로 공적인 것으로 데카르트(René Descartes)의 '나는 생각한다. 고로 존재한다'는 명제의 철학적 전통이 뒤집혔다고 할 수 있다. 이에 대해 사적 언어가 마음이나 두뇌 속에 있을 가능성을 제기한 것이 사유언어이다. 이는 언어와 사유 체계의 관계를 새로운 각도로 고찰할 수 있게 해 주었다. 이에 기초해서 행정학의 사유언어를 살펴보기로 한다.

---

10) 이를 러셀은 'Wittgenstein I'이라 하고 이후의 사상 체계를 'Wittgenstein II'라고 이름붙였다. 철학사상 하나의 학파를 창시한 사람은 극소수에 지나지 않는다. 그런데 비트겐슈타인은 학파를 둘이나 만들었다고 할 수 있다(Edmonds & Eidinow, 2012: 301). 이 부분의 기술은 에드먼즈와 아이디노(Edmonds & Eidinow, 2012: 304-5)를 요약했다.

정책 결정과 그 구체화(박동서, 2005)라고 정의되는 행정은 첫머리에서 언급한 바대로 다른 영역에서 문제 해결이 안 될 때 최종적으로 의존하는 조직이다. 행정이 정책 결정과 그 구체화라고 한다면, 정책 결정과 그 구체화는 판단작용에 기초한다. 따라서 행정학의 목적은 그 판단작용이 순기능하도록 도와 주는 데 있다. 그 판단작용의 원천은 어디인가? 즉, 판단작용을 알기 위해서는 뇌의 판단작용이 일어나는 구조를 알 필요가 있다. 지금까지의 인접 학문이나 뇌과학에 따르면 인간의 마음은 사유언어로 사유하는데 내면의 상징 재현 체계를 갖고 있다(Pinker, 1995: 103).[11] 구체적으로 뇌의 연합령(聯合領, association area)에서 판단작용을 하므로 그 원천은 내재성(internality), 즉 아이디어(idea)에 있다는 점이다. 이 점에서 인간 행동에 중점을 두어서 S-R(이른바 behaviorism)이나 S-O-R(이른바 behavioralism)로 표시할 수 있는 행태론과 다르고, I-T-O [I: input, T: transformation process, O: output]로 표현해 전체적인 체계에 중점을 두는 체제론과도 다르다. 이들 이론은 국민의 요구가 없음에도 미래를 예견하거나 방향을 설정하거나 계획을 하는 경우를 설명하는 데 어려움이 있다. 사유언어 이론에서는 인간(여기서는 정책결정자)에게 사유언어 faculty가 있어서 자극(S)이나 투입(I) 없어도 그 고유한 능력(faculty)으로 인해 미래 예견, 방향 설정, 계획이 가능하다고 설명할 수 있다.[12] 흔히 판단작용(judgement)이라고 하는 것은 진술 형태(sentence-like)로 인식하는 단위(cognitive units)이다. 한편으로는 이런 판단작용은 표현된 정보나 메시지(message), 그 의미 해독에 기초하는데 이들 과정에 언어가 개입한다.

사유언어의 개념을 행정학에 도입하기 위해서는 보편 사유언어를 각 영역에 응용할 수 있도록 하는 개별 영역의 언어, 즉 행정학의 사유언어가 필요하다. 행정학의 영역에서의 사유 체계는 행정학의 사유언어가 기능하고 행정학에서의 의사소통이나 창조적 행위, 또는 해석은 행정학의 자연언어에 기초한다는 의미이다. 행정학 사유언어는 행정언어에 의해 구체화됨을 의미하고 보편 사유언어와 행정언어 사이 어딘가에 행정학 사유언어가 존재함을 암시한다. 따라서 보편 사유언어- 행정학 사유언어- 행정(학) 언어- 실제로서의 행정이라는 관계로 정리할 수 있다. 실

11) 이 가상의 기계장치는 설계한 사람인 튜링(Alan Turing)의 이름을 따서 튜링(turing) 머신이라고 한다(Putnam, 1988: 15; Pinker, 1995: 103 107).

12) 뇌과학의 발전에 따르면 '딱 입력된 정보만큼만 쓸모가 있다'고 한다(Gazzaniga, 2011: 138). 이는 입력의 정도가 판단을 결정한다고 해석할 수 있고 따라서 입력에 기초하는 이론은 모두를 설명할 수 없는 한계를 가진다.

제로서의 행정은 행정의 가능세계와 행정 상황으로 나뉜다. 행정의 가능세계란 공시적(synchronic) 또는 통시적(diachronic)으로 이해될 수도 있다. 예컨대, 미국의 행정이 한국의 행정과 다르지만 행정이라는 범주로 묶을 수 있다. 실제 상황에서 미국의 행정이 취하는 행위는 한국의 행정이 취하는 행위와 다를 수도 있다는 점과 대비된다. 따라서 이를 연구하는 미국 행정학이 한국 행정학과 다르지만 행정학이라는 범주로 묶을 수 있다. 이 구도에서 보면 행정학 사유 체계에 필요한 사유의 언어는 사유언어에서 유래하지만 다른 학문에서 논의한 사유언어와는 다른, 또는 응용된 개념으로 정의된다.[13] 이를 알기 쉽게 나타낸 것이 <표 10-2>이다.

표 10-2 사유언어의 질서

<table>
<tr><th>세계</th><th colspan="2">사유언어의 질서</th><th>성격</th></tr>
<tr><td>사유의 세계</td><td colspan="2">보편 사유언어</td><td rowspan="2">잠재화 · 일반화</td></tr>
<tr><td rowspan="2">행정학의 사유세계</td><td colspan="2">행정학 사유언어</td></tr>
<tr><td>행정(학) 언어</td><td>가능세계</td><td>언어화</td></tr>
<tr><td>행정의 세계</td><td>실제(practice)로서의 행정</td><td>상황</td><td>현재화(顯在化) · 개별화</td></tr>
</table>

<표 10-2>에서 보듯이 보편 사유언어가 각 분야의 사유 체제로 전환하고 각 분야의 사유 체제는 나름의 학문 체계에 따라 특화되고 구체화된다. 이에 기초하면 개념화는 그 나름의 렌즈(lens)에 따라[14] 범주화하고 원형화(prototype)한다(임지룡, 1992: 18). 예를 들면 일주일은 5일의 일하는 날(working day)와 2일의 쉬는 날(off day)로 구성된다. 이는 인간이 규범화한 것이다. 또 범주 속에는 원형과 비원형인 구성 요소가 있으며, 이들은 중심성과 주변성으로 대치할 수도 있다(임지룡, 1992: 64-65). 새에는 참새처럼 새의 전형으로 보이는 새가 있고 박쥐처럼 전형으로부터

13) 이 글에서는 보편 사유언어와 구별하기 위해 행정학 사유언어를 governmentalese로 표현함을 제의한다. 기존에 있었던 용어인 governmentalese는 officialese(또는 bureaucratese)와 같은 용어로 받아들이며, 이는 정부 관료들이 사용하는 복잡하고 모호한 언어(complicated or obscurantist language)라는 뜻의 부정적 함축을 지닌다. 이러한 의미로 사용되는 것은 관료언어(bereaucratese나 officialese)가 있으므로 이와 구별할 필요성이 있다. 따라서 governmentalese를 행정학 사유언어로 재정의함이 의의가 있다고 하겠다(http://dictionary.reference.com/browse/governmentese: 2012.11.20).

14) 이는 행정학적 응용이고 그 이론에 따르면 ICMs(idealized cognitive models)라고 한다. 이는 필모어(Charles Fillmore)에게는 프레임(frame)과 같으며(임지룡, 1992), 행정언어의 렌즈와 같은 개념이다(Farmer, 1999).

멀어진 새도 있다. 무기도 피스톨처럼 전형적인 무기가 있는 반면, 여성의 뾰족구두처럼 전형에서 멀어진 무기도 있는 것과 같다. 이를 행정학에 대입해 그 전형은 조직론, 인사행정과 재무행정, 또는 정책학이 될 것이다. 그러나 다문화행정은 비전형으로 본다면 도시행정은 전형 쪽인가 비전형 쪽인가? 요소별로는 효율성이 그 전형으로 행정학의 핵을 이루는 부분이며 형평성이 그 대척점에 있다고 할 수 있겠다.

사실세계와 논리세계만의 기존의 존재론적 이원성 외에, 사유 체계가 있다는 것이며, 여기에서 인식-판단-검증하는 기능이 존재한다는 점이다. 실제로 이 구도에 기초해 사실의 세계에서 행정환경이나 행정구조에 관한 어떤 정보 체계를 파악할 수 있으며, 나아가 행정인의 관점에서는 판단에 도움이 판단작용을 탐구할 수 있다. 1982년 4월 2일에 남대서양의 섬에서 일어난 아르헨티나와 영국의 군사 충돌을 예를 들어 보자. '포클랜드(Falkland)제도/말비나스(Malvinas)제도'의 조합과 '침공/회복'의 조합에서 보여 주듯이 영국의 국익이라는 전제라면 '포클랜드제도 침공'으로, 반대로 아르헨티나의 관점이라면 '말비나스제도 회복'으로 이해된다. 따라서 아르헨티나의 입장이라면 '포클랜드제도의 침공은 없었다'고 할 수 있다. '동해와 한국해', '독도와 다케시마(竹島)'의 구도도 이와 같다. 현재의 행정학은 응용 학문이라는 이름 아래 사유나 사유 체계를 가능하게 해 주는 언어에 관한 연구는 거의 없다시피 한 실정이지만 향후 이에 대한 연구가 필요하다.

제3절 세계화 시대와 언어*

여기에서는 서문에서 제시한 두 번째 문제, 즉 세계화와 언어와의 관계를 논의해 보자. 세계화(globalization)라는 말은 1960년대 들어와서 현재와 같은 의미로 사용되기 시작했다. 즉, 세계화는 국경에서는 초월한 전 세계적인 교류 통합의 과정을 의미한다고 할 수 있다. 이 글은 이러한 관점에서 국제 의사소통의 중요성을 논의했다. 국제 의사소통을 이야기하기 위해서는 우선 의사소통을 이야기해야 하는데, 후술하는 포스트모던(post-modern)의 특징은 의사 결정에서 의사소통에 많이

* 이 부분은 이광석(2010)을 옮겼다.

의존하고 또 중요해지기 때문이다. 특히 세계화 시대의 언어라고는 하지만 세계화의 의미 그 자체에 영어의 세계화가 화폐, 가치관의 세계화와 함께 하나의 문화적 혁명으로 자리 잡고 있다. 구텐베르크 이래 IT혁명과 더불어, 영어의 세계화는 500년 또는 1000년 만에 인류가 마주한 가장 총체적인 사회 변화를 계속해서 촉진하고 있다고 지적한다(McCrum, 2010: 13). 따라서 유럽 대륙의 학교 교육에서 영어를 필수로 하는 것은 이런 변화를 반영한다.

국제 의사소통을 좀 더 살펴보자. 만약에 처소(locus)가 국가 내(內)라면 공적 사안에 대한 서로 다른 견해와 믿음들은 사회 구성원들의 토론을 통해 조정하는 기제가 이미 오래전에 자리 잡았다. 즉, 정치적·사회적 기본 소양으로서의 의사소통은 아주 중요한 민주주의 원칙으로 존중되어야 한다는 전제에 이의를 제기하지 않는다. 의사소통은 모든 인간 행위의 핵심으로 코드화(encode)와 코드 해독(decode)으로 이뤄진 과정이다.[15]

국제 의사소통은 의사소통의 단위를 개인 간의 관계에서 국가 간의 관계로, 그리고 그 환경(communication environment)을 개인으로 구성된 사회에서 국가들로 구성된 국제사회로 변화시킨 것이다. 이때 개인으로 구성된 사회는 일반적으로 같은 언어공동체에 속하기에 언어 장벽이 없으나, 국가들로 구성된 국제사회는 서로 다른 언어공동체로 이뤄져 있다는 점이다.[16] 여기에서 그 수단이 어떤 언어인가 하는 점이 이슈로 제기된다. 이를 좀 더 살펴보면 국가와 국가 사이의 의사소통 방식을 통시적 관점에서는 전근대(pre-modern), 근대, 포스트모던(post-modern)의 시기로 나눠 살펴볼 수 있고, 공시적 관점에서는 '울타리치기(two-nation)' 방식과 '함께하기(one-nation)' 방식으로 나눌 수 있다.

공시적 관점에서 울타리치기의 사유 방식이란 함께하기에 대립되는 개념으로, 계층처럼 어떠한 기준을 중심으로 둘로 때로는 몇몇으로 나눠 차별하는 것을 말한다. 함께하기 방식은 EU와 같은 국제기구에서 언어동등주의로 나타나고, 울타리치기 방식은 UN에서 패권국가 언어중심주의로 나타난다. "UN은 모든 회원국의 주권 평등 원칙에 기초한다"(제2조 제1항)고 선언한다. 이는 함께하기를 받아들이고

---

15) 의사소통이란 "화자가 전하고자 하는 내용을 언어기호를 통해 전달되어 다른 청자가 그 내용을 이해하는 것"을 말한다. 이 때 화자는 개념을 말소리로 바꾸게 되는데 이를 코드화(encode)라 하고 청자는 전달된 말소리를 개념으로 되바꾸게 되는데 이를 코드 해독(decode)이라 한다.

16) 물론 국가 안에 서로 다른 언어공동체가 있으면 여기도 언어 장벽이 존재한다. 특히 문제가 되는 경우는 다문화 사회에서의 진입장벽이다.

울타리치기를 배척함을 의미한다. 그럼에도 공용어를 한정함은 UN 헌장의 태도와 모순되는 사유 방식이다. 물론 UN이 EU와는 비교할 수 없도록 규모가 크지만, 지구상에 존재하는 언어가 6,000여 개가 있는 점을 감안하면 0.1%에 불과한 6개의 UN 공용어로 다양한 삶의 방식이 영위되는 현대 세계의 문제들을 해결할 수 있을지는 의문이라는 지적은 들을 만하다.

여기서 같은 언어공동체에서의 의사소통은 언어(학)적 문제로 환원되지만 다른 언어공동체일 경우에는 전혀 다른 양상—정치적 갈등과 통합, 제국주의와 동등주의 등—을 띤다.[17] 이를 사회과학적인 개념들인 처소(locus)와 초점(focus)을 이용해 틀을 짤 수 있는데 <표 10-3>이 그것이다.

표 10-3 의사소통의 처소(locus)와 초점(focus)

		처소(locus)	
		국내	국가 간
초점 (focus)	대등 구조	A	C
	2층 구조[18]	B	D

여기서 A(처소가 국내로서 대등 구조)는 중심 언어와 중심 언어 관계로서 스위스에서 볼 수 있고, 표준어와 표준어인 관계는 벨기에에서 볼 수 있다. B(처소가 국내로서 2층 구조)는 중심 언어와 주변 언어 또는 한계 언어의 관계로서 영국(영어와 웨일스어)이나 스페인에서(스페인어와 바스크어) 나타난다. C(처소가 국가 간으로서 대등 구조)는 중심 언어와 중심 언어 관계로서 영어, 독일어, 프랑스어 간의 관계를 일컫는다.[19] D(처소가 국가 간으로서 2층 구조)는 힘이 있는 국제어를 중심으로 구성되는 것을 말하며 여기서 논의하고자 하는 핵심이다. 위에서 의사소통의 방식으로 울타리치기의 방식과 함께하기의 방식으로 나눈 것을 <표 10-3>에 대입하면 울타리치기의 방식은 대등 구조로 표현되며 EU에서 실현되고 있고 함께하기의 방식은 2층 구조로 UN에서 이뤄지고 있다. 따라서 UN 방식과 EU 방식을 비교해 보자.

---

17) 대표적으로 벨기에이다. http://weekly.hankooki.com/lpage/politic/200711/wk2007112813182937050. htm 참조할 것.

18) 실제로는 다층(多層) 구조로 이뤄져 있지만 논의의 편의상 2층 구조만을 언급한다.

19) 유럽 국민국가의 중심 언어들은 Portuguese, French, English, Danish, Swedish, Dutch, German, Italian 등이고, 표준어로 확립된 주변 언어는 Welsh, Icelandic, Finnish, Flemish 등이고, 그렇지 않은 주변 언어는 Irish, Basque, Sardinian 등이고, 한계 언어들은 Gaelic, Lappish 등이다.

제 4 절 국제소통의 방식: UN 방식과 EU 방식

UN은 정부 간 회합이나 문서(intergovernmental meetings and documents)에서 아랍어(Arabic), 중국어, 영어, 프랑스어, 러시아어 및 스페인어 등 6개 언어를 사용하고, UN사무국(secretariat)은 실무언어(working languages)로 영어와 프랑스어를 사용한다. 현재 193개국의 회원국을 망라하고 있는 유일한 전 세계적인 정부 간 국제기구인 유엔의 공식 언어에 관해 살펴보고자 한다.

1945년 발족할 때부터 1973년까지 유엔은 영어, 프랑스어, 러시아어, 중국어 및 스페인어의 5개 공식언어를 갖고 있었다. 중동전쟁과 석유 파동의 여파로 1973년 말에 아랍어가 유엔의 공식언어로 채택되어 현재는 6개의 공식언어를 갖고 있다. 아랍어를 공식언어로 사용하는데 따르는 추가 경비는 아랍국가들이 3년간 부담하기로 했다. 냉전 종식 이후에는 유엔 차원에서도 영어 사용이 점점 확대되는 추세에 있다. 시간과 경비 절약을 위해(동시통역 비용 등) 유엔의 모든 비공식 회의는 영어로 진행하고, 공식회의라도 오후 6시 이후에는 (특별히 합의된 경우를 제외하고는) 동시통역 없이 영어로만 진행하고 있다. 유엔 헌장에는 실무언어로 영어와 프랑스어를 지정하고 있지만 현실적으로는 영어만 실무언어로 사용하고 있기 때문에, 프랑스어권에서는 프랑스어 경시 풍조가 있다고 하여 유엔 직원 채용 및 승진 시 프랑스어 실력을 반영하자는 내용의 결의안 상정을 때때로 시도하고 있으나 한국을 포함한 다수 국가의 반대로 뜻을 이루지 못하고 있다. 포르투갈어(4개 대륙에 통용 국가가 모두 있다는 것을 이유)와 힌두어(많은 인구가 사용하는 언어라는 이유)를 유엔 공식언어로 채택하자는 움직임도 있으나 실현성은 거의 없다. 우리나라에서는 반기문 유엔 사무총장의 진출을 계기로 한국어도 유엔 공식언어에 포함시키자는 움직임이 있으나 가능성은 전혀 없다고 본다(신군영, 2011).

문서는 이들 6개 공용어로 작성되고 출판된다.[20] UN 공용어의 지정 절차는 그 지정을 원하는 국가에서 그 나라의 외교부를 통해 발의하는데, 이는 UN 사무국 제5위원회(예산행정 담당)에서 채택되어야 총회에 발의할 수 있다. 제5위원회에서 채택되면 총회로 넘겨서 지지를 의미하는 표결로 채택된다. 즉, 이 안건은 총회 결의

20) http://www.un.org/Depts/DGACM/fag_languages.htm.

사항이므로 UN 헌장을 바꿔야 하고 이는 국제 현실상 쉽지는 않다. 이 어려움의 기저에는 예산 문제-모든 문서의 번역 및 동시통역의 비용 문제-라는 현실적 제약이 있다. UN 공용어에 진출하고자 하는 국가가 비용을 대는 방식은 세 가지이다. 첫째는 UN이 그 비용을 모두 부담하는 방법이 있다. 둘째는 UN과 그 해당 국가가 비용을 나눠 부담하는 방법이다. 셋째는 그 해당 국가가 그 비용을 부담하는 방법이다. 기득권 국가들의 저항을 줄이기 위해 자기 언어로 번역하는 데 드는 비용을 (초기에는) 스스로 부담할 수 있도록 해야 한다. 대체로 각국은 현재에도 UN 대표부에서 자국어로 동시 통역하고 있다.[21]

EU에서의 국제 의사소통은 어떠한가? 이는 EU의 확대 과정과 관련이 있는데 이를 살펴보자. EU에서의 국제 의사소통은 1958년 공동체 공용어 규정에 기초했는데, 6개국 4개어에서 시작해 1973년 영어와 덴마크어 2개 공용어가 추가되었고 15개 회원국 시대에는 11개 공용어로, 2007년에는 27개국 23개로 증가했다.[22] 가입국의 수에 비례해서 공용어의 수도 급속히 늘어난 것이다. 왜 EU는 국제 의사소통을 위해 하나의 공용어 제세를 고집하지 않고 다언어주의 정책을 유지하는가? EU 시민이 언어 장벽의 제거와 하나의 공용어 선정이 어렵기 때문이다.[23] 그러나 그 비용이 적지 않다. 2005년 기준으로 매년 11억 2,300만 유로가 들며, 이것은 EU의 연간 예산의 1%에 상당하며, 시민 한 명당 2.28 유로의 부담이 되고 있다.[24] 이런 점에서 보면 EU 방식은 국가 간에 상호 교류 가능한 의사소통의 확립과 지역

---

21) 한국어의 UN 공용어 진출을 논할 때는 오히려 이 방법이 한국어에게 이로움을 줄 수 있다. 이는 기계번역의 활성화로 이어질 것이다. 또 UN 공용어 논의 과정에서나 성공적으로 UN 공용어에 진입했을 때의 그 효과는 국제화가 촉진되어 젊은이가 국제기구나 외부 세계로 관심을 돌릴 것이고 이는 청년실업 해소에 이바지할 것이다. 아무쪼록 머리를 맞대어 먼저 UN 공용어 논의의 활성화가 이뤄지는 것이 급선무이다.

22) 2007년 6차 확대 이후 회원국 수는 27개국인데 비해 공용어 수는 23개어로 그 수가 적은 것은 벨기에의 경우 공용어가 네덜란드어, 독일어, 프랑스어이며, 사이프러스의 경우 대다수가 그리스어를 사용하고 있기 때문이다. 2007년 1월 1일자로 기존 '조약어' 위상인 아일랜드어(게일어)가 EU 공용어가 되었다. 문자에서 그간 그리스 로마 알파벳에 국한되었던 EU의 기록 문자는 2007년 불가리아의 가입으로 키릴 문자를 더하게 되어 EU의 언어 다양성은 더욱 증대되었다.

23) 그 어려움을 다음과 같이 설명한다. EU에서 모어 화자 수가 가장 많은 언어는 독일어이지만 독일어는 독일과 오스트리아에서만 주로 사용되고 있다. EU 언어로 세계적으로 가장 많은 화자를 갖고 있는 언어는 스페인어와 포르투갈어이지만 그 사용자 대다수가 유럽 밖에 있다. 프랑스어는 EU 3개 회원국의 공용어이고 세계 여러 지역에서 프랑스어를 사용하고 있지만 그 사용자가 주로 유럽 남부와 서부 지역에 치중되어 있다. EU 언어 중 영어는 제1외국어, 제2외국어로 가장 많이 사용되고 있고 EU 시민의 47%가 별 문제 없이 영어를 사용할 수 있다고 한다.

24) EU 시민 1인당 2유로 정도인 통·번역비는 커피 한잔 값에 불과하며 예상보다 많은 통번역 비용이 소요되는 것이 아니라는 점을 EU는 지속적으로 홍보하고 있다고 한다.

언어의 생존 가능성을 인정하고 다양한 언어 사용 능력, 공통언어에 대한 이해의 필요성을 이해하는 2층의 언어구조이다.[25] 위의 논의를 살펴본 것이 <표 10-4>이다.

표 10-4 UN 방식과 EU 방식의 비교

	UN 방식	EU 방식
특징	울타리치기	함께하기
비용 부담	UN	균분
목적	시민의 알 권리나 적극적인 참여보다는 효율적 운영	EU 시민의 알 권리와 능동적이고 적극적인 참여를 충족

UN 방식과 EU 방식에 관한 선행 연구를 살펴보면 몇몇 연구가 있으나 UN 사무총장을 배출한 국가치고는 상당히 연구가 부진한 실정이다.

제 5 절 세계화와 영어

16세기 말 스페인 무적함대를 제압하고 17세기 초 동인도회사 설립을 계기로 출범한 대영제국(British empire)이 제2차 세계대전 종료 시까지 군림해 왔으며, 그 이후에는 미국이 초강대국의 위치를 유지하고 있다. 물론 18세기 말과 19세기 초에는 프랑스(나폴레옹 시대)의 도전이, 제1차 및 제2차 세계대전을 일으킨 독일의 도전 및 20세기 후반 양극 체제 하에서의 소련의 도전이 있었으나 모두 실패하고 영어 사용 국가인 미국이 유일한 초강대국의 지위를 향유하게 되었다(선준영, 2011).

헌팅턴(Samuel P. Huntington)은 2004년에 출판된 자신의 저서 『우리는 누구인가: 미국의 국가 정체가 당면한 도전(*Who are We?: The Challenges to America's National Identity*)』에서 미국의 당면한 문제는 점차로 두 개의 국민, 두 개의 문화, 두 개의 언어로 분리되어 가고 있는 것이라고 하면서, 특히 영어에 대해 가해지는 위협을 경고했다. 그것은 또한 미국 내에서 이민 증가와 높은 산아율로 흑인 미국인 수를

25) 이러한 원칙은 EU 국가의 언어정책이 '모국어+2개 언어' 정책으로 나타나고 EU 공용어가 아닌 유럽 지방어(지역어)·소수언어의 사용 또한 지원한다.

능가해 전체 인구의 12.5%를 차지하고 있는 스페인어를 사용하는 히스패닉 인구에 대한 경종인 것이다. 헌팅턴 교수는 자신의 주장이 인종주의적 발상이라는 비판을 피하기 위해 미국의 국가 정체를 인종이 아닌 '문화'로 설명하고 있다. 즉, 미국의 국가 정체는 자유민주주의, 시장경제, 법치 및 인권 존중을 주요 내용으로 하고 있는 앵글로-프로테스탄트 문화(Anglo Protestant Culture)라고 주장한다. 그러나 실제로는 영어를 사용하는 앵글로색슨 인구를 의미하고 있는 것이 분명하다. 역사적으로 보면 현재까지 400년 이상을 영어 사용 민족이 세계적으로 지배적 위치를 유지해 오고 있다(선준영, 2011). 이를 흔히 "대영제국에서 영어제국으로(from the British empire to the empire of English)"라고 표현한다(Phillipson, 1992: 1). 통계적으로는 중국어(Mandarin) 사용 인구가 8억 4천 5백만 명으로 세계에서 가장 많지만, 인터넷을 비롯해 후술하는 금융, 무역 교육 등에서 주된 매체 언어로 기능하는 영어가 세계 공통어가 되고 있다(선준영, 2011). 앞으로의 사회에도 통용되는 언어는 아마도 영어일 것이다. 세계의 모든 시민은 자신의 모국어와 영어를 모두 사용하는 이중 언어 시스템에 익숙해질 것이다(Michio, 2005: 469).

세계화 시대에는 제조업, 금융, 서비스 산업의 전 세계적 이동 및 상호작용의 증가와 정보, 기술, 지식 및 문화적 교류가 증대되는 현상을 보이고 있다. 교통 통신의 발전과 동시에 교육, 관광, 사업, 취업 등 목적의 인적 교류가 증대되고, 인터넷의 발달로 개인 간의 교신도 크게 늘어나고 있다. 세계화가 모든 국가에 이익을 가져다 준다고 하지만, 앞에서 논의된 바처럼 열린 경쟁 무대에서 각국의 비교 우위의 차이로 국가 간의 소득의 격차가 벌어지고 빈익빈 부익부의 현상이 불가피하게 일어난다고 보는 견해도 많다(선준영, 2011). 세계화 시대의 두드러진 현상 중의 하나는 영어가 사실상 세계 공통언어(Lingua Franca: dominant language)로 발전하고 있다는 사실이다. 이러한 사례는 세계적으로 많이 찾아볼 수 있는데, 덴마크 교육장관은 '영어는 덴마크에서 제1 외국어를 넘어서 덴마크인들의 제2 국어(second mother tongue)'라고 선언했다는 것이나, UN의 선언에 따르면 "모두를 위한 교육(education for all)에서 모두를 위한 영어(English for all)"로 옮아가고 있다는 사실, 르완다(Rwanda) 정부가 공용어인 프랑스어를 공식적으로 버리고 영어를 공용이로 채택해 학교에서 가르치고 있을 뿐만 아니라 영연방(British Commonwealth)에 가입 신청을 했다. 이와 같은 사례는 알제리아(Algeria)와 마다가스카르(Madagascar)에서도 일어나고 있다(Phillipson, 1992: 9; McCrum, 2010: 270).

사실상 세계 공통언어로서의 영어와 관련해서는 미시적 차원과 거시적 차원의 두 가지 의미에서 논의될 수 있다. 미시적으로는 영어를 익히지 못한 개인은 기회의 박탈을 의미한다는 것이다(Phillipson, 1992: 5). 정보의 교류 측면에서만 보더라도 인터넷의 주된 매체 언어가 영어인 사실에 비춰보면 쉽게 알 수 있을 것이다. 여기서 나오는 개념이 영어 격차이다(Phillipson, 1992: 5). 영어 격차(English divide)란 영어를 운용할 수 있으면, 인도 수상 네루(Javāharlāl Nehrū)가 말한 바처럼 세계로 향하는 창으로 작용하지만 그렇지 못하면 개인이 아는 세계에만 닫혀 정보 교류나 의사소통에 불이익을 입게 된다. 즉, 영어는 단순히 언어로서 기능하는 것이 아니라 열린 세계로 향한 도구이다. 이 글의 목적은 국제행정론을 통해 이러한 영어 격차를 줄이려는 노력의 귀중함을 일깨워 주는 데 있다. 이는 거시적 차원에서는 이데올로기와 관련된다(McCrum, 2010: ch. 15). 예컨대, 저개발국(underdeveloped)이라는 말은 후진적(backward)이거나 원시적(pritimive)이라는 말을 함축하는데, 이는 사회적 진화론(Darwinian line)에 따라 서구의 문명을 지향하는 것을 의미하며, 남북문제(North-South divide)의 다른 표현이다(Phillipson, 1992: 42-43).[26] 이러한 사례는 근대화(modernization)와 같은 개념에게도 적용된다. 즉, 근대화란 발전의 과정을 나타내기 위한 기술적 용어(technical term)로 정치·경제·사회에서 전통적인 것에서 근대화된 원리로의 이행을 나타내기 위해 사용되었다. 정치·군사·경제·사회 등의 분야에서 세계화는 자유민주주의, 법치, 시장경제 및 인권 존중의 보편적 가치를 추구하는 서구식의 근대화를 의미하는 것으로 해석되는데, 이 전통적인 것과 현대적인 것의 이분법은 서구적 경험과 이데올로기의 반영인 것이다(Phillipson, 1992: 43). 또 다른 보기는 제3세계(Third World)나 문명화(civilization) 등의 용어로, 특히 문명화라는 용어의 밑바탕에 있는 이데올로기는 말할 필요도 없이 언어(여기서는 영어)이다(Phillipson, 1992: 43). 이상의 논의에서 추론할 수 있는 것은 영어는 이들 개념을 익혀 그 관행으로 나가는 데 필수적인 기제(mechanism)라는 것이다. 그 한 보기로 분야별 사례는 국제금융을 살펴보고 지역국가별 사례는 인도와 이란을 살펴본다.

국제금융의 주도권은 여전히 영어 사용 국가인 미국이 쥐고 있는 것이 사실이다. 모든 금융파생상품의 발생지는 월가(Wall Street)이고, 미국은 전 세계를 망라하

26) 물론 이는 남북 관계를 보는 여러 시각 중 제국주의의 관점이다(imperialism theory). 또 다른 유력한 관점은 본문에 기술된 발전론(modernization theory)의 관점이다(Phillipson, 1992: 50).

는 금융기구인 IMF에서 사실상 거부권을 갖고 있다. IMF의 중요한 결정은 85% 이상의 찬성으로 이뤄지며, 미국은 17.7%의 지분을 소유하고 있다. 달러화가 여전히 국제 기준 지불 통화의 지위를 유지하고 있다. 한때 유로화가 달러화에 대한 위협으로 부상하는 듯했으나, 유로존의 금융 위기로 달러화의 위치가 더욱 공고화된 것이 사실이다. 국제금융에는 국경이 없으며 즉각적인 자본 이동이 이뤄지고 있다. 우리나라의 경우에는 금융시장이 거의 완전히 개방된 상태이며, 한국 주식의 45% 이상을 외국인 또는 외국 기관이 소유하고 있다. 무역과는 달리 국제금융에서는 국제적 분쟁 해결 기구도 존재하지 않고 있다. 가장 중요한 사실 중의 하나는 국제금융의 용어는 거의 100%가 영어라는 것이다. 골프장 용어가 100% 영어인 것과 같다. 뉴욕과 런던이 오랫동안 국제금융센터의 지위를 유지하고 있고, 아시아에서는 홍콩과 싱가포르가 국제금융의 허브 역할을 하고 있다. 이러한 사실의 이면에는 영어라는 요소가 있다(선준영, 2011).

우리나라 금융기관에서는 일반인들이 이해하기 어려운 미국발 금융파생상품을 거래하고 있다. 국제 금융 용어는 우리말로 번역하기도 어렵고, 통역을 구하기도 힘들다. KIKO(Knock-in Knock-out), ELW(Equity-Linked Warrant), REIT(Real Estate Investment Trust), CDS(Credit Default Swap), Short Sales 등 금융파생상품들이 그 정확한 의미를 모르는 상황에서 은행에서 거래되고 있고, 언론 매체에서도 논의되고 있다(선준영, 2011). 일본이 2008년의 금융 위기에서 비교적 자유로웠던 것은 그들이 영어를 이해하지 못해 국제 금융상품에 투자를 많이 하지 않았기 때문이라고 한다.

더 놀라운 것은 영어의 지배를 유지하기 위해 다국적 기업들과 세계무역기구(WTO)의 지구화 계획을 구성해 정책화하고 있고, 이 영어가 모든 나라에서 엘리트층의 언어로 되어서 경제를 계속 굴러가게 하는 기능을 맡고 있다는 점이다(三浦・糟谷, 2000).

아래에 서술하듯이 영어만으로 교육(English Only)시키는 것은 영어권 국가에서는 충분 조건은 아니라고 할 수 있다. 그러나 한국에서처럼 대외 의존적인 경제구조와 국제 관계를 가지고 있는 국가에서는 영어가 균등한 기회를 열어 주는 데 충분 조건은 아니라 할지라도 필요 조건임은 분명하다. 국제적 경쟁의 무대는 우리나라를 포함한 전 세계이다. 우리나라 사람들도 외국에서 경쟁하고, 외국인도 우리나라에 들어와서 경쟁하기 때문이다. 오늘날 국제 경쟁력의 주요 요소 중 하나는 영어이다. 한국에서 한국어를 유지 발전시켜 나가면서 어느 정도의 지식을 지닌 한국인들이 영어 실력을 증대하는 것이 우리의 국가경쟁력을 제고하는 데 기여할 것이다.

또 다른 정책 방향은 미국에서 일어나고 있다. 미국의 언어 정책은 두 가지 방향으로 나눠 볼 수 있다. 하나는 영어만을 사용하자는 운동(English Only: 이하 영어만 쓰기 운동)이고, 다른 하나는 영어 이외의 다른 언어도 인정하자는 운동(English Plus: 다른 언어와 함께 쓰기 운동)이다. 언어 정책의 이 두 방향은 언어정책을 넘어서 민주주의적 전통을 보는 관점과 경제적 자원 활용이라는 것과 관련이 있다. 영어만 쓰기는 공식언어(Official English)의 개념과 통하는 정책으로 미국에서 공식적인 정부 활동에 영어만을 사용하도록 하는 정치적 운동이다. 그 역사는 1803년으로 미국이 루이지애나를 구입했는데 이 지역에 프랑스어를 사용하는 인구가 사는 곳이라서 문제가 된 것이 시초이다. 1807년에 루이지애나는 미국에 합류하는 조건으로 영어를 공식언어로 채택한 역사를 갖고 있다. 오늘날 영어만을 고집하는 이유는 일반적인 시민들은 그들이 흔히 사용하고 있는 보통의 언어를 보호하고 언어로 인해 나타나는 다툼을 피하려 하기 때문이며, 완고한 사람들은 다른 소수 언어 집단보다 우월한 위치에 서려고 하며, 보수주의자들은 국가적인 통일성과 시민의 의무 차원에서 영어 사용을 주장하고 있다. 자유주의자들은 이중언어(혹은 다중언어) 사용이 혼란을 일으킬 것이라 걱정하고, 국제주의자들은 영어를 사용하지 못하는 이민자들에 대한 일반인들의 적대적인 감정 때문에 이민 할당제가 강화될 것을 우려하기도 한다. 유럽 쪽 민족들은 라틴 아메리카인과 아시아인들에 대한 부당한 이득이 주어진다는 생각 때문에 영어를 주장하고, 정치인들은 단순한 국수주의 차원에서, 인종차별주의자들은 다언어주의와 민족 분리를 동일시하기 때문에 영어만을 사용하자고 말하고 있다.

이에 대한 비판적 시각을 가진 이들이 영어만 쓰기 운동을 주장한다. 그 개념은 다른 언어도 능숙하게 사용할 수 있으면 다른 커뮤니티와 확대된 네트워크를 형성할 수 있으므로 영어 사용 능력과 함께 다른 언어도 증진시키자는 주장이다. 이미 가정에서 습득한 언어 능력에 더해 학교나 사회에서의 교육을 통해 영어도 능숙하게 사용할 수 있도록 여건을 조성하는 것이 훨씬 효과적이라는 것이다. 또한 이러한 주장은 기본적으로는 모든 미국인에게 교육의 기회를 확대하자는 주장과 연결되고 있는데, 이는 국가적인 언어 자원을 보호해 국가 이익을 증대시키자는 기본

취지를 바탕으로 하고 있다. 이 주장의 이면에는 영어가 국가의 공식언어인가의 문제를 넘어 차별(discrimination)의 문제와 결부되고, 언어적 인종주의(linguistic racism)의 새로운 형태로 다른 언어를 사용하는 이들에게 적대감과 차별을 불러일으켜 모든 이민자를 희생양으로 만들고 있으며, 개인의 권리를 침해해서 헌법에 위배될 뿐만 아니라 의사소통이 되지 않는 경우, 사회적으로 위험한 상황에 처하게 될 수도 있으며, 언어 습득과 관련된 모든 이론에서 여러 개의 언어를 사용하는 것이 언어 발달에 도움이 된다고 주장한다. 경제적 자원 활용이라는 관점에서는 미국이 다른 나라와의 무역, 외교, 국가 안보 차원에서 우위에 서기 위해서는 다양한 언어를 구사할 수 있는 능력이 요구되는데, 굳이 영어만을 사용하게 해서 다른 문화권과의 교류에서 요구되는 능력을 사장시킨다고 주장한다. 더욱이 뉴 멕시코, 오리건, 로드 아일랜드, 워싱턴 주에서 다른 언어도 함께 결의안을 통과시킴으로써 정책화되었다. 이에 찬동하는 이들의 주장은 다음과 같다. 역사적 관점에서 미국은 다양한 언어 배경을 가진 이민의 나라로 이 배경 위에서 강대한 나라를 건설했다. 이러한 것이 장점이 되어야만 계속해서 강대한 나라를 유지할 수 있을 것이다. 따라서 '다른 언어도 함께'라는 개념은 이 목적에 공헌하는 중요한 인적 자본(human resource)으로 기능함을 인식해야 한다. 그 주장을 비교해 보면 다음과 같다.

표 9-4 English Only와 English Plus의 비교

English Only	English Plus
미국은 영어를 쓰는 국가이다.	미국 내에는 수많은 민족이 존재한다.
영어를 통해 미국의 정체성을 확인할 수 있다.	자기의 언어를 사용하고 문화를 보호할 권리가 있다.
영어를 공용어로 사용하면 경제적 · 문화적 손실이 크다.	다른 언어를 보호함으로써 그들의 기본권을 부후할 수 있고, 복지를 향상시킬 수 있다.
연방정부가 2개 이상의 언어로 서비스를 제공하면 영어를 배우지 않아도 된다는 생각을 부추길 수 있다.	영어를 공용어로 만들지 않아도 많은 이민자들이 생활하기 위해 영어를 배워왔고, 앞으로도 그럴 것이다.
여러 언어를 인정하는 경우 캐나다나 벨기에, 스리랑카처럼 국가를 분열시키는 결과를 초래할 수 있다.	영어를 공용어로 법제화하는 조치는 불필요할 뿐만 아니라 그 자체가 분열을 초래한다.

자료: 이 표는 출처 미상의 자료를 이용했다. 아마도 인터넷 자료이니 날짜 미상이다.

제11장 국력과 소프트 파워: G20 국가의 비교 분석

제1절 국력

1 국력 개념의 다양성

국제정치학자들은 일반적으로 국력(國力, national power)을 인구, 천연자원, 군사력, 경제력, 국민의 사기, 정부의 지도력, 외교 기술 등의 구성 요소들의 종합적 힘으로 정의한다. 국제정치이론의 주류를 형성해 온 현실주의 이론은 국력을 한 국가가 "상대국에 대해 영향력을 행사하는 힘"으로 규정하고 있다. 국력을 권력 개념으로 정의하고 있는 현실주의 이론이 국력 구성 요소 중 가장 중요시하는 요인은 군사력 기반의 경제력 또는 세력 균형 수단으로서 경제력을 활용하는 방법에 초점을 맞추고 있다.

국가발전론의 경우, 국력은 경제 및 산업 발전이라는 국가정책 목표를 달성하기 위해 정치·사회적 역량을 결집시켜 나가는 국가 능력과 동일시되는 경향이 있다. 그러나 국가-시장 관계에 중점을 둔 국력평가는 경제 성장에 실패하고 주민들의 생계가 위협을 받는 취약국가들에 대해서는 그 적실성이 떨어진다고 할 수 있다고 할 수 있다(전현준 외, 2009). 다양한 국력에 대한 정의를 종합하면 '국력'이란 한 국가가 실현코자 하는 것을 실현해 내는 능력을 의미한다. 좀 더 구체적으로는 한 국가가 강제적이든 평화적이든 다양한 설득 수단과 방법을 동원해 다른 나라들로부터 지원과 협력을 얻어 자국의 정책과 전략을 실천에 옮겨 소기의 국가 목표와 비전을 실현해 내는 국가의 능력이라고 정의할 수 있다(황성돈 외, 2009).

국력 유사한 개념으로는 국가경쟁력이 있다. 국가경쟁력은 좁은 의미로는 경제적 측면에서의 국가의 생산성 또는 국민 소득을 키울 능력과 잠재적인 성장 능력 등을 말한다. 좀 더 넓은 의미에서는 한 나라 국민들의 교육 수준, 경제력, 정치 구조 등 국가의 공공과 민간 부문을 모두 합한 경쟁력을 말한다.

2 국력 개념의 다양한 관점

1) 전통적 국제 정치이론

국제정치를 연구하는 학자들은 전통적으로 세계 각국의 국력평가를 실시해 왔다. 현실주의 이론의 대표적인 학자 모겐소(Hans J. Morgenthau)는 국제 관계에서 권력을 확대하려는 국가들의 열망은 반드시 세력 균형 상태를 낳고, 또한 그것을 유지·보존하는 정책을 생기게 한다고 주장한다(Morgenthau, 1987). 권력정치와 그 부산물인 세력 균형에 초점을 두고 논리를 전개하는 현실주의 이론은 국력을 권력 개념으로 정의하고 있다. 즉, 국력은 '국가의 역량'을 의미한다.

국제무대에서 권력이란 "한 국가의 정부가 다른 국가의 정부로 하여금 그들이 하기를 원하지 않는 바를 하게끔 강요할 수 있는 능력 또는, 설득을 통해서든 강제력을 발동해서 혹은 공공연한 군사력 협상에 의해서든, 그들이 하고자 하는 바를 못하게 억제할 수 있는 능력"으로 정의할 수 있다. 국력은 한 나라의 정치·경제·사회·문화적 역량의 강점과 약점을 모두 포함한 총체적 능력을 의미한다. 국제정치학자들은 공통적으로 국력의 구성 요인으로서 지리, 자연자원, 공업 능력, 군사력, 인구, 국민성, 국민 사기(士氣), 정부 형태, 정치적 지도력, 이데올로기, 외교적 역량 등을 제시하고 있다.

1980년대 세계 질서의 세력 판도를 관측하기 위해 1978~1979년 자료에 기초해 각국의 국력을 평가한 클라인(Ray S. Cline)은 이러한 복잡한 요인들을 다음과 같은 단순한 공식으로 제시하고 있다. 지정학적인 세력 균형 관점에서 국력을 측정한 클라인은 "국력에 관한 연구는 최종 분석을 통해 보면 전쟁을 수행할 수 있는 능

력에 관한 연구"라고 규정했다(Cline, 1981). 클라인의 공식을 보면,

PP = (C+ E+ M) × (S + W)
PP = 인지된 세력
C = 외형적 규모: 인구와 영토
E = 경제력
M = 군사력
S = 국가전략
W = 국민 의지

C = 인구와 영토에 각각 최고 가중치 50을 부여해, 국력평가에서 외형적 규모는 총 100점의 가중치가 주어진다.

E = 에너지의 자립도와 의존도, 주요 광물 보유 여부, 공업 발전 수준, 식량 자립도, 세계무역 점유율 등에 각각 추가적인 가중치 20점을 부여하고 있다. 따라서 경제력의 최고 가중치는 200점이 된다.

M = 먼저 군사 능력을 핵실전 능력에 바탕을 둔 핵 억제력과 재래식 군사력 두 부분으로 나눠 양측에 각각 100점을 배정해 측정한 후 이를 합산해 총체적인 군사력을 평가하고 있다. 'GNP 대비 군사비 비율'이 예외적으로 높은 국가들에 대해서는 추가적으로 최고 10점을 받을 수 있도록 가중치를 부여하고 있다.

S = 국가전략을 따르는 국민 의지(W)에 기여하는 세 가지 주요한 요소로서 ① 국민적 통합, ② 지도력의 정도, ③ 전략과 국가 이익을 제시하고, 다시 세 가지 요소 내에서 상대적인 가치를 배분하고 있다. 즉, ① 국민적 통합의 수준(㉠ 문화적 통합 25%, ㉡ 영토적 통합 8%)은 33%, ② 지도자의 강도(㉠ 정부의 정책 능력 17%, ㉡ 사회 기강의 수준 17%)는 44%, ③ 전략과 국가 이익의 관계에는 33%의 비중을 부여했다.

클라인의 공식에서 국제적인 힘의 행사와 영향력 증대를 위한 명백한 전략계획을 가진 나라의 경우 국가전략에 대한 최고지수가 1점이 되며, 국민들이 전략 목표를 적극 지지하고 이를 달성하기 위해 국민들이 단합되어 있으면 국민 의지에 대한 최고지수도 1점이 주어진다. 따라서 무형 요소(국가전략+국민 의지)들의 지수가 높으면, 국력은 주어진 유형 요소(인구·영토+경제력+군사력)들의 잠재력보다

최대 2배까지 확대될 수 있다.

이처럼 클라인의 국력평가 공식은 일정한 시점에서 세계 각국의 국력과 비교·평가하는 데 유용하다. 특히 분쟁 가능성을 염두에 둔 상황에서 국가들의 상대적인 세력을 측정하는 데 도움이 된다.

오간스키(A. F. K. Organski)는 세력 전이 이론을 주장했는데 그는 전쟁 의지와 관련된 단기적인 요인보다 영국에서 시작된 산업혁명 이후 공업화에 따른 장기적인 사회·경제적 제도 발전 및 정치적 자원의 개발 능력에 더 큰 비중을 두고 국력의 동태적 변화를 강조했다(Organski, 1965). 오간스키는 국가의 목표를 힘·부(富)·문화적 복지·평화 네 가지 큰 부문으로 나누고, 국가 목표를 다시 경쟁적 목표와 독자적 목표로 분류한다. 오간스키는 힘이란 항상 어느 정도 다른 나라와 관련된 경쟁적 목표이지만, 평화는 언제나 독자적 목표라고 규정하고, 국민들의 생활 수준 향상과 관련된 부와 민족문화의 보존과 관련된 문화적 복지 목표는 경쟁적으로 또는 그 자체를 위해서도 추구될 수 있다고 주장한다. 그는 국력 결정 요인들의 상대적 중요성을 평가해 ① 인구 규모, ② 정부구조의 효율성, ③ 경제 발전의 정도가 가장 중요한 결정 요소라고 강조한다. 이 중에서도 특히 공업화가 결정적인 역할을 한다고 강조한다. 공업화가 진행되면 인구도 늘고, 경제적·교육적 수준도 높아져 결과적으로 정치도 개혁되고 정부의 효율성도 높아진다는 것이다. 오간스키는 공업화 정도를 기준으로 해서 세계 각국이 ① 잠재 세력의 단계, ② 세력의 과도한 성장 단계, ③ 세력 성숙의 단계 등 세 단계를 거쳐 국력을 증강시킨다고 주장한다.

2) 국가발전론

일반적으로 국가 역량은 정책 역량과 관리 역량을 포괄하고 있다. 정책 역량이란 한정된 자원으로 공익을 실현하는 데 필요한 전략적 방향과 집합적 선택을 규정짓는 개념이며, 관리 역량이란 정부의 산출물을 외부에 전달하는 데 필요한 인적 자원과 물적 자원을 얼마나 효율적으로 관리할 수 있는가에 관한 역량을 의미한다.

코틀러(Philip Kotler)는 발냉전기 국제환경에서 국가경쟁력을 강화해 국부를 축적하는 국가 역량을 다음과 같이 포괄적으로 설명하고 있다(Kotler, 1998). 코틀러에

의하면 국부를 평가하기 위해서는 천연자원, 물적 자본, 인적 자본, 사회자본 등 네 가지 요소가 기본적으로 포함되어야 한다. 그는 국부를 축적하기 위한 국가의 역량을 국가의 문화, 사회적 결속력, 요소자원, 산업조직, 정부 지도력 등 다섯 가지 주요 범주로 나눠 검토한다. 즉, ① 생산성의 문화, 기업가 정신, 저축에 대한 태도, 가족의 가치 등 문화·사고 방식 및 가치관, ② 부의 분배, 힘의 분배, 문화적 동질성 등 사회적 결속력, ③ 천연자원, 인적 자원, 기술 수준, 인구의 연령별 분포 등 국가의 요소자원, ④ 경쟁 강도, 협동 규범, 산업 다각화, 산업 전문화, 국유기업 등 국가의 산업조직, ⑤ 미래 제시적 지도력, 정부 전략 지원, 행정 효율성, 정책의 지속성, 정부의 지도력 등 다섯 가지 주요 범주에 대한 국가의 강점과 약점을 평가한다. 그리고 그는 일반적으로 정부가 초래하는 ① 부정부패, ② 군사비 과대 지출, ③ 잘못된 자원 분배, ④ 정치 불안 등 네 가지 문제점이 국부 창출 잠재력을 손상시킬 수 있다고 지적한다.

3) 국가통치론

부르킹스연구소의 라이스(Susan E. Rice)와 패트릭(Stewart Patrick)은 '국가 취약성 지표'를 제시했다. 이것은 국가 능력을 경제·정치·안보·사회복지 등 4개 부문으로 나누고, 각 부문을 다시 5개 세부 지표로 나눠 총 20개 세부 지표를 측정해 취약성을 분석하고 있다. 즉, ① 경제 부문: 1인당 국민총소득, 국내총생산, 소득불균형, 통화 팽창, 시장 규제 등, ② 정치 부문: 정부 효율성, 법에 의한 지배, 정부 신뢰도, 부정부패, 자유의 척도 등, ③ 안보 부문: 분쟁의 강도, 정치적 안전성, 쿠데타, 인권 침해, 영토 분쟁 등, ④ 사회복지 부문: 유아사망률, 초등교육, 영양 실조 발생률, 공중위생, 기대 수명 등이다. 5개 세부 지표를 표준화해 취합한 각 부문별 점수는 국가의 업적이 가장 우수한 경우 10점을 주고 최악의 경우에는 0점을 받게 된다(Rice & Patrick, 2008).

국가 능력에 관한 분석은 일반적으로 생활 수준, 경제 성장, 사회적 안전, 합법적 통치 등 정상적인 국가에 대해 기대되는 임무 수행 능력을 평가하는 데 그 초점이 맞춰져 있다.

다음 <표 11-1>은 국력평가에 대한 다양한 시각과 지수들에 대한 내용을 정리한 것이다.

표 11-1 국력평가에 대한 지수

학자	지수
클라인	인구와 영토 / 경제력(에너지 자립도와 의존도) / 군사력(핵 억제력과 재래식 군사력) / 국가전략 + 국민 의지(국민적 통합, 지도력의 정도 등)
오간스키	인구규모, 정부구조의 효율성, 경제 발전의 정도
코틀러	정부지도력, 국가의 문화, 사고 방식 및 가치관, 국가의 사회적 결속
라이스 · 패트릭	경제 부문(1인당 국민총소득, 국내총생산, 소득불균형, 시장규제) 통치 부문(정부 효율성, 법에 의한 지배, 정부 신뢰도, 부정부패) 안보 부문(분쟁의 강도, 정치적 안정성, 쿠데타, 인권 침해, 영토 분쟁) 사회복지 부문(유아사망률, 초등교육, 영양실조 발생률, 기대수명)
한선재단	▸ 하드 파워(7개 부문) = ①기초 국력(5%: 국토 · 인구 · 천연자원 · 식량 등 모든 생산활동의 기본이 되는 하드웨어의 양과 질) + 강제력(=②국방력, 10%) + 핵심 자원 생산력(③경제력, 20%=경제적 부 생산력; ④과학기술력, 10%=과학 지식 및 기술 자원 생산력; ⑤교육력, 5%=인적 자원 생산력; ⑥정보력, 5%=정보자원 생산력) + 국토 내 생명체의 생존 가능성을 높이는 능력(=⑦환경관리력, 5%) ▸ 소프트 파워(6개 부문) = 하드 파워 요소들이 제대로 작동할 수 있게 여건을 조성해 주고 구축된 국력을 타국에 대해 효과적으로 행사하는 능력 = ①국정관리력(5%)+②정치력(10%)+③외교력(10%)+④문화력(5%)+⑤사회자본력(=대인 및 국가기관 신뢰도, 5%)+⑥거시변화 대처력(복잡계 이론에서 말하는 모든 사회 체계의 자율적 요동에 의한 새 질서 창조력, 5%)

출처: 전현준 외(2009)를 수정, 보완한 것임.

4) 한반도 선진화 재단(한선재단)의 국력 연구

한선재단(2009)은 국력의 요소로 ① 기초 국력, ② 국방력, ③ 경제력, ④ 과학기술력, ⑤ 교육력, ⑥ 정보력, ⑦ 환경관리력 등의 하드 파워 7개 부문과, 하드 파워 요소들이 제대로 작동할 수 있게 여건을 조성해 주고 구축된 국력을 타국에 대해 효과적으로 행사하는 능력이라 할 수 있는 ① 국정관리력, ② 정치력, ③ 외교력, ④ 문화력, ⑤ 사회자본력, ⑥ 거시 변화 대처력 등의 소프트 파워 6개 부문 등 총 13개 부문으로 구성된 지표로 국력을 측정했다(황성돈 외, 2014, 2009).

제 2 절 소프트 파워(연성 국력)

1 소프트 파워(연성 국력)란 무엇인가?

국력은 크게 인구, 국토 등의 기초 국력, 경제력, 국방력, 교육·과학기술력 등의 하드 파워(hard power, 강성 국력)와 국정관리력, 정치외교력, 문화력, 사회자본력, 변화대처력 등의 소프트 파워(soft power, 연성 국력)로 구분할 수 있다.

어느 한 국가의 국력(national power)을 말할 때 군사적 제국주의(military imperialism) 시대에는 국방력이, 경제적 제국주의(economic imperialism) 시대에는 경제력이 중요한 요인이었다. 문화 제국주의(cultural imperialism) 시대에는 문화력(cultural power)이 주요한 요인이라 할 수 있다.

국제정치학자들은 일반적으로 국력을 인구, 천연자원, 국방력, 경제력, 국민의 사기(士氣), 정부의 지도력, 외교 기술 등의 구성 요소들의 종합적 힘으로 정의한다. 국제정치이론의 주류를 형성해 온 현실주의 이론은 국력을 한 국가가 "상대국에 대해 영향력을 행사하는 힘"으로 규정하고 있다. 국력을 권력 개념으로 정의하고 있는 현실주의 이론이 국력 구성 요소 중 가장 중요시하는 요인은 국방력 기반의 경제력 또는 세력 균형 수단으로서 경제력을 활용하는 방법에 초점을 맞추고 있다. 국가발전론의 경우 국력은 경제 및 산업 발전이라는 국가정책 목표를 달성하기 위해 정치·사회적 역량을 결집시켜 나가는 국정관리력과 동일시되는 경향이 있다. 시대 변화에 맞춰 이제는 과거 군사적 제국주의나 경제적 제국주의 시대에 강조되어온 국방력이나 경제력 등의 하드 파워적인 요소뿐 아니라 국정관리력, 정치력, 외교력, 문화력, 사회자본력, 그리고 변화대처력 등의 소프트 파워적 요소도 중요한 시대가 되었다.

소프트 파워란 국력을 구성하는 하드 파워에 대응하는 개념으로서 상대방을 매료시켜 상대방이 자발적으로 마음을 바꿔 원하는 바를 얻어 내는 능력이다(Nye, 2004). 한 국가의 종합 국력의 상당 부분을 차지하는 소프트 파워는 정부, 시장, 그리고 시민의 협치를 통한 국정관리력, 이들 3자간의 권위적 권력 분배를 담당하는

그림 11-1 하드 파워와 소프트 파워

정치력, 다른 국가와의 관계를 담당하는 외교력, 창의력이 중요한 사회에 절실한 문화력, 사람들 간의 관계에서 발생하는 힘 등의 무형자산을 의미하는 사회자본력, 그리고 급변하는 국제환경에 장기적인 안목으로 능동적으로 대처할 수 있는 변화 대처력 등으로 구성되어 있고, 국가가 추구하는 목표를 실제로 구현할 수 있는 능력을 말한다. 결국은 이러한 제반 능력을 잘 조정하고 통합하는 것이 국가전략이라고 볼 수도 있다. 소프트 파워는 하드 파워와는 달리, 국가적 이슈를 풀어가는 단기적이고 눈에 보이는 역량을 표현하기보다는 국민 개개인, 분야의 전문성, 다워화된 사회 요소요소의 힘을 서로 융합하고 응집해 국가적인 힘을 단단하게 하는 측면을 강조한다([그림 11-2] 참소).

국정관리력의 지표로는 세계은행(World Bank)에서 1996년부터 2013년까지 발표해 온 시민의 참여, 정치적 안정성, 정부효과성, 규제의 질, 법치, 부패의 통제 등의 여섯 가지 지표를 사용했다(World Bank, 2012). 정치력은 정치 시스템의 안정성과 효과성, 국회 입법활동의 효과성, 그리고 정치인들의 청렴성 등의 지표를 사용해 측정했다. 외교력은 외교활동의 영향도를 측정하는 지표로 ① 각국의 UN 분담금

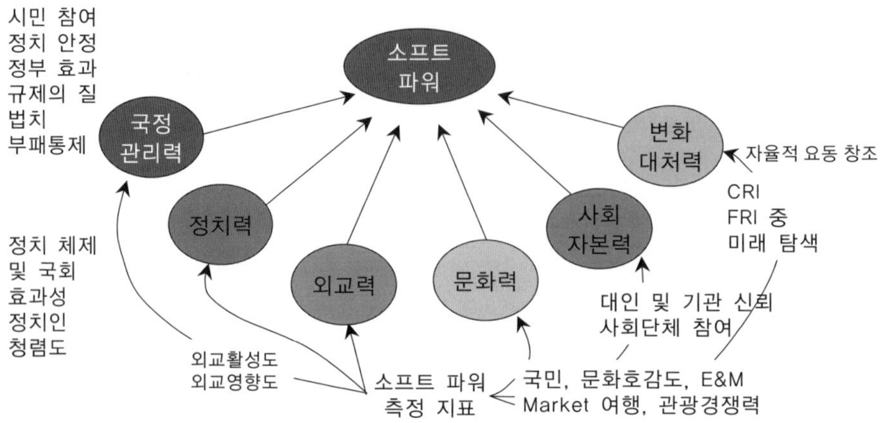

그림 11-2 소프트 파워로서의 국력 요소들

비율, ② 자국민이 기관장으로 있는 주요 국제기구의 수, ③ 해외 원조 금액, ④ UN 상임이사국 여부 등 네 가지를 사용했다. 외교 활동의 활성도를 측정하는 지표로는 ⑤ 주요 국제기구들에 해당 국가가 가입하고 있는 기구의 수와 ⑤ 주요 국제기구의 본부가 해당국에 위치하는 기관의 수를 사용했다. 문화력은 국민호감도, 문화호감도, E&M Market, 하계올림픽 메달 수, 그리고 여행 및 관광 경쟁력 지표 등의 자료를 적용해 분석했다.

사회자본력은 세계가치조사(World Values Survey) 자료와 정부, 기업, NGO, 그리고 미디어(신문, TV) 등 4개 분야의 기관 신뢰를 설문조사한 에델만 신뢰지수(Edelman Trust Barometer: ETB)를 포함해 조사했다. 변화대처력은 컨설팅사인 KPMG와 Oxford Economics가 2012년에 60개 국가를 대상으로 2013년에는 90개 국가를 대상으로 발표한 변화대처력(CRI)(KPMG INTERNATIONAL & Oxford Economics, 2013) 지표와 복잡 적응 체제에 중요한 미래 탐색 개념을 보완하기 위해 2010년 한국전산원에서 세계 최초로 개발된 미래 준비 지수(Future Readiness Index) 중 하나의 하위 개념인 미래 탐색 지표를 추가했고, 또한 복잡 적응 체제의 핵심인 자율적 요동 지표를 포함해 변화대처력 지표를 수정 보완했다. 자율적 요동의 창조 수준을 측정하기 위해서는 2013년도 IMD의 국가경쟁력 지표 중 도전에 대한 국민의 유연한 적응력, 시장 변화에 대응한 기업의 적응력, 경제 변화에 대응한 정부정책의 적응력 등 세 개 지표값을 추가했다.

표 11-2 소프트 파워 세부 지표

6개 요인	하위 지표	세부 지표	비고
국정관리력	시민 참여	정치적 위험도	
		정치 권리	
		시민권	
		민주적 책임성	
		기업의 의견 표명도	
	정치적 안정성	국내정치 위험도	
	정부효과성	관료제적 지연도	
		공무원 능력	
		정부 지출의 낭비	
		관료제 관리 시간	
		정부효과성 인식도	
		관료제의 질	
	규제의 질	행정규제	
		정부 개입	
		외국 투자	
	법치	계약 강제도	
		조세 회피 수준	
		사법부 독립성	
		범죄 수준에 대한 관심	
		암시장	
		법 준수도	
	부패통제	부패인식지수(CPI)	
정치력		정치 시스템의 안정성과 효과성	
		국회 입법활동의 효과성	
		국회에 대한 신뢰	
		정당에 대한 신뢰	
		국민들이 정치인들을 중요한 사회지도자라고 생각하는 정도	

		정치인들의 교육 수준
		정치인들의 국제적 경험
		정치인들의 청렴성
외교력	영향도	각국의 UN분담금 비율
		자국민이 기관장으로 있는 주요 국제기구의 수
		해외 원조 금액
		UN 상임이사국 여부
	활성도	주요 국제기구들에 해당 국가가 가입하고 있는 기구의 수
		주요 국제기구의 본부가 해당국에 위치하고 있는 기관의 수
문화력	국민호감도	국민호감도지수
	문화호감도	문화호감도 지수
	문화산업 수출	Entertainment & Media Market
	여행 및 관광경쟁력	국제 여행 및 관광경쟁력지수
사회자본력	대인 신뢰	가족, 이웃, 아는 사람, 처음 만난 사람, 종교가 다른 사람, 다른 나라 사람
	기관 신뢰	정부, 기업, NGO, 미디어(신문, TV)
	네트워크	종교 · 교회단체
		스포츠 및 레크리에이션
		예술 · 음악 · 교육문화
		노동단체
		정당
		환경보호단체
		전문가조직
		인권 혹은 자선단체
		소비자 보호단체

21세기 지식정보사회에서는 소프트 파워가 주도하는 시대로 전망되며, 세계 각국은 소프트 파워를 국가 경쟁력 강화전략으로 활용하고 있다. 한국의 경우 소프트 파워는 2009년 12위에서 11위로 한 단계 올라섰다. 소프트 파워를 구성하는 각 요소의 2009년도의 국력 순위와 2013년도 순위 변화를 살펴보면 <표 11-3>과 같다.

국정관리력은 10위에서 9위, 정치력은 14위에서 15위로, 외교력은 12위 유지, 문화력은 13위 유지, 사회자본력도 15위를 유지했고, 변화대처력은 10위에서 6위로 도약했다. 시민-시장-정부 간의 협치(協治)를 통한 국정관리력(9위)과 국제 환경 변화에 대응할 수 있는 변화대처력(6위)이 소프트파워 평균 11위보다는 상대적으로 높은 순위를 기록했다. 그러나 각각 15위를 기록한 정치력과 사회자본력 측면에서는 취약점을 노출하고 있다. 이러한 결과는 향후 발전전략을 수립할 때 참고할 만하다. 갈등과 대립만이 난무하는 한국 정치와 법치가 실종된 갈등 세력 간의 잦은 충돌이 갉아먹는 사회통합 문제 등은 앞으로 정치력과 사회자본력 등을 향상시켜야만 풀 숙제이다.

[그림 11-3]의 국력의 적합도 지형상의 순위 변화를 살펴보자. 적합도 지형이란 전체적 최고치(가장 높은 봉우리)와 전체적 최저치(가장 낮은 계곡)의 위치와 그 높이가 적합도의 척도인 울퉁불퉁한 산과 계곡이 어우러진 지형이다. 이러한 적합도 지형에서 국가 간의 치열한 경쟁이 발생한다. 적합도 지형 그 자체는 고정된 것이 아니라 지형상의 행위자들, 즉 국가들이 국가전략에 입각해 행동하고 국제 환경이 변함에 따라 변형된다.

공진화적 복잡계의 적합도 지형상 진화 과정에서는 붉은 여왕 가설(Red Queen Hypothesis)이 절대적으로 지배한다. 이는 『이상한 나라의 앨리스』에 나오는 것처럼 열심히 뛰어야 진화의 여정에서 겨우 생존할 수 있나는 사실이다. 마치 달리던 자전거의 페달을 놓으면 곧 자전거가 쓰러져 버리는 현상과 흡사하다. 지난 2013년에는 한국이 소프트 파워 면에서 12위에서 11위로 한 단계 올라섰지만 어느 부문에서 잘한다고 안주하면 바로 뒤처진다. 열심히 노력해야 겨우 현 순위를 유지한다. 그래서 더 많은 노력을 해야 하는 것이다

미국과 영국이 각각 1, 2위를 유지했고, 4위였던 독일이 3위, 5위였던 호주가 4위로 각각 한 단계씩 떨어졌다. 인도(11위에서 9위)와 스페인(10위 유지)을 추월하지 못한 점은 상당히 충격적이다. 인도와 스페인을 따돌려야만 8위인 일본과 비슷한

표 11-3 소프트 파워 국력 점수 및 순위 요약

국가명	종합국력		소프트 파워							
	점수*	순위	국정 관리력	정치력	외교력	문화력	사회 자본력	변화 대처력	소계	
									점수	순위
아르헨티나	43.39	19	15	19	9	15	14	20	16.78	18
오스트레일리아	52.39	5	2	2	15	9	9	3	22.22	4
브라질	45.74	15	12	18	16	11	12	14	17.58	15
캐나다	52.11	6	1	3	11	8	3	8	22.04	5
중국	55.92	2	19	1	10	10	2	10	20.66	7
프랑스	52.01	7	5	7	2	4	8	12	21.65	6
독일	53.20	4	3	4	7	3	11	1	22.25	3
인도	48.02	11	16	8	6	16	1	17	19.45	9
인도네시아	44.07	18	18	14	19	19	5	15	17.43	17
이탈리아	47.74	12	10	12	13	6	13	16	18.84	12
일본	51.52	8	7	10	5	5	19	5	19.77	8
한국	48.42	9	9	15	12	13	15	6	19.04	11
멕시코	45.84	14	14	20	4	14	7	11	18.43	13
러시아	46.47	13	20	17	14	12	18	19	16.41	19
사우디 아라비아	40.40	20	17	9	8	#N/A	#N/A	7	14.76	20
남아프리카	44.15	17	11	16	18	18	10	18	17.59	14
스페인	48.21	10	8	11	17	7	16	13	19.14	10
터키	44.85	16	13	13	20	17	17	9	17.54	16
영국	53.56	3	4	5	3	2	6	4	22.83	2
미국	68.33	1	6	6	1	1	4	2	24.45	1

• 본문에서는 지면 관계상 언급하지 않았지만, 변화대처력도 측정했음.

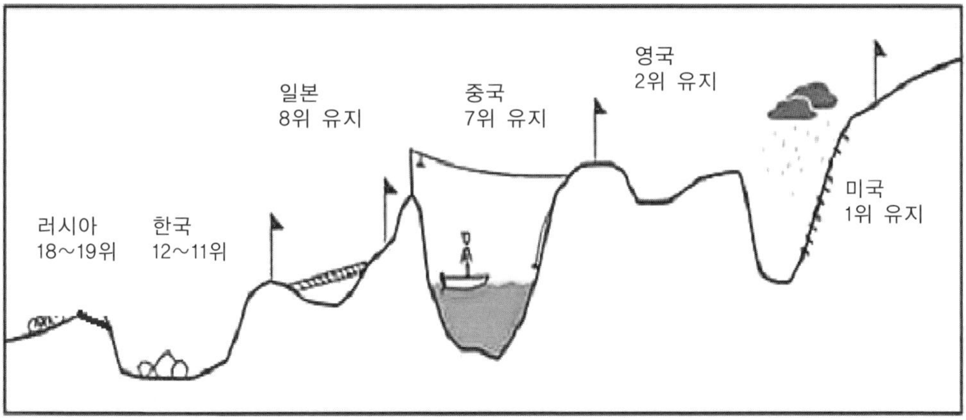

그림 11-3 한국을 둘러싼 주변국의 적합도 지형상의 소프 트파워 순위 변화(2009~2013)

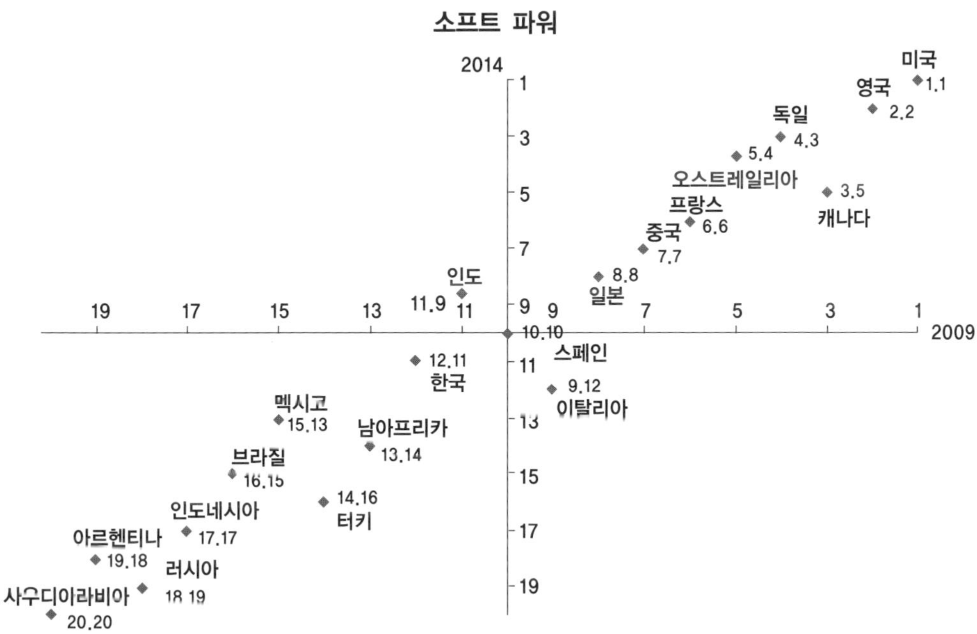

그림 11-4 SP 순위: 한국은 어디에?(X=2009, Y=2014)

순위가 가능하다. 국정관리력이 20위, 변화대처력이 19위로 저조한 러시아는 18위에서 꼴찌에서 두 번째인 19위로 떨어졌다. 이는 국가 운영에서 국정관리력과 변화대처력이 얼마나 중요한 요인인가를 극명하게 보여 준다.

2 국정관리력

1) 국정관리력의 개념과 측정

국정관리력(governance power)이 중요한 개념으로 대두되고 있지만 기존의 국력 개념은 주로 경제력, 국방력, 인구, 영토 등의 하드 파워적 요소들로 구성되어 있어, 주로 기업, 정부, 시장 부문의 국력을 독립적으로 반영하는 요소들로 이뤄져 있다. 그러나 기업, 시장, 정부 간의 상호작용적 시너지 효과를 창조해 줄 수 있는 창발적 능력이라 할 수 있는 협치를 통한 국정관리력은 반영되어 있지 않다. 따라서 이를 반영한 종합적 국력지표의 개발이 매우 중요하다 할 수 있다.

여기에서는 국정관리력을 여섯 가지 지표로 설명한다(World Bank, 2012). 이 지표는 1996년도부터 2013년까지 발표되고 있다.

국정관리력 개념은 여섯 개 지표로 나타낼 수 있다. 여섯 가지 지표는 시민의 참여와 책임성(voice and accountability), 정치적 안정성과 무폭력(political stability/no violence), 정부효과성(government effectiveness), 규제의 질(regulatory quality), 법치(rule of law), 부패의 통제(control of corruption)이다(Kaufmann et al., 2002).

첫째, 시민의 참여와 책임성(voice and accountability)이란 시민권(civil liberties)과 정치적 권리(political rights) 등을 측정하는 지표로서 시민의 참여(paticipation)를 강조하는 참여적 정부를 반영하는 지표라 할 수 있다. 여기에서 참여란 모두 남녀가 직접적으로 혹은 자신들의 이해를 내표하며 정통성을 가진 중간 단체들을 통해 정책 결정에 목소리를 가져야 한다는 뜻이다. 이 지표를 측정하기 위해서는 정치적 위험도(political risk index), 정치 권리(political rights), 시민권(civil liberties), 민주적 책임성(democratic accountability), 기업의 의견 표명도(business have voice to express) 등의 자료가 활용되었다.

둘째, 정치적 안정성과 무폭력(political stability/no violence)이란 그 나라 정부의 능력이나 힘으로 정치적 불안정, 테러나 폭력 등으로 인한 국민들의 생계나 삶에 대한 안정성을 반영해 주는 지표라 할 수 있다. 이 지표를 측정하기 위해서는 국내 정치 위험도(domestic politcal risk) 등의 자료가 활용되었다. 이 두 지표는 시민의 참여를 알아볼 수 있는 지표이다.

셋째, 정부효과성(government effectiveness)이란 정부의 서비스에 대한 인식으로 관료제의 질(quality of bureacracy)을 나타내는 지표라 할 수 있다. 이러한 정부 효과성은 오스본(David Osborne)과 게블러(Ted Gaebler)의 열 가지 정부 형태 중 결과 지향적 정부의 성격을 가지고 있으며, 모든 제도와 과정이 자원을 최상으로 이용하면서 욕구를 충족시키는 결과를 생산해야 한다. 이 지표를 측정하기 위해서는 관료제적 지연도(bureaucratic delays), 공무원 능력(competence of public sector personnel), 정부 지출의 낭비(wasteful government expenditure), 관료제 관리 시간(management time spent with bureaucracy), 정부효과성 인식도(percent who believe the government is efficient), 관료제의 질(bureaucratic quality) 등의 자료가 활용되었다.

넷째, 규제의 질(regulatory quality)이란 시장 지향적 정부의 성격을 가지고 있는데 기존의 관료제적인 규제와 규제의 완화를 통한 자유로운 창의성과 활동성을 지향하는 규제 완화형 정부 운영 모형과 생각을 같이할 수 있다. 이는 규제가 얼마나 발전 지향의 모습을 가졌는지 나타내는 지표라 할 수 있다. 이 지표를 측정하기 위해서는 행정규제(administrative regulations), 정부 개입(government intervention), 외국 투자(foreign investment) 등의 자료가 활용되었다. 정부효과성, 규제의 질 이 두 가지 지표는 정부의 정책 형성 및 집행 능력을 알아볼 수 있는 지표라고 할 수 있다.

다섯째, 법치(rule of law)는 그 나라의 법적·제도적 장치가 얼마나 잘 되어 있는가를 반영하는 지표로서 적절한 법과 제도의 마련은 폭력과 범죄로부터 효과적인 사회의 안정을 가져올 수 있어야 한다. 또한 법 앞에 평등하고 공정한 판결로써 경제와 사회의 발전적인 환경이 소성되도록 해야 한다는 데 인식을 가진 지표이며, 법적 준거 틀이 공정하고 특히 인권에 대해서는 편파적이지 않게 집행되어야 한다. 이는 법적·제도적 장치가 얼마나 잘 되어 있는가를 반영하는 지표라 할 수 있다. 이 지표를 측정하기 위해서는 계약 강제도(enforceability of contracts), 소세 회피 수준(extent of tax evasion), 사법부의 독립성(independence of the judiciary), 범죄 수준에 대한 관심(concern with level of crime), 암시장(black market), 법 준수도(law and order) 등의 자료가 활용되었다.

여섯째, 부패의 통제(control of corruption)는 사회에 만연해 있는 국민의 부패에 대한 인식(perception of corruption)의 지표로서 이러한 부패의 정도를 통해 경쟁적 정부에서의 국정관리가 잘 이뤄질 수 있는지를 가늠할 수 있는 지표이다. 또한 부패를 통제하기 위해서는 투명성이 확보되어야 하는데 투명성은 정보의 자유로운 흐름에 기초하는 것으로, 과정, 제도 및 정보가 이것들에 관심을 갖는 사람들에게 직접적으로 접근 가능한 것이 되어야 한다. 법치, 부패의 통제 이 두 가지 지표는 법과 제도에 대한 국가적 능력을 알아볼 수 있는 지표이다(<표 11-4> 참조).

표 11-4 국정관리력 개념의 지표

국정관리력의 구성 인자	협치지표 (governance Index)	내용	출처 (Source/ Institution)
시민의 참여 (citizen participation)	시민의 참여와 책임성(voice & accountability)	시민권(civil liberties)과 정치적 권리(political rights) 등을 측정하는 지표 정치적 위험도(political risk index): 1 정치 권리(political rights): 2 시민권(civil liberties): 2 민주적 책임성(democratic accountability): 5 기업의 의견 표명도(business have voice to express): 9	1. Business Environment Risk Intelligence
	정치적 안정성과 무폭력 (political stability / no violence)	정부의 능력이나 힘으로 정치적 불안정, 테러나 폭력 등으로 인한 국민들의 생계나 삶에 대한 안정성을 반영해 주는 지표 국내정치 위험도(domestic politcal risk): 6	
정부 정책 (government policy)	정부효과성 (government effectiveness)	정부의 서비스에 대한 인식으로 관료제의 질(quality of bureacracy)을 나타내는 지표 관료제적 지연도(bureaucratic delays): 1 공무원 능력(competence of public sector personnel): 8 정부 지출의 낭비(wasteful government expenditure): 8 관료제 관리 시간(management time spent with bureaucracy): 8 정부효과성 인식도(percent who believe the government is efficient): 3 관료제의 질(bureaucratic quality): 5	2. Freedom House 3. Gallup International 4. Heritage Foundation / Wall Street Journal

	규제의 질 (regulatory quality)	규제가 얼마나 발전 지향의 모습을 가졌는지 나타내는 지표 행정규제(administrative regulations): 8 정부 개입(government intervention): 4 외국 투자(foreign investment): 4	5. Political Risk Service 6. Standard and Poor's DRI
법·제도 (law & institution)	법치 (rule of law)	법적·제도적 장치가 얼마나 잘 되어 있는가를 반영하는 지표 계약 강제도(enforceability of contracts): 1 조세 회피 수준(extent of tax evasion): 8 사법부 독립성(independence of the judiciary): 8 범죄 수준에 대한 관심(concern with level of crime): 3 암시장(black market): 4 법 준수도(law and order): 5	McGraw-Hill 7. World Bank 8. World Economic Forum 9. The world Business Environment Survey(WBS)
	부패의 통제 (control of corruption)	사회에 만연해 있는 국민의 부패에 대한 인식(perception of corruption) 시표	

출처: World Bank의 WGI(World Governance Indicators) 2012년도 자료.

2) 국정관리력의 국가 간 비교

2009년 국력 연구에서는 1위는 캐나다이고, 2위는 호주, 3위는 독일, 4위는 영국, 5위는 미국이다. 6위는 일본, 7위는 프랑스, 8위는 스페인, 9위 터키의 뒤를 이어 한국은 10위이고, 중국은 18위이다. 한국의 경우 정치적 안정성(7위)과 법치(9위), 그리고 정부효과성(9위) 분야는 비교적 국정관리력 중 높은 점수를 보이고 있고, 시민의 참여와 부패의 통제(각 11위)는 낮은 점수를 보이고 있다. 정부 규제(10위)는 평균치를 보였다.

2013년 자료로 국정관리를 재평가한 결과 1위는 캐나다(93.87), 2위는 호주(92.29), 3위는 독일(89.07), 4위는 영국(87.18), 5위는 프랑스(84.58)이다. 6위는 미국 (84.43), 7위는 일본(83.33), 8위는 스페인(77.65)이고, 9위는 한국(73.34)이다. 중국 (34.66)은 19위이다. 러시아(27.16)는 베트남(34.81)과 쿠바(36.54)보다도 낮은 아주 저조한 점수로 20위이다. 한국(73.34)은 2009년도의 10위에서 9위로 1단계 상승했다. 정부효과성(8위), 정부 규제의 질(8위) 부문은 국정관리력 전체 평균 9위보다 1단계 높으나, 반대로 시민 참여(10위)는 1단계 낮다. 정치적 안정성(9위), 법치(9위), 부패의 통제(9

위) 등은 전체 평균과 같은 순위를 보이고 있다. 캐나다, 호주, 독일, 영국은 1위부터 5위까지 순위를 그대로 유지하고 있다. 일본과 중국도 1단계만 달라졌다. 북한(7.07)은 세계은행(World Bank)에서 발표한 약 213개국 중에서 거의 최하위 국가군에 속해 있다.

부패의 통제는 2009년 11위에서 2013년 9위로 3단계 상승했지만 OECD 국가 중에서는 순위가 하락세를 보여 약점 지표로 분류했다.

국정관리력이 정부, 시민사회, 시장의 협치라는 점에서 정부 주도 위주의 과거보다는 시장 부문과 시민사회가 발전해야 하지만 현실은 그렇지 못하다는 점이 아쉽다. 이전에 실시한 국정관리력 평가를 통해 개선되었다고 볼 수 있는 부문은 정부효과성과 정부 규제의 질 부문이다. 2009년 평가보다 다소 낮아진 정치적 안정성, 2009년 평가보다는 한 단계 올랐지만 2013년 국정관리력 평균보다는 한 단계 낮은 시민의 참여는 더욱더 확대될 필요가 있다. 정부 3.0의 핵심 사항이 확장된 민주주의를 바탕으로 한 시민 참여 활성화라는 점에서 좀 더 시민 참여를 높이는 방안을 강구해야 한다.

표 11-5 강점 지표와 약점 지표

구분	지표
강점 지표	정부효과성(9위) → 8위로 정부 규제의 질(10위) → 8위로 법치(9위) → 9위 유지
약점 지표	시민의 참여(11위) → 10위로 정치적 안정성(7위) → 9위로 부패의 통제(11위) → 9위로

특히 한국과 북한과의 각종 지표의 차가 너무 커 북한의 상태를 좀 더 객관적으로 비교하는 데 도움이 되도록 준거국가군으로 아직도 사회주의 국가인 쿠바, 폐쇄적인 공산주의 국가에서 개방적 국가로 전환한 베트남과 캄보디아, 내전 중인 시리아, 그리고 가장 실패한 국가로 분류되는 소말리아 등의 국가를 포함해 분석했다. 공산주의 체제에서 체제 변환을 한 베트남은 34.81점으로 34.66점의 19위 중국을 제치고 19위에 해당된다. 캄보디아도 24.48점이고, 내전 중인 시리아조차 19.12로 북한보다 국정관리 수준이 높다. 지구상에서 가장 실패한 국가로 나온 소

말리아(실패국가지수 1위)의 점수가 0.28점이다. 북한이 국정관리 수준을 일정 수준 이상으로 높여야 통일 이후의 국정관리에 무리가 없을 것이다.

3 정치외교력

정치 능력이란 한 나라에 속한 정치인들과 정치기구들의 우수성과 건전성이라고 정의할 수 있다. 정치의 본질적 기능은 한 국가가 지향해야 할 가치와 방향을 정하고 국가의 자원을 사회의 어느 부분에 얼마만큼 배분할 것인지를 결정하는 역할을 하는 것이다. 따라서 이런 역할을 수행하는 한 나라의 정치인들과 정치기구들의 능력은 그 나라 국력의 질과 양을 결정하는 매우 핵심적인 능력이 된다. 로마가 망한 것이나 중국의 수많은 제국이 망한 것은 백성이 우매해서도 아니고, 참모들이 명석하지 않아서가 아니었다. 국가의 정치 권력을 장악하고 있던 정치인들의 가치 추구가 잘못되었기 때문이고 국가의 방향을 잘못 잡았기 때문이다. 그리고 거기에는 항상 그들의 무능과 나태, 사익과 인기와의 영합, 평안함에의 안주가 있었다. 과거 산업화 시대와는 전혀 다른 삶의 방식과 새로운 질서로의 재편을 야기하는 오늘날과 같은 급격한 구조적 변화의 시대에서는 우수하고 건전한 정치인과 정치기구들의 이런 방향 설정 역할이 대단히 중요하다.

한 국가의 정치 능력은 정치 시스템, 정치집단, 정치인의 수준으로 파악할 수 있다. 즉, 정치 시스템의 작동이 효율적일수록, 정치 시스템 하에서 활동하는 정치집단에 대한 국민의 신뢰가 클수록, 그리고 정치집단에 속한 정치인들의 수준이 높을수록 한 국가의 정치가 제대로 이뤄질 수 있으며, 이때 그 국가의 정치 능력이 크다고 할 수 있다. 따라서 이러한 정치 능력을 측정하기 위해 여덟 개의 지표를 설정했다. 우선 국가의 정치 시스템의 전반적인 역량을 평가하기 위해 ① 정치 시스템의 안정성과 효과성, ② 국회 입법 활동의 효과성을 지표로 설정했다. 그리고 정치집단에 대한 국민들의 신뢰를 파악하기 위해 ③ 국회에 대한 신뢰, ④ 정당에 대한 신뢰, ⑤ 국민들이 정치인들을 중요한 사회지도자라고 생각하는 정도 등을 지표로 설정했다. 마지막으로 정치인들의 수준을 평가하기 위한 지표로 ⑥ 정치인들의 교육 수준, ⑦ 정치인들의 국제적 경험, ⑧ 정치인들의 청렴성 등을 설정했다.

해당 지표에 대한 자료들을 종합해서 G20국가들의 정치 능력을 산정・비교한

표 11-6 국정관리력

	종합점수 및 순위		시민 참여		정치적 안정		정부효과성		규제의 질		법치		부패통제	
국가명	점수	순위	점수	순위	점수	순위	점수	순위	점수	순위	점수	순위	점수	순위
아르헨티나	43.495	15	57.75	14	54	10	49	17	25	20	33.33	18	42	16
오스트레일리아	92.293	2	95.31	1	74	3	95	2	97	1	96.24	1	97	1
브라질	56.647	12	63.85	12	46	13	55	15	56	14	55.40	14	63	10
캐나다	93.367	1	94.84	2	85	1	97	1	96	2	94.84	2	95	2
중국	34.662	19	4.69	19	25	15	61	14	45	16	41.78	16	30	19
프랑스	84.577	5	88.73	5	67	5	88	6	82	6	90.14	6	91	4
독일	89.067	3	92.49	3	73	4	92	3	93	4	91.55	4	93	3
인도	42.338	16	59.15	13	13	20	55	15	40	18	52.58	15	35	17
인도네시아	35.959	18	46.95	16	21	17	47	18	42	17	30.52	19	28	18
이탈리아	67.108	10	74.65	9	66	6	66	10	75	10	63.38	10	57	12
일본	83.326	7	77.93	8	79	2	88	6	78	9	86.85	7	90	6
한국	73.333	9	68.54	10	55	9	86	8	79	8	80.75	9	70	9
멕시코	47.78[illegible]	14	53.52	15	25	15	64	13	61	13	38.50	17	45	15
러시아	27.159	20	22.54	18	21	17	42	19	39	19	25.35	20	13	20
사우디아라비아	39.765	17	3.29	20	37	14	41	20	53	15	56.81	13	48	14
남아프리카	60.429	11	65.73	11	48	12	65	11	66	11	58.69	11	59	12
스페인	77.653	8	84.04	7	51	11	82	9	82	6	85.92	8	81	8
터키	51.879	13	44	17	18	19	65	11	65	12	58	12	61	11
영국	87.181	4	92	4	60	8	92	3	94	3	92	3	91	4
미국	84.425	6	86	6	64	7	89	5	92	5	91	5	85	7
북한	7.073	150-213국	0.00		33		0		0		6.57		3	
캄보디아	24.476		24.88		33		26		35		15.49		13	
쿠바	36.539	18위	7.04		58		46		4		35.21		69	
베트남	34.810	19위	8		53		45		29		40		34	

※순위는 G20만으로 매김. 쿠바는 북한과 같은 독재국가, 캄보디아와 베트남은 이전 공산국가에서 개방 체제로 전환한 국가라 북한과 비교하기 위한 참고 국가로 포함.

결과, 중국이 1위였고, 호주와 캐나다가 각각 2위와 3위에 올랐으며, 브라질, 아르헨티나, 멕시코 등 남미 국가들이 18, 19, 20위로 하위권을 이루고 있다. 중국은 정치집단에 대한 신뢰, 즉 국회(1위)와 정당(1위) 및 정치인(1위)에 대한 신뢰도가 매우 높은 것으로 나타났다. 호주의 경우 정치 시스템의 역량과 정치인의 수준에 대한 인식이 매우 높았다. 즉, 정치 시스템 및 국회 입법활동의 효과성과 정치인들의 교육 수준, 국제적 경험, 청렴성에서 모두 1위를 차지했다. 캐나다는 모든 지표에서 2~4위로 고르게 높은 점수를 받았지만 국회와 정당에 대한 신뢰도가 모두 7위로 상대적으로 낮게 나타났다.

우리나라는 하위권인 15위에 불과한 것으로 나타났다. 국민들의 삶과 직결된 민생법안은 외면한 채 국회를 파행으로 몰고 간 것의 당연한 귀결이지만, 세계 10위권의 우리나라 경제력에 걸맞지 않는 정치 능력이고, 우리나라 전체 종합 국력 순위를 하락시키는 정치 능력을 지니고 있다는 것이다. 특히 정치 시스템의 불안정성과 비효과성(14위), 국회 입법활동의 비효과성(16위), 정치인들을 사회지도자라고 생각하지 않는 것(16위), 그리고 정치인들의 비청렴성(13위)은 시급한 개선이 필요한 문제로 확인되었다. 오히려 정당에 대한 국민의 신뢰도가 G20 국가들 중 8위로 나타난 것이 이상하게 느껴진다. 그 밖에 국회에 대한 국민의 신뢰도는 12위였고, 정치인들의 교육 수준은 9위로 인식되고 있지만, 그들의 국제적 경험 수준은 12위로 국민들로부터 교육 수준에 미치지 못하는 점수를 받았다.

외교란 한 국가가 자국이 원하는 바를 실제로 실현하기 위해 그 나라의 국력을 구성하는 여타 요소 국력을 국제무대에서 실제로 행사하는 행위라고 할 수 있다. 외교력이란 바로 이런 행위를 효과적으로 해 낼 수 있게 하는 한 나라의 힘이다. 외교력이 좋으면 실제 하드웨어적 국력의 크기가 작더라도 국제무대에서 상대를 효과적으로 설득하고 이겨낼 수 있다.

역사적으로 보면, 한반도 주변에 패권적 국제 관계가 형성되었을 때 한반도는 예외 없이 고통을 당했었다. 이런 파국을 미연에 방지하고, 한반도 주변에 평화와 협력, 상생의 국제 관계가 조성되도록 하는 것은 향후 대한민국의 생사가 걸린 대단히 중요한 과제이다. 대한민국의 특수한 지정학적 조건으로부터 야기되고 있는 이런 근본적 제약섬을 고려할 때 외교력은 대한민국 종합 국력 측정에서 매우 중요한 위치를 차지한다.

외교력이 좋다는 것은 '외교 활동의 영향도', 즉 상대 국가를 설득해 지원이나 동의, 양해와 협조를 잘 받아낼 수 있다는 것을 의미한다. 이 연구에서는 외교활동의 영향도를 측정하는 지표로 ① 각국의 UN 분담금 비율, ② 자국민이 기관장으로 있는 주요 국제기구의 수, ③ 해외 원조 금액, ④ UN 상임이사국 여부 등 네 가지를 사용했다. 외교활동의 활성도를 측정하는 지표로는 ⑤ 주요 국제기구들에 해당 국가가 가입하고 있는 기구의 수와 ⑥ 주요 국제기구의 본부가 해당국에 위치하고 있는 기관의 수를 사용했다.

G20 국가들의 외교력을 측정해 본 결과 대한민국의 외교력은 12위로서 중하위권에 속하는 것으로 나타났다. 그리고 외교활동 영향도와 활성도가 각각 11위와 15위로서, 외교활동의 활성도가 영향도를 따라가지 못하는 것으로 나타났다. 종합적으로 전체 1등은 미국, 2위는 프랑스, 3위는 영국이었고, 남아공, 인도네시아, 터키가 각각 18, 19, 20위로 확인되었다.[1)] 2009년과 비교하면, 멕시코, 인도, 사우디의 큰 상승과 이탈리아, 러시아, 터키의 큰 하락이 부각된다. 2009년 14위였던 멕시코는 4위에 올랐으며 2009년 19위였던 인도는 6위로 나타났다. 이들 국가의 외교력 강화는 주요 국제기구의 자국인 기관장 증가와 국제기구 가입 증가에 기인한다. 또한 사우디아라비아는 외교활동의 활성도 지표의 상승으로 인해 2009년 16위에서 8위로 외교력이 크게 강화된 것으로 나타났다. 반면 2009년 6위였던 이탈리아는 외교활동 활성도 지표의 하락으로 인해 13위로 순위가 낮아졌고, 전 부문에서 약화를 보인 스페인은 2009년 10위에서 17위로 하락한 것으로 나타났다.

우리나라의 외교력은 2009년과 동일한 12위였으나 영향도는 13위에서 11위로 소폭 상승한 반면 활성도는 7위에서 12위로 크게 하락한 것으로 나타났다. 2009년 조사에서는 영향도가 활성도에 미치지 못하는 것으로 나타났으나 이 조사에서는 외교활동의 활성도가 영향도에 미치지 못하는 불균형이 발생하고 있는 것으로 나타났다. 즉, 영향도 측정 지표인 주요 국제기구 기관장의 자국인 수는 8위에서 3위로, 해외 원조 금액은 12위에서 8위로 상승했으나 활성도 측정 지표인 주요 국제기구 가입 수는 7위에서 13위로 크게 하락했고, 주요 국제기구 본부 유치 수 순위는 10위에서 9위로 상승했으나 여전히 유치 실적이 '0'인 상태로 나타났다.

---

1) 중국의 순위는 실제보다 하향 측정되었을 개연성이 크다. 상당히 오랜 기간에 걸쳐 중국이 아프리카와 중앙아시아, 동남아시아의 수많은 나라에 막대한 규모의 재정 원조를 했다는 것이 주지의 사실이지만, 관련 자료를 구하기 쉽지 않아 이를 결측치로 처리할 수 밖에 없었다. 만일 중국의 실제 해외 원조 금액을 반영하는 경우 중국의 외교력 순위는 크게 상향될 개연성이 높다.

4 문화력

1) 문화력의 개념과 정의

문화는 인간 상호간의 소통의 핵심이자 인간의 삶의 질과 행복에 큰 영향을 끼치는 유·무형의 환경이자 활동이다. 문화는 인간의 삶과 의식과 밀접한 관계를 형성하고 있다. 그뿐만 아니라 문화는 복지, 지역 교류, 평생교육, 국제외교, 산업 진흥의 필요 조건으로서 우리 사회의 통합과 성장을 위한 중심 동력으로 부각되고 있다. 최근에는 문화의 중요성이 더욱 부각되고 있다. 왜냐하면 문화의 가치는 문화 창의성을 북돋고, 국민 모두가 문화를 누리는 문화복지를 달성하며 각종 사회 갈등을 문화로 치유해 경제·사회·일상의 가치 곳곳에 문화경쟁력을 만들어 이미지를 만들기 때문이다. 따라서 문화의 융성 측면에서 문화력이란, 문화산업·예술·관광·체육 등 문화 분야 역량이 향상되고, 문화 창작의 자유, 문화를 누리는 권리가 확대되며 문화 콘텐츠의 성장 여건을 조성하는 개념의 포함은 물론 다른 사회 분야에 확산되고 발전에 기여하며, 문화의 인적·물적 자원이 창조적 국가 성장이 중요한 동력으로 활용되는 것을 의미한다.

2) 문화력과 종합 국력의 연계성

국력이란 한 국가가 실현코자 하는 것을 실현해 내는 능력을 의미한다. 좀 더 구체적으로는 한 국가가 강제적이든 평화적이든 다양한 설득 수단과 방법을 동원해 다른 나라들로부터 지원과 협력을 얻어 자국의 정책과 전략을 실천에 옮겨 소기의 국가 목표와 비전을 실현해 내는 국가의 능력이라고 정의한다. 문화력과 연계해 나이(Joseph S. Nye, Jr., 2010)는 "지식 분야를 많이 소유한 국가도 연성 권력(soft power) 관점에서 강대국이 될 것이다"고 주장하고 있다. 결국 문화는 그 국가와 그 국민이 갖는 '매력'이고 그것이 곧 국가의 브랜드 파워가 될 것이다. 문화력은 국가와 그 국민이 갖는 매력이고, 국가의 브랜드 파워이다. 또한 보이는 것보다 보이지 않는 부분에서 국가 발전을 결정짓는 주요 변수이다.

3) 해당 세부 지표에 대한 설명

조사는 The Anholt-GFK NBI(2009), PWC Global Entertainment and Media Outlook 2012~2017, Olympic Games London 2012, World Travel & Tourism Council 2013 자료를 적용해 분석했다. 그러나 대부분의 국가가 문화 자체에 대한 포괄적인 조사가 없고, 그 측정 범위도 넓으며, 다르기 때문에 계량화되어 있지 않은 평가 항목이나 자료는 객관적 평가지표로 사용하기 어렵다. 따라서 이 연구에서는 문화체육관광부, 국제경영개발연구원(IMD), 산업정책연구원(IPS), 국가브랜드위원회와 삼성경제연구소 등의 발표와 자료를 분석하고, 위에 제시한 조사 자료를 활용했다. 평가지표는 2009년과 비교를 위해 국가 및 문화호감도, 문화산업(E&M), 체육, 여행 및 관광 분야로 설정해 그대로 적용해 분석했다.

4) 주요 발견

조사 대상 20국 중(사우디아라비아 제외)에서는 미국 2위→1위로, 영국 5위→2위, 일본 10→5위로 상승하고, 중국 1위→10위로, 이탈리아 4위→6위, 프랑스 4위→6위로 추락했으며, 한국은 지난 조사와 같은 13위로 분석되었다. 한국의 경우는 문화산업에서 K-pop과 싸이 등 한류의 영향이 관광경쟁력을 높이는 선순환의 효과와 영향을 받은 것으로 보인다. 조사 대상국의 순위의 변화도 지표 중 문화산업과 여행 및 관광 경쟁력에서의 변동과 차이에 있어 영향을 준 것으로 나타나며, 상호 높은 상관 관계(r=.42)가 있음을 알 수 있다.

한국의 문화력은 13위로 G20 국가 평균에는 미달하지만 지난 조사와 같은 순위로 변동은 없으나 상승 기조에 접어든 것으로 예상되었다. 왜냐하면 문화산업의 경우 3단계 상승했고, 체육과 관광 분야는 선전하는 것으로 나타났으며, 최근 국가의 문화융성정책에 따라 관광 진흥 확대회의 개최로 관광진흥법 마련, 콘텐츠산업 세계 5위 지표 설정, 평창 동계올림픽 개최 등의 국내 여건으로 고려한다면 향후 상승세가 가속화될 것으로 기대된다. 이를 토대로 해서 지속적인 연계 전략이 절실하며 상대적으로 취약한 부문인 국가 및 문화호감도 분야에서 좀 더 전략적인 국가 이미지 노력이 요구된다.

5) 국가전략 및 정책적 함의

문화는 우리 사회의 통합과 성장을 위한 중심 동력이다. 사회가 갖는 문화경쟁력은 국가 이미지의 표출한다는 점에서 우리는 아직 선진국에 비해 상대적은 부족한 부분이 많다. 유럽 대부분의 국가를 포함한 상위 그룹은 비교적 각 분야별로 고른 평가를 받았음을 알 수 있다. 한국의 문화경쟁력은 문화예술 및 콘텐츠산업 분야에 강점을 부각하면서 스포츠 분야와 관광 분야가 선전하고 있다.

문화산업 분야 세계 10위, 스포츠 분야는 런던올림픽 세계 5위, 관광 분야의 국제회의 유치 실적은 세계 6위 등으로 상당한 경쟁력을 보이며 지난 조사와 순위는 13위로 선전하며 가능을 표출했다. 그러나 분야별 편차로 인해 균형 발전을 이루지 못하는 것으로 보인다. 특히 국가에 대한 호감도 17위, 문화에 대한 호감도 18위로 국민과 문화에 대한 호감도에 대한 이미지 개선이 필요하다. 폭력과 분신, 남북의 대치 상황, 갈등이 고조되어 있는 우리 사회의 문제섬은 언세나 사언스럽세 노출되기 때문에 우리 사회의 내부적 변화가 선행되어야 할 것이다.

5 사회자본력

1) 사회자본력의 측정

사회자본력(social capital power)은 한마디로 사람들 간의 관계에서 발생하는 힘 등의 무형자산을 의미한다. 사회자본은 사람들이 서로 만나서 대화하고 행동하는 가운네 빌생하는 신뢰, 사회딘세에의 침여(네드워크), 시회의 규범, 시회구조 등 그 세 네 개의 인간의 사회직 관계를 통힙헌 개념이디(이동원 · 장갑엉 외, 2009). 세계은행에서는 지역사회와 국가 등이 발전되기 위해 사회자본이 형성되어야 한다는 것을 전제로 사회자본에 관한 각종 연구를 지원하고 있다.

세계은행의 「국부는 어디서 창출되나」라는 보고서에 따르면 선진국들은 사회적 자본의 국부 창출 기여도가 81%에 달한다. 석유 · 천연가스 등 자연자본이나 기계 등 돈으로 만들어 내는 자본보다도 사회적 신뢰에서 나오는 사회적 자본에서 국부 중 80% 이상이 창출되고 있다는 분석이다. 반면 한국의 사회적 자본 기여도는 선

표 11-7 문화력

국가명	종합점수 및 순위		해당 국가 국민호감도		해당 국가 문화호감도		문화산업(E&M) 경쟁력지수		체육 경쟁력지수		관광(T&T) 경쟁력지수		순위 비교(연도)	
	지수	순위	점수	순위	점수	순위	점수	순위	점수	순위	점수	순위	2009	2013
아르헨티나	38.06	15	46.58	11	44.06	13	43.97	19	42.53	17	38.70	15	15	15
오스트레일리아	46.90	9	62.89	2	48.48	11	46.48	11	47.02	10	57.89	7	8	9
브라질	41.99	11	52.01	10	47.27	10	47.27	8	44.33	11	42.42	14	12	11
캐나다	47.52	8	65.30	1	47.41	12	47.41	7	42.83	15	59.87	6	7	8
중국	43.27	10	35.71	18	55.02	9	55.02	3	69.98	2	44.01	12	1	10
프랑스	50.11	4	56.04	8	50.22	1	50.22	6	50.01	7	60.50	5	6	4
독일	50.53	3	58.25	5	52.18	4	52.18	4	50.31	6	62.00	1	3	3
인도	37.50	16	44.16	13	45.56	14	45.56	14	42.08	18	37.49	18	16	16
인도네시아	32.50	19	35.71	18	29.63	19	44.47	16	41.93	19	35.97	19	19	19
이탈리아	48.47	6	60.47	3	63.06	2	47.23	9	47.54	8	52.61	10	4	6
일본	50.05	5	58.05	6	55.40	8	60.88	2	47.32	9	57.00	8	10	5
한국	38.99	13	37.72	17	37.14	18	46.72	10	51.28	5	52.87	9	13	13
멕시코	38.91	14	45.77	12	42.59	15	44.99	15	42.68	16	44.14	11	14	14
러시아	41.11	12	41.75	14	55.99	7	45.60	13	59.51	4	38.43	16	11	12
남아프리카	35.28	18	39.13	15	37.58	17	44.19	17	44.03	13	37.91	17	18	18
스페인	48.17	7	58.05	6	57.47	6	45.71	12	44.33	11	61.89	2	9	7
터키	36.48	17	38.32	16	38.91	16	44.16	18	43.06	14	43.81	13	17	17
영국	51.38	2	58.86	4	60.26	3	50.68	5	63.25	3	61.81	3	5	2
미국	58.70	1	55.23	9	59.97	5	87.27	1	75.97	1	60.68	4	2	1

진국의 3분의 1 수준에 불과한 것으로 조사되었다. 이 보고서는 왜 세계 경제 10위권인 한국이 선진국으로 대접을 받지 못하고 있는가를 통계치로 여실히 보여 주고 있다.

이동원・장갑영 외(2009)가 사용한 4개의 사회자본 지표 중 부패와 법치 등의 사회규범과 관련된 지표는 국정관리력 지표와 중복되고, 사회구조 지표 중 정부 역량 역시 국정관리력과 유사한 개념이라 배제하고, 신뢰와 네트워크를 측정했다. 사회자본은 측정하기가 쉽지 않지만, 전 세계 국가를 대상으로 2005년부터 2008년까지 실시한 세계가치조사(World Values Survey) 자료와 정부, 기업, NGO, 그리고 미디어(신문, TV) 등 4개 분야의 기관 신뢰를 설문조사한 에델만 신뢰지수(Edelman Trust Barometer: ETB)를 포함해 조사했다.

신뢰는 ① 이웃 신뢰, 아는 가족 신뢰, 사람 신뢰, 처음 만난 사람에 대한 신뢰, 종교가 다른 사람에 대한 신뢰, 다른 나라 사람에 대한 신뢰 등의 대인 신뢰와 ② 정부, 기업, NGO, 그리고 미디어(신문, TV) 등 4개 분야의 기관 신뢰를 설문조사한 에델만 신뢰지수(ETB)를 이용해 기관 신뢰, ③ 종교나 교회단체, 스포츠 및 레크리에이션, 예술, 음악, 교육문화, 노동단체, 정당, 환경보호단체, 전문가 조직, 인권 혹은 자선단체, 소비자 보호단체 등의 사회단체 가입률로 측정된 사회단체 참여(네트워크)로 측정되었다. 2009년도 조사에서는 WVS의 대인 신뢰와 기관 신뢰만을 사용했으나, 이번 조사에서는 사회단체 참여를 추가하고 WVS의 기관 신뢰를 좀 더 최신 자료인 2012년도판 에델만 신뢰지수(ETB)로 대치했다.

2) 사회자본력의 국가 간 비교

G20 국가를 대상으로 조사된 정부기관 신뢰와 대인 신뢰를 비교하면 다음과 같다. 일본의 대인신뢰도는 응답 수가 적어 조사 결과에서 빠져 제외했다. 사람들 간의 관계를 증진하고 협력을 발생시키는 점에서 정부기관 신뢰와 대인 신뢰 모두 중요한 사회자본력을 구성하는 요소이다. 기관 신뢰가 높다는 것은 한 국가의 국민들이 정부의 리더십을 신뢰하고 국가공동체의 발전을 위해 함께 노력한다는 의미가 있으며, 대인 신뢰는 이전에 네트워크가 없는 사람 간에도 새로운 인간 관계를 설정할 수 있도록 한다는 의미에서 국가공동체 발전에 중요하다.

사회자본력의 경우 2009년도와 비교해 보면 한국은 15위를 유지한 반면, 일본은

10위에서 19위로, 중국은 1위에서 2위로 떨어졌다. 중국의 경우는 기관 신뢰 부문은 1위이나 대인 신뢰(15위)와 사회단체 참여(16위) 분야의 낮은 순위 때문이다. 캐나다는 2위를 유지해 중국과 공동 2위이다.

일반적으로는 소득 수준이 높은 선진국이 사회자본력도 높다. 그러나 사회자본력의 한 지표인 기관 신뢰는 소득 수준이 낮은 후진국이 높다. 한국도 후진국이었을 때 기관 신뢰가 높았다. 한국이나 일본은 소득 수준에 비해 사회자본이 취약한 국가로 분류되어 왔다. 일본의 경우는 기관 신뢰(16위)와 사회단체 참여(15위)의 낮은 순위 때문이다. 인도는 6위에서 1위로, 미국은 그대로 4위이고, 인도네시아가 12위에서 5위로 상승했다. 1위부터 5위까지 상위권 국가들 중 특기할 만한 사항은 인도, 인도네시아, 그리고 중국 등의 국가는 소득 수준이 높은 선진국이 아님에도 불구하고 기관 신뢰와 사회단체 참여(네트워크) 부문에서 모두 높은 점수를 얻어 사회적 자본 상위권 국가가 되었다.

브라질이나 아르헨티나 등의 소득 수준이 낮은 남미 국가들은 전통적으로 사회적 자본이 낮은 국가로 알려져 왔다. 그러나 이탈리아가 13위를 한 이유는 남부 이탈리아에 만연해 있는 불신을 악용한 마피아가 조직 내부의 신뢰는 공고히 한 반면, 다른 집단은 배척했기 때문으로 해석할 수 있다.

한국은 G20 평균인 2.057보다 낮은 1.925로 15위를 차지했다. 인도나 중국처럼 사회적 자본 수준을 높이려면 입법, 사법, 행정부, 경찰, 교회, 그리고 대기업 등의 각종 기관에 대한 신뢰를 높이고 또한 정당, 스포츠, 예술, 음악 등의 각종 사회단체에의 참여율을 높일 필요가 있다.

18개 국가를 대상으로 비교한 대인 신뢰는 다음과 같다. 대인 신뢰 부문에서 12위이다. 대인 신뢰에서는 프랑스가 1위이며, 영국(2위), 캐나다(3위), 호주(4위), 미국(5위)의 순으로 나타났다. 전통적인 서구 자유주의 국가의 대인 신뢰가 높다. 한국은 18개 국가 중에서 10위를 기록하고 있다. 대인 신뢰가 가장 낮은 국가는 멕시코(18위)이며, 브라질(17위), 터키(16위), 중국(15위)이다. 국가의 체제가 안정적이지 못한 곳에서는 대인 신뢰가 낮다는 학자들의 견해를 받아들일 수 있을 것이다.

전반적으로 한국은 가족에 대한 신뢰가 높고, 모르는 사람에 대한 신뢰는 낮은 경향을 보인다. 한국인의 가족 신뢰(3.87)는 터키(3.95)와 스페인(3.90), 러시아(3.91) 다음으로 4위에 해당된다. 이웃 신뢰, 아는 사람 신뢰, 처음 만난 사람 신뢰 모두 18개 국가 중에서 14위, 다른 나라 사람 신뢰는 13위, 종교 다른 사람 신뢰는 11위를 나타내고 있다.

표 11-8 사회자본력

국가명	종합		대인 신뢰		기관 신뢰		네트워크	
	지수	순위	지수	순위	지수	순위	지수	순위
아르헨티나	45.98	14	54.95	6	42.05	15	44.64	13
오스트레일리아	53.37	9	58.94	4	46.51	13	55.89	6
브라질	47.23	12	41.75	17	50.97	7	51.86	9
캐나다	61.05	3	60.00	3	57.22	4	57.58	4
중국	61.05	2	46.60	15	73.28	1	41.32	16
프랑스	54.83	8	62.78	1	50.08	9	45.16	12
독일	49.50	11	50.65	10	50.97	7	44.12	14
인도	66.89	1	51.61	9	65.25	2	76.96	1
인도네시아	56.26	5	49.89	11	57.22	4	57.26	5
이탈리아	46.26	13	47.66	13	47.41	12	45.81	11
일본	25.62	19	17.47	19	38.48	18	41.84	15
한국	44.43	15	48.37	12	43.84	14	46.20	10
멕시코	55.28	7	41.29	18	62.58	3	55.69	7
러시아	36.01	18	47.46	14	34.02	19	38.79	18
사우디아라비아	N/D		N/D		N/D		N/D	
남아프리카	51.89	10	52.72	8	47.63	11	58.82	2
스페인	42.55	16	53.53	7	39.37	16	40.15	17
터키	37.83	17	46.25	16	39.37	16	34.63	19
영국	55.44	6	60.36	2	49.19	10	54.72	8
미국	58.53	4	57.73	5	54.54	6	58.56	3

* 4점 만점: 1 전혀 신뢰 않음/ 2 신뢰 않음/ 3 약간 신뢰/ 4 매우 신뢰
일본의 경우 대인 신뢰 부문의 응답 수가 적어 배제됨, 기관 신뢰도 2013년 자료인 에델만 신뢰지수(ETB)로 대체 사용함.
출처: World Values Survey 2005 Official Data File(www.worldvaluessurvey.org)

제 4 부

각국 정부론

제 12 장 미국 정부조직과 정치행정 시스템

제 1 절 미국 행정조직 구성의 기본 원리

이 장은 미국 행정 체제의 내부와 외부의 구소를 소개하고 설명하는 것을 목적으로 한다. 많은 학자가 미국 행정조직 구성의 기본 원리로 권력분립(separation of powers), 견제와 균형(checks and balances), 연방주의(federalism)를 들고 있다.

권력분립이란 정부 내에 입법부, 행정부, 사법부 간의 기능적인 독립을 갖는 통치구조의 원리로 정부구조로서 의회, 행정부, 사법부 간 권력의 분립은 연방정부뿐 아니라 주정부 차원에서도 적용되고 있다. 권력분립의 원리는 정부조직 간 권한과 역할이 상호 견제와 균형에 의해 이뤄지는 것을 의미하며, 국가에 의한 개인의 자유 침해를 제한하려는 자유주의적 사고에서 유래된 것으로 이해된다. 권력분립 원칙이 의회, 행정부, 사법부 간의 상호 독립을 강조한다면 견제와 균형의 원칙은 입법권, 행정권, 사법권의 행사에서 다른 기관의 일정한 간섭을 제도화해 상호간 견제하도록 하는 원리를 의미한다. 연방주의는 정부가 중앙정부와 지역 또는 분할정부(subdivisional)의 권력 분점으로, 이는 성문헌법이 보장하는 정부 체계를 의미한다. 미국은 건국 초기에 13개 주가 모여 하나의 연방정부를 구성했으며, 연방정부와 주정부 간 권력의 분점을 허용한 이원적 주권 원리(dual sovereignty) 또는 이원적 연방주의라는 특징을 갖고 있다.

중요한 점은 이러한 세 가지 기본 원리의 구체화 방식이 미국의 정치행정의 환경의 변화 아래에서 지속적으로 변모되어 왔다는 사실이다. 행정 체제의 정치 및 정책 과정을 둘러싸고 있는 정치제도적 환경과 맥락이 변화함에 따라 기본 원리에 대한 행위자들의 이해와 이익 추구에 따라 제도들은 상당히 다른 양상이 보이는 것으로 이해할 수 있다.

이런 점을 고려해 여기에서는 미국의 행정 체제와 관련된 제도에 대한 평면적이고 나열적인 소개를 넘어서 행정 체제의 변화의 양상을 보여 주는 데 주안점을 두고자 한다. 제도를 형성하는 행위자들 간의 타협과 갈등과 이에 따른 제도의 변화를 설명하는 데 초점을 두고자 한다. 이를 위한 제도의 구성 요소를 일차적으로 설명하고 이들 간의 상호작용에 따른 제도의 변화의 원인과 쟁점을 정치제도적 맥락과 함께 설명한다. 이를 통해 독자들이 미국의 행정 체제와 정치 체제의 상황과 동태적인 변화의 근원과 패턴을 이해하고 우리나라에 줄 수 있는 시사점을 도출하는 데 기여할 수 있도록 하고자 한다. 아래에서는 미국의 연방정부의 구조 및 변화, 연방행정 체제와 연방 및 주정부와 지방정부와의 관계의 구조와 변화, 연방정부의 대통령 및 행정부와 의회의 관계의 변화를 설명한다.

제 2 절 정치행정 체제: 연방정부의 행정 체제

1 연방정부 행정 체제

미국 헌법 제2조 1절은 행정권은 대통령에게 있으며, 대통령은 법이 성실하게 집행되는지 여부를 감독할 의무를 부여하고 있다. 이러한 규정에 따라 대통령은 부통령과 참모조직, 행정부처를 관리 감독하고 있다.

미국 대통령 하의 연방정부 조직들은 대통령실(executive office of the president), 부처(departments)와 집행기관(executive agencies), 준독립집행기관(quasi-independent executive agencies), 독립규제기관(independent regulatory commissions), 정부공기업(government corporations)의 범주로 구분할 수 있다. 다만 이러한 구분은 절대적인 것은 아니며 경우에 따라 이중적인 지위를 갖는 조직도 있을 수 있다.

대통령실은 대통령의 정치적 및 정책적 목적을 달성할 수 있도록 대통령의 업무

그림 12-1 미국 연방정부의 구조

수행을 보좌하며 대통령의 직접적인 지시를 받으며 각종 업무를 수행한다. 대통령실은 백악관 비서실(White House Office)과 대통령 직속기구로 크게 구분되며, 백악관 비서실 하에 경제자문회의(National Economic Council), 국가안보회의(National Security Advisor) 등이, 직속기구로는 관리예산처(Office of management and Budget), 국가정보부장(Director of National Intelligence), 경제자문단(Council of Economic Advisers), 인사처(Office of Personnel Management), 무역대표부(Office of the U.S. Trade Representative), 환경의 질에 관한 위원회(Council on Environmental Quality), 국가안전보장회의(National Security Council) 등이 있다.

부처는 대통령의 지휘를 받아 의회에서 승인된 정책을 집행하는 부서로서 현재 국무부, 재무부, 국방부, 법무부 등 15개의 부처가 존재한다. 부처들은 산하에 다수의 집행기관을 보유하고 있으며, 이들의 지원을 통해 정책을 집행한다. 예를 들어 농무부 산하에 농산물유통청(Agricultural Marketing Service), 농업서비스청(Farm Service Agency) 등이 있다. 장관(Secretary)은 부처의 수장으로서 각 부처의 정책을 수립하고 업무를 감독하며 대통령에 대해 책임을 진다. 또한 장관은 업무의 분배와 실행을 위한 규칙을 제정할 수 있으며 하부기관에 위임할 수도 있다. 계선조직으로 차관(Under Secretary)을 중심으로 다수의 차관보(Assistant Secretary)가 있으며, 각각 몇 개의 부서(division)와 이를 책임지는 부차관보(Deputy Assistant Secretary)가 있다. 대부분의 부처는 부서명에 업무 영역이 제시되는 경향이 있는데 이의 예외로 국무부는 대외정책의 수립과 집행을 담당하며, 내부무는 국가자원과 유적을 보호하고 인디언자치공동체 관련 업무를 수행한다.

집행기관은 각 부처에 소속되어 장관의 지시에 따라 정책을 집행하는 기관이다. 각 부처는 administration, agency, bureau, office, service 등 다양한 명칭을 가진다. 이들을 전국적으로 지역사무소를 운영하고 정책을 집행한다. 집행기관 중 위원회 형태의 조직은 특정 분야에서 독립적 권한을 인정받지만 기본적으로 각 부처의 산하에서 대통령과 기관장의 지휘를 받는다.

준독립집행기관은 대통령을 포함한 외부의 압력으로부터 기능적으로 자율성을 보장하기 위해 설립된 집행기관이다.[1] 대부분의 경우 의회에 의해 통상적인 법률과 부처조직으로 해결하기에 너무 복잡한 문제를 다루기 위해 설립되는 양상을 보인다. 부처에 속하지 않고 독립적으로 특정한 업무 영역에 대해 특수한 공공 서비스에 대한 책임을 지며 대통령에 직접 보고한다. 대통령의 통제에서 정치적으로 비교적 자유롭게 활동하는 특성이 있다. 업무 영역이 내각부처에 비해 좁고, 규제 기능보다 주로 공공 서비스 제공 기능을 수행하며, 지역 단위로 조직되는 특성이 있다. 대표적인 예로 환경청(Environmental Protection Agency), 중소기업청(Small

1) 미국에서 독립기관(independent establishments, independent agencies)은 용례에 따라 부처에 속하지 않는 행정기관을 의미하기도 하고 대통령과 의회의 통제로부터 벗어난 독립위원회를 의미하기도 한다. 전자의 의미에서 환경청을 독립기관으로 분류하기도 하나 이는 대통령의 직접적 통제로부터 벗어난 독립규제기관을 의미하는 것이 아님을 유의해야 한다. 우리나라에 미국 정부조직에 대한 소개를 하는 글들 중 이를 혼동해 준독립집행기관의 기관장 임명, 지배구조 등에 대해 잘못 서술하고 있는 것이 다수 존재한다. 여기에서는 이러한 혼동을 피하기 위해 준독립집행기관이라는 범주를 사용한다.

Business Administration) 등이 있다.

내각(cabinet)은 15개 부처와 검찰총장, 기타 주요 기관이 대통령에게 자문하는 회의에 대한 관습적인 명칭이다. 이에 대해 헌법이나 법령에 명문 규정이 없으며 구성이나 회의 방식, 절차 등이 대통령의 리더십에 따라 상당히 다르다. 환경보호청장 등 일부 독립집행기관과 대통령비서실장, 관리예산청장, 무역대표부장, 경제자문회의 의장, 유엔대사 등 대통령실의 기관에도 내각 수준의 권한(cabinet level rank)이 부여되어 내각의 구성원으로서 인정된다.

독립행정기관은 행정부 수반으로서의 대통령의 통제를 받지 않는다는 측면에서 독립적인 행정기관이다. 독립행정기관은 5~7명의 위원으로 구성되는 위원회 또는 이사회로 의사 결정이 이뤄지며 공동 의사 결정(collegial decision-making)의 형태를 띤다. 대통령에 의해 임명되는 위원들에 의해 운영되지만 임명 후 대통령으로부터 전적으로 독립되고 보장된 임기(fixed term)를 향유하며 임기는 대토령의 임기보다 긴 경향이 있고 동시에 임명하지 않고 교차적으로 임기가 만료되어 대통령이 모든 위원을 임명하지 못하도록 제도화되어 있다. 또한 위원을 해임될 수 있는 법률적 '원인(cause)'이 있을 경우에만 해임할 수 있다. 위원회의 구성에서 초당파적으로 구성되어야 한다. 법률상 위임된 권한의 범위 내에서 자신의 판단을 전적으로 행사한다는 측면에서 대통령의 영향력으로부터 독립된다.

이 중 독립규제위원회는 공공의 이익을 보호하기 위해 시장의 활동을 규제하는 기관이다. 이들 기관은 규제를 위한 규칙이나 법률을 제정하거나 집행하고 규제에 관해 발생하는 분쟁을 조정하거나 판단하는 등 입법, 행정, 사법의 기능을 모두 담당하기도 한다. 이 기관들은 주로 국가의 경제 규제를 담당하고 있으며, 입법부·사법부·행정부로부터 독립되어 구성된다. 독립규제기관의 집행부는 여러 명의 위원으로 구성된 이사회로 구성되며, 대통령이 임의로 해임할 수 없도록 함으로써 자율성과 독립성을 보장받고 있다. 대표적인 독립규제기관은 연방준비제도이사회(Board of Governors of the Federal Reservce System), 연방통신위원회(Federal Communications Commission: FCC), 증권거래위원회(Securities and Exchange Commision: SEC) 등이다.

정부공기업은 민간기업 형식의 기관으로 영업성이 강하고 수익을 창출하며 독립채산제와 자율적인 인사 체계를 갖는 공기업을 말한다. 공기업은 다양한 분야에서 설립되어 운영되고 있는데, 경영의 자율성을 보장하기 위해 중립적으로 구성되며 임기가 보장되는 이사회(board)나 위원회(commission)에 의해 운영된다. 대표적으로 우정공사(US Postal Service), 연방예금보호공사(Federal Deposit Insurance Corporation: FDIC), 전국철도공사(National Railroad Passenger Corporation), 공영방송공사(Public Broadcasting Corporation)이 있다.

2 연방행정 체제 구성과 견제와 균형 원리

미국 연방정부는 우리나라와 같은 단일한 정부조직법이 없으며 행정각부 및 집행기관들의 개별 설립 근거법이 미국법전(United States Code: USC)에 흩어져 있다.

연방정부의 구성에 대해 대통령의 임명 권한은 상당히 넓으며, 연방공무원의 임명은 대부분 대통령이 상원의 동의를 얻어 행사한다. 연방의회가 상원의 동의가 없어도 된다고 규정하거나 법원이나 각부 장관에게 임명권을 부여할 수 있다고 규정하는 경우에는 대통령이나 책임자들이 임명한다. 이러한 법제도에 따라 대통령은 각부 장관, 대사, 대법관 등 3,000명 이상의 고위직 관료를 상원의 인준을 전제로 임명할 수 있다. 공무원의 해임과 관련해 법률에 규정되어 있지 않는 한 대통령이 임명 권한을 가지는 공무원은 대통령이 해임 권한도 가지는 것으로 해석된다.

대통령실은 루스벨트 대통령의 브라운로위원회(Brownlow Committee)의 제안에 따라 설립된 이래 조직 구성에서 대통령의 광범위한 자율성이 인정되었다. 다만 대통령실의 관리예산처, 경제자문위원회, 안전보장위원회, 무역대표부 등은 관습적으로 항구적인 조직으로 인정된다. 이외의 부서는 비교적 자주 개편된다.

백악관 비서실은 좀 더 대통령의 자의적인 조직 운영이 인정된다. 대통령실과 백악관 비서실을 총책임지는 대통령 비서실장(Chief of Staff)을 중심으로 대통령의 필요에 따라 정책 개발 및 조정의 역할을 수행한다. 대통령은 언제든 이들의 임명과 해임을 할 수 있으며 조직재설계를 명할 수 있다. 조직 운영에서도 대통령 비서실장에 관리책임을 위임하거나 다수의 부서장, 비서, 스태프와 직접적으로 지시하거나 보고받는 등 상이한 관리 스타일을 가질 수 있다.

연방정부 부처조직, 준독립집행기관은 구성과 운영 면에서 독립규제위원회와 정부공기업과 상당히 다른 양상을 띤다. 부처조직, 집행기관 및 준독립집행기관의 경우 주요 권한과 조직이 법률에 규정되며, 기관장의 선임도 상원의 인준이라는 형식으로 의회의 간섭을 받는다. 이는 의회에 의한 행정에 대한 견제 및 균형의 제도라고 할 수 있다. 관리자급의 공무원들은 직업공무원으로서 기관장에 의한 인사가 이뤄지며 조직구조도 법률의 위임을 받은 대통령령이나 기타 법규로서 비교적 용이하게 대통령의 의지에 따라 변화될 수 있다. 부처 산하의 집행기관의 경우 법률에 설립 근거가 있는 기관이 대부분이나 일부 기관은 수권법안(authorization bill)이나 세출법안(appropriation bill)만 있고, 조직 설립 근거가 법률이 아닌 경우도 있다. 이 경우 대통령은 의회의 견제와 간섭 없이 비교적 용이하게 이 조직을 통폐합할 수 있다.

반면 독립규제위원회의 경우 임명 시 상원의 인준을 받으며 임명된 시점으로부터 고정된 임기를 보장받기 때문에 대통령은 자의적으로 해임할 수 없다. 위원의 임기는 연방준비위원회가 14년, 소비자보호원 6년 등 대통령에 비해 상당히 오랜 기간이며, 이에 따라 대통령이 의사가 반영되기 어려우며 사실상 독립적인 정책결정이 이뤄진다. 이 경우 대통령과 의회와 전문가 및 공무원의 의사가 상호 견제하는 가운데 조직이 구성되고 운영된다고 이해할 수 있다.

전반적으로 대통령의 조직에 대한 영향력은 대통령실, 부처, 준독립행정기관, 독립위원회, 공기업의 순으로 이해되고 있다. 대통령과 의회가 행정 수요에 따라 새로운 행정조직을 설립할 때 각자의 정치적 이해 득실과 영향력 행사 가능성에 따라 행정조직의 유형을 선택하게 된다(Lewis, 2003).

대통령이나 의회에 정부조직을 전체적으로 평가하고 전면적으로 재설계해서 조직할 수 있는 권한에 대해 제도적인 변천이 있어 왔다. 먼저 대통령의 행정조직개편안은 미국 정치사에서 1939년 루스벨트 대통령의 정부재조직법안(The Reorganization Act)에 의해 도입되었다. 이때부터 대통령은 행정부의 수반으로서 행정부조직에 대해 포괄적인 권한을 갖고 있는 것으로 인정되었고, 의회는 대통령이 제출한 정부재조직법안에 대해 입법적 거부권을 행사할 수 있는 것으로 인정되었다. 이는 기존에 미국 연방정부의 조직 개편에 관한 대통령의 제안 권한에 대해 명문화된 것으로 당시 정치인들에게 거부감 없이 받아들여졌다. 일단 이러한 법제도에 의해 대통령들은 지속적으로 연방행정정부의 개편을 추구했다. 법적 명문화가 20세기 초에 형성된 후 대통령들은 비교적 용이하게 행정조직 개혁안 수립에 착수할 수 있었고, 이에 따라 대통령들의 의지에 따라 전면적인 행정조직 개편안(Reorganization Plan)이 의회에 제출될 수 있었다. 반면 행정부의 법률안 제출권을 원칙

표 12-1 독립행정기관의 이사 및 위원 임기

기관명	임기
Federal Reserve Board	14년
Consumer Product Safety Commision	6년
Equal Employment Opportunity Commision	5년
Federal Communications Commision	7년
Federal Deposit Insurance Corporation	6년
Federal Energy Regulatory Commission	5년
Federal maritime Commision	5년
Federal Trade Commision	7년
National Labor Relations Board	5년
National Science Foundation	6년
Securities and Exchange Commission	5년
Tennessee Valley Authority	9년

적으로 인정하지 않는 미국 통치구조에서는 이에 대해 논란이 되어 1983년에 연방대법원에 의해 위헌 판결을 받아 대통령에 대한 정부재조직에 대한 권한 위임이 더 이상 인정되지 않고 의회의 배타적인 권리로 선언되었다. 이에 따라 이 시기 이후 대통령은 행정조직 개편보다는 행정 업무 과정에 대한 개선안을 제안하는 형태의 행정개혁을 추진하게 된다. 이는 행정조직 개편 제안 권한의 귀속에 관한 법적 규율이 대통령과 의회 간의 관계에 구조적인 요소로서 작용한 것으로 이해할 수 있다.

반대로 의회도 연방행정 체제에 대해 포괄적인 점검 및 감독을 위해 연방행정조직책임성 및 평가위원회(Commission on the Accountability and Review of Federal Agencies: CARFA)를 설립하는 계획을 추진하기도 했다. 이 위원회는 대통령이 일부 보유하고 있던 일부 행정기관에 대한 설립, 통폐합 등에 대한 권한까지도 의회가 감독하고자 하는 것으로 의회의 견제와 간섭의 폭을 확대하고자 하는 시도이다. 이 계획은 행정권에 대한 존중 및 견제와 균형의 폭에 대한 의원들의 상이한 이해로 실현되지 못했다.

3 연방행정 체제 변동의 정치 과정

1) 연방행정조직의 변동

미국 연방정부는 독립 이후 지속적으로 변화되어 왔다. 1930년대 이래 미국의 행정개혁위원회들이 제안한 행정개혁안들은 행정부에 의해 즉각적으로 반영되지는 못했어도 개혁안 중 타당성 있는 제안들이 이후 행정부에 의해 제도화되는 특징을 보인다. 예를 들어 대통령의 조직 개편 권한은 제안된 지 8년 만에 의회에 의해 부여되어 브라운로위원회에서 활용되었다. 인사제도의 하나인 고위공무원단은 2차 후버위원회가 고위공무원단에 관한 권고를 한 지 20년 후에 카터 행정부에 의해 창설되었다. 행정개혁안 중 조직개편안의 경우도 일부 내용이 이후의 행정부에서 실현되어 대통령실의 조직과 행정부 조직을 변화시켰다.

행정 체제 중 부처조직을 먼저 살펴보면, 연방정부 내각은 초기에 국무부, 재무부, 전쟁부로 구성되었으며, 세금 징수, 우정 업무, 국방 등의 한정된 기능만을 수행했다. 미국의 경제 성장에 따라 행정 수요가 증대됨에 따라 행정조직 및 인력이 확충되어 연방정부의 규모가 점차 확대되었으며, 1960년대와 1970년대 빈곤, 환경, 주택, 교육 인권, 에너지, 소비자 보호 등의 문제가 대두되면서 관련 부처의 설립 필요성이 제기되었다. 존슨 대통령은 위대한 사회(Great Society) 정책을 추진해 빈곤 퇴치 및 경제 발전, 환경, 에너지 분야 등에서 새로운 사회적 수요가 창출되며 새로운 기능을 담당할 정부조직의 필요성은 늘어갔다. 이에 따라 1965년 주택도시개발부가 설립되고 이어 1966년에 교통부, 1978년에 에너지부가 설립되었다. 2001년 9월 11일 세계무역센터 테러사건으로 미국 내 대테러 기능을 전문적이고 독립적으로 담당할 부처의 필요성이 생겼고, 이에 따라 테러 방지와 시민 안전 보장을 주요 목적으로 2002년 국내안전부가 신설되었다. 전반적으로 볼 때 연방행정 체제에서 부처조직 개편은 빈번하지 않으며 신설된 조직이 오랜 기간 동안 폐지되지 않고 지속되는 특성을 보인다. 특히 1960년대 이후로 부처조직 개편은 4건에 불과할 정도로 안정적으로 정부조직이 유지되는 모습을 볼 수 있다.

이에 비해 대통령실, 부처, 준독립행정기관, 독립위원회의 경우 빈번한 변화가 관찰된다. 대통령실의 경우 새로운 행정부가 들어서면 새로운 대통령의 정책 우선

표 12-2 연방행정 체제 개혁을 위한 주요 위원회와 개편 결과

	대통령	위원회 명칭	의장	연도	조직 개편 결과
대통령의 행정조직 개편 권한 보유기	Roosevelt	브라운로 위원회	Louis Brownlow	1936	대통령실 신설, 대통령의 기관 관리 권한 강화
	Truman	제1차 후버위원회	Herbert Hoover	1947~1949	대통령실 강화, 대통령의 기관 관리 권한 강화
	Eisenhower	제2차 후버위원회	Herbert Hoover	1953~1955	보건교육복지부 신설
	Nixon	애쉬위원회	Roy Ash	1971	예산국이 관리예산처(OMB)로 변화, 환경부 신설
	Reagan	그레이스위원회	J. Peter Grace	1982	미미한 청 단위 조직 개편
의회의 행정조직 개편 권한 보유기	Clinton	국가성과 리뷰	Al Gore Jr.	1993	특이 사항 없음, 미미한 청 단위 조직 개편
	Bush	N/A	N/A	2003	국토안전부 신설

순위에 따라 조직구조가 변화된다. 1930년대 루스벨트 대통령은 그를 보좌하기 위한 비서실과 예산국 등 참모기구의 확대를 추구했고, 닉슨 대통령은 예산관리처(OMB)를 설치했다. 부시 대통령은 종교단체복지사업청(Office of Faith-Based and Community Initiative)을, 오바마 대통령의 경우 사회개혁 및 시민참여청(Office of Social Innovation and Civic Participation)을 대통령실에 신설했다. 의회에 의해 설립된 부처 산하의 집행기관과 준독립집행기관도 신설 및 통폐합이 빈번하다. 루이스(Lewis, 2003)의 United States Government Manual(USGM) 분석에 따르면, 1946년 이후 1997년에 기간에 매년 평균 5개 이상의 새로운 행정청이 신설되거나 통폐합되었다. 대통령령에 의해 조직되는 부처의 경우도 대통령의 의사에 따라 상당히 빈번한 변동의 양상을 보인다.

요약하면, 미국의 연방행정 체제는 내각 및 부처조직의 경우 매우 안정적이고 지속적이며 균형이 지속되는 특징이 있는 반면 이외의 집행기관의 경우 행정 수요의 변화와 대통령의 정치적 우선순위에 따라 비교적 빈번하게 변화되어 온 특징이 있다.[2)]

표 12-3 연방정부 부처의 설립 및 조직 개편 연혁

부처명	설립 및 통폐합 연도
국무부(Department of State)	1789년
재무부(Department of Treasury)	1789년
전쟁부(Department of War)	1789년 설립, 1947년 국방부에 통합
해군부(Department of Navy)	1789년 설립, 1947년 국방부에 통합
내무부(Department of Interior)	1849년
법무부(Department of Justice)	1870년
체신부(Department of Post Office)	1872년 설립, 1971년 공기업화
농무부(Department of Agriculture)	1862년 준독립기관으로 설립 1889년 부처화
상무노동부(Department of Commerce and Labor)	1903년 설립, 1913년 상무부와 노동부로 분리
상무부(Department of Commerce)	1913년
노동부(Department of Labor)	1913년
국방부(Department of Defense)	1947년
보건교육복지부(Department of Health, Education and Welfare)	1953년 설립, 1979년 보건복지부와 교육부로 분리
주택 및 도시개발부(Department of Housing and Urban Development)	1965년
교통부(Department of Transportation)	1966년
에너지부(Department of Energy)	1977년
보건복지부(Department of Health and Human Services)	1979년
교육부(Department of Education)	1979년
재향군인부(Department of Veterans Affairs)	1980년
국토안보부 (Department of Homeland Security)	2002년

2) 흔히 우리나라 언론에서 우리나라의 경우 대통령선거 후 주기적으로 중앙정부 조직개편이 이뤄지는데 비해 미국은 행정조직 개편이 거의 없다고 지적되고 있으나 이는 미국 연방정부가 부처조직만이 아니라 다른 유형의 조직 형태로 구성된다는 점을 인지하지 못한 오해에서 나온 주장이다. 미국의 경우도 내각부처의 변동만 없을 뿐 새로운 대통령이 당선될 때마다 행정 체제는 주기적으로 변동해 왔다.

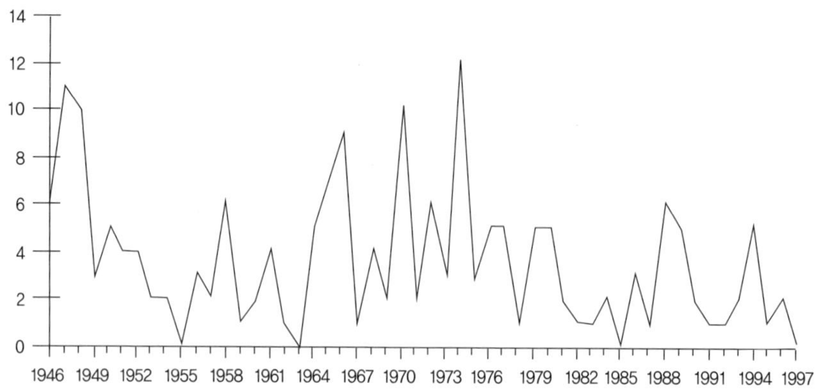

그림 12-2 법률에 의해 신설된 행정청의 수

출처: Lewis(2003: 43).

2) 연방행정조직 변동과 견제와 균형

이러한 연방행정 체제의 변화는 대통령과 의회의 권력분립과 상호작용, 견제와 간섭의 균형을 이룬 모습으로 이해할 수 있다. 대통령의 직접적인 통제 하에 있는 내각 및 부처에 대해서는 의회의 강한 통제를 허용하는 반면 대통령과 의회에 비교적 독립적인 조직의 경우 행정 수요에 맞게 지속적으로 개선될 수 있는 여지를 허용한 결과로 판단된다.

전반적으로 미국의 통치구조적 환경은 대통령과 대등한 의회의 권력, 집권당을 견제하는 강한 야당의 존재, 분권화된 의회의 의사 결정 과정이라는 특징을 가지며, 정치적 의사 결정 권한이 다수인에 의해 분점되어 있어 행정 체제 변화를 이끌어 내기 어려운 구조이며, 이러한 조건들이 의회의 통제 하에 있는 행정조직 개편이 어려웠던 원인이라고 할 수 있다. 반면 의회와 대통령의 대립에 따라 정치적 타협에 의해 기타의 조직은 빈번하게 변화해 온 것으로 해석할 수 있다.

행정 체제 변화의 요인으로는 정당의 이념적 지향, 대통령의 리더십, 대통령과 의회와의 관계를 들 수 있다. 과거 의회 내 다수당이나 대통령 교체에 의해 행정 체제 개편이 착수되었다. 새로운 정당이 권력을 얻을 때 그 정당의 이념적 지향에 따라 행정조직 개편을 할 인센티브가 있다. 또한 행정조직 개편에 대한 시도는 대통령의 정치적인 지지도가 높을 때, 대통령의 개혁 의지 및 리더십에 영향을 받는다. 대통령이 자신의 개혁안에 대한 신념과 개혁안 입법화에 대한 충분한 자신감을 가진 상태에서 행정 체제 개편안을 제안할 수 있을 것이다. 이는 정치적 지형에서 대통령에 대한 지지도가 높을 때 가능할 것으로 예상할 수 있다. 더불어 대통령제 하에서 행정부 수반인 대통령과 의회의 다수당이 다른 분점정부가 상당히 오랜 기간 유지되는 현상이 나타나는데, 분점정부인 경우 행정조직 변동의 어려워질 것이며 또는 분점의 정도가 커질수록 행정조직 변동이 일어날 가능성이 적어질 것이다.[3)]

요약하면, 미국의 연방행정 체제의 경우 안정적인 부처조직과 지속적으로 변화하는 기타 행정기관의 안정과 변화가 동시에 유지되며 이는 권력분립과 견제와 균형이라는 원칙에 따라 대통령과 의회의 지도자들의 적극적인 정치적 이익을 추구하는 정치 과성에서 도출된 정치적 산물로 행정 체제 개편이 이뤄지는 것으로 보인다.

제3절 정치행정 체제: 연방정부와 주 및 지방정부 간 관계

1 주정부 및 지방정부 행정 체계

1) 주정부 조직

미국의 연방국가로서 연방정부와 주정부는 주권을 나눠 행사하며 한 정부기관은 다른 기관의 권한을 침해할 수 없고 주정부는 연방의 틀 안에서 독자적인 권한을 행사한다. 주정부는 입법, 행정, 사법권을 보유하고 있으며 이는 미국 헌법에 규정되어 있다(미국 헌법 제4조 4항, 제5조, 수정헌법 제14조). 연방정부는 법률에 근거한 위임(mandate)과 보조금(subsidy)과 같은 재정적인 수단으로 주정부, 지방정부에 대한 영향력을 행사할 수 있으나 기본적으로는 헌법이 규정하고 있는 바와 같이 독

3) 정치적으로도 역대 행정부는 대통령이 속한 정당(presidential party) 혹은 대통령을 지지하는 정당이 의회에서 다수파가 아닌 경우로 분점정부(divided government)가 된 경우가 다수였다. 단점정부(unified government) 하에 행정부의 수반인 대통령이 소속한 정당이 국회에서 다수당을 차지하는 경우는 적었으며 이는 유권자들이 정치 권력의 통합에 대한 불안감과 상호 견제에 대한 선호에 따른 현상으로 평가된다.

표 12-4 연방정부와 주정부의 헌법상 권한

	연방정부	연방정부와 주정부(공유)	주정부
헌법에 의해 인정된 권력	조폐 외교 주간 통상규제 조세 부과, 징수 선전포고 군대 양성, 지원 우체국 설치 운영 하급법원 설치	조세 부과 및 징수 채무 부담 법률 제정 및 집행 법원 설치 일반 사회복지 제공 은행 및 회사의 설립	주내 통상 규제 선거관리 공중보건, 안전, 도덕 증진 지방자치단체 설립 헌법 수정 비준 주방위군 설치
헌법에 의해 금지된 권력	주의 연방 가입 승인 주간 거래에 대한 관세 권리장전 침해 주 경계 변경	작위나 귀족 칭호 부여 노예제도 도입 투표권 제한	관세 부과 조폐 조약 체결 계약 의무의 손상 시민의 특권 및 면제권 침해 법률에 의한 적정 절차와 동등한 보호의 위반

출처: 함성득(2002).

립적인 관계로 그 역할에서 고유한 권한을 보유하고 있다.

주정부는 자유로운 정부 형태를 선택할 수 있고, 주헌법의 제정을 통해 삼권분립 체계를 갖추고 있으며, 미국의 각 주정부의 행정 체계와 권한의 배분은 주 헌법 및 법률에 따라 상당히 다르며 연방정부의 행정 체계와도 상당히 다르다.[4] 대표적인 예로 캘리포니아 주의 행정 체계를 살펴보면 주정부의 행정 체제는 [그림 12-3]과 같으며 캘리포니아 주지사는 예산 편성 및 제출권, 예산 품목 개별 항목에 대한 거부권이 있으나 정부조직 개편안(reorganization plan) 작성 및 제출 권한은 없다.

2) 지방정부 조직

미국의 지방정부는 다섯 가지 기본 유형으로 일반적인 목적의 정부 단위로서 일련의 공공 서비스를 제공하기 위한 카운티(counties), 시(municipalities) 및 타운십(townships)과 제한된 특수 목표를 위한 행정조직으로 학군(school districts) 및 특수

4) 최근 미국 주정부의 헌법의 주요 내용과 개정안의 내용을 *The Book of the States*에서 참조할 수 있다(http://knowledgecenter.csg.org/kc/content/book-states-2010-chapter-1-state-constitutions).

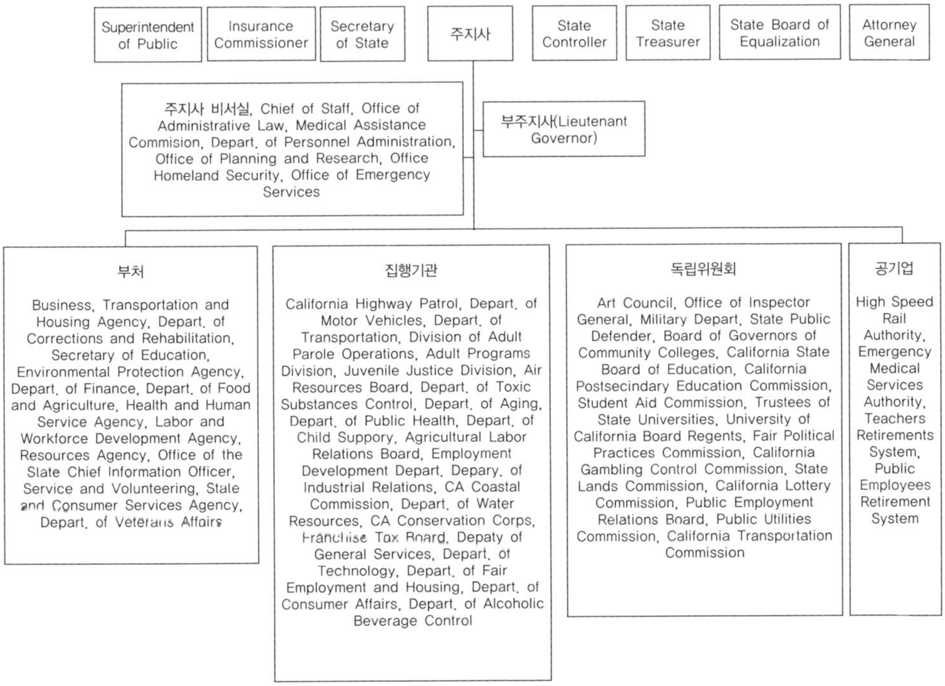

그림 12-3 미국 캘리포니아 주정부 구조

구(special districts)가 있다.5)

일반적으로 미국의 주는 카운티(counties)로 구분된다. 보통 조세, 사용자 부담금, 정부간 이전재원을 주요 세원으로 확보하며, 다양한 공공 서비스를 제공한다. 시(municipalities)는 주별로 다양한 규모로 구성되어 있다. 시 외곽에 거주하는 주민들은 대체로 카운티 혹은 타운십(townships)으로부터 공공 서비스를 제공받는다. 미국 내 초중등 교육은 대부분 단일 목적의 학군(school districts)을 통해 이뤄지며, 학군은 지방에서 선출된 개인들로 구성된 독립된 이사회에 의해 운영된다. 이들 이사회는 조세 징수, 정부 간 이전재원 등을 통해 초중등 교육 서비스를 제공, 운영한다. 특수사시구(special districts)는 개별 혹은 제한된 규모의 서비스를 제공하기 위해 개별 주의 법에 근거해 승인된 행정 체계이다. 이들 지방정부는 상당한 행정적·재정적 자율성을 확보하며, 다른 지방정부들로부터 독립적으로 권한을 행사

5) 단 Washington D.C.는 미국의 수도 지역으로서 다른 주 및 지방정부와는 다른 특수행정구역으로 간주된다.

표 12-5 미국의 지방정부 유형 및 현황

지방정부	1962	1992	2002	2012
카운티(counties)	3,043	3,043	3,034	3,031
시(municipalities)	17,997	19,279	19,429	19,522
타운십(townships)	17,144	16,656	16,504	16,364
학군(school districts)	34,678	14,422	13,506	12,884
특수자치구(special districts)	18,323	31,555	35,052	37,203
합계	91,185	84,955	87,525	89,004

출처: US Census Bureau.

한다.

주정부와 지방정부와의 관계는 연방정부와 주정부의 관계와는 달리 상하 관계로 제도화되어 있다. 지방정부는 헌법에 독자적인 조직으로 규정되어 있지 않고, 주정부는 지방정부에 주(州)의 정책 목표를 이행하도록 강제할 수 있는 다양한 법적 및 정책적 수단을 보유하고 있으며, 지방정부의 신설과 폐지, 형태 결정, 자치권의 범위 설정에 관한 권한도 행사하고 있다.

표 12-6 미국 주 및 지방정부의 세입 항목 및 규모(2007~2008) (단위: 백만 달러)

	2007	2008
Revenue	3,072,645	2,660,475
From Federal Government	467,949	481,380
Public welfare	237,220	247,325
Highways	36,295	37,187
Education	79,514	80,647
Health and Hospitals	24,555	25,976
Housing and community development	32,766	34,952
Other and unallocable	57,599	55,293
From State and Local sources	2,604,695	2,179,095
General(Tax and Charges)	1,867,945	1,944,398
Taxes	1,283,283	1,330,412
Property	389,573	409,686
Sales and Gross Receipts	439,586	448,689
Individual Income	289,827	304,627
Corporation Net Income	60,592	57,810

Other	103,705	109,601
Charges and Miscellaneous	584,662	613,987
Utility and Liquor Stores	141,234	146,385
Water Supply System	43,652	45,418
Electric Power System	70,494	72,669
Gas Supply System	8,698	8,930
Transit System	11,568	12,125
Liquor Stores	6,823	7,243
Insurance Trust Revenue	595,516	88,312
Employee Retirement	532,154	26,273
Unemployment Compensation	34,186	34,489

출처: US Census Bureau Government - Compendium of Government Finances.

3) 재정연방주의

미국 정부의 총세입(연방정부, 주정부, 지방정부)은 3.8조 달러로 연방정부의 세입이 2011년 예산 내(on-budget) 세입과 예산 외(off-budget) 세입을 합해 2.3조 달러, 주, 지방정부 세입이 1.5조 달러이다. 미국 정부의 총 세출은 2011년 기준 5.3조 달러, 연방정부의 자체세출이 3.6조 달러, 주정부 세출이 1.7조 달러이며, 여기에는 연방정부의 보조금(federal grants) 0.51조 달러가 포함되며, 세출 규모는 2011년 기준 GDP 대비 약 25.5%가 된다.

미국 주 및 지방정부는 그들 고유의 조세 책정 및 징수 권한을 가지고 그들 재원의 상당 부분을 확보한다. 국가 차원에서 주정부의 일반 재정소득은 70% 이상을 고유 사세재원으로 충당하며, 지방정부 또한 이들 재정소득의 60%를 자체 충당한다. 대표적으로 재산세는 지방정부들의 주요 소득원이며, 개인 소득세 및 사업세 등을 통해 지방정부의 주요 재원을 소달, 확보한다. 그러나 모든 지방정부에서 이와 같은 조세 징수할 수 있는 권한을 가진 것은 아니다.

미국 연방보조금에서 복지 지출에 해당하는 보건과 소득 보상 부문이 1990년 연방보조금 전체의 약 60%를 차지했는데, 2000년에 약 68%로 증가, 2011년에도 유사한 수준을 보이고 있다. 보건과 소득 보장 이외에는 교통, 지역 발전, 교육 및 고용 분야가 이들 내 중요한 세출 분야로서 2011년 전체 보조금의 10.1%, 3.3%, 14.7%가량을 각각 차지했다.

2 연방주의의 변화

미국의 연방주의도 고정된 구조가 아니라 지속적으로 변화되어 왔다. 먼저 초기 헌법 제정부터 1932년 루스벨트 대통령 등장까지의 이원적 연방주의(dual federalism)의 시기에는 연방정부가 헌법에 규정된 권한의 범위 내에서 제한된 기능만을 수행한 반면, 주정부는 고도의 독립성을 유지하는 것을 이상으로 여겼다. 많은 사람이 연방 및 주정부의 책임과 역할이 구분되며 각 정부가 자신이 가지는 권한 영역에서 동등하게 주권을 가지는 것으로 보았다.

1960년대까지는 협력적 연방주의(cooperative federalism) 시기로, 연방정부는 사회정책, 경제정책, 규제정책 등에서 역할을 하고, 종전에 주정부가 독점했던 영역인 고속도로, 의료부조, 부양아동 원조, 고용 등의 분야에 적극적으로 진출했다. 협력적 연방주의는 연방, 주, 지방정부가 경쟁적이기보다 협력적으로 공동의 문제를 해결하는 역할을 강조하고 연방정부, 주정부, 지방정부가 재정을 공유하는 보조금 제도가 적극적으로 활용되었다. 국가적 목적을 위해 연방정부는 보조금을 주정부와 지방정부에 제공하고 주정부 및 지방정부와 협력해 사회복지, 국가 기반시설의 발전을 추진했다.

1960년부터 1980년대 시기는 포섭적 연방주의(cooptive federalism)로 연방정부가 우월적 위치를 확고히 하여 종전에 주정부에 귀속되었던 권한을 흡수하고자 노력했다. 연방정부가 좀 더 적극적인 사회적 이념을 주도했고 존슨 대통령 이후 위대한 사회(Great Society) 정책을 추진하기 위해 모든 수준의 정부 간의 공동 계획 및 정책 결정과 집행을 추구했다. 연방정부는 보조금으로 주정부와 지방정부에 직접 제공해 연방정부가 추구하는 사회적 이념을 보수적인 지역의 주정부 및 지방정부가 따르도록 적극적으로 유도했다.

1980년대 이후는 신연방주의(new federalism) 시기로서, 레이건 대통령 이후 연방정부의 권력을 주정부로 되돌려주려는 시도가 이뤄졌다. 연방정부의 보조금을 유지하면서 권한과 책임을 주정부에 되돌려 주려는 시도이다. 동시에 주정부 및 지방정부가 세원(稅源) 공유를 통해 더 많은 재량권을 행사할 수 있도록 제도화하는 노력이다.

3 연방주의의 최근 이슈: 비재정 지원 위임

1) 의의

비재정 지원 위임(Unfunded Mandates)은 미국에서 주, 지방정부 및 민간 부문에 대해 규제 또는 법 조항을 통해 재정 지원을 하지 않은 상태에서 각종 책임, 조치, 절차 등을 강제적으로 부과하는 위임이자 명령을 말한다. 미국 연방정부는 법령과 재정정책을 통해 재원은 지원하지 않으면서 지방정부로 하여금 특정한 서비스를 제공하도록 요구해 왔다. 1957년 인권법, 1964년 인권법, 1965년 투표권법 등을 시작으로 국가 차원에서 교육, 정신건강, 환경보호 프로그램들을 주, 지방정부가 수행하도록 하고 이를 위해 일부분만의 재원을 보소금 형식으로 연방정부가 제공했다. 이러한 제도적 상황에서 연방정부의 위임이 더욱 늘어나면서 지방정부의 재정적 부담이 나타나기 시작했다.

비재정 지원 위임은 일반적으로 인권, 빈곤 해소 프로그램 및 환경 보호를 위한 규제에 적용된다. 대기오염방지법(Clean Air Act)을 살펴보면, 이 법률은 1970년 개정되어 국가 대기환경의 표준을 제정하고, 주정부가 이 같은 환경관리 표준을 달성하는 계획들을 수행하도록 요구했다. 이를 통해 연방정부의 환경관리에 대한 집행 권한이 늘어나고 운송 수단의 배출 통제를 위한 요건을 재가하게 되었다. 동시에 주정부는 이 같은 이행관리를 위한 목표를 작성하고 이를 EPA로부터 승인을 받아야 하며, 이를 위해 재정 지출을 부담해야 했다. 또 다른 예로 의료부조(Medicaid)는 저소득층 가정과 특정 의료보건 필요를 가지는 집단을 위해 제공되는 미국 내 의료보건 프로그램이다. 이들의 재정 지원은 연방정부와 주정부에 의해 동시에 이뤄지나, 주정부가 이들 프로그램을 집행, 운영한다. 연방정부의 재정 지원은 의료부조 비용의 절반가량을 부담하고, 나머지 비용은 주정부가 지불하도록 한다. 의료부조 비용에서 연방 위임의 증가는 결과적으로 주정부의 재정 지출을 더욱 증가시키는 요인이 된다.

이러한 재원 없는 업무 위임이 늘어나면서 점차 중앙정부의 권한을 강화되었으며, 이는 연방정부가 법령을 통해 지방정부에 추가적인 통제를 행사하고 있는 것으로 볼 수 있다. 이 같은 비재정 지원 위임은 지방정부의 효율적인 지방공공 서비스 공급을 저해함으로써 비효율적일 뿐만 아니라, 상대적으로 하위 정부들에게 국가 정부의 부당한 시행을 강제하는 것일 수 있다. 이러한 비재정 지원 위임을 둘러싼 이슈는 현재 우리나라 중앙정부와 지자체 사이에 벌어지고 있는 위임사무에 대한 국고보조금 배분 논쟁과 매우 유사한 논의 구조를 갖고 있는 것으로 보인다.

2) 비재정지원위임개혁법

비재정 지원 위임에 대한 위헌성 논의는 합헌적인 것으로 판단되었다.[6] 그러나 많은 경우 주정부, 지방정부와 재정학자들은 연방의 위임의 목표를 수행하기 위해 지방정부가 부담해야 하는 재정적 부담 때문에 비재정 지원 위임의 확대에 반대 입장을 취했고, 이런 배경에서 비재정지원위임개혁법(Unfunded Mandates Reform Act: UMRA 이하 UMRA)이 1995년 제정되었다.[7]

비재정지원위임개혁법은 ① 미래의 비재정 지원 위임에 관한 의회 절차의 합리적 개정, ② 연방기관의 규제 조치에 대한 새로운 절차의 추가, ③ 현재의 비재정 지원 위임의 유용성을 평가하기 위한 재검토라는 세 가지 요소로 구성되어 있다. 이에 따라 의회예산처(Congressional Budget Office)는 5천만 달러를 초과하는 비재정 정부간 위임에 대한 주정부 및 지방정부, 인디언 자치정부의 비용과 2억 달러를 초과하는 민간 부문의 위임에 따른 비용을 측정해야 한다. 위임의 소요비용이 5천만 달러가 초과할 경우, 연방의회는 지출 결의를 하거나 증세하거나 복지지출 수혜 자격(entitlement)을 신설해야 한다. 그렇지 않을 경우 의원은 새로운 위임에 대해 무효를 주장할 수 있다.

이에 따라 의회예산처에서 주, 지방정부(SLTGs) 및 민간 부문이 수행하게 될 명령비용을 측정하고, 연방정부기관이 지방정부 등에게 위임비용을 제시해야 한다. 더불어 위임을 강제하는 기관은 최소 비용 대안을 선정해야 한다.

---

6) 가령 뉴욕 주와 연방정부 간 소송(New York v. US)에서 비재정 지원 위임에 대한 논쟁을 살펴볼 수 있다. 미시간 주정부와 던컨의 소송(Michigan v. Duncan)은 폰티악(Pontiac) 학군에서 학군이 낙제학생방지법(No Child Left Behind Act of 2001)을 이행할 필요가 없다고 주장하면서, 이들 논거로 연방정부가 이들에게 충당한 재정 지원을 제공하지 않기 때문이라고 밝혔다. 그러나 법원은 불충분한 연방정부의 재정 지원은 이들 위임을 불응하는 유효한 사유가 될 수 없다고 판결했다.

7) 이외에도 레이건 행정부 시기에 행정명령과 주정부 비용측정법(State and Local Cost Estimate Act 1981)을 통해 연방정부의 무분별한 비재정 지원 위임을 막기 위해 비재정 지원 위임의 비용 추정을 사전에 하도록 제도를 개선했다.

3) 비재정 지원 위임과 연방주의

비재정지원위임개혁법(UMRA)이 연방정부의 재정 부담 전가를 제약하는지, 비재정 지원 위임을 엄격하게 제한할 필요가 있는지에 대한 여러 논의가 제기되었다. 이 법안의 지지자들은 이 법안을 주정부 및 지방정부의 권한을 되찾기 위한 하나의 단계로 본다. 이에 반해 반대론자들은 이 법안을 환경, 보건 및 안전 문제에 대한 국가적 정책의 적극적 추진에 대한 잠재적 장애물로 본다. 이들은 지방정부에 의해 자발적으로 추진, 시행되지 못하는 국가 목표를 달성하는 데 연방정부의 비재정 지원 위임이 필요하다고 본다.

근본적으로 이는 연방정부와 하위정부 간 역할 조정 문제로 견해의 차이로 이해될 수 있고, 미국 연방 체제의 딜레마의 연장선으로 볼 수 있다. 일각에서는 주지방정부의 주권 보호 차원 아래에서 연방정부의 재원 조치 강구책이 누락된 집행명령은 주권 침해로 이해가 될 수 있다. 반면 모든 시민의 최소 생활 기준을 보장할 서비스 제공 의무를 갖는 연방정부로서는 주정부의 행동을 제약하는 데 집중하며, 주권 집행에 간섭할 수밖에 없다. 주정부들이 서로 경쟁하며 사업자들과 세금 납부 주민들의 유치를 우선하고 국가적인 관점에서 바람직한 공공 서비스 제공에 소홀할 수 있기 때문이다.

두 입장을 가진 사람들 간의 논쟁은 정치행정 환경의 변화에 따라 적응하는 관계로 볼 수 있다. 다만 연방정부와 주지방정부 간 파트너십은 상호 의사소통에 달려 있는데, 지방정부의 입장에서 비재정 지원 위임에 대한 행정비용에 대한 대화를 가능하게 함으로써 공동 목표의 공유와 상호 존중에 근거한 책임 있는 연방주의로 나아가는 토대가 된다는 측면에서 중요한 의의가 있다고 할 수 있다.

제 4 절 정치 · 행정 과정: 대통령 및 행정부와 의회의 관계

1 대통령 및 행정부의 의회 관계

미국의 대통령과 의회는 권력분립과 견제와 균형이라는 원칙에 따라 상호작용해 왔으며 대통령의 권한이 점진적이고 지속적인 확대되어 왔다. 미국 역사 초기에는 대통령은 상당히 한정된 권한을 가졌고, 20세기 초까지는 의회가 우위를 점했다. 그러나 행정국가화가 진행되면서 행정권이 비대해졌고 대통령의 권한이 강화되었다. 1950년대 이후 냉전 과정에서 국제사회에서 미국의 리더십이 중요해지게 되고 개입주의적 외교정책을 추구함에 따라 대통령의 역할이 더욱 중시되고 권한도 증가하게 되었다.

이러한 경향은 닉슨 대통령의 권한 남용과 예산안 집행 거부행위로 인해 새로운 전기를 맞게 되었다. 의회의 통제 강화에 대한 요구에 따라 1974년 의회 예산 및 지출거부통제법(Congressional Budget and Impoundment Control Act of 1974)이 제정되었고, 이에 따라 의회의 예산 및 정책통제 매커니즘이 제도화되었다.

미국의 경우 대통령 및 행정부는 예산과 정책 결정 권한이 없으며 예산안이나 법률안을 의회에 제출할 수 없다. 이에 따라 대통령의 정책적 우선순위와 의회 지도자, 야당의 정책적 선호가 충돌하게 되고, 이런 정치 과정은 권력분립과 견제와 균형의 불가피한 산물이다. 이는 대통령제를 갖고 있는 미국 정부의 정치행정 과정의 가장 특징적인 현상이며 아래에서는 이를 검토한다.

2 대통령과 의회의 예산전쟁*

1) 예산전쟁의 의의

미국 연방정부의 예산정치 과정에서 주요 의사결정자들이 극한 전략을 채택해 예산 과정의 파국을 맞은 예산전쟁의 대표적인 사례는 레이건 행정부의 회기연도 1982년 예산안 의결 과정, 부시 행정부의 회계연도 1991년의 예산안 의결 과정, 클린턴 행정부의 회계연도 1996년 예산안 의결 과정 및 정부 폐쇄와 2011년 오바마 행정부의 예산안 의결 과정, 부채 한도 재설정 과정이다.

감세, 정부지출 감소, 국방 지출 증가를 공약으로 내세운 레이건 대통령은 취임 후 회계연도 1982년 예산안에 대해 하원의 다수를 형성하고 있는 민주당과 대립했

* 이 부분은 이정희(2012)를 요약했다.

다. 예산결의안(budget resolution)과 조정법안(Reconciliation Act) 통과 과정에서 대통령의 적극적인 로비는 성공적이었으며 민주당 의원들의 세출예산안 통과 지연에 대해 대통령이 잠정예산에 대해 거부권을 행사해 정부 폐쇄를 일으켜 세출예산의 조속한 통과를 압박했으며, 하원의 민주당 의원들은 이에 굴복해 최종적으로 세출예산안을 통과시켰다.

두 번째 예산전쟁은 부시 행정부 시기 1991 회계연도의 대통령과 정당의 강경파 간의 충돌 및 정부 폐쇄이다. 예산 과정에서의 초당적 협력을 추구한 부시와 민주당, 공화당 지도부는 재정적자 해소를 위해 고소득자들에 대한 소득세 인상, 사회복지 지출 축소 예산안에 합의했으나 깅그리치(Newton L. Gingrich)를 비롯한 공화당 강경파의 반대와 민주당의 동조 거부에 따라 부결되었다. 의회를 압박하는 수단으로 부시 대통령은 잠정예산에 대해 거부권을 행사했고, 이에 따라 의회는 예산합의안의 기본틀을 받아들인 잠정예산을 의결할 수밖에 없었다. 이후 대통령의 양보로 의회가 주도해 예산을 편성했고, 양당이 타협을 이뤄 예산조정법안과 지출법안을 의결했다.

미국 역사상 가장 길고 심각한 예산전쟁은 클린턴 행정부 시기 1996 회계연도 예산안 심의 과정에서 발생했다. 1994년 중간선거에서 의회를 장악한 공화당은 1995년 예산 편성 과정에서 의료보험(health care), 사회복지정책 예산, 교육, 환경보호를 위한 예산을 대폭 줄이고 감세를 추진하는 예산조정법안을 승인했다. 클린턴 대통령은 행정부의 정책 방향과 배치되는 예산조정법안에 거부권을 행사했고, 다수당이었던 공화당이 의회에서 잠정예산을 편성했으나, 클린턴 대통령이 이에 대해 거부권을 행사했고, 거부권을 무력화할 원내 2/3의 의원 수를 확보하지 못한 깅그리치는 예산안을 제출하지 않음으로써 연방정부가 폐쇄되었다(1995.11.14~11.19). 잠정예산으로 봉합된 갈등은 잠정예산 종료에 따라 재현되어 대통령 거부권 행사 후 예산 미제출로 연방정부가 다시 폐쇄되었다(1995.12.16~1996.1.6).

최근에 오바마 행정부 시기에 예산전쟁 현상이 재현되었다. 회계연도 2011년 예산안이 2011년 4월까지 의회를 통과하지 못해 잠정예산에 의존해 정부가 활동하는 과정에서 공화당의 사회복지 지출 축소 예산안에 대해 오바마 대통령이 거부권 행사를 공언했고, 양당간 합의가 되지 않아 정부 폐쇄에 대한 위험이 현실화되었다. 일주일간의 잠정예산 후 양당의 합의로 예산안을 둘러싼 정부 폐쇄를 피할 수 있었다. 두 번째 정부 폐쇄 위기는 부채 한도(debt ceiling)의 상한선 조정 관련해 발생했다. 오바마 행정부가 부채 한도에 도달함에 따라 새로운 부채 한도(debt limit)의 증액을 시도하고 이에 대해 의회의 다수당인 공화당 내부의 소수 강경파인 티파티(tea party) 소속 의원들이 적극적으로 반대해 예산 집행이 중지되고 정부 폐쇄가 이뤄질 위험에 처했다. 대통령 및 정당지도자들이 극적으로 합의에 도달해 정부 폐쇄 하루 전인 8월 2일 예산통제법(Budget Control Act of 2012)이 성립할 수 있었다.

표 12-7 미국 연방정부의 주요 예산전쟁과 정부 폐쇄

구분	정부 폐쇄 일자	갈등 전개 및 해결 방식	예산전쟁 관련 이슈
레이건 행정부	1981.11.21~2	조정법안(Reconciliation Act) 통과(8.13) 잠정예산안 미제출(11.21), 새로운 잠정예산안에 대한 대통령의 거부권 행사(11.23), 의회 지도자의 양보를 통한 총괄지출예산(omnibus appropriations bill) 제출 및 예산법안 성립	조세 감면, 복지지출 감축, 국방지출 증가 방안
부시 행정부	1990.10.6~8	연방예산에 대한 합의 발표(1990.9.30) 의회가 제출한 잠정예산에 대한 거부권행사 (10.6), 대통령의 양보에 따른 다수당과 소수당의 협상 및 타협	국가채무 및 재정적자 감축 방안, 복지지출, 조세감면 조정
클린턴 행정부	1995. 11.14~18; 12.16~1996.1.5	대통령의 잠정예산, 부채 한도 1개월 연장 법안에 대한 거부권 행사(11.13), 4주간의 잠정예산에 합의 후 새로운 잠정예산에 대한 거부권 행사(12.15), 의회 지도자들과 대통령의 합의 후 잠정예산의 지속	연방정부 부채 한도(debt ceiling)의 상한선 조정, 균형예산 달성, 복지지출, 조세감면 조정
오바마 행정부	2011.4.15경	대통령의 거부권 행사 공언(2011.2.15, 2011.4.7) 정부 폐쇄 직전 대통령과 다수당 지도자의 타협 (4.15)	조세 감면, 복지지출, 재정적자 감축 방안
	2011.7.31경	대통령의 거부권 행사 공언(2011.7.18) 정부(부분) 폐쇄 직전 대통령과 다수당 지도자의 타협	연방정부 부채 한도(debt ceiling)의 상한선 조정

2) 예산전쟁의 행위자, 정치 과정, 제도 및 환경

(1) 예산전쟁의 행위자

먼저 예산전쟁과 정부 폐쇄를 일으킨 주요 이해관계자를 파악하면 대통령과 하

원의장과 하원의 다수당의 강경파의 지도자라고 할 수 있다. 구체적으로 레이건 행정부의 경우 하원의장인 민주당의 오닐(Thomas O'Neill), 부시 행정부의 경우 하원의장인 민주당의 폴리(Thomas Foley)와 소수당 지도자(minority leader) 깅그리치(Gingrich; 공화당), 클린턴 행정부의 경우 깅그리치(Newt Gingrich) 하원의장(House Speaker), 오바마 행정부의 경우 공화당의 뵈너(Boehner; 공화당) 하원의장, 바흐만(Bachmann; 티파티 의원협의회 회장)이 주요 행위자이다.

이 중 대통령의 경우 모두 첫 번째 임기 동안 대통령에 대한 정치적 지지에 대해 비교적 확신이 있는 시기이며 의회의 경우도 정치적인 이념이 좀 더 확실한 하원의 초선의원 그룹에 의해 예산전쟁이 격화되는 현상을 보인다.

가장 격한 예산전쟁인 1995년과 1996년도 정부 폐쇄 시 공화당 원내총무인 깅그리치는 80년대 레이건 행정부 이후 공화당 혁명(Republican Revolution)의 지도자로서 전임 공화당 원내총무인 미첼(Robert Michel)의 온건 노선을 비난하고 강력한 정부재정 축소를 주장했다. 클린턴 역시 건강보험 개혁을 자신의 정치적 생명을 거는 중요한 정책으로 추진하는 강력한 리더십 스타일을 보였다. 다른 사례의 경우도 예산전쟁의 주된 행위자는 새롭게 당선된 대통령과 초선 의원 중심의 강경파가 존재하는 하원으로 파악할 수 있다.

(2) 예산전쟁의 정치 과정, 제도

미국의 경우의 예산 과정에서 순차적으로 타협안이 만들어지는 과정을 검토하면 다음과 같다. 예산안은 일반 법률안과 동일하게 의회에서 의결된 후 대통령이 서명하고 공포하거나 거부권을 행사할 수 있다. 이때 의회 다수당과 대통령의 의사 결정이 시간의 순서에 따라 이뤄지므로 전개형의 게임이 되고 이를 도식화하면 [그림 12-4]와 같다.

의회 다수당이 대통령의 거부권 행사 공언에도 불구하고 타협적인 접근이 아닌 대결 전략을 선택할 경우 대통령은 거부권을 행사하며, 의회에서 재심사하는 과정에서 타협이 이뤄져 예산안이 만들어지거나 계속 대결전략으로 예산안 제출을 거부할 수 있다. 이에 정부 폐쇄가 발생할 경우 시민들의 압력에 굴복해 타협안이 만들어지게 된다. 이 과정에서 대통령은 의회에 압력을 가하기 위해 본예산 외에 잠정예산에 대해서도 거부권을 행사할 수 있다.

여기서 잠정예산이나 정부 폐쇄의 기간이 길어질수록 대결전략에 대한 국민들

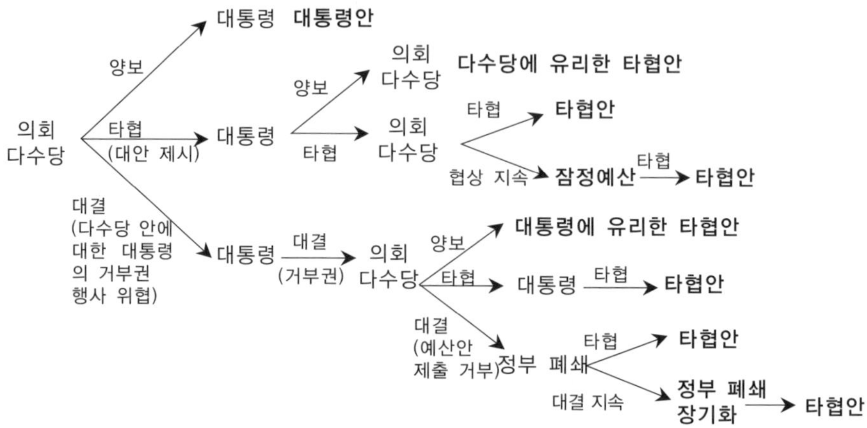

그림 12-4 미국의 예산전쟁의 전형적인 전개 과정

의 부정적인 여론이 확대되고 이에 따라 행위자의 보수가 낮아지는 현상이 발생한다. 대결이 지속되면서 대결 상황에 따른 보수가 지속적으로 감소하면서 행위자들은 시간이 지남에 따라 타협의 전략을 선택할 가능성이 커진다. 이에 따라 시간이 흐름에 따라 타협의 전략을 양자가 채택하게 된다.

이를 보수표로 설명하면 잠정예산 시기 및 정부 폐쇄 시기의 경우(<표 12-8> 참조) 전형적인 용의자의 딜레마로 타협 시(A)의 사회적 편익에 비해 적은 편익이 있는 대결(B)이 개별 행위자에게 유리하다. 시간이 흐름에 따라 대결 시의 보수가 작아지고 이때 개별 행위자의 입장에서 타협전략이 높은 편익을 제공하므로 타협(A)으로 균형점이 생기게 된다. 요약하면, 행위자의 보수는 시간의 함수로 시간이 흐름에 따라 균형점이 대결에서 타협으로 이동하게 된다.

미국의 연방예산 과정을 규율하는 주요 법제도는 1980년 예산조정법안(Reconciliation Bill)의 역할 변화, 1985년 균형예산 및 긴급적자통제법(The Balanced Budget and Emergency Deficit Control Act 1985),[9] 1990년 예산집행법(The Budget Enforcement Act 1990)이 있다.

전반적으로 이러한 예산제도의 변화는 예산 과정에서 의원으로부터 예산위원회 또는 의회지도자로 권한을 이양과 공식에 근거한 일률적인 삭감에 따른 의원의 권

9) 제안자의 이름을 따 그램-루드만-홀딩법(Gramm-Rudman-Holdings Act)으로 불리기도 한다.

표 12-8 잠정예산 및 정부 폐쇄 초기의 보수표

		대통령 및 소수당	
		타협	대결
다수당	타협	(3, 3) (A)	(1, 7)
	대결	(7, 1)	(2, 2) (B)

표 12-9 잠정예산 및 정부 폐쇄 일정 기간 후의 보수표

		대통령 및 소수당	
		타협	대결
다수당	타협	(3, 3) (A)	(2, 2)
	대결	(2, 2)	(0, 0)

한 약화 및 정당의 권한 강화 및 집권화를 초래한 것으로 보인다. 의회의 권한의 집권화에 따라 정치행위자들의 선호가 더욱 분명해지고, 다수당의 강경파의 선호가 표현될 통로가 견고해졌으며, 대결의 가능성이 커진 것으로 볼 수 있다.

(3) 예산전쟁을 둘러싼 정치적 환경

정부 폐쇄를 둘러싼 정치 과정을 분석하기 위해 정치 체제의 산출로서 행위자의 유권자에 대한 호소와 투입으로서 유권자들의 대통령과 의회에 대한 지지율을 검토할 수 있을 것이다.

먼저, 정치 체제의 산출로서 미국 연방정부의 예산전쟁의 경우 대통령은 흔히 의회의 다수당 지도자를 설득하는 노력과 함께 유권자들에게 직접 호소하는 전략을 써왔다. 예를 들어 레이건 대통령은 1981.4.28, 9.24에, 부시 대통령은 1990.6.30, 클린턴 대통령은 1995.6.13, 1996.1.13, 오바마 대통령은 2011.7.25 각각 국민들에게 직접 연설해 자신의 입장을 지지해 줄 것을 호소했다. 이러한 노력은 유권자의 지지를 확보해 협상에 유리한 위치를 점하려는 전략으로 파악된다.

이렇게 형성된 여론의 향방은 예산전쟁 전개 과정에 영향을 미친 것으로 보인다. 예를 들어 갤럽에 의한 여론조사에 따르면 1995년 말의 정부 폐쇄에서는 시민들이 클린턴 대통령을 지지하고 공화당에 책임이 있다는 입장을 견지한 반면, 1996년에는 상당수의 클린턴 대통령 지지자들이 양자의 책임을 지적한 입장으로 선회한 것을 볼 수 있다. 이후의 대통령과 다수당의 정치적 타협은 이러한 정치적 지지의 변

화에 일부 영향을 받았다고 해석할 수 있겠다(Williams & Jubb, 1996: 478 재인용).

예산전쟁에 대한 유권자의 평가는 선거에 반영되는 것으로 보인다. 예를 들어 대통령선거에서 가장 중요한 이슈에 대한 여론조사를 살펴보면 2004년 대통령선거 당시 CNN의 여론조사에서 세금정책, 보건 지출 등 예산정책이 중요한 항목으로 제시되었다.[10] 선거에서 중요한 이슈이므로 정치인들은 여론의 향방을 고려해 예산전쟁에서의 정치적 입장을 선택해야 하는 입장에 있게 된다.

요약하면, 예산전쟁 과정에서 대통령과 다수당은 자신들의 입장을 유권자에게 적극적으로 설명하고 유권자의 선호가 예산전쟁의 과정에 영향을 미치는 정치 과정이 작동하는 것으로 보인다. 이런 관점에서 정부 폐쇄 시 시민들이 여론과 의회 지도자에게 보내는 메시지 등을 통해 정치적 대치 상황의 책임에 대한 규명 및 정치적 타협에 대한 요구를 표시하고 이에 대해 반응함으로써 예산정책에 대한 타협이 이뤄지는 과정 자체가 민주적인 정치 과정이라고 해석할 경우 정부 폐쇄에서 발생하는 비용은 이러한 정치 과정이 작동하기 위한 비용으로 해석할 수 있는 여지가 있겠다.

3) 예산전쟁과 대통령 의회 관계의 변화

미국의 예산전쟁의 특성을 반영하는 유형 구분으로 행위자(대통령과 다수당)의 특성이 예산전쟁의 격화 정도를 설명하는 것으로 보이므로 이에 따라 유형 구분을 하며, 대통령과 의회의 다수당이 모두 강경한 입장에 있는 경우와 양자 중 하나의 행위자가 비교적 약한 응집력과 리더십을 가진 경우로 구분할 수 있다. 첫 번째 유형의 경우 예산전쟁이 장기간에 걸쳐 지속적인 상호작용에도 불구하고 심한 갈등이 지속되고 정부 폐쇄나 정부 폐쇄의 위기가 현실화되는 과정에서 유권자들의 압력 속에서 갈등이 해결된다. 반면 두 번째 유형의 경우 대통령이나 의회의 다수당이 상대적으로 대결의 상대에 비해 약한 응집력과 리더십만을 갖고 있어 예산전쟁이 시작되어 갈등이 고조되나 비교적 단기에 한 행위자가 설득되거나 굴복하고 다른 행위자의 의사가 반영되는 예산안이 성립하는 유형이라고 할 수 있다.

---

10) 2008년 대통령 선거의 경우 갤럽의 여론조사에서도 재정적자, 보건 지출, 조세정책이 중요한 이슈로 선정되었다(Gallup, 2009). 2011년 오바마 행정부의 예산안 타결 이후 실시된 여론조사에서는 가장 중요한 정치적 이슈로 예산 증가와 예산 적자를 제시한 사람들이 17%에 달한 것으로 나타났다(Gallup, 2011.4.13). 이 설문조사에서 예산 적자보다 더 중요한 것으로 제시된 이슈는 경제 상황(26%), 실업문제(19%)뿐이다.

표 12-10 미국 연방정부의 예산전쟁의 유형

		대통령 및 소수당	
		유약	강경
다수당	응집력 낮음		유형 2 (레이건 행정부)
	응집력 높음	유형 2 (부시 행정부)	유형 1 (클린턴 행정부, 오바마 행정부)

이러한 개념적 틀에 따르면 현재 미국은 대통령의 리더십 변화와 의회 내의 정당 간 양극화의 강화, 정치적 선호의 극단화, 정당의 규율 강화에 따라 점차 예산 과정이 비타협적인 게임(non-cooperative game)으로 전환되고 있다고 하겠다.

제 5 절 결론

이 장에서는 미국의 행정 체제의 내부와 외부의 구조를 소개하고 정치행정 과정을 설명하기 위해 미국 행정조직 구성의 기본 원리인 권력분립(separation of powers), 견제와 균형(checks and balances), 연방주의(federalism)를 제시하고, 이 원리들이 어떻게 행정 체제와 과정에 반영되고 있는지를 설명했다.

간단히 요약하면, 연방정부의 행정 체제의 구성 및 변동은 대통령과 의회의 권력분립 및 상호 견제에 따른 균형의 결과로 보여지며, 연방의 구조와 변동에서도 연방정부와 주 및 지방정부 간의 정치적 및 행정적 이익 추구 활동의 타협의 결과를 발견할 수 있었다. 또한 정치행정 과정의 전형적인 예인 예산 결정 과정에서 대통령과 의회의 권력분립과 견제에 따라 타협과 갈등, 예산전쟁 현상이 나타난 것을 확인할 수 있었다.

이런 점을 종합하면, 미국의 행정 체제와 정치 과정의 양상은 헌법적 통치구조 하에서 다양한 정치 세력이 상호작용해 이룬 하나의 균형이라고 볼 수 있다. 주요 정치 세력이 서로 영향을 미치며 때론 대립하고 때로는 타협을 도출한 결과로 이러한 현상들이 나타났다 사라지는 특징을 보여 주고 있다. 기존에 많은 학자가 정책 과정과 이익집단의 활동에서 발견한 다원주의적인 의사 결정 방식이 행정 체제의 구성과 변동, 정치 과정의 구조와 변동에서 존재함을 확인할 수 있었다.

이는 미국의 행정 체제와 구조, 거시적 정치행정 과정에서도 정치적 다원주의(political pluralism) 이념이 강하게 작용하고 있음을 의미한다. 이런 현상은 미국의 헌법적 특징과 정치문화에 기인한 것으로 보이며, 지난 200년간 다양한 경제사회적 변화에 행정, 정치 체제가 유연하게 대응할 수 있는 기본적인 행정정치 체제의 특징이자 장점인 것으로 보인다. 분권화되어 있으면서도 그물망과 같이 연결된 권력구조의 특성에 따라 다양한 경제사회적 변화를 하나의 정치 체제 안에서 수용할 수 있었던 것으로 보인다.

다만 미국 정치행정 체제는 다양한 정치적 행위자들이 타협하고 협조하는 상호작용을 촉진하고 갈등과 대결하는 극단적인 상호작용을 약화시켜야 하는 과제를 안고 있다. 연방정부와 주정부 및 지방정부 간의 비타협적인 상호작용이나 대통령과 의회의 예산, 정책, 조직에 관한 대결이 공공 서비스의 원활한 제공을 방해하는 사례가 최근 들어 빈번하게 발생하고 있기 때문이다. 전반적으로 타협이 상호 이익이 되도록 법제도를 지속적으로 개선해야 하는 과제가 있다고 판단된다.

이러한 미국의 행정정치 체제와 과정의 특성은 향후에도 당분간 지속될 것으로 보인다. 이러한 현상의 주요 원인인 권력분립과 견제와 균형을 바탕으로 한 헌법구조와 연방 정부와 주정부, 지방정부 등으로 권력이 분권화된 시스템의 특징, 다양한 이념을 허용하고 존중하는 정치문화의 특성은 변하지 않고 영속적이기 때문이다.

제13장 영국정부론

제1절 서론

영국의 통치구조나 기능과 관련이 있는 원리는 헌법주의(constitutionalism)와 의회주의(legislative supremacy of Parliament), 그리고 민주주의(democratic principle) 원리이며(Allen & Thompson, 2005),[1] 행정의 독자성은 인정된다(Jennings, 1961; 성낙인, 2001: 654-657). 젠킨스(Simon Jenkins)가 말한 바대로 "행정(public ㅁdministration)은 경영(private business)이 아니다. 만약 행정이 경영이라면 이미 행정은 아니다"라는 주장(Hobson, 1999: 321)에서 보듯이 행정은 경영과도 분리된다. 행정 이념을 제닝스(I. Jennings)는 합법성, 관행(conventions), 민주성(democratic principle)으로 요약하는데,[2] 헌법주의에서 유래하는 정당성은 통치의 수단으로 합법성(Jennings, 1961: 90)을 부여하고 이는 가장 중요한 행정의 근거이지만, 법은 단지 기본 방향(framework)을 제시할 뿐이고, 그에 따라 의미를 부여하고 틈새(interstices)를 메워 주는 역할은 관행이 떠맡는다(Jennings, 1961: 2). 이때 함께하는 행정 이념으로 책임성(responsibility: responsible to Parliament)을 첨가할 수 있다(Allen & Thompson, 2005:

1) constitutionalism을 입헌주의가 아닌 헌법주의로 번역한 것은 영국의 불문법주의 때문이다. 성낙인(2001)을 참고하라

2) 영국의 행정철학에 관해 논의한 이광수(1991)는 영국 행정철학의 원리로 과학적 원리와 윤리 이념으로 나누고, 전자는 SLOCUS(Staff, Line, Organization, Communication, Span of control)로 요약되는데, 이는 기업에서도 적용되어 온 것이라고 한다. 윤리 이념은 고도(高度)의 사회 형성, 공동체에 대한 봉사, 근로자의 행복과 복지로 요약된다고 한다.

표 13-1 영국 행정 원리와 행정 이념

행정 이념을 위한 기본 원리	헌법주의		의회주의	
	행정의 독자성			
행정 이념	합법성	관행	민주성	책임성

출처: 이광석(2009).

252-253; Jennings, 1961: 144-172). 영국의 정부 형태는 의원내각제이므로 책임성은 국민의 신임에 절대적으로 영향을 받는다. 이와 관련해 정당 간 경쟁에서 정부의 목표 달성을 위한 실천이 잘 되었는가는 선거의 문제로 바뀌어 책임을 진다. 이러한 원리나 이념의 확립은 역사와 함께 발전하며(the product of history) 살아 움직이는 역사의 개념과 어울린다. 위에서 논의한 영국의 행정 이념을 도표로 나타내면 <표 13-1>과 같다.

이러한 관점에서 영국의 정부를 제도적 측면과 운용의 측면에서 살펴보고, 특히 문제가 되는 영국의 두 유형의 지방정부, 즉 지방자치단체인 지방정부(local government)와 자치권이 이양된 지역정부(devolved government 또는 regional government)를 살펴보고자 한다. 후자는 스코틀랜드 정부와 웨일스 정부, 그리고 북아일랜드 정부를 포괄한다. 먼저 영국 정부의 제도적 측면을 살펴보자.

제 2 절 제도적 측면에서의 영국 정부

영국 정부(government)를 고찰할 때는 헌법주의(constitutionalism)와 민주주의(democratic principle) 원리 아래에서 운용되는데, 먼저 헌법주의의 제도적 측면에는 군주제, 총리, 내각, 사법부, 지방자치 등을 포괄하며, 운용의 측면에서 헌법주의는 여러 유형의 법과 관습(law and practice)을 묶어 주는 최고의 권위를 갖는 지침이다. 여기에서 법은 의회에서 제정되는 법률(legislation)과 사법부에서 추출되는 다양한 규칙(rule)으로 구성된다. 즉, 의회가 입법을 한 법률도 있지만 의회와 국민의 묵시적 동의 아래에서 사법부에 의해 이뤄지는 법의 해석을 통해 법으로서의 승인을 얻기도 한다(Jennings, 1961).

영국 정부의 구성의 핵심에는 군림하지만 통치하지 않는(The king reigns, but he does not rule) 군주제가 있다. 즉, 영국의 국가원수이며 나아가 영연방(Commonwealth) 국가 중 일부 국가도 국왕이 국가원수이다.[3] 의회의 개회식과 같은 중요한 의식의 절차도 국왕의 몫이다. 국왕은 형식적으로 민주적 선거에 의해 선택된 다수당의 대표를 총리로 임명한다. 또한 정치적 논쟁으로부터 자유롭기 때문에 조정의 기회를 만들기도 한다. 그렇지만 실질적으로는 공직의 근거는 의회에서 온다. 이는 의회민주주의(parliamentary democracy)라는 기본 원리 때문인데, 선거는 소선거구제로 선거구별로 각 유권자는 총선거에서 선거구 소속의 국회의원(Member of Parliament: MP)을 선출하고 선출된 국회의원은 하원(House of Commons)을 구성한다. 여기서 다수당은(다수당이 없다면 다른 당과 연합해) 정부를 구성한다. 이에 비해 상원(House of Lords)은 세습 귀족, 대법관(senior judges), 성공회 주교들로 구성되었으나 1958년 개혁 이래 종신 귀족은 정치나 경제 등 그 분야에서 현저한 업적을 이룬 자 중에서 총리의 요청으로 국왕이 임명하며 종신 상원의원이 된다. 1999년의 개혁으로 세습 귀족은 그들의 대표 일부만 상원의원으로 인정된다. 상원의 권한은 하원에서 통과된 법률안의 심사, 새로운 법률안의 제안 등이나 후자는 하원에서 논의되어야 한다. 즉, 하원은 상원이 제안한 법률안을 거부할(overrule) 수 있다.

영국 정부의 구성이라는 관점에서 가장 중요한 기구는 의회인데 대통령제 국가 아래서의 정부와는 달리 집행부와 입법부와의 관계는 융합적이며(intimate) 그 분리가 엄격하지 않다. 즉, 장관들은 하원이나 상원 의원이며 의회에 책임을 지고, 하원은 장관이나 정부를 불신임해 사퇴시킬(dismiss) 수 있다. 그뿐만 아니라 의회는 각 부처의 하루하루의 일상생활에도 영향을 미친다. 의회에서 진술해야 하고, 매 3주마다 질의에 응답해야 하며, 토론에서 의견 표명을 해야 하고, 법령의 제안 및 수정을 준비해야 하며, 시장 연설에 수록될 내용을 제안하고 검토해야 하며, 의회 상위위원회에 출석해야 하는 등 장관이나 공무원들은 자신들의 업무를 의회의 일정에 맞춰 수행해야 한다. 의회에서 나타난 성과는 각 부처의 정책에서의 장・단점을 보여 주며, 업무평가에 중요한 영향을 미치며, 따라서 장관들의 지위(minister's

3) 현재 영연방(British Commonwealth) 가입 국가는 인도, 파키스탄, 캐나다 등 54개국이다(TSO, 2013: 137-138). 특이한 것은 영국의 식민지 경험을 겪지 않은 르완다(Rwanda)와 마다가스카르(Madagascar) 등이 영연방에 가입 신청을 했다. 이는 영어 공용어와 관련이 깊다(McCrum, 2010: 270).

standing)에도 결정적일 때가 있다(James, 1992: 6).

정부에만 한정해서 논의해 그 제도적 모습을 살펴보자. 제도적 모습은 시대에 따라 다양한 변화를 겪지만 가장 일반적인 정부의 구성을 살펴보기로 한다. 영국 정부에는 총리와 내각, 그리고 행정각부로 구성되는 집행부(administration)가 있으며, 지방자치단체인 지방정부(local government) 외에, 영국에 특유한 분권화된 지역정부(devolved administrations)가 있다(Home Office, 2013). 이들은 웨일스 지역정부(The Welsh Government), 스코틀랜드 지역정부(The Scottish Parliament), 북아일랜드 지역정부(The Northern Ireland Assembly)로 앞서 언급한 역사와 함께 발전하며 살아 움직이는 역사 개념의 본보기이다. 차례로 살펴보기로 한다.

익히 알려진 바와 같이 영국 정부의 가장 큰 특색은 내각제도(cabinet system)이다. 그 의미는 공동책임의 원칙(collective cabinet responsibility)이 작용한다는 것이다. 즉, 내각이 공동으로 결정하는 데 있다(Savage et al., 1994: 16). 행정각부(government departments)는 장관이 책임지는 부처(ministerial departments)와 그렇지 않는 부처(non-ministerial departments)로 나뉜다. 전자는 국무위원(member of the cabinet)이 되어서 국무회의에 참석하고 담당 부처를 책임지고 정치적으로 감독하는데 보통 secretary of state로 불린다. 이들은 부장관(junior ministers or minister of state)들이 보좌하는데 그들은 세부 업무를 담당한다. 행정각부에는 정무차관(parliament under secretary)들이 의회와의 관계를 다룬다. 내각제 정부 형태에서 보듯 의회와의 관계가 무척 중요하기 때문이다. 또 하나의 특징은 법무의 중요성으로 인해 법무관의 역할이 상당한 비중을 차지하고 있다.

일반적으로는 행정각부의 운영과 관리는 일반직 고위 공무원인 사무차관(permanent secretary)이 담당한다. 이들 부처 아래에 청(executive agencies)이나 책임운영기관이 있는데, 운영에서 상당한 자율성을 갖고 있으나 정부 부처에 대해 보고해야 하며, 재정과 정책을 이들 부처에 의존한다.

2013년 현재 공직의 수는 총리 1인, 장관(cabinet minister) 21인, 기타 각료(other minister) 99인으로 이뤄진다.[4] 먼저 총리를 살펴보자. 총리는 정부의 수장(首長: head of the government)으로 고유한 업무란 거의 없지만 모든 것에 대한 책임을 진다. 즉, 일상의 업무로부터는 떨어져 있지만 의회와 접촉하고 전체로서 조율하고

4) 여기에서 장관은 department secretary를 일컬으며(재무부의 경우에는 Chancellor of Exchequer와 Chief Secretary), 그 밖에 junior minister 등은 각료로 기술하기로 한다.

이끌어 나가는 일은 총리의 업무라 할 수 있다. 실제로는 엄격히 구별할 수 없지만 학문상으로 이를 정치적 업무와 정부의 업무 둘로 나눠 보기로 한다. 정치적 업무(the political role)는 앞서 기술한 의회와의 관계에서 리더십을 행사해 총리가 주창하고, 선택하고, 결정한 일을 정부에서 수행할 수 있도록 하는 능력이다. 정부의 업무(the governmental role)는 넷으로 나뉜다: 정부 기능의 운영, 집단적 책임, 리더십과 전략, 정책 영역에의 관여 등이다(James, 1992: 89). 정부 기능의 운영은 행정각부의 장관이나 각료를 임명하거나 해임하는 일, 내각위원회(Cabinet commettee)를 설치하고 의장을 임명하는 일, 정부 부처나 각료들의 업무를 배분하는 일 등의 정부의 구성을 말한다. 집단적 책임이란 공동의 목표를 향해 응집하고 장관이나 각료의 잘·잘못은 그 당사자의 문제를 넘어 공동의 문제라는 것이다. 그 대표적인 보기가 내각 총사퇴에서 볼 수 있으며 이는 내각 전체의 신임 여부로 이어진다. 리더십과 전략 및 총리의 정책 영역에의 관여에 대해 살펴보면, 총리가 국정의 모든 분야에서 가지는 영향력이 장관이나 각료에게는 그들이 행하는 정책에 대한 신임으로 작용한다. 즉, 의원내각제 아래에서 총리는 정부의 최고 책임자이므로 장관들은 총리의 동료이면서 부하 직원(subordinates)의 관계를 갖는다. 이런 영향력이 정부청사(Whitehall)에 있는 직업공무원에게는 장관이나 각료에 대한 경의와 계층과 질서에 따른 업무 수행의 효율화를 가져오는 요인이다(James, 1992: 94). 특히 국가적 이슈를 두고는 장관들은 총리로부터 지침을 받기를 원한다. 예를 들면 인도의 독립 문제는 외교부 소관 사항이지만 애틀리(C. Attlee) 총리의 지침에서 가능했고, 1975년의 인플레이션의 위기 극복은 재무부 소관 사항이지만 당시 윌슨(H. Wilson) 총리의 리더십에 의존했으며, 1982년의 포클랜드 위기(Falklands crisis)는 국방부 소관 사항으로 대처(M. Thatcher) 총리에 의존했던 것 등이다. 이런 사례들은 총리가 결단력을 보여야 내각을 이끌 수 있음을 보여 준다. 반대로 결단력을 보이지 않으면(indecision) 내각을 이끌 수 없고, 되는 일이 없게 되어 종국에는 국민의 정치적 심판으로 이어진다. 이 후자의 사례는 캘러헌(J. Callaghan) 총리의 이른바 불만의 겨울[5]에서 볼 수 있다(James, 1992: 93-99).

장관은 역할은 세세한 업무보다는 정부나 집권당이 우선순위(priorities)를 담당 부처의 정책이나 소관 사항에 불어넣는 일이다. 즉, 장관으로서 필요한 요소는 충

5) 이는 1978년과 1979년의 겨울에 임금 인상을 요구하는 공공 분야 노동조합의 파업을 일컫는다. 이를 통해 1979년 보수당의 대처(M. Thatcher) 정부가 집권했다.

분한 정보, 아주 다양한 지식, 다양한 경험 등으로 관료적 직무 수행에서 오는 일상적인 경험이 아니다. 장관의 역할은 다섯 가지로 나뉜다. ① 의회에서 의원들의 질의 사항에 대해 정책을 설명하고 설득하고, 법안의 통과나 거절을 위해 노력하는 의회에서의 역할, ② 내각이나 EU와의 관련 속에서 부처의 정책이나 소관 사항을 옹호하는 일, ③ 이해 관계에 있는 회사나 이익단체, 노동조합, 협회나 집단 및 일반 대중에게 부처의 정책이나 소관 사항을 우호적인 분위기를 만들려고 하는 홍보대사(departmental ambassador)의 역할, ④ 업무의 집행(executive work), ⑤ 부처의 소관 사항에 대해 결정을 내리는 일 등이다(James, 1992: 21-23). 그리고 이들 정책이나 소관 사항에 관해 의회에 대해 책임을 진다. 여기서 의회에 대해 책임을 진다는 점에 유의해 어떻게 장관이 되는지 알아보자. 장관이 그 공직을 맡기까지는 15년 정도 전문 정치가로서, 또 부장관(junior minister)으로 대략 40개월 정도를 보내고 대부분의 경우 야당의 그림자 내각(shadow cabinet)에서 담당 업무를 익혀야 한다. 따라서 의회(하원)를 관리하는 능력과 정치적 판단 능력이 배양되지만 소관 부처의 상세한 업무에는 취약하다고 할 수 있다. 여기서 소관 부처의 공무원에 관해(civil servants' actions) 장관이 의회에 대해 책임을 지는지는 확실하지 않다. 다만 대체적으로 이를 긍정하는 것이 일반적이다(James, 1992: 7). 장관들은 정치인이고 개각이나 정부 교체 등으로 보통 2~3년 정도 근무하므로[6] 비정치적인 관료제 아래에서 생애를 보낸 직업공무원을 통제하기가 쉽지 않다. 더욱이 장관은 부처의 책임자일 뿐만 아니라 2~7인의 부장관들의 보좌를 받고 직업공무원인 사무차관을 비롯한 직업공무원을 지휘·감독한다.

국무위원으로 임명하는 정부 부처의 명단을 차례로 살펴보자. 독특한 직위는 재무부 장관(Chancellor of the Exchequer)이다. 재무부 장관은 예산과 재정, 경제정책을 총괄하는 공직으로 총리 다음으로 영향력 있다. 재무부 장관은 총리 다음의 지위임을 상징적으로 보여 주는 것이 관저의 위치가 총리의 관저(Downing街 10번지) 옆인 다우닝가(Downing街) 11번지이다. 재무부(Her Majesty's Treasury)는 지속 가능한 경제 성장, 고용의 증대를 통해 시민 모두의 번영을 이룩함이 그 목적이다. 재무부 장관은 부장관(junior ministers)들과 사무차관과 직업공무원들의 지원으로 업무를 수행하는데, 그중 가장 중요한 부장관직은 수석부장관(Chief Secretary to the

6) 물론 이를 보충하고자 하는 제도가 그림자 내각 제도이다. 크로슬랜드(Tony Crosland)에 따르면 장관의 임기는 3년 이상이 적당하다고 한다(James, 1992: 12).

Treasury)으로 국무위원으로 보(補)한다. 그 역할은 정부 지출과 기획 및 그 통제, 공공 영역의 급료와 연금 지출, 정부 지출에 어울리는 공공 서비스의 확보와 다른 정부 부처의 지출에 관한 협의이다.

내무부(Home Office)는 테러, 범죄, 반사회적 행동으로부터 시민의 안전을 확보하는 데 있다. 또한 불법입국을 막고 시민권과 국가의 정체성을 유지하는 데 있다.

내각사무처(Cabinet Office)는 부처 간 업무 조정, 정부 부처의 업무가 수행되도록 하는 일을 주된 임무로 한다. 그 핵심 업무를 자세히 살펴보면 총리의 업무 지원으로 정부의 목적에 맞게 기획하고 각 부처에 공공 서비스 개선이나 사회적 배제의 해결과 같은 우선순위(priority issues)의 업무를 전달하며, 내각 업무를 지원하는 일로서 부처 간 업무 수행의 일관성, 정책 전달 체계와 정책의 질을 감독한다. 공무원 지원의 업무로서 조직이 효율적으로 움직일 수 있는 기술 개발, 리더십 확보, 가치의 구현 등의 일을 수행한다.

창조산업부(Department for Business, Innovation and Skills)는 산업계의 목소리를 듣고 경쟁력 있고 유연한 시장을 만들어서 일자리를 창출할 수 있도록 도와 주는 부서이다. 그뿐만 아니라 각 지역의 생산성을 높이도록 하는 일도 이 부서의 소관 사항이다.

행정자치부(Department for Communities and Local Government)는 시민의 삶의 질을 개선하기 위해 번영하고, 활기차고, 지속 가능한 지역공동체를 창출하도록 돕는 부서이다. 이 목적 달성을 위해 주된 업무는 주택정책과 아울러 노숙자 대책을 맡고 있다. 또한 지역의 공공 서비스를 개선하는 일과 더 많은 직업 창출을 위한 지역 재개발, 지속 가능한 환경, 국토계획, 소방, 반사회적 행동이나 극단주의, 인종차별에 대한 대책, 사회응집성의 업무 등을 담당한다.

문화체육공보부(Department for Culture, Media and Sport)는 문화활동, 스포츠 활동을 통해 삶의 질을 높이는 것을 그 임무로 삼고 있다. 더 나아가 이 부서의 업무 중에는 관광, 창조산업, 레저산업의 진흥도 포함한다.

교육부(Department for Education)는 교육을 통해 기회의 균등이 이뤄지고 더 나은 삶을 실현하도록 초등교육을 더 이른 나이에 시작하고, 직업교육을 내실화하며, 인재를 양성함을 그 목적으로 하고 있다.

환경·농업·식품부(Department for Environment, Food and Rural Affairs)는 저탄소, 자원 효율경제를 이룩하는 것과 시민들이 이런 환경에 적응하는 것을 목적으로 한다. 또한 지속 가능한 자연환경을 보호하고 건강하고 고품질의 식품을 공급함을 목적으로 한다.

국제개발부(Department for International Development)는 국제 협력을 통해 국제사회에서의 빈곤을 극복하고 지속 가능한 개발을 촉진시키는 데 있다.

교통부(Department for Transport)는 신뢰할 수 있고 효율적인 수송망을 통해 생산성을 향상시키고 수송의 안전을 확보하며, 일자리 창출과 사회적 연결망을 지원하는 데 있다.

노동연금부(Department for Work and Pensions)는 국민연금에 관한 정책을 수립하고 노동자의 삶의 질을 확보해 주는 것을 목적으로 한다. 이 목적은 생산 가능 인구의 생산성을 높이며, 더 나아가 고용자와 연금생활자와 그들의 가족과 자녀, 특히 장애인들이 재정적으로 독립함으로써 그들의 삶을 보장해 주는 서비스를 제공해 준다.

기후에너지부(Department of Energy and Climate Change)는 기후 변화와 에너지 문제를 해결하는 것을 목적으로 한다.

보건부(Department of Health)는 시민의 선상과 지키고 그들의 삶을 향상시키는 데 그 목적이 있다.

외교부(Foreign and Commonwealth Office)는 영국의 국익을 증진시키고 국제사회의 발전에 기여함을 목적으로 한다. 특히 영연방 국가와의 관계를 강화하는 데에도 그 목적이 있다.

국방부(Ministry of Defence)는 국토 방위와 자국의 이익 보호와 자국민의 안전 확보는 물론 해외 영토의 보전도 국방부가 담당한다. 아울러 국제사회의 평화와 안전 보장을 위한 노력도 국방부가 담당한다.

법무부(Ministry of Justice) 시민을 위한 정의를 실현, 헌법의 수호, 선거의 공정한 실시, 권리의 보호 등을 목적으로 삼고 있다.

검찰청(Attorney General's Office)은 세 가지를 목적으로 하는데, 정부에 대한 법적 자문, 공익의 보호, 범죄에 대한 법적 절차 확보 등이다.

그 밖에 북아일랜드에서 지역분권을 다루는 북아일랜드부(Northern Ireland Office)와 스코틀랜드에서 지역분권을 다루는 스코틀랜드부(Office of the Advocate General for Scotland)가 있다.

기타 상·하원 원내총무도 국무위원이 된다. 이들 조직은 장관을 책임자로 하고 그 아래에 부장관(minister of state), 정무차관(parliament under secretary), 사무차관(permanent secretary)의 직위가 배치되어 있다. 이들의 관계는 부서에 따라 차이가 나는데, 대체로 장관, 부장관, 정무차관은 정치적으로 임명되는 직위이고 사무차관은 직업공무원이다. 이들 직위의 하부조직들은 국(局)-과(課) 체계인 경우에는 국장은 director, 과장은 deputy director, 담당은 assistant director 등의 명칭이 부여되었으나 요즘 들어 하부조직이 team, unit, group 등으로 재편됨에 따라 이를 일관성 있게 지키지는 않는다(서필언, 2005: 79).

부처 조직들은 시대에 따라 또 정치 이념에 따라 많은 변화가 있다. 그렇지만 그 대표형을 골라 조직의 모형을 제시할 수는 있는데, 부처들 중에서 대표적인 외교부와 환경부, 보건부의 조직 모형을 간단히 나타내면 [그림 13-1]과 같다(이 도표는 여러 변화 중 대표적인 것이라 생각되는 직제이다).

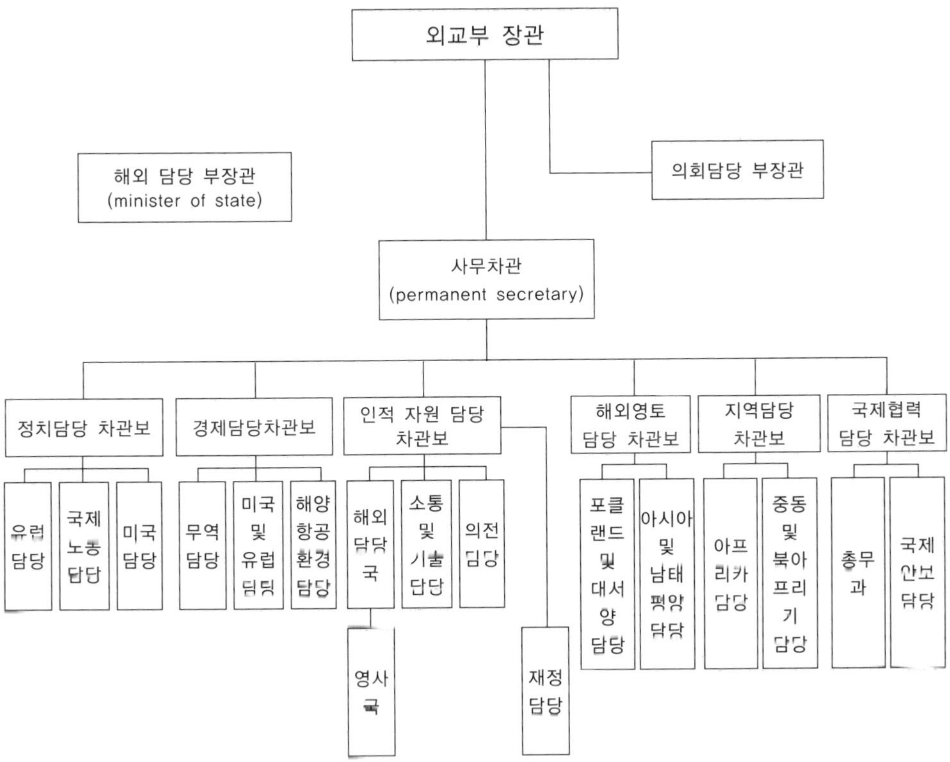

그림 13-1 외교부의 직제(대표형)

먼저 외교부 조직을 살펴본다. 1972년에 창립되어 외국이나 국제조직과의 소통과 협상, 영국의 국익 보호와 영국민의 안전을 책임지는 부서로 영연방(Commonwealth) 업무도 함께 담당한다.

환경부는 비교적 늦게, 1970년에 창립되었다. 이 부서의 업무는 주택, 도시계획, 국토계획, 상수도, 환경 보호, 문화재 관리, 지방정부와의 관계 등을 책임진다. 때로는 스포츠와 레크리에이션 등도 관할에 두기도 했다. 그 조직의 모습은 [그림 13-2]와 같다.

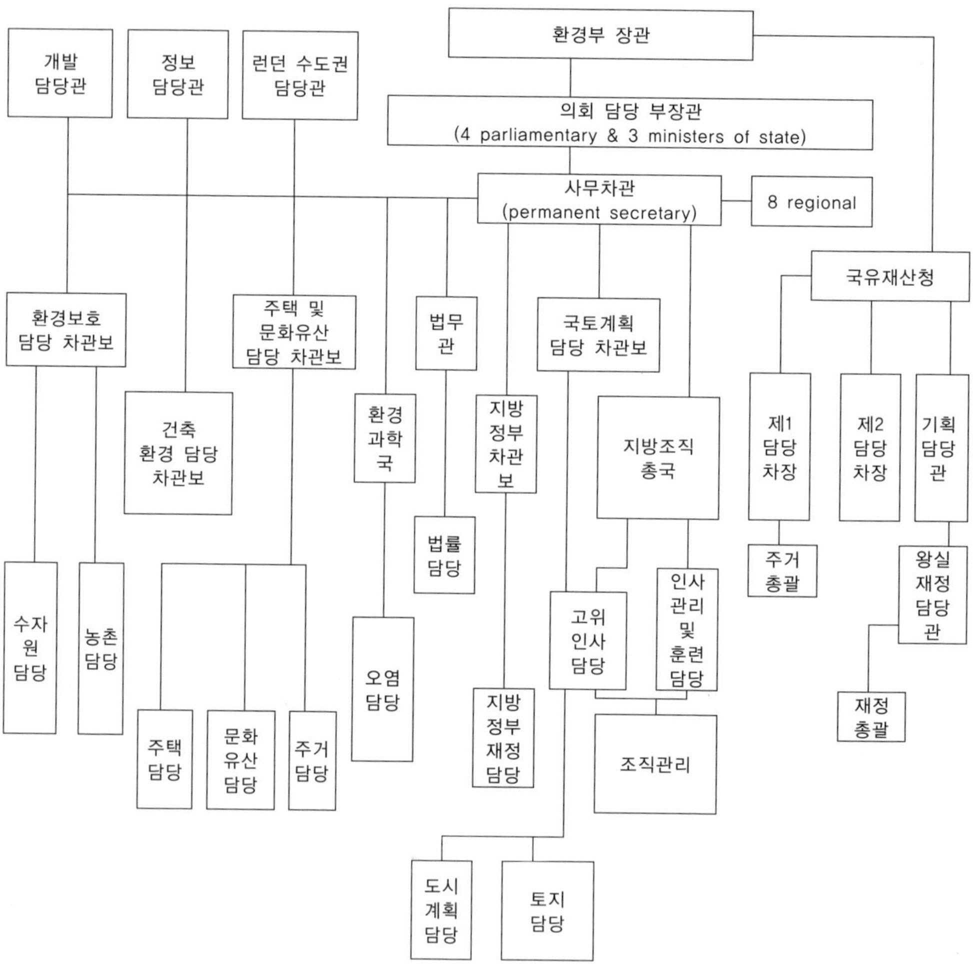

그림 13-2 환경부의 직제(대표형)

이어서 농림식품부를 살펴보자. 이 부처는 1889년도에 창립되었으며 주된 대상은 농부였으나 그 기능이 확대되어 어업, 식품 제조 및 유통, 그와 관련된 안전 및 보건을 다룬다. 조직도표는 [그림 13-3]과 같다.

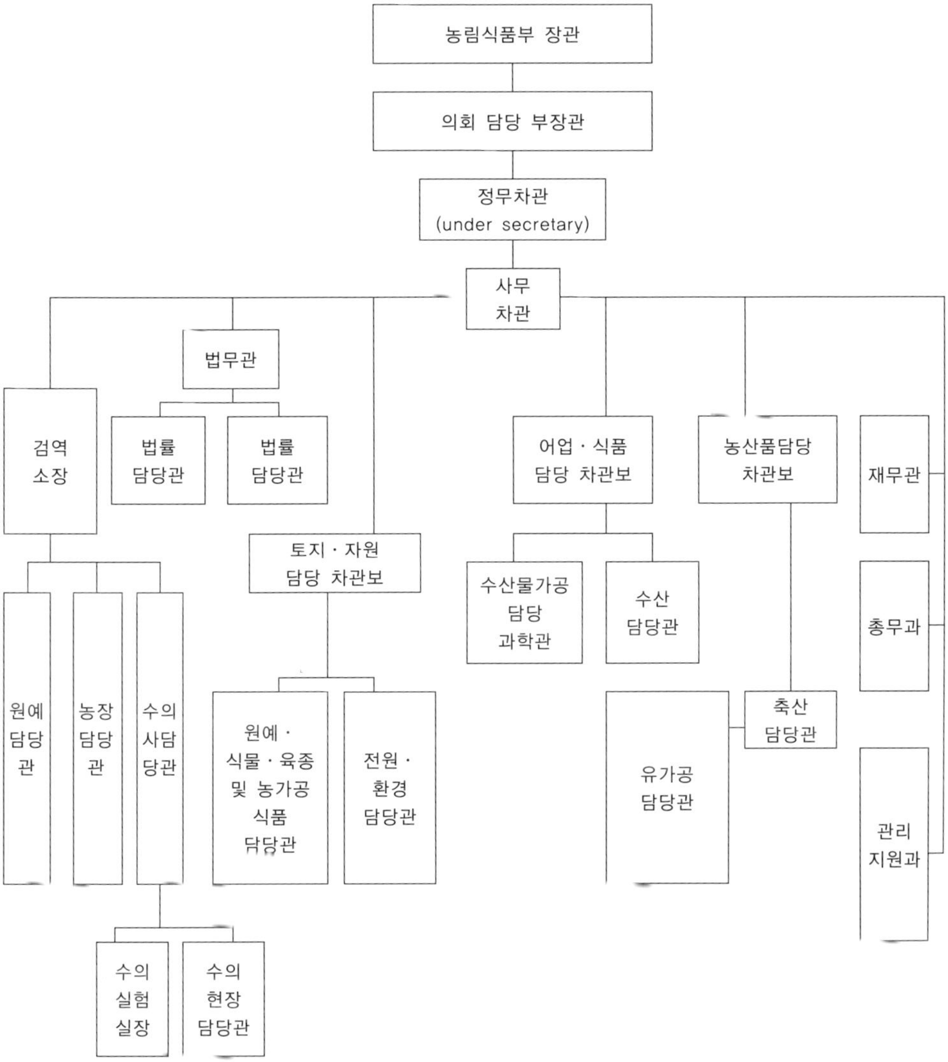

그림 13-3 농림식품부의 직제(대표형)

출처: Henessy(1989).

국무위원이 되지 않는 부처는 고위공무원(senior civil servants)이 책임자가 되는데, 사무차관(Permanent Secretaries)급이나 차관보(Second Permanent Secretaries)급이 임명된다. 이들 기관의 성격은 대체로 규제나 감독 기능을 수행한다. 따라서 정치적 성격으로부터 자유롭다. 이들 기관장의 명칭은 위원회의 경우에는 chairman 또는 commissioner를, 그 밖의 경우에는 chief executive, director general, regulator 등을 사용한다(서필언, 2005: 79). 기관장의 임명에서의 특징은 위원회 조직처럼 위원들로 구성되는 경우에는 장관이 재량으로 임명하거나 관련 조직체에서 선임되기도 한다. 장관이 책임지지 않는 기관의 명단은 다음과 같다.

국가부채관리위원회(Commissioners for the Reduction of the National Debt), 식품안전청(Food Standards Agency), 검사국(Crown Prosecution Service), 산림청(Forestry Commission), 회계원(Government Actuary's Department), 관세청(Her Majesty's Revenue and Customs), 공정거래위원회(Office of Fair Trading), 가스·전력위원회(Office of Gas and Electricity Markets), 국가기록원(The National Archives), 통계청(UK Statistics Authority), 무역·투자청(UK Trade & Investment) 등이다.

제3절 운용 측면에서의 영국 정부

운용 측면에서의 영국 정부는 시대의 변화에 따라 그 역할도 변해 왔다고 할 수 있다. 최근의 흐름을 요약하면 government에서 governance로의 이행인데, 이를 간단히 나타낸 것이 <표 13-2>이다(Allen & Thompson, 2005: 42-43).

표 13-2 변화의 요소

정부와 민주주의의 구성 요소	전통적 국가와 형식적 민주주의	현대화된 국가와 유기체적 민주주의
민주적 가치의 수호자	① 의회 ② 헌법과 권리장전을 포함한 전통과 관습	① 의회 ② 국제화된 기준과 실행 메커니즘

주된 행위자와 기관	① 의회; 정당과 정치인; 정부 부처와 공무원 지방정부를 포함한 정부 ② 큰 정부	① Quangos, 사적 영역, 자발적 조직의 파트너십; NGO를 포함한 시민단체; 민주적 시민 ② 국제적 연대와 국제적 단체 ③ 일할 수 있도록 하는 정부 (enabler; facilitator)
거버넌스의 자원	세금과 중앙정부의 재정; 지방정부의 교부금	① 지방, 중앙, EU를 포함한 정부 재원 및 교부금 ② 사적 부분으로부터의 재원, 기부금, Matching fund
정책 목표와 핵심 활동	① 거시경제 관리 ② 완전한 복지 프로그램 ③ 국가 이익의 관리	① 시장실패의 교정 ② 다른 공급자와의 협의와 규제 ③ 위기 관리 ④ 복지 모순의 관리와 복지 기능의 재검토
공중과 시민의 역할	① 세금 납부자 ② 투표권자 ③ 자격의 수동적 수혜자	① 적극적 시민 ② 전달 체계에서 적극적 고객 ③ 정책 개발에서 이해관계자(stakeholder)
공적 과정의 장(場)	① 의회와 정부 및 공직 단체	① 공적 기관과 아울러 비공식적 기관 ② 다층제로 이뤄진 공적 영역 ③ 국제화된 공적 영역
활동 영역	① 전통적 계층제로 이뤄진 국내 중심 ② 오프라인(off-line)을 중심으로 한 닫힌 영역	① 다양한 기관이 관여하는 영역 ② 참여와 설득이 함께하는 열린 접근(open access) ③ 국제기구 및 지방조직, 이익 중심으로 이뤄진 포럼
과정	① 선거를 통한 대표제 ② 정치인이 공무원과 공적 연결망(public liaison)을 형성	① 시민사회처럼 선거를 통하지 않는 대표의 참여 ② NGO와 정부가 파트너십을 형성
행위의 양태, 기구	① 세금과 공적 지출 ② 예산과 공적 계약 ③ 공식적 법적 규범 ④ 성문법과 국내 법원	① 협정과 조약 ② 인가와 프랜차이즈, 국제 기준 ③ 성과급적 급료 ④ 상호평가(peer-review)와 모니터링
책임 메커니즘	① 직접적, 의회나 정부처럼 보이는 중심이 존재 ② 직업적 규범(professional norms) ③ 공익이라는 관념에 기초	① 간접적, 시장 규범이나 고객처럼 보이지 않는 중심 ② bench-marking, 후원(patronage) 등 중시 ③ 초국가적 강요 장치 존재 ④ 권리 중심의 법원과 사법적 판단 중시
법원의 역할	① 법의 지배 ② 정책의 법적 정당성 ③ 적극적인 권리 보장 ④ 빨간 신호등 모델	① 참여의 강조 ② 정보의 흐름 중시 ③ 해석의 중시 ④ 파란 신호등 모델

정책 과정은 어떤 주제(a subject)가 상승해 이슈가 되고, 그 이슈가 정책의제(policy agenda)로 발전하며, 정부가 그것에 대해 숙고하고(investigate), 결정을 내리는 과정을 밟는다. 이렇게 결정을 내린 정책의제는 입법화(legislation)를 통해 정당성을 부여받고 집행(policy implementation)되고 정책평가(review)가 이뤄진다. 의안이나 법안의 추진력(dynamic forces)을 얻게 되는 경우는 여당에서 이뤄지거나(partisan dynamic), 정부 안에서(administrative dynamic), 여론과 같은 공공의 영역에서(public dynamic), 이익단체와 같은 곳에서(interest dynamic) 이뤄진다. 의안이나 법안이 발의되고 토론되어 정책으로 확정되는 과정은 먼저 현안(懸案, questions)에 대한 의미 부여부터 시작한다. 이 현안이 하나의 부처의 관할이라면 해당 부처의 장관의 결정으로 해결이 되지만 관할이 여러 부처와 관련된다면 공동책임의 원칙(collective cabinet responsibility)에 따라 내각실무협의회(Cabinet and Ministerial Committee business)를 구성해 논의한다. 여기서 논의되는 현안은 일반인에게 무척 중요하거나 부처 간에 계속된 논쟁이 있는 것들이다. 따라서 이 현안들은 그 지위가 관계장관회의(Ministerial Committees)로 상승한다.

운용의 측면에서 행위자들을 공무원, 장관, 총리, 내각과 정책협의회, EU, 압력단체와 정책공동체 등을 들 수 있다. 먼저 영국 정부에서 내각(cabinet)을 살펴보면, 내각이란 모든 정부 기능의 핵심(mainspring)이다. 좀 더 구체적으로는 ① 의회에 제출해야 하는 정책에 관한 최종 결정, ② 의회에서 승인이 이뤄진 정책의 집행을 감독하고 통제하는 최고 기관, ③ 행정부처 간의 조율 및 역할 분담의 결정 등이다(Henessy, 1989: 297). 이 세 가지 임무를 수행하기 위해서는 관련 부처 각료들이 자주 만나고 체계적인 결정이 이뤄지도록 설계되어 있다. 그 핵심은 결정을 내리기 전에 토론하는 데 있다는 점이다(Henessy, 1989: 301). 이어서 총리의 역할을 살펴보면 첫째로는 행정부 수장으로서의 역할이며, 둘째로는 정부정책에 대한 최종 책임자이며, 셋째로는 국제적으로 국가를 대표한다. 특히 영연방(Commonwealth)에서 국가의 대표로 정상회담(Summit Conference)에 참석한다. 넷째로 국가 주요 직위에 대한 임면권이다(서필언, 2005: 82-83). 실제 국정 운영의 측면에서는 두 가지 유형이 있다. 그 하나는 위임형(delegator type) 총리고 또 하나는 재고형(second-guessing type) 총리이다(James, 1997: 30). 전자는 각 부처 장관의 책임 아래 일을 수행해 가고 총리의 업무란 조율하는 유형인데 비해, 후자는 각 부처의 업무라 하더라도 총리실에서 감독하고 지시하는 유형이다.7)

공무원을 살펴보면, 공무원은 정부의 정책을 개발하고 발전시키며 집행할 뿐만 아니라 공공 서비스를 전달한다. 공무원은 장관에게 책임을 지며, 정치적으로 임명되지 않고 업적주의에 기초해 임명된다. 공무원이 되려면 다른 직업처럼 규정된 지원 절차를 통해 이뤄진다. 공무원의 역할은 '공무원 헌장(Civil Service Code)'에 명시하고 있는데 그 이념은 성실성(integrity), 정직성, 비당파성(impartiality), 객관성(objectivity)이다. 특히 비당파성에 관해서는 집권 정당에 관계없이 정책을 수립하고, 공공 서비스를 수행함으로써 정당하게 성립한 정부를 도와야 한다고 명시하고 있다. 즉, 공무원은 형식상으로는 국왕의 임무를 대행하는 이로서, 헌장이나 규정에 기초해서 장관들의 조언에 따라 국왕이 통치하는 것으로 되어 있다. 실질적으로는 정당하게 성립된 정부에 소속되어 있으므로 장관이 이용 가능한 모든 정보를 공정하고 정직하게 제공함으로써 장관이나 의회를 잘 보좌하고 일반인들에게 모범이 되도록 해야 한다. 또한 공직으로 얻은 정보를 허가 없이 누설해서는 안 되며, 공직을 떠난 이후에도 신뢰와 비밀 엄수의 의무를 준수해야 한다(James, 1997: 17-18).

제 4 절 영국의 지방정부와 지역정부

영국은 독특하게 지방정부(local government)와 지역정부(devolved government)로 구분할 수 있다.[8] 지방정부는 우리와 큰 차이가 없지만, 지역정부는 우리에게 낯설기 때문에 먼저 간단히 설명하면 영국 의회가 각 지역정부에 권한을 이양한 영역에서 지역정부는 자치권을 갖는다. 지역정부가 성립된 원인은 그들의 오랜 역사적 전통에 기인하는 것으로 웨일스는 일찍(1284년) 잉글랜드와 한 국가를 이루지만, 스코틀랜드와 잉글랜드와의 통합은 공식적으로 1707년에 와서야 이뤄진다. 웨일스

7) 위인형의 대표는 캘러헌(James Callaghan) 총리이고, 재고형의 대표는 대처(Margaret Thatcher) 총리라고 한다(James, 1997: 28-30).

8) 여기서 지역이란 스코틀랜드, 웨일스, 북아일랜드의 권한 이양된 지역을 말한다. 이들은 하나의 지역으로 부르나 잉글랜드에는 남서지역(South-West), 남동지역(South-East), 동부지역(East), 동중부지역(East Midland), 서중부지역(West Midland), 요크셔와 험버(Yorkshire and Humber), 북동지역(North-East), 북서지역(North-West)으로 이뤄져 있다.

는 잉글랜드와는 독립된 언어와 풍습, 민족적 차이를 보이고 있으며, 스코틀랜드도 언어, 종교나 사법제도, 교육제도 등에서 잉글랜드와 상당히 다른 모습을 보이고 있어서 2014년에는 그들의 독립 여부를 주민투표로 결정할 정도로 독립심이 높다 (물론 부결되어 현재의 형태로 유지되고 있다). 이런 이유로 각 지역정부 아래의 지방정부와는 구별된다. 권한 이양의 범위는 보건, 교육, 사법, 일반행정(home affairs), 농촌, 경제 발전과 교통 등이다. 따라서 여기에서는 지방정부와 지역정부를 구별해 지방정부를 먼저 기술하고, 이어서 지역정부를 기술하고자 한다.

1 지방정부

영국에는 500여 곳에 선출된 지방정부가 있어서 교육, 주택, 사회 서비스와 같은 다양한 공공 서비스를 제공한다. 이 지방정부는 내각책임제 국가의 원칙에 따라 그 존립(存立)이나 권한의 근거가 지방의회에 있다. 따라서 지방의회가 2층(two-tiered)으로 이뤄진다는 의미나 지방정부가 2층으로 이뤄진다는 말은 동의어로 볼 수 있다. 이를 염두에 두고 논의를 진행하면 일반적으로는 지방의회에 2층으로 이뤄지는데 상급자치단체인 도 의회와 기초자치단체인 군 의회(또는 구 의회)가 그것으로, 이 제도는 우리나라에서처럼 광역자치단체와 기초자치단체로 나뉘는 체제이다. 전자와 후자는 제공하는 서비스가 서로 다른데, 비광역시 상급자치단체와 비광역시 하급자치단체의 역할과 기능 분담은 다르다(<표 13-4> 참조). 그러나 이러한 2층의 자치단체로 인해 여러 문제가 제기되어 1986년 광역런던의회(Greater London Council) 및 6대 광역도시 지방의회가 해체되고 단일통합정부(unitary authority)가 탄생했다(Wilson & Game, 2002: 69-70).[9] 단일통합정부란 2층으로 된 자치단체가 존재하지 않고 2층이 통합된 형태이다. 그 역사를 간단히 살펴보면, 전통적으로 영국의 지방정부는 자치단체 연합(counties corporate)과 같은 형태로 상당히 높은 자치를 누리고 있었기에 이에 알맞은 다양한 권한과 기능을 갖고 있었다. 단일통합정부라는 용어는 1969년의 「레드클리프-모드(Redcliffe-Maud) 보고서」에서 처음 사용되었으며, 이 보고서에서는 광역자치단체와 기초자치단체의 기능을 묶은 정부

9) 물론 북아일랜드에서는 1973년 이래로 단층(single-tier system)의 자치단체가 존재해 왔다.

형태를 의미했다. 물론 용어는 달라도 실질적으로는 1889년과 1974년 사이에 단층 행정부(single-tier administrative units)라는 이름으로 단일통합정부가 존재했다고 볼 수 있다. 1972년의 지방정부법(Local Government Act)은 큰 도시와 그 배후지역을 통합해서 관할하는 일종의 도·농 통합지방정부를 창설하는 것이었다. 단일통합정부라는 개념은 광역과 기초자치단체의 2층 체제를 포기함을 의미하는 것이다. 1986년에는 이른바 6개의 직할시와 런던 특별시(Greater London)에 광범한 권한을 가진 통합정부가 도입되었는데, 상급의 광역지방정부는 폐지되고 그 기능은 중앙정부와 하급자치단체, 그리고 독립위원회(joint boards)로 나뉘었다.

1992년의 지방정부법(Local Government Act)에 따라 잉글랜드 지역에서 광역권이 아닌 지방에도 단일통합정부가 성립하고(예를 들면 Bristol, Herefordshire, the Isle of Wight and Rutland, Berkshire 지방),[10] 더 나아가 잉글랜드뿐만 아니라 스코틀랜드와 웨일스 지역에서도 설립되었다. 스코틀랜드와 웨일스 지역에서는 1996년까지 2층의 자치단체(two-tier systems)가 존재했으나 요즘은 단층의 지방정부 형태로 변화해 오고 있다. 단일통합정부는 그 담당 지역 안에서의 모든 지방정부의 기능을 책임지고 있지만 도(county)나 다른 지방과 독립해 행정이 이뤄질 정도로 큰 도시(대도시나 시)에서 많이 기능하고 있다.

2009년의 변화는 콘월(Cornwall)과 노섬브리아(Northumberland) 지방이 각각 단일통합정부를 설립했고, 기타 더럼 지방(County Durham)이나 시롭셔와 윌트셔(Shropshire and Wiltshire)도 뒤따랐다. 이 변화의 결과는 [그림 13-4]와 <표 13-3>에 나타나 있다.

단일통합정부는 비광역시 상급자치단체와 비광역시 하급자치단체가 각각 그 권한이나 기능을 수행하던 것을 통합해 놓은 것이다. 이 기능들은 주택, 쓰레기 관리(waste management & waste collection), 주민세(council tax collection), 교육, 도서관, 사회서비스, 교통, 도시계획, 소비자 보호, 인·허가(licensing), 화장장과 묘지관리(cemeteries and crematoria) 등이다. 이들 서비스의 관리 체계와 단일 통합자치단체에서의 기능을 보인 것이 <표 13-4>이다.

10) Avon, Humberside and Cleveland는 여러 단일 통합정부로 나뉘었다.

그림 13-4 잉글랜드 지방정부에서 단일통합정부(검은색)

표 13-3 영국의 단일통합정부

	스코틀랜드	웨일스	잉글랜드
1	City of Aberdeen	Swansea	Hartlepool
2	Dundee City	Neath Port Talbot	Darlington
3	West Dunbartonshire	Bridgend	Stockton-On-Tees
4	East Dunbartonshire	Rhondda Cynon Taff	Middlesbrough
5	City of Glasgow	Merthyr Tydfil	Redcar and Cleveland
6	Inverclyde	Caerphilly	Blackpool
7	Renfrewshire	Blaenau Gwent	Blackburn with Darwen
8	East Renfrewshire	Torfaen	Halton

9	North Lanarkshire	Cardiff	Warrington
10	Falkirk	Newport	Kingston Upon Hill
11	Clarkmannashire		North East Lingcolnshire
12	West Lothian		Stoke-On-Trent
13	City of Edinburgh		Telford and Wrekin
14	Midlothian		Derby City
15			City of Nottingham
16			Leicester City
17			Rutland
18			Peterborough
19			Milton Keynes
20			Luton
21			North Somerset
22			City of Bristol
23			Bath and North East Somerset
24			Swindon
25			Reading
26			Workingham
27			Windsor and Maidenhead
28			Slough
29			Bracknell Forest
30			Thurrock
31			Southend-On-Sea
32			Medway
33			Plymouth
34			Torbay
35			Poole
36			Bournemouth
37			Southampton
38			Portmouth
39			Brighton and Hove

표 13-4 자치단체의 역할과 기능

서비스 종류	비광역시 상급자치단체 (non-metropolitan county)	비광역시 하급자치단체 (non-metropolitan district)	단일 통합 자치단체 (unitary authority)
교육(education)	✔		✔
주택(housing)		✔	✔
기획 적용 (planning applications)		✔	✔
전략기획(strategic planning)	✔		✔
교통계획 (transport planning)	✔		✔
승객 수송 (passenger transport)	✔		✔
고속도로(highways)	✔		✔
소방(fire)	✔		✔
사회 서비스 (social services)	✔		✔
도서관 (libraries)	✔		✔
레저와 레크리에이션 (leisure and recreation)		✔	✔
쓰레기 수거 (waste collection)		✔	✔
쓰레기 처리 (waste disposal)	✔		✔
환경보건 (environmental health)		✔	✔
징세 (revenue collection)		✔	✔

5출처: http://en.wikipedia.org/wiki/Unitary authorities of England

2 지역정부

지방정부(local government)와 지방행정(local administration)은 구분되는데, 지방정

부란 국가를 구성하는 각 지역공동체의 시민들이 그들에게 필수적인 지방 서비스의 공급 권한을 중앙에 양도하지 않고 그들 스스로 보유하는 것을 말한다(Wilson & Game, 2002: 27). 일반적으로 분권화의 형태는 세 가지 유형으로 나뉜다. 그들은 행정적 분권(또는 위임), 기능적 분권, 그리고 정치적 분권(또는 자치권 이양)이다. 행정적 분권이 순전히 행정적 의사 결정 권한을 중앙부처의 일선조직으로 넘기는 것이며, 또 기능적 분권이 중앙정부가 특정한 서비스를 운영하기 위해 준독립적인 행정기관을 창설하는 것을 말한다.[11] 이에 비해 자치권의 이양이란 광범한 범위의 공공 서비스를 자율성이 있는(또는 시민에 의해 선출된) 지역정부에 정책결정 권한을 넘기는 것을 의미한다(Wilson & Game, 2002: 25). 그 대표적인 보기가 스코틀랜드 정부와 웨일스 정부, 북아일랜드 정부이다.

스코틀랜드의 정부 구성은 제1 장관실(Office of the First Minister), 기반시설 및 투자부(Cabinet for Infrastructure, Investment and Cities), 보건복지부(Cabinet for Health & Wellbeing), 재정고용부(Cabinet for Finance, Employment and Sustainable Growth), 교육부(Cabinet for Education and Lifelong Learning), 법무부(Cabinet for Justice), 농촌 및 환경부(Cabinet for Rural Affairs and the Environment), 문화 및 외무부(Cabinet for Culture and External Affairs)로 이뤄진다. 제1 장관실은 제1장관과 의회담당 장관(Minister for Parliamentary Business)이 재직하고 있어서 지역정부 업무를 통할하고 있다. 기반시설(Infrastructure)과 투자, 도시 업무, 교통, 주택, 상수도 업무는 스코틀랜드의 제1 부장관(Deputy First Minister)이 담당하는데, 그 업무 영역에는 스코틀랜드 정부의 전략적 기획과 헌법 문제(Government strategy and the Constitution)도 포함한다. 보건복지부, 재정고용부, 교육부, 법무부, 농촌 및 환경부, 문화 및 외무부 등의 업무는 그 명칭에서 보면 알 수 있으며, 각 담당 장관(Cabinet secretary for)이 그 업무를 총괄한다.

웨일스의 정부 구성도 제1 장관(First Minister), 지역사회 장관(Minister for Communities and Tackling Poverty), 자연자원 및 식품 장관(Minister for Natural Resources and Food), 보건복지 장관(Minister for Health and Social Services), 문화체육 장관(Minister for Culture and Sport), 행정자치 장관(Minister for Local Government and Government Business), 경제・과학 및 교통 장관(Minister for Economy, Science and

11) 영국의 국민건강서비스제도(NHS)가 그 대표적인 사례이다.

표 13-5 복지 영역에서 중앙정부와 지방정부 사이의 관계

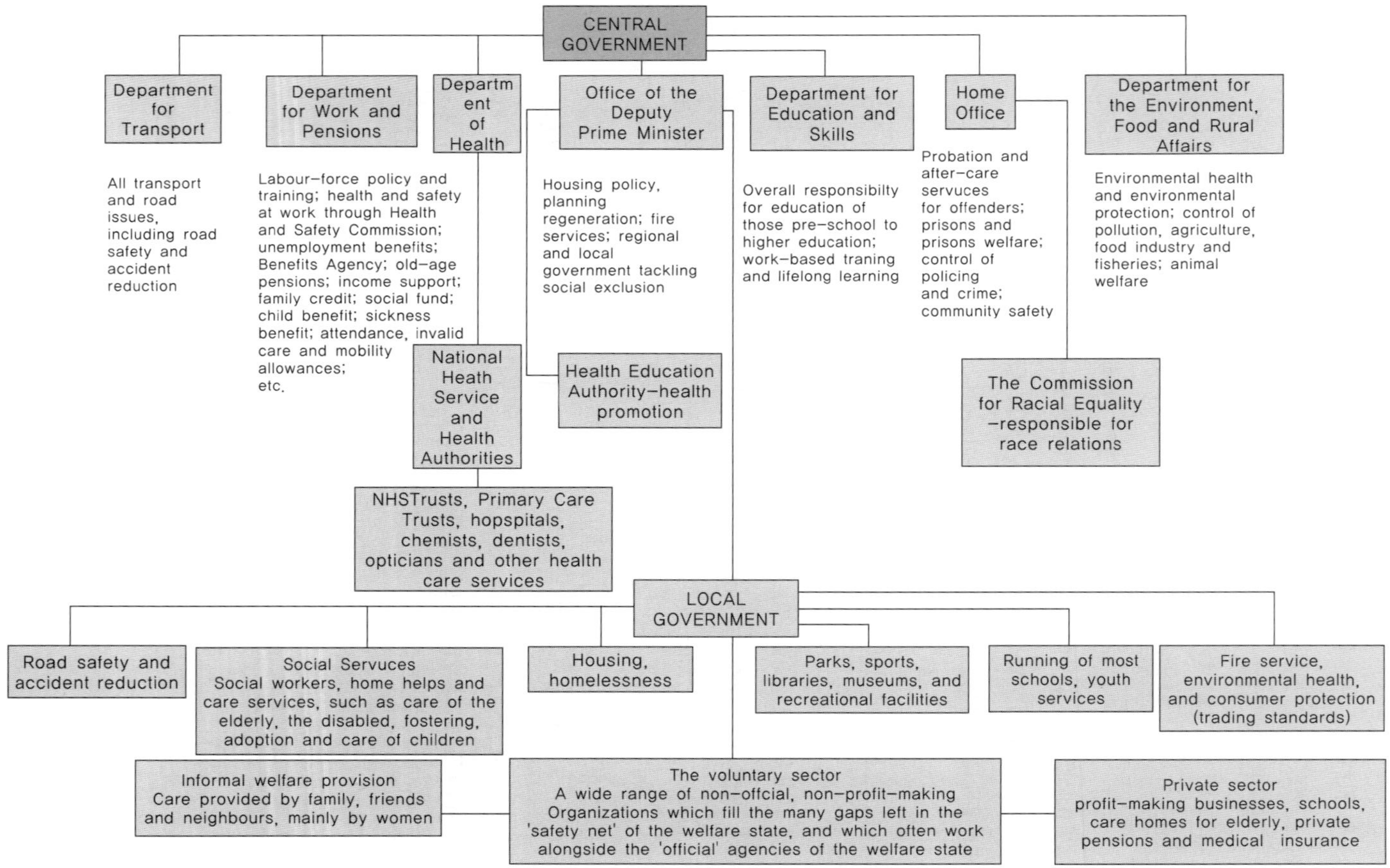

출처: Browne(2005).

Transport), 재정 장관(Minister for Finance), 주택개발 장관(Minister for Housing and Regeneration) 등이 내각을 이루고 있다. 기타 북아일랜드 정부도 유사한 형태의 정부 조직과 기능을 가지고 있다.

영국의 정부 구성과 기능을 살펴보면 그 지역적 · 역사적 전통에 기초한 자치에 입각해 그들의 나라 이름에 알맞게 연합(united)한 정부를 특징으로 하고 있다. 한편 대단히 역동적이며 그러면서도 안정적인 모습을 보여 준다. 앞서 언급한 역사와 함께 발전하며 살아 움직이는 역사 개념을 지니고 있다. 다른 표현으로 보수하면서 진보하는 특성이 영국 정부의 모습이라 하겠다. 진보한다는 것은 정부개혁이나 지방정부의 개혁에서 새로운 방법을 꾸준히 찾는 것을 말한다. 그러면서 이들을 연구하고 이론화해서 외부에 전파하고 외부로부터 새로운 것을 받아들인다. 예를 들면, 신공공관리(New Public Management: NPM)와 같은 것을 이론화하고 전파하는 현상이 여기에 속한다. 어쨌든 이런 노력이 우리에게 영국 정부에 대한 관심의 끈을 놓지 못하게 하는 요소일 것이다.

영국을 비롯한 서구 국가의 가장 중심은 복지 기능이기 때문에 복지를 중심으로 중앙정부와 지방정부의 기능의 얽힘을 살펴보기로 하자. 복지국가는 비공식 복지공급자나 자발적 복지 공급자들이 있기는 하지만, 중앙정부와 지방정부에 의해 복지 공급이 운영되는 형태이다. <표 13-5>는 이를 종합적으로 나타낸 것이다(Browne, 2005). 표에서 보듯이 중앙정부에서 복지 공급은 보건부(Department of Health)나 노동연금부(Department of Work and Pension)는 물론이고, 환경 · 농축산부(Department of the Environment, Food and Rural Affairs), 교통부(Department of Transport), 교육기술부(Department of Education and Skills), 내무부(Home Office) 등 여러 부처가 관련된다. 한편 지방정부는 사회서비스부(Department of Social Services)나 주택부(Department of Housing), 소방서(Fire service) 등을 통해 공급된다. 여기서 알 수 있는 것은 행정 서비스의 목적이 필요로 하는 이들에게 다양한 자원(welfare provision resource)을 공급하는 데에 있고, 중앙정부가 거시적 차원에서의 접근이라면 지방정부는 미시적 차원에서의 접근이라는 점이다.

제14장 프랑스 정부조직과 행정 시스템

제1절 서론

1 프랑스의 지리 및 영토

프랑스는 총 면적 551,602㎢로 유럽 대륙에서 러시아를 제외하고 가장 큰 면적을 갖고 있으며, 유럽 전체에서는 세 번째로 큰 영토를 유지하고 있다. 또한 경제적으로 두 번째로 큰 경제권을 형성하고 있는 단일국가이다.

[그림 14-1]에서 보는 바와 같이 본토는 22개의 레종(Région, 지역)으로 구분되어 있으며, 본토 외에 식민 시대의 유산인 4개의 해외 영토로 뉴칼레도니아(Nouvelle-Calédonie), 프랑스령 폴리네시아(Polynésie française), 왈리・푸트나(Wallis et Futuna), 오스트레일리아 남단 남극령(Terres australes et antarctiques françaises) 등이 있다. 프랑스 통계청(INSEE)에 따르면, 2014년을 기준으로 한 프랑스 총인구는 공식적인 통계 수치로 6,493만 명으로서 전년 대비 0.5%(35만 명)의 인구증가율을 보이고 있다.

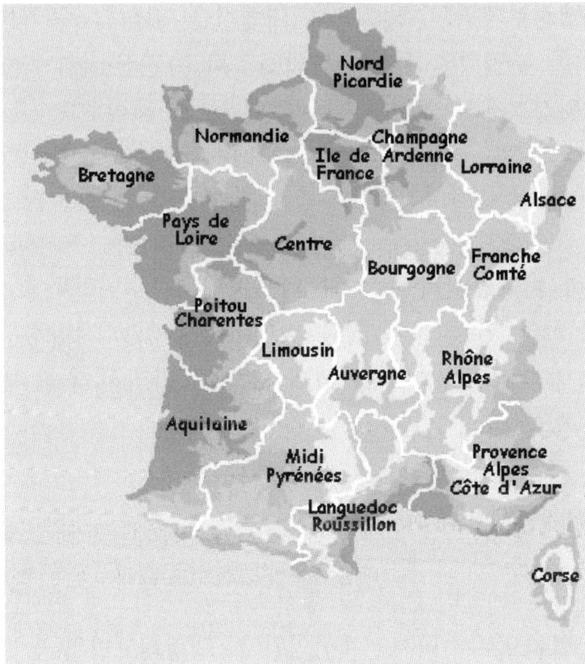

그림 14-1 프랑스 영토 및 22개 레종 관할지역

2 프랑스의 통치제도 개요

1) 중앙정부 통치제도: 대통령제와 집권여당 대표의 내각수상제 혼합형

프랑스의 정식 명칭은 프랑스공화국(République française, French Republic)이며, 단일국가로서 대통령제와 상·하원제에 의한 내각제가 혼합된 반(半)대통령제(unitary semi-presidential republic)를 채택하고 있는 민주국가이다. 대통령은 국가의 원수로서 5년마다 선출한다(과거 7년). 수상은 행정부의 수반으로서 대통령이 임명하지만 과거의 이원집정제와 같이 다수당의 당수가 집권 여당이 될 경우, 다수정당제 운영 체제에 근거해 다수당이 실질적인 집행부(중앙행정부처)를 구성함으로써 자동적으로 수상이 행정부의 수반이 된다. 야당 대표가 대통령으로 선출될 경우 대통령은 국가원수로서 대외적 외교를 책임지며, 군대의 통치권자로 국가수반이

되지만, 수상은 행정부처의 수장으로서 대립각을 형성할 수 있다. 이 경우에는 여·야 양당에 의한 분권형(동거정부) 통치구조로 이원집정제 구성도 가능하다. 과거 두 차례의 이원집정제가 있었다.

2) 입법부

입법권을 대표하는 상원의회(Sénat)는 임기 6년으로 3년마다 1/3씩 선출되며, 하원의회(Assemblée nationale)의 의원들은 임기가 5년이다. 지방정부를 대표하는 상원의회는 하원과 달리 입법권이 제한되어 있으며, 따라서 최종 법률안 심의 의결권은 하원의회에 있다.

3) 사법부

프랑스는 다른 국가와 달리 민사 및 형사소송을 중심으로 한 민·형사법원 이외에도, 별도의 행정법원으로서 국가정책심의원 겸 행정최고법원(국사원: Conseil d'Etat)이 있다. 행정재판을 전담하는 하급행정법원으로는 6개 행정재판 항소법원(Cour Adiministrative d'Appel)과 35개의 1심 행정법원(Tribunal Adiministrative)이 있다. 이외에 사법부는 9명의 헌법위원회(Conseil Constitutionnel)가 헌법재판소 역할을 수행한다. 그리고 정부감사기구로서 국가최고회계감사원(Cour des Comptes)과 22개 레종 중심으로 지역회계감사원이 각 관할 지역의 감사활동을 책임지고 있다.

제 2 절 프랑스의 정치·행정 구성 체계 및 중앙-지방정부 조직 체계

1 '지방분권 체제'에 기초한 민주공화국

1) 주요 변화 시기

유럽연합(EU)의 중심 국가인 프랑스는 마스트리히트조약(Maastricht Treaty) 체결 이후 국가 운영 체제를 지방분권에 기초한 통치구조로 재편하게 되었다. 구체적으로 1982년 새로운 지방자치법을 제정해 지방분권 체제의 기반을 만들었고, 20년 후인 2003년 헌법을 대폭 개정해 지방분권을 더욱 확고하게 구축했다.[1]

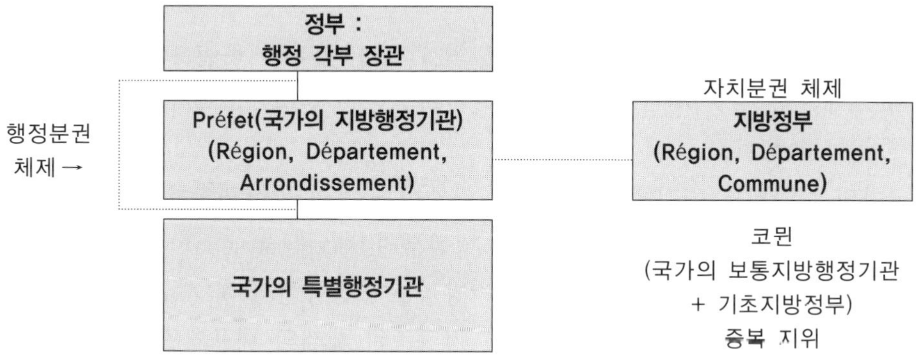

그림 14-2 프랑스의 지방분권 체제에 기초한 행정 시스템

2) 행정통치의 이원적 조직 체계

프랑스는 국가(중앙)-지방정부 간 이원적 조직 체계(territorial organizational arrangements in dualism principle)를 형성하고 있으며, 이러한 조직 원리에 의해 국가는 지방정부에 국가위임사무를 수행하도록 함으로써 기능적 분담 체계를 적극 활용하고 있다. 이는 이웃 나라인 독일, 영국과 동일하게 전국적으로 정부조직의 이원 체제(dualism principle)를 유지하는 것인데, 말하자면 공공 서비스 제공을 위한 정부 간 협력 네트워크(co-ordination and co-operation networks) 체제를 유지하고 있는 조직 운영 체계이다.

하지만 행정 원리상으로는 국가-지방 간 단일행정 체제(single administrative principle)의 원칙을 유지하면서 중앙부처 소속기관과 지방행정기관이 공존하는 시스템

1) 제1조 (프랑스 공화국의 지방분권 조직 체계): "프랑스는 정·교 분리 원칙과 민주사회 국가이며, 분리될 수 없는 공화국이다. 프랑스는 출신·인종·종교로 인한 차별을 누지 않고 모든 시민은 법 앞에 평등함을 보장한다. 프랑스는 모든 신념을 존중한다. 프랑스 공화국의 조직은 지방분권 체제로 구성된다"(La France est une République indivisible, laïque, démocratique et sociale. Elle assure l'égalité devant la loi de tous les citoyens sans distinction d'origine, de race ou de religion. Elle respecte toutes les croyances. Son organisation est décentralisée).

을 유지한다. 그리고 행정조직상 이원적(dualism) 조직 원칙 하에 기능적 배분 체계를 유지한다. 이 원칙에 따라 지방정부/특별지방행정기관의 존재적 당위성이 있다.

3) 이원적 행정 체제: 행정분권과 지방분권

프랑스는 1982년 신지방분권 정책의 추진 결과, 오늘날 단일국가이지만 전국적 행정 체제에서 (국가)행정계층과 자치행정계층으로 구분되는 이원적 전국행정 체제를 가지고 있다.

국가의 중앙정부 행정계층은 지방에 소재한 국가의 지방행정기관인 도 행정 체제(Préfecture system)를 근간으로 하는 행정분권(Déconcentration) 체제로 운영되고, 지방정부 중심의 자치행정계층은 3개 지방정부가 동등한 법적 지위를 갖고 운영되는 지방분권(Décentralisation) 체제이다. 행정분권 체제의 대표기관은 국가 임명지사인 프레페(Préfet, 국가지방청)이다. 국가 임명지사인 프레페가 있는 국가의 지방행정 단위는 네 가지 형태로 구분한다. 즉, 9개 국토방위권역(zone de défense), 26개 레종(Région), 100개 데파르트망(Département), 339개 아롱디스망(Arrondissement, Sous-Préfet 국가 임명부지사) 등이 있고, 이 밖에도 고유사무를 관장하는 중앙부처의 지방행정기관으로 여러 분야의 특별지방행정기관이 설치·운영되고 있다.

단, 코뮌과 데파르트망은 과거 국가의 행정 단위였으므로 계속적으로 이중적 지위를 갖게 되어 결과적으로 현재 프랑스의 행정계층 구조는 지방정부의 자치행정 단위를 포함해 "코뮌(자치/행정 계층)→캉통(canton: 행정 계층)→아롱디스망(행정 계층)→데파르트망(자치/행정 계층)→레종(자치/행정 계층)" 등 이중적 지방행정 체제(dualism)를 구성하게 되었다.

4) 행정조직의 근간: 도 행정 체제

프랑스 전국 행정조직의 근간이 되는 것은 도(행정기관)이며, 이를 기반으로 지방 수준의 공공 서비스를 제공하는 다양한 협력자들은 크게 지방정부와 국가의 지방행정기관(특별지방행정기관), 영조물 등 정책(집행 및 전달) 네트워크의 구성 요인들이 되는 다양한 행위자가 관련된다. 예를 들면, 국가의 지방행정기관(중앙부처 소속, 통합행정청), 도 지방정부, 기초지방정부, 기초정부 간 협력기구 등이 정책행위자가 된다.

국가 수준의 정책 집행은 수직적 계층화에 의해 각 중앙부처는 부처별로 운영되는 부처별 소속 공무원(different administrative elite, grand corps)들을 동원해 이행한다. 조직적으로는 전국의 도(Départements, 데파르트망) 중심의 행정기관(단위)으로 중앙정부가 임명한 도지사(Préfet)에 의해 통합적으로 관할한다.

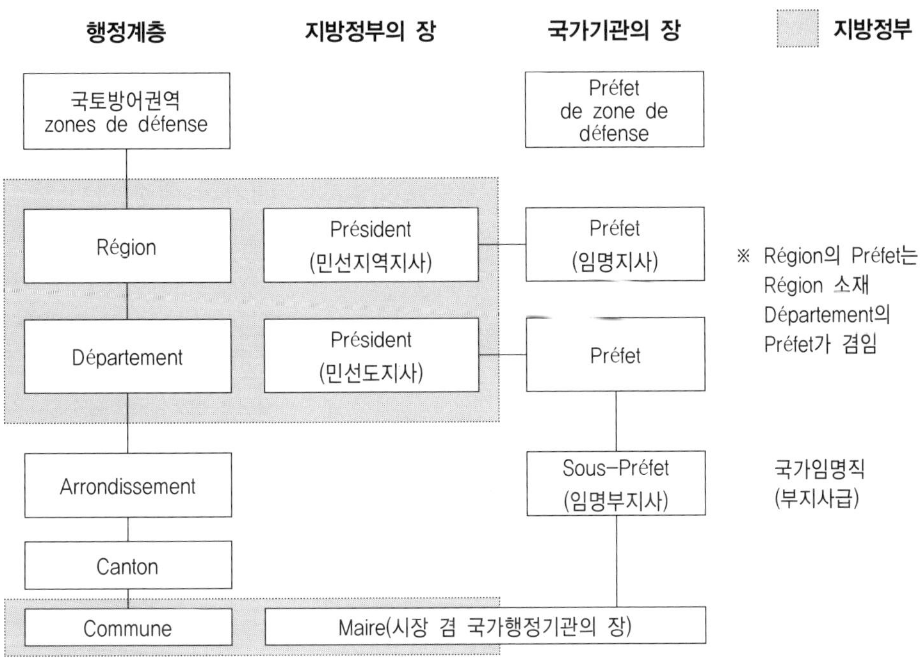

그림 14-3 프랑스의 국가-지방정부 간 이원적 행정 체제 및 지방정부 계층구조

5) 풀뿌리 지방분권 원리

프랑스는 "시민으로부터 가장 가까운 국가"(근린공화국, République de proximité)를 실현하기 위해 지방분권 정책을 지속적으로 추진해 왔다. 이 제도의 근간이 되는 '풀뿌리 근린통치'는 크게 두 가지 장점을 제공한다. 하나는, 주민으로부터 가장 가까운 곳에서 정책 결정을 하게 되면 국가는 가장 핵심적인 임무를 수행하도록 정리해 준다. 즉, 중앙집권 체제에서는 지방의 복잡한 문제들도 중앙으로 올라가

처리하게 된다. 이러한 중앙집권적 결정 상황이 모든 결정 과정을 마비시키고, 방해를 받게 되면 결국은 정치적인 무능으로 치닫게 된다. 또 다른 하나는, '풀뿌리 통치'는 복잡한 문제에 대해서는 그 문제와 가장 가까이에 있는 현장에서 결정을 하도록 책임성을 부여함으로써 복잡한 상황을 정리할 수 있게 해 주는 장점을 갖는다. 따라서 '풀뿌리 근린통치' 체제에서는 시민들이 접근하기 쉬운 수준에서 결정을 하게 되면 그와 관련된 모든 정체성이 알려지고 주민의 가장 가까이서 쉽게 접근도 가능해져 주민의 자율성이 그만큼 더 높아질 수 있다.[2)]

6) 지방정부의 행정조직: 3계층형 지방행정 체제 운영

현행 지방자치 계층 형성을 요약하면, 프랑스혁명 당시 국가의 행정 단위 중심

표 14-1 프랑스 지방자치 계층 구조(2014. 1. 기준)

지방정부의 종류	1999년	2013년
코뮌(Commune) 기초정부	총 3만 6,779개 프랑스 본토 3만 6,565개 해외 영토(DOM) 114개 기타 100개	총 3만 6,700개 프랑스 본토 3만 6,474개 해외 영토(DOM) 114개 기타 100개
데파르트망(Département) 광역정부	총 100개 프랑스 본토 96개 해외 영토(DOM) 4개	총 101개 프랑스 본토 96개 해외 영토(DOM) 5개
레종(Région) 지역정부	총 26개 프랑스 본토 21개 코르시카 1개 해외 영토(DOM) 4개	총 26(25)개 프랑스 본토 21개 코르시카 1개 해외 영토(DOM) 4(3)개
해외 영토(Territoires d'outre-mer) 지방정부	총 2개 (Wallis et Futuna, Terres australes et antarctiques françaises)	총 2개 (Wallis et Futuna, Terres australes et antarctiques françaises)
특별한 지위를 가진 해외 영토 지방정부	4개 (Nou5elle-Calédonie, Polynésie française, Mayotte, Saint-Pierre-et-Miquelon)	4개 (Nou5elle-Calédonie, Polynésie française, Mayotte, Saint-Pierre-et-Miquelon)

출처: les collectivités locales en chiffres 2013.

2) 2002년 4월 10일 당시 대통령 자크 시락(Jacques Chirac)의 루앙 연설.

이었던 데파르트망(Département)과 기초행정 단위인 코뮌(Commune)이 세워졌고, 1982년 신지방분권법 제정으로 국가의 행정 단위가 동시에 자치행정 단위로 전환되면서 국가 영조물이었던 레종(Région)이 자치행정 단위상 3~5개 데파르트망을 포함하는 레종 지역정부가 되었다. 그에 따라 전국에 지리적으로 3계층 중첩형의 자치행정 체제로 운영되고 있다.

2 중앙정부의 행정조직

1) 중앙부처 조직 구성

2012년 5월 선출된 사회당정부의 올랑드(François G. G. Hollande) 대통령은 과거 정부와 달리 지방자치를 총괄하던 내무부로부터 '지방분권' 분야를 담당하는 새로운 중앙부처를 신설했다. 따라서 '지방분권'을 담당하는 부처는 국가개혁 · 지방분권 · 공무원부(Ministre de la réforme de l'Etat, de la décentralisation et de la fonction publique)이다.

아래 정부조직표(<표 14-2>)는 2012년 출범 당시의 조직을 경제 발전을 목표로 2014년 대폭 축소한 중앙행정 조직 체계이다. 중앙정부는 크게 주무장관(Ministre)과 그 장관을 보좌하는 담당장관(Secrétaire d'État)들로 구성되어 있다.

표 14-2 올랑드 대통령의 2014년 개편정부 조직

부처	부처 주무장관	담당부처	담당장관
Premier Ministre	수상	Secrétaire d'État chargé des relations avec le Parlement Secrétaire d'État chargé de la réforme de l'État et de la simplification	직무담당장관 국가개혁 · 간소화담당장관
Ministre des affaires étrangères et du développement international	외무부	Secrétaire d'État chargée du Commerce extérieur, de la promotion du Tourisme et des Français de l'étranger	국제통상 · 관광 · 재외프랑스국민담당장관

		Secrétaire d'État aux affaires européennes Secrétaire d'État au développement et à la francophonie	유럽담당장관 발전 · 프랑스 권담당장관
Ministre de l'éducation nationale, de l'enseignement supérieur et de la recherche	교육 · 고등교육 · 연구부	Secrétaire d'État à l'Enseignement supérieur et à la Recherche	고등교육 · 과학연구담당 장관
garde des sceaux, Ministre de la justice	법무부		
Ministre de l'économie, du redressement productif et du numérique	경재 · 생산성향상 · 디지털부	Secrétaire d'État chargée du Commerce, de l'Artisanat, de la Consommation, et de l'Économie sociale et solidaire Secrétaire d'État chargée du Numérique	무역 · 상공업 · 소비 · 사회경제 · 연대담당장관 디지털 담당장관
Ministre des finances et des comptes publics	재정예산부	Secrétaire d'État au Budge	예산담당장관
Ministre des affaires sociales et de la santé	사회복지 · 보건부	Secrétaire d'État chargée de la Famille, des Personnes âgées et de l'Autonomie Secrétaire d'État chargée des Personnes handicapées et de la Lutte contre l'exclusion	가족 · 노인 · 자활 · 자립담당장관 장애인 · 사회적소회담당 장관
Ministre de l'intérieur	내무부		
Ministre du logement et de l'égalité des territoires	주택 · 균형발전부	chargée des petites et moyennes entreprises, de l'innovation et de l'économie numérique	중소기업 · 혁신 · 디지털 경제
Ministre de l'écologie, du développement durable et de l'énergie	환경 · 지속가능발전 · 에너지부	Secrétaire d'État chargé des Transports, de la Mer et de la Pêche	교통 · 해양 · 어업담당장관
Ministre du travail, de l'emploi et du dialogue social	노동 · 고용 · 전문직교육 · 사회소통부		
Ministre de la défense	국방부	Secrétaire d'État aux Anciens combattants et à la Mémoire	보훈담당장관

Ministre de la culture et de la communication	문화 · 통신부		
Ministre des droits des femmes, de la ville, de la jeunesse et des sports	여성권리 · 도시 · 청소년 · 체육부	Secrétaire d'État aux Sports	체육담당장관
Ministre de l'agriculture, de l'agroalimentaire et de la forêt, porte-parole du Gouvernement	농업 · 식품 · 산림부(정부대변인)		
Ministre de la décentralisation, de la réforme de l'Etat et de la fonction publique	지방분권 · 국가개혁 · 공무원부	Secrétaire d'État à la Réforme territoriale	지방분권개혁 담당장관
Ministre des outre-mer	해외영토부		

섬차 복잡 다양해진 국가를 경영하는 데 필요한 기술적 발전과 연결되어 현대 정부는 더욱 다양한 형태의 행정조직을 구성 운영하는 것이 필요하게 되었다. 현대 국가의 중앙행정기관은 이미 다차원적인 복지국가의 역할을 강력히 수행하기 때문에 그에 맞는 또 다른 다양한 기능과 임무를 부여받아 수행하므로 단순한(정책) 집행기구로부터 자문기구로, 그리고 참모기구(administration d'état-major) 등으로 다양한 조직적 변화를 꾀해 왔다. 지금부터는 프랑스의 중앙부처가 갖고 있는 몇 가지 전형적인 조직 유형을 살펴본다.

① 중앙부처(départements ministériels): 중앙행정조직의 주요 뼈대를 구성하는 행정조직

② 참모행정조직(administrations d'état-major): 주로 국가의 최정상급 수준에서 발전되어 온 참모기구

③ 감사기구, 전문가 그룹조직(administrations de contrôle, d'expertise): 다른 행정조직보다 더 전문적으로 구성 및 운영되는 행정조직

④ 국가의 지방행정(administrations territoriales): 지방자치단체의 행정조직 또는 연방국가에서 연방행정조직과 같은 행정기구

⑤ 특별임무 수행기구(책임운영기관 administrations de mission): 행정에 적용되는 현재 규정에 의한 법적 임격성과 예산상의 한계를 벗어나 공공 서비스의 임무를 완수하기 위해 이에 적절하게 적용되는 자체적인 행정조직을 가지면서도, 다양한 기능을 수행하는 중앙부처 소속 또는 부처 내에 위치한 전문 영

역에서의 정책 수립 및 집행조직이다. 예를 들면, 1946년 창설된 국가경제기획원(Commissariat général au Plan), 1963년 창설된 DATAR(국가개발기구), 또 사회의 중요한 문제를 해결하기 위해 조직된 특정 임무를 수행하도록 조직된 정책 집행적-참모 기능적 역할을 이행하는 기구들이다. 이러한 사례들로는 여성지위향상추진기구(délégation à la condition féminine), 고용창출기구(mission pour l'emploi), 자연재해방지위원회(commissariat à l'étude et à la prévention de risques naturels majeurs), 매춘선도기구(Messieurs Prostitution), 비폭력추진팀(Antiviolence), 마약퇴치위원회(Anti-drogue), 도로안전위원회(Sécurité routière) 등도 있었다.

⑥ 독립행정기관(autorité administrative indépendante): 미국의 독립규제위원회로부터 아이디어를 받아 만든 독자적 지위를 가진 행정조직이다. 예를 들면, 프랑스 옴부즈맨인 국가중재위원(médiateur de la République, 고충처리위원회), 국가연구평가위원회(Comité national d'évaluation de la recherche: CNER) 국가정책평가위원회(Comité national d'évaluation), 증권감독위원회, 국가안보・감청통제위원회(Commission nationale de contrôle des interceptions de sécurité: CNCIS), 국가정보 자유보장위원회(Commission nationale de l'informatique et des libertés: CNIL) 국가방송위원회(Conseil supérieur de l'audivisuel: CSA), 국가선거정치자금감독위원회(Commission nationale des comptes de campagne et des finances politiques: CCFP) 여론조사감독위원회(Commission des sondages), 정보통신규제위원회(Autorité de régulation des télécommunication: ART) 등이 있다.

2) 중앙부처 조직 근거 및 운영 체계

프랑스는 정부조직법령(1987년 6월 15일 정부령 제87-389호)으로 각 중앙부처(département ministériel)의 조직 체계를 정해두고 있다. 조직 체계는 총국(Directions générales)-국(Directions)-실 또는 과(services)의 기본 조직으로 구성되며, 각 부처간 통일적으로 운영된다.

중앙행정부처의 전형적인 조직은 여러 단계로 책임성을 나누는데, 그 수는 1987년 6월 15일 수상의 행정회람(circulaire)에서 규정했고, 이 회람에 따르면 중앙행정기관의 총국-국-자율행정실의 부국으로의 조직은 수상과 관계장관의 공동정부령(arrêté conjoint du Premier ministre et du ministre concerné)에 의해 정해진다. 그리고 부국을 과로 결정하는 것은 장관령(arrêt ministériel)의 대상이다. 수상(행정부의 수반)과 관계장관이 함께 서명하는 부처간 정부령(arrêté interministériel)이 중앙행정기관의 총국(Directions générales), 국(Directions), 자율행정실(services autnomes)들을 부국(Sous-directions)으로 조직할 수 있도록 정하며, 부처장관령(arrêté du ministre compétent)이 부국을 과(Bureaux)로 정할 수 있다.

또한 여러 중앙부처 간 공통적으로 하나 또는 둘 이상의 행정조직을 동시에 활용 가능하도록 하는 운영 시스템이 활성화되어 있다. 정부조직법령으로 한 중앙부처의 행정조직을 필요에 따라서 다른 소관 분야의 장관이 업무를 수행할 때 '보조' 받을 수 있도록 규정해 둠으로써 중앙부처 간 상호 협력 체계가 원활하다. 그 결과 여러 또는 개별 부처의 몇몇 국 단위 행정조직이 여러 부처의 장관들 책임 하에 공동 지휘될 수 있도록 명시하거나, 또는 반대로 한 부처의 하나 또는 두 개의 국 단위 행정조직을, 필요에 따라서 여러 부처 장관에게 협력부서 또는 지원부서로서의 역할을 수행할 수 있도록 탄력적 조직 체계를 갖고 있다.

중앙부처는 대부분 중앙행정기관(services centraux)과 외곽기관으로서 특별지방행정기관(services déconcentrés, 국가의 지방행정기관)을 포함한다. 직접 장관이 책임 통치하고 있으며, 정부의 결정이나 부처의 결정을 준비하고 집행하기 위해 조직되어 있다. 중앙부처는 전국적 성격을 지니고 정책기획(conception)을 주로 담당하고 있다.

3) 중앙부처 기능과 기본 조직

중앙행정기관의 주요 기능은 다음과 같이 요약할 수 있다.

① 정책 결정 준비: 지방행정기관들로부터 수집한 자료와 정보로부터 중앙행정기관은 정치책임자들에게 정책선택안을 수립하고 문제의 해결점을 법률안(projet de loi), 정부령인(projet de décret), 장관령안(projet d'arrêté), 행정부지침안(projet d'instruction) 등을 통해 준비한다. ② 중앙행정기관은 미래를 예측하는 업무를 수행하며, 항시 만반의 준비와 모든 문제에 대해 장관에게 해결점을 제시할 수 있도록 대응한다. ③ 행정 업무, 정책 등을 수행하기 위해 연구조사가 필요한 경우, 중앙행정

기관은 직접적으로 실천하기보다는 주로 연구조사 활동을 실행할 수 있도록 하게 한 지침규정안(cahier des charges)을 만들어 활용하도록 유도한다. ④ 행정 업무와 관련한 행정소송, 규제안 등에 대한 업무를 수행한다. ⑤ 결정안에 대한 집행 또는 집행 상황 감독: 중앙행정기관은 이렇게 정책 집행 과정에서 결정된 정책안들의 효과에 대해 대비하고 새로운 결정안에 대한 수정작업을 준비할 수 있도록 행동한다. ⑥ 중앙부처의 예산 운영: 중앙행정기관들은 예산계획을 준비하고 배당받은 예산액을 운영하며 국내적 수준에서의 (행정)계약을 추진하고 사용 지출에 대한 회계를 관장한다. ⑦ 지방행정기관 지휘 감독: 중앙행정기관은 지방행정기관의 역할을 대신하지는 않으나 산하 지방행정기관들이 장관 또는 행정부의 지시에 대한 집행의 기본틀을 형성할 수 있도록 계속 노력한다. 그리고 중앙행정기관은 계속해서 이러한 지방행정기관과 관련 기관들의 물적·인적·재정적 재원을 관리, 감독한다.

중앙행정기관의 조직 유형은 다음과 같다.

① 보좌기관(cabinets ministériels, conseil supérieur): 막료기관으로서의 참모실, 전문자문위원

② 직속조직(services rattachés directement au ministre): 자문기관, 감사실, 국방기획관, 조사연구기관, 산하감독기관

③ 중앙행정국(administration centrale)

④ 중앙부처 산하조직(services administratifs ou établissements publics rattachés ou sous tutelle, organismes rattachés): 지방행정기관, 산하단체, 감독기관 등으로 나뉜다.

⑤ 공통 조직 유형으로 장관참모실(cabinet ministériel), 총감사실(inspection générale) 등이 있다.

그리고 각 중앙부처의 조직 구성과 기능은 장관-장관 직속조직-중앙행정국-산하조직 등의 순으로 이뤄진다. 뒤의 제3절에서 좀 더 자세하게 분류해 사례 중심으로 정리해 두었다.

4) 중앙부처 장관

중앙부처 장관을 중심으로 한 소관 부처 조직 및 운영권의 범위를 살펴본다. 중

앙행정기관(ensemble de services)을 지휘하는 최고책임자는 장관이기 때문에 계서조직상 최고 정점에 위치하고, 국(局, direction)을 중심으로 한 계선조직을 지휘한다. 장관의 참모(막료)조직은 장관과 운명을 같이하는 (자유재량 임명직) 동반자이며 측근(entourages), 조언자(conseiller) 또는 특별비서(secretariats particuliers)의 위치에 있는 구성원들이다. 한 중앙부처의 행정조직을 변화시킬 때에는 장관의 자율적 의지에 따라서 아무런 제약 없이 조직을 재구성할 수 있는 것은 아니고, 기본적으로 예산(법)(loi de finances)상에 규정되어 있는 공무원 수(직위의 수)에 근거해서 조직을 구성 및 운영할 수 있다. 이 때문에 중앙행정기관의 국장직, 부국장직, 일반행정직, 담당관직, 서기관직 등의 직위에 따른 인원 수 등이 결정되어 있다. 이렇게 조직의 구성 인력에 대한 확정은 아주 상세히 직종별 직급에 따라서 또 연간 예산의 집행 수준(국회에서 예산법으로 통과한 규정)에 따라서 이뤄지고 있다. 결과적으로 한 중앙부처 조직과 인력관리를 새롭게 편성·운영하고자 할 경우에는 앞서 언급한 내용이 담긴 법령상 제약 요인들을 고려한 후에는 자율적으로 조직 및 운영이 가능하다.

장관의 (정책 및 행정집행상) 참모조직은 다음과 같다. 장관참모실(cabinets ministériels, '카비네 미니스테리엘')의 명칭을 가진 조직으로서, 이 조직은 비록 행정조직상 계선에 속하지 않지만 중앙과 지방의 관할 행정조직을 지휘하는 데 중요한 역할을 하고 있어 역사적으로 그 중요성이 점점 커져 왔다. 장관보좌관들로 구성된 참모실은 장관의 개인적인 협력자들로 이뤄진 적은 규모의 두뇌집단(정책비서실)으로 장관이 직접 임명하며, 장관직을 사임하게 될 때에는 이 조직은 동시에 해체된다. 장관을 보좌하는 장관참모실은 자연히 정치적 임무로는 국회와의 관계, 선거구와의 관계, 여론과의 관계를 위한 업무들을 주기능으로 갖고 있으며, 행정조직과의 임무는 장관과 중앙행정기구들과 긴밀한 연계를 두고 일을 한다. 장관참모실 인원 구성은 7명에서 12인 정도이며 참모실장, 전문보좌관, 담당관들 외에 보통 참모실과 비서실을 통한 업무 지원, 장관의 외부 방문 등을 총괄하는 비서실장(chef de cabinet)이 포함되기도 하고, 국회와 언론 등에 대처하기 위한 특별담당관(attachés pour le parlement et pour la presse)들과 특별(수행)개인비서(secrétariat particulier)까지 포함해서 구성되는 경우가 있다.

5) 중앙부처 기본 조직

① 과: 중앙조직의 가장 기초 단위는 과(課, Bureau)이며, 과에는 실질적인 권한이 주어져야 하고, 양과 질적인 면에서 충분히 행정 업무를 집행할 수 있는 인원을 포함해야 한다.

② 부국(Sous-direction): 부국은 3개의 과보다 적은 수로 구성되어서는 안 된다. Divisions(국 또는 대과)나 Départements(부 또는 대국) 등의 설치는 원칙적으로 하지 말아야 한다. 다만 부국 수준에서만 과를 통합할 수 있다.

③ 국(Direction): 하나의 국은 적어도 2개의 부국이 행하는 활동에 대해 조정을 해야 하며, 이에 대해 적절한 인원을 보유해야 한다. 이 문제에 대해 1987년의 수상이 발표한 행정회람을 보면, "하나의 국, 행정실(service), 부국이 창설되려면 국장, 실장(chef de service), 부국장에 상응하는 예산상의 직위가 부여되어 있을 경우에만 가능하다"고 규정한 바 있다.

④ 총국(Direction générale): 하나의 총국이 그대로 유지되거나 새롭게 설치되려면, 몇 개의 국장 직위가 한 총국장의 책임 하에 재편성되어야 할 필요성이 있는 경우만으로 국한하고 있다. 그러나 국장의 직위와 총국장의 직위 사이에는 법제도상 아무런 차이가 존재하지 않는다. 총국과 국이 크게 다른 점은 총국이 국 단위보다 커서 몇 개의 국을 포함하고 있기도 하지만 지방행정기관, 산하단체 등을 따로 관할하고 있다는 것이 일반 국과 다른 점이다.

⑤ 위임대표부(délégations): (업무상 특정한 소분야 및 하위 분야의 권한 또는 기능을 부여받은) 위임대표부는 조직할 필요성이 있다고 판단되는 경우에, 만일 여러 과와 총괄적으로 연계된다면 하나의 부국으로, 또는 위임이행권자(délégué)가 직접 장관의 보좌조직으로 귀속되어 있는 경우라면 행정실(service autonome) 수준으로, 또는 장관에게 직속되어 있으면서 여러 부국에 대한 책임 권한을 갖고 있다면 하나의 국 형태로 조직을 할 수 있다.

⑥ 행정실(service autonome): (독립적 지위의) 행정실은 원칙적으로 자율성을 갖는다. 즉, 직접 계서조직 라인상으로 장관에 귀속(rattaché)되어 있다. 이러한 구조는 한 중앙부처 내에서 전 행정조직에 공통적으로 이행하는 업무(홍보활동, 문서관리, 정보 처리, 부처공무원 복지시설 등…)를 수행하기 위해 설치될 수 있다. 따라서 이러한 범위를 넘어서면 안 된다. 예외적으로, 행정 업무 수행상 권한

이나 인력상 중요한 위치에 있는 국들에게 하나의 국과 부국 사이에 '행정실' 조직이 허용될 수 있다.

⑦ 사무총국(secrétariat général): 현재 국장 또는 부국장의 지휘 하에 하나의 사무총국을 조직할 수 없도록 하고 있다. 마찬가지로 국장 한 사람의 직속으로 비서실(정책참모실, cabinet 또는 보좌실)을 설치할 수 없다. 하지만 국장 수준에서 업무와 관련한 개별적 협력자(un collaborateur personnel)를 둘 수 있으며, 이 경우 이러한 개인 협력자는 행정조직의 운영 체계상 과 단위에서 정상적으로 수행하는 업무를 담당하지 않는 경우가 되어야 한다. 현재 적은 수로 비서실을 구성한 몇몇 국장이 있다.

⑧ 사무총국장(secrétaire général du ministère): 국장 또는 총국장 위로 장관의 사무총국장의 설치가 가능하다. 과거에는 자주 이러한 직위가 국장과 장관들의 원망의 대상이 되었다. 현재는 외무부의 사무총국장, 수상실의 행정부 사무총국장, 국방부의 민간공무원과 민간행정 담당의 행정사무총국장(secrétaire général pour l'administration) 등이 있다.

⑨ 담당관(chargé de mission): 한 부처 내에서 담당관이라는 명칭은 특정하고 임시적인 임무로서 과 단위의 행정기관에게 맡겨서는 적합하지 않은 그러한 업무와 기능을 담당할 수 있는 공직자에게 한정되어 사용한다.

⑩ (총)감사실(inspection générale): 대개는 부처장관의 직속으로 총감사실을 두게 되고, 이 행정조직은 필요한 경우에 따라서 행정부 내의 연결점이 되고 있다. 부처장관 소속의 감사실은 주로 재무부, 산업부, 문화부, 교육부 등의 중앙부처에서 보는 바와 같이 기술적인 성격을 가진 행정조정의 연결고리 역할을 수행한다. 한편 내무부의 총감사실은 중앙부처 상호간에 관련되는 수평적(부처 합동) 권한(compétence interministérielle)을 갖고 있다는 점에서 특이하다.

3 국가의 지방행정기관(특별지방행정기관)

프랑스 정부는 1992년 법 제6조에 근거해서 정부시행령(Charte de la déconcentration, Le décrêt 92-604 du 1erJuillet 1992 portant Charte de la Déconcentration)의 제정을 통해 국가의 지방행정기관(특별지방행정기관)의 설치를 제한하는 것을 명문화했다. 즉,

정부는 '헌장'을 제정해서 중앙행정기관의 권한에 대해 그 정당성을 인정받을 때에만 중앙부처가 업무 수행이 가능하도록 하는 '혁신적인 조직문화'를 만들고자 했다. 즉, 각 중앙부처 장관의 지휘 하에 있는 국가의 행정기관은 하나는 중앙행정기관(Administrations Centrales)이고, 다른 하나는 전국적 업무(권한)를 행사하는 행정기관(Services à compétence nationale)이다. 따라서 국가공무원 교육과 같이 전국적으로 관련성이 있는 업무에 대해서만 중앙행정기관을 설치하는 정당성을 가질 수 있도록 했다. 그리고 국가와 지방정부 간 관계가 있는 업무들에 대해서만 국가의 행정분권기관(특별지방행정기관)에 부여하는 임무로 규정하고자 했다.

그 결과 중앙행정기관이 업무를 수행하기 위한 국가의 지방행정기관 설치 기준으로 ① 지방에 소재한 다른 지방행정기관에 사무 수행의 위임을 금지한 법률이 존재하지 않아야 하고, ② 전국적 성격의 업무 수행이 필요하다는 정당성이 인정되어야 하며, ③ 행정분권기관의 헌장 제2조에서 규정하고 있는 바와 같이 전국적 업무(권한)를 행사하는 행정기관(Services à compétence nationale)에 대한 규정인 정책 입안, 계획 수립, 방향 수정, 평가, 통제 등의 기능에 한정되는 경우 중앙행정기관을 설치 운영할 수 있다고 규정하고 있다. 이 밖의 업무에 대해서는 국가의 지방행정기관(특별지방행정기관)에 위임하거나 또는 폐지한다. 이에 국가는 중앙행정기관의 권한 범위를 재검토하면서 기존의 행정절차와 의무 규정 등에 대해서도 다시 조사해 규제 완화 등의 조치를 취할 필요가 있게 되었다.

이어서 프랑스의 지방행정기관 종류를 살펴보면, 이들 기관은 행정계층별로 소재하고 있어서 크게 세 가지 유형으로 구분된다.

① 각 15개 중앙부처의 지방사무국 형태로 관할 지역에 소재해 있는 국가의 지방행정관청(특별지방행정기관)으로 총 11,000개 정도가 있다.

② 주요 중앙부처가 직접 레종(지역)에 설치해 12개 네트워크를 구축하고 각 레종에 소재해 있으며 총 인력 34,000명을 임용하고 있다.

③ 또 초광역적 행정 수행을 위해 몇 개의 레종 또는 데파르트망 등을 중복적으로 관장하는 약 20개 네트워크를 구축하고 있는 특별지방행정기관 등도 있고, 이들 역시 약 35,000명의 인력 등을 임용하고 있다.

하지만 아직까지 정부의 어떠한 법령에서도 체계적으로 특별지방행정기관을 설치 및 운영하는 근거를 두고 있지는 않다.

제3절 프랑스 행정 시스템 사례: 내무부의 위기·재난안전관리 조직 체계

1 프랑스 내무부 조직

2014년 현재 프랑스 내무부 조직은 크게 6개 총국으로 구성되어 있다([그림 14-4]).

① 지방자치총국(Local & Regional Authorities): 지방자치단체에 관한 법령, 국가 사무와 지방자치단체 간 사무 배분, 재정, 지방공무원 인력관리 등 지방자치에 관한 업무를 담당하고 있다.

② 시민보호위기관리실(Civil Protection & Crisis Management): 국가의 위기·재난 방지 및 처리를 총괄하는 부서로서, 중앙부처 전체 수준에서 국방안전위원회 사무국의 업무를 맡고 있기도 하다.

③ 행정총국(Secretariat-General): 국가의 전반적인 행정 체제의 현대화(개혁) 작업을 총괄하고 있으면서 관련 법령 체계의 구축 및 재조정 업무, 이와 관련한 국가 개혁 업무에 대한 평가작업 등을 총괄적으로 수행하고 있다.

④ 국가경찰총국(National Police): 집행기관으로 국가경찰청을 갖고 있으면서 국방부와 긴밀한 협력관계 속에서

⑤ 국가군경찰(National Gendarmerie)의 지원을 받아 전국적 치안 서비스를 총괄하는 부서이다.

⑥ 외국인관리국(Foreign Nationals in France): 다문화, 이민자, 정치망명자 등 프랑스 영토 내에서 거주하는 외국인을 관리한다. 이들 내무부 주요 6개 총국(Direction Generale)은 산하조직으로 각 부국과 실, 과로 구성되어 있다.

2 프랑스의 국가위기 재난안전관리 조직 체계

1) 기본 법령 및 계획 체계

프랑스는 2004년 8월 13일 제정 공포된 '시민안전 현대화에 관한 법률(moder

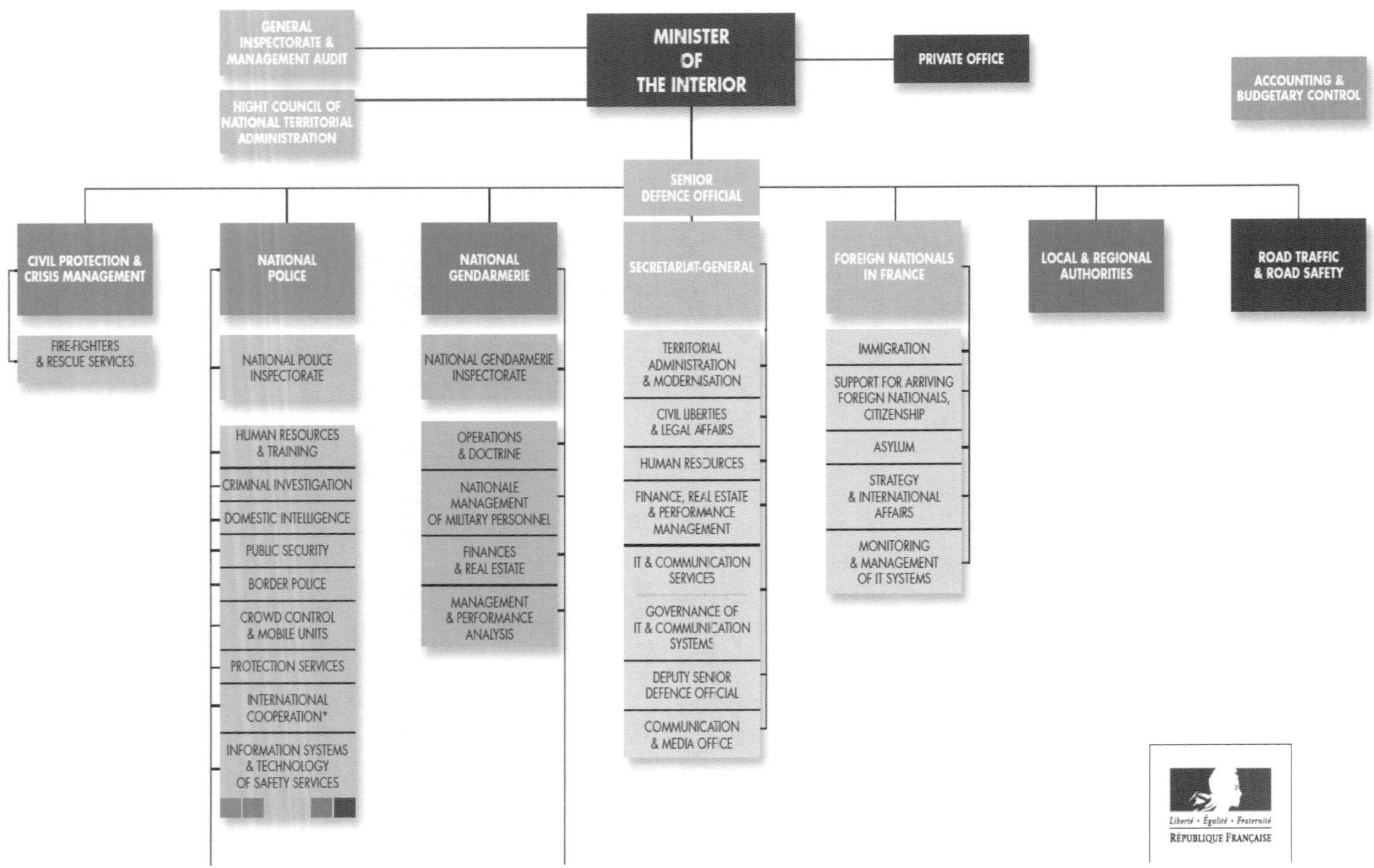

그림 14-4 프랑스 내무부 조직 및 위기·재난안전관리 행정조직

nization of civil security Act)'에 따라서 시민안전총국은 국민이 최우선적인 주체라는 점을 인지하고 모든 재난구조 활동을 추진하고 있다. 기본법 관련 시행령 및 정책 수단의 근간이 되는 3개 주요 비상대비계획 체계는 위기재난 및 안전대비 비상계획(Plan d'ORSEC "오르섹" 계획), 기초 단위의 구조계획(Plan Communal de Sauvegarde), 특별계획(Plan Specifique)으로 구성되어 있다. 시민안전 현대화법은 과거에 있었던 80여 종의 국가재난위기관리 및 비상대비계획 문건을 1개 계획 체제로 단일화해서 시행한 것이다.

2) 국가위기 재난안전관리 행정조직

내무부의 한 총국인 시민보호위기관리실(Civil Protection & Crisis Management)은 내부적으로 시민안전위기관리총국(La Direction Générale de la Sécurité Civile et de la Gestion des Crises)을 중심으로 운영된다.

이 총국의 주요 임무는 내무부 소속 중앙조직으로 프랑스 전체의 일상생활에서 발생한 사고뿐만 아니라 주요 자연재해로부터 발생 가능성이 있는 국가위기 관리를 책임지고 있다. 본부는 파리 시내에서 떨어져 있는 근교의 아니에르 쉬르 센(Anière-sur-Seine)에 위치한다. 시민안전총국은 일상적으로는 지역소방대원, 자원봉사대원, 시민봉사단체, 각 지역별 도청 인력, 그리고 지방자치단체를 대표하는 시장들에 의해 집행되고 있는 지역 활동을 지원하고 있다. 총지휘부서로 4개 주요 활동 분야를 중심으로 실무부서를 구성하고 있다. 즉, 국가위기 재난 대응 및 복구 처리부서, 소방화재 진압부서, 위기관리부서, 행정지원부서 등이다.

기능적으로는 긴급 상황이 발생하면 전국에 흩어져 있는 위기관리 인력과 각 분야별 권한을 행사하는 관련 기관들인 국방부, 보건복지부, 환경부, 교통부 등의 각 중앙부처와 위기대응 분야별 전문가, 위기 대응을 위한 적정한 특수장비 등을 동원해 일사불란하게 위기 수습에 대응한다. 국제적으로는 자연재해에 의한 피해를 입은 지역이나 국가로부터 요정이 있을 경우 프랑스를 대표해서 재난구조 활동을 지원하고 있다.

이와 별도로 3 개의 특별조직과 1개 공공영조물이 있다. 즉, 감사실, 소방방재청, 국세협력실, 그리고 소방간부학교(Ecole de formation des officiers de sapeurs-pompiers: ENSOSP)가 있다.

이상에서 논의한 프랑스의 국가위기 재난안전관리 지휘 체계를 알기 쉽게 정리하면 <표 14-3>과 같다.

표 14-3 프랑스의 국가위기 재난안전관리 지휘 체계

재난안전 관련 사건사고 처리			지휘 체계		
사건사고	특징	대응기관 (행동 주체)	재난구조 실무책임자	현장조직	도 수준의 작전지휘센터
단순교통사고 경미한 화재	국지적이며 사고 결과가 즉시 발생하고 처리에 비교적 짧은 시간이 소요됨	일상적인 구조활동으로 구조반 투입	시장	시청 상황 실시 긴급구조통제반	현장 주시 수준
교통사고 중대한 화재 발생	국지적인 상황에서 즉시 사고 결과가 발생하며 처리에 오랜 시간이 소요됨	강화된 긴급구조팀	시장	시 단위 안전대책본부	지속적인 조치 수준
다수의 피해자가 발생한 교통사고 위험물질 운반 차량의 사고 터널 속, 오염 등 특정 문제로 발생한 화재	국지적인 상황이지만 즉시 사고 결과가 발생하며 처리에 오랜 시간이 소요됨	강화된 긴급구조팀 + 다양한 전문구조팀 투입	국가 도지사	도 수준의 긴급구조통제팀	도 수준의 재난안전대책본부가 지원
여러 가지 오염 발생 홍수 및 재해	국지적이지만 여러 군데에서 발생하게 되고, 하루 또는 여러 날이 소요되며 사고 결과가 시간적 흐름에 따라서 확대 가능함	강화된 긴급구조팀 + 다양한 전문구조팀 투입	국가 도지사	도 수준의 여러 긴급구조통제팀과 시 수준의 여러 안전대책본부 동원	도청에서 총괄 지휘 (Direction)

강력한 태풍 조류독감 피해가 큰 홍수 핵시설에서의 사고 등	도 단위 지역 범위를 벗어나 여러 확대지역으로 퍼지며, 사고 결과가 시간이 갈수록 확대되어 다른 지역으로 퍼지게 되므로 이를 처리하기 위해서는 며칠에서 몇 주가 소요될 수 있음	관련 지역 중심으로 대응처리 전문가 등 총괄적인 인력 동원	국가 도지사	여러 도 지역의 안전대책본부 설치 및 여러 시의 안전대책본부 설치 후 총괄 관리	여러 도청 간 협력 체제로 운영

제4절 프랑스 행정통제 시스템 사례: 중앙-지방 공공감사 체계

1 중앙-지방 공공감사제도 개요

프랑스는 대륙법계 행정국가의 전통에 따라서 법원형 국가최고회계감사원(Cour des Comptes, Court of Accounting)을 중심으로 공공감사제도가 이행되고 있다.

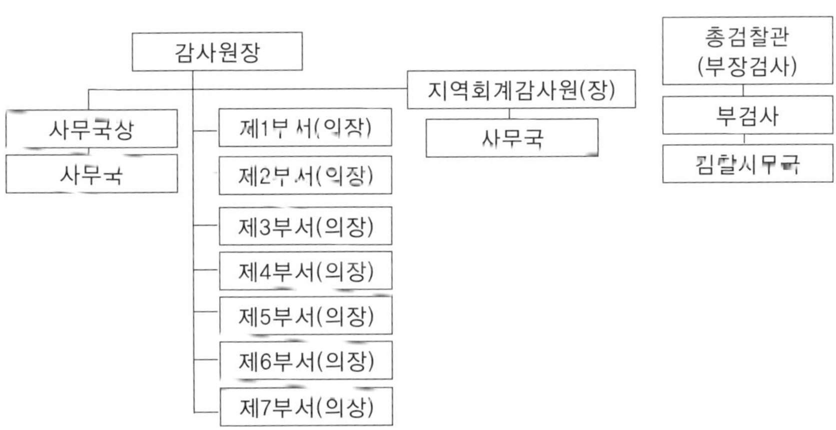

그림 14-5 프랑스 최고회계감사원의 조직

프랑스 국가최고감사원은 회계법원의 성격으로 1807년 9월 16일(법) 설치되었으며, 주로 국가행정기관에 대한 외부 감사기관으로서 국가최고회계감사원은 1946년과 1958년 헌법 제47조 근거에 의해 헌법상 독립기관의 지위를 보장받고 있다. 조직적으로는 대통령 소속 행정부에 소속되어 감사활동을 수행한다. 현재 국가 예산집행의 근간이 되는 예산법(Loi de Finance) 집행 시 중앙정부와 국회를 보조 및 지원하고 있다. 국회 상하원의 지침에 따라서 정기감사 외에 선택적 감사를 실시해 매년 보고하고 있다.

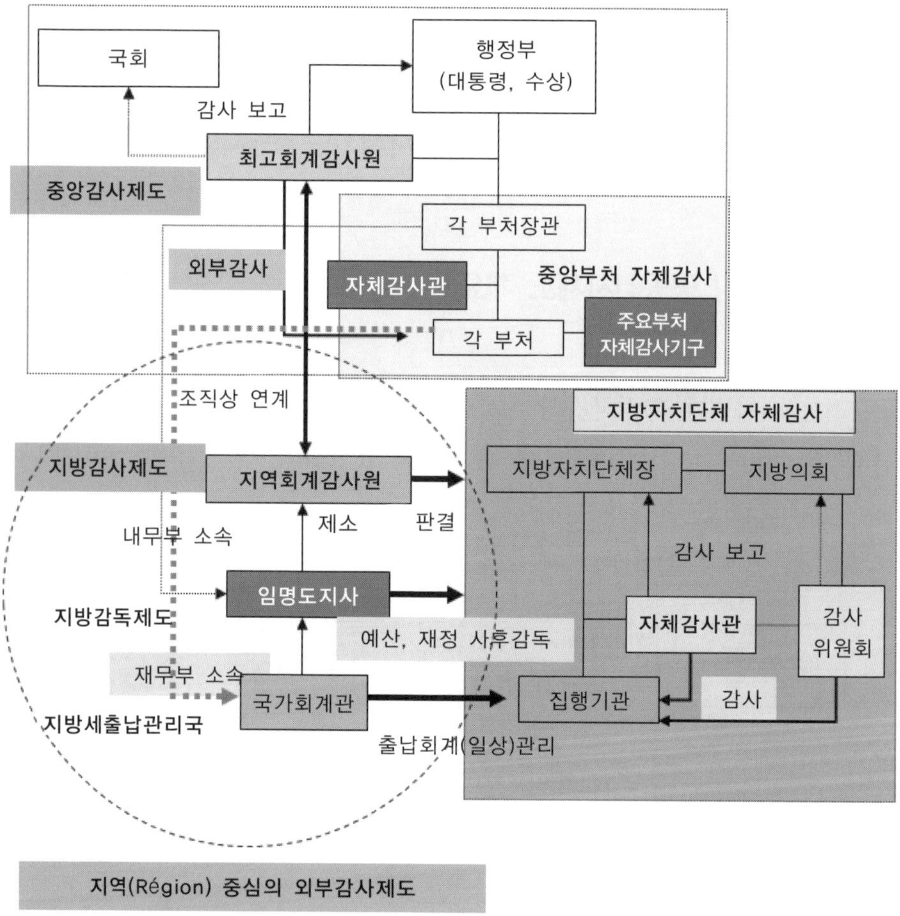

그림 14-6 프랑스 중앙정부-지방정부 공공감사 운영 체계

2 중앙부처 및 소속기관에 대한 공공감사 체계

중앙부처의 산하·소속기관 및 분야별 공공기관에 대한 감사제도를 보자. 내무부, 보건복지부 등 주요 중앙부처 장관에 소속된 통합형 감사기구가 설치되어 자율적으로 중앙부처 본청, 소속기관, 산하기관에 대한 내부감사를 실시하고 있다. 중앙행정기관의 감사총국(Inspection générale)은 부처 내의 행정감사, 직무감사, 행정조언, 사업평가 등의 기능을 수행할 뿐만 아니라 부처 간 합동 감사, 감찰, 사업평가 등의 업무도 수행하며, 기본적인 감사 직무 수행 외에도 조사 · 연구 · 컨설팅 등의 업무도 수행하는 포괄적인 임무를 수행하고 있다. 각 부처 장관의 직속으로 소속되어 있는 감사총국들은 부처의 업무 성격에 따라 평가 방법과 내용을 달리하고 있으나 기본적으로 수행하는 업무의 성격과 내용은 대동소이하다.

중앙행정기관의 감사총국(Inspection générale)의 사례로는, 내무부 장관(Ministere de l'Intérieur) 소속의 행정감사총국(IGA, Inspection Générale d'Administration), 경제재정산업부 장관(Ministère de l'Economie, Finance et Industrie) 소속의 재무감사총국(Inspection Générale des Finance: IGF), 가족 · 사회 관계 · 연대 · 노동 · 도시부 장관(Ministère du Travail des Relations Sociales de la Famille, de la Solidarité et de la Ville)에 소속된 사회복지감사총국(Inspection Générale des Affaires Sociales: IGAS) 등을 볼 수 있다. 이 중에서 특히 경제재정산업부의 재무감사총국(IGF)은 경제부처의 고유 업무 수행과 관련된 재정사업안에 대한 일반 감사 업무뿐만 아니라 중앙부처 업무 전반에 걸친 광범위한 감사 업무를 독자적으로 직접 수행할 수 있는 권한을 부여받은 감사총국 중 가장 엘리트 감사총국이다. 경제 분야의 감사총국 감사관 직렬에서 거의 모든 수상, 대통령, 재정경제부 장관, 상 · 하의원 등이 배출된 바 있다. 사르코지(Nicolas Sarkozy) 전 대통령도 이와 관련한 전문감사관직을 수행한 경력이 있다.

3 지방정부와 지방행정기관(국가의 특별지방행정기관)에 대한 공공감사 체계

지방정부 및 지방공공기관에 대한 감사 체계는 지역회계감사원(Chambre Régionale

des Cours de Comptes)이 중심이 되어 감사를 시행하고 있다. 감사 대상으로 지방소재 공공기관(지방자치단체 포함)에 대한 총괄적인 외부감사를 담당하고 있다. 지방감사는 프랑스 본토를 22개 광역행정권으로 구성하고 있는 각 지역(Région)별로 지역회계감사원이 독립적으로 설치·운영된다. 지방자치단체를 비롯한 지방공공기관에 대해 법정 외부감사를 실시한다. 지역회계감사원은 프랑스령 해외 영토에 위치한 10개를 포함하면 총 32개가 된다. 재무회계의 건전한 운영, 균형예산의 수립 집행, 사업예산의 투명성 등을 확보하는 차원에서 기본적으로 일상 재무회계 검토가 가능하도록 감사제도로 운영된다.

지방정부의 내부감사기구는 행정 인력과 주민 인구 수에 근거한 지방자치단체의 행정조직 규모에 따라서 지방의회의 감사위원회와 집행기관의 내부감사기구가 별도로 이원적 형태의 감사 업무를 수행한다. 지방의회가 선출한 기관 대표자인 지방자치단체장이 지방의회 의장을 겸직하면서, 집행기관의 장으로서 예산 지출 및 회계 업무와 관련해서 지출원인행위의 책임자가 되고, 지방의회가 승인한 전략과 정책에 따라서 수입 및 지출을 관장하고 있다. 또한 예산을 집행하며 효율적으로 재정을 운영할 책임을 진다. 따라서 내부감사제도를 총괄적으로 운영하고 책임지고 있다. 지방자치단체장은 이러한 업무 수행을 위해 필요한 내부통제 절차를 수립하고 전담기구를 설치해 관리 체계를 확립하게 된다.

이 때 지방자치단체장이 내부통제의 절차 중 하나로 회계 업무와 재무관리 등에 관한 내부감사 전담기구(Inspection general 또는 Le service d'audit interne)를 설치 운영한다. 이는 집행기관에 소속된 내부감사기구에 의한 내부통제 시스템으로 작동하게 된다. 내부감사기구(팀, unité d'audit interne, Internal audit unit)는 지방정부 집행기관 내부에서 내부감사 업무를 수행하는 부서(팀)로 전체적으로는 내부통제제도 하에서 재무회계 중심의 감사를 수행하는 정도이다.

집행기관의 조직 운영 성격상 앞서 언급한 바와 같이 완전 독립된 부시로 실시되어 있지 않다. 기본적으로 재무회계 등을 총괄하는 재무국 산하에 팀 형태로 운영되며 재무회계의 일상 업무를 제외하면, 본청의 자체감사 업무보다는 지방정부의 산하기관 및 소속기관과 지방정부 보조금을 지원받는 공공기관과 민간단체 등에 대한 외부감사를 실시하는 것이 주임무이다.

내부감사기구의 감사 인력은 주요 직급이 '감사관'이라기보다는 재무회계 분야의 전문직 자격증을 가진 지방공무원이 대부분이며, 채용 절차도 '감사관'의 직급이

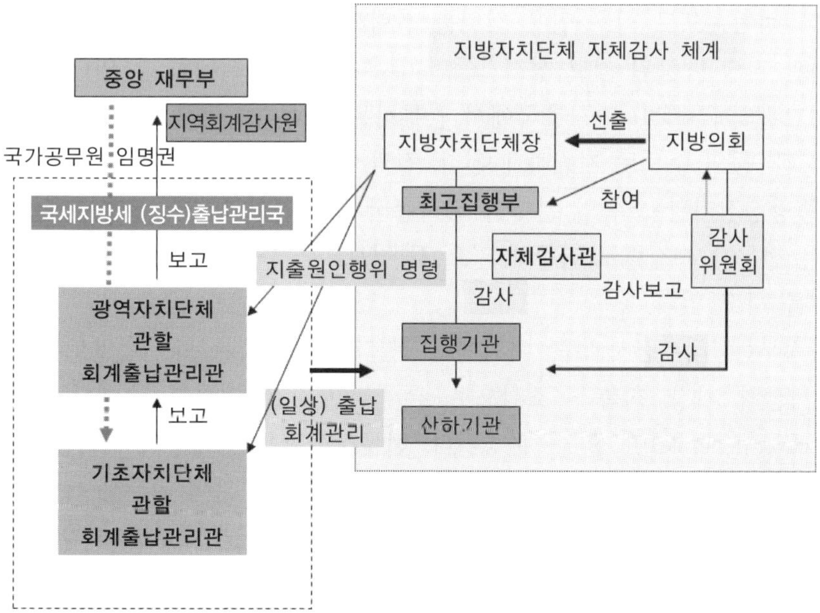

그림 14-7 프랑스 지방정부(지방자치단체) 공공감사 운영 체계

아닌 재무회계 지방공무원 직렬로 임용된다. 다만 업무 수행 과정에서 재무회계 및 예산 운영의 효율성 제고와 투명성 강화 및 부패 방지라고 하는 기본적인 내부통제 시스템의 안전성과 신뢰성을 확보하기 위한 내부감사 업무를 이행함으로써 감사활동을 전담하고 있다.

4 중앙-지방 공공감사 인력 운영 체계

중앙-지방정부 등 공공기관에 대한 감사를 담당하고 있는 감사관들은 우선 회계감사원 소속의 감사관이 있다. 최고회계감사원의 각 감사관들은 '재판관,' '조사법관,' '감사관'이며, 이들의 권한과 지위는 재정법법전(Code de la Finance) 법규명령편 제R112-1조에 규정, 전문직 공무원으로 종신직 판사와 유사한 독립적 지위를 가진다. 최고회계감사원 전문감사관의 임용제도는 국가고시 선발시험을 거친 합격생 또는 일반공무원 중 선발된 연수생 등이, 국립행정학교 연수 과정을 거친

후 최고 성적순으로 최초 임용 직위를 선택하고, 이 중에서 최고회계감사원의 전문감사관 직렬은 상위 최고 성적자들만이 우선적으로 선택할 수 있다. 그런 후 중앙행정기관의 (분야별) 감사총국에서 근무하는 '재무감사총국 감사관', '행정감사총국 감사관' 등의 순으로 지원하게 된다. 결과적으로 '최고회계감사원의 전문감사관'이나 중앙행정기관 소속의 분야별 감사총국 감사관이나 모두 소속기관은 다르지만 같은 전문감사 직렬로 간주해 필요 시 전보, 파견 등 유연한 인사운영제도로 경력관리를 하고 있다.

지방정부는 '내부감사기구' 이외에도 전문감사관(Inspecteur) 직렬로부터 충원되어 단체장의 가장 최측근 조직으로 감사 및 감찰 업무를 수행하는 감사총국(l'inspection générale)이 설치·운영된다. 전문감사관은 단체장의 최측근의 한 조직으로서 직접 지방정부의 경영 업무를 관장하지 않기 때문에 업무상 독립적인 지위에서 전반적인 내부감사를 실시할 수 있다. 전문감사관의 내부감사 범위와 대상이 지방정부 전반에 관한 내부통제 시스템을 점검하고 조사하는 일이기 때문에 재무부서 소속 하에 있는 내부감사기구(팀)의 전문적 지원을 절대적으로 필요로 한다. 따라서 전문감사관의 임용은 지방의회의 승인 하에 이뤄지지만 단체장의 경영효과성 제고 등 기관 운영을 위한 전략적 차원에서 전문감사관 활용도가 높다. 이러한 이유에서 모든 집행부서의 조직 체계와는 독립적으로, 그렇지만 단체장의 직속 보좌기구로 설치·운영되는 것이 보통임. 세부적으로 구분해 본다면, 이 감사총국은 '내부감사기구'이면서, 어떤 경우에는 '내부감사팀'보다 더 정치적·정책적으로 중요한 역할을 수행하는 내부통제의 한 구성 요소이다.

프랑스 공공감사의 특징 중 하나는 국가공무원의 지위를 가진 출납회계관(Comptable)에 의해 거의 모든 공공기관 내부에서 일상관리(모니터링)에 의한 사전통제가 이뤄지고 있다. 지방감사의 경우, 프랑스는 1982년 신지방자치법 제정 및 실시 이후 지방자치단체에 대한 사전적 재정 감독을 폐지하면서 지방 소재 국가공무원으로 재무부 소속의 출납회계관의 사무 권한도 대폭 축소되었다. 이들 국가공무원은 기초자치단체 수준에서는 '예산수입관'의 지위이고, 도(Départment)와 지역(Région)자치단체와 같은 광역자치단체 수준에서는 '일반재무지출관(Trésorier-Payeur General)'의 지위도 갖는다. 이들은 국가 임명도지사 및 지방회계감사원이 지방자치단체의 예산 집행 이후에 대한 감사와 수지 균형 상태를 점검하는 것과 달리 예산 수립 직전에 내부적으로 실질적인 균형예산을 수립해 의결했는지 바로 현장에서 재무회계 운영에 관한 합법성 검토를 통해 내부감사 기능을 수행한다. 주민 2만 명 이하가 거주하는 지방자치단체에 대해서는 경상수입 총액의 10%, 기타 다른 지방자치단체는 5% 수준에서 적자예산을 편성 및 운영하게 될 경우에는 2개월 내에 시정명령을 발하고 있다. 통상적으로 현장에서 의무적으로 예산지출을 집행해야만 하는 항목에 대해 지방자치단체들이 이를 예산에 계정하지 않았거나, 집행하지 않을 경우에 대비해 사전감사를 실시해서 지방자치단체에 권고하기도 한다.

5 공공감사 운영 사례: 파리시와 일드프랑스 지역정부

프랑스 공공감사 사례로서 파리시(광역이자 동시에 기초) 내부감사기구 및 인력 운영 체계를 살펴보면, 파리시장을 정점으로 하는 집행기관 조직에서 파리시의 내부감사기구는 시장 직속의 감사총국(Inspection générale de la Ville de Paris: IGVP)이 설치·운영되어 있다. 파리시 감사총국은 19세기 말 센도청 감사실(L'Inspection générale de la Préfecture de la Seine)로 출발해 지방세 및 임대료 징수감사의 초기 임무로부터 1954~1961년 조사연구실(service d'études et de recherche)로 감사 업무가 확대되었다. 1974년 조직을 폐지했다가 파리시장의 1979년 5월 15일 시장령으로 감사통제실(service d'inspection et de contrôle)로 부활한 후 1985년 6월 10일 시장 규칙으로 현재의 내부감사총국(IGVP)으로 발전했다. 파리시 감사총국의 업무 권한과 범위 규정 근거는 2003년 1월 17일 파리시장규칙(une instruction du Maire de Paris du 17 janvier 2003)에 근거해 더욱 강화되었다. 이 규칙은 감사총국의 주요 임무와 기능에 관해 규정하고 있고, 크게 전통적인 감사와 통제, 정책평가 중심의 감사활동을 하도록 명시했다. 세부적으로 기술적인 문제와 관련한 내부경영통제(contrôle de gestion) 등의 업무는 사무총국장(수석행정관) 산하(direction générale des services)의 소식관리팀(une cellule)에 부여하고 있지만, 이와 관련한 업무도 이 감사총국과 긴밀한 협력을 통해 시행되고 있다. 감사 과정에서 개별 지방공무원의 업무 태도와 행정행위에 관한 조사도 실시하며, 징계 수위에 따라서는 형사 고발 및 지방공무원 징계도 진행한다. 내부감사의 주목적은 주로 공공자금이 제대로 쓰이고 있는지 확인하고, 행정의 오류를 수정하고 위험 요인을 사전에 통제하는 기능들이 주된 감사 업무로 되어 있다.

파리시 감사총국장 및 감사관의 인사 체계를 보면, 감사총국장에 대한 임명은 파리시장의 정책참모실장(directeur au cabinet du Maire)과 수석행정관인 사무총국장(Secraitaire Générale)의 제청에 의해 시장이 임명한다. 파리시 감사총국의 고위감사관 및 감사관은 파리시 고위공무원단 소속 공무원에 의해 충원되어 파견근무 형태로 일정 기간 동안 임명될 수 있다. 때로는 외부 전문가들로 충원하는 개방형 임용 방식으로도 활용된다.[3] 파리시 감사총국의 조직으로는 감사실장(Directrice Générale)이 책임자이다. 감사실장 산하에 수석감사관(Inspecteur Général) 9명, 감사

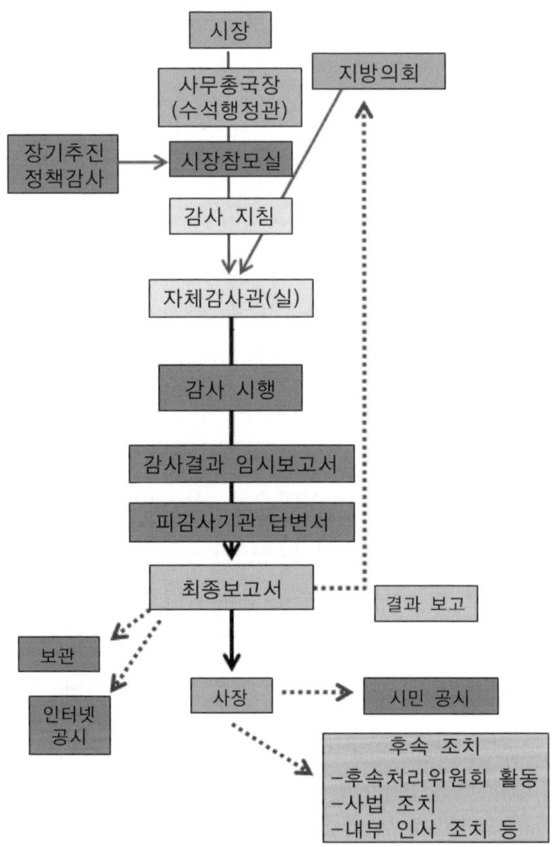

그림 14-8 파리시 지방정부 내부감사 운영 체계

3) l'instruction du 24 dec. 1987.

표 14-4 파리시 감사총국의 감사관 직급 체계(2014)

전문감사관 직급 명칭	
Inspecteurs généraux	수석감사관
Inspecteurs généraux en service extraordinaire	특별감사관
Inspecteurs 1ère classe	1급감사관
Inspecteurs 2ème classe	2급감사관
administrateurs	일반행정직 감사담당
attachés	특정직 감사담당
Chargés de missions	(계약직) 감사담당관

관(Inspecteur de la Ville) 6명이 있다. 수석감사관을 기술적으로 지원하는 감사 지원 및 실시를 담당하는 감사담당자(Chargé de mission) 13명, 행정직 감사공무원(Administrateurs) 6명 등 51명이 근무하고 있다.[4)]

수석감사관들은 과거 파리시청의 국장직을 지낸 고위 지방공무원들이 주로 수석감사관의 직무를 수행한다. 지방자치단체 내의 일반 감사직급의 기본 학력은 대학 4년+1~2년, 그리고 공공정책평가와 컨설팅 분야에서 수년 간의 공직 경험을 가진 자를 주로 임용한다. 그러나 일반적으로 내부감사 활동에서 중앙정부 등 외부 감사기관의 협력을 필요로 하거나 또는 민간감사 및 컨설팅 전문회사의 위탁감사 등을 통한 내부감사 업무 수행이 빈번하다.

지역정부의 한 사례로서는 일드프랑스 지역정부의 내부감사 운영 체계를 간략히 보면, 일드프랑스 지역정부의 재무부서인 재정감사경영통제부(Finances, audit et contrôle de gestion) 산하에 재무회계의 관리, 예산 운영의 효율성 등과 관련해 내부통제 기능을 내부감사 업무의 하나로 수행하도록 한 내부감사팀(unité d'audit interne: UAI)이 있다. 내부통제의 수단으로 재무회계 운영 체계의 효과성에 대한 진단과 평가 업무를 주로 이행하고 있다. 정책평가 등의 업무도 지역정부가 수행하는 사업들에 대해 주로 기술적인 측면에서의 조사들을 수행하고 좀 더 정책적 판단과 평가 등은 단체장 직속의 감사총국에서 책임을 맡아 이행하고 있다. 2005년 이전에는 주로 수석행정관 직속의 재무담당팀의 한 부서 형태로 운영되었으나, 그 이

4) 파리시 홈페이지 검색(2014. 12). http://www.paris.fr/politiques/organigramme-desdirections-services/inspection-generale-de-la-ville-de-paris-igvp/organigramme-de-l-igvp. 감사관실 인터뷰(2011. 12.6): 실제 직접 감사를 시행하는 인력은 39명 정도이다.

후 업무적으로나 기술적으로나 재정 운영을 직접 책임지는 재정부서인 재정감사경영통제부(Finances, audit et contrôle de gestion)로 이관되어 활동하고 있다. 주요 감사활동은 지역정부의 보조금을 받고 있는 산하 및 소속 공공기관들에 대한 외부 감사 기능을 수행하며, 재정관리를 위한 예측, 진단 그리고 경영효율화 증대를 위한 경영기법의 확산 등에 주력하고 있다.[5)]

---

5) Association des administrateurs territoriaux de France(2007), Réflexion sur la constitution d'une Inspection générale de l'administration territoriale, 2007년 4월.

제 15 장 일본의 정부조직과 관료제

제 1 절 정부조직의 변화와 관료제

1 정부조직 변동 양상*

일본은 우리와 같은 정부조직법으로 부처의 수와 기능, 명칭 등이 결정되고, 또한 내각책임제이기 때문에 정부조직의 변동은 오히려 우리보다 적으며 비교적 연속성이 강한 모습을 보여 주고 있다.

1) 1955~1996년 체제

일본은 1960년부터 2000년까지 중앙부처인 성(省)·청(廳) 수준에서의 조직 변동은 거의 없었다 해도 과언이 아니다. 물론 다른 선진국들이 이 시기에 커다란 조직 변동을 겪은 것과 비교하면 극히 예외적인 국가이다. 예를 들면, 1950년대 중순, 일본 경제가 고도 성장기를 맞이하는 시기에 경제기획청(1955년)과 과학기술청(1956년)이 설치되었고, 경제 성장의 부의 측면이 표면화된 1970년대에는 공해 대책을 위해서 환경청(1971년)이, 과소 과밀 대책을 위해 국토청(1974년)이 설치되는

* 은재호 외(2013), 선진 각국의 정부 변동에 따른 조직 변화 분석, 한국행정연구원 (2013. 12. 21) 보고서에서 필자(임승빈)의 일본편의 일부를 재인용 및 편집했음을 밝혀 둔다.

등, 그 시대마다의 큰 문제에 대해서는 기존의 조직을 재편 통합하고 총리부에 청(廳)을, 그것도 국무대신을 장으로 하는 청을 만듦으로써 대응해 왔다. 그러나 부(部)·성(省)의 레벨에서는 전혀 손을 대지 않았다. 그 개혁이 갑자기 큰 테마가 된 것은 1996년 10월의 총선거였다. 당시 총선에서 승리한 자민당 하시모토 류타로(橋本龍太郎) 정권에 의해 시작된 논의가 결실을 맺은 것이 2001년 1월의 일본의 중앙 부처는 재편이었다. 이와 같은 부·성 레벨의 개혁은 1960년에 자치청이 자치성으로 승격한 이후여서 40년 만의 일이었다. 게다가, 2001년의 대폭적인 중앙성청 개혁은 1, 2의 성의 개폐에 머무르지 않는 대규모의 것이었다. 중앙부처의 재편을 주된 목적으로 하는 행정개혁 회의가 설치된 것은 1996년 11월, 그리고 그 보고서에 근거해 「중앙부처 등 개혁기본법」이 성립된 것은 1998년 6월이다. 심의를 시작한 지 불과 3년 남짓 만에 개혁이 실행에 옮겨졌던 것이다.

2) 1996년~2000년

하시모토 정권이 출범한 이후에 구성된 행정개혁회의(의장: 하시모토 총리)가 1997년 8월 20일 발표한 중간보고 성격의 정부조직 개편안은 다음과 같다. 현행의 1부(總理府) 21 성·청(省·廳)이 1부(內閣府) 12성·청(省·廳)으로 중앙부처가 줄어드는 안(案)을 발표한 것인데, 우리에게도 상당한 시사점을 준다. 1997년 10월 당시로서는 각 부처가 자신의 이익을 극대화시키기 위해 정치가 및 여론을 활용해 최대한의 공세를 펴고 있는 실정이었다. 이상과 같은 행정개혁회의의 개편안에 대해 일반 국민 및 재계는 환영하는 편이나 각 성청을 중심으로 한 자민당(自民黨)의 조쿠기인(族議員)[2]은 각 부처의 달라지는 위상에 따라 그 반응이 다양하다고 할 수 있다. 또한 같은 여당 축을 형성하고 있는 사민당 및 신당 사키가케(新黨さきがけ)는 대장성(大藏省)의 재정과 금융분리안이 받아들여지지 않고 이전의 기능을 유지하자 크게 반발하고 있다. 노동조합 등의 반발도 만만치 않다고 할 수 있다. 노동행정을 담당할 단독의 부처가 사라진다는 점에서 노동계 및 노조를 정치적 기반으로 삼고 있는 사민당의 반발이 심했다.

2) 특정 업계나 소관 부처에 강한 영향력을 갖고 그 이익을 대변하는 의원을 일본에서는 '조쿠기인(族議員)'이라고 부른다. 마치 혈연집단처럼 업계와 떼려야 뗄 수 없는 관계에 있는 의원이란 뜻이다. 원래는 특정 분야의 정책에 밝다는 긍정적 의미도 있었으나 정·관·업계의 유착으로 비리 사건이 잇따르면서 지금은 부정적 어감이 가득하다.

그림 15-1 일본 행정개혁회의의 1부(府) 12성(省) 재편안(再編案)

2000년도 개편안에 대한 당시의 평가는 다음과 같은 몇 가지 특기할 만한 사항을 지적할 수 있다(임승빈 외, 2011). 첫째, 총리관저(首相官邸) 기능 강화이다. 현행의 총리는 총리부의 장으로서 경제기획청과 국가공안위원회를 두고 있었으나 개편안에서는 금융감독청과 궁내청까지 포함하는 내각부의 신설을 주장하고 있다. 그 밖에 중앙행정을 관장하기는 했으나 그다지 권한이 강하지 못했던 확대되는 총무성의 기능 강화를 통해 총리의 권한을 강화시킨 것도 주목할 만한다. 일본은 이전부터 미국의 화이트하우스 혹은 우리나라의 대통령제와 같은 강력한 총리관저 기능을 갖기 위해 노력했던 흔적을 보여왔다. 그 일례로 나카소네 야스히로(中曾根康弘) 정권 때 대통령과 같은 총리 기능을 강화하려고 했던 적이 있었던 것이다. 한편 지방행정을 담당하고 있던 자치성과 총무청을 합한 총무성을 발족시키는 안 역시 총리 기능 강화의 일환이라고 볼 수 있다. 개편안의 총무성은 중앙과 지방을 동시에 관리하는 막강한 권력을 가지게 되어 권한 집중이라는 비판이 일고 있는 실정이다. 둘째, 공공사업을 개발과 보전의 2성(省)으로 재편해 국가의 SOC를 종합적으로 조정하고 통합하고자 하려는 노력이 보인다. 지금까지 공공사업을 주도해 왔던 건설성의 일부(도로, 도시계획, 공원, 주택, 하수도), 국토청, 운수성, 홋카이도(北海島)개발청, 오키나와(沖繩)개발청을 통・폐합해 국토개발성(國土開發省)으로 하고 건설성의 치산・치수(治山・治水), 수리(水利) 부문, 농수성을 국토보전성(國土保全省)으로 나누는 방안이다. 이는 지나치게 권한이 강하고 관료의 부정부패의 소지가 남아있는 건설성의 해체에 그 주안점을 두고 있다고도 볼 수 있다. 셋째, 국민생활의 질 향상이라는 목적으로 환경과 안전 부문의 강조이다. 환경처는 환경보전성으로 개편되어 이전의 환경처와 후생성 업무, 농림수산성의 일부 업무까지 맡게 되어 이 또한 대부처 조직으로 탈바꿈하게 되었다. 넷째, 집행과 기획을 분리하는 방안으로서 정부 부문의 민영화 추진계획이 좀 더 구체화된 특성이 보인다. 대상이 된 부처는 우정성(郵政省)이며 우정성의 3대 사업인 ① 간이보험(簡易保險)은 민영화로, ② 우편저금과 우편은 총무성외국의 우정사업청으로 존속시키며, ③ 우편저금은 점차적으로 민영화를 추진하는 것을 골자로 하고 있다. 일본의 우정개혁에 관해서는 그동안 영국의 Agency모델 등이 검토되었으나 최종적으로는 25만 명에 달하는 우정직원 및 노동조합와 타협하는 듯한 점진적인 집행과 기획을 분리하는 방안을 택할 것을 골자로 하고 있다.

3) 2000년 이후 체제 이후~현재

중앙부처 조직은 정부조직법상으로는 부, 성, 청 및 위원회의 네 종류가 있다. 청과 위원회는 부, 성의 외국이며, 부, 성으로부터 어느 정도의 독립성이 주어지고 있다. 재편 전의 중앙부처는, 1부 21성청, 혹은 1부 12성 8청이라고 했다. 8청이라고 하는 것은, 청(廳) 가운데 국무대신을 장으로 하는 것을 넣어 합한 것이다. 일본의 행정개혁은 일본의 내각은 의원내각제에 의해 운영되며, 2001년 1월 6일 중앙성청 체제가 개편되면서 총리부와 12개 성청으로 구성된다. 일본의 모든 행정권은 내각에 귀속되며, 내각은 총리대신 및 국무대신들로 구성되고 국회에 대해 연대책

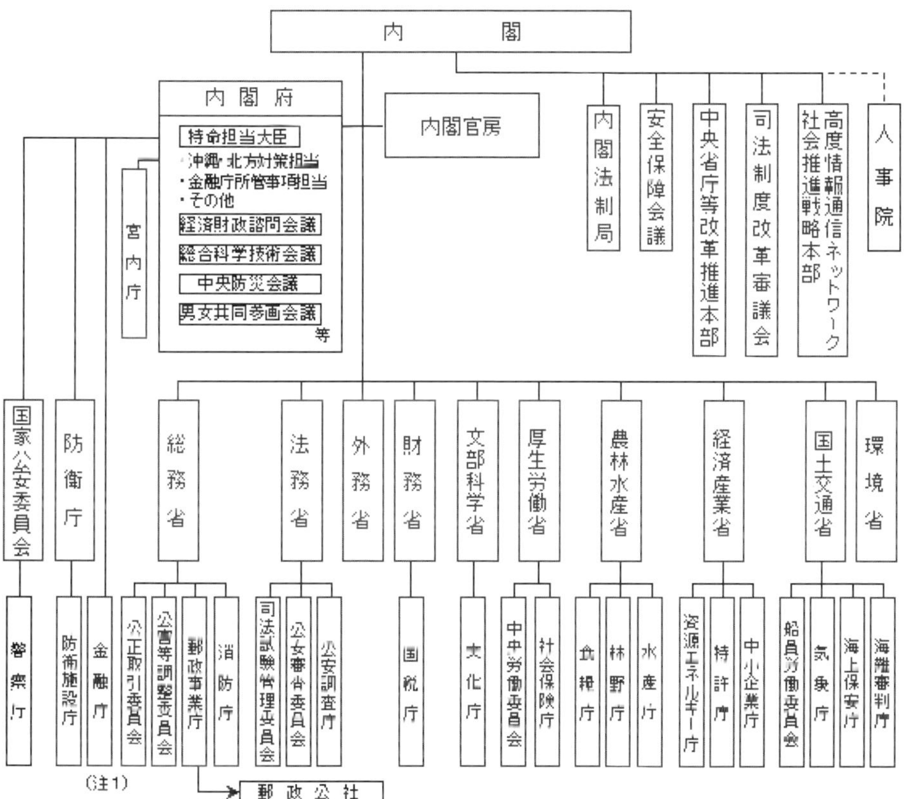

주 1: 금융청은 2000년 7월 설치, 금융재생위원회는 2001년 1월 폐지
주 2: 우정사업청은 설치 2년 후에 우정공사로 이행

그림 15-2 일본의 내각 조직도

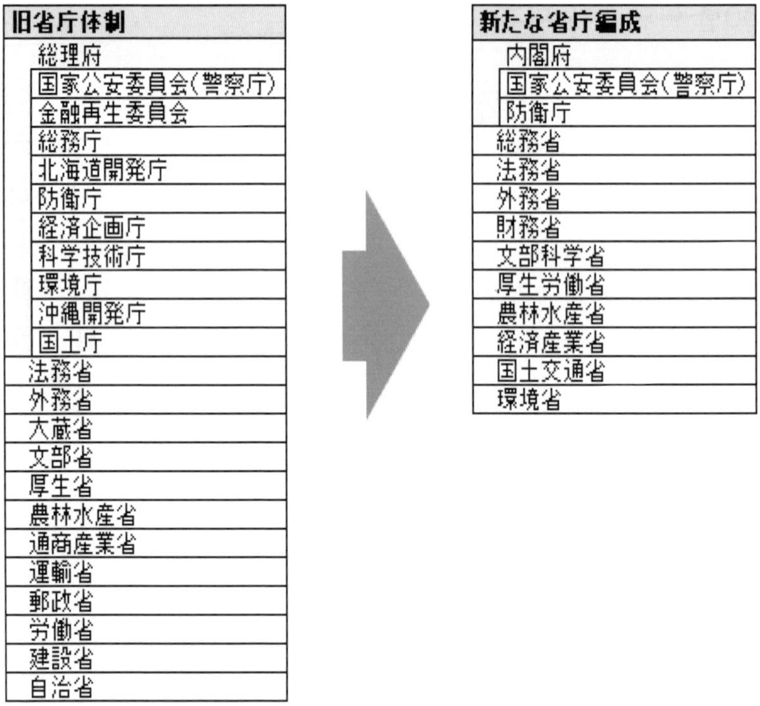

그림 15-3 정부조직도(2013년 4월 현재)

임을 진다. 일본의 내각은 총리와 총리가 임명하고 천황이 인증하는 20인 이내의 각료로써 이뤄진다. 총리대신은 20명의 국무대신들 중에서 12성의 대신들을 임명할 책임을 진다. 그 밖의 국무대신들은 총리부의 외국인 각종 위원회나 청의 장으로 임명된다. 외청 국무대신장에는 국가공안위원장, 총무청장관, 홋카이도개발청 장관, 방위청 장관, 경제기획 장관, 과학기술청 장관, 오키나와개발청 장관, 환경청 장관, 국토개발 장관, 원자력위원장 등이 있다(임승빈, 2007b).

다음의 <표 15-1>에서 나타나듯이, 2003년에는 1,057과 있던 것이 2007년에는 986과로까지 감소되었다. 그러나 반복되지만, 기존의 성의 벽을 넘어 과를 통합함으로써 슬림화를 도모한 것은 전혀 없었다. 또 삭감 율을 보면, 통합해서 만들어진 성이 그 이외의 성과 비교해서 특히 크게 삭감된 것도 아니다. 농수성을 예외로, 대개 7~8%의 삭감률을 보였다. 부처의 통합이, 조직의 슬림화를 촉진하고 있다고는 말할 수 없다(眞淵勝, 2007).

표 15-1 일본의 중앙부처 조직의 슬림화 진행 상황(2003~2007)

		총 과 수(2003)	총 과 수(2007년)	감소 수	삭감률
		a	b	a-b	(a-b)/a
총무성	자치성	19	20	1증	
	우정성	39	34	5감	
	총무청	18	16	2감	
	(관방)	5	5	0	
	총수	81	75	6감	0.07
법무성		34	31	3감	0.09
외무성		62	57	5감	0.08
재무성		42	39	3감	0.07
문과성	문부성	31	29	2감	
	과학기술성	17	15	2감	
	(관방)	8	8	0	
	총수	56	52	4감	0.07
후생노동성	후생성	55.5	50.5	5감	
	노동성	30.5	28.5	2감	
	(관방)	11	11	0	
	총수	97	90	7감	
농수성		62	63	1증	0.02
경제산업성		72	67	5감	0.07
국토교통성	운수성	66	63	3감	
	건설성	40.5	36.5	4감	
	국토성	19.5	18.5	1감	
	홋카이도개발성	7	6	1감	
	(관방)	12	11	1감	
	총수	145	135	10감	0.07
환경성		27	25	2감	0.07
합계		1057	986	71감	0.07

출처: 마부치 마사루(眞淵勝), 2007년도 12월 한국행정학회 동계학술대회 발제문.

2 일본 관료제의 특성

일본 관료제의 특성에 대해 쓰지 세이메이(辻清明)는 그의 도쿄대학교 행정학 강의 노트[3]에서 다음과 같이 세 가지를 들고 있다. 첫째는, 행정조직 측면에서 관청 분할주의(sectionalism)이다. 둘째는, 행정행태론 관점에서 관료의 우월성을 인정하는 엘리트주의이다. 셋째는, 의사 결정의 특징으로서 품의(稟議)제도이다. 일본 행정 시스템이 가지는 이러한 세 가지 특색은 쓰지 세이메이에 의하면 메이지(明治)기부터 형성되었다고 하나 지금까지도 일본 행정문화를 설명하는 데에서 유용한 틀이라고 한다(今村都南雄, 2006: 8-9). 여기에서는 이들 세 가지의 특징점을 가진 일본 행정문화와, 그리고 최근의 변화에 대해 살펴보도록 하겠다.

1) 관청 분할주의

1999년 정기국회에서 성립된 일련의 행정개혁관련법안[4]은 1998년 7월에 등장한 오부치 게이조(小淵恵三) 내각(1998.7~2000.9)에 의해 1990년대 일본의 행정개혁이 2001년 실시된 정부기구 변화를 가져오는 정부기구 개편을 단행하는 법안을 통과하기에 이른다. 총리(내각부)의 기능 강화의 구체적인 내용은 ① 다른 성청보다 우월성을 인정한다, ② 총리내각부에 종합조정권을 부여한다, ③ 총리에 의한 상의하달식의 정책 실시를 보좌한다고 하여 총리에게 강한 조정권을 주는 것이 가장 큰 특징이다. 이러한 총리의 역할 강화가 거론된 것은 일본 시스템이 관료 주도형에서 정치 주도형으로 바꾸고자 했다는 의도였다는 점에서 시사하는 바가 크다. 즉, 이 같은 내각 기능의 강화는 1945년 이후 국가공무원의 성청별 분할 모집, 여당 내의 파벌에 다른 장관 자리 나누기에 의한 분할주의(sectionalism) 등으로 대표되는 일본 관료제의 특징인 관료 주도형이 각 성청의 분담 관리가 기본적으로 정치가 주도로 그 골격이 변화한다는 의미였다. 또한, 총리의 권한을 강화시키기 위한 수단으로서 내각부 구상뿐만 아니라 각 성청의 주요 간부의 내각 승인 권한,[5] 그리

3) 쓰지 세이메이(辻清明)의 『행정학 강의』(상권)와 『행정학개론』(상권) 등의 강의 노트는 수강생들이 작성한 것을 기본으로 하여 발간된 행정학 이론서라고 볼 수 있는 매우 특이한 책이며, 실제로 제1세대 일본 행정학의 표준서라고 볼 수 있다.

4) 내각법, 국가행정조직법의 개정법, 내각부설치법, 각성청설치법, 독립행정법인통칙법 등이다.

고 내각부에 경제재정자문회의 설치 등은 총리의 리더십을 강화시키는 내용들이었다. 더욱이 각 성청에 대한 정치가를 임명하는 부대신제[6]제도의 도입, 정무심의관[7]제의 설치 구상은 각 성청의 대신의 권한을 강화시키는 것뿐만이 아니라 대신에 대한 총리의 우위를 확인시키는 개혁 내용으로 볼 수 있다(임승빈, 2007b). 따라서 1990년대 행정개혁의 큰 특징 가운데 하나는 파벌의 장으로서의 총리가 아닌 국가의 리더로서 총리의 위상을 정립했다는 데에 있다.

즉, 2001년 1월 6일 일본의 중앙성청은 1부 21성청에서 1부 12성청으로 개혁을 통해 새로운 조직 체계로 출발했다. 또한, 중요한 점은 앞서 언급한 바와 같이 관청 분할주의를 극복하기 위해 내각부는 총리부, 경제기획청, 오키나와개발청이 합류해 12성청보다 한 단계 높은 위치가 부여되었으며, 예산편성 방침을 책정하는 경제재정자문회의를 둠으로써 예산편성권을 확보하고 대장성 지배에 종지부를 찍는 것을 목표로 했다. 아울러, 총리의 발의권이나 내각관방이 중요 정책에 기획 입안하는 것을 명문화했다. 즉, 내각법 개정에 의해 각의에서의 총리의 기본 방침 발의권을 명문화했으며, 총리보좌관의 증원이나 비서관 수의 탄력화, 임기제 임용제의 도입, 관청으로부터의 파견인사 개선 등을 통해 내각관방을 강화했다.

2) 관료 주도의 행정지도 문화

일본 행정학회장을 역임하기도 했던 신토 무네유키(新藤宗行) 교수는 일본 행정에서 정책을 실시할 행정지도 형태로서 세 가지 방안이 고안되어 왔다고 말할 수 있다고 했다(新藤宗行・山口二郎, 1995). 그 첫 번째는, 정책 분야마다 관청과 고객집단과의 사이의 조직적 계열 관계의 구축이다. 대장성 관할하의 은행, 증권, 보험, 통산성 관할하의 자동차, 철강, 전력 등 일본에서는 제조업과 서비스업의 모든 분

---

5) 각 성청의 주요 인사 가운데 관료들 가운데 최고 핵심자리는 사무차관직이다. 종래에는 사무차관의 경우에는 각 성청이 추천한 자를 내각에서 추인하는 식이었으나 이를 복수 추천받아 내각에서 승인하는 것으로 바뀐 것은 총리의 리더십을 크게 강화시키는 수단으로 작용하고 있다.

6) 부대신제(副大臣制) 또한 정치가를 각 성청의 장관에 임명하는 것에 그치지 않고 정무차관직의 부대신을 임명한다는 것은 관료에 대한 정치가 우위를 확실히 하고 총리의 리더십을 강화시키는 수단으로 활용하고자 함이었다.

7) 심의관(審議官) 역시 관료의 독점 지위였으나 이를 정치가 임명의 심의관을 1명 더 둔다는 것은 앞서의, 사무차관승인제, 부대신제 등과 같은 관료에 대한 정치가 우위를 확실히 하고 임명권자인 총리의 리더십을 강화시키는 수단으로 활용되고 있다.

야에서 주요한 기업이 업계단체를 조직(재단법인 ○○업 협회라는 이름이 일반적)하고, 감독관청과의 사이에서 밀접한 연락 관계를 유지하고 있다. 이들 단체는 감독관청으로부터 소위 하향식 의사 결정 형태의 관청인사 시스템에 공헌하고 있다. 또 관청으로부터 정책을 받아내고, 멤버인 각 기업에 대해 이것을 전달하는 매개로 되어 있다. 다른 한편으로는, 행정에 대한 업계로부터의 요망을 통합하는 창구가 되고, 감독관청에 대해 요망과 정보를 제공(input)하는 것에서 중요한 역할을 다하고 있다. 두 번째 특징은, 행정지도라 일컬어지는 정책의 실시 수단이다. 행정지도라는 것은, 어떤 특정한 정책 목적의 실현을 향해 직접적인 법령의 근거 없이 상대방의 행동을 조작하는 정책 실시 수법으로 정의할 수 있다. 요컨대, 인허가 권한의 행사와 처벌 등의 법령에 명확한 근거를 갖는 공권력의 발동이 아니라, '공공의 복지' 등 법률의 추상적인 목적 규정과 각성설치법(各省設置法) 등 행정조직의 구성을 규정하는 조직 법령에서 개괄적인 역할 규정에 근거해서 관료제가 개인, 단체 등에 일정한 행위를 하도록(혹은 하지 않도록) 유도하는 것이 행정지도이다. 행정지도는 산업의 육성과 구조 전환을 촉진할 때에, 또 과당 경쟁을 막기도 하고 불황의 시기에 생산 조정을 하기도 하는 등의 업계 질서를 지키기 위해 종종 행해진다. 행정지도는 신속 유연하게 문제를 해결하고, 관계자의 요망을 만족시키기 때문에 커다란 의미를 갖는다. 관료제에서, 법률 개정 등의 번거로운 작업을 생략해서 정책 목적을 달성할 수 있다는 점, 법률상으로는 어디까지나 상대방이 임의로 지도에 따르게 되기 때문에 법적 책임이 크게 경감되는 점에 장점이 있다. 또, 지도를 받는 쪽에서도 불황 시기의 기업연합(카르텔)처럼 본래 법에 저촉되는지, 그런 두려움이 있는 행위에 대해서도 감독관청의 행정지도에 따르는 형태로 이것을 하면 제재를 회피할 수 있다는 이점이 있다. 지도에 따르는 것에서 기업과 관청과의 사이에 장기적인 우호 관계가 확립된다. 이처럼, 관료제는 행정지도를 하는 것에 의해 자신들의 영향력을 유지하고, 업계단체는 행정지도에 따르는 것에 의해 기존의 영역을 지키는 것이 가능해지는 것이다. 세 번째 특징은, 정부로부터 민간 쪽에 대한 이익 공여의 수단이 복잡하게 얽혀져 있는 점이다. 경제적인 이익의 공여에 대해서 보면, 예산에 의한 보조금의 공여, 조세특별 조치에 의한 세금 부담의 감면, 재정 융자에 의한 유리한 조건의 정책 융자라는 세 종류의 수단이 있고, 정책 융자에 의해 자금을 융통하고 나서 예산에서 이자 보급을 하는 등, 이들 수단을 복잡하게 짜맞춰서 정책이 입안된다. 특히 산업정책, 지역 개발 등의 분야에서는 관료제와 민간 부문과의 사이에서 긴밀한 연락, 협조가 꾀해지는 중에 정책이 입안, 실행되어 가는 것이다. 특히 산업정책, 지역 개발 등의 분야에서는 관료제와 민간 부문과의 사이에서 긴밀한 연락, 협조가 도모되는 가운데 정책이 입안, 실행되는 것이다. 이상에서 서술한 세 개의 특징은 서로 연결되어 있다. 기업은 행정지도에 따르는 것으로 보조금과 정책 융자의 은혜를 받는 것이 가능하다. 반대로 정책에 따르지 않으면 정책적 은혜를 박탈당한다. 그리고 감독관청에 설치된 업계단체(業界團體)가 업계 내의 기업을 통솔해 행정지도가 실효를 얻을수 있도록 하기 위한 조정역(調整役)이 된다는 것이다.

따라서 이와 같은 행정의 업계에 대한 지도편달(指導鞭撻)적 관계를 민주주의에 의한 다원주의적 접근이 아닌 종적(縱的) 사회라고 보는 것이 전후 일본이 부흥을 거쳐 눈부신 성장을 이룩해 세계 유수의 경제대국이 된 과정에서 행정기관의 역할이 지대했다는 데에는 이론이 없을 것이다. 다만, 행정기관과 민간기업과의 사이가 어떤 관계였는가, 산업정책과 경제정책이 경제 발전에 어떤 식으로 공헌했는가에 대해서는 학자들 사이에서도 견해가 나뉘어 있다. 가장 단순한 이미지는 관료 주도에 의한 경제 발전을 설명하는 것이다. 예를 들면, 미국의 일본 정치 연구가인 존스(Chalrmers Jones)는 그의 저서 『통산성과 일본의 궤적(通算省と日本の軌跡)』에서 전후의 경제 성장과 오일쇼크 후의 경제구조 전환 과정을 통산관료(通産官僚)가 작성한 시나리오에 따라 민간기업이 현명하게 움직인 결과라 적고 있다. 존스의 이해에 따르면 통산성(通産省)이 일본 경제의 방향을 설정한 참모본부(參謀本部)로 기업은 그곳에서 만들어진 전략에 따라 움직이는 장기의 말이 된다. 또 최근에는 볼페렌(Karel van Wolferen)이 『일본 권력구조의 수수께끼(*The Enigma of Japanese Power*, 日本權力構造の謎)』(1994)에서 일본의 정치 경제 시스템을 강대한 관료조직이 기업을 지배한다고 하는 이미지로 그리고 있다. 그러나 행정과 기업과의 사이에서 그렇게 일방적인 지지, 복종의 관계가 있었다는 것은 아니라는 반론도 있다. 예를 들자면, 일본의 기간산업인 자동차 업계의 역사를 돌이켜보면 1960년대 자본의 자유화에 대비해 통산성은 자동차 메이커의 집약, 통합의 구상을 강력히 내세웠다. 그러나 신흥 메이커였던 혼다기연(本田技硏)이 그것에 반발해 그 구상은 실패로 돌아갔다. 그후 일본의 자동차 산업을 생각한다면 통산성의 구상은 어긋난 것이었다. 이와같이 관료제는 항상 시대의 변화를 올바르게 인식하고 있다는 것은 아니며, 그곳에서 나온 정책 비전이 시대의 변화에 역행해 실패로 끝난 것도 많다. 최근에

는 관료가 경제를 마음대로 지배한다는 도식을 대신해서 행정과 기업의 역할 분담을 강조하는 의견이 유력해졌다. 그의 대표적 인물로는 무라카미(村上泰亮)의 '칸막이된 경쟁(仕切られた競争)'이라고 하는 모델이다. 그에 의하면, 일본의 경제 발전은 직접적으로는 민간기업의 경쟁과 기술혁신에 의해 지속되었지만 관료제는 다양한 업계의 구성과 규칙을 설정하고(그의 대표적인 것으로는 석유업 법 등 특정 업계의 바람직한 상태를 정한 법률이 있다), 신규 참여를 억제한다거나 불황 시에 카르텔을 구성시키는 등으로 경쟁을 일정한 범위 내에서 억제해 기업의 안정적인 성장을 꾀했다. 또한 보조금, 세금상의 우대, 정책융자 등을 편성해 적극적인 설비 투자와 기술혁신을 유도했다. 이러한 측면에서의 지원이 개별 기업의 성장 활동을 이끌어 낸 것으로 경제 발전이 가능해졌다고 하는 것이다. 그리고 행정지도와 조직적 계열화는 이러한 정책을 펼쳐 나갈 때 그 역할을 다했던 것이다. 관 주도에 의해 칸막이된 속에서 경쟁이라고 하는 현상은 1990년대에 드러난 정치 부패와 밀접한 관련이 있다. 국제화의 진전 속에서 일본형 관민 협조 체제가 거센 비판을 받게 된 것도 1980년대 후반의 현상이다. 특히 일미 경제 마찰이 물건의 무역에서뿐만이 아니라 서비스의 자유화 시장 개방을 둘러싼 분규 속에서 행징지도와 복삽한 규제의 구조가 비관세 장벽의 대표로서 크게 부각되었다. 그 대표는 대규모 소매집단의 출점 규제를 둘러싼 미・일 분쟁이다. 또 증권회사의 대고객에 대한 손실 보전, 건설 공공사업의 발주를 둘러싼 담합 등이 일어날 때마다 일본 시장의 이질성, 폐쇄성이 크게 부각되어 국제적으로도 거센 비판을 받았다. 그리고 미국계 기업이 일본 시장에 수입을 요구, 미・일 분쟁이 가속화되자 일본 행정기관은 규제 구조에 대한 국제적 표준(많은 경우 실제로는 미국의 규칙)에 동조해서 규칙을 변경할 수밖에 없게 된 것이다. 그것은 일본 경제에 큰 영향을 주었다. 새롭게 시장에 참가해서 사업 기회를 추구하려는 기업에는 이러한 변화가 바람직한 것이다. 또한 물가의 하락, 서비스의 다양화는 소비자에게 환영받고 있다. 따라서 종래의 질서가 무너져 가는 중에 관료지도형의 행정은 규제 완화라는 형태로 점차 개혁의 방향으로 나아가고 있다.

3) 의사 결정 과정에서의 품의제도

다음의 [그림 15-2]는 2001년도부터 시행된 정부조직 개편 이전의 일본의 정책

① 심의회의 검토 → ② 각 성청 담당 국(局)의 원안 작성 → ③ 성청 내부 검토 → ④ 다른 성 청과의 조정 → ⑤ 자민당(특히, 족(族)의원[8])과의 조정 → ⑥ 야당 의원과의 조정 → ⑦ 각의 결정 → ⑧ 국회에의 법안 제출 → ⑨ 중 · 참(衆 · 參) 양원에서의 통과

그림 15-2 정부조직 개편 이전의 일본의 정책 결정 과정

출처: 曾根泰教(1986)의 내용을 토대로 필자가 재구성.

결정 과정을 도식화한 것이다.

[그림 13-2]에서 보듯이 정부의 주요 정책은 관료들과 일부 자민당의 족(族)의원들 간의 정책 조정에서 이뤄지고 있기 때문에, 국회의 과반수 이상을 차지하고 있는 자민당이 장기 집권을 하고 있다 해도 자민당이 우위에 서서 정책 결정을 하는 것이 아니고 행정부와 일부 자민당의 관련 의원 간에 협의를 거쳐 국회 본회의에서 통과시키고 있다는 것이다. [그림 13-2]의 정책 결정 과정에서 다원주의적 요소가 있다면 민간인이 참여할 수 있는 기구인 ①의 심의회라는 형태일 것이다. 심의회는 정부의 정책 결정 과정에서의 주요한 요소이기는 하나 그 기능 및 역할은 다양하다(曾根泰教, 1986).[9] 중요한 점은 1980, 1990년대에서도 이들 심의회는 임의설치 기구이며, 총리의 자문 역할은 다른 행정기관에 대한 자문기구적인 성격에 지나지 않았기 때문에 선진국에서 보이는 다양한 이익집단이 참여하는 위원회 성격의 다원주의적 역할을 하지 않았다는 점이다. 즉, 심의회는 국가행정조직법상 제8조의 기관에 해당되기는 하나 3조(3條) 기관인 부(府), 성(省), 위원회(委員會) 및 청(廳)에 법령 또는 정령에 의해 행정부에 설치되는 부속기관에 지나지 않는 것이다(條田徹, 1986). 즉, [그림 13-2]의 일본 의사 결정의 특징인 품의제도는 족의원-관료-업계의 삼각구도에 의해 운영되었다고 볼 수 있다.

8) 족의원(조쿠기인: 族議員)은 중의원의 각 상임분과위원회에서 정치생활을 하면서 만들어지는 자민당 국회의원 중심으로 만들어진 전문화된 이익단체의 일종이라고 볼 수 있다.

9) 소네 야스히루(曾根泰教, 1986: 149)의 견해에 따르면 심의회는 위원의 구성, 답신 내용, 정치적 대립 정도, 성청의 규제 정도, 자문 범위 등의 요소로부터 ① 국회의원을 포함하는 형, ② 관계 행정기관을 포함하는 형, ③ 정책입안형, ④ 성청 자문의 지위부과형, ⑤ 임조형(臨調型), ⑥ 이해조정형, ⑦ 개별전문형, ⑧ 불활동형 등 여덟 가지 유형으로 나누고 있다. 즉, 심의회의 역할이 공식화된 정책 이슈를 민간전문가 그룹, 관료, 정치가 등으로 위원회를 구성해 정책화시켜 답신(答申)을 정부부처에 제출하는 것이 주요 역할로 되어 있으나 그 역할에 대한 평가는 다양하다. 이와같이 다양한 역할에 따른 심의회의 구분은 아마도 심의회의 법적 근거에 따라 그 정책 형성 과정에서의 구속력의 차이에서 온다고 볼 수 있다.

제 2 절 일본의 정부조직 변동의 특징과 시사점

1 2001년도 대부처주의로의 정부조직 변동에 대한 평가

일본의 중앙부처 정부 개편에 대한 평가는 2003년 시점에서의 통합성 내부 기구에 대해서는, 히비노 쓰토무(日比保勉)의 논문이 있다(히비노 쓰토무, 2003). 이 논문을 참조하면서, 개혁 3년째의 효과를 살펴보도록 하겠다. 총무성에는, 여전히 전혀 변화는 보이지 않는다. 국(局) 레벨에서도, 과(課) 레벨에서도, 옛 부처의 체제를 그대로 계승하고 있다. 후생노동성 또한, 2001년에 총무과를 설치한 이래, 기존의 부처를 횡단한 과의 설치는 없다. 국토교통성 역시 마찬가지이다. 2001년 단계에서는 완전히 수평 이동되었을 뿐인 종합정책국이었지만, 건설성의 건설경제국 정책과 및 관방정책과와 운수성의 운수정책국 정책과의 3과가 총무과와 정책과에 재편되고 있다. 총무과는 내부 관리적인 업무를 실시하는 과지만, 정책과는 개정 토지수용에 관한 업무나 시읍면 합병 지원 등 실체적인 정책과 관계가 있는 업무를 실시하는 과이다. 도시・지역정비국에 대해서는, 부처의 벽을 넘은 과의 설치는 없다. 그러나 국토교통성에서 극히 부분적이라고는 해도, 융합이 일어나고 있다고 봐도 좋다. 문부과학성에서는 2001년의 시점에서는, 연구진흥국이 부처 횡단적으로 설치되었지만, 그 내부에서는 완전한 수평 이동이 되고 있었다. 이에 대해 2003년 시점에서는 같은 연구진흥국 안에서 융합이 일어나고 있었다. 학술정보과의 설치가 그것이다. 히비노는 이 과를 가리켜 "중앙부처 개혁으로 다른 부처의 2개 과가 통합된, 유일하게 특필해야 할 과이다"라고 지적하고 있다.

일본의 2001년 정부조직 변동 이후 대부처주의(大部處主義)에 대한 평가는 마부치 마사루(眞淵勝) 교수는 이에 대해 다음과 같이 하고 있다(眞淵勝, 2007).

첫째, 관료가 외부로부터 압력을 받는 기구 개혁에는 강한 저항감을 가진다는 것이다. 마부치 마사루는 1963년부터 1997년까지의 12성의 내부 부국의 변천을 추적한 논문에서, 관저 레벨로부터 기구개혁을 추구할 수 있었던 시기와 그렇지 않은 시기를 비교하고, 오히려 전자의 시기에 내부 부국의 변화는 적은 것을 명백히 하고 있다(眞淵勝, 1999). 이에 대해 그는 다음과 같이 결론짓고 있다. 즉, "행정개혁이라고 하면, 관료들은 오히려 반발을 느끼고, 많은 경우 형식적으로 벗어나려고 애를 쓰는 경향이 있다. 행정개혁이 테마가 되어 있을 때는, 결론이 나올 때까지 아무것도 하지 않고 기다리는 곳도 있다. 행정의 외부로부터 행정개혁 등을 까다롭게 요구하지 않는 편이 좋고, 오히려 행정기관에 맡겨 두는 쪽이 이른바 임기응변으로 움직여지는 것은 아닌가" 하는 말로 지적하고 있다.

둘째, 각 부처의 행동 양식의 차이로부터 오는 것이다. 예를 들어 "국토교통성의 경우, 구 건설성은 전형적인 현장형이고 수직 관계적 색채가 강한데 대해, 구 운수성은 항만국 등을 중심으로 현장형적 행동 양식을 취함과 동시에, 규제 완화 등에 관해서는 운수정책국을 중심으로 기획형적 행동 양식도 취해 왔다." 그 때문에 대부처가 되었다 해도 융합이 쉽게 진행되지 않는 측면이 있다. 또 문부과학성에서는 "구 문부성은 사무계 직원이 중심이며, 구 과학기술청에서는 기술계 직원이 중심"(城山・細野, 2002)이라고 하는 것처럼, 직원의 전문성이 다르기 때문에, 쉽게 융합이 진행되지 않는 곳도 있을 것이다. 말하자면 조직문화의 차이가, 통합을 형식적인 상태로 머물게 하고 있는 측면이 있다.

셋째, 행정개혁을 추진하는 중앙기구인 '행정개혁 회의'의 전반에서 하시모토는 국가의 '기능'이라는 관점에서 부처 재편을 구상해 왔다. 유사한 기능을 가지는 것은 하나로 정리한다는 발상이다. 그러나 반세기 전에 사이먼(Herbert A. Simon)이 갈파한 것처럼, 조직 편성을 위한 유일 최선의 원리는 존재하지 않는다. 기능별 분류는 몇 개의 원리 중 하나에 지나지 않는 것이다. 던리비(Patrick Dunleavy)는 예산의 용도별 분류에 근거해 행정기관이 스스로 집행하는 예산, 행정기관이 다른 조직에 이전한 뒤에 그 용도를 통제하는 예산, 행정기관이 다른 조직에 이전해 그 용도를 통제하지 않는 예산의 세 가지로 분류하고 있다(Dunleavy, 1991). 그리고 각 행정기관에서, 이러한 세 가지의 예산과 예산의 절대액과의 편성으로부터, 규제형이나 통제형, 혹은 서비스 배분형 등, 행정기관을 몇 개의 타입으로 분류하고 있다. 이것은, 행정기관을 '기능'이 아닌, 일의 방법 혹은 '실시 체제'에 근거해 분류하는 시도이다. 실시 체제의 관점에서 동일한 타입에 속하는 행정기관은 융합이 이뤄지기 쉽다고 생각된다. 그러나 하시모토의 부처 재편의 이론은 '기능'에만 주목하는 것으로, '실시 체제'에는 전혀 뜻을 두지 않았다. 이것도 또한 융합을 어렵게 하고 있는 원인의 하나로 생각된다.

넷째, 다만 복수의 관점에서 재편을 실시하려고 하면, 연립방정식은 매우 복잡해져서, 결국 해석 불능이 될 가능성이 농후하다. 후드(Christopher Hood)와 던사이어(Andrew Dunsire)가 지적한 것처럼, 기구의 개혁에는 누구나가 납득하는 해석은 없다는 것이 될 것이다(Hood & Dunsire, 1981).

다섯째, 행정개혁 회의의 후반에서는, 기능에 주목한 이론도 거의 고려되지 않은 채, 말하자면 정치적인 힘의 관계로 개혁이 진행된 것이다. 그 전형은 총무성의 설치이다. 부처 재편에 의해서 1부 12성 체제에서, 1부 10성 체제가 되었다. 총 수는 큰 폭으로 삭감되었지만, 사실 대부분은 청이 정리된 것이고, 성은 12에서 10이 되는 것에 머무른다. 이것으로는 대담한 중앙부처의 재편을 실시했다고는 말하기 어려울 것이다.

물론 장기적으로는, 새로운 성에서 재편 이전의 부처의 벽을 넘은 국 그리고 과 레벨의 재편이 대담하게 행해질 가능성은 있다. 적어도 재편 후에 채용된 공무원들에게는 원래 무슨 성이라고 하는 세력권 의식은 없고, 그들이 높은 지위에 오르게 되면, 통합의 열매를 맺는 재편이 이뤄지게 될 것이다. 냉철한 눈으로 보면, 조직에 속한 사람이 모두 바뀌는 데 30년은 걸리기 때문에, 본격적인 융합은 그 이후에 일어날 수 있을 것이다. 그런데 놀랄 만한 일로, 총무성은 현재에도 구 자치성 계열, 구 총무청 계열, 구 우정성 계열이 독립해서 공무원 채용을 실시하고 있어, 채용 후의 인사도 이 3계열이 서로 독립해서 실시하고 있다. 이래서는 영구히 구 부처 의식이 사라지지 않을 것이다. 총무성은 융합의 의사가 전혀 없는 것 같다.[10)] 40년 만의 대개혁인 중앙부처의 재편이지만 내부 조직을 자세히 보면, 극소의 예외를 제외하고, 나타나는 과의 변화는 행정의 실태를 바꾸는 것에까지는 이르지 않고, 성이나 국의 간판의 변경에 그치고 있다고 할 수 있다.

2 주요 변동 요인

앞서 살펴보았듯이 1990년대 행정개혁이 관료 우위 의사 결정 체계에 대한 타파를 모색한 관계로 일본 관료제의 대표선수라고 볼 수 있는 대장성의 해체를 기점

10) 물론, 총무성의 내부에서, 구성의 테두리를 넘은 인사 이동은 행해지고 있다. 그러나 이것은 다른 부처로의 출향과 실태에 있어 변하지 않는다고 추측된다.

으로 이러한 일본식 의사 결정 행정문화인 품의(稟議)제도 역시 점점 균열을 보이고 있다고 볼 수 있다. 대장성은 일본을 대표하는 권력기구로 군림해 왔을 뿐 아니라 관료 출신 정치인이 유난히 많은 속에서 여러 명의 총리를 배출하기도 했다. 과거 대장성은 예산안의 편성, 세금의 징수 및 수사, 금융권에 대한 감독 등 3대 핵심 권한을 갖고 있었으며, 그 외 관세 업무, 국가자금관리, 외환관리를 포함해 총 6개의 큰 업무를 담당했다. 그러나 2001년 1월 6일의 중앙성청 개편 때 대장성을 폐지하고 재무성으로 명칭이 개편되었다. 대장성 해체가 일거에 진행된 것은 아니고 1996년도에 여당인 자민당 정부가 정부개혁에 합의한 이후 먼저 1998년에 금융기관 검사, 감독 부문을 떼어내 총리부 산하에 신설된 금융재생위원회와 금융감독청으로 이관했으며, 2000년에는 대상성 금융기획국과 이미 떨어져나간 금융감독청을 통합한 금융청을 출범시키며 대장성에서 사실상 금융 기능을 완전히 분리시켰다. 따라서 금융청은 금융행정과 기획 등의 중요 기능을 갖게 되고, 기존 예산 편성권은 2001년도 신설된 경제재정자문회의로 넘어갔다. 정리하자면 2007년도 현재 조세정책은 신설된 재무성으로, 예산안 편성은 내각부(우리의 청와대 비서실)의 경제재정자문회의로, 금융기관 검사 감독은 신설된 금융청으로, 그리고 과거 경제기획청이 가지고 있었던 거시경제는 폐지 후 경제재정자문회의로 이관된 것이다.

재무성(財務省, Ministry of Finance)은 일본의 재정금융 문제를 취급하는 핵심 행정기관으로서, 한 나라의 정책들을 결정하는 데 관건이 되는 예산 편성, 재정투융자계획의 결정 및 정부활동을 지원하는 조세 징수와 세입의 일환인 공채 발행, 건전한 재정의 확보, 공평한 과세의 실현, 세관 업무의 적정한 운영, 국고의 적정한 관리, 통화에 대한 신뢰의 유지 및 외환의 안정 확보 등 나라의 예산의 집행 상황 감사·조사, 법인기업 통계 조사, 담배 사업 등에 관한 감독, 재정융자자금의 관리·운용, 지방경제·지방재정의 조사, 국유재산의 관리·처분 외 금융청 장관으로부터 위임된 지방 민간 금융기관 등의 검사·감독, 증권 거래 등과 관련되는 감시, 유가증권 신고서 등의 심사, 공인회계사 시험의 실시 등의 기능을 수행하고 있다.

제16장 중국의 행정 체계와 조직문화

제1절 서론

1 연구의 배경

중국은 그동안 서구가 설정한 글로벌 스탠더드(global standard)를 좇던 지위에서 벗어나 2010년부터 중국식 방식을 설정(rule-setter)하는 핵심 행위자로 부각되고 있다. 중국 현대 정치의 회오리, 특히 문화대혁명 등으로 인해 나락으로 추락했던 중국이 어떻게 개혁개방 이래 불과 30여년 만에 G2로 급부상하고 있는가? 또한 중국의 현재를 이해하고 미래를 예측하기 위해서도 우리는 중국 정부에 주목하지 않을 수 없다.

이 장은 이러한 맥락에서 우리나라와 역사적·지리적·문화적으로 매우 가깝고, 비교행정 차원에서도 매우 중요한 가치를 지닌 중국 정부와 행정을 이해하기 위한 목적에서 쓰여졌다. 종전 거시적이고 정치 지향적인 중국 연구와 더불어 이제는 좀 더 중범위적인 수준에서 중국 정부에 대한 분석과 이해가 필요하다. 13억 인구와 56개 민족으로 구성된 거대한 중국을 실질적으로 이끌어가는 중국 정부의 행정 체계와 조직문화를 이해하는 것은 행정과 정책 측면에서 매우 의미 있는 접근이라 본다.

2 연구의 범위와 방법

이 연구의 대상은 중국 중앙정부에 초점을 두되 설명이 필요한 부분에서는 지방정부도 기술한다. 연구의 범위는 중국의 국가기구, 행정기구, 행정제도, 조직문화에 초점을 두기로 한다. 연구 수행을 위해 2절에서는 중국의 국가기구와 행정기구를 검토한다. 여기서는 사회주의 중국의 본질, 중국의 국가 형태, 중국의 국가 기능, 중국의 국가기구를 이해한다. 3절에서는 중국 정부의 행정 시스템을 검토한다. 여기서는 중국 특색의 행정제도, 중국 중앙정부의 성격과 지위, 중국 정부의 행정 기능과 행정기구를 이해한다. 4절에서는 중국 정부의 조직문화를 검토한다. 여기서는 정부 조직문화의 의의, 특징, 개혁을 이해한다. 5절에서는 중국 정부에 대한 이해를 토대로 우리에게 주는 시사점을 제시한다.

연구 방법은 문헌연구를 통해 진행한다. 문헌연구는 자료 수집과 분석의 한 방법으로서 연구자가 탐색해 보고 싶은 현상에 대한 정보를 담고 있는 문서자료를 수집하고 분석하는 것을 말한다. 문헌들을 단지 참고만 하는 것이 아니라 문서가 담고 있는 내용을 정밀하게 분석해 관심 있는 중국 국가기구와 행정기구, 중국 정부의 행정 체계와 조직문화를 좀 더 깊이 이해할 수 있다.

3 분석 틀

중국 정부와 행정을 이해하기 위해서는 우선 중국 행정이 locus와 focus를 이해할 필요가 있다. 클라크와 디어(Clark & Dear)가 언급하듯이 국가기구의 기원과 구조를 설명하는 어떤 모형도 첫째, 국가 형태, 국가 기능, 국가기구의 결과에 의해 암시되는 이론적 위계 안에 분명하게 자리 잡아야 하고, 둘째, 국가의 내적 조직에 관한 종합적인 유형론을 제공해야 하며, 셋째, 국가기구의 진화에 대한 역사적 분석이 변화하는 사회적 현실과 교차하는 것과 같이 그것을 허용해야 한다(Clark & Dear, 1990: 66; 김윤권, 2008: 112-113에서 재인용).

이를 위해 우선 사회주의 국가의 본질, 국가 형태, 국가 기능 그리고 국가기구를 고찰한다. 왜냐하면 중국의 행정은 중국 행정제도의 한 영역이며, 중국 행정제도는 사회주의 중국 국가기구의 한 부문이기 때문이다. 이어서 국가기구의 한 구성인 중국 정부에 초점을 두어 중국 특색의 행정제도를 도출하고, 중국 중앙정부의 성격과 지위, 중국 정부의 행정 기능과 행정기구, 그리고 중국 정부의 조직문화를 검토한다. 끝으로 중국 정부에 대한 시사점을 제시한다.

제 2 절 중국의 국가기구와 행정기구

1 사회주의 중국의 본질

우선 사회주의 중국의 본질을 이해할 필요가 있다. 마르크스주의자는 자본주의 체제가 붕괴되고 새로운 사회 체제인 사회주의(社會主義)로 전환될 것이라 주장하는데, 이는 결국 사회주의 혁명의 승리 결과 발생하게 된다. 사회주의는 노동자 인민이 정권을 장악하고 노동계급이 지배하는 국가 권력을 가진다. 아울러 인민을 위해 심화된 사회적·경제적 전환을 위한 도구로서 프롤레타리아의 국가 창조와 더불어 시작된다고 한다. 착취자의 권력 타도와 노동인민의 권력 형성의 결과 생겨난 사회주의 국가는 계급조직체라는 본질을 가지고 있다. 무산계급은 일체의 계급 차별이나 사회의 불평등을 없애고, 새로운 기준에 따라 국가를 건설해 궁극적으로는 국가 소멸에 이른다. 사회주의 국가의 본질에 대해 치르킨(V. Chirkin)은 첫째, 반착취적 국가 속성, 둘째, 인민의 권력, 셋째, 국가의 창조적 역할, 넷째, 모든 국가기구의 조직과 활동의 민주적 원칙, 다섯째, 사회주의 국가 권력의 국제주의적

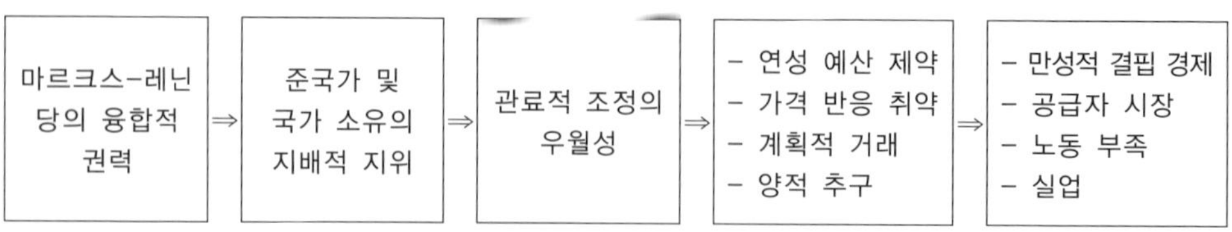

그림 16-1 사회주의 체제의 모델

출처: Kornai(2000); 김윤권(2008: 113)에서 재인용.

인 성격, 여섯째, 사회주의 국가의 인도주의 성격을 제시한다(Chirkin et al., 1987: 180-181). 한편 코르나이(Janos Kornai)는 사회주의 체제의 모델을 [그림 16-1]처럼 개념화하고 있다(김윤권, 2008: 113에서 재인용).

사회주의 중국은 계급이 통치하는 국가로서 첫째, 생산 수단의 공유제를 기초로 형성된 무산계급과 모든 노동자의 공동 이익을 위해 일하는 것을 국가경제의 근간과 이익으로 삼는다. 둘째, 생산 수단의 공유제로 인해 광범위하고 전반적인 사회의 직책을 맡는다. 셋째, 사회주의를 반대하는 사회구성원을 압박하거나 진압할 수 있으며, 국가는 사회에 복종을 강요할 수 있는 물리적·강제적 수단을 갖는다. 넷째, 제도와 정치에서 무산계급 정당이 최우선시되며, 무산계급 정당의 지휘에 따라 움직인다. 다섯째, 레닌주의와 마오쩌둥(毛澤東) 사상은 사회주의 국가의 지도 원칙이며, 사회주의와 공산주의 실천 과정(楊鳳春, 2002: 2-3)의 성격을 가진다(김윤권, 2008: 114에서 재인용).

2 중국의 국가 형태

국가의 본질이 국가 권력의 성격을 나타내는 것인데 반해, 국가의 형태는 국가 권력이 어떻게 조직되어 있는가를 보여 준다(Chirkin et al., 1987: 69). 국가의 형태란, 일정한 영토에서 국가 권력이 조직되고 수행되는 특정한 유형이다. 국가의 형태는 국가기관들 간 구조와 상호작용, 국가의 영토적 구성 단위들, 국가기구가 자신의 활동을 위해 사용되는 방식들로 표현된다. 따라서 국가의 형태는 정부의 형태, 국가 체계의 형태(민족적 지역 문할과 행정적 지역 분할), 그리고 국가의 정치적 체계라는 관점에서 고찰된다. 그러나 국가 형태는 이러한 세 가지의 단순한 기계적 결합이 아니라 복합적인 개념이다. 동일한 유형의 국가 형태, 심지어 동일한 내용의 국가 형태들조차도 그들 나름대로의 독특한 특징을 가진다. 각 나라의 국가 형태가 특수성을 갖는 이유는 각 나라의 지배계급이 그 나라 안에서 자신들의 이해에 가장 잘 부합하는 정치 권력의 조직 형태를 창출하기 때문이다. 또한 계급적 역관계, 민족적 관계, 역사적 전통, 지역적 요소 등이 국가 형태에서 실질적 중요성을 갖는다(김윤권, 2004a: 18-19).

중국의 국가 형태의 하나인 '국체(國體)'라 함은 국가의 계급 실질을 말한다. 이는 사회 각 계층이 국가에서 갖는 지위를 나타내기도 한다. 즉, 한 국가에서 어떤 계급이 지배적 지위를 차지해 국가 권력을 장악하고 있으며, 어떤 계급이나 계층이 피지배적 지위에 처해 있는가 하는 것이다. 중화인민공화국 '헌법' 총칙 제1조는 "중화인민공화국은 노동계급이 이끄는 노동자·농민연맹을 기초로 하는 인민 민주정치의 사회주의 국가이다."라고 명확히 규정하고 있다(夏海, 2001: 2; 何玉長, 2004: 5-8). 이것이 바로 중국의 국가 성질을 규정하는 중국의 국체라고 할 수 있다(김윤권, 2008: 114-115에서 재인용).

국가는 국체뿐 아니라 국가 체제에서도 서로 다르다. 국가 정체를 통해 국가 권력의 행사 방식과 수단의 총체를 알 수 있으며, 그것은 동시에 국가 형태의 기능적 측면을 나타낸다. 또한 국가 정체는 사회의 전체 정치조직들의 기능적 측면을 가리키는 정치 체제와는 명백히 구별된다(Chirkin et al., 1987: 74). 정체는 국가기관의 설치, 탄생 방식과 활동 방법, 국가원수와 정부 수뇌부의 직권 구분, 입법과 행정 및 사법 간 상호 관계에 따라 분류할 수 있다. 중국 학자들은 정체를 "국가 정권의 조직 형식이며, 지배계급이 어떤 형식으로 정권기관을 조직 하는가를 가리킨다."고 한다(夏海, 2001: 2; 何玉長, 2004: 8-11). 중국 '헌법' 총칙 제2조는 "중화인민공화국의 모든 권리는 인민에 속한다. 인민이 국가 권력을 행사하는 기관은 전국인민대표대회와 지방 각급 인민대표대회이다."라고 규정한다. 이는 중국의 정체가 민주집중제를 원칙으로 하는 인민대표대회 제도임을 보여 준다(김윤권, 2008: 115에서 재인용).

3 중국의 국가 기능

사회주의 국가 기능은 사회주의 국가의 본질 및 국가의 내용을 결정짓는다. 사회주의 국가 기능은 국가 권력의 역사적 유형에 이해 사회적·조직적·문화적·교육적 기능 등을 다양하게 형성한다. 또한 국가 본질의 변화에 따라서 강화, 팽창, 혹은 축소 등의 현상이 나타나기도 한다(김윤권, 2008: 115에서 재인용).

사회주의 국가의 주요 기능은 중요도에 따라 주요 기능(국가의 계급 목적이 분명하게 표현되며 모든 국가기구의 행동에 적용됨)과 부차적 기능(사회생활의 좀 더 협소한 영역에서 사회주의 국가의 과제를 수행하는 목표를 지닌 하나 혹은 몇 가지 주요 기능들의 구성 요소)으로, 국내외에 따라 내적 기능(가령, 경제·조직적 기능, 문화·교육적 기능, 사회적 기능, 노동 기준과 소비 기준의 규제 등)과 외적 기능(가령, 사회주의 공동체 국가들 사이의 협력과 상호 원조의 기능)으로, 그리고 영역에 따라 경제적 기능(천연자원의 직접 통제, 사적 부문, 경제행위 및 노동행위 규제, 경제활동 위반에 대한 제재), 사회적 기능(문화, 교육, 노동, 소비) 및 법적 기능으로 분류된다(Chirkin et al., 1987: 189-199; 김윤권, 2008: 115-116에서 재인용).

한편, 쑤샹야오(蘇尙堯)는 중국의 국가 기능을 정부 기능보다 크게 보면서 체제 보장 기능(헌법 · 입법, 대내외정치, 법치, 감독, 압제), 생산력 발전 기능(생산관리 1, 생산관리 2,[1] 공급관리, 재무), 사회통합 기능(보건 · 교육 · 복지, 문화 · 정보, 환경 보호), 능력 확장 기능(계획 · 조정, 인력 개발, 기술 개발, 행정관리)으로 체계적으로 구분하고 있다(蘇尙堯 主編, 1993: 135; 김윤권, 2008: 116에서 재인용).

4 중국의 국가기구

국가의 다양한 활동, 즉 국가의 내적 · 외적 기능을 수행하는 것은 국가기관들이다. 각각의 국가기관은 그 나름대로의 특수한 권력과 위임된 권한을 갖고 있으며, 그에 따라 국가의 기능을 수행하는 데 참여한다. 국가기구[2]는 몇 가지 기본적인 특징을 가진다. 첫째, 국가기구는 국가 권력이 행사되는 통일된 원칙에 의해 연결되어 있는 국가기관들이 집약된 체제로 구성된다. 둘째, 이러한 국가기관들은 행정에 참여하는 특수한 계층의 사람들로 구성된다. 셋째, 국가기구는 자신의 활동을 뒷받침하는 강제 수단을 가진다. 따라서 국가기구는 조직화된 물질적 힘이라 할 수 있다. 지배계급은 국가기구를 통해 국가 권력을 행사한다(김윤권, 2008: 116에서 재인용).

국가기구의 역사적 유형은 사회적 조식, 국가기구의 구조, 그리고 국가기구의 조직과 활동을 통제하는 원칙에서 차별성을 갖는다(Chirkin et al., 1987: 75). 사회주의

---

1) 생산관리 1은 주로 1차 산업에 속하는 기구들로서 농업부, 임업부, 수리부 등이 있으며, 생산관리 2는 주로 2차 산업에 속하는 기구들로서 국가석탄공업국, 국가섬유화하공업국 등이 포함된다.

2) 이러한 위임된 권한에 따라 국가 기능 수행에 참여하는 모든 국가기관의 총체를 국가장치라 한다. 국가장치는 흔히 국가기구라고도 한다. 국가기구라는 말은 단지 행정기구(협의의 국가기구)만을 의미하는 것이 아니라, 국가기관들의 전 체계를 뜻한다. 따라서 국가장치와 국가기구는 서로 호환적이다(Chirkin et al., 1987: 75).

국가기구의 유형을 보면 대의제국가 권력기관, 국가행정기관, 사법기관, 검찰기관, 통제기관, 대외정치 기능 수행기관, 물리적 부속기관 등으로 구분된다(Chirkin et al., 1987: 212-216). 이러한 국가기구는 다양한 요인에 의해 끊임없이 변한다. 국가기구와 국가 형태는 매우 밀접한 관계가 있으므로 국가 형태나 기능의 변화는 국가기구의 변화를 수반한다. 국가기구의 구조, 각 기관의 조직화, 국가기관 사이의 관계 등 모든 것이 변화된다. 특히, 주목할 점은 국가 형태의 변화를 초래하며 결과적으로 국가기구의 변화에 영향을 미치는 주요한 원인이 계급 간 역관계라는 점이다(Chirkin et al., 1987: 76-78; 김윤권, 2008: 116-117에서 재인용).

샤하이(夏海)는 사회주의 중국의 국가기구는 지배계급이 국가 권력을 실현하기 위해 만든 일련의 국가기관의 총칭이라 보았다. 중국의 「헌법」과 법률 규정에 따르면 중국의 현행 국가기구의 조직 체계는 국가권력기관, 국가행정기관, 국가심사기관, 국가검찰기관, 전국인민대표회의, 중화인민공화국 주석, 국무원, 중앙군사위원회, 지방각급 인민대표회의, 지방각급 인민정부, 민족자치지방자치기관, 각급 인민법원과 각급인민검찰원으로 구성된다(夏海, 2001: 3; 김윤권, 2008: 117에서 재인용).

표 16-1 중국 국가기구의 구조에서 정부

3대 계통		공산당 계통		정부 계통			군대 계통
6대 계통		당위	기위(紀委)	인민정부	인민대회	정협회의	7대 군구
5개 계급	중앙	당중앙	중기위	국무원	전국 인대	전정협(全政協)	베이징, 선양, 지난, 난저우, 광저우, 청두, 난징
	성(省)	성 위	성 기위	성 정부	성 인대	성 정협	
	지(地)	시 위	시 기위	시 정부	시 인대	시 정협	
	현(縣)	현 위	현 기위	현 정부	현 인대	현 정협	
	향(鄕)	향 위	기검조(紀檢組)	향 정부	향 인대		

출처: 閻淮(1991: 19); 이재호·김윤권(2010: 18)에서 재인용.

<표 16-1>에는 중국 국가기구의 구조가 나타나 있다. 우선 전체적인 체계에서 3대 계층은 공산당 계통, 정부 계통, 군대 계통으로 볼 수 있다. 6대 계통에는 6개 부문의 기구들이 병존하는데, 여기에는 공산당 계통(당중앙위원회, 기율검사위원회),

정부 계통(인민대표대회, 인민정부, 정치협상회의), 군대 계통(군구)이 각각 포진하고 있다. 다만 군대 계통은 7개의 대군구로 구성되어 있다(이재호 · 김윤권, 2010: 18).

제3절 중국 정부의 행정 시스템

앞서 우리는 중국 국가기구의 구성 요소로서 정부 계통이 있음을 파악했다. 정부 계통 중에서 우리는 인민정부, 특히 중앙정부인 국무원의 행정 체계에 초점을 두어 이해하기로 한다. 중국 중앙정부인 국무원을 이해하기 위해서는 국무원의 성격과 지위, 중국 정부의 행정 기능과 행정기구, 중국 정부의 정부 업무 보고에 대한 분석을 할 필요가 있다.

1 중국 특색의 행정제도의 도출

중국 국가정치제도의 중요한 구성 부분으로서 중국 특색[3]이 있는 국가행정제도는 중국 특색이 있는 국가 형태, 즉 인민민주주의 독재정치제도 및 그 정치 형태인 전국인민대표회의(인대)제도가 규정하고 제약하는 행정제도이다. 총체적으로 보면 국가 행정 권력을 포함하는 모든 국가 권력은 인민[4]에 속한다고 규정하고 있다. 이러한 중국 특색이 있는 인민민주주의 독재정치제도는 실질적으로 중국 특색이 있는 국가행정제도의 본질이라고 할 수 있는 인민성을 규정한다. 즉, 중국 특색이 있는 국가행정제도는 인민의 주권과 기본 이익을 효과적으로 보호하고 충분히 실

3) '중국 특색'이라는 개념은 신중국의 행정제도와 기타 국가의 행정제도 모형(특히 구소련과 서구의 모형)은 구별해 주며, 특징은 다음과 같다. 첫째, 민족성이다. 중국 공산당은 마르크스-레닌의 국가설과 중국의 사회주의 정권의 실립을 결합해 중국 사회가 갖고 있는 역사, 사회, 문화 조건과 국가 상황으로부터 동방문화정신의 얼을 가진 중국식 사회주의 정부제도를 탐색해 냈다. 둘째, 시대성이다. 중국 특색이 있는 국가행정제도의 생성의 기초로 볼 때 이는 현대 중국의 실천에 바탕을 두는데, 특히 당11기3중전회 이래의 개혁개방의 실천을 의미한다. 셋째, 실천성이다. 중국 특색이 있는 국가행정제도는 추상적·이론적인 제도분석이 아니라 중국 공산당이 인민을 지도해 사회주의 정부제도를 이끌어온 실천에서 나온 것이며, 이는 실천 과정에서 끊임없이 조정하고 수정해온 결과이다(張立榮, 2003: 8-9).

4) 신중국의 건립 초기 '인민'이라 함은 노동자계급, 농민계급, 도시소자본계급, 민족자본계급을 포함한다. 이는 중국 특색을 가진 무산계급 독재정치제도이다(張立榮, 2003: 17-18).

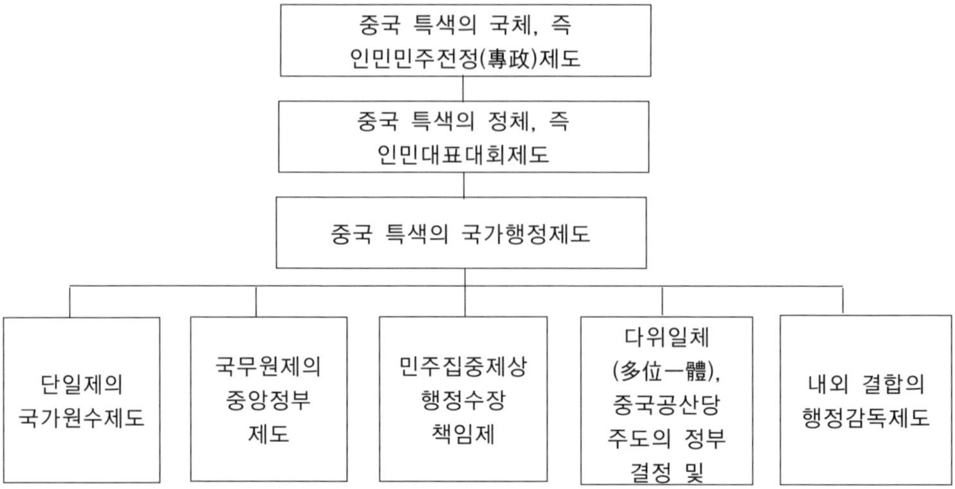

그림 16-2 중국 특색의 국가행정제도의 본질적 규정성 및 기본 틀

출처: 張立榮(2003: 18); 김윤권(2004a: 65)에서 재인용.

현할 수 있는 제도이지, 소수 특정 계층의 권익을 보호하고 실현하는 제도가 아니라는 점이다. 이러한 제도의 결정과 제약으로 인해 중국은 중국 특색의 국가행정제도를 창설하고 확립하고 있는데, 그 기본 구조는 대체적으로 서로 관련되는 다섯 가지 모형으로 구성된다. 단일제의 국가원수제도, 국무원제의 중앙정부제도, 민주집중제[5]를 기초로 하는 행정수장책임제,[6] 중국 공산당이 주도하는 정부정책과 집행 구조인 다위일체(多位一體),[7] 그리고 내외로 결합하는 행정감독제도가 그것이다(김윤권, 2004: 65에서 재인용).

중국 특색의 국가행정제도에서 나타나는 특징을 고찰해 보면, 첫째, 구조적 측면에서 이상의 중국 특색을 가진 국가행정제도의 기본 구조는 모든 제도를 일컫는 것이 아니다. 실제로 중국의 국가행정제도에는 '기본 구조' 중 5대 제도 외에도 행

5) 민주집중제는 사회주의 국가기구의 조직과 활동의 주요 원칙이다. 민주집중제는 정태적인 제도 규정이면서 이와 동시에 동태적인 제도 규정이다. 민주집중제는 비판의 자유와 행동의 통일을 보장하고 당조직의 발전과 조직적 강화를 실현하기 위해 레닌이 제창한 공산당 조직 원리로부터 국가기관의 조직과 활동의 원리로 발전되었다.

6) 행정수장책임제란 위원회제도와 비교해 높은 효율성과 책임성을 보장하기 위한 하나의 제도적 장치이다. 가령, 국무원 총리책임제는 국무원총리가 주어진 권한을 바탕으로 효율적인 정책을 추진하되 동시에 책임이 뒤따른다.

7) 다위일체란 중국 공산당이 정치적 독점, 인민의 전위대, 정치적 지혜의 원천으로서 모든 국가기관을 통제·관리하고 국가의 정책 결정 및 집행을 지배한다는 것을 의미한다.

정입법제도, 행정허가제도, 행정재심의제도, 행정처벌제도, 행정구획제도, 국가공무원제도 등이 있다. 또한 '기본 구조' 중 5대 제도끼리 서로 완전히 괴리된 것은 아니라는 점이다. 이들은 상호 연계되어 서로 영향을 준다. 단일제 국가원수제도와 국무원의 중앙정부제도를 보더라도 현행 「헌법」 규정에 의하면 국가주석이 전국인대 및 그 상무위원회의 결정에 근거해 국무원총리, 부총리, 국무위원, 각부부장(各部部長: 장관), 각위원회주임, 심사장, 비서장을 임명한다. 이처럼 국가원수제도는 국무원 지도부의 구성과 제도의 운영에 상당한 영향을 미치거나 결정을 한다(張立榮, 2003: 19-20; 김윤권, 2004a: 65-66).

둘째, 계층적 차원에서 중국 특색의 국가행정제도는 상호 연관되거나 질서 체계를 갖는 계층조직이다. 즉, 행정제도는 내층(內層), 중층(中層), 외층(外層)이 유기적으로 결합된 계층적 구조 체계[8]이다. 내층, 즉 핵심층은 "국가행정권을 누가 장악하는가"라는 기본적인 준칙이다. 중층은 국가의 행정권자가 갖는 행정기구의 설치와 조정, 행정 인원의 배치와 관리에 대한 기본 준칙이다. 외층은 행정권자가 직접 다루는 구체적인 준칙, 예를 들면 행정의 집행 경로, 방식, 수단, 절차 등이다. 이 세 계층은 서로 연관되어 있고 제약하는 관계이다. 즉, 외층이 중층을 나타내고 중층이 핵심을 나타내는 동시에 핵심층이 중층을 제약하고 중층이 외층을 제약하는 구조이다(張立榮, 2003: 7; 김윤권, 2004a: 66-67).

셋째, 또 다른 측면에서 중국 정부의 조직구조는 종적인 것과 횡적인 것으로 분류된다. 즉, 종적으로는 서로 다른 계층의 정부로 구성되며, 횡적으로는 서로 업무를 담당하는 부문으로 구성된다. 정부 조직구조의 종적 기구는 국가관리의 수요에 따라 나눠 설치된다. 중국 정부의 종적 계층과 행정구역[9]은 밀접한 관련이 있다. 행정구역의 구분에 따라 중국의 종적 행정 체계의 구조는 4급과 5급의 두 가지[10]

---

8) 국가행정제도는 일정한 의식의 관념의 지도 하에 국가이 '헌법'이나 법률이 규정하는 국가행정기관의 생성, 직능, 권한, 조직구조, 지도 체제, 활동 절차 등의 준칙 체계 및 정부 체제 내의 각 권력 주체들의 관계 형태이다(張立榮, 2003: 6-7). 중국 행정 체제의 근간은 행정 계통의 권력 배분, 조직 구성, 기능 배정, 운영 메커니즘, 행정의 입법 및 사법과의 관계, 당정 관계, 그리고 행정규범, 행정환경 등 여러 가지 요인의 유기적인 결합을 지칭한다(謝慶奎 主編, 1998).

9) 행정구획은 국가가 주요 권한 범위의 영내에 대해 계층에 따라 편리하게 관리하기 위해 나누는 구역이다. 행정구획의 확정은 지리적·경제적·민속적·정치적 등 여러 요소에 의해 결정되며, 일정한 역사 계승성과 상대적 안정성을 가진다. 행정구획이 국가정치에서의 중요성과 국가의 정치 안성, 경제 발전과 사회 안정에 대한 거대한 영향으로 미뤄볼 때, 행정구획의 확정과 변경은 반드시 '헌법'과 법률 규정에 따라 진행한다(張立榮, 2003: 6).

10) 중국 지방정부 조직은 중국 현행 「헌법」이 승인한 4개 계층이지만, 중국 각지의 상황이 상이한 것을 고려

로 나뉜다. 법률 규정으로 분석하면 일반적으로 4개의 계층, 즉 국무원, 성(省), 시 현, 향(鄕)으로 구분된다. 그러나 현재 대부분 지방에서 시(市)가 지도하는 현(縣) 체제를 시행하고 있으므로 이러한 지역에서는 5급 관리 체제[11]가 시행되고 있다. 즉, 성과 현 사이에 시(보통 地方級市)라는 계층이 추가된다. 자치주가 설치되어 있는 성과 자치구도 역시 5급 관리 체제를 실시한다. 즉, 성과 현 사이에 자치주라는 계층이 추가된다[12](김윤권, 2004a: 67-68).

종적인 면에서 국무원과 지방 각급 인민정부는 한 개의 완전한 국가행정기관 체

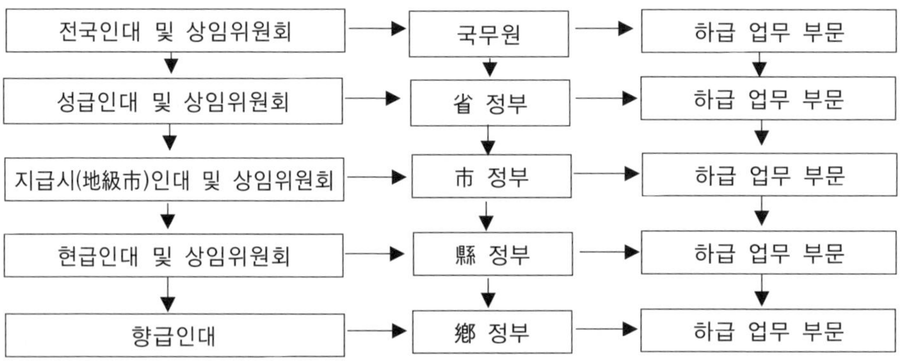

그림 16-3 중국정부의 결정 및 집행 구조

출처: 張立榮(2003: 90); 김윤권(2004a: 67)에서 재인용.

할 때 각지의 행정계층을 일치하도록 강요할 수는 없다(謝慶奎 1998).

11) 2011년 12월 31일 기준 행정구역 단위를 보면, 성급(省級) 34개[직할시(直轄市) 4개, 성 23개, 자치구(自治區) 5개, 특별행정구 2개], 지급(地級) 332개[지급시(地級市) 284개, 지구(地區) 15개, 자치주 30개, 맹(盟, 내몽고) 3개], 현급(縣級) 2,853개[직할구(市轄區) 857개, 현급시(縣級市) 369개, 현 1,456개, 자치현 117개, 旗 49개, 자치기(自治旗) 3개, 특구(特區) 1개, 임구(林區)(호남성) 1개], 향급(鄕級) 40,466개[구공소(區公所) 2개, 진(鎭) 19,683개, 향 12,395개, 소목(蘇木) 106개, 민족향 1,085개, 민족소목 1개, 가도(街道) 7,194개]로 구성되어 있다(中華人民共和國民政府 編, 2012: 1). 성시와 농촌의 가장 아래층은 가도(街道)와 촌(寸)인데 그들은 정권의 자연 연장으로서 일부 행정 직능을 가지지만 이는 정식 조직이 아니고 주민통제 및 권력의 말초신경 역할을 한다.

12) 이외에도 법률 규정에 따라 성, 자치구 인민정부는 필요에 따라 국무원의 허가를 받고 약간의 파출기관을 설립할 수 있다. 일반적으로 이러한 파출기관을 지역행정공관이라 부른다. 현, 자치현의 인민정부는 필요시 성, 자치구, 직할시 인민정부의 허가를 받아 약간의 지역 공소(公所)라는 파출기관을 둘 수 있다. 직할시(市轄區), 구(區)가 없는 시의 인민정부는 상급인민정부의 허가를 받아 약간의 가도(街道) 사무처를 설립해 그 파출기관으로 한다. 파출기관과 동급 행정기관의 주요한 차이점은 파출기관은 1급 지방정부가 아니며 국가권력기관, 즉 인민대표대회를 설치하지 않는다는 것이다. 그들은 특정 구역 내에서 그를 위임해 파견한 행정기관이 부여한 권리에 따라 행정사무를 관리한다.

계를 이룬다. 이 체계 중에서 국무원은 최고의 지도적 위치를 차지하는 최고국가행정기관으로서 전국 지방 각급 국가행정기관의 사업을 통일적으로 지도한다. 다시 말해, 전국 지방 각급 국가행정기관은 국무원에 복종한다(김윤권, 2004a: 68).

정부의 횡적 조직구조는 각급 정부가 사업의 수요에 따라 법률 규정에 따른 심의 과정을 거쳐서 설치되는 사업 부문으로서 각각 한 부문의 행정사무를 책임지고 조직 및 관리한다. 횡적으로는 [그림 16-3]에서 보듯 국무원과 지방 각급 인민정부가 최고권력기관과 지방 각급 국가권력기관의 집행기관이 된다. 이는 국무원과 지방 각급 인민정부가 전국인대와 지방 각급 인대의 종속적인 위치에 놓여 있음을 가리킨다. 국무원과 지방 각급 인민정부는 국가 최고권력기관과 지방 각급 국가권력기관으로부터 이뤄지며 권력기관은 행정기관 권력의 직접적인 원천이 된다(김윤권, 2004a: 68).

2 중국 중앙정부의 성격과 지위

행정기관의 지위[13]는 다른 기구와의 관계를 나타내며, 아울러 그 조직의 성질도 나타낸다. 중화인민공화국 국무원, 즉 중앙인민정부는 국가의 최고권력기관의 집행기관인 동시에 국가의 최고행정기관이다. 이는 국무원의 성격과 중국 국가기구 체계 내의 지위를 의미한다. 국무원의 성격과 지위를 구체적으로 살펴보면 다음과 같다(김윤권, 2004a: 68-70).

첫째, 국무원은 바로 중앙인민정부이다(任進, 2003: 41). 이는 국무원이 기타 국가기관과 명확히 다름을 의미한다. 정부라는 개념을 협의와 광의의 두 가지로 본다면, 협의의 정부는 단지 국가행정기관을 가리키고, 광의의 정부는 국가의 입법・행정・사법 등 각종 기관을 가리킨다. 1949년 '공동강령'과 「중앙인민정부조직법」의 규정에 의하면 당시 중앙인민정부는 대외적으로 중화인민공화국을 대표하고 대내적으로 국가정권을 영도하는 중앙인민정부위원회와 그것이 통할하는 4대 기관을 가리켰다. 그 4대 기관은 바로 국가정무의 최고집행기관인 정무원(政務院), 국가군사최고통할기관인 인민혁명군사위원회, 국가최고재판기관인 최고인민법원과 국기

13) 일부 학자들은 지위 체계를 행정기관 상호 간의계급 고저를 구분하는 하나의 형태라고 정의한다. 기관의 지위는 정부조직 내 기관의 지위와 권한을 의미한다(林紀東, 1984: 212).

최고감찰기관인 최고인민검찰원이다. 결국, 1949년의 정부는 광의의 정부를 의미했으며 정무원은 단지 중앙인민정부의 한 부분에 불과했다. 이후 정무원은 1954년 「헌법」 규정으로 국무원(國務院)으로 개칭되었다. 그 이후 중국의 「헌법」과 기타 법률은 국가권력기관의 집행기관인 국가행정기관을 인민정부라고 명확하게 사용하고 있다. 국무원은 전국인대, 국가주석, 중앙군사위원회, 최고인민법원, 최고인민검찰원 등과 함께 중앙의 일급 국가기구 중 하나이다. 이때부터 중국의 '정부'라는 용어는 대부분 협의의 해석에 바탕을 두고 있다(夏海, 2001: 3).

둘째, 국무원은 국가의 최고권력기관의 집행기관이다(楊鳳春, 2002: 183; 任進, 2003: 41). 국무원은 전국인대와 그 상무위원회에 대해 종속적 지위를 갖는다고 명확히 규정되어 있다. 국무원은 국가의 최고권력기관에 의해 탄생되기 때문에 국가의 최고권력기관에 대해 책임을 지며, 또한 최고권력기관의 감독을 받아야 한다. 그러나 이것은 「헌법」상 관계에 한정되며, 행정국가 시대에 실질적・운영적 차원에서 보면 전국인대는 그 역할이 형식적인 수준에 제한되어 있다고 할 수 있다.

셋째, 국무원은 국가의 최고행정기관이다(楊鳳春, 2002: 185; 任進, 2003: 42). 국무원은 전체적인 국가행정 체계 중에서 최고의 지위[14]를 차지한다는 의미이다. 중국의

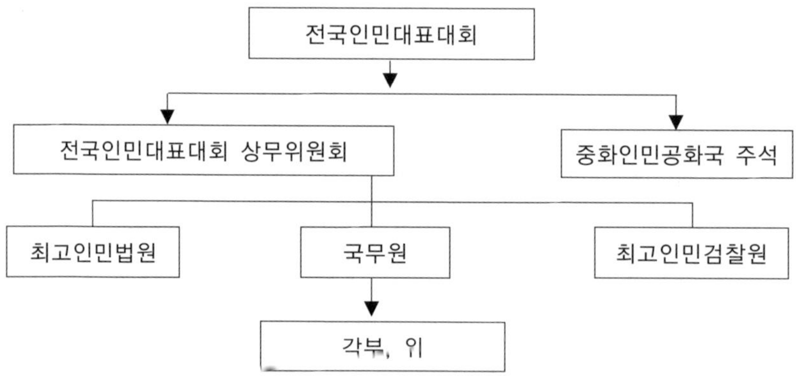

그림 16-4 1954년 '헌법'이 확정한 국가 권력구조

출처: 楊冠琼(1999: 233).

---

14) 국무원이 국가행정 체계에서 차지하는 최고의 지위는 다음과 같다. 첫째, 국무원은 각 부(部), 각위원회의 직책을 규정할 권한을 가지고 각부, 각 위원회의 사업을 통일적으로 지도하며, 각부와 각 위원회에 소속되지 않는 전국적 행정사업을 지도한다. 그리고 중앙과 성, 자치구, 직할시의 국가행정기관의 직권 분할 규정의 권한을 가지며, 전국지방 각급 국가행정기관의 사업을 통일적으로 지도한다. 둘째, 국무원은 각 부와 위원회가 발포하는 부적절한 명령, 지시, 규정제도를 개정하거나 철회할 권한을 가지며, 지방 각급국가

국가행정 체제는 국가의 최고행정기관과 지방의 각급 국가행정기관으로 구성되며 각급 국가행정기관은 모두 동급의 국가권력기관에 의해 탄생된다. 이를 통해 전국적인 행정 업무의 통일성을 기할 수 있다.

종적인 면에서 국무원과 지방 각급 인민정부는 한 개의 완전한 국가행정기관 체계를 이룬다. 이 체계 중에서 국무원은 최고의 지도적 위치를 차지하는 최고국가행정기관으로서 전국 지방 각급 국가행정기관의 사업을 통일적으로 지도하며, 전국 지방 각급 국가행정기관은 국무원의 관리・감독을 받는다(김윤권, 2006: 179-180).

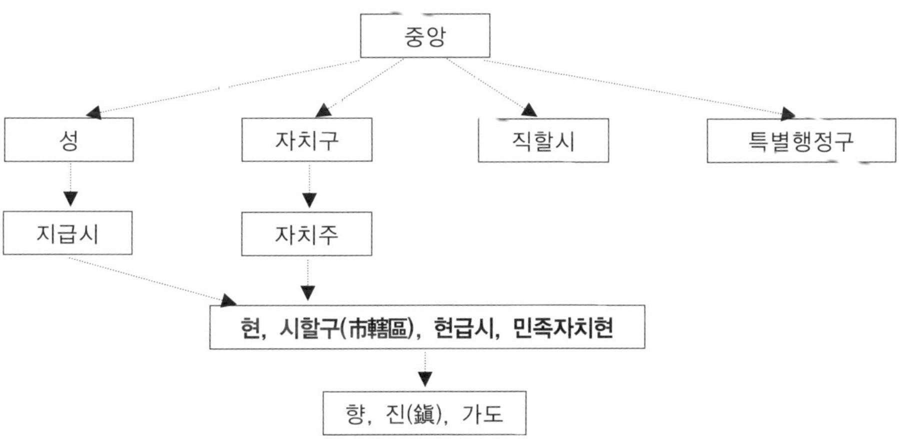

그림 16-5 중국 중앙-지방의 체계

출처: 楊斌(2007).

3 중국 정부의 행정 기능과 행정기구

1) 중국 정부의 행정 기능

행정 기능 혹은 정부 기능은 주로 학문적 논의이지 법률적 개념은 아니다. 학문

행정기관의 부적절한 결정과 명령을 개정하거나 철회할 권한을 가짐으로써 전국 행정사업의 통일을 보장하고 「헌법」, 법률과 결의의 유효한 실행을 보장한다. 셋째, 국무원은 「헌법」과 법률이 채택하는 행정시책이나 제정하는 행정법규, 발포하는 명령과 결정에 근거해 전국 각급 행정기관에 대해 보편적인 구속력을 가지며 반드시 법에 따라 착실히 집행하도록 해야 한다(張立榮, 2003: 5).

상으로 직책, 작용, 역할 및 직권 등으로 정부 기능을 규정한다. 정부 기능은 정부가 법에 의거해서 국가 사회생활 영역에 대한 관리를 하는 모든 직책과 역할이다. 정부 기능은 행정작용(효능)이라 부르고, 일정 시기에는 정부라고 지칭하기도 하며, 국가와 사회 발전의 수요에 근거해 직책과 역할을 담당한다. 결국, 정부 기능은 전체 사회경제 생활에 대해 정부가 관리를 진행할 때 당연히 맡아야 할 직책과 갖춰진 역할(효능)이다(杜創國, 2001: 18-19).

이처럼 정부 기능은 직책과 기능을 말하는 것으로 사람, 사물, 기구의 역할을 가리킨다. 이런 역할은 일반적으로 사람, 사물, 기구의 근본적인 속성에 의해 규정되고, 지속적으로 변화한다. 이 때문에 기능은 본질적으로 규정성과 국부적(局部的) 가변성의 특징을 지닌다(謝慶奎, 1998). 이러한 정부 기능은 공공행정의 본질적 표현이며, 이는 공공행정의 기본 내용과 활동 방향을 반영한다[15](김윤권, 2004a: 22).

이러한 맥락에서 국무원의 기능은 중국이 직면하는 중요한 임무를 수행하는 와중에 그 계급적 본질을 반영하는 주요 행동 노선이다. 국무원의 모든 기능은 국가의 주요 임무들을 집행하는 역할을 수행한다. 각 기능은 대체로 하나의 임무 수행을 조정 혹은 집행하며, 동시에 국가의 모든 기능이 실제로는 상호 연결되어서 조직적으로 통일되어 있다(김윤권, 2004b: 36-37). 국무원의 기능을 수행할 수 있는 권한은 바로 「헌법」 제89조[16]에 규정된 직권을 통해 행사된다.

---

15) 정부 기능의 함의는 첫째, 국가 기능의 하나의 특수한 방면을 구체화하며, 둘째, 정부 기능은 국가의 입법, 사법 등 방면의 기능과 대칭되고, 국가 의지를 집행하는 관리 방면의 기능이며, 셋째, 정부 기능은 국가사무와 공공사무에 대한 관리를 실시할 때 기능이 드러나고 일종의 공공성 기능을 가지며, 넷째, 정부 기능의 시행자는 정부조직 체계이며, 다섯째, 정부 기능은 정부행정관리 직책 및 효능(功能) 작용의 통일과 관련되며, 여섯째, 정부 기능은 하나의 완전한 체계이다. 일곱째, 현대 사회에서 정부 기능의 행사 준거는 국가가 통과시킨 「헌법」과 법률이 부여한 행정 주체의 행정 권력이다. 여덟째, 정부 기능의 체계는 하나의 생태 계통이다(金太軍 主編, 2002: 4-5). 일반적으로 정부의 규모, 구조, 조직 형태 및 관리 방식은 정부 기능을 결정한다. 정부 기능은 정부 활동의 기본 방향, 근본 임무 및 주요 작용을 반영한다(金太軍 主編, 2002: 1).

16) 「헌법」 제89조의 규정에 따르면 국무원은 다음과 같은 직권을 행사한다. 1. 「헌법」과 법률에 근거해 행정 조치를 규정하고, 행정 법규를 제정하며, 결정과 명령을 발표한다. 2. 전국인민대표대회 혹은 전국인민대표대회 상무위원회에 의제를 제안한다. 3. 각 부처와 각 위원회의 임무와 직책을 규정하고, 각 부처와 각 위원회의 업무를 통일적으로 지도하고, 각 부처와 각 위원회에 속하지 않는 전국적인 행정 업무를 지도한다. 4. 전국 지방의 각급 국가행정기관의 업무를 통일적으로 지도하고, 중앙과 성, 자치구, 직할시의 국가행정기관의 직권을 구체적으로 제정한다. 5. 국민경제와 사회 발전의 계획과 국가예산을 편성하고 집행한다. 6. 경제 업무와 도시·농촌 건설을 지도하고 관리한다. 7. 교육, 과학, 문화, 위생, 체육과 출산 업무를 계획한다. 8. 민정, 공안, 사법행정과 검찰 등의 업무를 지도하고 관리한다. 9. 외사 업무를 관리하고, 외국과 조약과 협정을 체결한다. 10. 국방건설 사업을 지도하고 관리한다. 11. 민족사무를 지도·관리하고, 소수민족의 평등한 권리와 민족자치지방의 자치 권력을 보장한다. 12. 화교의 정당한 권리와 이익을 보호하고, 국내에 거주하는 화교와 그의 가족들의 합법적인 권리와 이익을 보호한다. 13. 각 부처, 각 위원회가

2) 중국 정부의 행정기구

행정 체제의 구조적 골격을 구성하는 행정기관들의 전체적인 배열을 여기서 행정기구[17]라 부르기로 한다. 행정기구(administrative apparatus)는 국가의 행정을 수행하는 기관적 기초를 지칭하며, 국가와 국가기구[18]를 규정하는 가장 핵심적인 국가기구이다(Benjamin & Duvall, 1985: 35). 벤저민(R. Benjamin)과 듀발(R. Duvall)에 의하면 국가(기구)는 두 가지 차원에서 정의된다. 첫 번째 개념은 전체로서의 제도적 집합체로서 관료제와 행정기구를 포괄하며, 두 번째 개념은 좀 더 포괄적인 개념으로 지속적인 지배와 통치 구조인 제도적·법적 질서를 지칭한다. 첫 번째 개념에 의하면 국가는 곧 행정기구를 의미할 정도로 행정기구는 국가기구의 대부분을 차지하는 가장 중요한 기구이다.

한편, 현실적으로 성문법주의나 불문법주의, 자본주의나 사회주의, 공화제나 입헌군주제 같은 헌정제도에 관계없이 거의 대부분의 국가가 기본적으로 지배계급 사이의 견제와 균형을 추구하는 삼권분립의 원리를 적용한다는 점에서 국가기구를 대의기구, 행정기구, 재판기구로 분류하는 것은 편의적·실질적·논리적이라 할 수 있다(김태수, 1993: 219-220). 이때 국가기구는 입법적 기구나 사법적 기구라기보다 행정기구일 수밖에 없다(Habermas, 1989)는 입장과도 같은 선상에 놓여 있다(김윤권, 2004a: 24-25에서 재인용).

이런 견지에 보면, 중국 행정기구의 유형화도 대체로 중국 국가기구의 유형화를 다소 보완하면 될 것이며, 중국의 행정제도(국무원)의 성격을 이해하는 데 기본적인 도구를 제공해 줄 것이다. 그래서 중국 국가기구 가운데 입법적 국가기구(전국인대)와 사법적 국가기구(최고인민법원, 최고인민검찰원) 등을 제외한[19] 행정기구, 즉

발표한 부적절한 명령, 지시와 규장을 수정하거나 철회한다. 14. 지방 각급 국가행정기관의 부적절한 결정과 명령을 수정하거나 철회한다. 15. 성, 자치구, 직할시의 구획을 비준하고, 자치주, 현, 자치현, 시의 건설과 구획을 비준한다. 16. 성, 자치구, 직할시의 범위 내에서 일부 지역에 대한 계엄을 결정한다. 17. 행정기구의 편제를 심사 결정하고, 법률에 따라 행정 인원의 임면, 교육, 심사와 상벌을 결정한다. 18. 전국인민대표대회와 전국인민대표대회 상무위원회가 부여한 기타 직권을 행사한다.

17) 기구는 인(人), 재(財), 물(物), 정보 등 여러 요소가 결합된 것이고, 분명한 목적이 존재하며, 맡은 기능을 실행한다. 기구 내부에서는 계층, 체계, 기구 간 상호 영향을 미치며, 좀 더 큰 계통을 형성한다(吳剛, 1999: 70).

18) 국가기구의 하위 개념인 행정기구와 관료기구는 정부기계 또는 기제, 행정조직 혹은 기관 등으로 표현되기도 한다(정용덕, 2002: 12).

19) 중국에서 법의 집행기관으로 주로 공안기관, 국가안전기관, 인민법원, 인민검찰원, 사법행정기관 등을 들

그림 16-6 중국 국무원의 조직도

수 있다. 「헌법」의 규정에 의하면 공안기관과 국가안전기관은 국가의 정찰권을 행사하고, 인민법원은 국가의 심판기관으로서 국가의 심판권을 행사하며, 검찰원은 국가의 법률감독기관으로서 국가의 검사권을 행사하고, 사법행정기관은 형무소, 노동 개조, 공증, 변호사 등 사법행정 업무를 관할하는 국가의 사법행정권을 행사하는 기관이다(한대원, 1991: 123).

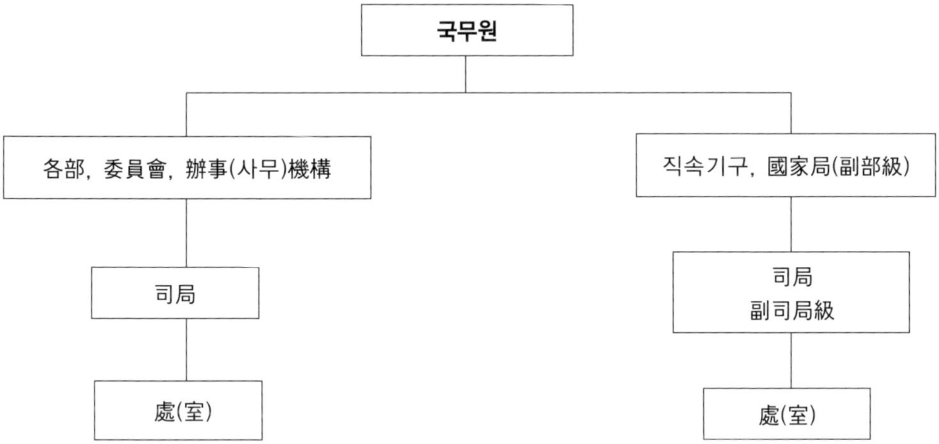

그림 16-7 국무원 행정기구 내부구조

주: 종종 직속기구는 正部級 기구인데, 예를 들면 국가세무총국, 국가환경보호총국, 해관총서, 중국민용항공총국, 국가방송영화TV총국, 국가체육총국 등이다. 이들은 직속기구 내에 설치된 司局기구로서 正司局級이 된다(夏海, 2001: 33).
출처: 김윤권(2004a: 73).

중앙행정부인 국무원의 기구만을 연구 대상으로 한정하기로 한다. 실무적으로 국무원의 행정기구의 법률 용어는 국무원 판공(사무)청, 국무원 구성 부문, 국무원 직속기구, 국무원 사무기구, 국무원 구성 부문이 관리하는 국무원 국가국, 국무원 의사협조기구로 구분[20]된다(김윤권, 2004a: 73-76).

한편, 국무원 기구의 내부 계급은 다음과 같다. 국무원 구성 부문과 업무 처리기구는 세 등급으로 나눈다. 즉, 부와 위원회사무실-사(司: 局)-처(실)이다. 직속기구도 보통 3등급으로 나눈다. 국-사(국)-처(실)인데, 사(국)급의 기구는 보통 국무원 구성 부문 내의 사(국)급의 기구보다 반급이 낮이 부사국급 기구이다. 그리고 처(실)급 기구는 부와 위원회의 처(실)급 기구와 동급이다. 국무원 구성 부문에서 관리하는 국가국은 사업의 수요에 따라 사, 처 두 급 내에서 기구를 설립하거나 처

20) 국무원 행정기구의 범위에 대해 견해가 나뉜다. 첫째, '국무원 행정기구 설치 및 편제관리 조례'를 근거로 국무원 판공청, 구성 부문, 직속기구, 판사기구, 국무원 구성 부문이 관리하는 국가국, 의사협조기구로 분류한다. 둘째, 앞의 여섯 가지 외에 파출기구 즉, 홍콩과 마카오 특별행정구연락판공실을 포함한다. 셋째 견해는 「국무원조직법」에 근거해 판공청, 구성 부문(각 부, 위), 직속기구, 판사기구에 한정한다(任進, 2003: 50-1).

급의 기구만 설립할 수 있다. 국가국 내에 설립하는 사, 처기구의 행정 등급은 직속기구 내의 사, 처 기구와 같다(夏海, 2001: 32).

제 4 절 중국 정부의 조직문화

1 정부 조직문화의 의의

조직문화는 본래 민간 부문에서 다뤄졌으나 근래 들어 공무원들의 부정적 행태(비용에 대한 의식 결여, 서비스 정신 부재, 결과에 대한 책임감 결핍 등)가 정치사회로부터 주목을 받으면서, 공조직 문화에 대한 관심도 점차 높아지고 있다(박천오, 2012: 63).

정부조직에서 기구나 조직 틀을 파악하는 것도 중요하지만, 정부조직을 움직이게 하는 조직구성원, 즉 공무원의 사고와 행태를 보여 주는 조직문화를 파악하는 것도 매우 중요하며, 특히 조직문화는 정부 업무, 성과, 의사 결정, 관리 등을 파악하는 데 유용하다.

현재 중국의 공공조직문화는 연안(延安) 시대를 발단으로 사회주의 중국이 성립된(1949년) 후에 형성되었다고 할 수 있다. 지금에 이르러 그 안에는 중국 전통행정문화가 일부 존재할 뿐만 아니라 근대에 중국으로 전파된 서구 행정문화 요소도 있으며, 오사반전통(五四反傳統)의 새로운 문화 성분도 있다. 또한 사회주의 중국 수립 후에 소련의 영향을 깊게 받은 사회주의 행정문화 성분도 포함되어 있다. 그러므로 현대 중국 공공조직문화의 현상을 객관적으로 분석하면 그 속에는 승계, 발전, 그리고 도전도 볼 수 있다(李傳軍, 2008: 139).

2 중국 정부 조직문화의 특징

중국의 공공조직문화는 중국화된 마르크스주의를 지도사상으로 전면적인 승화와 발전을 이뤘다. 그 주요 내용은 사상을 해방하고, 실사구시(實事求是)를 하며, 시대의 발전에 따라 나아가고(與時俱進), 이론과 실제를 연결시키며, 군중노선을 견지하고, 사람을 중시·이해·존중하며, 전심전의로 인민을 위해 봉사하고, 청렴과 자율을 확보하는 것이다. 행정개혁을 견지하고, 행정조직을 최적화하며, 법제와 효율성을 중시하고, 점진적 개방을 통해 중국 현대 공공조직문화의 핵심 주축을 이루고 있다(李傳軍, 2008: 139).

그러나 여전히 현대 공공조직문화에는 일련의 부족함이 존재하는데 그 주요한 특징은 다음과 같다.

첫째, 무문화 현상(無文化現象)이 존재한다. 일부 공공조직은 아주 체계적이고 엄격한 각종 규칙과 제도를 통해 조직구성원들이 무엇을 할 수 있고, 반드시 무엇을 해야 하며, 무엇을 해서는 안 된다는 것에 관해서는 규정하고 있다. 그러나 분명한 문화 개념, 이상과 행위준칙, 가치관 체계를 갖추고 있지 않기 때문에 조직구성원의 사상과 의식에 대한 교육과 양성을 소홀히 하고 있다. 이러한 현상들이 나타나는 원인은 대부분 공공조직 지도자 개인의 소질이 뛰어나지 않거나, 현대 공공조직문화에 대한 심층적 인식이 부족하기 때문이다. 이런 조직은 보통 활력, 동력, 창조력이 부족하고, 업무효율성이 떨어지며, 불화반목(離心離德)의 현상이 심각할 수 있다(李傳軍, 2008: 139).

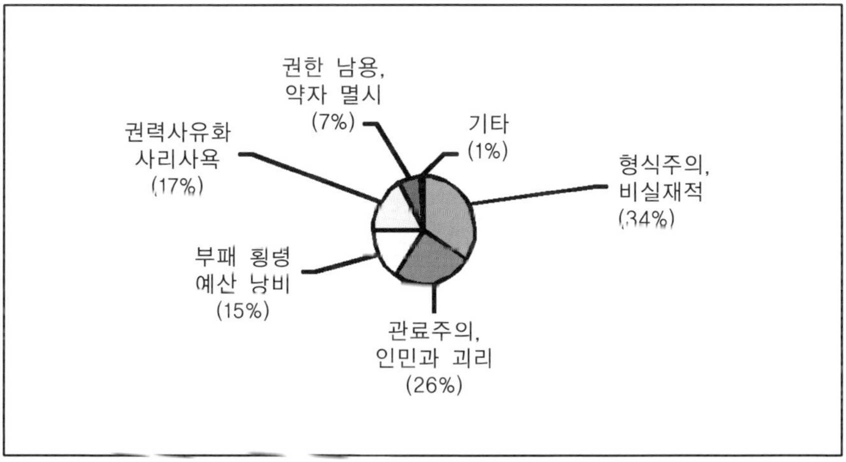

그림 16-8 조직풍토 문제 인식

출처: 김윤권 외(2008: 144).

중국 공무원 2,478명을 대상으로 공공기관의 조직풍토에 존재하는 문제가 무엇이라고 인식하는가에 대한 질문을 했을 때(石亞軍, 2008: 32-33), 형식주의와 비실재적 행태(34%), 관료주의와 인민과 괴리된 행태(26%), 권력형 비리와 권력 사유화(17%), 부패와 횡령 그리고 무분별한 예산 낭비(15%), 권한을 남용하고 약자를 괴롭히는 행태(7%) 등의 순으로 답변이 나왔다. 이를 통해 중국 공공기관에 종사하는 공무원의 형식주의와 부정부패, 권력 남용 등의 행태가 심각한 상황임을 진단할 수 있다(김윤권 외, 2008: 144).

둘째, 폐쇄성과 배타성이 상당히 존재한다. 중국 전통 행정문화의 폐쇄성과 배타성은 매우 확실하게 존재하며, 오늘날까지도 공공조직문화 체계에 뚜렷한 흔적을 남기고 있다. 구체적인 특징으로는 공공조직과 사회환경 사이에 정상적인 교류가 존재하지 않으며, 정부 공무활동의 투명성이 비교적 낮다. 또한 사회구성원의 정치참여와 정치에 대한 논의의 통로가 미흡하고, 정부활동에 대한 효과적인 사회 감독이 결핍되어 있다. 또한 정부 내부에서는 각 지방 각급 정부의 협조와 협력이 쉽지 않다. 그리고 일부 지역 및 부문에서는 본위주의(本位主義)와 지방보호주의가 강하고 지역 이익, 기관(부서, 부문) 이익, 소집단 이익에만 몰두하기 때문에 전체적인 이익, 국가 이익, 행정 체제 개혁과 사회주의 시장경제 체제의 확립과 완성에 매우 부정적인 영향을 미치고 있다(李傳軍, 2008: 140).

셋째, 농후한 관 본위(官本位) 색채를 띠고 있다. 전통문화에서 관 본위 사상의 영향을 받아 봉건가장제, 장관 의지(長官意志) 등의 현상이 행정 체제의 일정한 범위 내에 남아 있기 때문에 중국 공공조직문화 전반에 관 본위 색채가 매우 농후하게 깔려 있다. 공공조직 내 개인의 권위는 직접적으로 그 직위와 상응하기 때문에 자연스럽게 권위를 숭상하고, 권위를 갖는 자만이 존귀함을 얻는 관념이 팽배해진다. 따라서 직위 및 그에 대응하는 직권들은 서로 경쟁하고 추구하는 대상이 되고 있다. 이런 보편적인 문화 추세는 또한 직접적으로 사회의 전체적인 가치의 방향에 영향을 끼치고, 심지어 기업의 행정화, 사업의 행정화 현상을 낳고 있다(李傳軍, 2008: 140).

넷째, 형식주의가 존재한다. 형식주의는 여러 가지로 표현된다. ① 현실은 외면하고 문서로만 모든 일을 처리하려는 탁상공론적인 타성(文牘主義)을 보인다. 예를 들어, 틀에 박힌 글(官樣文章), 업무 처리 지연(辦事拖拉), 공문서를 이리저리 옮겨 다니며 시간을 끄는 비효율적인 현상(公文旅行), 회의적인 태도 등이다. ② 주관주의이다. 예를 들어, 낡은 것을 답습하고, 낡은 틀에 매달리며, 경험에 의해 결정을 내리고, 실제를 벗어나 집행하며, 허위로 날조하고 과장하는 행태 등이다. ③ 형식을 중시하고 내용을 소홀히 하는 것이다. 공공조직문화 형성 중에서 문화의 표층 형식을 중시하고 문화의 심층을 소홀히 하는 현상이다. 적지 않은 공공조직은 문화 건설 과정에서 자주 문화 활동 또는 이미지 설계에만 열중하는데, 이는 일종의 착각을 불러일으킨다. 그것은 마치 공공조직문화가 곧 공공조직이 전개하는 문화 활동이나 조직 이미지 설계라는 것이다. 그러나 사실은 문화 활동과 조직 이미지 설계는 모두 공공조직 문화의 표층에 대한 표현 방식이다. 표층의 형식이 심층적인 기초를 벗어나면 아무런 의미가 없어지며, 공공조직의 발전에 추진력을 잃게 된다(李傳軍, 2008: 140-141).

다섯째, 인치(人治)를 중시하고, 법치(法治)를 소홀히 하는 사상 관념이 비교적 뚜렷하다. 인치는 중국 고대정치의 기본 준칙이다. 오늘에 와서도 인치사상은 여전히 많은 공공조직원의 사상과 행위에 영향을 주고 있다. 공공관리 활동 중에서 인적 관계를 중시하고 법제 건설을 중시하지 않거나 또는 법을 따르지 않고 권력을 법보다 크게 여기는 현상들은 사실상 모두 전통 행정사상이 현실에 나타난 것이다. 이는 직접적으로 공공조직의 정상적인 운영과 공공조직의 구성원들의 적극적인 태도에 영향을 줄 뿐만 아니라 공공관리의 현대화 과정을 저해하고 있다(李傳軍, 2008: 141).

여섯째, 서구 공공조직 문화와의 융합 과정에서 일부 부정적인 효과가 나타났다. 일부 공무원은 서구 사조의 영향을 받아 표면적으로 개인주의, 자유주의, 공리주의를 강조한다. 업무 처리 중에서 우선적으로 개인 이익을 생각하고, 개인 노력을 강조하며, 심지어 개인 이익과 타인 이익, 집단 이익과 사회 이익을 대립 관계에 놓이게 만든다. 분명히 이런 사상과 행위는 중국이 창도하려는 공공조직의 가치 준칙에 저촉될 수 있다. 사회주의 중국 공무원은 정확한 사상과 행위 준칙이 요청되며, 공공사무 처리에서는 공공을 위주로 해야 하고, 국가와 집단의 이익을 우선순위에 두어야 할 것이 요청된다. 또한 전심전의로 인민을 위해 봉사해야 할 의무가 있으며 극단적인 개인주의, 자유주의 및 공리주의를 배제할 것이 요청된다. 중국이 서구 문화를 흡수하고 그 경험들을 참고하는 과정에서 전제를 서구화하는 것은 옳지 못하며, 또한 이를 실현하는 것도 불가능하기 때문이다(李傳軍, 2008: 141).

3 중국 정부 조직문화의 개혁

조직문화 현상은 냉정함, 조용함, 윤리, 태도, 관용성, 진실성, 팀워크 등으로 묘사된다. 조직문화에서는 현재 지식관리, 창조성, 참여관리 및 리더십 등이 핵심 요소이다. 또한 조직문화는 이론적으로나 경험적으로 조직 성과를 향상시키는 것이 가장 중요하다(Sumarto & Subroto, 2011: 385; 김윤권 외, 2012: 172에서 재인용).

정부 조직문화는 공무원들의 업무 수행 과정과 다른 구성원들이나 조직 외부환경과의 접촉으로부터 비롯된 것으로 조직 내외의 다양한 행위자들이나 사건들과 연계되어 있다. 따라서 이러한 문화는 쉽게 변화되지 않는 측면이 있으며, 정부개혁에 걸림돌로 작용할 수 있다. 정부 조직문화는 공무원들의 몰입, 충성, 직무 동기는 물론 리더십의 효과성, 조직혁신 등을 포함하는 다양한 조직 행태에 직·간접적으로 영향을 미치기 때문에 조직문화의 관리는 정부 조직관리에서 매우 중요한 부분이기도 하다(김윤권 외, 2012: 172).

중국 공공조직 문화의 재창조와 개혁을 실현하기 위해 다음과 같은 몇 가지 변화가 요청되고 있다(李傳軍, 2008: 145-146). 첫째, 집권형에서 참여형으로의 변화가 필요하다. 전통 공공조직 문화에서 집권주의의 가장 큰 폐단은 바로 공공조직의 의사결정이 비민주적이며 권력 남용 현상을 초래했다는 점이다. 현대 공공조직 문화가 요구하는 것은 일종의 참여형 공공조직 문화이며, 이는 공공조직 주체와 객체가 적극적으로 공공조직 활동에 참여하고, 각자의 독립적인 방식으로 공공조직 활동의 결과에 영향을 주며, 이로써 공공조직 활동의 민주화와 과학화를 강화하고, 공공조직 문화가 집권형에서 참여형으로의 변화를 실현하는 것이다. 이는 중국의 공공조직 문화를 현대화하기 위한 객관적 요구라 할 수 있다.

둘째, 통제형(管制型)에서 봉사형으로의 변화이다. 통제형 공공조직 문화는 집권형의 관리 방식에 적합하다. 이러한 체제 하에서 정부는 만능의 존재로서 정부와 사회 관계는 통제-피통제의 관계가 된다. 현대 시장 체제의 형성과 운영에 따라 전통적인 통제형 공공조직은 그 의미를 상실하고 있다. 정부 기능을 변화시키고, '유한 정부'를 강조하며, 정부의 사회에 대한 봉사 의식과 행위를 강화함으로써 중국에서 통제형 공공조직으로부터 봉사형 공공조직으로 변화하는 것은 이미 필연적인 추세가 되었다.

셋째, 일반형에서 전문형으로의 변화이다. 전통적인 체계에서 공공조직은 주로 권력을 집행하고, 공공조직 사무를 널리 시행하는 역할을 했으며, 공공조직의 형식과 내용도 비교적 간단했다. 그러나 현대 시장경제가 발전함에 따라 공공조직의 내용과 기능은 이미 사회의 모든 영역으로 확대되고 있다. 이에 공공조직 관리활동에 상응하는 전문적 지식과 능력이 요구되고 있다. 특히, 정부가 재정, 금융, 산업정책을 과학적이고 합리적으로 결정하기 위해서는 상당히 전문적인 지식이 요구되고 있다.

넷째, 인치형(人治型)에서 법리형(法理型)으로의 변화이다. 인치형 공공조직 문화의 주요 특징은 법적 근거가 없고, 법이 있어도 그 법에 따르지 않으며, 권력에 구속받지 않고, 정책이 자주 변한다는 점이다. 이런 공공조직 문화는 중국 사회에서 많은 폐단을 낳았다. 법리형 공공조직 문화는 공공조직을 단계화·과학화·규범화함으로써 구현할 수 있다. 이를 위해서는 법률을 최고로 여기는 원칙이 보장되고 법에 따라 공공조직을 운영할 것이 요구된다. 각종 공공조직의 권력 범주를 명확히 확정하고, 권력 운용에 대해 법에 따라 감독하고 엄격하게 통제할 필요가 있다. 즉, 법치가 현대 중국 공공조직의 주춧돌이 되어야 할 것이다.

다섯째, 폐쇄·보수형에서 개방·진취형으로의 변화가 요구된다. 전통적인 공공조직 체계는 하나의 폐쇄적이고 보수적인 시스템을 가지고 있다. 엄격하고 진부한 규범 체제의 구속으로 인해 공공조직 체계는 제한적으로 기능을 발휘했으며, 현대화하는 과정에서 낡고 보수적인 공공조직은 부적합하다. 사회 변화와 경제 발전은 정부 기능을 변화시키고 이에 정부는 과거의 낡은 체제를 타파하는 동시에 새로운 관리 체제와 규범을 수립하고 개선시킬 필연성을 가지고 있다. 이를 위해 중국 행정조직 문화의 개혁에서 공공조직의 활동은 적극적이고 진취적으로 추진되어야 하며, 자발적으로 현대화 발전의 요구에 적응하도록 노력하고, 사회 진보를 위해 유리한 환경을 조성해야 할 필요가 있다.

제 5 절 결론

중국 정부의 위치(locus)를 이해하기 위해 먼저, 사회주의 중국의 본질, 중국의 국가 형태, 중국의 국가 기능, 중국의 국가기구를 검토했다. 이어서 중국 정부의 행정 시스템과 조직문화의 특성(focus)을 이해하기 위해 중국 특색의 행정제도의 도출, 중국 중앙정부의 성격과 지위, 중국 정부의 행정 기능과 행정기구, 중국 정부의 조직문화를 검토했다.

당국가 체제라는 중국 특유의 정치 체제로 인해 중국 정부는 정치에 종속되어 있으며, 행정과 정책 측면에서 여전히 자율과 재량성은 제약받고 있다. 그리고 관본위나 부정부패 등의 고질적인 행정문화가 남아 있다.

그렇지만, 중국 정부는 이러한 정치적 제약 아래서 '정책 → 체제 → 시장'이라는 개혁의 동인을 바탕으로 정부의 행정 체제와 조직문화를 개선하기 위해 점진적·계획적으로 행정개혁을 추진하고 있다. 특히, 중국 정부의 개혁은 행정의 전문성, 능률성, 책임성, 그리고 인민에 대한 행정 서비스 강화를 지향하고 있다. 또한 종전 중국의 전통 정치문화와 행정문화도 집권형에서 참여형, 통제형에서 봉사형, 일반형에서 전문형, 인치형에서 법리형, 폐쇄·보수형에서 개방·진취형 방향으로 변혁을 꾀하고 있다(김윤권 외, 2008: 147).

글로벌 행정환경의 변화, 즉 기후 변화, 위기재난, 환경, 테러, 경제 성장, 실업, 갈등 등의 난제(wicked issues)로 인해 등장하는 다양하고 복잡한 행정 수요와 정책 문제를 해결하기 위해 중국 정부는 앞으로도 점진적·계획적인 행정개혁을 통해 중국 정부의 역량을 높이려는 전략을 추구하고, 이를 뒷받침하고자 정부 조직관리를 합리화·효율화·법치화할 것으로 보인다. 이와 동시에 G2에 걸맞은 역할과 규범을 추구하는 중국 정부에 대한 꾸준한 관심과 이해를 가질 경우, 현재 지나치게 서구 중심의 행정관리나 정책연구에 치중하고 있는 우리에게 또 다른 시각이나 문제 해결의 실마리를 제공할 수 있을 것이다.

제 17 장 독일의 행정 체제

제 1 절 독일 행정의 기초

1 지리적 · 경제적 배경

독일은 유럽의 중앙에 위치해 있는 국가로서, 프랑스, 네덜란드, 스위스 등 인접한 9개 국가와 국경을 접하고 있다. 독일의 면적은 약 357,000㎢로 한반도의 약 1.6배이다. 독일의 면적은 전 세계에서 63번째, 유럽에서 7번째로 프랑스(544,000㎢)와 스페인(506,000㎢)에 비해 작지만, 인구는 약 8,080만 명으로 유럽에서 러시아(2011년 현재 약 1억 4천만 명) 다음으로 많다.

독일 인구는 2013년 말 기준으로 8천 80만 명이다.[1)] 독일은 오랫동안 인구가 증가해 왔는데, 1871년과 1990년을 비교해 보면 인구는 배 이상 증가했다. 1871년 4천 1백만 명에서 1952년에 처음 7천만 명을 넘어섰고, 다시 1991년에 8천만 명을 넘어섰다. 독일은 유럽에서 인구가 많은 나라에 속하지만 아이러니하게도 출산율은 1,000명당 9명 미만으로 전 세계에서 출산율이 가장 낮은 국가 중 하나이다.

독일의 경제 규모를 살펴보면, 2014년 국내 총생산(GDP)은 2조 9천억 유로에 이르는데, 이는 유럽 내에서는 가장 큰 규모이며, 전 세계적으로도 4위에 해당하는 규모이다(독일연방통계청, 2015). 독일은 두 차례의 세계대전을 경험하면서 경제적

1) 독일 인구는 독일 연방통계청 참고(www.destatis.de).

그림 17-1 독일의 행정구역 지도

붕괴를 경험했으나 제2차 세계대전 이후 외국인 근로자의 영입을 통해 성공적인 경제 발전을 이룩한 대표적인 국가이다. 우리나라도 1960년대에 많은 광산 노동자와 간호사들을 파견했으며, 이들은 현재 독일 교민의 대부분을 이루고 있다.

2 역사적 배경

독일연방공화국이 성립된 시기는 1949년에 설립되었으며, 과거 독일 지역에는 각각의 독립된 정치 체제를 지닌 다수의 소규모 군주국으로 구성되어 있었다. 당시 인접 국가인 영국과 프랑스는 단일국가로 성장해 나가던 시기였으나, 다수의 군주국으로 분열되어 있던 독일은 영국과 프랑스에 비해 산업화 과정에서도 뒤처지는 등 핵심적인 발전 동력이 없는 상태였다. 1700년대 이후 다수의 군주국들 중에서 프러시아는 강력한 군사력을 바탕으로 성장해 나갔다. 1871년에는 남부의 독일국가들과 협상을 통해 독일제국을 건설하고, 프러시아의 왕이었던 빌헬름 1세는 독일제국의 황제로 등극했다. 독일제국은 이후 20여년간 독일과 유럽의 정치를 주도했고, 강력한 군대를 바탕으로 급속한 산업화와 도시화 등 눈부신 발전을 이뤘으나 제1차 세계대전을 계기로 독일은 자원 및 식량 부족과 경제적 피폐화를 경험하게 되었다.

제1차 세계대전 이후 1919년 바이마르공화국이 성립되었고, 자유민주주의를 바탕으로 하는 바이마르 헌법이 제정되었다. 바이마르 헌법은 1949년 독일연방공화국 헌법의 근간을 이루는 것으로서, 보편적인 선거권, 국민투표제를 비롯해 다수의 기본권 조항을 포함하고 있었다. 바이마르 공화국은 전쟁의 패배와 경제적 어려움, 정치적 불안정 등 매우 어려운 여건 속에서 출발했으며, 1929년 미국에서 시작된 세계대공황으로 공화당 정당은 국민의 지지를 잃게 되었다. 이후 나치당이 권력을 장악하게 되면서 제2차 세계대전을 통해 다시 한 번 총체적인 경제적 폐해를 경험하게 되었다. 나치당 정권은 미국, 영국, (구)소련, 프랑스와 연합군의 공격으로 붕괴하고, 미국·영국·프랑스는 서독지역을 그리고 구소련은 동독지역을 점령하면서 동독과 서독지역에 두 개의 국가가 건설되었다. 즉, 1949년 본을 수도로 하는 독일연방공화국(Bundesrepublik Deutshland: 서독)과 베를린을 수도로 하는 독일민주공화국(Deutsche Demokratische Republik: 동독)이 성립되면서 분단국가로서 첫발을 내딛었다. 우리나라와 마찬가지로 분단국가 체제를 유지했던 독일은 1990년 마침내 통일에 이르면서, 우리나라는 전 세계에서 유일한 분단국가로 남게 되었다.

3 독일의 헌법기관

독일기본법(Deutsche Grundgesctz)은 독일연방공화국의 기본 원리로서 자유민주주의적 기본 질서를 구성하고 있다. 독일은 수평적으로는 입법, 행정, 사법의 권력분립을 실현하고 있으며, 수직적으로는 중앙과 지방(주 및 지방자치단체) 간의 권력분립을 보장하고 있다. 대통령제에 기반을 둔 우리나라와 달리 독일의 정치 체제는 의원내각제를 채택하고 있다.

1) 연방의회

연방의회(Bundestag)는 국민에 의한 직접 선출에 의해 구성되는 의회로서, 임기는 4년이다. 이러한 독일의 연방의회는 미국의 연방하원에 해당된다. 연방의회는 입법 기능, 선출 기능, 통제 기능을 지니고 있는데, 가장 중요한 기능은 입법 기능이다. 연방의회의 첫 번째 기능은 입법 기능으로서 연방정부 및 연방평의회(Bundesrat)와 함께 법률안을 입안할 권한(독일 기본법 제76조)을 지니며, 법안의 심의 및 의결 기능(독일 기본법 제77조)과 더불어 법령의 폐지를 요구할 수 있다.

연방의회의 두 번째 기능은 선출 기능으로 연방대통령의 추천을 받아 연방수상을 선출하며(독일 기본법 제63조), 연방수상에 대한 불신임결의권(독일 기본법 제67조)을 갖는다. 이 밖에 연방헌법재판소(Bundesverfassungsgericht) 법관 정원의 1/2에 대한 선출권(연방 기본법 제94조), 연방감사원, 연방대통령에 대한 선출권도 지닌다.

연방의회의 세 번째 기능은 통제 기능으로서 정부에 대한 질문을 통해 통제 기능이 수행되는데, 이러한 질의통제는 정부통제와 감독을 위한 효과적인 수단으로서 기능한다. 정부에 대한 질의는 대질의(Grosse Anfrage), 소질의(Kleine Anfrage), 구두 질의로 분류되며 주로 야당에 의해 주도되는데, 이는 독일의 경우 연방의회의 다수당이 연방정부를 구성하는 의원내각제를 채택하고 있어 여당에 의한 정부통제 기능을 기대하기 어렵기 때문이다. 이 밖에 연방의회의 강력한 통제권으로서 의회조사위원회의 구성을 통한 국정조사권이 있으며, 예결산에 대한 심사권과 국방 영역이나 정보기관에 대한 통제 기능도 갖는다(정재각, 2011: 127-132).

2) 연방평의회

연방평의회(Bundesrat)는 연방상원 또는 연방참사원으로 번역되기도 하는데, 국민의 직접 선출에 의해 구성되는 연방의회와는 달리 각 주정부에서 임명된 인사들로 구성된다. 연방의회가 국민대표기관이라면 연방평의회는 주의 대표기관으로서 기능하고 있다. 이에 따라 각 주는 연방평의회를 통해 연방의 입법과 행정, 그리고 유럽연합의 사무에 참여한다(독일 기본법 제50조). 연방평의회의 권한을 살펴보면 입법 과정에 참여할 권한과 법률안 제안권(독일 기본법 제76조)을 가지며, 헌법 개정 또는 연방과 주의 관계와 관련되는 법률의 경우 반드시 연방평의회의 동의가 필요하다(독일 기본법 제79조 제2항). 그 밖에 연방평의회는 법령, 행정 규정의, 공포 과정에 영향력을 행사하고 연방헌법재판소 판사의 1/2에 대한 선출권(독일 기본법 제94조 제1항)을 지닌다.

그러나 연방평의회의 가장 중요한 목적은 국가의 입법 과정에서 주의 이익을 대표하는 것이다. 연방평의회는 각 주(州)의 인구 수에 비례해 배분되는데, 주의 규모가 큰 노르트라인-베스트팔렌 주, 바이에른 주, 바덴-뷔르템베르크 주 등은 6개의 투표권을 지니며, 규모가 작은 주의 경우 최소 3석을 부여받는다. 연방평의회의 의결권 총수는 69개이다.[2] 연방평의회를 구성하는 각 주의 대표는 반드시 주정부의 결정을 바탕으로 투표해야 하며, 특정 안건에 대해 각 주의 대표는 동일한 투표권을 행사해야 한다.

3) 연방수상과 연방정부

연방정부는 연방수상과 연방장관으로 구성되며, 적극적인 정책 형성과 집행 기능을 수행한다. 연방의회의 다수당은 연방정부를 구성하고 연방수상을 선출한다(독일 기본법 제63조 제2항). 연방수상은 연방부처 장관의 임면권을 지니며, 연방장관들 간의 의견 차이가 발생할 경우 이를 조정하는 역할을 수행한다. 연방수상은 정부의 수반으로서 정책의 기본 노선을 결정하며, 연방장관들은 이러한 정책의 기본 노선을 따라야 한다. 연방정부와 연방수상에 대한 내용은 이후 독일 행정구조와 조직에서 자세히 다루도록 한다.

4) 연방대통령

연방대통령(Bundespresident)은 독일의 국가원수로서, 연방의회 의원과 각 주에서 선출된 동수의 주 대표들로 구성되는 연방총회의(Bundesversammlung)에서 선출되며(독일 기본법 제54조), 임기는 5년이다. 연방총회의는 연방대통령을 선출하기 위해 구성되는 일시적인 헌법기관이다.

연방대통령의 기능은 기본법에 근거하고 있으며, 입법 제정 과정에서 결정된 법

---

2) 노르트라인-베스트팔렌, 바이에른, 바덴-뷔르템베르크, 니더작센 등 4개주는 각각 6개의 투표권을 지니며, 헤센은 5개, 작센, 라인란트-팔츠, 베를린- 슐레비히-홀슈타인, 작센-안할트, 브란덴부르크, 튀링겐 등은 각각 4개의 투표권 그리고 메클렌부르크-포어포메른은 3개의 투표권을 지닌다.

안서명과 공포 등 일정한 권한과 역할(독일 기본법 제82조)을 지니며, 대외적으로 독일연방공화국을 대표한다(제59조). 이 밖에 연방수상, 연방장관, 연방법원재판관, 기타 고위 공무원에 대한 임명권(제63조, 제64조, 제69조), 연방하원에 대한 해산권(제81조) 등을 지닌다. 독일의 경우 연방대통령이 공식적인 국가원수이지만 실제로 연방정부의 수반으로서 정책을 결정하는 권한은 연방수상에게 있다.

5) 연방헌법재판소

연방헌법재판소(Bundesverfassungsgericht)는 1951년 설립된 독일의 최고재판소이며, 바덴-뷔르템베르크 주의 칼스루에(Kahlsruhe) 시에 위치한다. 연방헌법재판소의 임무는 자유민주주의적 질서를 존중하고 이를 실현하는 것이다. 연방헌법재판소의 재판관은 헌법재판소장과 부소장 1인을 포함한 16인으로 구성되며, 연방의회와 연방평의회에서 각각 8명씩 선출된다.

제 2 절 독일의 행정구조와 조직

1 행정구조

1) 연방주의

독일은 연방과 주라는 지리적 영역으로 국가의 기능을 분할하는 연방주의를 채택하고 있다. 연방주의는 각자의 독자적인 국가사무를 수행하는 자주적인 단위 구성원의 연합으로 볼 수 있다. 이에 따라 독일연방을 구성하고 있는 각 주는 독자적인 결정권을 지닌 자율적 주체이며, 연방의 구성원으로서 정당성과 권한을 지닌다. 독일연방을 구성하는 각 주는 독자적인 주헌법을 제정하고, 이에 근거해 행정, 입법, 사법을 위한 정치적 기구를 지닌다.

이러한 독일 연방제의 역사적 배경은 독일을 점령한 연합군의 일원인 미국과 프랑스가 독일의 중앙정부를 약화시키려는 목적에서 연방제도를 채택하게 되었다. 독일 연방제는 구성 국가에 일체성을 부여하는 역사적 전통에 기인하기보다는 인위적으로 만들어진 수평적 권력분립의 의미를 가진다.

2) 입법권

연방국가인 독일은 입법권을 연방과 주에, 그리고 행정권은 연방, 주 그리고 지방자치단체에 부여하고 있다. 연방은 다수의 영역에서 입법권을 갖고 있지만, 행정권의 경우 외교와 국방 등 일부에 제한되어 있다.

독일에서 연방과 주(州) 간의 입법 권한의 배분은 독일기본법 제70조와 제71조에서 규정하고 있다. 특히 제70조는 연방의 입법 사항을 연방의 전속적 입법 사항, 연방과 주 간의 경합적 입법 사항으로 구분하고 있다.

(1) 연방의 입법권

독일 기본법 제70조부터 제74조까지 연방의 입법권을 규정하고 있으며, 제30조는 기본법에서 특별히 명시하지 않는 국가 권력의 행사와 임무 수행은 주의 사항이라고 규정하고 있다. 일반적으로 연방의 입법권은 주의 입법권보다 광범위하며, 연방이 배타적으로 입법권을 행사하는 독점적 입법권과 연방과 주가 공동으로 입법권을 지니는 분야(경합적 입법권)로 구분된다.

① 전속적 입법권

기본법 제71조는 입법의 전속적 입법권을 규정하고 있다. 전속적 입법권은 연방이 배타적으로 입법 권한을 행사하는 분야로서, 독일 전역에서 일관되게 적용되어야 할 필요가 있는 분야를 포함한다. 독일기본법 제73조 제1항에서는 연방의 전속적(배타적) 입법권을 다음과 같이 규정하고 있다.

> 외교사무, 국방(민간인 보호를 포함)
> 연방에서의 국석
> 거주 이전의 자유, 여권, 출입국, 범죄인 인도
> 통화, 화폐, 조폐제도, 도량형, 표준시
> 관세 및 통상구역의 통일, 통상 및 항행조약, 자유무역에 관한 사항

항공교통
연방철도(전체 또는 과반수가 연방의 재산에 속하는 것), 궤도 건설, 유지 및 운영
우편, 통신
특허 및 출판권
국제 테러의 위협 예방(주의 관할이 확실하지 않은 경우)

다음 사항에 관한 연방과 주의 협력
형사경찰
자유민주적 기본 질서, 연방 또는 주의 존립과 안전의 보호(헌법 수호)
연방 목적의 통계
무기 및 폭약법
전상자 및 전사자 유족의 원호, 전쟁포로였던 자의 부조
핵에너지 이용

출처: 독일 기본법 제73조 제1항, 정재각 외(2012: 107) 재인용.

② 경합적 입법권

반면 경합적 입법권이란 연방과 주가 공동으로 입법권을 지니는 분야로서, 기본법 제72조 제1항은 연방이 입법권을 행사하지 않는 한 주가 입법권을 행사할 수 있다고 규정하고 있다. 독일 기본법 제74조에서는 경합적 입법 분야를 다음과 같이 규정하고 있다.

- 민법, 형법, 행형, 법원조직 · 재판절차, 변호사제도, 공증인제도, 법률상담
- 호적제도
- 결사 및 집회의 권리
- 외국인의 체류 및 거주권
- 난민 및 추방된 자의 사무
- 공적 부조
- 전쟁으로 인한 피해와 그 복구
- 전몰자묘지, 전쟁희생자 및 폭력적 지배의 희생자의 묘지
- 경제법(광업, 공업, 에너지경제, 수공업, 상업, 영업, 은행, 증권거래소, 사법상의 보험제도)
- 경영참가제도, 근로 보호 및 직업 소개를 포함한 노동법, 사회보험(실업보험 포함)
- 교육보조, 학술연구 조성
- 기본법 73조, 74조에 문제되는 공용 수용
- 토지, 천연자원 및 생산 수단의 공유 또는 다른 공공적 형태로의 이관
- 경제상의 권력적 지위의 남용 방지
- 농림업 생산의 촉진, 식량 확보, 농림업생산물의 수출입, 원양 · 연안어업, 연안 보호

- 토지거래, 토지법(개발부담금법 제외)과 농업소작제도, 주택문제, 토지개발제도, 이주정착 제도
- 공공에 대한 위험성을 가지는 인간 및 동물과 관계되는 전염병 대책, 의료업 허가, 약제 · 치료제 · 마취제 및 독극물의 거래
- 병원의 경제적 안정과 병원치료 수가의 규제
- 식료품, 기호품, 생활필수품, 사료와 농림업의 종자 및 묘목의 거래 보호, 식물의 병충해 대책, 동물 보호
- 원양 · 연안 항해, 항로 표지, 내수항해, 기상통보, 해양항로, 일반운수에 이용되는 내륙수로
- 도로교통, 자동차제도, 원거리 교통을 위한 육로의 건설 · 유지, 자동차의 공도 이용에 대한 요금 징수
- 산악철도를 제외한 연방철도 이외의 궤도
- 오물 세거, 공기의 청정 유지, 소음 방지
- 국가배상책임
- 인공수정, 유전자정보의 연구와 인공적 변경, 장기 이식의 규율
- 주 · 자치단체 및 기타 공법상 단체의 공무에 종사하는 자, 판사의 지위 및 의무(이력 봉급은 제외)
- 수렵제도
- 자연 보호 및 경관 조성
- 토지 배분
- 광역계획
- 수자원관리
- 대학제도의 일반적 원칙

출처: 독일 기본법 제74조 제1항, 정재각 외(2012: 108) 재인용.

(2) 주 입법권

독일 기본법은 주의 입법권에 대해 구체적으로 규율하고 있지 않으며, 기본법에서 특별한 규정이 없는 모든 분야는 주가 입법권을 갖는다. 일반적으로 주가 입법권을 갖는 분야는 초 · 중등교육 및 대학교육 등 교육에 관한 사항, 신문과 방송에 관한 사항, 주 비전(vision) 및 도시계획에 관한 사항, 경찰에 관한 사항, 도로에 관한 사항, 수자원에 관한 사항 등이다.

3) 행정권

독일의 연방, 주는 입법권 외에 고유의 행정권도 지니고 있다. 입법권은 주보다 연방에게 더 폭넓게 부여되고 있지만, 행정권은 주로 주에 부여되어 있다.

(1) 연방의 행정권

연방의 행정권은 기본법에 근거하며, 필수행정, 임의행정, 연방행정청 설립을 통한 행정 등으로 구분할 수 있다(Maurer, 2009). 필수행정에는 외무, 연방재정행정, 연방수로 행정과 해운(기본법 제87조 제1항 제1호), 국방행정(기본법 제87b 제1항 제1호), 항공행정(기본법 제87d 제1항), 철도행정(기본법 제87e조 제1항 제1호), 우편과 전신 분야에서의 국가 업무(기본법 제87f조 제2항 제2호) 등이 속하며, 이에 따른 비용은 연방이 부담한다.

임의행정은 반드시 연방이 수행해야 하는 것은 아니지만 연방행정이 허용되는 분야로서 연방국경 보호(기본법 제87조 제1항 제2호), 방위 체제(기본법 제87조b 제2항) 등이 있다. 이 밖에 연방행정청을 별도로 설립해 이러한 행정청이 위임된 업무를 수행하는 방안이 있다.

(2) 주의 행정권

주의 행정권에는 독일 기본법에서 연방의 행정권이라고 명시한 분야를 제외한 모든 분야가 포함되므로, 주의 행정권은 입법권과는 달리 연방보다 상당히 넓은 편이다. 주 행정권은 주의 입법 사항과 연방에서 입법했지만 주에 위임한 사항, 그리고 연방에서 입법했지만 성격상 주에서 집행해야 하는 사항 등으로 구분된다.

주 입법 사항은 주 의회에서 제정되어 주의 행정기관을 통해 집행되는 사무로서 교육·문화, 극장, 도서관, 방송국, 경찰 분야, 건설에 관한 사항 등이 이에 속한다.

반면 연방위임 사항이란 연방에서 입법한 사항을 위탁받아 집행하는 분야로서, 예컨대 고속도로, 국도, 항공시설 건설 및 운영에 관한 사항, 원자력 발전소 및 핵폐기장 허가, 건설 및 운영에 관한 사항 등이 이에 속한다. 이는 주가 집행하기는 하지만 연방으로부터 위임받은 사항으로서 사무 집행에 관한 권한은 원칙적으로 연방에 있다.

연방입법 주 집행 사항은 연방의 입법권에 속하는 사항이지만 성격상 주에서 집행해야 하는 사항으로서, 사회복지시설의 설립과 운영, 병원의 운영, 환경 보호 등에 관한 사항 등이 이에 속한다.

(3) 지방자치단체의 행정권

게마인데(Gemeinde)와 란트크라이스(Landkreis) 등 지방자치단체는 주에 속한 행정의 하위 단위로서, 입법권은 지니고 있지 않은데 반해 지역공동체의 행정 업무를 자신의 책임하에 규율하고 처리할 권리를 가진다. 이와 같은 자치단체의 자치행정권은 기본법 제28조 제2항과 지방자치법 등의 규정을 통해 보장된다. 이러한 자치행정 외에도 지방자치단체는 법률을 통해 위임된 국가의 업무도 수행한다.

2 연방의 행정조직

연방, 주 및 지방자치단체들은 고유의 행정권을 행사하기 위해 각각 행정조직을 설치·운영하고 있다. 연방의 행정조직은 연방정부와 연방행정기관으로 구성되며, 주의 행정조직은 주정부와 주의 행정기관으로 구성된다. 반면 지방자치단체는 연방 및 주와는 달리 지방자치단체장과 지방행정기관으로 구성된다.

1) 연방정부

(1) 연방수상

독일의 국가원수는 연방대통령이며 정부수반은 연방수상이 담당하고 있으나, 의원내각제를 채택하고 있는 독일의 실질적인 통치권은 연방수상에게 있다. 연방수상은 연방대통령의 제안으로 연방의회에서 선출되며, 연방정부 구성권, 기본 방침 결정권, 조직권 등을 지닌다.

연방수상의 첫 번째 권한은 연방정부를 구성할 권한으로서 연방 장관의 임면권(기본법 제64조)을 지닌다.

연방수상의 두 번째 권한은 기본 방침 결정권(Richtlinenkompetenz)으로서 국정에 대한 기본 방침을 정하며, 이에 관한 책임을 진다(기본법 제65조). 이와 관련해 기본법은 연방수상에게 정부 방침 결정에 관한 권한을 부여하며, 수상은 장관의 임면권과 정부 구성권 등을 통해 이러한 정부 방침 결정을 견지해나갈 수 있다. 이 밖에 기본법 제65조는 연방수상의 사무 처리의 권한을 보장한다.

연방수상의 세 번째 권한은 연방정부의 정부직무법(Geschäftsordnung der ndes-regierung)에 따라 연방장관의 수와 직무 범주를 결정하는 권한이다.

(2) 연방부처

연방수상은 장관의 수와 부처의 업무 영역을 결정하며, 일반적으로 연방부처의 수는 13~21개 사이에서 결정된다. 메르켈(Angela D. Merkel) 정부(2012)는 전통적인 부처인 내무부, 외교부, 법무부, 재무부, 국방부를 비롯해 14개 부처로 구성되어 있다.[3] 각 연방장관은 자신의 방침 내에서 소관사무를 자주적으로 그리고 자기 책임하에서 처리한다(기본법 제65조).

(3) 연방행정기관

연방행정기관은 연방 소속의 모든 행정기관을 의미하며, 직접행정기관과 간접행정기관으로 구분된다. 직접행정기관은 연방최고행정기관, 연방상급행정기관, 연방중급행정기관, 연방하급행정기관 등 4단계로 구성되며, 연방최고행정기관을 정점으로 수직적으로 조직・운영된다. 이에 따라 명령과 사무지침은 최고행정기관에서 하급기관으로 전달되며, 하급기관의 정책 집행 결과는 최고행정기관에 보고되는 체계를 갖추고 있다.

- 연방최고행정기관: 헌법기관 또는 연방정부를 직접 보좌하는 기관으로 연방대통령실, 연방수상실, 연방공보실, 연방감사원, 연방 각 부처 등이 포함된다.
- 연방상급행정기관: 연방최고행정기관의 산하기관으로 해당 사무에 대해 독일 전 지역을 관할한다.
- 연방중급행정기관: 해당 사무에 대해 독일 일부 지방을 관할하는 행정기관을 의미하며, 연방최고행정기관과 연방상급행정기관의 감독과 지시를 받는다.
- 연방하급행정기관: 해당 사무에 대해 특정 도시 또는 소규모 특정 지역만을 관할 지역으로 하는 행정기관을 의미하며, 외무, 재정, 수로 및 해운, 병무, 국경 수비에 관한 사무와 관련해 연방하급행정기관이 설치되어 있다.

---

3) 2014년 현재 독일 연방부처는 연방경제에너지부(Bundesministerium für Wirtschaft und Energie), 연방외교부(Auswärtiges Amt), 연방내무부(Bundesministerum des Innern), 연방법무소비자보호부(Bundesministerum für Justiz und Verbraucherschutz), 재무부(Bundesministerum der Finanzen), 연방노동사회부(Bundesministerum für Arbeit und Soziales), 연방농식품부(Bundesministerum der Ernährung und Landwirtschaft), 연방국방부(Bundesministerum für Verteidigung), 연방가족노인여성청소년부(Bundesministerum für Familie, Senioren, Frauen und Jugend), 연방보건부(Bundesministerum für Gesundheit), 연방교통통신부(Bundesministerum für Verkehr und digitale Infrastruktur), 연방환경건설부(Bundesministerum für Umwelt, Naturschutz, Bau und Reaktorsicherheit), 연방교육학술부(Bundesministerum für Bildung und Forschung), 연방경제협력부(Bundesministerum für wirschaftliche Zusammenarbeit und Entwicklung) 등 14개 부처로 구성되어 있다(www.bundesregierung.de).

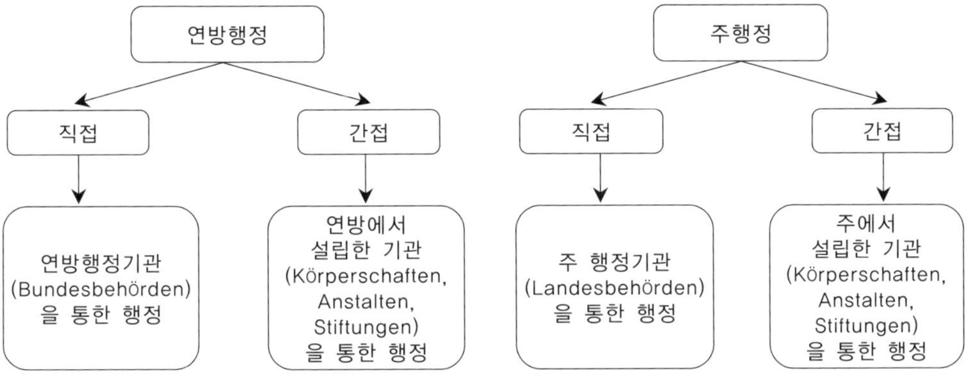

그림 17-2 행정조직법의 기본 구조

출처: Maurer(2009: 525).

특정한 연방국가의 업무에 대해 이를 관리할 법인(Körperschaften), 영조물(Anstalten), 재단(Stiftungen)을 설립할 수 있으며, 이러한 행정기관을 간접행정기관이라고 한다. 간접행정기관에는 사회보장기관, 문화 및 교육기관, 연구재단 등이 이에 속하며, 이들은 법적으로 이 기관들에게 자율적 행정과 책임행정이 보장되고, 법적 감독만이 허용된다(Maurer, 2009: 522-523). 대표적인 연방간접행정기관에는 연방노동청, 프로이센 문화재단, 독일도서관 등이 있으며, 공공행정기관의 개혁에 따라 연방철도와 연방우체국이 민영화되면서 간접행정기관에 포함되었다.

3 주의 행정조직

주행정은 주정부(Landesregierung)와 행정부(Verwaltung)로 구성된다. 주(州)는 연방법률의 대부분을 집행하며, 지방자치에 대한 법 제정과 감독을 맡는다. 주의 고유 권리와 행정은 문화, 교육, 학문 연구 지원, 예술, 학교와 대학 건물 건축과 관리, 내무, 언론, 출판, 방송 등이 있다.

연방국가인 독일에서 주의 행정조직은 각 주마다 법적 근거 및 형태에서 차등적이지만, 구조적인 공통점을 지닌다. 첫째 모든 주에는 일반행정청과 특별행정청이 있으며, 둘째 주 수준에서 행정조직은 상급(주정부, 주총리), 중급(중급행정청), 하급

(하급행정청)의 3단계로 구성된다. 최고 주 행정기관은 연방과 같은 방식으로 조직되어 있지만 하위행정의 조직과 지방자치단체와의 연결은 주별로 서로 다르게 나타난다.

1) 직접 주행정기관

주의 행정조직은 연방행정과 유사한 구조를 지니는데, 주에서도 연방행정과 같이 최상급 행정청(oberste Behörden)과 상급 행정청(Oberbehörden)의 상급 단계(Ober-stufe)와 중급 단계(Mittelstufe)를 가지며, 추가적으로 하급 단계(Unterstufe)를 더 갖고 있다. 이 3단계는 주직접행정(Unmittelbare Landesverwaltung)이 된다.

최상급 행정청은 주정부, 주총리와 장관들이며, 최고 주기관은 주정부이다. 이러한 주정부를 지칭하는 명칭은 각 주마다 다양하게 나타나는데, 대륙 주에서는 주정부로 명명하지만, 바이에른, 작센, 튀링겐에서는 국가정부(Staatsregierung)로 칭하며, 베를린, 함부르크, 브레멘 등 도시 주[4]에서는 세나트(Senat)로 불린다. 각 주 정부의 수장은 일반적으로 "Ministerpräsident(주 총리)"이며, 주총리의 기관은 "Staatskanzlei"로 불린다. 한편 도시 주 형태의 베를린 주의 수장은 시장(Bürgermeister)이며, 함부르크에서는 제1시장이 주정부를 지휘하고, 브레멘에서는 세나트의 장(Präsident des Senats)이 주정부의 수장이 된다. 각 도시 주의 정부수반의 총리실(Führungsinstrumentarium)은 "Senatskanzlei"로 표시한다.

연방행정과는 달리 주에서는 상급 행정청(Oberbehörden)보다 오히려 중간 단계의 행정기관(Mittelinstanz)에 많은 권한을 부여하고 있다. 일반적으로 주 상급 행정청은 특정 업무를 담당하는데, 이들은 주로 장관이 처리해야 할 특정한 행정 업무를 처리한다. 주의 상급 행정청으로는 주통계청, 주형사행정청, 헌법보호행정청, 주보건행정청 등이 있다. 독일의 각 주는 특정 행정 업무를 위해 주행정청을 설치·운영하고 있다.

---

4) 독일은 총 16개의 주로 구성되어 있는데, 이 중에서 13개 주는 넓은 영토를 갖고 있는 주이며, 베를린, 함부르크, 브레멘 등 3개 주는 도시국가(도시주) 형태로 구성된다. 도시국가는 기타 13개의 주와는 달리 하나의 도시가 하나의 주를 이루는 것으로, 일반적으로 광역자치단체 및 기초자치단체 등 지방자치단체가 존재하지 않는다. 베를린과 함부르크는 각각 베를린 시와 함부르크 시가 주를 이루고 있으며, 브레멘은 브레멘시와 브레멘하펜 시 두 개의 도시가 하나의 주를 구성하고 있다.

중간 또는 하위 단계(Mitte- bzw. Unterstufe) 조직은 주마다 서로 다르게 조직되어 있다. 일반적으로 중급 행정청(Mittelbehörden)은 상급층(Zentralstufe)의 업무 완화와 하위 행정기관 조정의 업무를 수행하며, 그 외 중간기관은 자치행정기관(Selbstverwaltungsträger)의 감독과 상고기관(Widerspruchsinstanz)으로서 기능한다. 중간기관에는 상급재정청(Oberfinanzdirektionen)이 있는데, 이는 연방과 주에 대한 중간기관 역할을 하며 연방기관인 동시에 주기관으로서의 역할을 한다(Mattern & Reinfried, 1982: 89).

각 주의 크라이스 수준에는 다수의 하위 주행정청이 있으며, 하급 주행정기관에는 크라이스 행정 또는 집행부(Landratsämter), 경찰청(Polizeipräsidenten), 영업감독청(Gewerbeaufsichtsämter), 교육청(Schulämter), 도로건설청(Straßenbauämter), 의료보건청(Gesundheitsämter), 산림청(Forstämter) 등이 포함된다.

2) 간접 주행정기관

간접 주행정기관에는 많은 공공 업무를 맡은 많은 법인(Körperschatten)이 포함되는데, 이러한 법인들은 주정부의 감독하에 있다. 법인은 법에 근거해 설립되며, 이러한 간접 주행정(Mittelbare Landesverwaltung)에는 산업상공회의소(Industrieund Handelskammern), 수공업협회(Handwerkskammern), 법정건강금고(die gesetzlichen Krankenkassen), 주보험공사(Landesversicherungsanstalten), 의사-변호사협회(Ärzte- und Anwaltskammern) 등이 속한다.

제 3 절 독일의 인사행정

독일은 우리나라와 유사하게 기본적으로 직업공무원제도를 채택하고 있으며, 계약제 임용제도를 통해 직업공무원제도를 보완하고 있다. 또한 이러한 독일의 직업공무원제도는 계급제에 근거하고 있다. 한편 연방주의를 채택하고 있는 독일은 각 주마다 독자적인 공무원제도를 운영하고 있으나, 전국적인 통일성을 위해 각 주 공무원의 권리와 의무 및 고용 관계에 대해 연방법으로 규율하고 있다.

1 공공 부문 근로자 유형과 현황

독일의 공공 부문 근로자의 유형은 공적인 고용 관계를 맺고 있는 그룹과 사적인 고용 관계를 맺고 있는 그룹으로 구분할 수 있다. 먼저 공적인 고용 관계를 맺고 있는 그룹에는 직업공무원(Beamter), 판사(Richter), 군인(Soldaten)이 속하며, 이 밖에 공공 부문의 근로자들 중에는 해당 업무에 따라 사적인 고용 관계, 즉 계약에 의해 고용되는 근로자(이하 계약직 공무원)가 있다. 이에 따라 독일의 경우 우리가 일반적으로 '공무원'이라고 부르는 공공 부문 근로자가 직업공무원과 계약직 공무원으로 구성된다고 볼 수 있다. 독일의 직업공무원(Beamte)과 계약직 공무원(Arbeitsnehmer)은 고용 근거, 법적 관계, 지위, 보수, 연금 등에서 차이가 있으며, 무엇보다 계약직 공무원은 직업공무원과는 달리 노동법의 적용을 받는다는 점이 다르다(Schnellenbach, 2007: 22). 직업공무원과 계약직 공무원의 차이를 살펴보면, 첫째 직업공무원의 법률 관계의 근거는 일정한 형식을 지닌 임명을 통해 형성되며, 법률 관계의 내용은 법적 규제를 통해 확정된다. 반면 계약직 공무원의 경우 (고용)계약을 통해 법률 관계가 형성되며 법률 관계의 내용도 개별 고용계약을 통해 확정된다. 둘째, 지위와 기능 면에서 직업공무원의 경우 경력에 근거해 지위가 정해지며 보수법에 근거해 분류하지만 계약직 공무원은 일반적으로 그들이 수행하는 업무에 근거해 결정된다. 셋째, 위반 및 과실에 대해 직업공무원은 법원의 제제 절차를 통한 제제 조치를 취하나, 계약직 공무원은 경고 또는 해고가 가능하다. 넷째, 보수와 관련해 직업공무원은 해당 직급에 적합한 보수가 지급되며, 계약직 공무원은 해당 업무에 따른 대가로서 지급되므로 능력에 따라 결정된다. 다섯째, 직업공무원은 공무원연금제도가 적용되며, 계약직 공무원은 우리나라의 국민연금과 유사한 사회보험연금이 적용된다. 여섯째, 직업공무원은 파업 권한이 없지만 계약직 공무원은 파업권이 있다. 마지막으로, 소송과 관련해 직업공무원은 행정법원에서 다루며 계약직 공무원은 노동법원에서 다룬다(Schnellenbach, 2007: 23).

이상에서처럼 직업공무원과 계약직 공무원은 여러 면에서 차이점을 보이고 있는데, 최근 독일의 공공 부문 근로자에서 계약직 공무원의 비중이 점차 감소하는 현상을 보이고 있다. 독일 통계청에 의하면 2011년 기준으로 공공 부문의 근로자는 총 460만 명인데, 이 중에서 계약직 공무원은 전체의 59.1%로 가장 큰 부문을

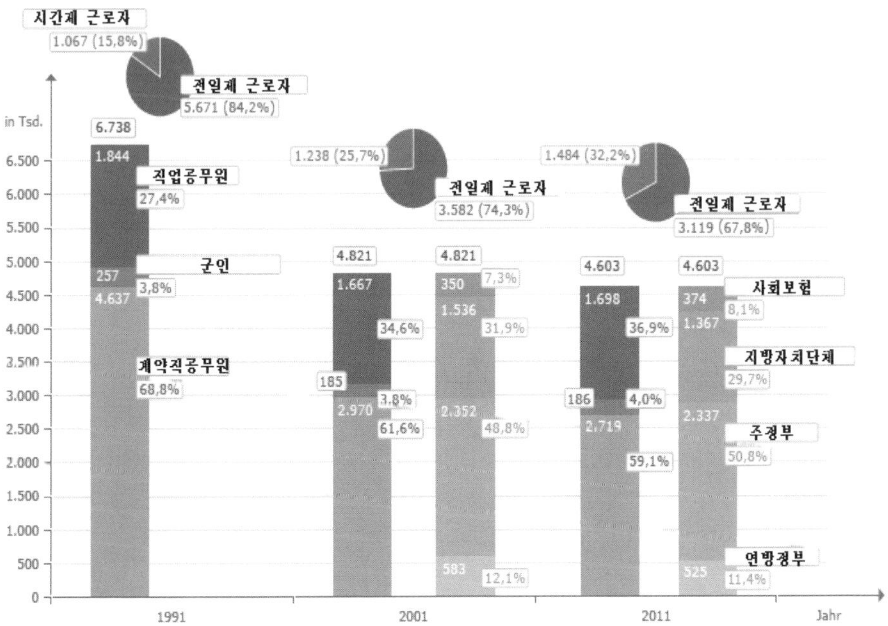

그림 17-3 독일 공공 부문 근로자 구조와 규모

출처: 독일통계청.

차지하고 있다. 이어서 공공 부문 근로자의 36.9%는 직업공무원과 판사가 차지하며, 군인은 공공 부문 근로자 전체의 약 4%를 차지하고 있다.

한편 독일의 공공 부문 근로자를 가장 많이 고용하고 있는 주체는 각 주정부로서 전체의 약 50.8%가 주에 속한 근로자이며, 지방자치단체 소속이 29.7%를 차지하고 있다. 이 밖에 연방 부문의 근로자는 전체의 11.4%를 차지하며, 사회보험 영역의 근로자가 8.1%를 차지하고 있다.

독일 통일 이후 독일의 공공 부문 근로자는 꾸준히 감소세를 보이고 있는데, 통일 직후와 비교했을 때 2011년 현재 약 1/3이 감소했다. 특히 계약직 공무원의 비중이 크게 줄었는데, 1991년 전체 공공 부문 근로자의 68.8%이 약 464만 명에서 약 41%가 감소해 2011년 272만 명에 이른다. 반면 직업공무원과 판사는 1991년 이후 약 7.9%만이 감소했다.

한편 통일 이후 독일 공공 부문 근로자의 감소세와 더불어 고용구조에도 큰 변화를 보이고 있는데, 최근 들어 시간제 근로자(Teilzeitbeschäftigte)의 증가세가 두

드러지고 있다. 1991년 전체 근로자의 15.8%만이 시간제 근로자였으나 2011년 현재 전체의 32.2%로 증가했다.

2 법적 근거

직업공무원의 신분에 관한 법률의 제정권은 일차적으로 연방에 있으며, 연방공무원의 의무와 권한, 그리고 기타 고용 조건 등을 명시하고 있는 연방공무원법(Bundesbeamtengesetz: BBG),[5] 연방공무원의 보수와 후생에 대해 규정하고 있는 연방공무원보수법(Bundesbesoldungsgesetz: BBesG),[6] 공무원후생법(Beamten-versorgungsgesetz: BeamtVG)[7] 등이 있다.

연방 공무원 외에 주 공무원의 경우 연방의 공무원권리근거법(Beamtenrechtrahmengesetz: BRRG)에 근거해 각 주에서 공무원법을 제정했다. 그러나 연방주의 개혁을 통해 2009년 4월 1일부터 BRRG는 공무원지위법(Beamtenstatusgesetz: BeamtStG)으로 대체되었다. BeamtStG는 BRRG와는 달리 주에서 별도의 법을 제정할 필요가 없으며, 연방법이지만 주 및 지방자치단체 공무원의 권리와 의무, 기타 고용 조건을 직접적으로 규율하고 있다.[8]

한편 직업공무원과 더불어 공공 부문 근로자를 구성하고 있는 판사와 군인의 보수 및 권리와 의무 등은 각각 판사법(Richtergesetz)와 군인법(Soldatengesetz)에서 규율하고 있다.

3 공직 분류

독일 공무원은 전통적으로 학력을 기준으로 임용이 제한되는 네 개의 직급군(職

5) Bundesbeamtengesetz vom 5. Februar 2009, BGBI. I S.160.

6) Bundesbesoldungsgesetz vom 19. Juni 2009, BGBI. I S.1434.

7) 공무원후생법의 경우 연방에 고용된 직업공무원 외에 판사의 후생에 대한 규정도 포함하고 있다. Gesetz über die Versorgung der Beamten und Richter des Bundes vom 24. Februar 2009, BGBI. I S.150.

8) Gesetz zur Regelung des Statusrechts der Beamtinnen und Beamten in den Ländern vom 17. Juni 2008, BGBI. I.S 1010).

級群)으로 구성되어 있는데, 고위공무원(Höherer Dienst), 상급 공무원(Gehobener Dienst), 중급 공무원(Mittlerer Dienst), 단순직 공무원(Einfacher Dienst)으로 구분된다.

이러한 직급군은 독일 일반직 공무원의 계급별 인력구조의 경우 A1부터 A16까지 총 16개 등급으로 세분화되어 있으며, 교육 수준을 바탕으로 구분된다. 이에 따라 가장 높은 A13-16계급과 B1-11에 해당하는 고위공무원(Höherer Dienst)은 석사학위(Masterabschluss)를 갖춘 자여야 하며, 특별한 시보 과정을 거친다. 상급 공무원(Gehobener Dienst)은 전문대학 졸업의 학력을 갖춘 자에 한해 지원 가능하며, 중급직 공무원(Mittlerer Dienst)은 중등학교나 레알슐레(Realschule: 직업학교) 졸업을 요구한다.

한편 A1-4계급에 해당하는 가장 낮은 단순직 공무원(Einfacher Dienst)의 경우는 특별한 자격증 없이 초등학교와 직업학교 수준이면 된다.

4 보수 수준

독일 공무원들의 보수 수준은 각 직급에 따라 상이하며, 일반직(A)의 경우 전형적인 직업공무원제도로서 호봉제가 적용되며, 같은 방식으로 C 그룹(교수 등 교육직)과 판・검사직(R)에도 2년마다 승급되는 호봉제도가 존재한다.

독일의 모든 직장인은 고용보험, 연금보험, 건강보험, 산재보험 등 4대 보험에 의무적으로 가입해야 하나 직업공무원은 고용보험과 연금보험에 가입할 필요는 없으며, 건강보험에만 가입한다. 직업공무원의 건강보험은 일반 직장인이 가입하는 법적 건강보험[9] 대신에 사적(민간) 건강보험에 가입하도록 되어 있으며, 이러한 보험료의 일부는 국가로부터 지원받는다.

9) 우리나라의 경우 국가에서 운영하는 단일한 건강보험이 존재하지만, 독일은 우리와는 달리 법적 건강보험과 사적 건강보험이 존재한다. 법적 건강보험은 독일의 모든 직장인이 의무적으로 가입해야 하는 건강보험이며, 2013년 독일에는 134개의 법적 건강보험이 존재한다. 따라서 모든 직장인은 그 지역의 법적 건강보험 중에서 선택해 가입할 수 있다. 반면 사적 건강보험은 의무 가입자가 아닌 경우 선택할 수 있는 일종의 민간보험을 의미한다.

표 17-1 2013년 연방공무원(Bundesbeamte) 보수표

(A그룹)

BesGr.	Stufe 1	Stufe 2	Stufe 3	Stufe 4	Stufe 5	Stufe 6	Stufe 7	Stufe 8
A 2	1.845,90	1.889,03	1.933,32	1.966,51	2.000,83	2.035,14	2.069,43	2.103,74
A 3	1.920,04	1.965,41	2.010,77	2.047,30	2.083,83	2.120,33	2.156,86	2.193,37
A 4	1.962,11	2.016,31	2.070,54	2.113,70	2.156,86	2.200,02	2.243,17	2.283,02
A 5	1.977,58	2.045,08	2.099,30	2.152,43	2.205,56	2.259,79	2.312,90	2.364,91
A 6	2.021,84	2.100,43	2.180,09	2.240,96	2.304,04	2.364,91	2.432,41	2.491,07
A 7	2.126,98	2.196,70	2.288,58	2.382,62	2.474,47	2.567,43	2.637,15	2.706,86
A 8	2.255,35	2.339,46	2.457,87	2.577,39	2.696,90	2.779,89	2.864,01	2.947,01
A 9	2.441,26	2.524,27	2.654,86	2.787,65	2.918,22	3.006,77	3.096,42	3.183,83
A 10	2.619,43	2.733,42	2.898,32	3.062,09	3.225,88	3.339,88	3.453,84	3.567,85
A 11	3.006,77	3.176,09	3.344,30	3.513,62	3.629,81	3.746,01	3.862,21	3.978,41
A 12	3.223,69	3.423,98	3.625,39	3.825,68	3.965,13	4.102,34	4.240,68	4.381,23
A 13	3.780,31	3.968,45	4.155,47	4.343,60	4.473,08	4.603,67	4.733,13	4.860,40
A 14	3.887,67	4.130,01	4.373,48	4.615,83	4.782,92	4.951,15	5.118,25	5.286,47
A 15	4.751,96	4.971,08	5.138,17	5.305,28	5.472,39	5.638,39	5.804,38	5.969,26
A 16	5.242,19	5.496,74	5.689,28	5.881,85	6.073,30	6.266,97	6.459,52	6.649,87

출처: www.beamtenbesoldung.org

(B그룹)

BesGr.	B 1	B 2	B 3	B 4	B 5	B 6	B 7	B 8	B 9	B 10	B 11
	5.969,26	6.934,27	7.342,62	7.769,78	8.260,04	8.725,94	9.175,23	9.645,55	10.228,76	12.040,35	12.508,46

출처: www.beamtenbesoldung.org

5 신규 채용

독일 국민은 누구나 자신의 의지, 능력, 자격에 따라 공무원의 신분으로 공직에서 근무할 수 있다. 독일 공무원의 신규 채용 방법 중 특이한 점은 직급군에 따라 상이한 채용 요건이 제시되며, 이 요건을 충족해야 채용고시에 지원할 수 있다는 점이다. 다시 말해, 공무원으로 임용되기 위해서는 우선 자신이 원하는 직급군에서 요구하고 있는 채용 전제 조건을 먼저 충족해야 한다는 것이다. 그 요건에는 소양, 자질, 학력 등 여러 가지가 있는데, 이 중 가장 기본적인 것은 지원자의 학력이다. 그러나 최근 탄력적인 인사제도를 추구한다는 취지에서 이들 학력 요건이 다소 완화되고 있다.

6 정년

독일 공무원의 정년은 원칙적으로 직급에 관계없이 만 65세이다. 그러나 경찰직, 소방직, 교정직에서 근무하는 공무원의 경우 높은 노동의 강도 및 위험성 때문에 정년은 만 60세이다. 한편 공무원법은 조기퇴직을 허용하고 있는데, 만 63세 이후 공무원은 누구나 조기 퇴직을 신청할 수 있다. 특히 장애와 건강상의 이유로 인해 정상적인 근무를 수행하지 못하는 공무원의 경우 60세에 퇴직을 신청할 수 있다. 조기 퇴직자는 정년 퇴직자들보다 연금에서 차별받지 않는다. 이 밖에 독일 공무원은 '노년 단축근무제'를 이용할 경우 건강한 사람도 실질적으로 60세에 퇴직할 수도 있다.

제 4 절 예산

독일의 예산은 연방정부예산, 주정부 예산, 지방자치단체 예산, 유럽연합의 예산으로 구성된다. 연방예산은 독일 기본법 제110조에 따라 법률로써 구성되며, 이에 따라 연방정부는 매년 연방예산법(Bundeshaushaltsgesetz)을 제정해 구성한다. 연방주의를 채택하고 있는 독일의 각 주는 연방과는 독립적으로 예산을 편성하며, 각 주의 예산 법령에 근거해 편성한다. 한편 지방자치권을 규정하고 있는 독일 기본법 제28조에 근거해 각 지방자치단체는 고유의 사무를 수행하기 위한 독립적인 재정권을 지니며, 이에 따라 독자적인 예산을 편성해 운영한다.[10]

1 예산구조와 규모

2013년 독일 연방의 세출예산 규모는 3,100억 유로(310 Mrd. Euro)이다. 연방정부

10) 독일은 연방, 주, 지방자치단체 간의 합리적인 세원 배분으로 실질적인 지방자치를 보장하고 있다.

예산에는 연방부처 예산뿐만 아니라 연방의회(Bundestag) 및 연방평의원(Bundesrat)의 예산과 기타 헌법기관의 예산이 포함된다. 연방예산 중 가장 많은 부분을 차지하는 기관은 연방사회노동부(Bundesministerium für Arbeit und Soziales)로서 2013년 기준으로 연방노동사회부 예산은 1,192억 유로(119.2 Mrd. Euro)로 연방예산의 38.46%를 차지한다. 연방정부의 예산 외에 각 주정부 및 지방자치단체의 예산과 유럽연합의 예산을 포함하면 독일의 전체 예산은 연방정부 예산의 약 두 배에 이른다.

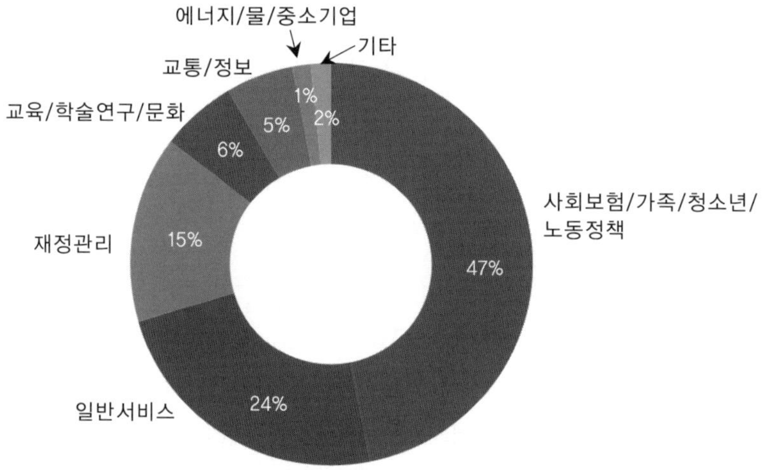

그림 17-4 2013 지출 유형

출처: 독일 연방재무부.

2 재정구조

독일의 재정구조는 조세수입과 세외수입으로 구성되어 있다.

1) 세입

독일의 조세구조는 공동세, 연방세, 주세(州稅), 지방자치단체세 등으로 구성된다.

(1) 공동세

공동세는 특정 조세에 관해 연방과 주, 지방자치단체 등 각 주체가 조세의 일정 지분씩을 나눠 갖는 조세이다. 이러한 공동세 제도의 장점은 연방과 주, 지방자치단체 간의 합리적인 세원 배분이 가능하며, 이를 통해 각각의 역할 분담에 따른 고유사업을 해결할 수 있고, 더불어 지역 간의 형평성 있는 발전을 가능하게 한다는 점이다. 국세와 지방세의 세원 분담이 국세 중심으로 이뤄져 있어 지방자치단체의 자율권이 제한된다는 비판이 제기되는 우리나라의 경우와 비교했을 때, 이러한 공동세 제도는 지방자치단체의 행정 수요를 자주적으로 해결할 수 있는 주요 재원으로 활용할 수 있다는 점에서 매우 중요한 의미를 지니며, 더불어 주민의 삶의 질의 제고와 함께 사회적 형평성을 확립할 수 있는 소득 재분배 장치로서의 기능을 담당한다.

독일의 공동세 규모는 전체 조세수입에서 약 4분의 3 이상을 차지하고 있으며, 이를 통해 주 및 지방자치단체의 실질적인 자주재원의 확보와 함께, 연방과 주, 지방자치단체 간의 재정조정을 통한 균형 발전을 가능하게 한다는 장점을 지닌다. 이러한 공동세의 종류는 다음과 같다.

- 법인세: 연방 50%, 주 50%
- 근로소득세를 포함한 소득세: 연방 42,5%, 주 42,5%, 지방자치단체 15%
- 거래판매세: 연방 53.9%, 주 44.1%, 지방자치단체 2%
- 자본수익세: 연방 44%, 주 44%, 지방자치단체 12%

(2) 연방세

연방세는 연방정부가 배타적으로 징수하는 고유의 조세로서, 연방세의 종류는 다음과 같다.

- 전기세 · 중간생산재세 · 샴페인세 · 항공세
- 담배세 · 에너지세 · 보험세 · 연대할증세
- 커피세 · 핵연료세 · 주세(화주) · 자동차세

(3) 주세

주세는 주정부가 배타적으로 징수하는 고유의 조세로서, 주세의 종류는 다음과 같다.

- 상속/증여세 · 경마/복권세

• 부동산(토지) 취득세 · 도박장세
• 맥주세 · 소방세

(4) 지방자치단체세

지방자치단체세는 지방자치단체 고유의 조세로서, 지방자치단체세의 종류는 다음과 같다.

• 영업세 · 도박자판기세 · 이중주택보유세
• 토지세 · 사냥/수산세 · 애견세
• 유흥세 · 주류소매허가세 · 음료세

2) 세외수입

세외수입은 조세로부터의 수입 이외의 부분에서 발생하는 수입원이라 할 수 있다. 독일의 세외수입은 우리나라의 경우와 유사한 측면도 있지만, 몇몇 부문에서는 매우 특이한 점을 보여 주고 있는데, 국책은행의 수입 초과분으로부터의 수입, 민영화로 인한 매각 수입, 보증에 대한 대가 수입, 행정사무의 위임에 대한 대가로서의 기부금 수입 등이 그 것이다. 특히 유사조세로서의 성격을 갖는 동전 수입은 동전의 제작가격과 유통가격의 차이에서 발생하는 수입을 의미한다(정재각 외, 2012: 375).

3 지방재정조정제도

독일에서는 지방자치단체의 재정력의 형평성을 도모하면서 균형 발전을 이루기 위한 지방재정 조정(Finanzausgleich) 장치가 발달했는데, 이러한 장치는 특히 통일 이후 구 동독지역의 재정력을 개선하는 데 중요한 역할을 수행했다.

독일의 지방재정조정제도는 네 단계로 구분할 수 있는데, 1차적 재정 조정(Primärer Finanzausgleich), 2차적 재정 조정(Sekendärer Finanzausgleich), 수직적 재정조정(Vertikale Finanzausgleich), 수평적 재정 조정(Horisontaler Finanzausgleich) 등이다.

표 17-2 독일의 지방재정조정제도

	수직적 재정 조정	수평적 재정 조정
1차적 재정 조정	독일 기본법 제106조 제3항, 제4항	독일 기본법 107조 제1항
2차적 재정 조정	독일 기본법 제107조 제2항 3문	독일 기본법 제107조 제2항 1문, 2문

1차적 재정 조정은 어떤 행정 주체가 어떤 세원을 가져가는가에 대한 법적 규정을 의미한다. 즉, 공동세, 연방세, 주세, 지방자치단체세 등 법에 위임된 명확한 세원 배분 장치가 1차적 재정 조정인 셈이다. 2차적 재정 조정은 1차적 재정 조정으로 해결되지 못한 재정 문제를 해결하기 위한 재분배를 의미한다. 이러한 재분배도 정해진 원칙에 따라 이뤄진다. 수평적 재정 조정은 주(州)와 주(州) 간의 재정 조정을 의미하며, 반면 수직적 재정 조정이란 연방과 주 또는 주와 지방자치단체 간의 재정 조정을 의미한다. 독일의 재정 조정은 반드시 연방에서 주로, 주에서 지방자치단체로 재정 지원을 하는 방안외에도 재정력이 우수한 주에서 그렇지 못한 주로의 지원도 이뤄진다.

이러한 조정장치는 각 주정부 간 또는 지방자치단체 간의 재정력의 격차 해소와 함께 형평 발전을 도모할 수 있는 중요한 소득 재분배 장치라 할 수 있다.

제 5 절 지방자치제도

1 독일 지방자치의 개요

가장 이상적인 자치행정은 당사자가 사기의 책임하에 자율적으로 행하는 행정이다. 독일 지방자치의 역사는 중세 자유도시의 특권인 도시 시민법부터 시작된 오랜 전통을 갖고 있다. 자치단체는 독일연방의 행정구조에서 주요한 계층을 형성한다. 독일 연방행정구조는 연방, 주, 지방자치단체의 3단계를 이룬다. 독일 기본법(제28조 제2항 제1호)은 지방자치단체의 제도적 보장뿐만 아니라, 자치단체의 업무를 자체 책임에 규율하는 권리를 보장한다.

독일 지방행정의 특성은 각 주별로 지방자치제도의 다양성을 보이고 있지만, 기본적으로 크라이스와 게마인데가 자치권을 누리고 있는 점은 모든 주에서 공통적으로 나타나는 특성이다. 일반적으로 지방자치단체는 주택, 상수도, 에너지를 제공하고, 교육과 문화 서비스를 제공하며, 더 나아가 일자리 창출과 기업 유치 활동을 촉진한다. 이 밖에 지역 주민에게 실제적인 사회복지 서비스를 제공하는 것도 지방자치단체의 업무이다. 이렇게 주민에게 직접적인 영향을 미치는 자치단체의 활동은 각각 연방주의 법원(法源)이 서로 다름에도 불구하고 공통적으로 일치하는 부분이다.

2 지방자치단체의 유형

지방자치단체의 유형에는 기초자치단체로서 게마인데(Gemeinde)와 광역자치단체로서의 크라이스(Kreis)가 있으며, 이 밖에 크기나 의미 또는 역사적인 배경 등의 이유로 크라이스에 속하지 않는 자치시(Kreifreie Stadt)가 있다. 이러한 '지방자치단체'는 국가나 주의 간섭을 받지 않고 자치적으로 행정을 수행할 수 있는 권한을 가진다. 이에 따라 해당 지역과 관련된 사안들을 자체적인 책임하에 결정하고 처리한다. 이 밖에 국가나 주로부터 권한을 위임받아 처리하는 위임 과제가 있으며, 이 경우 위임 과제의 수행으로 발생하는 비용은 국가나 주가 부담한다.

1) 게마인데

게마인데(Gemeinde)는 독일의 행정구조에서 가장 하위의 층을 구성하며, 정치체계에서는 영토를 가진 단위이며, 기본법에서도 지방자치단체사무(Angelegenheiten der örtlichen Gemeinschaft)를 규정하고 있다. 게마인데는 자치단체(Gebietskörperschaft)로서 권리를 지니며, 영토에 대한 고권(Gebietshoheit), 지역사업에 대한 전권(Allzuständigkeit)을 가진다. 자치단체의 존립 확보를 위해 입법자들은 자치단체의 파산 보호와 파산 불능(insolvenzunfähig) 제도를 두고 있다(§ 12 Abs. 1 Nr. 2 InsO).

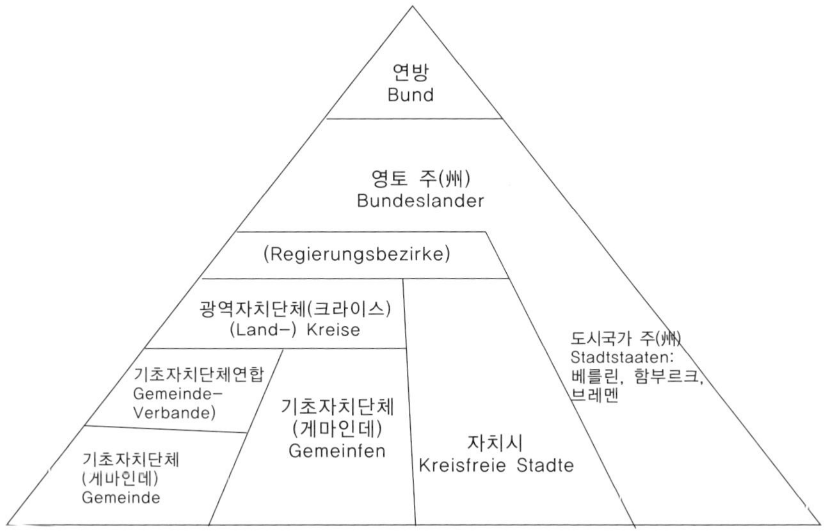

그림 17-5 독일 지방자치단체 체계

2) (란트)크라이스

란트크라이스(Landkreis)[11]는 게마인데와 더불어 국가의 하위 체계를 구성한다. 크라이스는 크라이스에 속한 게마인데(die kreisangehörigen Gemeinde)의 행정사무를 지원하는데, 주로 게마인데의 영역을 넘어서는 업무로서 각 지역별 형평성을 고려해야 하는 업무 등을 지원한다. 크라이스는 관할지역 안에서 주민의 이해 관계를 대변하고, 자치행정을 통해 주민의 의견을 직접적으로 수렴함으로써 행정의 효율성 향상을 주요 목적으로 한다. 이를 통해 크라이스는 결과적으로 주(연방)와 게마인데 사이에서 중요한 연결 기능을 수행한다

크라이스는 연방, 주, 게마인데와 달리 특별한 세원이 없다. 따라서 크라이스의 주요 재원은 크라이스 소속 게마인데가 내는 분담금(Kreisumlage)이며, 그 밖에 주로부터 재정 지원을 받는다.

---

11) 광역자치단체로서의 란트크라이스는 각 주마다 란트크라이스(Landkreis) 또는 크라이스(Kreis) 등 명칭은 약간씩 다르게 나타난다.

3) 자치시

자치시(Kreisfreis Stadt)는 광역자치단체로서의 크라이스에 속하지 않는 기초자치단체를 지칭한다. 일반적으로 인구 10만 명 이상이 되는 기초자치단체(게마인데 또는 시)는 자치시로서의 법적 지위를 신청할 수 있지만, 각 주별로 자치시의 요건은 차등적이다. 현재 독일 전역에 자치시는 총 107개가 있다. 독일에서 가장 작은 자치시는 인구 3만 5천 명을 가진 라인란트-팔츠의 츠바이브뤼켄(Zweibrücken)이며, 인구가 가장 많은 자치시는 뮌헨시로 130만 명에 이른다. 이 밖에 프랑크푸르트, 뮌헨, 퀼른 등이 대표적인 자치시이다.

자치시의 지위는 광역자치단체(란트크라이스)와 유사하지만 하위 행정 단위가 없기 때문에, 실질적으로 사무는 게마인데와 란트크라이스가 수행하는 사무를 모두 수행한다. 또한 자치시는 광역자치단체(Landkreis)에 속하지 않기 때문에, 직접적으로 주정부의 하급 단체로서의 지위를 지닌다. 자치시의 시장(Oberbürgermeister)은 크라이스의 시장(Landrat)과 대등한 지위를 가지며, 일반적으로 자치시는 재정 면에서 안정적인 경우가 많다. 일반적으로 자치시가 되기 위해서는 인구 규모 등의 조건 외에 해당 지자체의 재정력이 우선적인 조건을 형성하기 때문이다.

한편 도시국가(Stadtstaat)인 베를린과 함부르크는 그 자체가 자치시이며, 동시에 주의 권능을 지닌다. 반면 같은 도시국가인 브레멘은 브레멘시(Stadt Bremen)와 항구도시 브레멘하펜(Seestadt Bremerhaven)의 두 개의 자치시로 구성된다.

3 지방자치단체의 권한과 사무

1) 지방자치단체의 권한

지방자치단체는 중앙의 고유사무를 제외한 국가사무를 스스로 고유사무로 집행하기도 하는데, 이 경우 중앙의 사무를 위임받는 형식으로 대부분 집행하며, 지방자치단체의 권한은 다음과 같다.

- 인사권: 필요한 인력을 선발, 승진, 해고할 때 자치단체는 주(국가)의 간섭을 받지

않고 자율적으로 일을 처리할 수 있는 독립적인 권한을 가진다.

- 예산권: 자치단체는 예산의 확정 및 집행과 관련해 독립적인 권한을 가진다.
- 조직구성권: 자치단체는 자체적인 행정조직을 구성할 때 자율적으로 일을 처리할 수 있는 권한을 가진다.
- 조례제정권: 자치단체는 건축이나 소음 발생 금지 시간, 자치단체 시설이용료, 농업 종사자의 농로 유지 의무 등과 같은 사안들과 관련해 필요한 경우에는 조례를 제정할 수 있는 권한을 가진다.
- 조세징수권: 지자체는 주민으로부터 세금이나 수수료를 징수할 수 있는 권한을 가진다.

2) 지방자치단체의 사무

지방자치단체의 행정사무의 법적 근거는 기본법 제28조 제2항에서 "게미인데에는 법의 테두리 안에서 지역의 모든 사무를 스스로 책임하에 처리할 수 있는 권한을 부여한다."고 명시하고 있다. 여기서 "지역의 모든 사무"란 지역 주민의 공동 및 개인 생활에 필요한 모든 사무를 의미한다.

한편 지방자치단체의 행정사무는 원칙적으로 의무사무와 자율사무의 두 가지로 크게 나뉜다. 의무사무는 법률에 따라 그 수행이 의무적으로 정해져 있는 사무를 뜻하고, 자율사무는 지자체의 재정 능력에 따라 주민을 위해 의무사무 이외에 자율적으로 추가 수행할 수 있는 사무들을 의미한다. 국가의 감사는 현행법의 준수와 저촉 여부에 해당하는 법적 감사에 한정되며 의무사무에 대해서는 국가의 지시를 따라야 한다.

표 17-3 지방자치단체의 사무 형태

사무 명칭		특징
고유사무	자율사무	시빙자치단체가 독자적으로 사무 이행 연방이나 주는 감독권이나 지시권을 갖지 않음.
	의부사무	지방자치단체의 의무 사무 연방 또는 주의 감독권과 지시권을 인정함
위임사무		연방과 주로부터 위임받은 사무 연방과 주는 감독권과 지시권을 가짐.

출처: 정재각 외(2012: 157).

이 밖에 지방자치단체는 위임사무를 수행하는데, 위임사무는 연방 또는 주에서 제정된 법률의 집행사무로서, 지방자치단체가 연방 또는 주로부터 위임받아 시행하는 사무이다. 기본법 83조는 "지방자치단체는 연방과 주의 사무 일부를 위임받아 집행한다."고 명시하고 있다. 위임사무는 지역의 자치행정 업무와는 달리, 지역을 초월하는 성격을 가진다. 위임사무도 본질에서는 국가의 지시권(Weisungsrecht)과 연결되어 있기 때문에 의무 사업적 성격을 가진다. 자치단체는 단지 집행하는 기능만을 갖게 되며, 국가는 위임사무에 대해 법치성과 더불어 목적성을 통제한다.

참고 문헌

국내 문헌

가톨릭대학교 고전라틴어연구소 편찬 (1995). 「라틴-한글 사전」, 서울: 가톨릭대학교출판부.

강신택 (1981). 「사회과학 연구의 논리: 정치학 · 행정학을 중심으로」, 서울: 박영사.

강유덕 · 김준엽 (2013). 한 · EU FTA 발효 이후 한국의 대EU 무역 · 투자 동향 분석 및 향후 과제, 「오늘의 세계경제」(2013-18), 대외경제정책연구원.

경상북도 (2008). 2008 새마을운동 세계화 추진계획.

고선규 (2002). 일본 정치학의 방법론적 논쟁: 전후 정치학과 일본형 다원주의론, Japan Study 발제문(2002.10.12).

곽재성 외 (2011). 「효과적인 공공-민간 파트너십 사업 모델 연구」, 한국국제협력단.

關世杰 (1995). 「이문화교류학」, 北京: 北京大 出版部, 한인희(옮김) (2004), 서울: 건국대출판부.

관세청, 보도자료 (2013.12.24). "우리 수출기업의 FTA 활용은?"

______, (2014. 1.14). "한-칠레 발효 이후 10년 교역 현황."

국무조정실 (2011). 새마을운동 ODA 사업 기본계획.

국제개발협력위원회 (2010). 새마을운동 국제화사업 보도자료(2010.12.21).

국제무역연구원 (2013). 「전세계 지역무역협정(RTA) 현황」(2013.10).

권상희 (2008). 「디지털 문화론」, 서울: 성균관대출판부.

권영주 (2011). 일본의 내무행정, 임승빈 외 (2011) 「OECD 주요 국가의 내무행정에 관한 연구」, 서울: 한국지방행정연구원 연구용역보고서 제4장.

김경란 (2011). 유엔 평화유지활동과 성패 요인에 관한 연구, 단국대학교.

김규원 (2007). 새마을운동 메카로서 경북정신문화의 특징.

김대건 (2012). 휴먼서비스 관점에서 본 고령화정책 프레임: 노인 프레임에서 긍정적 고령자 프레임으로, 「한국행정학보」, 46(4), 한국행정학회.

김선혁 (2004). 국제행정과 초국가 거버넌스, 「한국행정학보」, 38(2), 한국행정학회.

김성태(2013). 「스마트사회의 정보정책과 전자정부: 이론과 전략」. 경기: 법문사.
김영귀 외(2013). 한미 FTA 발효 1년의 평가와 시사점, 「오늘의 세계경제」(2013-08), 대외경제정책연구원.
김영수(1999). 경제기획 조정기구의 확산, 정용덕 외, 「신제도주의의 연구」, 서울: 대영문화사.
김영태(2004). 독일의 정치제도와 정치 과정, 「유럽정치」, 유럽정치연구회 편, 서울: 백산서당.
김용석(2000). 「문화적인 것과 인간적인 것」, 서울: 푸른숲.
김윤권(2004a). 중국 국무원(國務院)의 변화와 그 요인에 관한 연구: 역사적 신제도주의 시각의 적용을 중심으로, 서울대학교 행정학 박사학위 논문.
______(2004b). 중국의 국가성(國家性)과 중앙행정부의 제도적 특성, 「행정논총」, 42(4), 서울대 행정연구소.
______(2006). 중국 중앙행정부 변화의 실증분석과 그 함의, 「한국행정학보」, 40(1).
김윤권 외(2012). 「중국정부의 행정제도와 행정자원 및 정책 수단에 관한 연구」, 대외경제정책연구원.
______ 편저(2008). 「중국의 행정과 공공정책」, 서울: 법문사.
김태수(1993). 기능에 의한 행정조직의 유형화에 관한 연구: 행정기구 개념을 중심으로, 「한국행정사학지」, 제4호.
김희숙(2011). 「21세기 한국어정책과 국가경쟁력」, 서울: 소통.
남영신 엮음(1999). 「국어사전」, 서울: 성안당.
남재일 · 이종원(2013). 한국 전자정부 수출 촉진을 위한 전략적 접근: 개발도상국 진출을 중심으로. 「한국전자통신학회 논문지」, 8(7): 1049-1064.
노르베르트 볼츠, 김태옥 · 이승협 옮김(2011), 「미디어란 무엇인가」, 서울: 한울아카데미.
______, 윤종석 옮김(2009). 「세계를 만드는 커뮤니케이션」, 서울: 한울아카데미.
______, 윤종석 옮김(2000). 「구텐베르크 은하계의 끝에서. 새로운 커뮤니케이션 상황들」, 서울: 문학과지성사.
닐 포스트먼, 김균 옮김(2001). 「테크노폴리」, 서울: 민음사.
도미니크 볼통, 채종대 · 김주노 · 원용옥 옮김(2011). 「불통의 시대 소통을 읽다」, 서울: 살림.
마샬 맥루한, 임상원 옮김(2008). 「구텐베르크 은하계」, 서울: 커뮤니케이션북스.
______, 김성기 · 이한우 옮김(2002). 「미디어의 이해」, 서울: 민음사.
명승환(2012). 「스마트 전자정부론: 정보체계와 전자정부의 이론과 실제」. 서울: 율곡출판사.
명진호(2013). 한미 FTA 1주년 평가, 「*Trade Focus*」, 12(14), 국제무역연구원.
명진호 외(2013). FTA, 일본의 추격이 거세진다, 「*Trade Focus*」, 12(42), 국제무역연구원.
______(2013). 주요국 FTA 추진 현황과 2013년 전망, 「Trade Focus」(2013년 2월), 국제무역연구원.
미디어다음 전자신문. [이슈분석] 산발적인 전자정부 수출 지원사업, 헛돈 쓴다. 컨트롤 타워 마련 시급. http://media.daum.net/digital/others/newsview?newsid=20130729180713697

미래창조과학부 (2013). 「2013년도 국가정보화에 관한 연차보고서」, 경기: 미래창조과학부.
미우라 도시히코(三浦俊彦)(1997). 「可能世界の哲學」, NHK publishing, 박철은 옮김 (2011). 「가능세계의 철학」, 서울: 그린비.
민혁기 외 (2011). 「한-칠레 FTA 무역효과 분석과 시사점」, 산업연구원.
박동서 (2005). 「한국행정론」, (초판 1972; 전정증판 1987), 서울: 박영사.
박세나 (2013). 「새마을운동의 원형과 변형: 라오스와 캄보디아의 사례분석」, 서울대학교 행정대학원 석사학위 논문.
박정택 (1993). 새로운 국제행정 개념의 탐색, 「한국행정학보」, 27(1).
박천오 (2012). 「한국 정부관료제」, 서울: 법문사.
박흥순 · 조한승 · 정우탁(2013). 「유엔과 세계 평화」, 서울: APCEIU.
배찬권 외 (2012). 「한국 기발효 FTA의 경제적 효과 분석」(연구보고서 12-03), 대외경제정책연구원.
빌렘 플루서, 김현진 옮김(2004). 「그림의 혁명」, 서울: 커뮤니케이션북스.
______, 김성재 옮김(2006). 「코무니콜로기. 코드를 통해 본 커뮤니케이션의 역사와 이론 및 철학」, 서울: 커뮤니케이션북스.
三浦信孝 · 糟谷啓介 (2000). 「언어제국주의란 무엇인가」, 이연숙 외 옮김 (2005), 서울: 돌베개.
서필언 (2005). 「영국행정개혁론」, 서울: 대영문화사.
선준영 (2011). 세계화 시대와 언어, 「LPQR」(제2권 제2호), 행정언어와 질적연구학회.
성낙인 (2001). 「憲法學」, 서울: 법문사.
소흥렬 (1996). 「문화적 자연주의」, 서울: 소나무.
송송이 (2011). 한-칠레 FTA 7년의 평가, 「*Trade Focus*」, 10(14), 국제무역연구원.
송유철 (2010). 한국의 ICT 분야 ODA 지원 현황 및 발전 방안. 「디지털경제연구」, 15: 1-13.
심준섭 외 (2008). 「협상의 이해」, 서울: 박영사.
심혜련 (2005). 매체에 대한 미학적 접근, 「매체철학의 이해」, 서울: 인간사랑.
안전행정부 (2013). 「전자정부지원사업 사업관리 매뉴얼 V3.0」. 서울: 안전행정부, 한국정보화진흥원.
양현모 (2006). 「독일정부론」, 서울: 대영문화사.
어빙 팽, 심길중 (옮김)(2002). 「매스커뮤니케이션의 역사」, 서울: 한울 아카데미.
에드워드 윌슨, 최재천 · 장대익 옮김(2006). 「통섭. 지식의 대통합」, 서울: 사이언스북스.
에드워드 홀, 최효선 옮김(2000). 「침묵의 언어」, 서울: 한길사.
엘리자베스 클레망 외, 이정우 옮김(2001). 「철학사전. 인물들과 개념들」, 서울: 동녘.
요시미 순야, 안미라 옮김(2007). 「미디어 문화론」, 서울: 커뮤니케이션북스.
유민봉 (2010). 「한국행정학」, 서울: 박영사.
이광석 (2009). 영국 복지행정의 이념과 실용주의: 이념의 굴절을 중심으로. 「한국행정학보」,

43(1), 한국행정학회.
______(2010). 한국어의 유엔 공용어 가능성에 관한 연구, 「한글」, 287호, 한글학회.
이광석·최정열·오수길·신충식(2009). 정부성 연구의 필요성과 방향성, 강원행정학회·한국행정학회 공동춘계학술대회 발표 논문.
이광수(1991). 英國에 있어서의 行政哲學. 「地方과行政研究」, 3(1). 부산대학교 지방행정연구소.
이규호(1980). 사회과학을 위한 언어학적 접근, 이규호(편저), 「사회과학의 방법론」, 서울: 현암사.
______(1989). 「말의 힘」, 서울: 제일출판사.
______(2005). 「언어철학」, 서울: 연세대출판부.
이기상(2004). 「다석과 함께 여는 우리말 철학」, 서울: 지식산업사.
______(2009). 「지구촌 시대와 문화콘텐츠」, 서울: 한국외국어대출판부.
______(2009). 「콘텐츠와 문화철학. 문화의 발전 단계와 콘텐츠」, 서울: 북코리아.
______(2010). 「글로벌 생명학. 동서 통합을 위한 생명 담론」, 서울: 자음과모음.
______(2012). 문화는 소통이다: 문화 다양성 시대의 소통과 공감, 엄정식 외, 「문화는 소통이다」, 서울: 철학과현실사.
이덕환(2013). 「지구촌시대 문화인의 소통」, 서울: 서강대출판부.
______(2013). 「상상과 증명, 그리고 소통」, 서울: 서강대출판부.
이동원·장갑영 외(2009). 「제3의 자본: 사회적 자본은 어떻게 증진되는가?」, 삼성경제연구소.
이면우(2013). 일본 정당들의 대외정책 비교, 일본 신정권의 등장과 한일관계 전망(특별학술회의 자료집), 현대일본학회.
이명현(1994). 언어와 철학, 이정민 외, 「언어과학이란 무엇인가」, 서울: 문학과지성사.
______(1995). 언어와 사고 그리고 존재 세계, 박영식(편저), 「언어철학연구(I): 비트겐슈타인과 언어」, 서울: 현암사.
이명화(1996). 한국의 국제행정 교과서에 대한 평론, 「한국행정학회 96년 동계학술대회 자료집」.
이승철(2008). 글로벌 거버넌스: 개념과 이론적 논의, 이승철 외, 「글로벌 거버넌스와 한국」, 서울: 한양대학교출판부.
이재호·김윤권(2010). 「중국 행정개혁의 성과분석과 미래 정책과제 도출에 관한 연구」, 경제인문사회연구회.
李傳軍(2008). 중국의 행정조직 및 행정문화, 김윤권 외(2008), 「중국의 행정과 공공정책」, 서울: 법문사.
이정희(2012). 대통령제 하의 예산전쟁(budget battle)의 갈등 양상 연구: 미국과 우리나라의 비교를 중심으로. 「정책분석평가학회보」, 22(1): 159-191.
이택근(2011). 녹색 ODA 분류 기준, 「국제개발협력」, 2011-3.
임승빈(1997). 일본의 행정개혁, 「국회보」.
______(1999). 일본 행정개혁의 동향과 시사점, 한국행정학회 춘계학술대회 발제문.

______(2003a). 일본의 국가기구 형성에 관한 비판적 고찰. 「한국행정학보」, 47(4), 서울: 한국행정학회.
______(2003b). 한국과 일본의 시민사회와 지방정부 간 교류의 특징과 새로운 과제. 「現代日本」, 현대일본학회.
______(2007a). '명치헌법'과 '현행헌법'의 비교를 통한 일본헌법과 행정과의 관계분석, 「일본연구논총」(25호), 서울: 현대일본학회.
______(2007b). 「아시아 주요 국가의 행정 및 조직운영 동향분석」, 서울: 행정자치부 조직진단센터.
______ 외 (2011). 「OECD 주요 국가의 내무행정에 관한 연구」, 서울: 한국지방행정연구원 연구용역보고서.
임지룡 (1992). 「국어의미론」, 서울: 탑출판사.
임한성 (2011). 경상북도 아프리카 새마을운동 시범사업의 성과 분석. 「새마을운동과지역사회개발연구」, 7: 143-173.
______(2012). 경상북도의 아프리카 새마을운동 시범마을 조성사업의 단계별 추진계획, 「새마을아카데미연구논총」, 5(1): 7-84.
임홍빈 (2002). 「세계화의 철학적 담론」, 서울: 문예출판사.
자유무역협정 체결 및 이행 협의에 관한 절차 규정.
전해황 (2006). 한국 지역사회복지의 세계화: 새마을운동 해외추진 사례연구, 「한국토지행정학회」, 13(2): 127-151.
전현준 외 (2009). 「북한의 국력평가연구」, 통일연구원.
정부 관계부처 합동 보도자료 (2013. 3.15). 한미 FTA 발효 1년간 주요 성과.
정용덕 (2002). 「한・일 국가기구 비교연구」, 서울: 대영문화사.
정우열・남홍범 (2013). 한국새마을운동의 전개 과정과 방향, 「한국행정사학회지」, 32: 271-301.
정재각 (2011). 「독일연방제도에 관한 연구」, 한국행정연구원.
______ 외 (2012). 「독일의 행정과 공공정책」, 서울: 대영문화사.
정현우 (2013). 한중일 FTA. 동아시아 경제통합의 시금석, 「*Trade Focus*」, 12(56), 국제무역연구원.
제러미 리프킨, 이경남 (옮김)(2010). 「공감의 시대」, 서울: 민음사.
조중걸 (2009). 「플라톤에서 비트겐슈타인까지」, 서울: 베아르피.
중소기업중앙회 (2013.7). 「중소기업 FTA 활용 현황 조사 보고서」.
地方分權推進委員會 (1998). 中間報告.
______(2000). 最終報告.
채형복 (2006). 「유럽헌법론」. 서울: 높이깊이.
______ 옮김(2006). 「유럽헌법조약」. 서울: 높이깊이.
______ 옮김(2010). 「리스본조약」. 국제환경규제 기업지원센터.

최민경 (2008). 「우리나라 개발원조의 민관협력 활성화 방안: PPP와 개발컨설턴트 활용을 통한 민간파트너십 강화」, 한국국제협력단.
최창현 · 김명하 (2014). 국정관리가 국가성공에 미치는 영향 분석: 한국과 북한을 중심으로 한 50개 국가의 비교 분석, 「한국보훈논총」, 13(1).
캐이시 맨 콩 럼 엮음, 이동후 옮김(2008). 「미디어 생태학 사상. 문화, 기술 그리고 커뮤니케이션」, 서울: 한나래.
켄 윌버, 정창영 옮김(2008). 「통합 비전」, 서울: 물병자리.
_______, 조옥경 옮김(2008). 「통합심리학」, 서울: 학지사.
프랑크 하르트만, 이상엽 옮김(2008). 「미디어 철학」, 서울: 북코리아.
하재훈 (2012). 세계화의 관점에서 본 경상북도 새마을운동의 발전 방향과 추진 전략. 「새마을아카데미연구논총」, (1): 7-51.
한국국제협력단 (2008). 「국제개발협력의 이해」.
______ (2011). 「2010 KOICA 대외무상원조 실적통계」.
______ (2012a). 「기후변화 대응을 위한 민관협력(PPP) 활성화 방안 연구」.
______ (2012b). 「녹색 ODA 현황 분석 및 활성화 방안 연구」.
한국수출입은행 (2012a). 「숫자로 보는 ODA」.
______ (2012b). 「양자간 ODA 통계자료」.
______ (2012c), 「2011 EDCF Annual Report」.
한국정보화진흥원 (2013). 「2013 국가정보화백서」, 서울: 한국정보화진흥원.
한대원 (1991). 중국 법학 · 법제의 현황과 과제, 「법과 사회」, Vol.4, 법과사회이론학회.
함성득 (2002). 「대통령학」, 서울: 나남.
행정안전부 (2011). 「전자정부 해외 수출 전망과 전략」, 서울: 행정안전부.
홍성걸 · 정충식 (2013). 전자정부 ODA사업의 지속가능성 제고 방안: 파라과이 행정통신망 고도화 사례 연구, 「한국정책학회 추계학술발표논문집」, 133-159.
황성돈 외 (2009). 「2009년도 종합국력연구」, 한반도 선진화재단.
히비노 쓰토무 (2003). 부 · 내각부 · 내각 관방(1), 「법학 교실」.

국외 문헌

Allen, M. & B. Thompson (2005). *Cases & Materials on Constitutional & Administrative Law*, Oxford: Oxford University Press.
Atkinson, Rob & Stephen Savage (1994). The Conservatives and Public Policy, in Stephen & Rob Atkinson & L. J. Robins(eds.), *Public Policy in Britain*, Basingstoke: Macmillan.

Benjamin, R. & R. Duvall (1985). The Capitalist State in Context, R. Benjamin & S. Elkin (eds), *The Democratic State: Studies in Government and Public Policy*. Kensas University Press.

Brockman, John (ed.) (2011). *The Mind: Leading Scientists Explore the Brain, Memory, Personality, and Happiness*, New York: HarperCollins Publisher, 이한음 옮김(2012), 「마음의 과학」, 서울: 미래엔.

Browne, Ken (2005) *An Introduction to Sociology*, Cambridge: Polity Press.

Cabinet Office (2009). List of Ministerial Responsibilities: Including Executive Agencies and Non-Ministerial Departments,(http://webarchive.nationalarchives. gov.uk.pdf).

Chirkin, V. et al. (1987) *Fundamentals of the Socialist Theory of the State and Law*. Progress Publishers Moscow.

Cline, Ray S. (1981). 「국력분석론」 서울: 국방대학원 안보문제연구소,

Conze, Peter (2008), *Personalbuch Tarifrecht öffentlicher Dienst*, 2.Auflage, München, C. H. Beck.

Dunleavy, Patrick (1991). *Democracy, Bureaucracy and Public Choice: Economic Explanations in Political Science*, Prentice Hall College Div (August).

Dynes, M. & D. Walker (1995). *Guide to the New British State: the Government Machine in the 1990s*, London: Times Book.

Edmonds, David & John Eidinow (2001). *Wittgenstein's Poker*, München: Verlags-Anstalt, 김태환 옮김(2012), 「비트겐슈타인과 포퍼의 기막힌 10분」, 서울: 옥당.

Farazmand, Ali (2007). Globalization and Public Administration, Mark Bevir(ed.), *Public Governance,* London: SAGE.

Farmer, David (1999). *The Language of Public Administration: Bureaucracy, Modernity, and Postmodernity*, Tuscaloosa: University of Alabama Press, 강신택 옮김(1999), 「행정학의 언어」, 서울: 박영사.

Fodor, Jerry A. (1975). *The Language of Thought*, New York: Thomas Y. Crowell.

______ (1981). *Representations*, New York: Bradford Books.

Fodor, J. A. & Z. W Pylyshyn (1988). Connectionism and Cognitive Architecture: A Critical Analysis. *Cognition,* 28: 3-71.

Gallup, Inc. (2011). Budget Rises as Most Important Problem to Highest Since 1996 downloaded from http://www.gallup.com/poll/147086/Budget-Rises Most-Important-Problem-Highest.aspx.

Gazzaniga, Michael S. (2011). *Who's in Charge?: Free Will and the Science of the Brain*, New York: Harpercollins Books, 박인균 옮김(2012), 「뇌로부터의 자유」, 서울: 추수밭.

Gentner, Dedre & Susan Goldin-Meadow (2003). Whither Whorf, Dedre Gentner & Susan Goldin-Meadow (eds.), *Language in Mind: Advances in the Study of Language and Thought*, London: The MIT Press.

Goldberg, Elkhonon (2001). *The Executive Brain: Frontal Lobes and the Civilized Mind*, Oxford: Oxford University Press, 김인명 옮김(2008), 「내 안의 CEO, 전두엽: 인격, ADHD, 그리고 치매」, 서울: 시그마프레스.

Greenfield, Susan (2000). Brain Story, Bristol: BBC Worldwide Limited, 정병선 옮김 (2004) 「브레인 스토리」, 서울: 지호.

Haas, Peter M., John A. Hird, & Beth McBratney (2010). *Controversies in Globalization: Contending Approaches to International Relations*, CQ Press, 김계동 외 옮김(2010), 「세계화 논쟁: 국제정치 접근에서의 찬성과 반대 논리」, 서울: 명인문화사.

Habermas, Jürgen (1989). *Structural Transformation of the Public Sphere*. Cambridge, Mass: MIT Press.

Harre, Rom (1960). *An Introduction to the Logic of the Sciences*, London: Macmillan and Co. Ltd.

Haynes, Jeff (2002). *Politics in the Developing World: A Concise Introduction*, Oxford: Blackwell.

Henessy, P. (1989). *Whitehall*, London: Secker & Warburg.

Hobson, D. (1999). *The National Wealth: Who gets what in Britain*, London: HarperCollins Publishers.

Home Office (2013). *Life in the United Kingdom: A Guide for New Residents*, London: TSO.

Hood, Christopher & Andrew Dunsire (1981). *Bureaumetrics: The quantitative comparison of British central government agencies*, Farnborough: Gower.

Hung, Edwin H. (2006). *Beyond Kuhn: Scientific Explanation, Theory Structure, Incommensurability and Physical* Necessity, Aldelshot: Ashgate.

James, Simon (1992). *British Cabinet Government*, London: Routledge.

Jennings, I. (1961). *Cabinet Government*, Cambridge: Cambridge University Press.

Kaufmann, Daniel, Aart Kraay, & Massimo Mastruzzi (2010). The Worldwide Governance Indicators: A Summary of Methodology, Data and Analytical Issues. World Bank Policy Research Working Paper No. 5430.

Kornai, Janos (2000). What the Change of System From Socialism to Capitalism Does and Does Not Mean. *Journal of Economic Perspective*, 14.

Kotler, Philip et. al. 정기주 옮김(1998). 「국가 마케팅」 서울: 세종연구원,

KPMG INTERNATIONAL, Oxford Economics (2013). 2013 Change Readiness Index: Assessing Countries' Ability to Manage Change and Cultivate Opportunity, KPMG INTERNATIONAL

Kugele, Dieter(Hrsg.)(2011). *BBG-Kommentar zum Bundesbeamtengesetz*, Münster, Lexis Nexis Deutschland GmbH,

Lakoff, George (2006). *Thinking Points: Communicating our American Values and Vision*, Berkeley, California: Rockridge Institute, 나익주 옮김(2007). 「프레임 전쟁」, 서울: 창비.

______ (2008). *The Political Mind: A Cognitive Scientist's guide to your Brain and its Politics*, New York: Viking.

Lewis, David (2003). *Presidents and the Politics of Agency Design: Political Insulation in the United States Government Bureaucracy*. Stanford University Press.

Lynch, Thomas D. & Peter L. Cruise(eds) (2006). *Handbook of Organization Theory and management: The Philosophical Approach*, London: Taylor & Francis.

Mattern, Karl-Heinz & Hubert Reinfried(Hrsg.)(1982). *Allgemeine Verwaltungslehre*, Regensburg: Walhalla und Praetoria Verlag.

Maurer, Hartmut (2009). *Allgemeines Verwaltungsrecht*, 17. überab. und erg. Aufl., München, C.H.Beck.

McCrum, Robert (2010). *Globish: How the English language became the world's Language*, London: W.W. Norton & Company, Ltd., 이수경 옮김(2011). 「글로비시: 영어는 어떻게 세계언어가 되었는가」, 서울: 좋은책들.

McGrew, Anthony (2009). "지구화와 지구정치," 존 베일리스, 스티브 스미스 & 퍼트리샤 오언스 편, 하영선 외 옮김, 「세계정치론」, 서울: 을유문화사.

Michio, Kaku (2005). *Parall Worlds: The Science of Alternative Universes and our future in the Cosmos*, London: Penguin Books, Ltd., 박병철 옮김(2006). 「평행우주론」, 서울: 김영사.

Moravcsik, Julius M. (1990). *Thought and Language*, London: Routledge.

Morgenthau, Hans J., 이호재 옮김(1987). 「현대국제정치론」, 서울: 법문사.

Nolan, Mike & Gorden Grant (1994). Mid-range theory building and the nursing theory-practice gap: a respite care case study, James P. Smith(ed.), *Models, Theories and Concepts*, London: Blackwell Scientific Publications.

Nye, Joseph(2004). *Soft Power: The Means to Succeed in World Politics*, New York: Public Affairs.

______ (2010). *Responding to my Critics and Concluding Thoughts' in Soft Power and*

U. S. Foreign Policy, New York: Routledge.

OECD (2001). *The DAC Guidelines: Poverty Reduction.*

______ (2006). *Promoting Investment for Development*: The Role of ODA.

______ (2011). *The United States: Development Assistance Committee(DAC) Peer Review 2011.* Paris:êOECD Publishing.

Organski, A. F. K., 민병기 옮김(1965). 「국제정치학」, 서울: 을유문화사,

Papastergiadis, Nikos (2000). *The Turbulence of Migration*, Cambridge: Polity Press.

Peterson, John & Elizabeth Bomberg (1999). *Decision-Making in the European Union,* Hampshire: Palgrave.

Phillipson, Robert (1992). *Linguish Imperialism*, Oxford: Oxford University Press.

Pinker, Steven (1995). *Language Instinct: How the Mind Works*, London: Penguin Science, 김한영 · 문미성 · 신효식 옮김(2004). 「언어본능」, 서울: 도서출판 소소.

______ (1997). *How the Mind Works*, New York: W. W. Norton, 김한영 옮김(2007). 「마음은 어떻게 작동하는가」, 서울: 동녘사이언스.

Putnam, Hilary (1988). *Representation and Reality*, Cambridge: The MIT Press, 김영정 옮김(1992). 「표상과 실재」, 서울: 이화여자대학교출판부.

Rice, Susan E. & Stewart Patrick (2008). Index of State Weakness in the Developing World. The Brooking Institution, http://www.edelman.com/insights/intellectual-property/2014-edelman-trust-barometer/about-trust/global-results/

Sapir, Edward (1958). *Culture, Language and Personality*. (ed. by D. G. Mandelbaum), Berkeley, CA: University of California Press.

Savage, Stephen, Rob Atkinson, & L. J. Robins (eds.) (1994). *Public Policy in Britain,* Basingstoke: Macmillan.

Schnellenbach, Helmut (2007). *Öffentliches Dienstrecht*, Berliner Wissenschafts-Verlag GmbH.

Statistisches Bundesamt (2015). Bruttoinlandsprodukt 2014 für Deutschland.

Sumarto & A. Subroto (2011). Organizational Culture and Leadership Role for Improving Organizational Performance: Automotive Components Industry In Indonesia. *International Journal of Innovation Management and Technology*, 2(5).

Utting, Peter & Ann Zammit (2006). *Beyond pragmatism: appraising UN-business partnerships*. United Nations Research Institute for Social Development.

Waters, Malcolm (1995). *Globalization,* London: Routledge.

Watson, R. P. (2006). On the Language of Bureaucracy: Postmodernism, Plain English, and Wittgenstein in Lynch, T. D. & P. L. Cruise (eds), *Handbook of Organization Theory and Management: The Philosophical Approach*, New York: Taylor &

Francis.

Whorf, Benjamin L.(1956). *Language, Thought and Reality* (ed. by J. B. Carroll). Cambridge, MA: MIT Press, 신현정 옮김 (2010). 「언어, 사고 그리고 실재」, 서울: 나남.

Williams, Robert & Esther Jubb (1996). Shutting Down Government: Budget Crises in the American Political System, *Parliamentary Affairs,* 49(3): 471-484. July.

Wilson, David & Chris Game (2002). *Local Government in the United Kingdom,* Palgrave.

Wittgenstein, Ludwig, 이영철 옮김 (2006). *Tractatus logico-Philosophicus,* 「논리철학논고」, 서울: 책세상.

Wolton, Dominique (2004). *L'autre Mondialisation, Flammarion,* S. A. 김주노 옮김 (2012), 「또 다른 세계화」, 서울: 살림.

World Bank (2012). *World Bank Annual Report 2011.*

今村都南雄 (2006). 「官廳セクショナルズム」, 東京: 東京大出版會.

金太軍 主編 (2002). 「政府職能梳理與重构」, 廣東人民出版社.

大嶽秀夫 (1994). 「戰後政治と政治學」, 東京: 東京大出版會.

______ (1999). 「日本政治の對立軸」, 東京: 中央公論新社.

稻繼裕昭 (1996). 「日本の官僚人事システム」, 東京: 東洋經濟新報社.

杜創國 (2001). 「當代中國政府職能轉變研究」, 太原: 書海出版社.

毛桂榮 (1997). 「日本行政改革」, 東京: 青木書店.

謝慶奎 等 (1998). 「中國政府體制分析」, 中國廣播電視出版社.

西尾勝 (1996). 「行政學」. 東京: 有斐閣

______ (2002). 「日本の行政學」, 東京: 有斐閣

石亞軍 (2008). 「中國行政管理體制現狀問卷調查數据統計」, 中國政法大學出版社.

城山・細野, 編著 (2002). 「續・中央部處の政策形成過程」, 日本中央大 出版部.

蘇尙堯 主編 (1993). 「中華人民共和國中央政府機構(1949-1990)」, 經濟科學出版社. 7

村松岐夫 (1981). 「戰後日本の官僚制」, 東京: 東洋經濟.

______ (1994). 「日本の行政」, 東京: 中公新書.

新藤宗幸 (1986). 「行政改革と現代政治」, 東京: 岩波書店.

新藤宗幸・山口二郎 (1995). 「現代日本の政治と政策」, 東京: 放送大學教育振興會.

野口悠紀男・榊原英資 (1977). 「大藏省日銀王朝の分析ー總力戰経濟体制の終焉」, 東京: 中央公論.

楊冠琼 (1999). 「當代中國行政管理模式沿革研究」, 北京師範大學出版社.

楊鳳春 (2002). 「中國政府概要」, 北京大學出版社.

楊斌 (2007). 「財政學」, 東北財經大學出版社.

閻淮 (1991). 「中國大陸政治體制淺論」, 中國大陸研究.

吳剛 (1999).「行政組織管理」, 北京: 清華大學出版社.
林紀東 (1984).「中華民國憲法解釋」, 臺北: 大中國圖書公司.
任進 (2003).「政府組織與非政府組織: 法律實證和比較分析的視覺」, 山東人民出版社.
張立榮 (2003).「論有中國特色的國家行政制度」, 中國社會科學出版社.
條田徹 (1986). 男女雇用均等法をめぐる意思決定, 中野實 編,「日本型政策決定の變容」, 東京: 東洋經濟新報社.
中村明 (2001). 戰後政治にゆれた憲法九條: 內閣法制局の自信と强さ/「武力行使と一体化論」の總仕上げ, 中央経濟社.
中華人民共和國民政府 編 (2012).「行政區劃簡冊2012」, 北京: 中國地圖出版社.
曾根泰敎 (1986). やらせの政治[審議會]方式の檢證,「中央公論」, 東京: 中央公論.
眞淵勝 (1994).「大藏省官僚の政治經濟學」, 東京: 中央公論社.
______ (1999).「변화 없는 개혁, 개혁 없는 변화」. 東京: 레바이아산 春號.
______ (2007). 중앙부처 개편의 효과: 융합인가? 혼합인가?, 한국행정학회 동계학술대회 발제문, 서울산업대학교.
樋渡展洋(1991).「戰後日本の市場と政治」, 東京: 東京大學出版會.
片岡寬光 (1998).「國別行政改革事情」, 東京: 早稻田大學出版部.
何玉長 (2004).「當代中國社會制度的變遷」, 河北大學出版社.
夏海 (2001).「中國政府架構」, 北京. 清華大學出版社.

웹사이트

http://www.mie.go.jp
FTA 종합지원포털, http://www.ftahub.go.kr/kr/
http://www.kantei.go.jp.
http://www.koica.go.kr.
http://www.tokyo.go.jp
http://www.yahoo.co.jp
관세청 수출입무역통계 http://www.customs.go.kr/kcsweb/
관세청 FTA 포털, http://www.customs.go.kr/kcshome/ftaportalkor/
산업통상자원부 자유무역협정 FTA, http://www.fta.go.kr/new2/main/
日本每日新聞, 2012.12.18. 1면
한국무역협회, 무역통계 http://stat.kita.net/

찾아보기

ㄱ

ㅁ

ㅂ

ㅅ

ㅇ

ㅈ

ㅊ

ㅋ

ㅌ

ㅍ

ㅎ

저자 소개

이광석(李光錫)

영국 University of Newcastle upon Tyne에서 사회정책학 박사학위를 받고 현재 경북대 부교수로 재직 중이다. 주요 관심 분야는 복지행정, 행정언어, 국제행정 등이다. 주요 논문으로는 행정학으로의 투사에 관한 연구: 행정행태설과 행정언어이론을 중심으로(2013), 복지모순으로서의 소득역전에 관한 연구(2013), 행정과 생활세계의 충돌과 조화에 관한 연구(2014), 행정학의 논리 형태와 논증에 관한 연구(2014) 등이 있으며, 주요 저서로는 「질적평가를 위한 행정정의」(공저: 2013), 「다문화행정론」(공저: 2014) 등이 있다(lightstone@knu.ac.kr).

김용찬(金容贊)

영국 University of Glasgow에서 정치학 박사학위를 받고 현재 대구가톨릭대 부교수로 재직 중이다. 주요 관심 분야는 국제관계, 거버넌스, 국제이주 등이다. 주요 논문으로는 한국과 영국 지방정부의 다문화정책에 관한 연구(2013), 한국과 서유럽의 이민자 시민통합정책 비교연구(2013) 등이 있다(yongchankim@cu.ac.kr).

이정태(李貞太)

경북대학교에서 정치학 박사학위를 받고 중국사회과학원 법학연구소에서 박사후연구원으로 연구 활동을 했으며, 현재 경북대학교 부교수로 재직 중이다. 주요 관심 분야는 중국외교정책, 해양영토분쟁, 국제기구, 국제시사분석, 한중관계 등이다. 주요 논문으로는 중국 상하이협력기구(SCO) 지정전략(2007), 중국의 해양영토 귀속판단(2007) 등이 있으며, 주요 저서로는 「신중국의 해권과 해양영토(2005)」, 「제로섬게임의 양안관계」(2005)(중국어), 「중일 간의 동중국해 해양 분쟁」(2010) 등이 있다(leejt44@knu.ac.kr).

채형복(蔡炯福)

프랑스 Université d'Aix-Marseille III에서 국제법(EU법) 박사학위를 받고 현재 경북대 법학전문대학원에서 교수로 재직 중이다. 주요 관심 분야는 EU법, 국제인권법, 국제경제법 등이다. 주요 논문으로는 양심적 병역 거부: 권리인가, 도피인가-유럽의 사례를 중심으로(2012), 리스본조약 이후의 EU 공동통상정책결정제도(2012), EU 기본권청(基本權廳): 인권의 새로운 감시자?(2013) 등이 있으며, 주요 저서로는 「국제법」(2010), 「핵심 유럽연합(EU)법」(2011), 「국제인권법(제2판)」(2013) 등이 있다(europia@knu.ac.kr).

허태욱(許兌旭)

영국 University of Bristol에서 정책학 박사학위를 받고, 서울연구원 전략연구센터 부연구위원을 거쳐 현재 한국여성정책연구원 여성친화전략단 부연구위원으로 재직 중이다. 주요 관심 분야는 거버넌스, 지속가능발전과 녹색 성장, 국제개발협력, 도시/지방행정 관련 연구이다. 주요 논문으로 환경정의론과 생태근대화론을 통한 한국의 녹색ODA 논의의 고찰(2013), Dynamics and Discourse of Governance for Sustainable Development in South Korea: Convergent or Divergent?(*Journal of Environmental Policy & Planning*)(2014) 등이 있으며, 주요 저서로는 *Learning from the South Korean Developmental Success*(2014) 등이 있다(huh9595@naver.com).

서진교(徐溱教)

미국 University of Maryland, College Park에서 농업 및 자원경제학 석 · 박사학위를 받고 현재 대외경제정책연구원 다자통상팀 선임연구위원으로 재직 중이다. 주요 관심 분야는 농업통상 일반과 WTO, FTA 등 다자 및 양자통상정책이다. 주요 저서로는 「무역자유화 효과의 실증분석과 정책대응」(공저, 2012), 「DDA협상 조기 수확 패키지의 경제적 효과분석 및 정책대응」(공저, 2013) 등이 있다(jksuh@kiep.go.kr).

전기우(田基雨)

영남대학교에서 행정학 박사학위를 받고, 새마을세계화재단 연구원으로 재직했으며, 현재 청도우리정신문화재단 연구개발팀장으로 재직 중이다. 주요 관심 분야는 사회복지행정, 새마을운동 국제화 등이다. 주요 논문으로는 발전국가론적 시각하의 새마을운동 기원과 발전에 관한 연구(2010), 지역사회의 교육불평등 해소를 위한 정책적 우선순위의 탐색(2011), 새마을시범사업의 현황과 개선 방안: 경상북도의 르완다 사례를 중심으로(2014), 해외진출 기업의 CSR과 새마을운동 세계화사업의 연계 방안 탐색(2014) 등이 있다(8387woo@hanmail.net).

장철영(張哲榮)

영남대학교에서 행정학박사 학위를 받고 현재 대구외국어대학교 경찰행정학과 교수로 재직 중이다. 주요 관심 분야는 경찰행정, 범죄학, 정보정책 등이다. 주요 논문으로는 A stydy on the status of cyberbullying and countermeasures for the solutions(2013), 경찰공무원 직무 특성과 조직효과성 관계에 있어 조직공정성의 조절효과에 관한 연구: Ping의 2단계 접근법을 중심으로(2013), 경찰의 종합 체감안전도(범죄 두려움) 측정지표 개발을 위한 시론적 논의(2014), 아동성폭력범죄 예방을 위한 대응방안 모색: 해외 사례를 분석을 중심으로(2014) 등이 있으며, 주요 저서로는 「경찰조직관리론」(2009), 「SPSS 사회현상 조사분석 및 연구논문 작성을 위한 알기 쉬운 통계기법의 활용」(2011), 「신편 경찰학개론」(2013), 「현대사회와 범죄 제대로 알기」(2013) 등이 있다(heyfor1@dufs.ac.kr).

이기상(李基相)

가톨릭대학 신학부를 졸업하고 벨기에 루뱅대학교 신학대학원에서 석사과정을 수료했다. 그 뒤 독일 뮌헨 예수회 철학대학에서 철학 석사학위와 박사학위를 받고, 1984년부터 한국외국어대학교 철학과 교수로 재직 중이다. <우리말로 학문하기 모임>의 초대 회장이었으며 우리사상연구소 소장이다. 1992년 열암학술상을 수상했으며, 1994년 한국출판문화상 번역상을 수상했다. 주요 저서로는 「하이데거의 실존과 언어」(1991), 「하이데거의 존재와 현상」(1992), 「철학노트」(2002), 「하이데거의 존재사건학」(2003), 「콘텐츠와 문화철학」(2009), 「지구촌시대와 문화콘텐츠」(2009), 「쉽게 풀어 쓴 하이데거의 생애와 사상 그리고 그 영향」(2011) 외 다수가 있고, 옮긴 책으로는 「형이상학의 근본 개념들」(M. Heidegger)(2003), 「존재와 시간」(M. Heidegger)(2005), 「하이데거의 예술철학」(F.W. von Herrmann)(2005) 외 여러 권이 있다(saemom@chol.com).

최창현(崔昌鉉)

미국 뉴욕 주립대에서 1990년 행정학 박사학위(논문: Path Analytlc Study of the Relationship of Orgaizational Structure, Attitudes towards Authoritarianism and job Satisfaction to Orgaizational Commitment: An Application of LISREL)를 받고 가톨릭관동대학교 행정학과 교수로 재직 중이다. 주요 관심 분야는 조직이론, 복잡성이론 등이다. 논문으로는 Generalizations of the Lotka-Volterra Population Ecology Model(1997), 경기도 31개 시군의 능률성 분석: 자료포락분석의 적용(2013), C-P-N-D 생태계와 ICCT(Information, Communication, Contents Technology)(2014), 등이 있고, 저서로는 「Chaos, Fractals, and Models」(공저, 1998), 「신과학 복잡계 이야기」: 카오스를 넘어 신과학 「복잡계로」(2010), 「새 조직론」(공저, 2012) 등이 있다(choich@cku.ac.kr).

이정희(李正熙)

서울시립대학교에서 행정학사, American University에서 행정학 박사를 받았다. 주요 관심 분야는 예산정책, 정책변동, 조직변동 등이며, 관련 연구 논문으로 선진 각국의 정부 변동에 따른 조직변화 분석(2013) 등이 있다(luckhee@uos.ac.kr).

안영훈(安英勳)

프랑스 Paris II 제2 법정경 대학원에서 공법학 박사학위를 받고, 현재 한국지방행정연구원 안전공동체연구센터 소장으로 재직 중이다. 주요 관심 분야는 지방행정, 비교행정, 재난안전, 지역정책, 행정법 등이다. 주요 논문으로는 한일지방자치단체 감사제도 비교(2012, 영문), Comparative Study on the National Risk Assessment(2013), 지방의회 보좌관제 연구(2013)가 있으며, 주요 저서로는 「선진국 지방자치제도」(미국편, 프랑스편)」(2012), 「인도네시아 행정과 공공정책」(공저, 2013) 등이 있다(ahn@krila.re.kr).

임승빈(林承彬)

일본 東京大學校에서 석사 및 박사학위를 받고, 명지대학교 행정학과 교수로 재직 중이다. 영국 Birmingham 대학교 CORS센터 방문연구원(2010년) 등의 경력을 갖고 있다. 주요 관심 분야는 지방자치, 정책집행, 지역개발정책 등이다. 주요 논문은 한국의 지방자치제도 형성과 동인(動因)분석(2008, 「한국행정학보」), 기초지방자치단체 간(間) 지역 격차와 성과 비교에 관한 연구(2008), 「한국지방자치학회보」: 한국지방자치학회 논문상 수상) 등이 있으며, 주요 저서로는 「일본행정론」(공저, 2009), 「정부와 NGO」(2012), 「지방자치론」 제6판(2013) 등이 있다(lim0816@mju.ac.kr).

김윤권(金允權)

서울대학교에서 행정학 박사학위를 받고, 현재 한국행정연구원 연구위원으로 재직 중이다. 주요 관심 분야는 제도론, 조직 및 인사, 중국행정 및 공공정책이다. 주요 논문으로는 중국 정부행위의 제도화: 인치에서 법치로(2009), 중국 기술관료(Technocrat)의 형성과 변화(2010), 정부 조직개편의 조직과 기능별 개편 전략(2013) 등이 있으며, 주요 저서로는 「중국의 행정과 공공정책」(2008), 「글로벌 리더 국가의 빛과 그림자」(2013) 등이 있다(ykys326@gmail.com).

원소연(元瀟軟)

독일 슈파이어 국립행정대학원(Deutsche Hochschule für Verwaltungswissenschaften Speyer)에서 행정학으로 박사학위를 받고, 현재 한국행정연구원 부연구위원으로 재직 중이다. 주요 관심 분야는 복지행정, 지방자치, 규제개혁 등이다. 주요 논문으로 장애인의 자기결정권 실현을 위한 정책연구(2010), 한국의 가족친화 인증제도 활성화 방안(2010), 복지다원주의와 보충성 원칙(2012), 고용부담금 제도 변화에 따른 장애인고용의 잠재적 효과(2012) 등이 있다.

국제행정론

펴낸날 / 제1판 제1쇄 2015년 2월 28일

지은이 / 이광석 외

펴낸이 / 임춘환

펴낸곳 / 도서출판 대영문화사

주소 / 서울특별시 용산구 청파로 61길 5(청파동 1가) 제일빌딩 2층

등록 / 1975년 12월 26일 제3-16호

전화 / (02)716-3883, (02)714-3062

FAX / (02)703-3839

홈페이지 / http://www.dymbook.co.kr

ISBN 978-89-7644-521-6

〔값 24,000원〕